Fjodor M. Dostojewski
Sämtliche Erzählungen

SERIE PIPER
Band 338

Zu diesem Buch

Den hier versammelten sämtlichen Erzählungen des großen russischen Dichters – sie sind zwischen 1845 und 1877 entstanden – kommt neben den fünf monumentalen Romanen nicht zuletzt insofern eine eigenständige Bedeutung zu, als sie die schriftstellerische Entwicklung Dostojewskis widerspiegeln, von den vor allem Gogol verpflichteten Anfängen bis zur Meisterschaft.

Der »Roman in neun Briefen« erzählt von betrogenen Betrügern, »Herr Prochartschin« von der Wandlung eines Geizhalses zum guten Menschen. Ein zentrales Thema im ganzen Werk Dostojewskis wird angedeutet in der Erzählung »Ein junges Weib«: das Thema »Persönlichkeit« und »Freiheit«. Die Geschichte »Ein ehrlicher Dieb« schildert die einfache Güte des Volkes; »Weihnacht und Hochzeit« enthält das Porträt eines gewinnsüchtigen Mannes, dem ein junges Mädchen ausgeliefert wird. Dostojewskis humoristisch-satirische Tendenzen sind dokumentiert in den Erzählungen »Die fremde Frau und der Mann unter dem Bett«, »Eine dumme Geschichte« und »Das Krokodil«. Späte Zeugnisse seiner Meisterschaft sind »Die Sanfte«, in der die Tragödie einer Ehe erzählt wird, und der »Traum eines lächerlichen Menschen«, in dem Dostojewski seine Vorstellung vom goldenen Zeitalter zu realisieren versucht.

Fjodor Michailowitsch Dostojewski, geboren 1821 in Moskau. Wurde bereits mit seinem Erstlingswerk »Arme Leute« (1846) berühmt; 1849 wegen angeblich staatsfeindlicher Aktivitäten im Petraschewski-Kreis zum Tode verurteilt, dann zu vier Jahren Zwangsarbeit in Sibirien begnadigt. 1859 Rückkehr nach Petersburg. Ab 1862 mehrere Reisen nach Westeuropa, jahrelange Aufenthalte vor allem in Deutschland und in der Schweiz. 1881 stirbt Dostojewski in Petersburg.

Fjodor M. Dostojewski

Sämtliche Erzählungen

Piper
München Zürich

Aus dem Russischen übertragen von E. K. Rahsin

Von Fjodor M. Dostojewski liegen in der
Serie Piper bereits vor:

Einzelausgaben
Gesammelte Briefe 1833–1881 (461)
Der Spieler (507)
Aufzeichnungen aus einem Totenhaus (688)
Njetotschka Neswanowa (1009)

Dünndruck-Ausgabe der Werke
Der Idiot (400)
Rodion Raskolnikoff (401)
Die Brüder Karamasoff (402)
Die Dämonen (403)
Der Jüngling (404)
Onkelchens Traum (405)

Weitere Werke sind in Vorbereitung.

ISBN 3-492-10338-8
Neuausgabe Mai 1984
10. Auflage, 69.–73. Tausend November 1989
(4. Auflage, 20.–24. Tausend dieser Ausgabe)

Umschlag: Federico Luci
Satz: Eugen Göbel, Tübingen
Druck und Bindung: Clausen & Bosse, Leck
Printed in Germany

INHALT

ROMAN IN NEUN BRIEFEN

I

(Von Pjotr Iwánytsch an Iwán Petrówitsch)

Sehr geehrter Herr und teuerster Freund Iwán Petrówitsch!
Da bin ich nun schon den dritten Tag regelrecht, das kann man wohl sagen, auf der Jagd nach Ihnen, mein teuerster Freund, dieweil ich Sie in einer äußerst dringenden Angelegenheit sprechen muß, und dabei kann ich Sie nirgendwo finden. Meine Frau hat gestern, als wir bei Ssemjón Alexéjewitsch waren, scherzenderweise sehr treffend bemerkt, daß Sie und Tatjána Petrówna ein Pärchen ohne Sitzfleisch wären. Noch sind Sie keine drei Monate verheiratet, und schon vernachlässigen Sie Ihre häuslichen Penaten. Wir haben alle viel darüber gelacht – natürlich nur aus aufrichtigster Zuneigung zu Ihnen –, doch Scherz beiseite, mein Unschätzbarer, Sie haben mich schön herumgehetzt. Ssemjon Alexejewitsch meinte, ob Sie nicht auf dem Ball im Klub der Vereinten Gesellschaft sein könnten? Ich ließ also meine Frau bei Ssemjon Alexejewitschs Gattin und fuhr selbst hin. Gelächter und Blamage! Stellen Sie sich meine Lage vor: ich erscheine auf einem Ball, aber allein, ohne meine Frau! Iwán Andréjewitsch, der mich im Vestibül erblickte, und zwar allein erblickte, schloß daraus sogleich (der Zyniker!), ich müsse eine außergewöhnliche Leidenschaft fürs Tanzen haben; er hängte sich ein und wollte mich schon mit Gewalt in eine Tanzschule schleppen, weil es ihm in der Vereinten Gesellschaft, wie er sagte, zu eng sei: hier könne ein gewandter Tänzer überhaupt nicht in Schwung kommen, und von dem Patschuli- und Resedaparfüm habe er schon Kopfweh bekommen. Ich fand dort weder Sie noch Tatjana Petrowna. Iwan Andrejewitsch aber versicherte und schwur auch noch bei Gott, Sie wären bestimmt im Alexander-Theater, wo heute Gribojédoffs „Weh dem, der Geist hat“ gegeben werde.

Ich sauste also zum Alexander-Theater: auch dort waren Sie nicht. Heute früh hoffte ich, Sie bei Tschistogánoff anzutreffen, – wieder nichts. Tschistoganoff schickte mich zu Perepálkins; – dieselbe Geschichte! Mit einem Wort: ich bin ganz kaputt; Sie können es sich ja selbst ausrechnen, wie ich mich abgehetzt habe! Jetzt schreibe ich an Sie (was soll ich denn sonst tun!). Die Angelegenheit, um die es sich handelt, eignet sich aber ganz und gar nicht zu schriftlicher Erörterung (Sie verstehen mich doch); es wäre besser, wir könnten uns darüber unter vier Augen aussprechen, und das möglichst bald, weshalb ich Sie und Tatjana Petrowna heute zum Abendtee und einem Plauderstündchen zu uns einlade. Meine Anna Micháilowna wird sich über Ihren Besuch ungemein freuen. Sie werden uns damit wirklich, wie man zu sagen pflegt, fürs ganze Leben zu Dank verpflichten. Übrigens, mein teuerster Freund, da ich nun schon zur Feder gegriffen habe, so sei auch das gleich erwähnt: ich sehe mich gezwungen, Sie, meinen verehrten Freund, gleich jetzt schon ein wenig auszuschelten wegen eines anscheinend harmlosen Streiches, den Sie mir boshafterweise gespielt haben, oder gar Ihnen Vorwürfe zu machen... Sie Ungeheuer, Sie gewissenloser Mensch! Um die Mitte des vorigen Monats führten Sie in mein Haus einen Ihrer Bekannten ein, ich meine Jewgénij Nikolájewitsch, und statteten ihn mit Ihrer freundschaftlichen Empfehlung aus, was für mich natürlich so gut wie heiligste Pflicht zu vollkommenem Vertrauen bedeutete. In der Freude über diese Gelegenheit, mich Ihnen gefällig erweisen zu können, empfange ich den jungen Mann mit offenen Armen und stecke dabei meinen eigenen Kopf in die Schlinge. Diese Schlinge ist zwar nicht gerade wörtlich zu nehmen, aber immerhin ist daraus eine sozusagen verflixte Geschichte geworden. Zu näherer Erklärung habe ich jetzt keine Zeit, und schriftlich ist es auch ein wenig peinlich; also lassen Sie mich nur die ergebenste Bitte an Sie richten, Sie schadenfroher Freund und Compagnon, ob man nicht irgendwie ganz fein und zartfühlend, sozusagen in Klammern und nur ins Ohr, Ihrem jungen Mann heimlich zuflüstern könnte, daß es hier in der Residenzstadt noch viele andere Häuser gibt außer dem unsrigen. Ich halte es nicht mehr aus, Väterchen! Ich bitte Sie fußfällig, wie unser Freund Ssimonéwitsch zu sagen pflegt... Wenn wir uns sehen, erzähle ich Ihnen alles. Ich will damit nicht etwa sagen, daß es dem jungen Manne zum Beispiel an Lebensart oder an geistigen Eigenschaften fehle, oder daß er hier sonstwie Anstoß erregt hätte. Ganz im Gegenteil: er ist sogar ein sehr liebenswürdiger und netter Gesellschafter; aber warten Sie nur, bis wir uns wiedersehen; inzwischen aber könnten Sie ihm doch, wenn Sie ihn treffen sollten, so einen kleinen Wink geben, Verehrtester, ich bitte Sie inständig darum. Ich würde es ja selbst tun, aber Sie wissen doch, Sie kennen doch meinen Charakter: ich bringe es nicht fertig, und dagegen ist nichts zu machen. Sie aber haben ihn doch empfohlen. Übrigens können wir heute abend jedenfalls ausführlicher darüber reden. Jetzt aber auf Wiedersehen. Ich verbleibe usw.

P.S. Mein Kleiner kränkelt fast schon seit einer Woche, und mit jedem Tage wird es schlimmer. Die Zähnchen fangen an durchzubrechen. Meine Frau ist ganz von ihm in Anspruch genommen und recht niedergeschlagen, die Ärmste. Kommen Sie nur ja! Sie werden uns eine rechte Freude machen, teuerster Freund!

II

(Von Iwán Petrówitsch an Pjotr Iwánytsch)

Sehr geehrter Pjotr Iwánytsch!
Gestern erhielt ich Ihren Brief, las ihn und verstand ihn nicht. Sie suchen mich Gott weiß wo und bei wem, dabei war ich einfach zu Hause. Bis zehn Uhr habe ich auf Iwán Iwánytsch Tolokónoff gewartet. Nach Empfang Ihres Briefes brach ich mit meiner Frau sofort auf, nahm eine Droschke, stürzte mich in Unkosten und erschien bei Ihnen so gegen halb sieben. Sie waren nicht zu Hause; Ihre Gattin empfing uns. Ich wartete auf Sie bis halb elf; länger konnte ich nicht. Ich nahm meine Frau, gab wieder Geld für eine Droschke aus, brachte sie nach Hause und begab mich danach zu Perepalkins, in der Annahme, Sie vielleicht dort anzutreffen; das war aber wieder eine Fehlspekulation. Fahre nach Hause, schlafe die ganze Nacht nicht, bin beunruhigt, fahre am nächsten Morgen dreimal zu Ihnen, um neun, um zehn und um elf Uhr; gebe dreimal Geld aus für Droschken, und wieder mußte ich mit langer Nase abziehen.
Beim Lesen Ihres Briefes aber habe ich mich sehr gewundert. Sie schreiben von Jewgenij Nikolajewitsch, bitten mich, ihm etwas zuzuflüstern, sagen aber nicht was und warum. Ihre Vorsicht ist ja lobenswert, nur vermag ich belanglose Briefe sehr wohl von wich-

tigen zu unterscheiden; letztere pflege ich meiner Frau nicht zu Papilloten zu geben. Ich kann mir schließlich nicht erklären, aus welchem Anlaß Sie mir das alles zu schreiben beliebt haben. Nebenbei: wenn die Bekanntschaft diese Richtung einschlägt, wozu wollen Sie dann auch mich noch hineinziehen? Ich stecke meine Nase nicht in jeden Quark. Sie hätten ihm doch selbst das Haus verbieten können. Ich sehe nur, daß ich mich mit Ihnen deutlicher, energischer aussprechen muß, und überdies drängt die Zeit. Ich aber bin gerade knapp bei Kasse, stehe vor großen Ausgaben und weiß nicht, was tun, wenn Sie unseren Abmachungen nicht nachkommen. Wir stehen vor der Abreise; schon die Reise selbst kostet eine Menge Geld, und dazu liegt mir meine Frau noch in den Ohren mit der Bitte, ihr einen neumodischen samtenen Morgenrock schneidern zu lassen. Was jedoch Jewgenij Nikolajewitsch betrifft, so beeile ich mich, Ihnen folgendes mitzuteilen: ich habe gestern während meines Aufenthaltes bei Páwel Ssemjónytsch Perepálkin, ohne die Zeit zu verlieren, gleich definitive Recherchen angestellt. Er besitzt im Gouvernement Jarosláf jetzt bereits fünfhundert Leibeigene, und von seiner Großmutter hat er mit einem Gut bei Moskau noch dreihundert Seelen zu erwarten. Auf wie hoch sich sein Barvermögen beläuft, das weiß ich nicht; ich meine aber, daß Sie das leichter erfahren können als ich. Nun bitte ich Sie dringend, mir anzugeben, wo wir uns treffen könnten. Sie haben vorgestern Iwán Andréjewitsch getroffen und schreiben, er habe Ihnen gesagt, ich sei mit meiner Frau im Alexander-Theater. Ich aber erkläre Ihnen, daß er wieder mal geschwindelt hat, und daß man ihm in solchen Dingen um so weniger trauen kann, als er erst vorvorgestern seine Großmutter um ganze achthundert Rubel betrogen hat. Hiermit habe ich die Ehre zu verbleiben usw.

P.S. Meine Frau ist jetzt in anderen Umständen; außerdem ist sie ohnehin schreckhaft und leidet ab und zu an Anwandlungen von Melancholie. In Theateraufführungen aber wird manchmal geschossen und mit Maschinen künstlicher Donner erzeugt. Und deshalb führe ich meine Frau auch nicht ins Theater, um ein mögliches Erschrecken zu verhüten. Und was mich betrifft, so habe ich für Theateraufführungen nicht viel übrig.

III

(Von Pjotr Iwanytsch an Iwan Petrowitsch)

Mein teuerster Freund Iwan Petrowitsch!
Entschuldigen Sie, entschuldigen Sie, tausendmal bitte ich Sie um Entschuldigung, beeile mich aber, mich zu rechtfertigen. Gestern zwischen fünf und sechs Uhr, als wir gerade mit aufrichtiger Zuneigung von Ihnen sprachen, kam ein Expreßbote von meinem Onkel Stepán Alexéjewitsch angejagt mit der Nachricht, daß es Tantchen sehr schlecht gehe. Um meine Frau nicht zu erschrecken, sagte ich ihr nichts davon, sondern schützte einen anderen Anlaß vor und fuhr zu ihnen hin. Ich fand Tantchen kaum noch lebend vor. Genau um fünf Uhr hatte sie einen Schlaganfall erlitten, schon den dritten innerhalb von zwei Jahren. Karl Fjódorowitsch, ihr Hausarzt, erklärte, sie werde vielleicht nicht einmal diese Nacht überleben. Versetzen Sie sich in meine Lage, mein teuerster Freund! Die ganze Nacht war ich auf den Beinen, hatte tausend Dinge zu beschaffen, dazu die Sorge! Erst gegen Morgen legte ich mich dort bei ihnen auf ein Sofa, physisch wie geistig vollkommen erschöpft, vergaß aber zu sagen, daß man mich rechtzeitig wecken solle, und wachte erst um halb zwölf auf. Tantchen ging es besser. Ich fuhr zu meiner Frau; die Ärmste hatte sich ganz zermartert vor Sorge wegen meines Ausbleibens. Ich aß schnell ein paar Bissen, umarmte meinen Kleinen, beruhigte meine Frau und begab mich zu Ihnen. Sie waren nicht zu Hause. Ich fand aber bei Ihnen Jewgenij Nikolajewitsch vor. Nach Hause zurückgekehrt, greife ich zur Feder und schreibe jetzt an Sie. Murren Sie nicht und ärgern Sie sich nicht über mich, mein aufrichtigster Freund! Verprügeln Sie mich, schlagen Sie dem Schuldbewußten den Kopf ab, aber entziehen Sie ihm nicht Ihr Wohlwollen! Von Ihrer Frau erfuhr ich, daß Sie heute abend bei Sslawjánoffs sind. Ich werde bestimmt dort sein und erwarte Sie mit der größten Ungeduld.
Jetzt aber verbleibe ich usw.

P. S. Unser Kleiner bringt uns richtig zur Verzweiflung. Karl Fjodorowitsch hat ihm einen Rhabarberabsud verschrieben. Er stöhnt, gestern hat er niemanden erkannt. Heute erkennt er uns wieder und stammelt „Papa, Mama, buh ...“ Meine Frau hat den ganzen Vormittag geweint.

IV

(Von Iwan Petrowitsch an Pjotr Iwanytsch)

Mein sehr geehrter Herr Pjotr Iwanytsch!
Ich schreibe an Sie hier bei Ihnen, in Ihrem Zimmer, an Ihrem Schreibtisch; doch bevor ich zur Feder griff, habe ich gute zweieinhalb Stunden auf Sie gewartet. Jetzt aber erlauben Sir mir, Ihnen, Pjotr Iwanytsch, meine Meinung über dieses schändliche Spiel mit mir offen und ehrlich zu sagen.
Aus Ihrem letzten Brief schloß ich, daß Sie bei Sslawjanoffs erwartet werden und mich dorthin bestellen. Ich erschien und saß dort fünf Stunden, aber wer nicht erschien, das waren Sie. Wie, meinen Sie etwa, ich sei dazu da, mich von anderen Menschen auslachen zu lassen? Erlauben Sie, mein Herr... Ich kam heute früh zu Ihnen, in der Hoffnung, Sie noch zu Hause anzutreffen, denn ich will es nicht gewissen irreführenden Leuten gleichtun, die einen Gott weiß wo suchen, während sie einen zu jeder anständig gewählten Tageszeit zu Hause finden könnten. In Ihrem Hause aber war von Ihnen keine Spur zu finden. Ich weiß nicht, was mich noch abhält, Ihnen jetzt die ganze Wahrheit in krasser Form zu sagen. Ich begnüge mich indes mit der Bemerkung, daß Sie sich hinsichtlich unserer Abmachung anscheinend zurückziehen wollen. Und erst jetzt, wo ich die ganze Sache überschauen und überlegen kann, muß ich eingestehen, daß ich mich entschieden wundere über die Schlauheit Ihrer Denkungsart. Jetzt sehe ich klar, daß Sie Ihre üble Absicht schon seit längerer Zeit gehegt haben. Als Beweis für die Richtigkeit dieser meiner Annahme betrachte ich die Tatsache, daß Sie sich noch in der vorigen Woche auf eine fast unerlaubte Weise in den Besitz dieses Ihres Briefes gebracht haben, der an mich adressiert war und in dem unsere Bedingungen in der Ihnen wohlbekannten Angelegenheit von Ihnen selbst, wenn auch ziemlich unklar und nicht ganz folgerichtig, dargelegt worden sind. Sie fürchten die schriftlichen Beweise, wollen sie aus der Welt schaffen und mich zum Narren halten. Das werde ich aber nicht zulassen, und bisher hat mich noch niemand für einen Narren gehalten; in dieser Angelegenheit haben alle mein Vorgehen durchaus gebilligt. Ich werde jetzt die Augen offen halten. Sie wollen mich verwirren, machen mir deshalb mit Jewgenij Nikolajewitsch blauen Dunst vor. Wenn ich mich mit Ihnen auszusprechen wünsche wegen Ihres

mir bisher noch immer unverständlichen Briefes vom Siebenten dieses Monats, so bestellen Sie mich zu angeblichen Zusammenkünften, zu denen Sie selbst nicht erscheinen. Meinen Sie vielleicht, sehr geehrter Herr, ich wäre nicht imstande, das zu durchschauen? Sie versprechen zwar, mich für die Ihnen sehr wohl bekannten Dienste – in betreff der Empfehlung verschiedener Persönlichkeiten – zu belohnen; dabei verstehen Sie es unverständlicherweise so einzurichten, daß Sie selbst von mir noch Geld ohne Quittung erhalten, sogar in beträchtlichen Summen, was ja noch jüngst in der vorigen Woche geschehen ist. Jetzt aber, nachdem Sie das Geld erhalten haben, lassen Sie sich nicht mehr blicken und vergessen ganz, daß ich Ihnen mit der Empfehlung Jewgenij Nikolajewitschs einen Dienst erwiesen habe. Vielleicht spekulieren Sie sogar auf meine baldige Abreise nach Ssimbírsk, in der Annahme, wir würden nicht mehr dazu kommen, miteinander abzurechnen. Aber dann erkläre ich Ihnen feierlich und bezeuge es obendrein noch mit meinem Ehrenwort, daß ich, wenn es darauf ankäme, eigens deshalb noch ganze zwei Monate in Petersburg zu bleiben bereit bin, aber meine Sache durchsetzen, mein Ziel erreichen und Sie zu finden wissen werde. Auch unsereiner versteht es mitunter, etwas aus Trotz zu tun. Zum Schluß erkläre ich Ihnen, daß ich, wenn Sie sich nicht heute noch mir gegenüber in zufriedenstellender Form äußern, – zunächst brieflich, sodann mündlich unter vier Augen, – und in Ihrem Brief nicht alle Hauptbedingungen, die zwischen uns vereinbart waren, von neuem darlegen, zudem Ihre Gedanken über Jewgenij Nikolajewitsch nicht endgültig klar aussprechen, daß ich mich dann genötigt sehen werde, Maßregeln zu ergreifen, die Ihnen überaus unangenehm sein dürften, und die sogar mir selbst zuwider sind.
Gestatten Sie usw.

V

(Von Pjotr Iwanytsch an Iwan Petrowitsch)

11. November

Mein liebster, verehrtester Freund Iwan Petrowitsch!
Ihr Brief hat mich bis in die tiefste Seele betrübt. Und haben Sie sich denn gar nicht geschämt, mein teurer, aber ungerechter Freund, so mit einem Menschen zu verfahren, der Ihnen wie kein anderer

wohlwill? – sich so zu übereilen, nicht den ganzen Sachverhalt zu erklären, und schließlich mich noch mit so beleidigenden Verdächtigungen zu kränken? Aber ich beeile mich, auf Ihre Anklagen zu antworten.
Sie haben mich gestern nicht zu Hause angetroffen, weil ich plötzlich und ganz unerwartet an ein Sterbelager gerufen worden war. Meine Tante Jewfímia Nikolájewna ist gestern abend um elf Uhr verschieden. Durch einstimmigen Beschluß der Verwandten wurde ich erwählt, die ganzen Anordnungen, die mit dem Begräbnis und den Trauerzeremonien zusammenhängen, zu übernehmen. Es gab so viel zu tun, daß ich heute vormittag nicht dazu kam, Sie zu treffen, noch Sie wenigstens mit einer Zeile zu benachrichtigen. Das zwischen uns eingetretene Mißverständnis schmerzt mich seelisch sehr. Meine Worte über Jewgenij Nikolajewitsch, die ich scherzend und nur so beiläufig hingekritzelt habe, sind von Ihnen vollkommen falsch aufgefaßt worden; Sie haben der ganzen Sache einen mich tief kränkenden Sinn unterstellt. Sie erwähnen das Geld und äußern Ihre Besorgnis deswegen. Ich bin aber ohne alle Ausflüchte bereit, allen Ihren Wünschen und Forderungen nachzukommen, obschon ich hier, nebenbei bemerkt, nicht unterlassen darf, Sie daran zu erinnern, daß ich das Geld, 350 Silberrubel, von Ihnen in der vorigen Woche unter bestimmten Vereinbarungen erhalten habe, und nicht leihweise. In letzterem Fall aber hätten Sie unbedingt eine Quittung erhalten. Zu einem Eingehen auf die übrigen Punkte, die Sie in Ihrem Brief erwähnen, möchte ich mich nicht erniedrigen. Ich sehe doch, daß hier ein Mißverständnis vorliegt, erkenne darin Ihre gewohnte Hast, Heftigkeit und Geradheit. Ich weiß, daß Ihr sonstiger Gerechtigkeitssinn und Ihr offener Charakter nicht zulassen werden, daß ein Zweifel in Ihrem Herzen zurückbleibt, und daß Sie schließlich selbst als erster mir die Hand zur Versöhnung reichen werden. Sie haben sich geirrt, Iwan Petrowitsch, Sie haben sich arg geirrt!
Obschon Ihr Brief mich tief verletzt hat, wäre ich gern bereit, gleich heute noch mit meinem Schuldbekenntnis zu Ihnen zu kommen; aber ich habe seit gestern so viel zu tun gehabt, daß ich jetzt vollständig erschöpft bin und kaum noch stehen kann. Zur Vollendung des Unglücks kommt jetzt noch hinzu, daß meine Frau sich hat zu Bett legen müssen; ich befürchte eine ernsthafte Erkrankung.
Lassen Sie mich, teuerster Freund, verbleiben usw.

VI

(Von Iwan Petrowitsch an Pjotr Iwanytsch)

Den 14. November

Mein sehr geehrter Herr Pjotr Iwanytsch!

Ich habe drei Tage lang gewartet und mich bemüht, die Zeit nutzbringend zu verwenden; inzwischen aber habe ich Sie, da nach meinem Gefühl Höflichkeit und Anstand die wichtigsten Zierden jedes Menschen sind, seit meinem letzten Brief vom 10. dieses Monats mit keinem Wort, mit keinem Schritt an mich erinnert, teils um Ihnen Zeit zu lassen, Ihre Christenpflicht Ihrer Tante gegenüber zu erfüllen, teils aber auch, weil ich selbst für gewisse Überlegungen und Nachforschungen in der bewußten Angelegenheit Zeit brauchte. Jetzt aber finde ich, daß eine endgültige und entscheidende Auseinandersetzung mit Ihnen unaufschiebbar geworden ist.

Ich muß Ihnen offen gestehen, daß ich beim Lesen Ihrer beiden ersten Briefe im Ernst dachte, Sie verstünden gar nicht, was ich eigentlich wollte. Das war der Grund, weshalb ich eine Zusammenkunft mit Ihnen und eine Aussprache unter vier Augen vor allem wünschte, mich aber scheute, dies schriftlich darzulegen, weswegen ich mir auch schon Unklarheit in meiner brieflichen Ausdrucksweise vorwarf. Es ist Ihnen bekannt, daß ich keine höhere Schulbildung und Erziehung in guten Manieren erhalten habe und hohles Prunken mit Eleganz mich nur abstößt, da ich aus bitterer Erfahrung weiß, wie trügerisch das Äußere mitunter sein kann; daß sich unter Blumen manchmal eine Schlange verbirgt. Sie haben mich aber sehr wohl verstanden; jedoch geantwortet haben Sie mir trotzdem nicht so, wie es sich gehört hätte, weil Sie in der Treulosigkeit Ihrer Seele schon im voraus beschlossen hatten, Ihr gegebenes Ehrenwort und die freundschaftlichen Beziehungen zwischen uns zu verraten. Diese Ihre Absicht haben Sie wohl zur Genüge bewiesen durch Ihr in der letzten Zeit schändliches Benehmen mir gegenüber, ein Benehmen, das für meine Interessen mehr als nachteilig ist, was ich nie erwartet hätte und woran zu glauben ich mich bis zu diesem Augenblick geweigert habe. Denn schon gleich zu Anfang unserer Bekanntschaft hatte ich mich durch Ihr kluges Verhalten, Ihre feinen Umgangsformen, Ihre Sachkenntnis und die Vorteile, die mir aus einer Zusammenarbeit mit Ihnen erwachsen konnten, bestricken lassen; so nahm ich an, in Ihnen einen aufrichtigen Freund und mir wohlgesinnten Teilhaber gefunden zu haben. Jetzt dagegen habe ich klar erkannt, daß es viele Menschen gibt, die unter einem schmeichlerischen und glänzenden Äußeren in ihrem Herzen Gift verbergen, ihren Verstand dazu benutzen, hinterlistige Ränke gegen ihren Nächsten zu schmieden und auf unstatthaften Betrug zu sinnen, die daher Feder und Papier scheuen, dabei aber ihr Geschick in der Handhabung von Phrasen nicht zum Nutzen des Mitmenschen und des Vaterlandes verwenden, sondern nur dazu, den Verstand derjenigen, die sich mit ihnen auf etliche Geschäfte und Vereinbarungen eingelassen haben, einzuschläfern und zu behexen. Wie treulos Sie, sehr geehrter Herr, sich zu mir verhalten haben, geht deutlich aus folgendem hervor.

Erstens, als ich brieflich in klaren und deutlichen Worten Ihnen, sehr geehrter Herr, meine Lage auseinandersetzte und Sie zugleich fragte – in meinem ersten Brief –, was Sie mit gewissen Ausdrücken und angedeuteten Absichten, vornehmlich in Bezug auf Jewgenij Nikolajewitsch, eigentlich sagen wollten, da haben Sie sich bemüht, meine Frage in der Hauptsache mit Stillschweigen zu übergehen und, nachdem Sie mich mit Verdächtigungen und Zweifeln einmal in Unruhe versetzt, sich ruhig aus der Angelegenheit herausgehalten. Darauf, nachdem Sie mit mir in einer Weise verfahren, die man mit einem anständigen Wort nicht einmal bezeichnen kann, schrieben Sie mir, meine Äußerungen hätten Sie betrübt. Wie wünschen Sie, daß man ein solches Verhalten nennen soll, mein Herr? Dann, als jede Minute des Wartens auf die Aufklärung für mich kostbar war, und Sie mich zwangen, Ihnen auf dem ganzen Gebiet der Residenz nachzulaufen, schrieben Sie mir unter der Maske der Freundschaft Briefe, in denen Sie absichtlich von der Hauptsache schwiegen und nur von ganz nebensächlichen Dingen sprachen, und zwar vom Kranksein Ihrer von mir jedenfalls sehr verehrten Gattin und daß man Ihrem Kleinen Rhabarber eingegeben habe und daß er zu zahnen beginne. Über diese Dinge haben Sie in jedem Ihrer Briefe mit geradezu schändlicher, für mich beleidigender Regelmäßigkeit berichtet. Freilich, ich gebe ja gern zu, daß die Leiden des eigenen Kindchens den Vater seelisch bedrücken, aber wozu denn immer wieder davon berichten, wenn die Mitteilung von etwas ganz Anderem, weit Wichtigerem und Interessanterem nötig gewesen wäre. Ich schwieg und litt; jetzt aber, wo das schon zur Vergangenheit gehört, halte ich es für meine

Pflicht, mich darüber auszusprechen. Und schließlich, nachdem Sie mich mehrmals treulos mit falschen Angaben einer Zusammenkunft betrogen haben, muß ich annehmen, daß Sie mich offenbar die Rolle Ihres Narren und Spaßmachers spielen lassen wollen, was ich jedoch niemals zu tun gedenke. Ferner, nachdem Sie mich vorläufig zu sich eingeladen und wie üblich genasführt hatten, teilen Sie mir mit, daß Sie zu Ihrem kranken Tantchen abberufen worden seien, da diese um Punkt fünf Uhr einen Schlaganfall erlitten habe, wie Sie mit widerlicher Genauigkeit erwähnen. Zu meinem Glück, mein sehr geehrter Herr, habe ich in der Zwischenzeit Nachforschungen anstellen können und in Erfahrung gebracht, daß Ihr Tantchen bereits am Vorabend des Achten dieses Monats kurz vor Mitternacht vom Schlag getroffen worden ist. Aus diesem Beispiel ersehe ich, daß Sie nicht davor zurückscheuen, die Heiligkeit der verwandtschaftlichen Beziehungen zur Irreführung völlig Fernstehender zu mißbrauchen. Zu guter Letzt erwähnen Sie in Ihrem letzten Brief auch den Tod Ihrer Verwandten mit der Angabe, er wäre gerade um die Zeit erfolgt, als ich auf Ihre Einladung hin zu Ihnen gekommen war, um mich mit Ihnen auszusprechen. Hier aber übersteigt die Widerlichkeit Ihrer Erfindungen und Berechnungen sogar jede Wahrscheinlichkeit; denn nach den zuverlässigsten Nachforschungen, die ich dank eines für mich glücklichen Zufalls noch rechtzeitig anstellen konnte, ist Ihr Tantchen erst ganze vierundzwanzig Stunden nach dem von Ihnen in Ihrem Brief ohne Ehrfurcht vor Gott angegebenen Zeitpunkt gestorben. Ich würde zu keinem Ende kommen, wollte ich alle die Anzeichen aufzählen, an denen ich Ihre Treulosigkeit in Ihrem Verhalten zu mir erkannt habe. Für einen unparteiischen Beobachter genügte wohl schon das, daß Sie mich in jedem Ihrer Briefe Ihren teuersten Freund nennen, und mich mit noch anderen liebenswürdigen Bezeichnungen anreden, was Sie, soweit ich es verstehe, zu keinem anderen Zweck getan haben als um mein Gewissen einzuschläfern.

Ich komme jetzt zu Ihrer mir gegenüber schlimmsten Treulosigkeit und Betrügerei, die in folgendem besteht: in dem andauernden Schweigen in letzter Zeit über alles, was unser gemeinsames Interesse betrifft, in der ruchlosen Entwendung jenes Briefes, in dem Sie, wenn auch dunkel und in einer mir nicht ganz verständlichen Weise, unsere beiderseitigen Vereinbarungen und Bedingungen dargelegt hatten, in der barbarisch gewaltsamen Anleihe von dreihundertfünfzig Silberrubeln, die Sie von mir als Ihrem Halbpartkompagnon gemacht haben, ohne eine Quittung auszustellen, und schließlich in der schändlichen Verleumdung unseres gemeinsamen Bekannten Jewgenij Nikolajewitsch. Ich sehe jetzt eindeutig, daß Sie mir damit beweisen wollten, man könne von ihm, mit Verlaub, wie von einem Bocke weder Milch noch Wolle erwarten, und daß er selbst weder dies noch das sei, weder Fisch noch Fleisch, was Sie ihm in Ihrem Brief vom Sechsten dieses Monats denn auch so quasi als Gebrechen anrechnen. Ich aber kenne Jewgenij Nikolajewitsch nur als einen bescheidenen und sittsamen Jüngling, womit er ja gerade für sich einnimmt und wodurch er in der Gesellschaft Anspruch auf allgemeine Achtung erheben kann und gewiß auch erlangen wird. Es ist mir auch bekannt, daß Sie im Verlaufe von ganzen zwei Wochen ihm allabendlich ein paar Zehnrubelscheine, manchmal sogar bis zu hundert Rubel im Hazardspiel abgenommen haben. Jetzt aber scheinen Sie von alledem nichts mehr wissen zu wollen und weigern sich nicht nur, mir für die ausgestandenen Qualen dankbar zu sein, sondern haben sich sogar noch unwiederbringlich mein eigenes Geld angeeignet, nachdem Sie mich vorher als Ihren Halbpartkompagnon verlockt und mit allerhand möglichen Gewinnen, die auf meinen Anteil kämen, verführt haben. Nachdem Sie sich nun auf so ungesetzliche Weise mein und Jewgenij Nikolajewitschs Geld angeeignet haben, lehnen Sie es ab, sich erkenntlich zu zeigen, und bedienen sich zu dem Zweck der Verleumdung, mit der Sie leichtfertig denjenigen anschwärzen, den ich erst mit Mühe und Nachdruck in Ihr Haus eingeführt habe. Sie selbst aber sollen ja, wie man von Freunden hört, bis auf den heutigen Tag so liebenswürdig mit ihm umgehen, ihn nahezu küssen und umarmen, ja, ihn aller Welt als Ihren besten Freund vorstellen, obgleich doch niemand in der ganzen Gesellschaft so dumm ist, daß er nicht sofort merkte, was Sie mit all Ihren Bemühungen bezwecken und was Ihre freundschaftlichen Beziehungen in Wirklichkeit wert sind. Ich aber erkläre, daß sie nichts weiter als Betrug bedeuten, Treulosigkeit, Vergessen des Anstands und aller Menschenrechte, ruchlos und allseitig lasterhaft sind. Dafür stelle ich mich selbst als Beispiel und Beweis hin. Wodurch habe ich Sie beleidigt und wofür werde ich von Ihnen auf eine so gottlose Weise behandelt?

Ich schließe meinen Brief. Ich habe Ihnen meine Meinung gesagt. Jetzt meine Schlußfolgerung: Wenn Sie, sehr geehrter Herr, nach Empfang dieses Briefes nicht in allerkürzester Zeit mir *erstens* die

Summe von dreihundertfünfzig Silberrubeln, die Sie von mir erhalten haben, vollzählig zurückerstatten und *zweitens* mir nicht alle jene Summen auszahlen, die mir nach Ihren Versprechungen zustehen, so werde ich zu allen eben noch statthaften Mitteln greifen, um Sie zur Herausgabe des Geldes zu zwingen, und sei es selbst mit offener Gewalt; ferner gedenke ich den Schutz der Gesetze zu erbitten; als Letztes teile ich Ihnen mit, daß ich im Besitz gewisser Beweisstücke bin, die, solange sie sich in den Händen Ihres ergebensten Dieners und Verehrers befinden, Ihren Namen in den Augen der ganzen Welt jederzeit entehren und beschmutzen könnten.

Gestatten Sie mir zu verbleiben usw.

VII

(Von Pjotr Iwanytsch an Iwan Petrowitsch)

Den 15. November

Iwan Petrowitsch!

Als ich Ihr pöbelhaftes und zugleich seltsames Schreiben erhielt, wollte ich es im ersten Augenblick schon zerreißen, – aber dann habe ich es der Kuriosität halber doch aufgehoben.

Übrigens bedauere ich von Herzen die Mißverständnisse und Unannehmlichkeiten zwischen uns. Ich hatte nicht vor, Ihnen darauf überhaupt zu antworten. Aber die Notwendigkeit zwingt mich dazu. Und zwar muß ich Ihnen mit diesen Zeilen zu wissen geben, daß es mir äußerst unangenehm wäre, Sie jemals wieder in meinem Hause zu sehen; das gleiche gilt auch von meiner Frau; sie ist von schwacher Gesundheit und der Ihnen anhaftende Teergeruch Ihrer Schaftstiefel könnte ihr schädlich sein. Meine Frau schickt Ihrer Gattin mit vielem Dank das Buch zurück, das noch bei uns geblieben war, den „Don Quijote de la Mancha". Bezüglich Ihrer Galoschen, die Sie bei Ihrem letzten Besuch bei uns angeblich hier vergessen haben, muß ich Ihnen leider mitteilen, daß man sie hier nicht gefunden hat. Es wird aber noch weiter nach ihnen gesucht; sollte man sie jedoch überhaupt nicht finden, so werde ich Ihnen ein neues Paar kaufen.

Im übrigen habe ich die Ehre zu verbleiben usw.

VIII

Am 16. November erhält Pjotr Iwanytsch durch die Stadtpost zwei an ihn adressierte Briefe. Er öffnet das erste Kuvert und entnimmt ihm ein kurios zusammengefaltetes Brieflein auf blaßrosa Papier. Die Handschrift ist die seiner Frau. Adressiert ist es an Jewgenij Nikolajewitsch, datiert vom 2. November. Außer diesem ist im Kuvert nichts zu finden. Pjotr Iwanytsch liest:

Geliebter Eugène! Gestern war es ganz unmöglich. Mein Mann war den ganzen Abend zu Hause. Morgen aber komm unbedingt um Punkt elf. Um halb elf fährt mein Mann nach Zárskoje-Sseló und kehrt von dort erst um Mitternacht zurück. Ich habe mich die ganze Nacht geärgert. Dank für die Nachsicht und die Übersendung der Korrespondenz. Was für ein Haufen Papier! Hat sie das wirklich alles benötigt? Übrigens ist der Stil gut; ich danke Dir; ich sehe, daß Du mich liebst. Sei nicht böse wegen gestern und komme morgen unbedingt! A.

Pjotr Iwanytsch erbricht den zweiten Brief.

Pjotr Iwanytsch!
Ich hätte Ihr Haus ohnehin nie wieder betreten; Sie haben umsonst Papier verschmiert.
In der nächsten Woche reise ich nach Ssimbírsk. Als unschätzbarer und liebenswerter Freund verbleibt Jewgenij Nikolajewitsch bei Ihnen. Ich wünsche Ihnen allen Erfolg. Wegen der Galoschen beunruhigen Sie sich nicht.

IX

Am 17. November erhält Iwan Petrowitsch durch die Stadtpost zwei an ihn adressierte Briefe. Er öffnet das erste Kuvert und zieht ein fahrig und in Eile geschriebenes Brieflein hervor. Die Handschrift ist die seiner Frau. Adressiert ist es an Jewgenij Nikolajewitsch, datiert vom 4. August. Außer diesem ist im Kuvert nichts zu finden. Iwan Petrowitsch liest:

Leben Sie wohl, leben Sie wohl, Jewgenij Nikolajewitsch! Möge Gott Sie auch hierfür belohnen! Seien Sie glücklich, mein Los aber ist bitter, ist schrecklich! Es war Ihr Wille. Ohne Tantchen hätte ich mich Ihnen nicht so anvertraut. Aber lachen Sie weder über mich, noch über Tantchen. Morgen werden wir getraut. Tantchen ist froh, daß sich ein guter Mensch gefunden hat, der mich ohne Mitgift nimmt. Ich habe ihn erst heute zum erstenmal richtig angesehen. Er scheint wirklich ein gutmütiger Mensch zu sein. Man treibt mich zur Eile. Leben Sie wohl, leben Sie wohl... Mein Liebster!! Denken Sie manchmal an mich; ich aber werde Sie nie vergessen. Leben Sie wohl! Ich unterschreibe auch diesen letzten wie meinen ersten Brief... erinnern Sie sich noch? Tatjana

Im zweiten Brief stand folgendes:

Iwan Petrowitsch!
Morgen erhalten Sie ein Paar neue Galoschen. Es ist nicht meine Art, fremdes Eigentum heimlich einzustecken, und ebensowenig, auf den Straßen allerhand Papierfetzen aufzusammeln.
Jewgenij Nikolajewitsch reist in den nächsten Tagen nach Ssimbirsk, in Angelegenheiten seines Großvaters, und hat mich gebeten, mich nach einem Reisegefährten für ihn umzuschauen. Hätten Sie nicht Lust?

HERR PROCHARTSCHIN

Eine Erzählung

In der Pension der Ustínja Fjódorowna hatte den dunkelsten und bescheidensten Winkel Ssemjón Iwánowitsch Prochártschin inne, ein schon älterer, zuverlässiger Mann und kein Trunkenbold. Da Herr Prochártschin nur ein geringes Amt bekleidete und daher auch nur ein seinen amtlichen Fähigkeiten genau entsprechendes Gehalt bezog, so konnte Ustinja Fjodorowna auf keine Weise mehr als fünf Rubel monatlich für diese Schlafstelle von ihm verlangen. Manche sagten, sie hätte hierbei ihre besondere Berechnung gehabt; aber wie dem auch sein mochte, jedenfalls war Herr Prochartschin, gleichsam zur Widerlegung aller seiner Verleumder, zu ihrem Liebling geworden, welche Auszeichnung jedoch nur in anständigem und ehrbarem Sinne zu verstehen ist. Hierzu sei bemerkt, daß Ustinja Fjodorowna eine sehr ehrenwerte und wohlbeleibte Dame war, die eine besondere Vorliebe für fettes Essen und Kaffeetrinken hatte und nur mit Mühe die Fastentage durchhielt. Sie hatte bei sich etliche solcher Winkelmieter und Pensionäre aufgenommen; darunter waren sogar mehrere, die das Doppelte von dem zahlten, was sie von Ssemjon Iwanowitsch bekam, die aber, da sie alle nicht friedlich und ausnahmslos »boshafte Spötter« waren, sich auch über ihre »Weiberart« und angebliche Schutzlosigkeit ständig lustig machten, in ihrer Achtung sehr niedrig standen. Ja, wenn diese Herren nicht pünktlich ihren Monatsbetrag für Kost und Logis bezahlt hätten, so wäre ihnen nicht nur schon längst gekündigt worden, sondern Ustinja Fjodorowna hätte ihnen auch noch zu verstehen gegeben, daß sie sie nie wieder in ihrer Wohnung zu sehen wünsche. In diesen Rang des Bevorzugten oder »Favoriten«, wie die Spötter boshaft sagten, war Ssemjón Iwánowitsch Prochártschin aber erst aufgerückt, nachdem man seinen Vorgänger auf den Wólkowo-Friedhof hinausgetragen hatte, als ein Opfer seiner Leidenschaft für starke Getränke. Er war ein Beamter außer Diensten gewesen, oder vielleicht wäre es richtiger zu sagen: ein aus dem Dienst entlassener Mensch. Trotzdem hatte es dieser Mensch, ungeachtet seines Entlassenseins und seiner Leidenschaft für den Alkohol, und obgleich er ein Auge und ein Bein eingebüßt, die er nach seinen Worten alle beide infolge seiner Tapferkeit verloren, – hatte es dieser Mensch verstanden, die Geneigtheit Ustinja Fjodorownas zu erringen. Wahrscheinlich hätte er auch noch lange bei ihr als ihr treuester Gehilfe und Dauergast weitergelebt, wenn er sich nicht tiefbedauerlicherweise zu Tode getrunken hätte. Aber das hatte sich schon vor Jahren zugetragen, noch im östlichen Stadtteil Peskí, wo von Ustinja Fjodorowna erst nur drei Pensionäre betreut worden waren. Von ihnen war ihr nach dem Umzug in eine neue Wohnung, in der sie ihr Unternehmen stark erweiterte und gegen zehn neue Pensionäre aufnahm, nur Herr Prochartschin gefolgt.

Ob nun Herr Prochartschin allein unverbesserliche Mängel besaß, oder ob von seinen Wohngenossen ein jeder gleichfalls welche aufzuweisen hatte, jedenfalls konnte man sich beiderseits von Anfang an offenbar nicht gut verstehen. Hier sei nun gleich bemerkt, daß alle diese neuen Pensionäre Ustinja Fjodorownas unter sich so einmütig lebten wie leibliche Brüder. Einige von ihnen waren bei derselben Behörde angestellt; alle verspielten sie an jedem Ersten des Monats der Reihe nach ihr Gehalt aneinander in Kartenspielen wie Pharo oder Preference oder auf dem Billard. Sie liebten es, in einer vergnügten Stunde alle in einem Haufen »die schäumenden Augenblicke des Daseins zu genießen«, wie sie das nannten; manchmal liebten sie es auch, von erhabenen Dingen zu sprechen. Obschon es dann selten ohne Streit abging, so störte das, da Vorurteile verpönt waren, das allgemeine Einvernehmen zwischen ihnen doch nicht im geringsten.

Von diesen Winkelmietern waren die bemerkenswertesten Mark Iwánowitsch, ein kluger und belesener Mensch; ferner Oplewánjeff und Prepolowénko, gleichfalls bescheidene und gute Menschen; dann gab es noch einen Sinówij Prokóffjewitsch, dessen Ideal es war, in die höhere Gesellschaft zu gelangen; zuletzt seien noch erwähnt der Schreiber Okeánoff – der seinerzeit Herrn Prochartschin beinahe die Siegespalme des Bevorzugten oder »Favoriten« streitig gemacht hätte –, Ssúdjbin, gleichfalls ein Schreiber, Kantáreff, der kein Beamter war, und noch andere. Allen diesen Leuten war Herr Prochartschin offenbar kein Kamerad. Böses wünschte ihm zwar keiner von ihnen, um so weniger, als sie ihm alle gleich von Anfang an Gerechtigkeit widerfahren ließen und mit dem Urteil Mark Iwanowitschs vollkommen übereinstimmten, nämlich, daß Herr Prochartschin ein friedfertiger und zuverlässiger Mensch sei, allerdings kein Weltmann, dafür aber auch kein Schmeichler, das er natürlich auch seine Fehler habe, doch falls es ihm einmal schlecht ergehen sollte, dieses nur wegen gänzlichen Mangels eines persönlichen Vorstellungsvermögens geschehen könnte. Aber das war es nicht allein: abgesehen davon, daß man ihm somit eigene Phantasie absprach, konnte er auch weder mit seiner Erscheinung, noch mit seinen Manieren einen besonders günstigen Eindruck machen (worüber ja Spötter immer gern herfallen); aber auch darüber ging man nachsichtig hinweg. Mark Iwanowitsch, der ja ein verständiger Mensch war, übernahm gewissermaßen offiziell Herrn Prochartschins Verteidigung, indem er recht geschickt und in schönem, blumenreichem Stil erklärte, Herr Prochartschin sei eben ein schon älterer und solider Mensch, der schon längst die Jahre der elegischen Stimmungen hinter sich habe. Also trug denn doch Ssemjón Iwánowitsch, wenn er sich mit den anderen nicht recht einzuleben verstand, ganz allein die Schuld daran.

Das erste, was allen auffiel, war zweifellos Ssemjon Iwanowitschs sparsame Lebensweise und sein in mancher Hinsicht nachgerade schmutziger Geiz. Diese Eigenheiten bemerkte man nur zu bald und setzte sie ihm aufs Kerbholz; denn Ssemjon Iwanowitsch konnte zum Beispiel niemals und niemandem seine Teekanne leihen, sei es auch nur auf kurze Zeit. Das war um so mehr unrecht von ihm, als er selbst so gut wie nie Tee trank, sondern nur ab und zu, im Bedarfsfall, einen ganz angenehm schmeckenden Aufguß von Feldblumen und einigen Heilkräutern, von denen er immer einen bedeutenden Vorrat bei sich aufbewahrte. Übrigens speiste er auch nicht so, wie es alle anderen Kostgänger zu tun pflegen. Zum Beispiel erlaubte er sich niemals, die ganze Portion des Mittagessens zu verzehren, das Ustinja Fjodorowna täglich ihren Kostgängern verabfolgte. Diese ganze Mahlzeit kostete fünfzig Kopeken. Ssemjon Iwanowitsch aber wollte nur fünfundzwanzig Kopeken in Kupfer ausgeben, niemals mehr als das. Er nahm deshalb von der ganzen Portion immer nur die Hälfte, entweder Sauerkraut mit einer Pastete, oder nur das Rindfleisch. Meist aber aß er weder Kraut noch Fleisch, sondern begnügte sich mit Brot aus gebeuteltem Mehl mit Zwiebeln oder mit Quark oder mit einer Salzgurke oder anderen Zugaben, was weit billiger war. Erst wenn er diese Fastenkost gar nicht mehr aushielt, kehrte er wieder zu seiner halben Portion der Mahlzeit, zu fünfundzwanzig Kopeken, zurück...

Hier muß der Biograph des Herrn Prochartschin gestehen, daß er sich um keinen Preis entschlossen hätte, von so belanglosen, erbärmlichen und heiklen, ja, für manchen Liebhaber eines edlen Stils sogar peinlichen Einzelheiten zu sprechen, wenn nicht gerade in diesen kleinen Einzelheiten die Besonderheit, oder sagen wir: der vorherrschende Charakterzug des Helden dieser Erzählung läge. Denn Herr Prochartschin war keineswegs so arm dran, wie er selbst manchmal versicherte, um sich nicht ständig richtige und nahrhafte Beköstigung leisten zu können. Sondern er tat, was er tat, ohne das Urteil der Menschen und die Schande zu fürchten, einzig zur Befriedigung seiner seltsamen Lüste, tat es aus knickerigster Sparsamkeit und übertriebener Vorsicht, was sich übrigens erst späterhin deutlich herausstellen wird. Aber wir wollen uns doch davor hüten, den Leser mit der Schilderung aller Lüste Ssemjon Iwanowitschs zu langweilen. So übergehen wir zum Beispiel nicht nur die merkwürdige und für den Leser reichlich amüsante Wiedergabe aller seiner Mucken. Wir würden auch, wenn uns nicht Ustinja Fjodorownas ausdrückliche Aussage vorläge, selbst das wohl kaum erwähnen, daß Ssemjon Iwanowitsch sich in seinem ganzen Leben nie richtig dazu entschließen konnte, seine Wäsche zum Waschen zu geben. Wenn er es aber doch einmal tat, so geschah das so selten, daß man in den Zwischenzeiten das Vorhandensein von Wäsche auf seinem Leibe vollkommen vergessen konnte. Nach den Aussagen der Wirtin hatte ihr »liebes Nesthäkchen Ssemjon Iwanowitsch, das schutzsuchende Seelchen«, zwei Jahrzehnte in einem Winkel bei ihr gehaust, ohne jedwedes Schamgefühl. Denn er hatte sich die ganze Zeit nicht nur gegen Socken, Taschentücher und ähnliche Sachen ständig und eigensinnig gesträubt, sondern Ustinja Fjodorowna hatte sogar mit eigenen Augen gesehen, dank der Altersrisse in seinem Bettschirm, daß er, ihr Nesthäkchen, mitunter nicht einmal das Notwendigste gehabt habe, um sein weißes Körperchen zu bedecken. Doch solche Gerüchte kamen erst nach dem Tode Ssemjon Iwanowitschs in Umlauf. Denn zu seinen Lebzeiten (und das war einer der Hauptanlässe zu Streitigkeiten mit den anderen) konnte er es absolut nicht vertragen, daß jemand, und wäre es auch einer, mit dem er sich sonst kameradschaftlich gut stand, ungefragt seine neugierige Nase in seinen Winkel steckte, sei es auch nur unter Benutzung der Risse im alten Bettschirm. Er war ein völlig unzugänglicher Mensch, schweigsam und für müßige Unterhaltung nicht zu haben. Ratgeber liebte er in keinerlei Gestalt. Vorwitzige konnte er gleichfalls nicht leiden; immer pflegte er die Spötter oder nasenweisen Ratgeber auf der Stelle abzukanzeln, und damit war dann der Anschlag abgewiesen.

»Du dummer Bengel, du Tagedieb, willst hier den Ratgeber spielen, das fehlte noch! Schau lieber in deine eigene Tasche, was du da drin hast, mein Herr, zähl' lieber nach, aus wieviel Fäden deine Fußlappen bestehen, du Bengel, du unnützer ... das fehlte noch!«

Ssemjon Iwanowitsch war ein einfacher Mensch und sagte zu allen ausnahmslos Du. Auch konnte er es nicht leiden, wenn ihn jemand, der seine Mucken kannte, nur zum Scherz oder aus Ungezogenheit fragte, was er denn eigentlich in seinem Koffer aufbewahrte... Ssemjon Iwanowitsch besaß nämlich einen Koffer, der unter seinem Bett stand und den er wie seinen Augapfel behütete. Obgleich alle wußten, daß in ihm außer alten Lappen, zwei oder drei Paar zerrissener Stiefel und allem möglichen sonstigen Kram so gut wie gar nichts enthalten war, schätzte Herr Prochartschin dieses sein bewegliches Mobiliar doch sehr hoch. Ja, einmal ließ er sogar etwas von seiner Absicht verlauten, das alte, aber sehr starke Schloß des Koffers durch ein neues Schloß deutscher Arbeit, das verschiedene knifflige Sicherheitsvorkehrungen und heimliche Federn haben sollte, zu ersetzen. Als aber einmal Sinówij Prokóffjewitsch infolge seiner jugendlichen Unachtsamkeit einen sehr taktlosen, ja, groben Verdacht äußerte, nämlich, daß Ssemjon Iwanowitsch wahrscheinlich in diesem Koffer seine Ersparnisse aufbewahrte, um sie seinen Nachkommen zu hinterlassen, da waren alle Anwesenden angesichts der außergewöhnlichen Folgen dieser Unbedachtsamkeit Sinowij Prokoffjewitschs sprachlos vor Verwunderung. Erstens konnte Herr Prochartschin auf einen so plumpen Gedanken nicht sofort eine angemessene Erwiderung finden. Dann aber stürzten über seine Lippen nur Worte ohne jeglichen Zusammenhang, und erst nach einiger Zeit konnte man endlich erraten, daß Ssemjon Iwanowitsch den Sinowij Prokoffjewitsch wegen einer längst vergangenen schäbigen Angelegenheit beschimpfte. Darauf prophezeite

Ssemjon Iwanowitsch, daß Sinowij Prokoffjewitsch nie in die höhere Gesellschaft gelangen und ihn der Schneider, dem er noch einen Anzug schuldete, einfach verprügeln werde, ja, unbedingt gerade verprügeln, da der »dumme Junge« ihn noch nicht bezahlt habe. »Du dummer Junge«, fügte Ssemjon Iwanowitsch hinzu, »du willst zu den Husaren gehn, aber ich sage dir, das wird dir nie gelingen. Merk dir das, du dummer Junge, und so wie die Obrigkeit von dir alles erfahren wird, wird sie dich zum Schreiber degradieren. Siehst du jetzt, wie's ist, du dummer Junge!« Damit schien sich Ssemjon Iwanowitsch zunächst zu beruhigen. Aber siehe da, nachdem er fast fünf Stunden wie in Nachdenken versunken dagelegen hatte, fing er plötzlich, zum größten Erstaunen aller, zuerst nur vor sich hin, dann aber wieder zu Sinowij Prokoffjewitsch gewandt, zu schelten an. Damit aber war die Sache auch noch nicht abgetan. Denn als am Abend Mark Iwánowitsch und Prepolowénko den Einfall hatten, zusammen Tee zu trinken und den Schreiber Okeánoff zum Mittrinken einzuladen, da kletterte auch Ssemjon Iwanowitsch aus seinem Bett, setzte sich absichtlich zu ihnen, steuerte seine zwanzig oder fünfzehn Kopeken bei und begann unter dem Vorwand, daß er plötzlich auch Tee trinken wolle, sich sehr weitschweifig über dasselbe Thema auszubreiten und auseinanderzusetzen, daß ein armer Mensch eben nur ein armer Mensch sei und sonst nichts weiter, und daß ein armer Mensch keine Ersparnisse machen könne. So gestand denn Herr Prochartschin, und zwar einzig deshalb, weil es jetzt zur Sprache gekommen, daß er ein armer Mensch war. Noch vorgestern hätte er diesen verwegenen Menschen bitten wollen, ihm einen Rubel zu leihen, jetzt aber werde er ihn nicht mehr darum angehen, damit der dumme Junge nicht den Gönner spielen könne. Aber sein Gehalt sei in der Tat so gering, daß er sich nicht einmal die nötige Nahrung kaufen könne; schließlich müsse er, dieser arme Mensch, als den ihn doch jeder kenne, allmonatlich noch fünf Rubel seiner Schwägerin nach Twer schicken, und wenn er sie ihr nicht schicken würde, so würde die Schwägerin sterben. Wenn sie aber sterben würde, dann würde er sich sofort neu einkleiden können... Und lange noch und ausführlich sprach Ssemjon Iwanowitsch vom armen Menschen, von den fünf Rubeln und von der Schwägerin; er wiederholte dasselbe des stärkeren Eindrucks auf die Zuhörer halber so oft und so lange, bis er endlich selbst ganz wirr wurde und verstummte. Aber nach drei Tagen, als schon niemand mehr ihn anzugreifen beabsichtigte und alle ihn schon vergessen hatten, fügte er plötzlich noch wie zum Abschluß hin: Wenn Sinowij Prokoffjewitsch zu den Husaren gehe, so werde man diesem dreisten Menschen im Kriege ein Bein abschießen, und wenn er dann mit einem Stelzbein betteln gehen werde und ihn bitten werde: »Gib mir, guter Mensch Ssemjon Iwanowitsch, doch ein Stückchen Brot!« dann werde er, Ssemjon Iwanowitsch, ihm *nichts* geben und werde diesen übermütigen Menschen Sinowij Prokoffjewitsch nicht einmal ansehen, und das würde so viel besagen, wie: »Da hast du's jetzt!«

Alles das wirkte, wie nicht anders zu erwarten, überaus merkwürdig und zu gleicher Zeit furchtbar komisch. Ohne sich lange zu bedenken, verabredeten sich nun die übrigen Pensionäre und beschlossen, zur weiteren Untersuchung der Sachlage und eigentlich nur aus Neugierde, sich gegen Herrn Prochartschin zusammenzutun und gemeinsam einen entscheidenden Angriff auf ihn zu unternehmen. Herr Prochartschin hatte es sich nämlich in letzter Zeit angewöhnt, das heißt: seitdem er sich am geselligen Leben der anderen beteiligte, sich in jedes Gespräch einzumischen, sie nach allem und jedem auszufragen, sich nach vielem wißbegierig zu erkundigen, was er wahrscheinlich aus besonderen, geheimen Gründen tat. So war der Verkehr zwischen den beiden ursprünglich feindlichen Parteien ohne alle anbahnenden Vorbereitungen und vergeblichen Bemühungen gleichsam zufällig und ganz von selbst in Gang gekommen. Übrigens hatte sich Ssemjon Iwanowitsch eine sehr schlaue Taktik ausgedacht, mittels der er sich auf anständige Weise abends zu den anderen gesellen konnte, ein Manöver, das dem Leser zum Teil bereits bekannt ist: Wenn er sah, daß die anderen sich irgendwo zusammentaten, um einen Tee mit Likör oder sonstigen Zutagen zu trinken, so kletterte er ganz einfach aus seinem Bett, ging als bescheidener, kluger und liebenswürdiger Mensch zu ihnen und legte seine obligatorischen zwanzig Kopeken auf den Tisch, was bedeuten sollte, daß er sich zu beteiligen wünschte. Die jungen Leute tauschten hierauf heimlich Blicke aus und – Ssemjon Iwanowitsch wurde einwandlos zugelassen. Man bemühte sich, zuerst ein anständiges und vernünftiges Gespräch zu führen, darauf aber begann einer der helleren Köpfe, als ob nichts dabei wäre, auf verschiedene Neuigkeiten überzugehen. Nun war die Sache die, daß diese Neuigkeiten von dem Erzähler ganz willkürlich erdacht und wiedergegeben wurden. Zum Beispiel erzählte man, wie Seine

Exzellenz zu Demíd Wassíljewitsch gesagt habe, daß seiner Meinung nach die verheirateten Beamten sich als weit solider erwiesen als die unverheirateten und daher bei der Beförderung den anderen stets vorzuziehen seien; denn erstens wären sie ruhiger, und zweitens entwickle die Ehe in ihnen viel mehr Fähigkeiten. Darum, fügte der betreffende Erzähler der Nachricht von sich aus hinzu, werde auch er hinfort, um sich bequemer auszeichnen zu können und vorwärts zu kommen, bemüht sein, sich baldmöglichst mit irgendeiner Fewrónja Prokóffjewna zu verehelichen. Oder ein anderes Beispiel: Wie alle bemerkt hätten, entbehrten die Unverheirateten unter ihnen jeglicher angenehmen und guten Manieren eines Weltmannes und könnten deshalb in der Gesellschaft und besonders den Damen nicht gefallen. Um nun diesen Mißstand zu beheben, solle unverzüglich jedem Beamten von seinem Monatsgehalt ein Teil abgezogen werden, und für die so gewonnene Summe solle ein Saal eingerichtet werden, in dem man Unterricht im Tanzen erhalten, alle Anzeichen guter Lebensart – wie tadelloses Benehmen, Höflichkeit, Ehrerbietung vor den Älteren, Charakterfestigkeit, Dankbarkeit und Herzensgüte und überhaupt angenehme Manieren – lernen könnte. Bald wiederum begann man davon zu sprechen, daß jetzt ein Plan ausgearbeitet werde, demzufolge gewisse Beamte, und zwar zuerst die ältesten, ein Examen in allen Fächern würden ablegen müssen, um schneller einen vorgesehenen Bildungsgrad zu erreichen. Auf diese Weise, fügte der Erzähler von sich aus hinzu, werde es für viele auf eine große Blamage hinauslaufen, und gar manche Herren würden dann wohl die Karten aus der Hand legen müssen. Kurz, es wurden unzählige freierfundene Geschichten von dieser und ähnlicher Art erzählt und erörtert. Und natürlich taten alle, als glaubten sie im Ernst an die Möglichkeit solcher Absichten, und ein jeder schien besorgt zu erwägen, inwieweit das auch ihn angehen könnte. Man erkundigte sich, debattierte, manche nahmen eine traurige Miene an, schüttelten den Kopf oder wiegten das Haupt und baten um Rat, was denn für sie wohl das Beste wäre zu tun, wenn es sie beträfe? Selbstverständlich wäre auch manch ein anderer Mensch, selbst von längst nicht so argloser und friedliebender Art wie Herr Prochartschin, angesichts dieser allgemeinen Erörterungen erschrocken und konfus geworden. Überdies konnte man ja aus allen Anzeichen schon unfehlbar schließen, daß unser Ssemjon Iwanowitsch viel zu stumpfsinnig und schwerfällig war, um einen neuen Gedanken, an den sich sein Verstand noch nicht gewöhnt hatte, zu erfassen. So war er denn, wenn er einmal irgendwo eine Neuigkeit hörte, genötigt, sie erst mal zu verdauen, oder richtiger, an ihr herumzukauen, nach ihrem Sinn zu suchen, dabei sinnlos herumzuirren und sich zu verwickeln. Wenn er dann endlich die Aufgabe bewältigt zu haben glaubte, so geschah das auf irgendeine ganz ungewohnte, nur ihm allein eigene Art... Da offenbarten sich dann in Ssemjon Iwanowitsch plötzlich interessante und bislang ihm gar nicht zugetraute Fähigkeiten. Es gab nun allerhand Gerede und Geschwätz, und alles dies fand, mit Zusätzen versehen, schließlich auch seinen natürlichen Weg in seine Kanzlei. Der Eindruck wurde nicht unwesentlich verstärkt durch den Umstand, daß Herr Prochartschin, der seit undenklichen Zeiten fast immer ein und dasselbe Gesicht gehabt hatte, plötzlich und ohne jeden sichtbaren Grund eine ganz andere Physiognomie annahm: Sein Gesicht wurde unruhig, sein Blick ängstlich, zaghaft und ein wenig mißtrauisch; er fing an, leise zu gehen, zusammenzufahren und hinzuhorchen, wenn andere sprachen. Mit einem Mal bekundete er, gewissermaßen zur Krönung aller seiner neuen Eigenschaften, einen erstaunlichen Eifer für die Erkundung der Wahrheit. Diese Liebe zur Wahrheit trieb ihn schließlich so weit, daß er es wagte, sogar zweimal wagte, sich bei Demíd Wassíljewitsch persönlich nach der Glaubwürdigkeit gewisser Gerüchte zu erkundigen, die ihm nun täglich massenweise zu Ohren kamen. Wenn wir hier die Folgen dieser seiner Kühnheit verschweigen, so geschieht das nur aus aufrichtigem Mitleid mit seiner Reputation. So kam es denn, daß man alsbald fand, er sei ein Misanthrop und mißachte die gesellschaftlichen Anstandsregeln. Danach fand man, daß in ihm doch auch viel Phantastisches stecke, und auch darin irrte man sich keineswegs; denn es war schon mehrfach bemerkt worden, daß Ssemjon Iwanowitsch mitunter in vollkommene Selbstvergessenheit verfiel, mit offenem Mund und in die Luft gehaltenem Gänsekiel dasaß, als wäre er erstarrt oder versteinert, und mehr nur der Silhouette eines vernünftigen Wesens als einem vernünftigen Wesen selbst glich. Auch kam es nicht selten vor, daß einer der arglos Maulaffen feilbietenden Schreiber, wenn er plötzlich dem trüben, umherirrenden, gleichsam etwas suchenden Blick Herrn Prochartschins begegnete, erschrak, erzitterte und auf das wichtige Aktenstück, das er vor sich hatte, entweder einen Klecks machte oder irgend ein ganz unnötiges Wort hinsetzte. Diese Unzulässigkeit seines Benehmens befremdete und verletzte so manche der wirklich wohlerzogenen Leute... Als sich aber eines Morgens in der Kanzlei das Gerücht verbreitete, Herr Prochartschin habe sogar seinen Bürochef Demid Wassiljewitsch erschreckt, sich nämlich bei einer Begegnung im Korridor dermaßen eigenartig und sonderbar benommen, daß sein Chef genötigt gewesen war, ihm auszuweichen, da war man allgemein überzeugt, daß die Entwicklung seines Geistes eine gefährliche Richtung eingeschlagen hatte. Dieses Gerücht kam schließlich auch ihm selbst zu Ohren. Nachdem er das gehört hatte, stand er auf, ging vorsichtig an allen Tischen und Stühlen vorbei, erreichte das Vorzimmer, nahm eigenhändig seinen Mantel vom Kleiderständer, zog ihn an, ging hinaus und – verschwand. Warum er verschwand? Wer kann das wissen! Ob er den Mut vollständig verlor oder ihn etwas anderes fortzog, das mag dahingestellt sein. Jedenfalls ließ er sich zunächst weder zu Hause noch in der Kanzlei blicken...

Wir werden nun nicht das Schicksal Ssemjon Iwanowitschs einfach durch seine Neigung zum Phantastischen zu erklären versuchen. Aber wir können es doch nicht unterlassen, den Leser darauf aufmerksam zu machen, daß unser Held nichts weniger als ein Weltmann, sondern ein sanfter, stiller Mensch war, und früher, bevor er in diese Gesellschaft der zahlreichen Pensionäre geraten war, in vollständiger, dumpfer, undurchdringlicher Einsamkeit gelebt und sich nur durch sein stilles, ja sogar gleichsam geheimnisvolles Wesen ausgezeichnet hatte. Denn die ganze Zeit seines früheren Lebens im Stadtteil Peskí hatte er in seiner Freizeit auf seinem Bett hinter dem Bettschirm gelegen, geschwiegen und mit niemandem verkehrt. Seine beiden alten Wohngenossen hatten das gleiche Leben geführt. In dieser patriarchalischen Windstille waren die glücklichsten, in ruhevollem Dösen verbrachten Tage und Stunden so dahingezogen, eine nach der anderen, und da alles um sie herum in der gleichen Ordnung und Reihenfolge seinen Gang nahm, so konnte sich weder Ssemjon Iwanowitsch, noch Ustinja Fjodorowna kaum richtig erinnern, wann das Schicksal sie eigentlich zusammengeführt hatte. »Ob es nun zehn Jahre her ist oder schon fünfzehn oder gar fünfundzwanzig, daß er, mein Täubchen, bei mir nistet, das weiß ich nicht«, sagte sie mitunter zu ihren neuen Pensionären. Und so war es denn sehr verständlich, daß der Held unserer Erzählung unangenehm überrascht war, als er sich – genau vor einem Jahr – plötzlich inmitten dieser unruhigen, lärmenden

Bande von ganzen zehn jungen Leuten fand, die ihn nun als seine neuen Mitpensionäre und Hausgenossen umgaben.
Das Verschwinden Ssemjon Iwanowitschs rief in der Wohnung Ustinja Fjodorownas keine geringe Aufregung hervor. Man bedenke schon das allein, daß er doch ihr Musterknabe war; zweitens erwies es sich, daß sein Paß, den sie als Hausfrau aufbewahrte, sich auf einmal zufällig nicht mehr finden ließ. Ustinja Fjodorowna begann zu schluchzen – wozu sie in kritischen Fällen immer ihre Zuflucht nahm. Zwei Tage lang machte sie ihren Pensionären Vorwürfe, schalt sie und fiel über sie her, weil sie ihren ältesten Mieter vertrieben und wie ein armes Küchlein ins Verderben geschickt hätten, »alle diese bösen Spötter«; am dritten Tag aber jagte sie sie alle hinaus auf die Suche nach dem Flüchtling, mit dem Befehl, ihn um jeden Preis, tot oder lebendig, einzufangen. Gegen Abend kam dann als erster der Schreiber Ssúdjbin zurück und berichtete, er sei ihm auf der Spur, habe den Flüchtling auf dem Trödelmarkt und noch an anderen Stellen gesehen, er sei ihm gefolgt, habe in seiner Nähe gestanden, aber nicht gewagt, ihn anzureden; auch bei einer Feuersbrunst in der Krummen Gasse, wo ein Haus in Brand geraten sei, habe er sich unweit von ihm aufgehalten. Eine halbe Stunde darauf erschienen Okeánoff und Kantáreff, der kein Beamter war, und bestätigten Wort für Wort den Bericht Ssudjbins: sie hätten gleichfalls in seiner Nähe gestanden, aber sich auch nicht getraut, ihn anzureden; beide hätten sie bemerkt, daß Ssemjon Iwanowitsch mit einem gewissen Simowéikin, einem Trunkenbold und obdachlosen Schmarotzer, zusammen war. Schließlich fanden sich auch die anderen Pensionäre ein, und nachdem sie aufmerksam alle Berichte angehört hatten, meinten sie, also befinde sich Prochartschin schon irgendwo hier in der Nähe und dann werde er wohl bald wieder heimfinden. Im übrigen hatten sie alle schon früher gewußt, daß Ssemjon Iwanowitsch mit dem Trunkenbold Simoweikin bekannt war. Dieser Simoweikin war ein ganz heruntergekommener Mensch, gewalttätig und geschickt, sich überall einzuschmeicheln; es war wohl anzunehmen, daß er auch unseren Ssemjon Iwanowitsch irgendwie umgarnt hatte. Erst eine Woche vor dem Verschwinden Ssemjon Iwanowitschs war er mit seinem Freunde Remneff hier bei uns aufgetaucht, hatte kurze Zeit sogar hier gehaust und erzählt, daß er um des Rechtes willen »zu leiden gehabt habe«.[1] Er habe in der Provinz eine Stellung als Beamter gehabt, aber dann sei ihnen ein Revisor auf den Hals geschickt

worden; danach hätte man ihn und seine Genossen sogleich an die Luft gesetzt, angeblich wegen ihres Einstehens für »Recht und Wahrheit«. Hierauf sei er nach Petersburg gekommen und Porfirij Grigórjewitsch zu Füßen gefallen, und auf dessen Fürsprache hin habe man ihm verziehen und ihn wieder bei einer Behörde angestellt. Jedoch infolge des grausamen Schicksals, das ihn leider verfolge, sei er auch hier entlassen worden, weil nämlich gerade diese Behörde alsbald aufgehoben wurde. Nach ihrer Umgestaltung aber habe man ihn in den neuen Beamtenstab nicht mehr aufgenommen, sowohl wegen mangelnder Eignung zu diesem Kanzleidienst als auch aus Gründen seiner besonderen Eignung zu einem ganz andersartigen Dienst, – alles in allem jedoch und zugleich wegen seiner Liebe zu Recht und Wahrheit, und schließlich wegen des Ränkespiels seiner Feinde. Nach der Erzählung dieser seiner Geschichte, während der Herr Simoweikin seinen finster dreinblickenden und unrasierten Freund Remneff mehrfach geküßt hatte, war er dazu übergegangen, sich von allen der Reihe nach zu verabschieden, von allen Anwesenden, und auch Awdótja, die Magd, war von ihm nicht übersehen worden. Er hatte sie alle seine Wohltäter genannt und erklärt, er selbst sei ein unwürdiger Mensch, aufdringlich, gemein, aufbrausend und dumm; aber die guten Leute möchten doch keine zu hohen Ansprüche an ihn stellen, angesichts seines jämmerlichen Schicksals und seiner Einfalt, worauf er mit der Bitte um gütige Gönnerschaft geschlossen hatte. Danach aber hatte sich Herr Simoweikin als ein sehr lustiger Spaßmacher erwiesen, war guter Dinge gewesen, hatte auch Ustinja Fjodorowna die Hand geküßt, trotz ihrer bescheidenen Versicherungen, ihre Hand wäre doch nur eine ganz gewöhnliche, keine adelige Hand, und zum Abend hatte er der ganzen Gesellschaft sein Talent in einem bemerkenswerten Charaktertanz zu zeigen versprochen. Doch schon am nächsten Tag hatte sein Auftreten bei uns ein bedauernswert schnelles Ende gefunden, sei es deshalb, weil sein Charaktertanz schon gar zu charakteristisch ausgefallen war, oder sei es, weil er sich Ustinja Fjodorowna gegenüber, nach ihren Worten, »ehrlos und beleidigend« benommen hatte; sie aber wäre doch mit Jarosláff Iljítsch persönlich bekannt und könnte, wenn sie nur wollte, schon längst die Gattin unseres nächsten Polizeioffiziers sein. Jedenfalls war dem Simoweikin nichts anderes übriggeblieben als sich davonzumachen. Er war also weggegangen, war aber zurückgekehrt, war dann wieder mit Schimpf und Schande davon-

gejagt worden, hatte sich darauf in Herrn Prochartschins Aufmerksamkeit und Gunst einzuschleichen verstanden, hatte ihm so nebenbei die neue Hose geklaut und war nun zu guter Letzt als Ssemjon Iwanowitschs Verführer von neuem aufgetaucht.
Als die Hausfrau hörte, daß Ssemjon Iwanowitsch noch lebte und gesund war, und daß sie folglich den Paß nicht mehr zu suchen brauchte, ließ sie das Trauern und beruhigte sich bald. Da fiel es aber einigen von den jungen Leuten ein, für den Entlaufenen einen feierlichen Empfang vorzubereiten: Sie murksten an dem Schloß des Bettschirms herum, bis sie es öffnen konnten, rückten dann den Schirm vom Bett des Verschwundenen ab, zerwühlten ein wenig die Kissen, zogen den bekannten Koffer unter dem Bett hervor und stellten ihn am Fußende auf das Bett. Darauf machten sie aus einem alten Umschlagetuch, einer Haube und einem Morgenrock der Ustinja Fjodorowna eine Puppe, die sie als die schlafende Schwägerin auf das Lager legten, »zur Erholung von der Reise«. Diese Puppe war ihnen tatsächlich so gut gelungen, daß man sie ohne weiteres für eine schlafende Frau hätte halten können. Als sie mit ihrer Arbeit fertig waren, warteten sie nur noch auf Herrn Prochartschins Heimkehr, um ihn mit der Nachricht zu empfangen, seine Schwägerin sei aus der Provinz eingetroffen und habe sich in seinem Winkel hinter dem Bettschirm niedergelegt. Aber sie warteten und warteten, warteten wiederum und warteten weiter... Inzwischen hatte Mark Iwanowitsch schon sein halbes Monatsgehalt an Prepolowénko und Kantáreff verspielt, und Okeánoffs Nase war schon ganz rot geworden und geschwollen vom Verlieren im Noskíspiel[2], nachdem sie vorher Dreiblatt gespielt hatten. Awdotja, die Magd, hatte sich fast schon ganz ausgeschlafen und war bereits zweimal im Begriff gewesen, aufzustehen, um das Holz herbeizutragen und den Ofen zu heizen. Sinówij Prokóffjewitsch war schon bis auf die Haut durchnäßt, da er immer wieder hinausgelaufen war, um nach Herrn Prochartschin Ausschau zu halten. Aber es kam niemand, weder er noch der Trunkenbold und Schmarotzer Simoweikin. Schließlich legten sich doch alle schlafen, aber die Schwägerin ließ man für alle Fälle auf seinem Bett. Erst um vier Uhr morgens ertönte ein Pochen ans Haustor, aber dafür war es ein so gewaltiges Pochen, daß es die Wartenden für alle ihre Mühen vollauf entschädigte. Ja, er war es, er selbst, Ssemjon Iwanowitsch, Herr Prochártschin, aber in einem solchen Zustand, daß alle nur »Achgott« ausriefen und nie-

mand mehr an die Schwägerin dachte. Der Verlorengegangene erschien bewußtlos. Man brachte ihn, oder richtiger, es trug ihn auf den Schultern ein vollkommen durchnäßter und durchfrorener, zerlumpter Nachtdroschkenkutscher. Auf die Frage der Wirtin, wo sich denn der Arme so betrunken habe, antwortete der Droschkenkutscher: »Er is' ja gar nich betrunken, is' es auch gar nich gewesen, kannst mir scho glauben, ich kenn' mich da aus; aber ob's bloß 'ne Ohnmacht is oder 'n Starrkrampf oder ob ihn der Schlag gerührt hat, das weiß ich nu nich...«
Man begann ihn zu untersuchen, lehnte ihn an den Ofen, damit er eine Stütze habe, und überzeugte sich, daß er weder betrunken noch vom Schlag gerührt war. Aber irgend etwas mußte ihm doch zugestoßen sein: er konnte auch die Zunge nicht bewegen, und eine Art Schüttelfrost überlief seinen Körper. Nur die Augen klappte er auf und zu, er sah verständnislos bald den einen, bald den anderen der ihn umstehenden Zuschauer in ihren Nachtkostümen an. Man fragte den Droschkenkutscher, wo er ihn denn aufgelesen habe?
»Ja, dort in der Vorstadt haben sie ihn mir aufgeladen«, sagte der Droschkenkutscher, »der Henker weiß, was es für Leute waren, Herren oder nich Herren, aber Müßiggänger jedenfalls, die wohl schon was getrunken hatten und lustig waren; sie haben ihn mir so übergeben, wie er da is; ob sie sich geprügelt haben oder ob ihn sonst was befallen hat, vielleicht 'n Krampf, das mag Gott wissen; aber lustig waren sie schon und freigebig... *Gute* Menschen!«
Man hob Ssemjon Iwanowitsch auf, lud ihn auf ein Paar kräftige Schultern und trug ihn auf sein Bett. Als aber Ssemjon Iwanowitsch auf seine »Schwägerin« unter sich und mit den Füßen an seinen hochheiligen Koffer stieß, da schrie er gleich wie am Spieß auf, kauerte sich hockend zusammen und suchte zitternd und bibbernd mit Händen und Beinen, so gut es ging, den ganzen Raum auf seinem Bett zu bedecken, während sein flackernder, aber seltsam entschlossener Blick, mit dem er die Anwesenden in Schach hielt, sagen zu wollen schien, daß er eher zu sterben bereit sei als auch nur ein Hundertstel seiner armseligen Habe irgend jemandem abzutreten.
Ssemjon Iwanowitsch lag zwei oder drei Tage lang auf seinem Bett hinter dem Schirm, war somit dicht isoliert von der ganzen übrigen Gotteswelt und allen ihren nichtigen Aufregungen. Natürlich hatten ihn die anderen alle schon am nächsten Tage vergessen,

was ja nur zu verständlich war; die Zeit flog dahin wie sie's gewohnt war, Stunden folgten auf Stunden, Tage auf Tage. Halbschlaf und Fieberphantasien umfingen den schweren und heißen Kopf des Kranken; aber er lag ganz still da, stöhnte nicht und klagte nicht; im Gegenteil, er schwieg und muckste nicht und drückte sich nur flach an sein Bett, wie ein Hase, der sich vor Angst an die Erde drückt, wenn er die Jagd hört. Zu einer gewissen Tageszeit trat in der Wohnung eine langandauernde melancholische Stille ein, – das Anzeichen, daß alle Untermieter sich entfernt hatten, zum Dienst gegangen waren. Ssemjon Iwanowitsch konnte dann, wenn er wach wurde, seine Langeweile nach Belieben damit vertreiben, daß er auf das Geräusch in der nahen Küche achtete, wo die Wirtin herumhantierte, oder auf das gleichmäßige Schlurfen der abgetretenen Schuhe der Magd Awdotja, die in allen Zimmern stöhnend und sich räuspernd aufräumte, den Boden aufwischte und alles wieder in Ordnung brachte. So vergingen ganze Stunden immer in gleicher Weise, schläfrig, faul, langweilig und so eintönig, wie das Wasser in der Küche vom Hahn ins Becken tropfte, immer im gleichen Abstand, mit gleichem Klang. Schließlich kehrten die Untermieter zurück, einzeln oder in Gruppen. Ssemjon Iwanowitsch konnte dann ganz mühelos hören, wie sie über das Wetter schimpften, ihr Essen verlangten, lärmten, rauchten, sich zankten, wieder versöhnten, Karten spielten und mit den Tassen klapperten, wenn sie sich anschickten, ihren Tee zu trinken. Ssemjon Iwanowitsch machte ganz mechanisch eine Anstrengung, um aufzustehen und sich herkömmlicherweise an der Herstellung dieses Getränkes zu beteiligen, versank aber sofort in Schlaf und träumte, er sitze schon lange am Teetisch, trinke mit und beteilige sich an der Unterhaltung, und Sinówij Prokóffjewitsch habe bereits die Gelegenheit benutzt, um in das Gespräch einen Plan über die Schwägerinnen einzuflechten und besonders über die moralischen Verpflichtungen gewisser guter Leute gegen sie. Da schickte sich Ssemjon Iwanowitsch schon an, sich zu rechtfertigen und etwas zu entgegnen. Aber siehe da, plötzlich erscholl aus jedem Munde die allmächtige Phrase aller dienstlichen Vorschriften: »wie mehrfach bemerkt worden ist«; damit waren alle seine Entgegnungen abgeschnitten, und Ssemjon Iwanowitsch konnte sich nichts Besseres ausdenken als schnell von etwas anderem zu träumen, und zwar, daß heute der Erste des Monats sei und er in seiner Kanzlei viele Silberrubel erhalte. Auf der Treppe rollte er das Papier, in dem sie sich befanden, auf, blickte sich schnell um und beeilte sich, die Hälfte der erhaltenen Summe abzuteilen und geschwind in seinem Stiefel verschwinden zu lassen. Darauf nahm er sich vor, immer noch hier auf der Treppe stehend und ohne sich darum zu kümmern, daß er sich in seinem Bett befand und träumte, – nahm er sich vor, nach seiner Heimkehr unverzüglich das Nötige für Kost und Logis der Wirtin zu bezahlen, darauf noch einiges Notwendige zu kaufen und dann ein paar Leuten, die sich am besten dazu eigneten, wie zufällig und scheinbar ganz unabsichtlich mitzuteilen, daß er einen Abzug vom Gehalt erlitten habe. So bleibe ihm nun so gut wie nichts übrig, und er könne jetzt auch der Schwägerin nichts mehr schicken. Anschließend hieran aber wollte er noch allerhand Trauriges über diese Schwägerin erzählen, auch morgen und übermorgen sie wortreich bejammern und nach etwa zehn Tagen abermals auf ihre Armut zu sprechen kommen, damit seine Hausgenossen es nur ja nicht vergäßen. Nachdem er sich das so zurechtgelegt und vorgenommen, sah er auf einmal, daß auch Andréi Jefímowitsch, dieses selbe kleine, ewig schweigsame kahlköpfige Männlein, das in der Kanzlei ganze drei Zimmer weit von Ssemjon Iwanowitschs Platz saß und in zwanzig Jahren noch nie ein Wort mit ihm gewechselt hatte, gleichfalls dort auf der Treppe steht, seine Silberrubel zählt, den Kopf schüttelt und zu ihm sagt: »Ja, ja, das Geld! Gibt es kein Geld, so gibt's auch keinen Brei für die Kinder«, fügt er ernst hinzu, indem er die Treppe hinabsteigt, und erst an der Haustür schließt er: »Ich aber, mein Herr, habe ihrer ganze sieben!« Hierbei zeigt das glatzköpfige Männlein, wahrscheinlich gleichfalls ohne es zu gewahren, daß er hier nur als Wahnbild vorhanden ist und keineswegs in wacher Wirklichkeit, mit der Hand in absteigender Linie die Größe seiner sieben Kinder an und murmelt dazu, der älteste gehe schon aufs Gymnasium, worauf er Ssemjon Iwanowitsch entrüstet ansieht, ganz als ob dieser daran schuld wäre, daß er ihrer sieben hat, drückt seinen Hut auf die Stirn, rückt sich in seinem Mantel zurecht, wendet sich nach links und ist verschwunden. Ssemjon Iwanowitsch erschrak sehr, und obschon er von seiner Unschuld an der unangenehmen Ansammlung von ganzen sieben unter einem Dach vollkommen überzeugt war, so war ihm doch, als wäre in Wirklichkeit kein anderer als gerade er allein schuld daran. Er erschrak, wie gesagt, und fing an zu laufen, denn es kam ihm so vor, als ob der kahlköpfige Herr zurückkehre, ihn verfolge, ihn durchsuchen und ihm das ganze

Monatsgehalt abnehmen wollte, auf Grund der unumstößlichen Zahl von sieben Kindern und unter Bestreitung irgendwelcher Verpflichtungen Ssemjon Iwanowitschs für gleichviel welche Schwägerinnen. Herr Prochartschin lief und lief, geriet außer Atem... neben ihm liefen noch sehr viele andere Menschen, und bei allen klimperte das Geld des Monatsgehalts in den Taschen der gestutzten Frackschöße ihrer Beamtenuniform. Schließlich liefen alle Menschen, die Feuerwehr raste tutend heran und ganze Menschenwogen trugen ihn nahezu auf den Schultern zu eben jener Brandstätte, wo er vor kurzem mit dem schmarotzenden Trunkenbold gewesen war, um sich die Feuersbrunst anzusehen. Dieser Trunkenbold, sonst Herr Simoweikin genannt, befand sich schon dort, empfing ihn furchtbar geschäftig, nahm ihn an der Hand und führte ihn mitten in das dichteste Gedränge. Ebenso wie damals im Wachen lärmte und rauschte um sie herum eine unübersehbare Menschenmenge, die sich zwischen den beiden Brücken auf dem ganzen Quai der Fontánka und in den umliegenden Straßen und Gassen staute. Ganz wie damals wurden Ssemjon Iwanowitsch und mit ihm der Trunkenbold hinter irgend einen Zaun gedrängt, wo sie auf einem riesigen, von Zuschauern überfüllten Holzhof wie in einer Zange zusammengepreßt wurden. Diese Zuschauer strömten unablässig aus den Straßen, vom Trödelmarkt und aus allen umliegenden Häusern, Wirtschaften und Schenken herbei. Ssemjon Iwanowitsch sah alles und empfand auch alles wie damals in der Wirklichkeit; in diesem Wirbel des Fieberns und Phantasierens begannen vor ihm viele sonderbare Gesichter aufzutauchen. An einige glaubte er sich zu erinnern. Da war ein allen sehr imponierender Herr von unwahrscheinlicher Größe und mit unwahrscheinlich langem Schnurrbart, der während der Feuersbrunst hinter Ssemjon Iwanowitsch gestanden und ihn noch angefeuert hatte, als dieser seinerseits in eine Art von Begeisterung geraten war und mit seinen kurzen Beinchen zu trampeln begann, um auf diese Weise den Feuerwehrleuten seinen Beifall für ihre geschickte Löscharbeit zu spenden. Ein anderes Gesicht gehörte jenem untersetzten Burschen, von dem unser Held einen schmerzhaften Tritt erhalten hatte, als jener über ihn hinwegkletterte, vielleicht um jemanden zu retten. Desgleichen tauchte vor ihm die Gestalt eines Greises auf, mit dem Gesicht eines Hämorrhoidarius und in einem alten wattierten Schlafrock: der war noch vor dem Ausbruch des Brandes in den Laden gegangen, um für seinen Untermieter Zwieback, Tabak und anderes einzukaufen; jetzt versuchte er sich, mit dem Milchtopf in der Hand und den anderen Sachen, verzweifelt durch das Gedränge durchzuzwängen zu seiner Wohnung, wo seine Frau, seine Tochter und seine Ersparnisse – dreißig und ein halber Rubel in einer Ecke unter dem Federbett – in Gefahr schwebten, zu verbrennen. Aber noch deutlicher sah er ein armes irres Weib vor sich, von dem er schon mehrmals während des Krankseins geträumt hatte, in Bastschuhen, mit einem Krückstock in der Hand, einem geflochtenen Quersack auf dem Rücken und in Lumpen gekleidet. Sie überschrie die Feuerwehr und das Volk, fuchtelte mit dem Krückstock und mit den Armen und schrie, ihre leiblichen Kinder hätten sie von irgendwo hinausgejagt, dabei seien ihr zwei Fünfkopekenstücke abhanden gekommen. Die Kinder und die Fünfkopekenstücke, die Fünfkopekenstücke und die Kinder, das drehte sich in ihrem Geschrei unverständlich und sinnlos durcheinander. Nach vergeblichen Versuchen, sie zu verstehen und ihr zu helfen, wandte man sich von ihr ab; aber das Weib hörte nicht auf zu schreien und zu heulen; es fuchtelte weiter mit den Armen und kümmerte sich offenbar überhaupt nicht um die Feuersbrunst, zu der es wohl nur so vom Gedränge mitgeschoben worden war, kümmerte sich nicht um das Volk ringsum, auch nicht um das Unglück der anderen, auch nicht um die Funken und Feuerbrände, die zugleich mit der Asche die Umstehenden zu überfliegen und zu bepudern begannen. Schließlich aber befiel Herrn Prochartschin ein gewaltiger Schreck: er erkannte auf einmal ganz klar und deutlich, daß alles das jetzt nicht grundlos geschah und daß er ihn nicht verschonen werde. Und tatsächlich, nicht weit von ihm stieg irgend ein Kerl auf einen Holzstapel, ein Bauer in einem zerrissenen Kittel und ohne Gurt, mit angesengtem Haar und Bart, und begann das ganze Volk ringsum gegen ihn, Ssemjon Iwanowitsch, aufzuhetzen. Die Menge wurde dichter und dichter, der Kerl schrie und schrie; plötzlich erinnerte sich Prochartschin, daß dieser Kerl derselbe Droschkenkutscher war, den er vor genau fünf Jahren auf eine menschlich so schofle Weise betrogen hatte, indem er, vor dem Bezahlen der Fahrt, heimlich abgesprungen und in ein Durchgangstor geschlüpft war, und zwar so geschwind, als ob er barfuß über eine glühende Eisenplatte hätte laufen müssen. In seiner Verzweiflung wollte Herr Prochartschin etwas sagen, wollte schreien, aber seine Stimme versagte... Er fühlte, wie die ganze ergrimmte Menge ihn wie eine bunte Schlange umschlingt, ihn zusammenpreßt, ihn würgt, zu ersticken droht. Er machte eine gewaltige Anstrengung und erwachte. Da sah er, daß es brennt, daß sein ganzer Winkel in Flammen steht, daß sein Bettschirm brennt, die ganze Wohnung brennt, samt Ustinja Fjodorowna und allen ihren Untermietern, daß sein Bett, sein Kissen, seine Decke, sein Koffer und zuletzt auch noch seine kostbare Matratze brennen. Ssemjon Iwanowitsch sprang auf, krallte die Hände in seine Matratze und lief, sie hinter sich herzerrend, hinaus. Aber im Zimmer der Wirtin, wohin unser Held, so wie er war, barfuß und nur im Hemd, ohne jedes Anstandsgefühl gelaufen war, wurde er ergriffen, überwältigt und siegreich wieder zurückgebracht hinter seinen Bettschirm – dem es, nebenbei bemerkt, gar nicht einfiel zu brennen, da es ja nur im Kopfe Ssemjon Iwanowitschs brannte – und legte ihn ins Bett. So pflegt auch der umherziehende zerlumpte, unrasierte Puppenspieler und Drehorgelmann sein Kasperle, nachdem es gelärmt, getobt, alle verprügelt, seine Seele dem Teufel verkauft hat, wieder in die Schachtel einzupacken, wo es zu guter Letzt sein Dasein bis zur nächsten Vorstellung zusammen mit demselben Teufel, mit dem Mohren, mit Petruschka, mit Mamsell Katrin und deren glücklichem Liebhaber, dem Polizeihauptmann, verbringt.

Alsbald umstanden alle, alt und jung, in geschlossenem Kreise Ssemjon Iwanowitschs Bettstatt und sahen den Kranken mit erwartungsvollen Gesichtern an. Dieser war inzwischen zu sich gekommen. Aber auf einmal begann er, sei es nun aus Schamgefühl oder aus sonst einem Grunde, die Bettdecke an sich heraufzuziehen, wahrscheinlich um sich vor der Aufmerksamkeit der Mitfühlenden zu verbergen. Schließlich unterbrach Mark Iwanowitsch als erster das Schweigen, und als vernünftiger Mensch begann er in sehr freundlichem Ton: Ssemjon Iwanowitsch müsse sich beruhigen, denn krank zu sein sei häßlich und eine Schande, das täten meist nur kleine Kinder; man müsse gesund zu werden trachten und danach auch wieder in den Dienst gehen. Und Mark Iwanowitsch schloß mit einem Scherz, indem er sagte, für Kranke sei noch kein festes Gehalt vorgesehen, und da er bestimmt wisse, daß damit auch nur ein sehr geringer Rang verbunden sei, so bringe, wenigstens nach seinem Dafürhalten, ein solcher Beruf oder Zustand keine großen substantiellen Vorteile ein. Mit einem Wort, man sah, daß alle an Ssemjon Iwanowitschs Schicksal aufrichtig Anteil nahmen und ihn bemitleideten. Er dagegen fuhr mit unbegreiflicher Roheit fort, auf dem Bett zu liegen, zu schweigen und seine Decke höher und höher zu ziehen. Mark Iwanowitsch hielt sich indes noch nicht für besiegt und sagte, seinen Verdruß verbeißend, abermals etwas recht Liebes zu Ssemjon Iwanowitsch, da er wußte, daß man mit einem kranken Menschen gerade so und nicht anders umgehen müsse. Allein, Ssemjon Iwanowitsch wollte nicht einmal das empfinden; im Gegenteil, er brummte nur mißtrauisch etwas durch die Zähne und begann auf einmal durchaus feindselig unter der Stirn hervor nach rechts und nach links zu schauen, als hätte er alle diese ihn Bemitleidenden schon mit seinen Blicken einfach vernichten wollen. Da war nun nichts mehr zu wollen. Mark Iwanowitsch gab es auf, sich zu beherrschen, als er sah, daß der Mensch sich offenbar geschworen hatte, seinen Widerstand nicht aufzugeben. Er fühlte sich gekränkt und verärgert und erklärte nun ohne Umschweife und süße Redensarten, daß es Zeit wäre zum Aufstehen, daß es nicht anginge, dauernd auf beiden Seiten zugleich zu liegen, Tag und Nacht von Feuersbrünsten, Schwägerinnen, Trunkenbolden, Schlössern, Koffern und weiß der Teufel wovon noch zu schreien. Das sei dumm, unanständig und beleidigend für die anderen Menschen, denn wenn Ssemjon Iwanowitsch selbst nicht schlafen wolle, so solle er deshalb doch nicht die anderen daran hindern; schließlich und endlich solle er sich das gefälligst merken. Diese Standrede verfehlte ihre Wirkung nicht: Ssemjon Iwanowitsch wandte sich sofort dem Redner zu und erklärte standhaft, wenn auch mit schwacher und heiserer Stimme: »Du dummer Junge, halt deinen Mund! Du müßiger Schwätzer, du Schandmaul! Hast du gehört, du Stiefelknecht? Du glaubst wohl, du bist 'n Fürst? Was verstehst du denn überhaupt?«

Als Mark Iwanowitsch eine solche Ansprache vernahm, wollte er zunächst auffahren, besann sich aber noch rechtzeitig, daß er es ja mit einem Kranken zu tun hatte, gab es großmütig auf, sich gekränkt zu fühlen, und versuchte nun, ihn zu beschämen. Aber auch das gelang ihm nicht, denn Ssemjon Iwanowitsch bemerkte sofort, er werde nicht zulassen, daß man ihn zum besten halte; Mark Iwanowitsch brauche seinetwegen keine Gedichte zu verfassen. Hierauf folgte ein längeres allgemeines Stillschweigen. Als Mark Iwanowitsch aus seiner Verblüffung wieder zur Besinnung kam, sagte er klar, deutlich, rednerisch überlegen und nicht ohne Festigkeit, Ssemjon Iwanowitsch dürfe nicht vergessen, daß er sich unter wohlerzogenen Menschen befinde und »eigentlich begreifen müsse, daß man sich im Umgang mit einer ehrbaren Persönlichkeit gewisser Manieren zu befleißigen habe«. Mark Iwanowitsch verstand es, sich bei Gelegenheit gewählt auszudrücken, und liebte es, damit den Zuhörern zu imponieren. Ssemjon Iwanowitsch dagegen sprach und handelte, wahrscheinlich infolge seiner langjährigen Gewohnheit, nur zu schweigen, in einer etwas abrupten Weise. Außerdem kam noch eine besondere Eigenheit hinzu: wenn er nämlich einmal genötigt war, einen längeren Satz zu sprechen, so war es, als ob jedes Wort schon beim Entstehen noch ein anderes Wort mitgebar, das zweite wieder ein drittes, dieses ein viertes und so weiter, so daß er schließlich, je weiter er in den Satz hineingeriet, den ganzen Mund voll hatte, voll von Worten, die dann unter Atemnot und Hüsteln in der malerischsten Unordnung herauszukollern begannen. Das war der Grund, weshalb Ssemjon Iwanowitsch, der doch sonst ein vernünftiger Mensch war, mitunter einen so zusammenhanglosen Unsinn vorbrachte.

»Du faselst ja«, sagte er jetzt zu Mark Iwanowitsch, »du grüner Bursche, du Herumstreicher! Wirst noch mal mit dem Quersack betteln gehen, du Freigeist, du Herumtreiber, du liederlicher Liederjahn; das ist's, was dir blüht, du Verseschmied!«

»Sie phantasieren wohl immer noch, oder was sonst, Ssemjon Iwanowitsch?«

»Da hört doch«, versetzte Ssemjon Iwanowitsch, »ein Dummkopf phantasiert, ein Trunkenbold phantasiert, ein Köter phantasiert, aber ein Weiser dient dem Vernünftigen. Von Geschäften verstehst du nichts, du liederlicher Mensch, du Gelehrter, du geschriebenes Buch, das du bist! Wenn's aber so kommt, daß du in Brand gerätst, dann wirst du gar nicht merken, wie dir der Kopf abbrennt, hast du's nun verstanden?«

»Ja... das heißt: wie denn... wie meinen Sie denn das, Ssemjon Iwanowitsch, daß mir der Kopf abbrennen soll?«

Mark Iwanowitsch beendete seinen Satz nicht, gab es auf, denn es war ja allen klar, daß der Kranke noch nicht zu sich gekommen war und noch phantasierte. Da konnte denn auch die Wirtin nicht mehr an sich halten und bemerkte, daß das Haus in der Krummen Gasse neulich durch die Unvorsichtigkeit eines glatzköpfigen Dienstmädchens in Brand geraten sei; dieses habe eine Kerze angezündet und dadurch sei der Brand in ihrer Dachkammer entstanden. Bei ihr aber, hier in ihrer Wohnung werde so etwas niemals geschehen, ihre Mieter könnten ganz unbesorgt sein.

»Aber hören Sie mal, Ssemjon Iwanowitsch«, rief Sinowij Prokoffjewitsch, ganz aufgebracht der Wirtin ins Wort fallend, »Sie sind so ein naiver, einfältiger Mensch, daß Sie diesen Scherz mit Ihrer Schwägerin oder mit dem Examen und mit dem Tanzen ernst genommen haben! Das haben Sie doch? Haben Sie das wirklich geglaubt?«

»Nun höre du mal«, versetzte unser Held und richtete sich, seine letzten Kräfte zusammennehmend, im Bett auf, richtig wütend über alle diese mitleidigen Zuschauer ringsum, »wer ist hier der Narr? Du bist selbst ein Narr, du närrischer Mensch. Ich aber werde nicht auf deinen Befehl Narrheiten begehen; hast du's gehört, du dummer Junge, ich bin nicht dein Diener!«

Offenbar wollte Ssemjon Iwanowitsch noch etwas sagen, fiel aber kraftlos aufs Bett zurück. Die Teilnehmenden waren ratlos, die Münder blieben offen, denn jetzt begann ihnen zu dämmern, worauf Ssemjon Iwanowitsch anspielen wollte, und niemand wußte, wie die Sache anzufassen wäre. Da knarrte auf einmal die Küchentür, öffnete sich, und der Trunkenbold und Freund, sonst Herr Simowéikin genannt, streckte zaghaft den Kopf ins Zimmer, um gewohnheitsmäßig zunächst die Ortschaft zu beschnuppern. Es war, als hätte man nur auf ihn gewartet: alle winkten ihn sofort herbei, damit er nur schneller nähertrete. Herr Simoweikin aber war hocherfreut bereit, sich unverzüglich, ohne seinen Mantel abzulegen, zum Kranken durchzudrängeln.

Man sah es ihm an, daß er die ganze Nacht in wachem Zustand verbracht und sich irgendwie ernsthaft betätigt hatte. Die rechte Seite seines Gesichts war mit Pflastern beklebt, seine geschwollenen Lider glänzten feucht von verschmiertem Augenschleim; der Frack und die ganze übrige Kleidung waren zerrissen, und die ganze linke Seite seines Mantels war mit irgendetwas Unsauberem bespritzt, vielleicht mit dem Schmutz einer Pfütze. Unter dem Arm trug er eine Geige, die Gott weiß wem gehörte und die er angeblich irgendwo verkaufen sollte. Anscheinend hatte man gut getan, ihn hier zu Hilfe zu rufen, denn kaum vernahm er, um was es sich handelte, da wandte er sich schon mit der Miene und dem Ton des Überlegenen an den übergeschnappten Ssemjon Iwanowitsch, als wüßte er genau, was mit diesem los war.

»Was fällt dir denn ein, Ssénjka, steh auf! Du weiser Ssenjka Prochartschin, steh auf und diene der Vernunft! Sieh dich vor, sonst schleppe ich dich weg, wenn du dich hier mausig machst; tu 's lieber nicht!«

Eine so kurze, aber kräftige Ansprache überraschte die Anwesenden; aber sie wunderten sich noch mehr, als sie bemerkten, daß Ssemjon Iwanowitsch bei diesen Worten und beim Anblick dieses Gesichtes so erschrak und so verwirrt, so kleinlaut wurde, daß er nur kaum vernehmbar die notwendige Entgegnung durch die Zähne zu flüstern wagte:

»Du Unseliger, geh weg!« hörten sie. »Du bist 'n Unseliger, bist 'n Dieb! Hörst du, verstehst du mich? Spielst dich auf, als wärst du 'n Fürst, du Hochstapler!«

»Ach nee–e, Bruder«, versetzte Simoweikin gedehnt, vollkommen ungerührt und unter Bewahrung absoluter Geistesgegenwart, »das ist nicht schön von dir, du weiser Bruder Prochartschin, du prochartschinscher Mensch«, parodierte Simoweikin ein wenig die Ausdrucksweise des anderen und sah sich mit Vergnügen im Kreise um. »Du, mach dich nicht mausig! Ergib dich, Ssenja, ergib dich, sonst könnte ich Bericht erstatten, mein Brüderlein, könnte alles erzählen, – verstehst du mich wohl?«

Es schien, daß Ssemjon Iwanowitsch alles verstand, denn er zuckte heftig zusammen, als er den Schluß der Rede vernahm, und begann sich auf einmal ganz verstört umzuschauen. Herr Simoweikin war sehr zufrieden mit dem erzielten Eindruck seiner Worte und wollte fortfahren, aber Mark Iwanowitsch kam schnell seiner Absicht zuvor und verbot ihm aufregende Gespräche. Er selbst begann erst, als der Kranke still geworden und sich fast ganz beruhigt hatte, vernünftig und sanft auf ihn einzusprechen, wobei er ihm unter anderem vorhielt, daß solche Gedanken, wie die, die er jetzt in seinem Kopf hegte, erstens unnütz, zweitens nicht nur unnütz, sondern auch schändlich wären; schließlich wären sie nicht einmal so schändlich als vielmehr vollständig unmoralisch; dies wären sie deshalb, weil Ssemjon Iwanowitsch alle in Versuchung führe und ein schlechtes Beispiel gebe. Von einer solchen Rede erwarteten alle nur eine vernünftige Wirkung. Zudem war der Kranke jetzt ganz still und antwortete in gemäßigtem Ton. Aus diesem maßvollen Wortwechsel entspann sich ein kleiner Streit. Man wandte sich brüderlich an ihn und erkundigte sich, warum er denn so ängstlich geworden sei? Ssemjon Iwanowitsch antwortete, aber leider nur gar zu allegorisch. Darauf wurde ihm erwidert, worauf er gleichfalls antwortete. Man entgegnete beiderseits noch einmal, und dann mischten sich bereits alle ein, alt und jung, denn die Rede war plötzlich auf ein so wunderbares und seltsames

Thema geraten, daß man wirklich nicht wußte, wie man das alles ausdrücken sollte. Man verlor die Geduld, die Ungeduld führte zu Streit und Geschrei, und das Geschrei führte sogar zu Tränen. Mark Iwanowitsch ging schließlich, mit Schaum vor dem Munde, weg und erklärte, einen so vernagelten Menschen hätte er noch nie erlebt. Oplewánjeff spie aus, Okeánoff wurde ängstlich, Sinówij Prokóffjewitsch weinte Tränen. Ustínja Fjódorowna aber heulte und jammerte, daß sie einen Mieter verliere, weil jener wiederum den Verstand verloren hätte; daß ihr Täubchen ohne Paß sterbe und nicht abzumelden sei, sie aber als einsame Waise hilflos dastehe und die Polizei ihr endlos zu schaffen machen werde. Mit einem Wort, alle sahen zu guter Letzt klar ein, daß ihre Aussaat gut gewesen war, daß das, was ihnen eingefallen war auszusäen, hundertfältige Frucht trug, daß der Boden gesegnet gewesen und daß es Ssemjon Iwanowitsch gelungen war, in ihrer Gesellschaft seinen Kopf wunderlich und unreparierbar zu entwickeln. Alle verstummten, denn als sie sahen, daß Ssemjon Iwanowitsch sich jetzt vor ihnen allen nur noch fürchtete, wurden diesmal auch sie aus Mitgefühl ängstlich...

»Wie!« schrie Mark Iwanowitsch, »was fürchten Sie denn überhaupt? Weshalb haben Sie denn den Verstand verloren? Wer denkt denn an Sie, mein Herr? Haben Sie überhaupt das Recht, sich zu fürchten? Wer sind Sie? Was sind Sie? Eine Null sind Sie, mein Herr, ein runder Pfannkuchen, und nichts weiter! Wie kommen Sie dazu, Krach zu machen? Weil ein Weib auf der Straße überfahren worden ist, glauben Sie, daß man jetzt auch Sie überfahren werde? Weil man einem Trunkenbold Geld aus der Tasche gestohlen hat, glauben Sie, daß man Ihnen gleich die ganzen Frackschöße abschneiden werde? Ein Haus ist abgebrannt, also wird auch Ihr Kopf gleich abbrennen, wie? Ist es nicht so, mein Herr? Etwa nicht genau so, Väterchen? Etwa nicht?«

»Du-du-du bist dumm!« murmelte Ssemjon Iwanowitsch. »Man wird dir die Nase abbeißen, und du wirst sie selbst mit deinem Butterbrot verzehren, ohne daß du's merkst...«

»Gut, mag ich meinethalben dumm sein, dumm wie ein Stiefelabsatz!« schrie Mark Iwanowitsch, der nicht richtig hingehört hatte, »mag es so sein. Aber ich brauche ja kein Examen abzulegen, brauche nicht zu heiraten, nicht tanzen zu lernen; der Boden bricht nicht unter mir ein, mein Herr! Sie haben wohl nicht genügend Platz im Leben? Oder sinkt der Boden unter Ihnen ein, wie?«

»Ja, was? Wird man dich etwa zuvor um Erlaubnis bitten? Man wird sie eben schließen und dann sind sie futsch.«

»Was... was wird man schließen?! Was rumort da wieder in Ihrem Kopf?«

»Und den Trunkenbold hat man doch entlassen...«

»Entlassen! Aber doch nur, weil er ein Trunkenbold war, Sie dagegen und ich, wir sind doch Menschen!«

»Nun ja, Menschen. Aber steht sie denn noch, ja oder nein?...«

»Wer das? Wen meinen Sie damit?«

»Nun, eben sie, die Kanzlei... die Kan-ze-lei!!!«

»Aber, heilige Einfalt! – die braucht man doch, die ist doch notwendig, die Kanzlei.«

»Notwendig! hört doch! Ja, heute ist sie's noch, morgen auch, aber übermorgen kann's dann irgendwie so sein, daß sie nicht mehr nötig ist. Ich habe schon von so einer Geschichte gehört...«

»Aber Sie beziehen doch ein Jahresgehalt! Sie ungläubiger Thomas, Sie mißtrauischer Mensch! Und an manchen Stellen steigt doch das Gehalt mit dem Dienstalter...«

»Das Gehalt? Wenn ich aber das Gehalt verzehrt habe, oder Diebe kommen und nehmen es mir weg? Ich aber habe eine Schwägerin, weißt du das nicht? Eine Schwägerin! Du Dummkopf...«

»Die Schwägerin! Mensch, Sie...«

»Jawohl, ich bin 'n Mensch, du aber, du Belesener, bist dumm; ja, das bist du, ein dummköpfiger Mensch bist du, verstehst du? Ich mache nicht solche Scherze wie du; aber es gibt so eine oberste Behörde, die einfach den Beschluß fassen kann, und dann wird die Kanzlei geschlossen, jawohl, und dann ist sie nicht mehr da, verstehst du. Und auch Demíd, hörst du, selbst Demíd Wassíljewitsch sagt, daß sie aufgehoben werden kann...«

»Ach, Sie mit Ihrem Demid, Demid! So ein Versucher, und nichts weiter...«

»Ja, und dann, bums, ist sie geschlossen, und du sitzt ohne Stellung da; dagegen ist nichts zu machen, jawohl...«

»Aber Sie reden ja lauter irres Zeug, oder haben Sie schon endgültig den Verstand verloren? Also was ist nun los, nun reden Sie schon! Gestehen Sie es uns doch, wenn Ihnen schon eine Sünde unterlaufen ist! Da braucht man sich doch nicht zu schämen! Bist übergeschnappt, Väterchen, was?«

»Ist tatsächlich übergeschnappt!... Ist verrückt geworden!« hörte man aus dem Kreise der ihn Umstehenden, und man rang die

Hände vor Ratlosigkeit. Die Wirtin aber umfaßte mit beiden Armen den Mark Iwanowitsch, damit er ihren Ssemjon Iwanowitsch nicht noch weiter »quäle«.

»Sei kein Heide!« beschwor ihn auch Simoweikin, »was du tust, ist ja ein heidnisches Vorgehen, du Neunmalkluger!« Und zum Kranken gewendet, fuhr er beschwichtigend fort: »Ssenja, du nimmst es ihm doch nicht übel, du Guter, du Liebenswerter! Du bist schlicht, du bist tugendhaft... hörst du mich? Das kommt alles von deiner Tugendhaftigkeit, der Gewalttätige und Dumme aber bin ich, der Bettler bin ich! Du hast als guter Mensch mich nicht verlassen, aber fürchte nichts, dafür wird dir Ehre zuteil werden; allen hier und der Wirtin sage ich meinen Dank! Siehst du, ich verbeuge mich vor dir bis zur Erde, siehst du, ich tue meine Schuldigkeit, meine Schuldigkeit, meine liebe Frau Wirtin!« Und hierbei machte Simoweikin tatsächlich, und sogar mit einer gewissen pedantischen Würde, eine tiefe Verbeugung nach der anderen vor allen Versammelten.

Hierauf wollte der Kranke wieder weiterreden, aber das wollte man nicht mehr zulassen: alle drangen auf ihn ein, flehten ihn an, sich zu beruhigen, trösteten ihn, und zuletzt erreichten sie auch, daß er sich beschwichtigen ließ und ganz verschüchtert mit schwacher Stimme bat, sich erklären zu dürfen.

»Nun ja; es ist ja richtig«, sagte er, »ich bin freundlich und friedlich, hörst du, und tugendhaft, ergeben und treu; mein Blut, weißt du, auch den letzten Tropfen, hör zu, dummer Junge, du Protz... Also mag sie bestehen bleiben, die Kanzlei; aber ich bin ja arm; wenn man sie mir nun nimmt, hörst du, Protz – schweige jetzt und höre zu –, sie mir nimmt, und so weiter... sonst war sie da, dann aber ist sie auf einmal nicht mehr da... verstehst du? Und ich, Bruder, kann dann mit dem Quersack betteln gehen, verstehst du jetzt?«

»Ssenjka!« brüllte Simoweikin auf, diesmal mit seiner Stimme alle anderen Verlautbarungen übertönend, als geräte er außer sich, »du bist ja ein Freigeist! Ich werde dich sofort anzeigen! Was bist du sonst noch? Wer bist du? Ein Raufbold etwa, du Schafskopf! So einer wird ohne Abschied einfach vor die Tür gesetzt; wer bist du nun?!«

»Aber es ist doch so 'ne Sache...«

»*Was* ist ‚so 'ne Sache'?«

»Da fang' einer nur mit ihm an...«

»Was soll das heißen...«
»Er ist ja frei, und ich bin frei; aber wenn man so liegt und liegt und denkt...«
»Was denkt?«
»Ist man doch ein Freigeist...«
»Ein Frei-geist! Ssenjka, du und ein Freigeist!!«
»Halt!« rief Herr Prochártschin und erhob die Hand, um dem sich erhebenden Geschrei Einhalt zu gebieten. »Ich rede nicht davon... Du begreife doch, begreife doch nur, du Hammel: ich bin friedlich, heute bin ich friedlich, morgen bin ich friedlich, dann aber bin ich nicht mehr friedlich, werde grob; dann heißt es: pack dich, Freigeist!...«
»Aber was reden Sie denn da zusammen!« donnerte schließlich Mark Iwanowitsch, vom Stuhl aufspringend, auf den er niedergesunken war, um sich zu erholen, und erregt, ja, empört vor Ärger lief er ganz aufgebracht zum Bett des Kranken hin. »Wer sind Sie denn überhaupt, Sie Schafskopf! Haben weder Haus noch Hof. Oder glauben Sie, Sie seien ganz allein auf der Welt? Oder ist die Welt nur für Sie geschaffen? Sind Sie etwa ein Napoleon? Oder wer oder was? So sagen Sie es doch, mein Herr, ob Sie ein Napoleon sind oder nicht?...«
Aber Herr Prochartschin antwortete schon nicht mehr auf diese Frage. Nicht, daß er sich geschämt hätte, ein Napoleon zu sein, oder sich gefürchtet hätte, eine solche Verantwortung auf sich zu nehmen; nein, er war bloß nicht mehr imstande zu streiten oder sachlich etwas zu erörtern. Die Krisis der Krankheit trat ein. Dicke Tränen stürzten plötzlich aus seinen fieberglänzenden grauen Augen. Mit seinen knochigen, von der Krankheit abgezehrten Händen bedeckte er seinen heißen Kopf, richtete sich halbwegs auf im Bett und begann, zwischendurch immer wieder aufschluchzend, zu reden: Er sei eben ganz arm, sei ein so unglücklicher, einfacher Mensch, dumm und unwissend; gute Menschen möchten ihm verzeihen, ihn bewahren und beschützen, ihm zu essen und zu trinken geben, ihn in seiner Armut nicht verlassen, und Gott weiß was er noch alles vorjammerte. Dabei blickte er während des Jammerns mit einer so maßlosen Angst um sich, als erwartete er, daß jetzt gleich die Decke einstürzen oder der Fußboden sich unter ihm auftun werde. Alle wurden von Mitleid ergriffen beim Anblick des Armen, und allen wurde das Herz weich. Die Wirtin schluchzte wie ein altes Weib und jammerte über ihre eigene Verlassenheit und mühte sich

dabei eigenhändig, den Kranken auf seinem Lager besser zu betten. Mark Iwanowitsch sah ein, daß es zwecklos war, die Erinnerung an Napoleon heraufzubeschwören, gab seiner Gutmütigkeit nach und suchte sich gleichfalls hilfreich zu betätigen. Andere, die auch ihrerseits etwas tun wollten, schlugen vor, eine Himbeerlimonade zu stiften, da eine solche, wie sie sagten, unverzüglich und gegen alles helfe und dem Kranken sehr wohltun werde. Aber Simoweikin widersprach sofort und behauptete, bei seiner Verfassung wäre jetzt nichts besser als Kamillentee. Was nun Sinowij Prokoffjewitsch anbetrifft, so weinte er, da er ein gutes Herz hatte, aufrichtige Tränen der Reue, weil er Ssemjon Iwanowitsch mit allerhand erfundenen Geschichten geängstigt hatte, und als er der letzten Worte des Kranken gedachte, daß er ganz arm sei und gute Menschen ihn ernähren möchten, kam er auf die Idee, sofort eine Kollekte zu veranstalten; so setzte er unverzüglich eine Liste auf, die sich fürs erste nur auf die Einwohner der Winkel erstreckte. Alle jammerten und seufzten, alle waren von Mitleid erfüllt und trübselig gestimmt; dabei wunderten sie sich doch zugleich, wie denn das möglich gewesen war, daß ein Mensch sich dermaßen hatte einschüchtern lassen? Und wodurch eigentlich? Ja, wenn er wenigstens ein hohes Amt innegehabt, verheiratet wäre, Kinder in die Welt gesetzt hätte, oder wenn er vor Gericht geladen worden wäre! So aber war er doch ein ganz unwesentliches Kerlchen, Besitzer nur eines hölzernen Koffers mit einem deutschen Schloß davor, lag schon seit mehr als zwanzig Jahren hinter seinem Bettschirm, schwieg, kannte die Welt nicht, noch ihren Kummer, lebte geizig... Und auf einmal fällt es diesem Menschen ein, sich durch irgendein belangloses müßiges Wort den Kopf vollständig verdrehen zu lassen und vor Angst zu vergehen, weil das Leben auf Erden plötzlich schwer werden könnte... Und dabei verfällt der Mensch nicht einmal darauf, daß es doch alle schwer haben!

»Hätte er sich doch nur dies eine überlegt, daß es doch alle Menschen schwer haben«, sagte Okeanoff nachher, »dann hätte er ja seinen Kopf vor dem Verrücktwerden bewahrt, hätte keine Dummheiten gemacht und sein Leben irgendwie weitergelebt, entsprechend den Verhältnissen.«

Am ganzen nächsten Tag wurde von nichts anderem gesprochen als von Ssemjon Iwanowitsch. Man ging zu ihm, erkundigte sich nach seinem Befinden, beruhigte ihn; aber gegen Abend ging es ihm so, daß die Beruhigungen nicht mehr halfen. Der Arme fieberte und phantasierte und verlor von Zeit zu Zeit das Bewußtsein, so daß man schon nach dem Arzt schicken wollte. Die Untermieter beschlossen einstimmig, der Reihe nach beim Kranken die Nachtwache zu übernehmen, ihn zu beruhigen, und falls etwas geschehen sollte, alle sogleich aufzuwecken. In dieser Absicht fingen sie an, um nicht einzuschlafen, Karten zu spielen; sie setzten ans Bett des Kranken dessen Freund Simoweikin hin, der schon den ganzen Tag bei ihnen geblieben war und sie gebeten hatte, auch die Nacht über hierbleiben zu dürfen. Da sie aber auf Kredit spielten und das Spiel kein besonderes Interesse erregte, so wurde es ihnen bald langweilig. Da gaben sie es auf. Dann gerieten sie über irgend etwas in Streit, wurden laut und hieben mit der Faust auf den Tisch, und schließlich gingen sie nach ihren Schlafstellen auseinander, wo sie lange noch weiterstritten und Worte wechselten; da sie alle plötzlich wütend geworden waren, hatten sie keine Lust mehr, Wache zu halten, und so schliefen sie ein. Bald wurde es in den Winkeln so still wie in einem leeren Keller, um so mehr, als es furchtbar kalt war. Einer von den letzten, die einschliefen, war Okeanoff, und wie er später erzählte, hatte er »nicht gerade im Schlaf, aber auch nicht gerade in wachem Zustand«, in seiner Nähe kurz vor Morgengrauen zwei Menschen miteinander leise sprechen hören. Okeanoff meinte, er habe die Stimme Simoweikins erkannt; dieser habe neben ihm seinen alten Freund Remneff aufgeweckt, worauf sie lange miteinander geflüstert hätten; danach sei Simoweikin hinausgegangen, und es sei zu hören gewesen, wie er versucht habe, die Küchentür mit einem Schlüssel aufzuschließen. Der Schlüssel aber – so versicherte später die Wirtin – hätte unter ihrem Kopfkissen gelegen und wäre in dieser Nacht abhanden gekommen. Zu guter Letzt, so berichtete Okeanoff, glaubte er gehört zu haben, daß beide zum Kranken hinter dessen Bettschirm gegangen waren und dort eine Kerze angezündet hätten. »Weiter«, sagte er, »weiß ich nichts mehr, die Augen fielen mir zu.« Aufgewacht aber wäre er erst zugleich mit allen anderen, als alle, soviel ihrer nur in der Wohnung waren, aus den Betten sprangen, weil hinter dem Bettschirm ein Schrei ertönte, der selbst einen Toten aufgeschreckt hätte. Und im gleichen Augenblick, so glaubten manche gesehen zu haben, sei auch das Licht hinter dem Schirm erloschen. Es entstand ein tolles Durcheinander, allen fuhr der Schreck in die Glieder, aber sie stürzten so, wie ein jeder war, nach dem Geschrei hin; doch hinter dem Schirm war nur ein Geraufe,

Geschimpfe, eine Prügelei zu hören. Es wurde Licht gemacht, und da sah man, daß Simoweikin und Remneff miteinander rauften und sich gegenseitig beschimpften. Als man sie beleuchtete, schrie der eine:

»Nicht ich bin's gewesen, sondern dieser Räuber da!« und der andere, nämlich Simoweikin, schrie:

»Rührt mich nicht an! bin unschuldig! kann 's sofort beschwören!«

Die Gesichter der beiden sahen entstellt aus; aber im ersten Augenblick war es nicht um sie zu tun, denn – der Kranke war verschwunden! Man brachte die Raufbolde auseinander, zog sie weg vom Bett, und da sah man erst, daß Herr Prochártschin unter dem Bett lag, anscheinend völlig bewußtlos. Aber die Bettdecke und das Kopfkissen hatte er mitgerissen, denn auf dem Bett lag jetzt nur noch die nackte, alte, fettige Matratze (Bettücher hatte es auf ihr nie gegeben). Man zog Ssemjon Iwanowitsch unter dem Bett hervor, hob ihn auf die Matratze, bemerkte aber sofort, daß es mit ihm schon hoffnungslos stand; seine Arme wurden bereits steif, und es war kaum noch Leben in ihm. Man stand um ihn herum. Hin und wieder lief noch ein Zittern oder Beben durch den ganzen Körper, er schien noch mit den Händen nach etwas greifen zu wollen, auch die Zunge ließ sich nicht mehr bewegen. Aber er blinzelte mit den Augen wohl nur noch so, wie nach dem Bericht von Zeugen die Lider des Enthaupteten an dem noch warmen, blutüberströmten und noch lebenden Kopf blinzeln sollen, nachdem das Beil des Henkers ihn schon vom Rumpf getrennt hat.

Allmählich wurde er stiller und stiller, der Todeskampf ließ nach, die Zuckungen und das Beben hörten auf. Herr Prochartschin streckte die Beine aus und fuhr dahin auf seinen guten Taten und Sünden. Ob er nun an einem heftigen Schreck starb, oder ob ihm etwas Schreckliches geträumt hat, wie Remneff nachher versicherte, oder ob irgend eine Sünde geschehen war, das ist unbekannt. Die Hauptsache ist nur, daß nunmehr, selbst wenn der Exekutor seiner Behörde persönlich in der Wohnung erschienen wäre und Herrn Prochartschin wegen Freidenkerei, Ruhestörung und Trunksucht seine Entlassung aus dem Dienst mitgeteilt hätte, oder wenn jetzt durch eine andere Tür eine schlampige Bettlerin als angebliche Schwägerin eingetreten wäre, oder selbst wenn er plötzlich eine Gratifikation von zweihundert Rubeln erhalten hätte, oder wenn schließlich das Haus in Brand geraten wäre und Ssemjon Iwanowitschs Kopf Feuer gefangen hätte, – daß er sich selbst dann nicht mehr herabgelassen hätte, auch nur einen Finger zu rühren. Und während nun der erste Schock abzuklingen begann, die Anwesenden die Sprache wiedererlangten und ein Durcheinander von Vorschlägen, Vermutungen und Ausrufen zu hören war, zog Ustinja Fjodorowna den Koffer unter dem Bett hervor und suchte eilig unter dem Kopfkissen, unter der Matratze, ja sogar in den Stiefeln Ssemjon Iwanowitschs nach dem Schlüssel. Während man aber Remneff und Simoweikin verhörte, bewies der Untermieter Okeanoff, der bisher der beschränkteste, bescheidenste und stillste unter ihnen gewesen war, plötzlich die größte Geistesgegenwart, ja, entdeckte vielleicht zum erstenmal seine Begabung oder sein Talent, nahm seine Mütze und schlüpfte bei dem allgemeinen Lärm ganz unbemerkt aus der Wohnung. Und als in den aufgestörten, bisher so friedlichen Winkeln alle Schrecken der Anarchie ihren Höhepunkt erreichten, öffnete sich plötzlich die Tür und in ihr erschien höchst überraschenderweise zunächst ein Herr von anständigem Äußeren mit strengem, aber unzufriedenem Gesicht, ihm folgte der Polizeioffizier Jarosláff Iljítsch mit seinen Unterbeamten, soweit sie hier erforderlich waren, und hinter allen der verwirrte Herr Okeanoff. Der strenge Herr von anständigem Äußern ging geradewegs zu Ssemjon Iwanowitsch, befühlte ihn, schnitt eine Grimasse, zuckte mit der Schulter und sagte, was alle schon wußten, daß der Tote bereits gestorben sei, worauf er von sich aus noch hinzufügte, daß in diesen Tagen einem sehr hochgestellten und angesehenen Herrn dasselbe im Schlaf passierte. Hierauf trat der Herr von anständigem Äußern und unzufriedener Miene vom Bett zurück, sagte, man habe ihn ganz unnötigerweise herbemüht, und ging hinaus. An seine Stelle trat sofort Jaroslaff Iljitsch, und während Remneff und Simoweikin den Gerichtsdienern übergeben wurden, bemächtigte er sich geschickt des Koffers, den die Wirtin schon aufzubrechen versucht hatte, stellte die Stiefel auf ihren Platz zurück, mit der Bemerkung, sie seien ja völlig zerrissen und taugten zu gar nichts mehr, verlangte das Kopfkissen zurück, rief Okeanoff herbei und fragte ihn nach dem Schlüssel zum Koffer, der sich schließlich in Simoweikins Tasche fand, und öffnete feierlich vor den Augen der erforderlichen Zeugen das Eigentum des Entschlafenen. Da lagen denn allen sichtbar: zwei Lappen, ein Paar Socken, ein halbes Halstuch, ein alter Hut, einige Knöpfe, alte Brandsohlen und Stiefelschäfte, eine Ahle, ein Stückchen Seife, eine weiße Salbe, mit einem Wort: allerlei Schund, Plunder, Kleinkram, der muffig roch; das einzige gute Stück war nur das deutsche Schloß. Okeanoff wurde aufgerufen und streng vernommen; aber Okeanoff war bereit, unter Eid auszusagen. Man verlangte das Kopfkissen, besah es von allen Seiten; es war nur schmutzig, glich aber sonst in jeder Beziehung einem Kissen. Nun wurde die Matratze vorgenommen; man wollte sie schon aufheben, hielt aber inne, um zu überlegen, was noch zu tun wäre... als plötzlich, ganz unerwartet, etwas Schweres deutlich hörbar auf den Fußboden plumpste. Man bückte sich, suchte und erblickte eine pralle Papierrolle: in der Papierrolle befanden sich zehn silberne Rubelstücke.

»Aha–a! Aha!« sagte Jaroslaff Iljitsch und wies auf eine morsche Stelle in der Matratze, aus der Roßhaar und Werg heraushingen. Die Öffnung wurde besichtigt und man stellte fest, daß sie soeben erst mit einem Messer aufgeschnitten und etwa eine halbe Elle lang war; man steckte die Hand in den Schlitz und zog ein Küchenmesser hervor, das wahrscheinlich in der Hast dort belassen worden war. Es war ein Messer aus der Küche der Wirtin. Kaum hatte Jaroslaff Iljitsch das Messer herausgezogen und abermals »aha!« gesagt, als gleich darauf eine zweite Rolle herausfiel und nach dieser mehrere einzelne Münzen herausrollten, zwei Halbrubel, ein Viertelrubel, dann noch anderes Kleingeld und ein altertümliches, robustes Fünfkopekenstück in Kupfer. Alles wurde sofort aufgefangen. Da sah man, daß es wohl ratsam wäre, die ganze Matratze mit einer Schere aufzuschneiden. Man verlangte eine Schere...

Derweil beleuchtete das schon tief heruntergebrannte Talglicht eine für den Betrachter überaus interessante Szene. Ungefähr zehn der Untermieter hatten sich dort am Bett in den malerischsten Gewändern versammelt, alle ungekämmt, unrasiert, ungewaschen, verschlafen, wie sie aus den Betten gesprungen waren. Einige waren kreidebleich, bei anderen perlte der Schweiß auf der Stirn, einige wurden von Frostschauern geschüttelt, andere glühten vor Hitze. Die Wirtin stand wie benommen still auf einem Fleck, hatte die Hände gefaltet und verließ sich auf die Gnade Jaroslaff Iljitschs. Von oben, vom Ofen herab blickten erschrocken und neugierig die Köpfe der Magd Awdotja und der Lieblingskatze der Wirtin; ringsum lagen die Teile des zerbrochenen und zerrissenen Bettschirms. Der offene Koffer ließ seinen schäbigen Inhalt sehen. Daneben lagen die Bettdecke und das Kopfkissen, bedeckt von Wergflocken und Roßhaar aus der Matratze. Aber schließlich glänzte auf einem dreibeinigen Tisch ein stetig wachsender Haufen von silbernen und anderen Münzen. Einzig der tote Ssemjon Iwanowitsch bewahrte seine Kaltblütigkeit, lag reglos auf dem Bett und schien seinen Ruin gar nicht vorausgeahnt zu haben. Als die Schere gebracht war und der Gehilfe Jaroslaff Iljitschs in seinem Diensteifer ein wenig zu hastig die Matratze anhob, um sie unter dem Rücken ihres Besitzers leichter hervorziehen zu können, da trat ihnen Ssemjon Iwanowitsch wohl aus Höflichkeit ein wenig von seinem Platz ab, indem er sich auf die Seite drehte, seinen Rücken den Suchenden zukehrend; dann, nach einem zweiten Ruck, legte er sich auf den Bauch, und als er schließlich noch weiter rücken wollte, geschah es, daß er, da das andere Seitenbrett am Bett fehlte, ganz plötzlich und unverhofft mit dem Kopf voran auf den Boden plumpste, so daß nur seine beiden knochigen, mageren und blauen Beine wie zwei verkohlte Äste eines verbrannten Baumes emporragten. Da Herr Prochartschin sich an diesem Morgen schon zum zweitenmal unter das Bett begab, so erregte das sofort Verdacht, und ein paar der Untermieter krochen sogleich, unter der Anführung von Sinowij Prokoffjewitsch, gleichfalls dorthin, um nachzusehen, ob nicht auch dort noch etwas verborgen war. Aber die Suchenden stießen umsonst nur mit den Köpfen zusammen, und da Jaroslaff Iljitsch sie anschrie und ihnen befahl, den Toten aus seiner häßlichen Lage zu befreien, so packten zwei von den Vernünftigeren mit beiden Händen je ein Bein und zogen den unerwarteten Kapitalisten wieder an die Oberfläche und legten ihn quer über das Bett. Während dessen flogen Roßhaar und Werg ringsum, der Silberhaufen wuchs und, o Gott! was kam da nicht alles zum Vorschein!... Edle Rubelstücke, solide, feste Anderthalbrubelmünzen, der nette kleine Halbrubel, plebejische Viertelrubel, Zwanzigkopekenstücke..., sogar wenigversprechendes Altweiberkleingeld wie silberne Zehn- und Fünfkopekenstücke, – alles in besondere Papierchen eingewickelt, in methodischster, solidester Ordnung. Es waren auch Seltenheiten dabei: zwei Spielmarken, ein Napoleondor, eine unbekannte, aber jedenfalls sehr seltene Münze... Auch einige der Silberrubel waren von hohem Alter; es gab auch abgewetzte und zerhackte Elisabethanische deutsche Kreuzrubel, Münzen aus der Zeit Peters und Katharinas, auch zum Beispiel heute sehr seltene kleine Münzen, auch alte Fünfzehnkopekenstücke in Kupfer, durchlocht, zum Tragen als Ohrgehänge, alle stark abgewetzt, aber mit dem gesetzlich vorgeschriebenen Feingehalt; sogar Kupfergeld fand sich, nur war es bereits ganz grün und verrostet... Man fand auch einen roten Zehnrubelschein, – aber das war dann auch alles. Als man endlich die ganze Operation beendet und nach mehrfachem Schütteln des Matratzenüberzuges feststellte, daß nichts mehr darin klapperte, setzte man sich an den Tisch, um das Geld zu zählen. Auf den ersten Blick konnte man sich sogar sehr täuschen und den Geldhaufen womöglich auf eine Million schätzen, so groß war er! Aber eine Million war es denn doch nicht, obschon es keine geringe Summe war: genau 2497 Rubel und 50 Kopeken. Wenn die Einnahme der Kollekte, welche Sinowij Prokoffjewitsch tags zuvor zur Unterstützung des armen Kranken entworfen hatte, schon bar vorhanden gewesen wäre, so wäre vielleicht die runde Summe von 2500 Rubeln zusammengekommen. Das Geld wurde beschlagnahmt, der Koffer des Verstorbenen versiegelt, die Klagen der Wirtin wurden angehört. Man sagte ihr, wann und wo sie ihren Anspruch auf das Sümmchen, das der Verstorbene ihr schuldig geblieben war, anzumelden hätte. Das Protokoll wurde von den zuständigen Personen unterschrieben; die Pensionäre erwähnten nun auch die Schwägerin, aber da man sich gegenseitig überzeugte, daß diese Schwägerin in gewissem Sinne nur ein Mythus gewesen war, das heißt: ein Produkt der Unterentwicklung der Vorstellungskraft Ssemjon Iwanowitschs, was man auf Grund von Erkundigungen dem Verstorbenen auch schon mehrfach vorgehalten hatte, so kam man denn gleich hier überein, von einer weiteren Verfolgung dieser Idee Abstand zu nehmen, zumal sie ja doch zwecklos, schädlich und für den guten Namen des Herrn Prochartschin nachteilig wäre; damit war die Sache abgetan. Als aber der erste Schreck abzuklingen begann, als man sich an den Kopf griff und zu begreifen versuchte, was der Verstorbene eigentlich gewesen war, da wurden sie alle schweigsamer, wurden still und begannen einander ab und zu mit einem gewissen Mißtrauen anzusehen. Einige nahmen sich Ssemjon Iwanowitschs Verhalten sehr zu Herzen und schienen sich sogar gewissermaßen beleidigt zu fühlen... Ein solches Kapital! Soviel hat der Mensch zusammengespart! Mark Iwanowitsch versuchte zwar, ohne seine Geistesgegenwart einzubüßen, den anderen zu erklären, warum Ssemjon Iwanowitsch es plötzlich so mit der Angst bekommen hatte; aber die anderen wollten es schon gar nicht mehr hören. Sinowij Prokoffjewitsch wurde auffallend nachdenklich; Okeanoff betrank sich ein bißchen; die übrigen duckten sich gleichsam, als wollten sie sich kleiner machen und anschmiegen; aber das kleine Männlein Kantáreff, das sich sonst nur durch sein schnabelspitzes Spatzennäschen auszeichnete, kündigte der Wirtin und verließ die Wohnung schon gegen Abend, nachdem er alle seine Köfferchen und Bündelchen überaus sorgfältig verschlossen und zugeklebt, verknotet und verschnürt hatte; er antwortete den Neugierigen auf ihre Fragen kühl, die Zeiten wären schwer, hier aber müsse er mehr bezahlen als sein Einkommen ihm gestatte. Die Wirtin weinte ohne Unterlaß und jammerte und verwünschte diesen Ssemjon Iwanowitsch, weil er ihre schutzlose Verwaistheit ausgenutzt hatte.

Man fragte Mark Iwanowitsch, warum denn der Verstorbene seine Gelder nicht auf die Leihbank getragen, die ihm doch Zinsen gezahlt hätte.

»Dazu war er zu beschränkt, Mütterchen, dazu reichte sein Denkvermögen nicht aus«, antwortete Mark Iwanowitsch.

»Na, aber auch Sie, Mütterchen, haben sich als schön naiv erwiesen«, schaltete sich Okeanoff ein, »zwanzig Jahre lang hat sich der Mensch bei Ihnen durchgefuttert, und ein einziger Nasenstüber hat genügt, um ihn umzuwerfen! Aber Sie hatten natürlich keine Zeit, sich um ihn zu kümmern, die Kohlsuppe, die gerade kochte, war wichtiger!... Ach, Sie... Wirtschafterin!...«

»Nun hör' aber auf, du Milchbart!« fuhr die Wirtin ihn an. »Und wozu war da eine Leihbank nötig! Hätte er seine Handvoll Geld zu mir gebracht und gesagt: ›Da hast du was, Ustínjuschka, tu' ein gutes Werk damit, gib mir Kost und Logis dafür so lange wie mich die feuchte Mutter Erde trägt‹, und ich schwöre dir vor dem Heiligenbild, ich hätte ihn gepäppelt, getränkt und bedient bis an sein Lebensende! Ach, so ein Verführer zur Sünde, so ein Betrüger! Betrogen, beschummelt hat er mich Waise!«

Schließlich trat man doch wieder ans Bett Ssemjon Iwanowitschs, um ihn sich anzusehen. Jetzt lag er bereits aufgebahrt, wie es sich gehört, in seinem besten, allerdings auch einzigen Anzug, das erstarrte Kinn in der etwas ungeschickt umgebundenen Halsbinde verborgen, gewaschen und gekämmt, bloß nicht rasiert, da ein Rasiermesser in der Wohnung nicht vorhanden war; das einzige, das Sinowij Prokoffjewisch gehört hatte, war schartig geworden und schon im vorigen Jahr auf dem Trödelmarkt vorteilhaft verkauft worden. Die anderen pflegten alle zum Barbier zu gehen. Das Zimmer aufzuräumen, hatte man noch keine Zeit gehabt. Der zerbrochene Bettschirm lag noch am Boden und ließ die Einsamkeit

Ssemjon Iwanowitschs unverhüllt sehen, wie ein Sinnbild dessen, daß der Tod den Vorhang vor allen unseren Geheimnissen, Intrigen und Machenschaften wegreißt. Die Füllung der Matratze war auch noch nicht weggeräumt und lag noch in einem großen Haufen da. Ein Dichter hätte diesen ganzen so plötzlich erkalteten Winkel mühelos mit dem zerstörten Nest einer Hausschwalbe vergleichen können: alles zerschlagen und zerrissen vom Sturm, die junge Brut und die Mutter tot und das warme Bettchen aus Flaum und Federn und Flöckchen ringsum verstreut... Übrigens sah Ssemjon Iwanowitsch doch eher wie ein alter diebisch-egoistischer Spatz aus. Er war jetzt ganz still geworden, schien sich verstellen zu wollen, als ob er an nichts schuld wäre, als ob nicht er den Schwindel erdacht hätte, um schamlos und gewissenlos, in unanständigster Weise alle guten Leute zu betrügen und hinters Licht zu führen. Er hörte jetzt schon nicht mehr das Schluchzen und Weinen seiner verlassenen und gekränkten Wirtin. Im Gegenteil, als erfahrener und durchtriebener Kapitalist, der auch im Grabe keinen Augenblick untätig verlieren möchte, war er anscheinend ganz absorbiert von irgendwelchen spekulativen Berechnungen. In seinem Gesicht erschien der Ausdruck eines tiefen Nachdenkens, und seine Lippen waren mit einem so bedeutenden Zug um den Mund zusammengepreßt, wie man ihn zu Lebzeiten des Toten niemals ihm zugetraut hätte. Man hatte den Eindruck, als sei er klüger geworden. Das rechte Äuglein war fast pfiffig zusammengekniffen; es schien so, als wolle er etwas sagen, etwas Notwendiges mitteilen und erklären, und zwar ohne Zeit zu verlieren, möglichst schnell, da die Geschäfte drängten und er keine Zeit hatte... Und es war einem, als hörte man ihn sagen: »Was fehlt dir denn? Hör doch auf, du dummes Weib! Heule nicht! Du, schlafe dich aus, Alte, hörst du! Ich bin sozusagen gestorben; jetzt brauche ich nichts mehr; wirklich nicht! Es ist schön, so dazuliegen... Eigentlich wollte ich etwas anderes sagen; du bist ein tüchtiges Weib, das bist du, versteh das doch. Es ist nur, daß man jetzt gestorben ist; das ist nun mal so, nun ja... aber wenn es nun nicht so wäre – hörst du? – und ich auferstünde, was wäre wohl dann, was meinst du?...«

EIN JUNGES WEIB (DIE WIRTIN)

Eine Novelle

ERSTER TEIL

I

Ordýnoff mußte sich endlich aufraffen und auf die Suche nach einer neuen Wohnung gehen. Die Frau, bei der er als Zimmermieter wohnte, eine arme bejahrte Beamtenwitwe, hatte sich durch unvorhergesehene Umstände gezwungen gesehen, aus Petersburg irgendwohin in eine öde Provinz zu Verwandten überzusiedeln, ohne den Ersten des nächsten Monats abzuwarten. Der junge Mann, der für den Rest des Monats noch in seinem Zimmer bleiben konnte, dachte mit Bedauern an sein stilles Leben in den gewohnten vier Wänden und empfand ein ausgesprochenes Unbehagen bei dem Gedanken, dieses Zimmer nun verlassen zu müssen; er war arm, und die Miete war verhältnismäßig teuer. So nahm er denn schon am nächsten Tage nach der Abreise der Witwe seine Mütze und begab sich auf die Wanderschaft durch die Straßen Petersburgs, vorzugsweise durch die billigeren Quergassen, um Ausschau zu halten nach Mietszetteln, die an den Haustoren dort angeschlagen waren, namentlich nach solchen an älteren, starkbevölkerten Mietskasernen, in denen er am ehesten Aussicht hatte, bei irgendwelchen ärmeren Mietern das gewünschte Stübchen für sich zu finden.

Er suchte schon lange und war mit seinen Gedanken anfangs auch gewissenhaft bei der Sache, doch nach und nach wurde seine Aufmerksamkeit von ganz anderen, ihm bis dahin völlig unbekannten Empfindungen abgelenkt. Er begann um sich zu blicken, zunächst nur flüchtig, wie aus Zerstreutheit, ohne sich etwas Bestimmtes dabei zu denken, bald jedoch aufmerksamer und schließlich mit starkem Interesse. Die Menschenmenge und das Straßenleben, der Lärm, die Bewegung ringsum, die Neuheit der Gegenstände, die

Unvertrautheit dieses Daseins – dieses ganze seichte Leben und alltägliche Getue, das dem geschäftigen und stets beschäftigten Petersburger Menschen schon längst so langweilig geworden ist, daß er zwar erfolglos, aber doch eifrig sein ganzes Leben lang nach der Möglichkeit sucht, sich abfinden, zufriedengeben, still und ruhig irgendwo in ein warmes Nest zurückziehen zu können, das er sich durch Arbeit, Schweiß und noch verschiedene andere Mittel erworben hat, – diese ganze triviale *Prosa* und Langweiligkeit erweckten in Ordýnoff, ganz im Gegenteil, eine gewissermaßen stillfrohe, lichte Empfindung. In seine blassen Wangen stieg eine leichte Röte, seine Augen erglänzten wie von einer neuen Hoffnung, und gierig begann er, die kalte, frische Luft einzuatmen. Es wurde ihm ganz ungewohnt leicht zumut.

Er hatte von jeher ein stilles, vollkommen einsames Leben geführt. Als er vor etwa drei Jahren seinen akademischen Grad erlangt hatte und in gewissem Sinne ein freier Mensch geworden war, da war er zu einem kleinen alten Herrn gegangen, den er bis dahin nur vom Hörensagen gekannt. Er hatte lange gewartet, bis der livrierte Kammerdiener sich bereitfand, ihn zum zweitenmal anzumelden. Danach war Ordynoff in einen hohen, dämmerigen und fast ganz leeren Saal geführt worden, einen jener langweiligen großen Räume, wie sie sich noch in einzelnen Adelshäusern aus früherer Zeit erhalten haben. Dort hatte er einen mit Orden behängten, silberhaarigen Greis erblickt, den ehemaligen Freund und Amtsgenossen seines Vaters, der für ihn, den Sohn, die Vormundschaft übernommen hatte. Der Alte hatte ihm einen kleinen Geldbetrag eingehändigt: den Rest einer einst wegen Schulden unter den Hammer gekommenen Erbschaft. Ordynoff hatte das Päckchen gleichmütig in Empfang genommen, hatte sich für immer von seinem Vormund verabschiedet und war wieder auf die Straße hinausgetreten, an einem kalten, trübseligen Herbstnachmittag. Der junge Mann war dann nachdenklich geworden; eine seltsame, ihm selbst unbewußte Traurigkeit hatte ihm das Herz schwer gemacht. Seine Augen brannten. Er mußte sich erkältet haben, denn Frostschauer und Fieber lösten einander ab. Im Gehen rechnete er nach, daß er mit seinen Mitteln etwa zwei bis drei Jahre auskommen könne; wenn er teilweise hungerte, vielleicht sogar vier Jahre. Es hatte bereits zu dunkeln begonnen, ein undichter Regen tröpfelte. Da hatte er denn das erste beste Zimmer gemietet und in einer Stunde war er eingezogen. Seitdem hatte er dort bei der Beamtenwitwe wie in einem Kloster gelebt, als hätte er sich von aller Welt losgesagt. In diesen zwei Jahren war er endgültig weltfremd geworden.

Er war es geworden, ohne es selbst zu merken; vorläufig kam es ihm auch gar nicht in den Sinn, daß es noch ein anderes Leben gab, ein lärmendes, lautes, ewig wogendes, ständig wechselndes, ewig lockendes und immer, früher oder später nicht zu umgehendes Leben. Freilich hatte er von diesem Leben schon gehört, wie hätte das auch anders sein können. Aber er kannte es nicht aus eigener Erfahrung und suchte es nie auf. Schon von Kindheit an hatte er abgesondert gelebt; jetzt aber, seitdem er erwachsen war, hatte diese Zurückgezogenheit ein eigenes Gepräge erhalten. Es war die tiefste, die unersättlichste Leidenschaft, die das ganze Leben eines Menschen verschlingt, und die solchen Wesen wie Ordynoff in der Sphäre des anderen, des praktisch tätigen Lebens auch nicht den geringsten Platz reserviert. Diese Leidenschaft war – die Wissenschaft. Zunächst verschlang sie seine Jugend, vergiftete mit ihrem langsam wirkenden, berauschenden Gift seine Nachtruhe, entzog ihm die gesunde Nahrung und die frische Luft, die niemals Gelegenheit hatte, ihn der dumpfen Zimmerluft zu entführen. Ordynoff gewahrte das alles gar nicht im Rausch seiner Leidenschaft und wollte es nicht gewahren. Er war jung und vorläufig verlangte ihn nach nichts anderem. Die Leidenschaft machte ihn dem äußeren Leben gegenüber zum kleinen Kind und für immer unfähig, manche guten Leute zum Platzmachen zu veranlassen, wenn das mal erforderlich sein sollte, um für sich selbst wenigstens ein kleines bißchen Raum zwischen ihnen zu gewinnen. Für manche geschickten Leute ist die Wissenschaft ein Kapital in ihrer Hand; die Leidenschaft Ordynoffs dagegen war wie eine Waffe, die sich gegen ihn selbst richtete.

Es war in ihm mehr ein unbewußter Trieb, zu lernen und zu wissen, als ein logisch klarer Anlaß dazu. So war das auch bei jeder anderen Tätigkeit, die ihn bisher beschäftigt hatte. Schon in seiner Kindheit hatte man ihn für einen Sonderling gehalten, da er seinen Kameraden so unähnlich gewesen war. Seine Eltern hatte er nicht gekannt; von seinen Kameraden hatte er wegen seines sonderbaren, unzugänglichen Charakters manche rohe Verletzung und Feindseligkeit zu ertragen gehabt, weshalb er dann erst recht menschenscheu und verschlossen geworden war und sich nach und nach ganz in seine Abgelöstheit zurückgezogen hatte. Aber in seinen einsamen Beschäftigungen hatte es niemals, auch jetzt nicht, Ordnung und ein bestimmtes System gegeben; auch jetzt leitete ihn nur das erste Entzücken, die erste Glut, das erste Fieber des Künstlers. Er schuf sich ein eigenes System; es entstand und entwickelte sich in ihm im Laufe von Jahren. In seiner Seele erstand allmählich, vorläufig noch dunkel und unklar, aber dabei doch schon wunderbar beseligend, die Gestalt einer Idee, die eine neue, vergeistigte Form für sich suchte. Diese Form wollte aus seiner Seele geboren werden, indem sie sie qualvoll peinigte; noch fühlte er erst schüchtern die Originalität, die Richtigkeit und Selbständigkeit dieser Idee: seine Sinne spürten schon die Schöpferkraft in sich; sie ordnete sich in ihm, sie erstarkte. Aber der Zeitpunkt der Verkörperung und schöpferischen Geburt war noch fern, vielleicht sogar noch sehr fern, vielleicht überhaupt unmöglich!

Jetzt ging er durch die Straßen wie ein Entfremdeter, wie ein Einsiedler, der aus seiner stummen Einöde plötzlich in eine lärmende, dröhnende Stadt geraten ist. Alles erschien ihm neu und seltsam. Er war aber dieser rings um ihn wogenden und dröhnenden Welt so fremd, daß er nicht einmal daran dachte, sich über seine sonderbare Empfindung zu wundern. Es war vielmehr, als gewahre er sein Anderssein, seine Naturkindschaft gar nicht; im Gegenteil, es entstand in ihm eine Art von freudigem Gefühl, eine Art Berauschtheit, wie bei einem Hungrigen, dem man nach langem Fasten wieder zu trinken und zu essen gibt, – obschon es natürlich seltsam war, daß eine so geringfügige Neuheit im äußerlichen Lebensablauf, wie ein Wohnungswechsel, einen petersburger Einwohner, und mochte es selbst ein Ordynoff sein, noch derart betäuben und zugleich erregen konnte. Allerdings ist zu berücksichtigen, daß er die letzten Jahre fast nur in seinem Zimmer verbracht hatte und niemals wie jetzt aus einem „geschäftlichen“ Grunde, der unbedingte Aufmerksamkeit für die Umgebung erheischte, durch die Straßen der Stadt gegangen war.

Er fand aber mehr und mehr Gefallen daran, in dieser Weise durch die Straßen zu schlendern. Alles, was ihm vor die Augen kam, begann er zu betrachten wie ein *Flaneur*.

Doch auch jetzt las er, seiner Art getreu, in dem Bild, das sich taghell vor ihm auftat, wie in einem Buch zwischen den Zeilen. Alles fiel ihm auf, kein einziger Eindruck entging ihm unbewußt; mit denkendem Blick sah er sich die Gesichter der vorübergehenden Menschen an, schaute er sich hinein in die Physiognomie der ganzen Umgebung, horchte er liebevoll auf das Gerede des Volkes hier und da, als hätte er die Schlüsse, zu denen er in der Stille einsamer Nächte gelangt war, jetzt an allem, worauf er stieß, auf ihre Richtigkeit hin auch prüfen wollen. Oft war es nur irgend eine Kleinigkeit, die ihn überraschte und ihm einen neuen Gedanken eingab; zum erstenmal ärgerte er sich darüber, daß er sich in seiner Zelle gleichsam lebendig begraben hatte; hier ging alles viel schneller vor sich; auch sein Puls schlug voll und schnell, sein Verstand, der bedrückenden Einsamkeit entrückt, in der seine Tätigkeit sonst nur von dem angespannten, exaltierten Willen zum Denken angetrieben worden war, arbeitete jetzt ganz von selbst, schnell, ruhig und kühn. Überdies verlangte es ihn jetzt gewissermaßen unbewußt danach, auch sich selbst hineinzuzwängen in dieses für ihn fremde Leben, das er bisher nur mit dem Instinkt des Künstlers gekannnt, oder besser gesagt, nur richtig geahnt hatte. Sein Herz begann unwillkürlich schneller zu schlagen, wie vor Sehnsucht nach Liebe und Teilnahme. Immer achtsamer sah er die Menschen an, die an ihm vorübergingen; aber es waren lauter ihm unbekannte Menschen, die besorgt oder nachdenklich aussahen... Und Ordynoffs Sorglosigkeit begann nach und nach abzunehmen; die Wirklichkeit begann ihn schon zu bedrücken, flößte ihm so etwas wie unwillkürliche Angst vor Ehrfurcht ein. Er begann schon zu ermüden unter der andrängenden Flut neuer Eindrücke, die ihm bisher ferngeblieben waren: wie ein Kranker, der froh zum erstenmal von seinem Krankenlager aufgestanden ist, dann aber bald erschöpft von der Helligkeit, dem Blenden, dem Wirbel des Lebens, dem Lärm und der Buntheit der an ihm vorüberziehenden Menge halb betäubt und schwindelig wieder niedersinkt. Es wurde ihm bang und traurig zumut. Furcht befiel ihn vor seinem ganzen Leben, vor seinem ganzen Tun und sogar vor der Zukunft. Ein neuer Gedanke begann ihm die Ruhe zu rauben. Es kam ihm plötzlich in den Sinn, daß er sein ganzes Leben lang allein gewesen war. Daß niemand ihn geliebt hatte, und daß es auch ihm niemals gelungen war, jemanden zu lieben. Einige der Fußgänger, mit denen er zu Anfang seiner Wanderung gelegentlich ein Gespräch anzuknüpfen versucht hatte, waren wohl stehengeblieben, hatten ihn aber unhöflich und sonderbar angesehen. Jetzt sah er, daß man ihn für einen Verrückten hielt oder für einen merkwürdigen Sonderling, was er ja übrigens auch war. Er erinnerte sich, daß ihn eigentlich schon von Kindheit an alle gemieden, sich in seiner Gegenwart offenbar unbehaglich gefühlt hatten, wohl seines nachdenklichen und widerspenstigen Charakters wegen. Er wußte, daß sich das Mitgefühl, dessen er wohl fähig war, doch nur schwerfällig, sehr verhalten und daher für die anderen kaum bemerkbar äußerte, daß aber in diesem Mitgefühl niemals ein Gefühl der seelischen Gleichheit zwischen ihm und den anderen zu spüren gewesen war. Das hatte ihn selbst gequält, sogar schon als Kind, als er den anderen Kindern, seinen Altersgenossen, so auffallend wenig glich. Jetzt fiel ihm das wieder ein, und er sagte sich, daß er ja immer schon, zu jeder Zeit, von allen allein gelassen und übergangen worden war.

In Gedanken versunken war er weitergegangen, ohne auf den Weg zu achten, bis er schließlich merkte, daß er sich in einem vom Zentrum weit entfernten Stadtteil befand. In einem abgelegenen und menschenleeren Wirtshaus ließ er sich etwas zu essen geben und machte sich dann wieder auf den Weg. Von neuem streifte er umher, ging durch viele Straßen, über Plätze, an grauen und gelben Zäunen entlang. Bald kamen graue windschiefe Häuschen, dann wieder riesenhafte Gebäude großer Fabriken, rot, rauchgeschwärzt, unförmig mit ragenden Schloten. Dabei war die Umgebung rings doch wie ausgestorben, so verlassen, öde, düster und feindselig; wenigstens machte sie auf Ordynoff diesen Eindruck. Es wurde Abend. Aus einer langen Gasse kam er auf einen kleinen freien Platz, an dem eine Pfarrkirche lag.

In seiner Zerstreutheit ging er hinein. Der Gottesdienst war beendet und die Kirche fast ganz leer; nur zwei alte Frauen knieten noch nahe beim Eingang. Der Kirchendiener, ein altes Männlein mit silbergrauem Haar, löschte die Kerzen. Die Strahlen der Abendsonne ergossen sich von oben durch ein schmales Fenster unterhalb der Kuppel in einem Lichtstrom durch das Innere der Kirche bis zu einem der Nebenaltäre, den sie mit einem Meer von Glanz erhellten. Aber die Sonne sank, ihr Licht wurde schwächer und schwächer; je mehr die tiefe Dämmerung unter den Gewölben dunkelte, um so heller erglänzten an manchen Stellen die Vergoldungen an den Heiligenbildern, vor denen die kleinen gelben Flämmchen der Wachskerzen und Öllämpchen zuckend brannten. Ordynoff lehnte sich in einer Anwandlung tieferregender Schwermut, eines unbestimmten unterdrückten Gefühls an die Wand im dunkelsten Winkel der Kirche und überließ sich für einen Augenblick dem Vergessen. Er kam wieder zu sich, als der gleichmäßige, gedämpfte Schall der Schritte zweier eintretender Kirchenbesucher unter dem Gewölbe des Gotteshauses vernehmbar wurde. Er sah auf, und beim Anblick der beiden Ankömmlinge bemächtigte sich seiner eine eigentümliche Neugier.

Es waren ein alter Mann und ein junges Weib. Der Alte war hochgewachsen, noch aufrecht und rüstig, aber hager und krankhaft blaß. Seinem Äußeren nach konnte man ihn für einen irgendwoher aus fernem Grenzgebiet zugereisten Kaufmann halten. Er trug einen langen, schwarzen, mit Pelz gefütterten Mantel lose über die Schultern geworfen, offenbar ein Stück Festtagskleidung; unter dem Mantel einen gleichfalls langen, von oben bis unten zugeknöpften russischen Leibrock, wie er in alten Zeiten zur Nationaltracht gehörte. Um den bloßen Hals war nachlässig ein grellrotes Tuch geschlungen; in der Hand hielt er eine Pelzmütze. Ein langer, schmaler, halbergrauter Bart fiel auf seine Brust, und unter den überhängenden finsteren Brauen glomm ein feuriger Blick, gleichsam fieberglänzend, aber hochmütig und beherrscht. Das junge Weib, das etwa zwanzig Jahre alt sein mochte, war bewundernswert schön. Sie trug einen hellblauen, mit kostbarem Fell verbrämten kleinen Pelz und um den Kopf ein weißes Atlastuch, das unter dem Kinn zu einem Knoten geschlungen war. Sie ging mit gesenktem Blick, und eine sinnende Feierlichkeit, die seltsam ergreifend aus ihrer Erscheinung sprach, spiegelte sich auch in den zarten Linien ihrer kindlich reinen und frommen Züge wider. Es war etwas Sonderbares an diesem überraschenden Paar.

Unter der mittleren Kuppel blieb der Alte stehen und verneigte sich nach allen vier Seiten, obschon die Kirche ganz leer war; dasselbe tat auch seine Begleiterin. Dann nahm er sie bei der Hand und führte sie zum großen Heiligenbild der Mutter Gottes, der die Kirche geweiht war, und dessen mit Edelsteinen besetzte goldene Bekleidung und reiche Einfassung durch den Flammenschein der vielen Wachskerzen in blendendem Glanz erstrahlte. Der Kirchendiener, der sich noch hier und da etwas zu schaffen machte, grüßte den Alten mit Ehrerbietung; dieser erwiderte den Gruß mit einem kurzen Kopfnicken. Vor dem Heiligenbilde kniete das junge Weib nieder und berührte mit der Stirn den Fußboden. Der Alte nahm das Ende des Schleiers, der am Fußgestell des Bildes hing, und breitete ihn über ihren Kopf. Halb unterdrücktes Schluchzen war zu vernehmen.

Ordynoff war betroffen durch die Feierlichkeit der ganzen Szene, die sich vor seinen Augen abspielte, und wartete mit Ungeduld auf ihr Ende. Nach einer Weile erhob sie den Kopf, und wieder fiel der helle Lichtschein eines Lämpchens auf ihr schönes Gesicht. Ordynoff zuckte zusammen und trat unwillkürlich einen Schritt vor. Sie hatte ihre Hand bereits dem Alten gereicht, und beide gingen still aus der Kirche. Tränen standen in ihren dunkelblauen Augen, die von langen, in dem milchweiß zarten Antlitz auffallend dunklen Wimpern umsäumt waren; als sie die Lider senkte, rollten zwei Tränen über ihre erblaßten Wangen herab. Auf ihren Lippen erschien ein flüchtiges Lächeln, aber es verwischte doch nicht die Spuren einer fast kindlichen Angst und eines geheimen Grauens. Sie schmiegte sich zaghaft an den Alten, man konnte sehen, daß sie am ganzen Leibe vor Aufregung zitterte.

Betroffen und von einem ungeahnt süßen und zwingenden Gefühl getrieben, ging Ordynoff ihnen schnell nach; in der Vorhalle kreuzte er ihren Weg. Der Alte sah ihn feindselig und streng an; auch sie sah nach ihm hin, aber ohne Wißbegier und zerstreut, als wäre sie von einem ganz anderen, weitabliegenden Gedanken in Anspruch genommen.

Ordynoff folgte ihnen, ohne selbst zu wissen, weshalb er es tat. Es war schon ganz dunkel geworden; er blieb aber in einiger Entfernung von ihnen. Der alte Mann und das junge Weib gingen eine große, breite Straße entlang, die noch ungepflastert und voll von verschiedenen, Kleinhandel treibenden Leuten war, vor Mehlspeichern und Einkehrhöfen, und die geradeaus zur Stadtgrenze und einem Schlagbaum führte; dann bogen sie in eine schmale, lange Querstraße ein, die beiderseits von langen Zäunen eingefaßt war und dann auf eine große, geschwärzte viereckige Mietskaserne zulief, durch deren Höfe man aber wieder auf eine andere, gleichfalls große und belebte Straße gelangen konnte. Sie näherten sich bereits dem Hause. Plötzlich wandte sich der Alte zurück; sein Blick maß unwillig den jungen Mann, der ihnen so beharrlich folgte. Ordynoff blieb wie gebannt stehen; sein unüberlegtes Tun erschien ihm selbst plötzlich sehr sonderbar. Da sah sich der Alte noch einmal nach ihm um, als wolle er sich überzeugen, ob sein drohender Blick die Wirkung nicht verfehlt habe; dann traten sie beide, er und das junge Weib, durch die schmale Pforte in den Hof des Hauses. Ordynoff ging zurück.

Er befand sich in der unangenehmsten Stimmung und ärgerte sich über sich selbst: ganz umsonst hatte er einen Tag verloren, um-

sonst hatte er sich ermüdet und überdies noch diesen sowieso schon mißlungenen Tag mit einer großen Torheit gekrönt, indem er einer ganz gewöhnlichen Begegnung die Bedeutung eines wer weiß wie besonderen Abenteuers beigelegt hatte.
Am Vormittag hatte er sich noch darüber geärgert, daß er so weltfremd und menschenscheu geworden war. Es war aber nur sein Instinkt gewesen, der ihn veranlaßt hatte, alles zu fliehen, was ihn in seinem äußeren, nicht in seinem innerlichen, künstlerischen Leben hätte zerstreuen, beeinflussen und erschüttern können. Jetzt wenigstens gedachte er mit Wehmut und einer gewissen Reue seines ungestörten Winkels; dann erfaßte ihn eine seltsame Traurigkeit und Sorge befiel ihn beim Gedanken an seinen künftigen Verbleib: wo er ein neues Unterkommen finden könne und wie lange er wohl noch ein solches werde suchen müssen. Dabei aber verstimmte es ihn wieder am meisten, daß ihn solche Nichtigkeiten überhaupt so beschäftigen konnten. Ermüdet und unfähig, zwei Gedanken aneinanderzureihen, langte er endlich – es war mittlerweile schon ziemlich spät geworden – wieder bei seiner alten Wohnung an. Erst als er ins Haus trat, kam es ihm plötzlich zum Bewußtsein, daß er fast daran vorübergegangen wäre, ohne es zu bemerken, noch zu erkennen. Verwundert schüttelte er den Kopf über seine Zerstreutheit, schrieb sie aber doch nur seiner Müdigkeit zu und trat, im letzten Stockwerk unter dem Dach angelangt, in sein kleines Zimmer. Er zündete ein Licht an, setzte sich und brütete gedankenverloren vor sich hin. Da stand plötzlich wieder das Bild des weinenden jungen Weibes greifbar deutlich vor seiner Seele. Und so glühend heiß, so tief und stark war der Eindruck, so voll Liebe hatte sein Herz diese sanften, stillen Züge in sich aufgenommen und gab seine Phantasie sie ihm jetzt wieder, diese Züge, aus denen mystische Rührung und Grauen, kindliche Demut und hingebender Glaube sprachen, daß seine Augen trüb wurden und gleichsam Feuer seine Glieder durchströmte. Aber die Vision hielt nicht lange stand. Der Ekstase folgte Besinnung, dann Ärger und schließlich eine gewisse ohnmächtige Wut. Ohne sich auszukleiden, wickelte er sich in seine Bettdecke und warf er sich auf sein hartes Lager...
Ordynoff erwachte am anderen Morgen erst ziemlich spät und in gereizter, banger und bedrückter Stimmung. Er mußte sich, während er sich zurechtmachte, nahezu Gewalt antun, um nur an seine nächstliegenden Sorgen zu denken. Als er hinaustrat, schlug er die

entgegengesetzte Richtung ein, um nur ja nicht den Weg zu gehen, den er tags zuvor gegangen war. Endlich fand er bei einem armen Deutschen, Spieß mit Namen, der mit seiner Tochter Tinchen eine Dachwohnung innehatte, ein Stübchen für seine Ansprüche. Spieß entfernte sogleich, nachdem er das Handgeld erhalten, den Mietszettel, fand Ordynoffs Liebe zur Wissenschaft, um derentwillen er ganz ungestört zu leben wünschte, sehr lobenswert und versprach zum Schluß, sich seiner recht annehmen zu wollen. Ordynoff erklärte, daß er gegen Abend einziehen werde. Als das erledigt war, wollte er sich wieder nach Haus begeben, änderte aber unterwegs seine Absicht und schlug einen anderen Weg ein: im Augenblick wurde auch seine Stimmung besser, obschon er innerlich selbst über sich lächeln mußte. Der Weg erschien ihm diesmal in seiner Ungeduld ungeheuer weit, wenigstens bedeutend weiter als er gedacht. Endlich erreichte er die Kirche, in der er am vergangenen Abend gewesen war. Es wurde gerade die Messe gelesen. Er suchte sich einen Platz, von dem aus er fast alle Betenden sehen konnte; doch die, die er suchte, waren nicht darunter. Nach langem vergeblichem Warten verließ er die Kirche und fühlte dabei, wie er errötete. Hartnäckig bemühte er sich, ein gewisses ungewolltes Gefühl in sich zu ersticken, und zwang sich mit aller Gewalt, seine Gedanken nach seinem Willen zu lenken. Er wollte an ganz gewöhnliche Dinge denken; da fiel ihm denn ein, daß es ja Zeit zum Mittagessen sei, und da er Hunger verspürte, ging er in dasselbe Wirtshaus, in dem er tags zuvor eine Kleinigkeit genossen hatte. Dann streifte er wieder umher, ging durch unbekannte, aber belebte Straßen und dann wieder durch menschenleere Gassen, bis er sich schließlich in einer Gegend jenseits der Stadtgrenze fand, wo sich das herbstlich fahl gewordene Feld weit vor ihm ausbreitete. Er wäre unversehens noch weiter gegangen, wenn ihn nicht die Stille ringsum mit einem neuen, lange nicht mehr empfundenen Eindruck aus seiner Gedankenversunkenheit geweckt hätte. Es war ein trokkener kalter Tag, wie sie im Petersburger Oktober nicht selten vorkommen. Nicht allzu fern war eine Hütte zu sehen, und hinter ihr zwei Heuschober. Ein kleines verhungertes Bauernpferd, dessen Rippen man fast zählen konnte, stand neben einem zweiräderigen Karren abgeschirrt mit gesenktem Kopf und hängender Unterlefze da, als dächte es über irgend etwas nach. Ein Hofhund, der in der Nähe eines zerbrochenen Wagenrades einen Knochen benagte, begann zu knurren, und ein etwa dreijähriger Bub, der mit nichts weiter als einem Hemdchen bekleidet war, kratzte sich seinen weißblonden Strubbelkopf und starrte verwundert den einsamen Städter an. Hinter der Hütte lagen Gemüsegärten und Äcker. Am Horizont zogen sich Streifen dunkler Wälder hin, und über ihnen war der Himmel klar und blau. Von der anderen Seite aber zogen langsam trübe Schneewolken herauf, die vereinzelte Wölkchen vor sich herschoben, als trieben sie eine Schar schwebender Zugvögel lautlos, ohne einen Schrei, ohne einen Flügelschlag, hoch oben am Himmel vorüber. Es war alles so still und gleichsam feierlich-schwermütig, wie erfüllt von einer ohnmächtigen, verheimlichten Erwartung... Ordynoff wollte eigentlich noch weiter und weiter gehen, aber die Öde bedrückte ihn. Er kehrte wieder um und ging zurück nach der Stadt, von wo jetzt fernes Glockengeläut, das zum Abendgottesdienst rief, zu ihm drang. Er beschleunigte seine Schritte, und nach kurzer Zeit betrat er wieder die Kirche, die ihm seit dem gestrigen Tag so vertraut war.

Seine junge Unbekannte war schon da.

Sie kniete nicht weit vom Eingang unter vielen anderen Betenden. Ordynoff drängte sich durch das eng beieinander stehende Volk, durch die Schar von Bettlern, alten Weibern in Lumpen, Kranken und Krüppeln, die alle bei der Kirchentür auf Almosen warteten, und kniete dicht neben ihr nieder. Seine Kleider berührten die ihrigen, er hörte ihr stoßweises Atmen und das inbrünstige Gebet ihrer Lippen. Wieder war ihr Antlitz von einem Gefühl hingebenden Glaubens durchgeistigt, und wieder rannen Tränen aus ihren Augen und versiegten auf ihren glühenden Wangen, als hätten sie ein furchtbares Verbrechen von ihrer Seele abzuwaschen. An der Stelle, wo sie beide knieten, war es so gut wie ganz dunkel; nur hin und wieder, wenn die Flamme im nächsten Lämpchen im Windzug aufflackerte, der durch eine geöffnete Zugklappe des schmalen Fensters strich, huschte zitternder Lichtschein über ihr Gesicht. Jeder Zug desselben schnitt sich in das Gedächtnis des jungen Mannes ein, umflorte seinen Blick und bohrte sich unter unerträglicher Pein in sein Herz. Nur lag in dieser Qual zugleich ein eigener, trunken rasender Sinnenrausch. Doch zuletzt ging dieser Zustand über seine Kraft; seine ganze Brust erbebte vor Schmerz; es war ihm, als verginge etwas in ihm vor unsagbar süßem Drang: ein tiefes Schluchzen erschütterte ihn plötzlich; er beugte seine heiße Stirn auf die kalten Fliesen der Kirche. Er fühlte nichts als den Schmerz in seinem Herzen, das in süßer Qual vergehen zu wollen schien.

Hatte sich nun diese hochgradige Empfindsamkeit, diese Nacktheit und Schutzlosigkeit des Gefühls durch die Einsamkeit seines Lebens so entwickelt? Oder war sie vorbereitet worden durch das qualvolle, bedrückende und trostlose Schweigen langer, schlafloser Nächte, inmitten unbewußter Triebe und ungeduldiger Gemütserschütterungen, dieses Überladensein des Herzens, das schließlich gewaltsam aufzubrechen bereit war, wenn es keine Erlösung fand? Oder war einfach die Zeit für diesen festlichen Ausbruch gekommen, plötzlich, und hatte das so kommen müssen, ganz wie an einem drückend schwülen Sommertag der ganze Himmel sich auf einmal verfinstert und ein Gewitterregen unter Donner und Blitz zur verdurstenden Erde niederrauscht? Ein rauschender Regen, der in glasklaren Tropfenperlen an smaragdenen Zweigen hängen bleibt, das Gras und die Kornfelder niederdrückt, die zarten Blütenkelche zur Erde beugt, auf daß sich dann bei den ersten Sonnenstrahlen alles, wieder auflebend, der Sonne entgegenhebe und triumphierend seinen herrlichen süßen Wohlgeruch bis zum Himmel emporsende, jubelnd in der Freude über sein erfrischtes Leben... Aber Ordynoff hätte jetzt nicht einmal daran denken können, was mit ihm geschah: er war sich seiner selbst kaum bewußt...

Er bemerkte es kaum, wie der Gottesdienst zu Ende ging, und kam erst zu sich, als er sich, seiner Unbekannten folgend, abermals durch die Volksmenge drängte, die sich vor dem Ausgang zusammenballte. Sie wurden immer wieder durch das hinausströmende Volk aufgehalten; dabei geschah es dann, daß sie ihn zum erstenmal bemerkte, und danach begegnete er noch mehr als einmal ihrem verwunderten offenen Blick, wenn sie sich nach ihm umsah, Ihre Verwunderung nahm sogar sichtlich zu, und auf einmal übergoß dunkle Glut ihr ganzes Gesicht. In diesem Augenblick tauchte plötzlich wieder die hohe Gestalt des alten Mannes vom vorhergegangenen Tage vor ihnen auf; dieser nahm sie wortlos bei der Hand. Ordynoff begegnete wieder dem haßerfüllten und spöttischen Blick des Alten, und eine eigentümliche Wut preßte ihm plötzlich das Herz zusammen. Draußen, in der Dunkelheit, verlor er sie bald aus den Augen. Er drängte sich rücksichtslos weiter durch die Menge und trat aus dem Portal hinaus. Aber die kühle Abendluft vermochte ihn nicht zu erfrischen: sein Atem stockte, beengte seine Brust, und sein Herz begann langsam und stark zu schlagen, so stark, als wolle es seine Brust sprengen. Schließlich mußte er sich doch sagen, daß er seine Unbekannten tatsächlich verloren hatte: sie waren nirgendwo mehr zu sehen, weder auf der großen Straße, noch in der Quergasse. Aber in Ordynoffs Kopf tauchte schon ein Gedanke auf, der sich alsbald zu einem jener gewagten tollen Pläne entwickelte, die zwar immer wahnwitzig anmuten, dafür aber fast immer Erfolg haben und in ähnlichen Fällen auch wirklich ausgeführt werden.

Schon am nächsten Morgen um acht begab er sich zu jenem Hause von der Gasse aus und betrat einen schmalen, kleinen Hinterhof, der so etwas wie eine Abfallgrube für die Hausbewohner zu sein schien. Der Hausknecht, der dort mit einer Arbeit beschäftigt war, hielt inne, stützte sich mit dem Kinn auf den Griff seiner Schaufel, musterte Ordynoff vom Kopf bis zu den Füßen und fragte ihn, was er hier wolle.

Der Hausknecht war ein noch junger Bursche von etwa fünfundzwanzig Jahren mit sehr alt wirkendem, verhutzeltem Gesicht, klein von Wuchs, offenbar ein Tatar.

»Ich suche ein Zimmer«, sagte Ordynoff ungeduldig.

»Was für eins denn?« fragte der Kerl spöttisch und sah ihn an, als wisse er bereits um sein ganzes Vorhaben.

»Ich will hier ein Zimmer mieten.«

»Im Vorderhaus gibt's keins«, versetzte der Tatar etwas rätselhaft.

»Aber hier?«

»Hier auch nicht.« Und damit wandte er sich wieder seiner Arbeit zu.

»Vielleicht gibt es doch einen Mieter, der mir eins abtreten würde?« fragte Ordynoff und drückte dem Hausknecht ein Trinkgeld in die Hand.

Der Tatar sah ihn an, steckte das Geld in die Tasche und machte sich dann wieder etwas mit seiner Schaufel zu schaffen – erst nach einigem Schweigen erklärte er nochmals: »Nein, hier gibt's keins.«

Der junge Mann hörte ihn aber nicht mehr: er ging bereits auf den halbverfaulten schwankenden Brettern, die über eine Pfütze führten, zum einzigen Eingang des Hinterhauses, zu einer Treppe, die ebenso schmutzig war wie das ganze Haus verschmutzt aussah, und deren unterste Stufe in einer zweiten Pfütze halbwegs versank. Unten, neben dem Eingang, wohnte ein armer Sargtischler, an dessen Werkstätte Ordynoff ohne zu fragen vorüberging, um auf der halbzerbrochenen gewundenen Treppe hinaufzusteigen. Im oberen Stockwerk angelangt, fand er, mehr tastend als sehend, eine schwere Tür, die einst mit Bastmatten beschlagen gewesen war, von denen jetzt jedoch nur noch wenig mehr als einzelne Stücke an ihr hafteten. Er drückte auf die Klinke und öffnete die Tür. Er hatte sich nicht geirrt. Vor ihm stand der Alte, den er in der Kirche gesehen hatte, und blickte ihn scharf, aber mit äußerster Verwunderung an.

»Was willst du?« stieß er schroff halblaut hervor.

»Haben Sie ein Zimmer zu vermieten?« fragte Ordynoff, ohne eigentlich selbst zu wissen, was er sagte oder sagen wollte. Hinter dem Alten hatte er seine Unbekannte erblickt.

Der Alte suchte schweigend die Tür zu schließen, um Ordynoff auf diese Weise hinauszudrängen.

»Ja! – wir haben ein Zimmer abzugeben!« sagte da plötzlich das junge Weib mit freundlicher Stimme.

Der Alte wandte sich nach ihr um.

»Ich brauche nicht viel mehr als eine Kammer«, sagte Ordynoff, indem er schnell eintrat und sich an das junge Weib wandte.

Doch das Wort erstarb ihm auf den Lippen: etwas Seltsames spielte sich plötzlich vor seinen Augen ab, eine stumme und doch beredte Szene. Der Alte war so leichenblaß geworden, als würde er im Augenblick ohnmächtig zusammenbrechen, und sah mit einem bleischweren, unbeweglichen, durchdringenden Blick das junge Weib an. Auch sie erblaßte zunächst, dann aber stieg ihr mit einem Mal jäh das Blut ins Gesicht, und in ihren Augen blitzte etwas Seltsames auf. Ohne ein weiteres Wort führte sie Ordynoff in das Nebenzimmer.

Die ganze Wohnung bestand aus einem einzigen, allerdings recht großen Raum, der durch zwei Scheidewände in drei Zimmer aufgeteilt war. Aus dem ziemlich dunklen und schmalen Vorzimmer, in das man vom Flur aus trat, führte geradeaus eine Tür offenbar in das Schlafzimmer. Rechts von dieser führte eine andere Tür nach dem Zimmer, das vermietet werden sollte. Das war ein schmaler enger Raum, der durch die Scheidewand an die zwei niedrigen Fenster wie angedrückt erschien. Überdies war er noch vollgepackt mit den verschiedensten Sachen, die nun einmal zu einem Haushalt gehören. Alles war ärmlich und eng, aber doch nach Möglichkeit sauber. Die Einrichtung bestand aus einem einfachen ungestrichenen Tisch, zwei ebenso einfachen Stühlen und zwei Bettladen, die eine an der Scheidewand, die andere an der der Tür gegenüberliegenden Wand. Ein großes altertümliches Heiligenbild mit einer vergoldeten Strahlenkrone stand in der Ecke auf einem Winkelbrett; vor ihm brannte das Öllämpchen. Ein mächtiger russischer Ofen, an den sich die Scheidewand anschloß, stand zur Hälfte in diesem Zimmer, zur Hälfte im Vorzimmer. Eigentlich bedurfte es keiner Versicherung, daß diese Wohnung für drei erwachsene Menschen zu eng war.

Sie begannen, das Notwendigste zu besprechen, sprachen aber so verwirrt und zusammenhanglos, daß sie einander kaum verstanden. Ordynoff, der zwei Schritte von ihr entfernt stand, glaubte ihr Herz pochen zu hören: er sah, daß sie vor Erregung und anscheinend auch vor Angst zitterte. Schließlich verständigten sie sich doch irgendwie, und die Sache ward abgeschlossen. Der junge Mann erklärte, daß er sogleich einziehen wolle, und blickte sich unwillkürlich nach dem Alten um. Der war zwar immer noch blaß, aber um seine Lippen spielte gleichsam heimlich ein stilles, sogar nachdenkliches Lächeln. Als er Ordynoffs Blick begegnete, runzelte er sofort wieder finster die Stirn.

»Hast du einen Paß?« fragte er plötzlich laut und kurz, indem er gleichzeitig schon die Tür zum Flur für ihn öffnete.

Ordynoff bejahte die Frage, die ihn etwas stutzig machte.

»Wer und was bist du?«

»Wassílij Ordýnoff. Edelmann. Kein Beamter, sondern Privatmann«, antwortete er ebenso kurz angebunden, wie der Alte.

»Ich gleichfalls«, versetzte der Alte. »Ich bin Iljá Múrin, Kleinbürger. Genügt dir das? Dann geh!...«

Schon nach einer Stunde war Ordynoff eingezogen, eigentlich selbst nicht weniger darüber verwundert, als es Herr Spieß und seine gehorsame Tochter Tinchen waren, die nach vergeblichem Warten zu der Überzeugung kamen, daß der verschwundene Mieter sie nur habe betrügen wollen. Ordynoff freilich begriff selbst nicht, wie das alles so gekommen war, aber im Grunde wollte er es auch gar nicht begreifen...

II

Sein Herz pochte so stark, daß ihm grün vor den Augen wurde und der Kopf ihm schwindelte. Mechanisch machte er sich daran, seine geringe Habe in der neuen Wohnung unterzubringen, knotete ein Bündel auf, das allerhand Notwendiges enthielt, schloß die Bücherkiste auf und begann die Bücher auf dem Tisch aufzustapeln; aber bald mußte er auch diese Arbeit einstellen. Immer wieder erschien vor seinen Augen das strahlende Bild des jungen Weibes, das, seit er es erblickt, sein ganzes Dasein so erschüttert und in Aufregung versetzt hatte, und das nun sein Herz mit einem so unwiderstehlichen, krampfhaften Entzücken erfüllte. Es war mit einem Schlag soviel Glück in sein dürftiges Leben eingebrochen, daß sein Denken versagte, verdrängt wurde, und sein Geist in Sehnsucht und Verwirrung zu vergehen glaubte. Er nahm seinen Paß und ging zum Alten, dessen Mieter er nun geworden war, in der Hoffnung, sie hierbei zu sehen. Murin öffnete aber die Tür nur ein wenig, nahm ihm den Paß aus der Hand, sagte nur: »Gut, lebe in Frieden«, und schloß sich wieder in sein Zimmer ein. Ein unangenehmes Gefühl bemächtigte sich nun Ordynoffs. Ohne zu wissen weshalb, bedrückte es ihn, diesen Alten anzusehen. In dessen Blick lag immer etwas wie Verachtung und Bosheit. Aber der unangenehme Eindruck verflog bald. Es war nun schon der dritte Tag, den Ordynoff wie in einem Wirbel verlebte, im Vergleich mit der früheren Windstille in seinem Leben; nur nachdenken konnte er jetzt nicht und fürchtete sich sogar davor. Alles in seinem Dasein hatte sich verwirrt und war in Unordnung geraten; er hatte das dumpfe Gefühl, daß sein ganzes Leben gleichsam in zwei Hälften zerbrochen sei; es gab für ihn nur noch den einen Trieb, nur die eine Erwartung, und kein anderer Gedanke vermochte ihn noch zu beunruhigen.

Er kehrte befangen in sein Zimmer zurück, ratlos, wie dieses Verhalten des Alten zu verstehen war. Am Ofen im Vorzimmer, in dem das Essen kochte, hantierte eine kleine, schon ganz gekrümmte Greisin; sie war so schmutzig und zerlumpt, daß es ein Jammer war, sie anzusehen. Sie schien eine sehr böse Person zu sein; hin und wieder brummte sie vor sich hin, als kaue sie dabei etwas mit ihren zahnlosen Kiefern. Das war die Dienstmagd. Ordynoff versuchte, ein Gespräch mit ihr anzuknüpfen, aber sie schwieg, offenbar aus Bosheit. Endlich wurde es Zeit zum Mittagessen. Die Alte nahm die Kohlsuppe, die Pasteten und das Rindfleisch aus dem Ofen und brachte sie in das andere Zimmer. Dieselben Gerichte brachte sie auch dem neuen Mieter. Nach dem Essen trat in der Wohnung Totenstille ein.

Ordynoff nahm ein Buch in die Hand und wendete lange Zeit die Blätter um, bemüht, den Sinn dessen zu erfassen, was er schon hundertmal gelesen hatte. Ungeduldig warf er das Buch wieder hin und machte von neuem den Versuch, seine Habseligkeiten ordentlich unterzubringen; schließlich nahm er seine Mütze, zog den Mantel an und ging hinaus auf die Straße. Ohne auf den Weg zu achten, ohne ihn überhaupt zu sehen, ging er weiter und gab sich die größte Mühe, sich geistig zu konzentrieren, seine zerstreuten Gedanken zu sammeln und wenigstens ein bißchen über seine Lage nachzudenken. Aber diese Anstrengung wurde für ihn zur Qual, zur Folter. Frostschauer und Fieber überfielen ihn abwechselnd; zuweilen begann sein Herz so heftig zu schlagen, daß er sich an eine Wand anlehnen mußte. ‚Nein, lieber tot', dachte er, ‚lieber tot sein', murmelte er mit fieberheißen Lippen, ohne daran zu denken, was er sprach. Schließlich fühlte er, daß er ganz durchnäßt war, und da erst bemerkte er, daß es in Strömen regnete. Er kehrte nach Hause zurück. Kurz bevor er das Haus erreichte, erblickte er seinen Hausknecht. Es schien ihm so, als ob der Tatar ihn schon eine Zeitlang aufmerksam und neugierig beobachtet hatte, seinen Weg nach Hause aber sogleich wieder fortsetzte, als er sich bemerkt sah.

»Guten Tag«, sagte Ordynoff, als er ihn eingeholt hatte. »Übrigens, wie heißt du?«

»Hausknecht heiß' ich«, antwortete jener grinsend.

»Bist du schon lange hier Hausknecht?«

»Schon lange.«

»Mein Wirt, der Murin, bei dem ich zur Miete wohne, ist doch Kleinbürger?«

»Das wird er wohl sein, wenn er's gesagt hat.«

»Was treibt er denn eigentlich?«

»Er ist krank; lebt, betet – das ist alles.«

»Ist das seine Frau?«

»Was für eine Frau?«

»Die, die bei ihm wohnt.«

»Dann... wird sie wohl seine Frau sein, wenn er's gesagt hat. Lebt wohl, Herr.«

Der Tatar faßte an seine Mütze und schlüpfte in sein Kämmerlein am Haupteingang des Hauses.

Ordynoff stieg die Treppe hinauf zu seinem Zimmer. Die alte Magd öffnete ihm die Tür, brummelte wieder gleichsam kauend etwas vor sich hin, schloß die Tür hinter ihm mit der Fallklinke und stieg wieder hinauf auf den Ofen, auf dessen warmem Liegeplatz sie den ganzen Rest ihres Lebens zu verbringen schien. Es begann schon zu dunkeln. Ordynoff wollte sich von seinen Wirtsleuten Streichhölzer holen, fand aber die Tür zu ihrem Zimmer verschlossen. Er rief die Alte an, die ihn von ihrem Ofenplatz aus, auf den Ellbogen gestützt, mit scharfem Blick beobachtete und anscheinend zu überlegen schien, was er an der Tür der Wirtsleute zu suchen habe; sie warf ihm schweigend ein Päckchen Streichhölzer zu. In sein Zimmer zurückgekehrt, machte er sich wieder, zum soundsovielten Mal, an seine Sachen und Bücher. Aber nach und nach wurde ihm, zu seiner verständnislosen Verwunderung, immer sonderbarer zumute; er setzte sich auf die Bettlade, und dann war ihm, als schliefe er ein. Ab und zu kam er wieder zu sich und sagte sich, daß sein Schlaf kein richtiger Schlaf, sondern nur irgend so eine qualvolle, krankhafte Benommenheit war. Einmal hörte er, wie an die Wohnungstür gepocht und wie sie geöffnet wurde; er erriet, daß es seine Wirtsleute waren, die von der Abendmesse heimkehrten. Da fiel ihm ein, daß er ja zu ihnen gehen mußte, um etwas zu holen. Er erhob sich denn auch und ging, das heißt: er glaubte, zu ihnen zu gehen, aber da stolperte er und fiel auf einen Haufen Holzscheite, den die Alte mitten im Zimmer hatte liegen lassen, wie er meinte. Von da an wußte er nichts mehr, und als er nach langer, langer Zeit die Augen öffnete, bemerkte er verwundert, daß er angekleidet, wie er gewesen war, auf derselben Bettlade oder Schlafbank lag, und daß ein berückend schönes Frauenantlitz, das von stillen mütterlichen Tränen anscheinend ganz feucht war, sich in zärtlicher Sorge über ihn beugte. Er fühlte, wie ihm ein Kissen unter den Kopf geschoben wurde und wie man ihn mit etwas Warmem zudeckte, und wie eine sanfte Hand sich auf seine heiße Stirn legte. Er wollte danken, wollte diese Hand fassen, sie an seine fieberheißen, trockenen Lippen führen, mit Tränen benetzen und küssen, küssen, eine ganze Ewigkeit lang. Er wollte so vieles sagen, aber was eigentlich, das wußte er selbst nicht; er hätte sterben mögen in diesem Augenblick. Aber seine Arme waren so schwer wie aus Blei und ließen sich nicht bewegen; ihm war, als sei er stumm geworden und könne deshalb nicht sprechen. Er spürte nur, wie das Blut ihm durch alle Adern jagte, daß er meinte, emporgehoben zu werden. Jemand gab ihm Wasser zu trinken... Zuletzt versank er in Bewußtlosigkeit.

Am anderen Morgen erwachte er gegen acht Uhr. Die Sonne schien in goldenen Garben durch das grünliche billige Glas der Fensterscheiben ins Zimmer. Ein wunderbar wohliges Gefühl durchkoste gleichsam alle Glieder des Kranken. Er war ruhig und still, war unendlich glücklich. Es schien ihm, daß soeben noch jemand am Kopfende seines Lagers gewesen sei. Und während er noch vollends zu sich kam, begann er sich schon besorgt nach diesem unsichtbaren Wesen im Zimmer umzuschauen; es verlangte ihn so sehr danach, seinen Freund zu umarmen und zum erstenmal im Leben zu sagen: ‚Guten Morgen, habe Dank, mein Lieber.'

»Wie lange du doch schläfst!« sagte da eine zärtliche Frauenstimme. Ordynoff sah sich um, und das Gesicht seiner schönen jungen Wohnungsinhaberin neigte sich mit einem freundlichen, sonnenhellen Lächeln über ihn.

»Wie lange du krank gewesen bist«, sagte sie, »aber nun laß es genug sein, steh auf; warum läßt du dich gefangenhalten? Die Freiheit ist doch süßer als Brot, schöner als die Sonne. Steh auf, mein Täuberl, steh auf.«

Ordynoff griff nach ihrer Hand und hielt sie fest... Er glaubte, immer noch zu träumen.

»Warte, ich habe dir Tee gemacht; willst du Tee? Tu's schon! Davon wird dir besser werden. Ich bin selbst krank gewesen, daher weiß ich's.«

»Ja, gib mir zu trinken«, sagte Ordynoff mit noch matter Stimme und versuchte auch aufzustehen. Er war noch sehr schwach. Ein Frostschauer lief ihm über den Rücken, alle Glieder taten ihm weh, er fühlte sich auf einmal wie zerschlagen. In seinem Herzen aber war alles licht; ihm war, als ob die Sonnenstrahlen ihn mit einer eigentümlich feierlichen, hellen Freude innerlich erwärmten. Er fühlte, daß ein neues, starkes, unsichtbares Leben für ihn anbrach. Im Augenblick erfaßte ihn ein leichter Schwindel. Das kam vielleicht vom Stehen.

»Du heißt doch Wassílij?« fragte sie. »Oder hab' ich mich verhört? – aber ich meine doch, mein Herr hat dich gestern so genannt.«

»Ja, ich heiße Wassilij. Und wie heißt du?« fragte Ordynoff, indem er sich ihr näherte, obschon er sich kaum auf den Füßen hielt. Plötzlich wankte er. Sie ergriff seine Hände und lachte.

»Ich? – Katerina!« Und sie sah ihn mit ihren großen, klaren blauen Augen an. Beide hielten sie sich an den Händen.

»Du willst mir etwas sagen?« fragte sie endlich.

»Ich weiß nicht...« Ihm war, als trübe sich sein Blick.

»Wie wunderlich du bist! Laß gut sein, mein Lieber, gräme dich nicht, sei nicht traurig – komm, setz dich hierher, hier scheint die

Sonne, die wird dich erwärmen. So, nun sitze hier ganz ruhig!... Komm mir nicht nach«, fügte sie hinzu, als sie sah, daß der junge Mann eine Bewegung machte, als wolle er sie zurückhalten; – »ich werde gleich wieder bei dir sein, da wirst du mich ansehen können, soviel du willst!«

Sie kam denn auch sogleich wieder, brachte ihm den Tee, den sie auf den Tisch stellte, und setzte sich ihm gegenüber.

»Da, nun trinke! – Wie, schmerzt dir der Kopf noch?«

»Nein, jetzt schmerzt er nicht mehr«, sagte Ordynoff, »oder ich weiß nicht, vielleicht schmerzt er noch... ich will nicht... schon gut, schon gut!... Ich weiß nicht, was mit mir ist...«, stieß er unter Herzklopfen hervor, und er suchte ihre Hand. »Bleibe hier, geh nicht fort von mir; gib... gib mir wieder deine Hand. Es wird mir dunkel vor den Augen; wenn ich dich ansehe, ist mir, als sähe ich in die Sonne«, sagte er, als müsse er sich jedes Wort aus dem Herzen reißen, und als vergehe er vor Seligkeit, indem er es aussprach. Heiß stieg es in ihm auf und schnürte ihm die Kehle zusammen – bis die Spannung sich plötzlich in erschütterndem Schluchzen entlud.

»Du Armer! Du hast wohl noch nie mit einem guten Menschen gelebt? Bist ganz allein und einsam in der Welt? Hast du gar keine Verwandten?«

»Nein, keinen einzigen... bin allein... das macht nichts! Jetzt wird mir besser... jetzt ist mir wohl!« Es war, als phantasiere er. Das Zimmer schien sich um ihn zu drehen.

»Auch ich habe jahrelang keine Menschen gesehn... Was siehst du mich so an...«, sagte sie plötzlich nach minutenlangem Schweigen und stockte...

»Was... wie sehe ich dich denn an?«

»So, als wärmten dich meine Augen! Weißt du, wenn man jemanden liebt... Ich habe dich doch schon bei deinen ersten Worten in mein Herz geschlossen. Wenn du krank werden solltest, werde ich dich pflegen. Aber du sollst nicht wieder krank werden, nein! Wenn du aber wieder ganz gesund bist, dann wollen wir wie Bruder und Schwester leben, ja? Willst du? Es ist doch schwer, eine Schwester zu finden, wenn Gott einem keine Geschwister gegeben hat.«

»Wer bist du? Woher kommst du?« stammelte Ordynoff mit leiser Stimme.

»Ich bin nicht von hier... aber das kann dir ja gleich sein! Weißt du, die Menschen erzählen, es hätten einmal zwölf Brüder in einem dunklen Walde gehaust, und eines Tages habe sich ein schönes Mädchen in diesem Wald verirrt. Und sie kam zu der Behausung der zwölf Brüder und räumte dort alles auf, und alles, was sie tat, tat sie mit Liebe. Als dann die Brüder zurückkehrten, sahen sie, daß ein Schwesterchen den Tag über bei ihnen zu Gast gewesen war. Da begannen sie, nach ihr zu rufen und zu bitten, daß sie doch wieder zu ihnen komme. Und da kam sie denn auch zu ihnen. Und die Brüder nannten sie alle Schwester, ließen ihr alle Freiheit, und sie war mit allen gleichgestellt. Kennst du das Mädchen?«

»Ich kenne es«, flüsterte Ordynoff.

»Es ist doch schön zu leben; sag, bist du froh, daß du lebst?«

»Ja, ja; ewig leben, lange leben«, antwortete Ordynoff.

»Ich weiß nicht«, meinte Katerina nachdenklich, »ich würde auch den Tod mögen. Ist es schön, zu leben? – zu leben und gute Menschen zu lieben, ja... Schau, da bist du nun wieder ganz blaß geworden, so weiß wie Mehl!«

»Ja, mein Kopf ist schwindelig...«

»Warte, ich bringe dir mein Federbett und ein anderes Kissen... und werde dir das Bett schön herrichten. Dann wird dir von mir träumen, und das Kranksein wird vergehen... Unsere Alte ist auch krank...«

Und noch während sie sprach, machte sie das Bett zurecht, wobei sie sich ab und zu lächelnd über die Schulter nach ihm umsah.

»Wie viele Bücher du hast!« sagte sie, als sie nach beendeter Arbeit die Kiste ein wenig abrückte.

Dann brachte sie die Decken und trat zu ihm, stützte ihn mit dem rechten Arm und führte ihn zum Bett, auf dem sie ihm die Kissen zurechtlegte, um ihn danach zuzudecken.

»Man sagt, Bücher verdürben die Menschen«, fuhr sie fort und schüttelte nachdenklich den Kopf. »Liest du gern in Büchern?«

»Ja«, antwortete Ordynoff, selbst im Zweifel darüber, ob er schlief oder wachte. Und wie um sich zu versichern, daß es kein Traum war, suchte er Katerinas Hand und er preßte sie in der seinen.

»Mein Hausherr hat auch viele Bücher; solche« – sie beschrieb mit der Linken ein großes Format – »er sagt, es seien heilige Bücher. Und er liest mir aus ihnen immer vor. Ich werde sie dir später zeigen. Soll ich dir erzählen, was er mir aus ihnen vorliest?«

»Erzähle«, flüsterte Ordynoff, ohne den Blick von ihr losreißen zu können.

»Betest du gern?« fragte sie wieder nach kurzem Schweigen. »Weißt du was? – ich fürchte, ich fürchte immer...«
Sie sprach es nicht aus, und wie es schien, dachte sie über irgend etwas nach.
Ordynoff führte schließlich ihre Hand an seine Lippen.
»Was küßt du meine Hand?« Ihre Wangen erröteten leicht. Und dann lachte sie: »Ach nun, da! – küsse sie nur!« und sie hielt ihm beide Hände hin. Dann befreite sie die eine Hand und legte sie auf seine heiße Stirn, und plötzlich – streichelte sie ihn und dann glättete sie sein Haar, und dabei errötete sie immer mehr. Endlich kniete sie neben seinem Bett nieder und lehnte ihre Wange an seine Wange: er spürte den feuchtwarmen Hauch ihres Atems... Plötzlich fühlte Ordynoff, daß heiße Tränen über seine Wange rollten: sie weinte. Er wollte etwas sagen, denken, wurde aber immer schwächer, immer schwächer... er konnte den Arm nicht mehr bewegen. Da stieß jemand an die Tür, und die Klinke klapperte. Ordynoff hörte nur noch, wie der Alte, sein Wirt, eintrat. Und darauf fühlte er, wie Katerina sich erhob, übrigens ganz langsam, ohne jeden Schreck, fühlte, wie sie beim Weggehen das Zeichen des Kreuzes über ihm machte. Er lag mit geschlossenen Augen. Plötzlich brannte ein heißer, langer Kuß auf seinen Lippen: der fuhr ihm wie ein Messer ins Herz. Er wollte aufschreien, verlor aber das Bewußtsein...
Damit begann nun für ihn ein sonderbarer Zustand, ein Traumleben, wie es nur Krankheit und Fieber verursachen können. Es kamen Augenblicke, in denen es ihm in einer Art unklaren Bewußtseins schien, daß er verurteilt sei, in einem langen endlosen Traum voll seltsamer Aufregungen, Kämpfe und Leiden zu leben. Empört und entsetzt wollte er sich auflehnen gegen dieses Fatum, das ihn knechten wollte. Doch im Augenblick des heißesten, verzweiflungsvollsten Kampfes fühlte er, wie ihn plötzlich eine andere feindliche Kraft überfiel und niederrang. Dabei aber empfand er mit jeder Fiber, wie er von neuem die Besinnung verlor und wie wieder undurchdringliches, bodenloses Dunkel sich vor ihm auftat, und er glaubte sogar selbst den Schrei der Qual und Verzweiflung zu hören, mit dem er sich in diesen offenen Schlund stürzte. Dann aber kamen wieder andere Augenblicke eines kaum zu ertragenden, überwältigenden Glücks, wie man es nur selten empfindet: Augenblicke, in denen die Lebenskraft im ganzen Menschen sich krampfhaft steigert und der Mensch sich wie in einer höheren Sphäre befindet, wo das Vergangene klar wird, der gegenwärtige

lichte, kurze Augenblick ein klingendes, tönendes Triumph- und Freudengefühl auslöst und die unbekannte Zukunft wie ein Traum im Wachen vor einem liegt... Augenblicke, wo man nicht weiß, woher sich unsagbare Hoffnung wie erquickender Tau auf die Seele legt, und man aufschreien möchte vor lauter Seligkeit, während man doch fühlt, wie schwach und hilflos das Fleisch vor dieser Wucht der Eindrücke ist, wie der Lebensfaden, der ins Vergangene zurückreicht, abreißt und das neue Leben wie ein Leben nach einer Auferstehung vor uns erscheint und man sich zu dieser Erneuerung beglückwünscht... Dann schwand ihm wieder das Bewußtsein und eine Art Halbschlaf umfing ihn, in dem er alles, was er in den letzten Tagen erlebt hatte, nochmals durchlebte und das Geschehene, verschwommenen Nebelbildern gleich, in wirrer, hastend drängender Folge an seinem geistigen Auge vorüberzog. In diesen Visionen erschien ihm dabei alles ganz anders, seltsam und rätselhaft. Dann wieder vergaß er alles jüngst Geschehene und wunderte sich, daß er nicht mehr in seiner früheren Wohnung bei seiner alten Wirtin, der Beamtenwitwe, war. Er konnte es sich nicht erklären, warum die alte gute Frau nicht zu seinem Ofen kam, in dem noch die letzten Kohlen glühten – er glaubte den schwachen, zitternden Widerschein der verlöschenden Glut noch an der Wand zu sehen –, und warum sie nicht, bevor sie die Ofentür schloß, ihre hageren alten Hände am Feuerschein wärmte, wie sie es sonst immer getan, stets nach alter Leute Art vor sich hinmurmelnd, ab und zu mit einem Blick nach ihrem sonderbaren Pensionär, den sie für nicht ganz richtig hielt, infolge von diesem ewigen Hocken über den Büchern. Dann wieder fiel es ihm ein, daß er ja umgezogen war, aus welchem Grunde aber, daran konnte er sich nicht mehr erinnern, obschon sein ganzer Geist ausströmen wollte in einem ewigen, ununterbrochen empfundenen, unbezähmbaren Drang... Doch wohin, wozu es ihn drängte, was die Ursache dieser Qual war, und wer diesen unerträglichen Feuerbrand, der sein Blut zu verzehren schien, in seine Adern geschleudert – das wußte er wieder nicht und konnte sich auch nicht darauf besinnen. Oft griff er gierig nach einem Schatten, oft glaubte er, leichte Schritte in seinem Zimmer zu vernehmen, Schritte, die sich seinem Lager näherten, und eine liebe, weiche Stimme zärtliche Worte flüstern zu hören, Worte, die so mild klangen wie Musik. Ihm war, als spüre er feuchtwarmen Atem stoßweise wie einen Hauch über sein Gesicht gleiten, und das Gefühl der Liebe erschütterte ihn bis tief ins Innerste... Und heiße Tränen fielen auf seine glühenden Wangen, und plötzlich drückte sich weich und verlangend ein Kuß auf seine Lippen: Da war es, als verginge sein Leben vor brennender, unauslöschlicher Pein; es schien ihm, als stehe das ganze Dasein, die ganze Welt still, als stürbe sie für ganze Jahrhunderte rings um ihn, und lange, tausendjährige Nacht senke sich über alles... die zarten, ungetrübten Jahre seiner frühesten Kindheit, mit ihrer hellen Freude und ununterbrochenem Glück, mit dem ersten süßen Staunen über das Leben, mit den Schwärmen lichter Geister, die aus jeder Blume, die er abriß, hervorschossen und mit ihm spielten auf der saftigen grünen Wiese vor einem kleinen Hause, das von Akazien umgeben war, und die ihm zulächelten aus dem kristallklaren unübersehbaren See, an dessen Ufer er oft stundenlang saß, lauschend auf das Geplätscher der Wellen aneinander, und die ihn umflatterten und einlullten und liebevoll helle, bunte Träume auf seine kleine Wiege herabschüttelten, wenn seine Mutter sich über sie beugte, ihn bekreuzte, küßte und mit einem leisen Wiegenlied in den Schlaf sang in langen, ruhevollen Nächten. Aber dann begann plötzlich ein Wesen aufzutauchen, das ihn mit einem schon nicht mehr kindlichen Entsetzen erfüllte, ein Wesen, welches das erste, langsam wirkende Gift des Kummers und der Tränen in sein Leben goß; er fühlte undeutlich, daß dieser unbekannte Greis alle seine künftigen Lebensjahre bereits in seiner Gewalt hatte; obgleich er vor ihm zitterte, konnte er seine Augen doch nicht von ihm abwenden. Der böse Greis folgte ihm überallhin. Hinter jedem Strauch im Wäldchen spähte er nach ihm aus und nickte ihm mit dem Kopf trügerisch zu, verspottete und neckte ihn, verwandelte sich in jedes Spielzeug des Kindes und begann in dessen Händen Grimassen zu schneiden und ihn auszulachen, wie ein böser, häßlicher Gnom; er hetzte jeden seiner boshaften Schulkameraden gegen ihn auf, oder wenn er sich mit den Kleinen auf die Schulbank setzte, schaute er unter jedem Buchstaben der Grammatik gesichterschneidend hervor. Und dann in der Nacht, wenn er schlief, setzte sich der böse Greis an das Kopfende seines Bettes... Er verscheuchte die Scharen lichter Geister, die mit ihren goldenen und saphirenen Flügeln seine Bettstatt umflatterten, führte seine arme Mutter für immer von ihm fort und begann ihm oft nächtelang endlose, wundersame Märchen zu erzählen, die für sein Kinderherz unverständlich waren, aber ihn quälten und mit Schreckbildern wie mit unkindlicher Leidenschaft erregten. Aber der böse Greis achtete nicht auf sein Schluchzen und auf seine Bitten; er erzählte immer weiter, bis das Kind in Betäubung, in Bewußtlosigkeit versank. Danach erwachte das Kind plötzlich als Erwachsener, ganze Jahre waren unsichtbar und unhörbar vergangen... Er begriff plötzlich seine gegenwärtige Lage, begann einzusehen, daß er einsam war und der ganzen Welt fremd gegenüberstand, ein Einzelner in einer fremden Wohnung, unter geheimnisvollen, verdächtigen Leuten, unter Feinden, welche sich in den Ecken seines dunklen Zimmers versammelten und miteinander flüsterten und der Greisin zunickten, die am Feuer hockte und ihre gebrechlichen alten Hände wärmte und die anderen auf ihn aufmerksam machte, indem sie auf ihn hinwies. Er geriet in Verwirrung, geriet in Unruhe; er wollte unbedingt erfahren, was das für Menschen waren, warum sie sich hier versammelten, warum er sich selbst in diesem Zimmer befand. Er begann zu erraten, daß er in irgend eine dunkle Räuberhöhle geraten war, verlockt von etwas Allmächtigem, aber Ungeahntem, ohne zuvor geprüft zu haben, was für Menschen hier in diesem Hause wohnten und wer namentlich seine Wirtsleute waren. Ein Verdacht begann ihn zu peinigen; plötzlich, mitten in der nächtlichen Dunkelheit, begann wieder das Geflüster von einem langen Märchen, und diesmal war es eine alte Frau, die es leise, kaum hörbar vor sich hin flüsterte, indem sie vor dem erloschenen Feuer im Ofen traurig ihren alten, silberhaarigen Kopf wiegte. Aber – und wieder durchfuhr ihn ein Schreck: das Märchen verkörperte sich vor seinen Augen, wurde zu Gestalten, zu Gebilden. Er sah, wie alles, angefangen von seinen unklaren Kindheitsträumen, alle seine Gedanken und Einbildungen, alles, was er im Lauf seines Lebens erlebt, was er in Büchern gelesen und auch vieles, was er sogar schon längst vergessen hatte, – wie alles wieder lebendig wurde, sich gestaltete, verkörperte, vor seinen Augen auferstand, sich vor ihm in riesigen Formen und Bildern bewegte, herumging, ihn umschwärmte. Er sah, wie sich herrliche Zaubergärten vor ihm ausbreiteten, wie ganze Städte vor seinen Augen erstanden und wieder einstürzten, wie ganze Friedhöfe ihre Gräber auftaten und ihre Toten zu ihm heraussandten, die dann von neuem zu leben begannen, und wie ganze Rassen und Völker vor seinen Augen auf die Welt kamen, sich ausbreiteten und wieder einschrumpften und ausstarben, und wie gerade jetzt, um sein Schmerzenslager herum, jeder seiner Gedanken, jeder seiner unfaßbaren Träume sich schon im Augenblick des Entstehens zu verkörpern begann.

Er gewahrte, wie schließlich sein ganzes Denken nicht in ungreifbaren Gedanken geschah, sondern sich in der Erzeugung ganzer Welten, ganzer Schöpfungen vollzog, wie mitten in diesem ganzen endlosen, seltsamen Weltall, aus dem es kein Entrinnen gab, er selbst gleich einem Stäubchen schwebte, und wie dieses ganze Leben mit seiner empörenden Unabhängigkeit ihn bedrückte, knechtete und mit ewiger, unendlicher Ironie verfolgte. Er spürte, wie er selbst starb, in Staub und Asche zerfiel, ohne Auferstehung, auf ewig starb; er wollte entfliehen, aber es gab im ganzen Weltall keinen Winkel, der ihn hätte verbergen können. Da packte ihn die Wut der Verzweiflung; er riß alle seine Kräfte zusammen, schrie auf und erwachte.

Er erwachte, ganz in kalten, eisigen Schweiß gebadet. Ringsum war es totenstill; es war tiefe Nacht. Und doch war ihm, als werde immer noch irgendwo die Erzählung des wundersamen Märchens fortgesetzt, als erzähle jemandes rauhe Stimme tatsächlich eine lange Geschichte von etwas ihm gleichsam Bekanntem. Er hörte, daß von dunklen Wäldern die Rede war, von bösen Räubern, von einem tollkühnen Burschen, beinahe wie von Stenka Rasin[1] selbst, von lustigen Kumpanen und Barkenknechten am großen Strom, von einer schönen Jungfrau und von der Mátuschka Wolga. War das nicht ein Märchen? Hörte er es nicht im Wachen? Wohl über eine ganze Stunde lang lag er mit offenen Augen da, ohne sich zu rühren, in peinvoller Reglosigkeit. Endlich versuchte er, sich vorsichtig aufzurichten, und mit Freude stellte er fest, daß seine Kraft von der bösen Krankheit doch nicht ganz und gar erschöpft worden war. Das Phantasieren im Fieber war vorüber, jetzt begann die Wirklichkeit. Er bemerkte, daß er noch immer angekleidet war, wie während seines Gesprächs mit Katerina: es konnte folglich noch nicht gar so lange her sein, daß sie ihn verlassen hatte. Eine jähe Entschlossenheit durchströmte warm seine Adern. Mechanisch tappte er mit der Hand nach dem großen Nagel, der, Gott weiß wozu, oben in der Scheidewand eingeschlagen war. Er erfaßte ihn und hob sich an ihm höher, bis zu einer kleinen Spalte in der Bretterwand, durch die ein kaum bemerkbarer Lichtschein in sein Zimmer drang. Er legte das Auge an den Spalt und versuchte hindurchzusehen, vor Aufregung kaum atmend.

In der einen Ecke des anderen Zimmers stand ein Bett, davor ein Tisch, der nach orientalischer Art mit einem Teppich bedeckt und mit Büchern von großem, altertümlichem Format beladen war, in

Einbänden, die an Bände alter religiöser Schriften erinnerten. In der Ecke hing ein ebenso altertümliches Heiligenbild wie in seinem Zimmer; vor dem Bild brannte das Lämpchen. Auf dem Bett lag der alte Murin, offensichtlich krank, entkräftet und blaß wie Leinwand, mit einer Pelzdecke zugedeckt. Auf seinen Knien hatte er ein aufgeschlagenes Buch liegen. Auf einer Bank neben dem Bett lag Katerina, die die Brust des Alten mit einem Arm umfing und mit dem Kopf an seiner Schulter lehnte. Sie sah ihn mit kindlich staunenden Augen aufmerksam an und schien mit unersättlicher Aufnahmefähigkeit und fast atemloser Spannung zuzuhören, was Murin ihr erzählte. Hin und wieder hob sich die Stimme des Erzählers, und dann trat Leben in sein blasses Gesicht: seine Augen blitzten auf, er zog die Brauen zusammen, und Katerina schien vor Angst und Aufregung zu erbeben. Dann glitt so etwas wie ein Lächeln über das Gesicht des Alten, und Katerina begann leise zu lachen. Manchmal traten Tränen in ihre Augen; dann streichelte der Alte zärtlich über ihren Kopf, wie man ein kleines Kind streichelt, und sie umschlang ihn fester mit ihrem nackten, schneeweißen Arm und schmiegte sich noch liebevoller an seine Brust.

Manchmal dachte Ordynoff, es sei noch ein Traum, ja, er war sogar überzeugt davon. Dennoch stieg ihm das Blut zu Kopf und in den Schläfen pochte es schmerzhaft, als wolle es die Adern sprengen. Er ließ den Nagel los, stand vom Bett auf und ging leise, wankend und tastend, wie ein Schlafwandler, durch sein Zimmer, ohne selbst zu verstehen, was er tat, was ihn trieb wie ein Feuerbrand in seinem Blut; er kam so bis an die Tür der Wirtsleute und stieß sie mit aller Kraft auf: der verrostete Riegel sprang beim ersten Anhieb ab, die Tür flog auf und unter Gekrach und Gepolter stand er plötzlich im Schlafzimmer seiner Wirtsleute. Er sah, wie Katerina entsetzt emporschnellte und erzitterte, wie die Augen des Alten unter den zornig zusammengezogenen Brauen böse funkelten und wie plötzlicher Jähzorn sein ganzes Gesicht entstellte. Er sah, wie der Alte, ohne ihn aus den Augen zu lassen, mit suchender Hand nach der Flinte griff, die hinter ihm an der Wand hing: dann sah er, wie es in der Mündung des Laufs aufblitzte, die von unsicherer, vor Zorn bebender Hand gerade auf seine Brust gerichtet war... Ein Schuß krachte... und gleich darauf folgte ein wilder, fast unmenschlicher Schrei... Als dann der Rauch sich zu verziehen begann, erschreckte Ordynoff ein furchtbarer Anblick. Am ganzen Leibe zitternd beugte er sich über den Alten. Murin lag in Krämpfen auf dem Fußboden, sein Gesicht war qualvoll entstellt und Schaum stand auf den verzerrten Lippen. Ordynoff begriff, daß der Unglückliche einen schweren epileptischen Anfall erlitt. Zugleich mit Katerina kniete er bei ihm nieder, um ihm beizustehen...

III

Die ganze Nacht verbrachten sie in Unruhe bei dem Kranken. Am andern Tage ging Ordynoff, trotz der eigenen Schwäche und trotz des Fiebers, das ihn noch nicht verlassen hatte, schon frühmorgens aus. Auf dem Hofe traf er wieder den Hausknecht. Diesmal grüßte der Tatar schon von weitem und blickte ihn neugierig an, schien sich aber plötzlich zu besinnen und machte sich wieder mit seinem Besen etwas zu schaffen – schielte aber doch heimlich nach Ordynoff hinüber, der sich langsam näherte.

»Nun, hast du in der Nacht nichts gehört?« fragte ihn Ordynoff.

»Doch, hab was gehört.«

»Was ist das für ein Mensch? Wer ist er überhaupt?«

»Hast selber gemietet, mußt selber wissen. Nicht meine Sache«, sagte der Tatar in unsicherem Russisch.

»Zum Teufel, Bursche, sprich, wenn ich dich frage«, schrie Ordynoff ihn wütend an, in einer krankhaften Gereiztheit, die ihm an sich selbst ganz neu war.

»Was denn? Ist doch nicht meine Schuld. Deine eigene Schuld – hast Menschen erschreckt. Unten wohnt der Sargmacher, der hört sonst nichts, aber heut hat er doch was gehört, und seine Alte ist sonstig taub, hat's aber auch gehört, und auf dem anderen Hof, was schon weit weg ist, hat man's auch gehört – da siehst du! Ich werde zum Polizeiinspektor gehen.«

»Ich werde selbst zu ihm gehen«, sagte Ordynoff und wandte sich zur Pforte.

»Meinetwegen – hast selber gemietet... Herr, Herr, wart!« Ordynoff sah sich um; der Hausknecht berührte höflich die Mütze.

»Nun?«

»Wenn du gehst, geh ich zum Hauswirt.«

»Und?«

»Zieh lieber aus.«

»Du bist ein Dummkopf«, versetzte Ordynoff und wandte sich von neuem zum Gehen.

»Herr, Herr, wart doch!« Der Hausknecht berührte wieder die Mütze und grinste. »Herr, ich möchte was raten: halt dein Herz fest. Wozu armen Mensch verfolgen? Weißt doch – das ist Sünde. Gott sagt auch, das soll man nicht – weißt doch selber!«
»Nun höre mal – hier, nimm dies. Und nun sage mir: wer ist er?«
»Wer er ist?«
»Ja.«
»Ich sag' auch ohne Geld.«
Hier griff er wieder nach dem Besen, fegte ein-, zweimal, sah dann wieder auf und blickte Ordynoff aufmerksam und mit wichtiger Miene an.
»Du bist ein guter Herr. Willst du nicht mit guten Menschen leben, dann nicht, wie du willst. Hast nun gehört, was ich meine.«
Hierauf blickte ihn der Tatar noch ausdrucksvoller an, schien aber, als er Ordynoffs Gleichgültigkeit bemerkte, gekränkt zu sein und machte sich wieder mit seinem Besen zu schaffen. Endlich tat er, als habe er die Arbeit beendet, näherte sich mit geheimnisvoller Miene Ordynoff, machte eine eigentümliche Geste, deren Bedeutung Ordynoff jedoch gleichfalls unverständlich blieb, und flüsterte:
»Er ist – verstehst du!«
»Was?«
»Verstand ist fort.«
»Wieso?«
»Wenn ich doch sage! Ich weiß!« fuhr er in noch geheimnisvollerem Ton fort. »Er ist krank. Er hatte ein Frachtschiff und noch eins und noch eins – drei! Die fuhren alle auf Wolga, bin selber von Wolga, und dann hatte er noch eine Fabrik, die brannte nieder, und seitdem so im Kopf!«
»Er ist also verrückt?«
»Nein, nein! Gar nichts verrückt! Ein kluger Kopf! Alles weiß er, viele Bücher gelesen, gelesen, gelesen! – und dann anderen die Wahrheit gesagt! So – kam jemand: zwei Rubel, drei Rubel, vierzig Rubel, oder willst du nicht, dann nicht: Er schlägt Buch auf und sagt dir alles, Wort für Wort, die ganze Wahrheit! Aber zuerst Geld auf Tisch, ohne Geld – kein Wort!«
Und der Tatar lachte vor lauter Gefallen an dem Verhalten Murins.
»Er hat also geweissagt, die Zukunft prophezeit?«
»Mhm!« Der Hausknecht nickte zur Bestätigung schnell mit dem Kopf. »Immer was wahr ist. Er betet immer, betet viel. Aber das

– versteh! – kommt so über ihn«, fügte der Tatar wieder mit seiner rätselhaften Geste hinzu.
In dem Augenblick rief jemand vom anderen Hof nach dem Hausknecht, und gleich darauf erschien ein kleiner gebeugter alter Mann in einem Pelz. Er ging hüstelnd und stolpernd und, wie es schien, irgend etwas in seinen grauen spärlichen Bart murmelnd, vorsichtig und langsam über den Hof. Man konnte glauben, es sei ein vor Altersschwäche kindisch gewordener Greis.
»Hauswirt! Hauswirt!« flüsterte hastig der Tatar, nickte Ordynoff flüchtig zu und lief, die Mütze vom Kopf reißend, diensteifrig zu dem Alten, dessen Gesicht Ordynoff bekannt erschien, wenigstens mußte er ihm unlängst irgendwo schon begegnet sein. Er überlegte noch, daß das schließlich nicht weiter erstaunlich war, und verließ den Hof. Der Hausknecht aber schien ihm jetzt ein geriebener Betrüger und Frechling zu sein.
‚Der Kerl hat wohl einfach mit mir feilschen wollen!' dachte er. ‚Gott weiß, was hier noch dahintersteckt.'
Damit trat er auf die Straße. Doch neue Eindrücke lenkten ihn bald von den unangenehmen Gedanken ab. Übrigens waren diese Eindrücke auch nicht angenehmer Art. Der Tag war grau und kalt, und einzelne kleine Schneeflocken taumelten in der Luft. Er fühlte, wie ihn wieder Kälteschauer durchrieselten. Es war ihm, als beginne die Erde unter ihm zu schaukeln. Da vernahm er plötzlich eine bekannte Stimme, die ihm in übertrieben freundlichem Ton einen guten Morgen wünschte.
»Jaroslaff Iljitsch!« sagte Ordynoff.
Vor ihm stand ein munterer rotwangiger Herr von etwa – dem Aussehen nach – dreißig Jahren, nicht groß, mit grauen, schmachtenden Äuglein, das ganze Gesicht ein einziges Lächeln, und gekleidet – nun, wie ein Jaroslaff Iljitsch immer gekleidet ist. Und mit diesem Lächeln streckte er ihm in liebenswürdiger Weise die Hand entgegen. Ordynoff hatte genau vor einem Jahr seine Bekanntschaft gemacht, und zwar ganz zufällig, fast auf der Straße. Was zu dieser sehr leicht zustande gekommenen Bekanntschaft, abgesehen vom Zufall, in erster Linie beigetragen hatte, war Jaroslaff Iljitschs besondere Vorliebe für Bekanntschaften mit guten, vornehmen Menschen, namentlich mit gebildeten und solchen, die mindestens durch ihre Talente und die Gepflegtheit ihrer Umgangsformen zur höchsten Gesellschaft zu gehören verdienten. Obschon dieser Jaroslaff Iljitsch nur eine überaus zarte Tenorstimme besaß,

verstand er es doch, selbst in der Unterhaltung mit den aufrichtigsten Freunden, seiner Stimme die Klangfarbe der Stimme eines Machthabers zu verleihen, die hellschmetternd zu befehlen, zu verfügen befugt ist und keinerlei Aufschub duldet, was bei ihm vielleicht die Folge einer Gewohnheit war.

»Wie kommen Sie denn hierher? in diese Gegend?« rief Jaroslaff Iljitsch mit dem lebhaftesten Ausdruck herzlicher Freude über das unverhoffte Wiedersehen.

»Ich wohne hier.«

»Seit wann denn?« Die Stimme Jaroslaff Iljitschs klang sogleich um einen Ton oder ein paar Töne höher, denn er war wirklich überrascht und vergaß daher sozusagen seinen anderen Ton. »Und ich hab's nicht mal gewußt! Dann bin ich ja so gut wie Ihr Nachbar! Ich wohne nämlich auch hier, sogar in nächster Nähe. Schon über einen Monat bin ich aus dem Rjäsanschen Gouvernement zurückgekehrt. Na, es freut mich, daß ich Sie doch mal eingefangen habe, mein alter bester Freund!« Und Jaroslaff lachte sein gutmütigstes Lachen. »Sergéjeff!« rief er, plötzlich sich zurückwendend, in aufgeräumtester Stimmung. »Erwarte mich bei Tarássoff, aber daß sie dort ohne mich keinen Sack anrühren! Und den Olssúfjeffschen Hausmeister mußt du antreiben: sag ihm, daß er sich sofort nach dem Kontor begeben soll. In einer Stunde komme ich hin...«

Und nachdem er diesen Befehl eilig einem anderen zugerufen, faßte er gut gelaunt Ordynoff unter den Arm und führte ihn zum nächsten Gasthaus.

»So, das wäre erledigt! Aber jetzt lassen Sie uns nach der langen Trennung gemütlich ein paar Worte miteinander reden. Nun, sagen Sie zunächst, wie steht es mit Ihren Studien?« erkundigte er sich fast ehrfürchtig und mit gesenkter Stimme, wie eben ein teilnehmender eingeweihter Freund es tut. »Immer in den Wissenschaften vergraben?«

»Ja, wie immer«, antwortete Ordynoff etwas zerstreut, da er gerade einem ganz anderen Gedanken nachhing.

»Das ist edel von Ihnen, Wassilij Michailowitsch; sehen Sie, so etwas erkenne ich an! Das nenne ich, sein Leben einer höheren Idee weihen!« Hier drückte Jaroslaff Iljitsch Ordynoff kräftig die Hand. »Gott gebe Ihnen Erfolg auf Ihrem Gebiet... Himmel! bin ich froh, daß ich Sie getroffen habe! Doch mal ein andrer Mensch als so der tagtägliche Durchschnitt! Wie oft hab' ich dort an Sie gedacht und mich im stillen gefragt, wo er wohl jetzt sein mag, unser großmütiger, geistreicher Wassilij Michailowitsch!«

Jaroslaff Iljitsch verlangte ein besonderes Zimmer für sich und seinen Gast, den er liebevoll umhegte; bestellte einen Imbiß, Schnäpse, und was so dazu gehört.

»Ich habe inzwischen viel gelesen«, fuhr er mit einschmeichelndem Blick und in bescheidenem Ton fort. »Zunächst einmal den ganzen Puschkin...«

Ordynoff sah ihn zerstreut an.

»Ja, in der Tat, das muß man ihm lassen: die Schilderung der menschlichen Leidenschaft ist allerdings ganz bewundernswert bei ihm. Doch zunächst erlauben Sie mir, Ihnen meinen Dank auszudrücken. Sie haben so viel für mich getan, eben durch die edle Klarlegung einer richtigen Denkart, sozusagen...«

»Aber ich bitte Sie!«

»Nein! – erlauben Sie: keine Widerrede! Ich liebe es nun einmal, jedem Gerechtigkeit widerfahren zu lassen. Und ich bin stolz darauf, daß wenigstens dieses Gefühl – eben das für die Gerechtigkeit – in mir nicht eingeschlummert ist.«

»Ich bitte Sie, dann sind Sie gegen sich selbst ungerecht, und ich wüßte wirklich nicht...«

»Nein, im Gegenteil, durchaus gerecht«, widersprach Jaroslaff Iljitsch mit ungewöhnlichem Eifer. »Was bin ich denn im Vergleich mit Ihnen? Nicht wahr?«

»Ach, Gott...«

»Jawohl...« Ein kurzes Schweigen folgte.

»Als ich aber Ihrem Rat nachkam, habe ich zugleich eine Menge schlechter Bekanntschaften aufgegeben, und damit auch, versteht sich, viele schlechte Gewohnheiten«, hub nach einem Weilchen Jaroslaff Iljitsch wieder in demselben Ton an. »In meiner freien Zeit nach dem Dienst sitze ich jetzt größtenteils zu Hause, lese abends irgendein nützliches Buch und... ich habe wirklich nur den einen Wunsch, Wassilij Michailowitsch, meinem Vaterland zu dienen, soviel eben in meinen Kräften steht...«

»Ich habe Sie immer für einen strebsamen Menschen gehalten, der die besten Absichten hat...«

»Meinen Sie?... Weiß Gott, Sie legen einem immer Balsam auf die Wunden, mein edler junger Freund!«

Jaroslaff Iljitsch reichte Ordynoff ungestüm die Hand und dankte mit einem kräftigen Druck.

»Sie trinken nicht?« fragte er dann, nachdem sich seine Erregung etwas gelegt hatte.
»Ich kann nicht, ich bin krank.«
»Krank? Was Sie sagen? Nein, wirklich – in der Tat? Schon lange? – und wie, wo haben Sie sich denn das zugezogen? Wollen Sie, ich werde sofort... welcher Arzt behandelt Sie? Ich werde sogleich meinen Arzt benachrichtigen, ich eile selbst zu ihm hin! Er ist überaus geschickt, glauben Sie mir!«
Und Jaroslaff Iljitsch wollte bereits nach seinem Hut greifen.
»Nein, danke, nicht nötig! Ich lasse mich überhaupt nicht behandeln, ich mag Ärzte nicht...«
»Was Sie sagen? Aber das geht doch nicht so! Wirklich: er ist überaus geschickt!« beteuerte Jaroslaff Iljitsch überzeugt. »Vor kurzem noch – nein, das muß ich Ihnen doch erzählen! – Vor kurzem, ich war gerade bei ihm, kam ein armer Schlosser zu ihm. ‚Ich habe mir hier', sagte er, ‚die Hand mit meinem Werkzeug beschädigt. Bitte, Herr Doktor, machen Sie mir meine Hand wieder gesund...' Nun, Ssemjón Pafnútjitsch sah, daß dem Armen der Brand drohte, und traf sofort seine Vorbereitungen zur Amputation. Er amputierte in meiner Gegenwart. Aber das tat er so, sage ich Ihnen, mit solch einer Eleg... das heißt: in einer so entzückenden Weise, daß es, ich muß gestehen – wenn nicht das Mitleid mit dem leidenden Menschen es verhindert hätte – einfach ein Vergnügen gewesen wäre, zuzusehen!... Ich meine so der Wissenschaft halber. Aber, wie gesagt, wann und wo haben Sie sich denn Ihre Krankheit geholt?«
»Beim Umzug in meine neue Wohnung... Ich bin soeben erst aufgestanden.«
»Ja, Sie sehen eigentlich auch noch recht angegriffen aus. Sie hätten eigentlich nicht gleich so hinausgehen sollen. Also dann leben Sie nicht mehr dort, wo Sie früher wohnten? Aber was hat Sie denn zum Umziehen veranlaßt?«
»Meine alte Wirtin mußte Petersburg verlassen.«
»Dómna Ssáwischna? Ist's möglich?... Solch eine gute alte Frau! Sie wissen doch? – ich empfand für sie wirklich fast so etwas wie – Sohnesgefühle. Es war so etwas... etwas wie aus Urgroßväterzeiten in ihrem halb schon begrabenen Leben. Und wenn man sie so ansah, schien es einem fast, als habe man die guten alten Zeiten selbst noch leibhaftig vor sich... Das heißt, ich meine so jene gewisse... eben so eine gewisse Poesie – Sie verstehen schon, was ich

sagen will!...«, schloß Jaroslaff Iljitsch etwas konfus und errötete vor Verlegenheit allmählich bis über die Ohren.

»Ja, sie war eine gute Frau.«

»Aber erlauben Sie zu fragen, wo haben Sie sich denn jetzt eingemietet?«

»Nicht weit von hier, im Hause eines gewissen Koschmároff.«

»Ah, den kenne ich. Ein großartiger alter Mann! Wir sind sogar sehr gut miteinander bekannt, kann ich sagen, – wirklich, ein netter alter Mann!«

Jaroslaff Iljitsch war es sichtlich sehr angenehm, von diesem netten alten Mann reden und von sich sagen zu können, daß er mit ihm gut bekannt sei. Er bestellte noch ein Schnäpschen und begann zu rauchen.

»Haben Sie Ihre eigene Wohnung?«

»Nein, ich lebe wieder bei einem Mieter.«

»Bei wem denn? Vielleicht kenne ich ihn gleichfalls.«

»Bei Murin, einem Kleinbürger. Ein alter Mann, groß von Wuchs...«

»Murin... Murin?... warten Sie mal: auf dem hinteren Hof, über dem Sargtischler?«

»Ja.«

»Hm... und sind Sie dort ungestört?«

»Ich bin erst vor kurzem eingezogen.«

»Hm... ich meinte nur, hm... übrigens, ist Ihnen noch nichts Besonderes aufgefallen?«

»In welchem Sinne? Wie meinen Sie das?«

»Ich will ja nichts gesagt haben... ich bin überzeugt, daß Sie es bei ihm gut haben werden, wenn Sie mit Ihrem Zimmer zufrieden sind... Ich meinte es durchaus nicht in diesem Sinn. Das will ich vorausgeschickt haben. Aber – da ich eben Ihren Charakter kenne ... Ja, wie finden Sie denn eigentlich den Alten?«

»Er ist, glaube ich, ein kranker Mensch.«

»Ja, er ist sehr leidend... Aber haben Sie sonst nichts...? so was, hm... Besonderes an ihm bemerkt? Haben Sie mit ihm gesprochen?«

»Nur sehr wenig. Er scheint menschenscheu und wohl auch boshaft zu sein.«

»Hm...« Jaroslaff Iljitsch sann nach.

»Ein unglücklicher Mensch!« sagte er schließlich nach längerem Schweigen.

»Er?«
»Ja... Ein unglücklicher und dabei unglaublich seltsamer und ungewöhnlicher Mensch. Übrigens, wenn er Sie sonst nicht belästigt... Verzeihen Sie, daß ich überhaupt Ihre Aufmerksamkeit auf ihn gelenkt habe, aber es interessiert mich gewissermaßen selbst...«
»Ja, da haben Sie nun auch mein Interesse erregt... Ich würde jetzt sehr gern Näheres über ihn erfahren, da ich nun einmal bei ihm wohne...«
»Tja, sehen Sie mal, ich weiß nur so... dies und das. Man sagt, der Mensch sei früher sehr reich gewesen. Er war Kaufmann, wie Sie wahrscheinlich bereits gehört haben. Dann aber traf ihn mancherlei Unglück und er verarmte. Bei einem Sturm waren mehrere seiner großen Wolgabarken zerschellt und mit der ganzen Fracht untergegangen. Ferner hat er eine große Fabrik besessen, deren Leitung, wenn ich nicht irre, einem Verwandten anvertraut war; diese Fabrik brannte nieder, wobei der Verwandte in den Flammen umgekommen sein soll. Das war natürlich ein schrecklicher Verlust, wie Sie sich denken können. So soll denn auch Murin, wie man erzählt, nach der Katastrophe in einer solchen Stimmung gewesen sein, daß man schon für seinen Verstand zu fürchten begann. Und in der Tat hat er sich auch im Streit mit einem anderen Kaufmann, einem gleichfalls reichen Barkenbesitzer, so sonderbar benommen, daß man sich den Vorfall schließlich nicht anders hat erklären können als eben mit einer gewissen Geistesstörung, was ich denn auch gelten lassen will. Ich habe noch manches andere gehört, was für diese Auffassung gleichfalls sprechen könnte. Dann ist da noch etwas vorgefallen, – etwas, wofür es eigentlich keine Erklärung gibt, es sei denn, daß man es als Schicksal auffaßt.«
»Und das war?« forschte Ordynoff.
»Man sagt, daß er, vermutlich in einem Augenblick des Wahnsinns, einen jungen Kaufmann, den er bis dahin sogar liebgehabt, umgebracht habe. Nach begangener Tat aber, als er wieder zur Besinnung gekommen, sei er darüber so verzweifelt gewesen, daß er sich das Leben habe nehmen wollen. Wenigstens erzählt man so. Wie dann die Sache verlaufen ist, das weiß ich nicht genau, eines aber steht fest: daß er nämlich während der ganzen folgenden Jahre Buße getan hat... Aber was ist mit Ihnen, Wassilij Michailowitsch? – strengt meine Erzählung Sie an?«
»Oh, nein, bitte, fahren Sie nur fort... Sie sagen, er habe Buße getan, aber vielleicht nicht er allein?«

»Das weiß ich nicht. Wenigstens ist außer ihm niemand in diese Angelegenheit verwickelt gewesen. Übrigens habe ich nichts Näheres darüber gehört. Ich weiß nur...«

»Nun?«

»Ich weiß nur – das heißt: ich habe eigentlich nichts Besonderes hinzuzufügen... ich will nur sagen, wenn Ihnen mal etwas Außergewöhnliches auffallen sollte, dann müssen Sie sich eben sagen, daß das einfach die Folgen der verschiedenen Schicksalsschläge sind, die ihn einer nach dem anderen getroffen haben.«

»Er scheint recht gottesfürchtig zu sein. Vielleicht ist er nur scheinheilig?«

»Das glaube ich nicht, Wassilij Michailowitsch. Er hat so viel gelitten. Mir scheint er vielmehr ein Mensch mit reinem Herzen zu sein.«

»Aber jetzt ist er doch nicht mehr wahnsinnig? Den Eindruck macht er wenigstens nicht.«

»O nein, nein! Dessen kann ich Sie versichern. Er ist jetzt zweifellos wieder im vollen Besitz aller seiner Verstandeskräfte. Nur daß er, wie Sie ganz richtig bemerkten, sehr gottesfürchtig und wohl auch ziemlich wortkarg ist. Aber im allgemeinen, wie gesagt, ist er sogar ein sehr kluger Mensch. Spricht gewandt, sicher... und ist, wissen Sie, überhaupt ein findiger Kopf. Seinem Gesicht sieht man übrigens auch jetzt noch sein stürmisches Leben an. Das pflegt ja gewöhnlich seine Spuren zu hinterlassen. Wie gesagt, ein seltsamer Mensch, und ungeheuer belesen!«

»Er liest aber, wie mir scheint, nur religiöse Bücher?«

»Ja, er ist Mystiker.«

»Was?«

»Ein Mystiker. Aber das ganz unter uns gesagt. Ich will Ihnen auch noch verraten – aber als Geheimnis, das zwischen uns bleiben muß –, daß er eine Zeitlang unter strengster Aufsicht stand. Dieser Mensch hatte nämlich einen großen Einfluß auf alle, die zu ihm kamen.«

»Inwiefern das?«

»Es klingt zwar kaum glaublich, aber... Sehen Sie, damals lebte er noch nicht in diesem Stadtviertel. Er hatte schon einen gewissen Ruf, und eines Tages fuhr Alexander Ignátjewitsch – erblicher Ehrenbürger, ein angesehener, allgemein geachteter Mann – fuhr also eines Tages mit einem Leutnant zu ihm, natürlich nur aus Neugier. Sie kamen zu ihm, wurden empfangen, und der sonderbare Mensch sah sie an. Er begann wie gewöhnlich damit, daß er sich die Gesichter der Leute genau und prüfend ansah, ehe er einwilligte, sich mit den Betreffenden überhaupt einzulassen. Gefielen sie ihm nicht, so schickte er sie hinaus, und zwar, wie man sagt, oft in einer sehr unhöflichen Weise. Er fragte also auch diese, was sie wünschten? Alexander Ignátjewitsch antwortete ihm darauf, das könne ihm ja seine Gabe der Menschenkenntnis von selbst sagen. ‚Dann bitte, ins andere Zimmer', antwortete er, indem er sich an denjenigen wandte, der von beiden allein ein Anliegen an ihn hatte. Alexander Ignatjewitsch erzählt nun zwar nicht, was er dort im anderen Zimmer gehört oder erlebt hat – als er aber wieder herauskam, da soll er kreidebleich gewesen sein. Dasselbe weiß man auch von einer Dame der Petersburger Gesellschaft zu berichten: auch sie soll ihn kreideweiß und in Tränen aufgelöst verlassen haben.«

»Sonderbar. Aber jetzt beschäftigt er sich nicht mehr damit?«

»Es ist ihm strengstens untersagt worden. Übrigens gibt es noch andere Vorfälle. Ein junger Fähnrich zum Beispiel, der Sproß und die Hoffnung einer vornehmen Familie, hat es sich einmal erlaubt, über ihn zu lächeln. – ‚Was lachst du?' Mit diesen Worten soll sich der Alte geärgert zu ihm gewandt haben. ‚In drei Tagen wirst du das sein!' Und dabei kreuzte er seine Arme so über der Brust, wie man sie den Leichen im Sarge über der Brust zu kreuzen pflegt.«

»Nun, und?«

»Tja, ich wage nicht, daran zu glauben, aber man sagt, die Prophezeiung sei tatsächlich eingetroffen. Er hat die Gabe, Wassilij Michailowitsch... Sie beliebten zu lächeln während meiner treuherzigen Erzählung. Ich weiß, Sie sind mir, was Aufklärung betrifft, weit voraus. Aber ich glaube nun einmal an ihn. Er ist kein Scharlatan. Übrigens erwähnt auch Puschkin etwas ähnliches in seinen Werken.«

»Hm! Ich will Ihnen nicht widersprechen. Aber Sie sagten, glaube ich, daß er nicht allein lebe?«

»Das weiß ich nicht... Ach, so, ja, ich glaube, seine Tochter lebt bei ihm.«

»Seine Tochter?«

»Ja, – oder nein: seine Frau, glaube ich. Ich weiß nur, daß es irgendein Frauenzimmer ist. Hab' sie nur flüchtig vom Rücken gesehen und nicht weiter beachtet.«

»Hm! Sonderbar...«

Der junge Mann verfiel in Nachdenken, Jaroslaff Iljitsch dagegen in angenehme Beschaulichkeit. Das Wiedersehen mit Ordynoff hatte ihn erfreut und fast gerührt, überdies war er sehr mit sich selbst zufrieden, da er eine so anregende Geschichte hatte erzählen können. Er saß, betrachtete Ordynoff und rauchte dazu. Plötzlich sprang er erschrocken auf.

»Mein Gott, da ist schon eine ganze Stunde vergangen, und ich denke nicht mal daran! Bester, teuerster Wassilij Michailowitsch, ich danke dem Schicksal, daß es uns zusammengeführt hat, aber jetzt – jetzt muß ich eilen! Ist es erlaubt, Sie einmal in Ihrem Gelehrtenheim aufzusuchen?«

»Warum nicht, bitte, es wird mich sehr freuen. Vielleicht spreche ich auch einmal bei Ihnen vor, wenn ich Zeit finde...«

»Was Sie sagen? – Wollen Sie wirklich? Damit würden Sie mich unendlich erfreuen! Sie glauben nicht, wie sehr es mich ehren würde!«

Sie verließen das Gasthaus. Als sie auf die Straße hinaustraten, stürzte ihnen Ssergejeff schon entgegen und meldete geschäftig, daß William Jemeljánowitsch sogleich vorüberfahren werde – und sie erblickten auch tatsächlich ein Paar flink ausgreifender hellbrauner Pferde vor einem leichten Wägelchen am oberen Ende dieser Straße. Jaroslaff Iljitsch drückte die Hand seines besten Freundes, ganz als gelte es, sie zu zerdrücken, griff an den Hut und eilte dem Gefährt des Prinzipals entgegen, wobei er sich unterwegs noch zweimal nach Ordynoff umsah und ihm zum Abschied wiederholt zunickte.

Ordynoff empfand eine solche Müdigkeit in allen Gliedern, daß er kaum die Füße zu bewegen vermochte. Mit Mühe schleppte er sich nach Hause. An der Pforte traf er wieder den Hausknecht, der aus der Ferne aufmerksam seinen Abschied von Jaroslaff Iljitsch beobachtet hatte und nun sehr zuvorkommend tat. Doch Ordynoff ging ohne ein Wort an ihm vorüber. In der Tür stieß er mit einer kleinen grauen Gestalt zusammen, die gesenkten Blickes gerade aus Murins Wohnung trat.

»Herrgott, vergib mir meine Sünden!« flüsterte das Kerlchen, indem es wie ein Pfropfen elastisch zur Seite sprang.

»Verzeihen Sie, habe ich Sie gestoßen?«

»N–nein, danke untertänigst für die Aufmerksamkeit... O Herrgott, Herrgott!«

Und das kleine Männlein stieg murmelnd, sich räuspernd und fromme Sprüche flüsternd, mit äußerster Vorsicht die Treppe hinunter. Das war der Hauswirt, derselbe, dem gegenüber der Tatar sich so überaus dienstfertig gezeigt hatte. Und jetzt erinnerte sich Ordynoff, daß er dieses gebrechliche Männlein hier bei Murin bereits an dem Tage gesehen hatte, als er in die Wohnung einzog.

Er fühlte, daß die letzten Erlebnisse seine Nerven erschüttert und überreizt hatten; wußte auch, daß seine Phantasie und Empfindsamkeit aufs äußerste erregt waren, und er nahm sich daher vor, sich vor allem selbst nicht zu trauen. Allmählich verfiel er wieder in eine Art innerer Erstarrung, die ihn wie ein Gefühl bleierner Schwere gefangen hielt und seine Brust wie mit einer Zentnerlast bedrückte. Sein Herz schmerzte ihn so, als wäre es ganz von Wunden bedeckt, und seine Seele war voll von lautlosen, unversiegbaren Tränen.

Er sank wieder auf das Bett, das sie für ihn zurechtgemacht hatte, und begann von neuem zu lauschen. Deutlich unterschied er das Atmen zweier Menschen im Nebenzimmer: das eine schwer, krankhaft, ungleichmäßig, das andere sanft, oft gar nicht vernehmbar, auch unregelmäßig, doch wie von innerer Erregung beherrscht, als schlage dort ein Herz in dem gleichen Verlangen, in der gleichen Leidenschaft. Hin und wieder hörte er ihre leisen, weichen Schritte und das Geräusch ihrer Kleider, und selbst jeder Schritt ihrer Füße erweckte in seinem Herzen einen dumpfen und doch qualvoll süßen Schmerz. Endlich schien es ihm, als höre er ein leises Schluchzen und dann ein inbrünstiges Gebet. Da wußte er, daß sie vor dem Heiligenbild kniete und in Verzweiflung die Hände rang... Wer war sie? Für wen betete sie? Welch eine verzweiflungsvolle Leidenschaft marterte ihr Herz? Weshalb quälte es sich und grämte es sich, ergoß es sich in so heißen und hoffnungslosen Tränen?

Er begann, alles, was sie zu ihm gesprochen, sich ins Gedächtnis zurückzurufen, jedes Wort, das noch wie Musik in seinen Ohren klang; auf jede Erinnerung, auf jeden Ausdruck, den er in Gedanken andächtig wiederholte, antwortete sein Herz mit einem dumpfen schweren Schlag... Einen Augenblick schien es ihm, als sehe er das alles nur im Traum. Doch in demselben Augenblick erbebte auch schon sein ganzes Wesen bis ins Mark, daß er zu vergehen glaubte vor Schmerz und Sehnsucht, als er in der Erinnerung nun wieder ihren heißen Atem, ihre weiche Wange und ihren glühenden Kuß zu spüren meinte. Er schloß die Augen und verlor sich in Gefühl. Irgendwo schlug eine Uhr. Es wurde spät. Die Dämmerung sank.

Plötzlich war ihm, als neige sie sich wieder über ihn und sehe ihn an mit ihren wunderbar klaren Augen, die feucht schimmerten von glänzenden Tränen und einem hellen Glück, so still und rein, wie die türkisfarbene unendliche Himmelskuppel an einem heißen Mittag. Und aus ihrem Antlitz sprach eine so feierliche Stille, und ihr warmes Lächeln war eine solche Verheißung von unendlicher Seligkeit, war so voll Mitgefühl; so voll kindlicher, vertrauensseliger Hingebung schmiegte sie sich an seine Schulter, daß vor lauter Freude ein Stöhnen sich seiner entkräfteten Brust entrang. Es war, als wolle sie ihm etwas sagen, etwas anvertrauen. Wieder glaubte er, den Klang einer Musik zu vernehmen, die sein Herz durchdrang. Gierig atmete er die Luft ein, die ihr naher Atem erwärmte und gleichsam mit einer elektrischen Spannung erfüllte. In Sehnsucht streckte er die Arme aus, schöpfte tief Atem und schlug die Augen auf... Sie stand vor ihm, über ihn gebeugt, bleich wie nach einem großen Schreck, am ganzen Körper vor Aufregung zitternd. Sie sprach etwas zu ihm, sie flehte und rang die Hände. Er umfing sie mit seinen Armen, sie lag zitternd an seiner Brust...

ZWEITER TEIL

I

»Was hast du? Was ist dir geschehen?« fragte Ordynoff, plötzlich erwacht, sie immer noch in starker und heißer Umarmung an sich pressend. »Was ist dir, Katerina? Was ist dir, meine Liebe?«
Sie schluchzte leise und verbarg ihr glühendes Gesicht an seiner Brust. Lange Zeit vermochte sie nicht zu sprechen. Ihr ganzer Körper zitterte, wie nach einem großen Schreck.
»Ich weiß nicht, ich weiß es nicht«, brachte sie endlich kaum vernehmbar hervor, als stehe ihr das Herz still vor Angst, »ich weiß auch nicht, wie ich zu dir gekommen bin...« Und sie schmiegte sich noch fester an ihn, und in einem unbezwingbaren, krampfhaften Gefühlsausbruch küßte sie seine Schulter, seinen Arm, seine Brust. Schließlich preßte sie wie in Verzweiflung die Hände vor das Gesicht, kniete nieder und lehnte den Kopf an seine Knie. Als

aber Ordynoff sie in einem unsagbaren Gefühl von Beklemmung ungeduldig emporhob und sie neben sich niedersetzte, da errötete sie heiß vor Scham und ihre Augen baten wie um Gnade; das Lächeln, das sie auf ihre Lippen zwang, verriet, daß sie kaum zu versuchen wagte, die unbezwingbare Macht der neuen Empfindung zu brechen, denn der Versuch wäre ja doch fruchtlos gewesen. Plötzlich schien wieder etwas sie zu erschrecken, mißtrauisch schob sie ihn mit der Hand zurück, sah ihn kaum mehr an und antwortete auf seine hastigen Fragen mit gesenktem Kopf nur angstvoll und flüsternd.

»Hat dich vielleicht ein böser Traum geängstigt? Oder ist dir sonst etwas Böses zugestoßen? Sag doch! Oder hat er dich erschreckt?... Er fiebert und phantasiert... Vielleicht hat er im Fieber etwas gesprochen, was du nicht hättest hören sollen?... Du hast etwas gehört? Ja? Oder war es nur ein Traum?«

»Nein... ich habe ja gar nicht geschlafen«, antwortete Katerina, mit Mühe ihre Aufregung niederringend. »Ich fand keinen Schlaf. Er aber schwieg die ganze Zeit, nur einmal rief er mich. Ich trat an sein Bett, sprach zu ihm, rief ihn – ich ängstigte mich so! – aber er hörte mich nicht und wachte nicht auf. Er ist schwer krank, möge Gott ihm helfen! Da senkte sich wieder der Gram in mein Herz, bitterer Gram, und ich betete, betete! Und da, sieh, da kam das über mich...«

»Beruhige dich, Katerina, sei ruhig, mein Liebstes, sei ruhig! Wir haben dich gestern erschreckt!...«

»Nein, ich erschrak ja gar nicht!...«

»Was ist es denn? Ist dir denn das auch früher schon geschehen?«

»Ja, auch früher schon.« Und sie erbebte und schmiegte sich wieder wie ein geängstigtes Kind an ihn. »Sieh, ich bin doch nicht grundlos zu dir gekommen«, sagte sie, ihr Schluchzen unterbrechend, und dankbar drückte sie ihm die Hände, »und nicht grundlos wurde es mir so schwer, allein zu sein! Also weine auch du nicht, wozu solltest du auch um fremdes Leid Tränen vergießen? Spare sie für trübe Tage, wenn es dir in der Einsamkeit schwer wird und du keinen Menschen bei dir hast!... Höre, hast du eine Geliebte gehabt?«

»Nein, ... vor dir habe ich keine gehabt...«

»Vor mir?... Du nennst mich deine Geliebte?«

Sie sah ihn plötzlich verwundert an, wollte etwas sagen, schwieg aber und senkte den Blick. Leise stieg ihr die Röte ins Gesicht, das plötzlich wie in Flammenglut getaucht stand. Leuchtender durch die vergossenen Tränen, die schon vergessen waren, aber noch an ihren Wimpern hingen, glänzten ihre Augen; eine Frage schien auf ihren Lippen zu schweben. Mit verschämter Schelmerei blickte sie ein-, zweimal zu ihm auf, dann senkte sie plötzlich wieder den Kopf.

»Nein, ich kann nicht deine erste Liebe sein«, sagte sie, »nein, nein«, wiederholte sie nachdenklich mit leisem Kopfschütteln, und allmählich erschien wieder ein stilles Lächeln auf ihren Lippen, »nein, mein Lieber«, fuhr sie fort, »ich werde nicht deine Geliebte sein.«

Und sie sah ihn an, aber da sprach plötzlich so viel Weh aus ihrem Gesicht, eine so hoffnungslose Trauer, und so überraschend brach aus ihrem Innersten Verzweiflung hervor, daß ein unbegreifliches, krankhaftes Gefühl des Mitleids mit ihrem ihm unbekannten Leid Ordynoff erfaßte: er sah sie an, wie einer, dessen Mitleid für ihn selbst zur noch größeren Qual wird.

»Höre, was ich dir sagen werde«, sagte sie mit einer Stimme, die ihm ins Herz schnitt, und sie nahm seine beiden Hände und hielt sich an ihnen krampfhaft fest, wie um aufsteigendes Schluchzen zu ersticken. »Höre mich an, Lieber, und vergiß es nicht, was ich dir sage: Bezähme dein Herz und liebe mich nicht so, wie du mich jetzt liebst. Es wird dir dann leichter sein, dein Herz wird freier und froher sein, und du wirst dich vor einem argen Feinde bewahren und eine liebende Schwester gewinnen. Ich werde zu dir kommen, wenn du willst, werde dich liebkosen und es mir doch nicht zur Schande werden lassen, daß ich dich kennen gelernt habe. War ich doch auch Tag und Nacht bei dir, als du das böse Fieber hattest! Laß mich deine Schwester sein! Wir sind doch nicht umsonst einander gut und nicht umsonst hab ich unter Tränen für dich zur Mutter Gottes gebetet! Eine andere solche wirst du für dich nicht finden! Suche auf dem ganzen Erdenrund, durchsuche alles, was unter dem Himmel ist – nein, glaube mir, du wirst keine zweite finden, die dir eine solche Geliebte sein wird wie ich, wenn es Liebe ist, um was dein Herz bittet. Glühend werde ich dich lieben, werde dich ewig so lieben wie jetzt, und werde dich deshalb lieben, weil deine Seele so rein ist, so hell, so durchsichtig; ich werde dich lieben, weil ich, als ich dich zum ersten Mal sah, sogleich fühlte, daß du meines Hauses Gast bist, ein erwünschter, ein ersehnter Gast, und uns nicht ohne Grund um Aufnahme batest. Ich werde dich lieben, weil deine Augen lieben, wenn du einen ansiehst, und von deinem

Herzen künden. Und wenn sie etwas sagen, dann weiß ich gleich alles, was in dir ist, und dafür möchte man dann das Leben hingeben, um dieser deiner Liebe willen, möchte auch alle Freiheit dafür hingeben, denn es ist süß, desjenigen Sklavin zu sein, dessen Herz man gefunden hat... Aber mein Leben, das gehört ja nicht mir, das ist schon fremdes Eigentum, und meine Freiheit ist gebunden! Die Schwester aber nimm und sei mir ein Bruder und hilf mir mit deinem Herzen, wenn wieder das Schlimme mich anficht. Nur sorge du selbst, daß ich mich nicht zu schämen brauche, zu dir zu kommen und die lange Nacht wie jetzt bei dir zu bleiben. Hörst du mich? Hat auch dein Herz es gehört? Hast du auch alles verstanden, was ich dir sagte?...« Sie wollte noch etwas hinzufügen, sah zu ihm auf und legte die Hand auf seine Schulter, doch da war es, als verließe sie alle Kraft; aufschluchzend sank sie an seine Brust, und in einem Weinkrampf tobte ihre Leidenschaft sich aus. Ihre Brust wogte, ihr Gesicht brannte wie das Abendrot.

»Mein Leben!« stammelte Ordynoff, dem die Erregung die Augen umflorte und den Atem benahm. »Meine Freude!« flüsterte er, ohne zu wissen, was er sagte, ohne die Worte, ohne sich selbst zu begreifen, zitternd vor Furcht, mit einem Hauch den ganzen Zauber zu zerstören, den ganzen Sinnenrausch, und damit alles, was mit ihm geschah und um ihn war und was er eher für eine Vision als für Wirklichkeit zu halten bereit war: so verschwamm alles vor ihm wie im Nebel! »Ich weiß nicht, ich verstehe dich nicht, ich habe vergessen, was du mir sagtest, alle Vernunft ist in mir erloschen, nur das Herz schmerzt in der Brust... meine Königin!«

Seine Stimme versagte vor Aufregung. Sie schmiegte sich immer fester, immer wärmer, glühender an ihn. Da erhob er sich taumelnd und, unfähig, sich noch länger zu bezwingen, wie entkräftet vor Seligkeit, sank er in die Knie vor ihr. Eine Erschütterung wie ein Schluchzen brach endlich schmerzhaft aus ihm hervor und durchfuhr seinen ganzen Körper – von der Fülle der noch nie empfundenen Verzückung bebte seine Stimme, die tief aus seinem Innersten hervordrang, wie der Ton einer Saite, die man in Schwingung gebracht.

»Wer bist du, wer warst du? Woher kommst du? Aus welchem Himmel bist du zu mir in meinen Himmel herübergeflogen? Es ist ja alles wie ein Traum, ich kann noch nicht glauben, daß du wirklich bist! Schilt mich nicht... laß mich sprechen, laß mich alles dir sagen, alles!... Ich habe schon lange einmal sprechen wollen... wer bist du, meine Freude, sag? Wie hast du mein Herz gefunden? Erzähle mir, bist du schon lange meine liebe Schwester?... Wo warst du bisher, erzähl mir von dir, – erzähl mir, wo hast du früher gelebt, was hast du dort geliebt, worüber dich gefreut, worüber getrauert? Erzähle mir alles, ich will alles von dir wissen! Wo ist deine Heimat? Ist die Luft dort warm, der Himmel klar?... Wer war dir dort nahe, wer hat dich vor mir geliebt? Zu wem hat dich zuerst dein Herz gedrängt?... Hast du deine Mutter gekannt und hat sie dich als Kind geliebkost und gepflegt oder bist du allein, wie ich, unter Fremden aufgewachsen? Sage mir, bist du immer so gewesen? Erzähl mir von deinen Träumen und Wünschen und was von ihnen in Erfüllung gegangen ist und was nicht – erzähle mir alles... Wer war der erste, den dein Mädchenherz liebgewann und wofür hast du es ihm hingegeben? Sage mir, was soll *ich* dafür geben, was muß *ich* dir geben für – dich?... Sag mir, meine Liebe, meine Sonne, meine geliebte Schwester, sag mir, womit kann ich mir dein Herz verdienen?«

Seine Stimme versagte und er senkte den Kopf. Als er aber aufblickte, überlief es ihn vor Schreck: Katerina saß totenblaß und regungslos auf dem Bett, ihre Augen starrten mit leerem Blick über ihn hinweg, nur ihre Lippen zitterten in stummem, unsagbarem Schmerz. Langsam erhob sie sich, wankte zwei Schritte vom Bett und fiel mit einem herzzerreißenden Klagelaut vor dem Heiligenbild nieder... Sinnlose, unverständliche Worte entrangen sich stoßweise ihrer Brust. Sie schien ohnmächtig zu werden. Ordynoff hob sie auf, trug sie auf sein Bett und stand in atemloser Angst über sie gebeugt. Nach einer Weile schlug sie die Augen auf, bewegte sich, wie um sich auf den Ellbogen zu stützen, sah sich mit irrem Blick im Zimmer um, sah zu ihm auf und tastete nach seiner Hand. Sie zog ihn näher zu sich, ihre Lippen bewegten sich, als wollte sie etwas sagen, aber sie konnte nichts hervorbringen. Sie stammelte ein paar Worte, aber ein Aufschluchzen zerriß und erstickte ihre Stimme. Als sie dann wieder den Kopf hob, sah sie mit solch einer Verzweiflung Ordynoff an, daß er, der sie nicht verstand, sich näher über sie beugte, um keinen Laut aus ihrem Munde zu verlieren. Endlich hörte er sie deutlich flüstern:

»Ich bin versehrt, man hat mich verdorben, ich bin verloren!«

Ordynoff erhob jäh den Kopf und sah sie bestürzt an. Ein abscheulicher Gedanke durchzuckte ihn. Und Katerina sah dieses plötzliche schmerzliche Zucken seines Gesichtes.

»Ja! Verdorben!« stieß sie hervor, »ein böser Mensch hat mich verdorben, – *er*, *er* ist mein Verderber!... Ich habe meine Seele verkauft... Warum, warum hast du von der Mutter gesprochen! Wozu brauchtest du mich daran zu erinnern? Gott möge dir... möge dir verzeihen!...«

Und sie weinte leise vor sich hin. Ordynoffs Herz schlug so heftig, daß er vor Schmerz hätte aufschreien mögen.

»Er sagt«, flüsterte sie geheimnisvoll, mit zurückgehaltenem Atem, »er sagt, wenn er stirbt, wird er kommen und meine sündige Seele holen... Ich gehöre ihm, ich hab mich ihm mit meiner Seele verkauft... Und jetzt quält er mich und liest mir aus seinen Büchern vor... Dort, sieh, das ist sein Buch! Dort! Er sagt, ich habe eine Todsünde begangen... Sieh, da liegt sein Buch, sieh...«

Und sie wies mit Grauen auf einen großen Band. Ordynoff hatte nicht bemerkt, wie der in sein Zimmer geraten war. Er nahm ihn mechanisch – es war eines von jenen mit der Hand geschriebenen Büchern der Altgläubigen, wie er sie früher einmal gelegentlich gesehen hatte. Er war aber unfähig, seine Aufmerksamkeit auf irgend etwas zu lenken.

Sacht umfing er sie und redete ihr beruhigend zu.

»Denk nicht daran, laß das jetzt... Man hat dich geängstigt und erschreckt... ich bin ja bei dir... Ruhe dich bei mir aus, meine Liebe, mein Licht!«

»Du weißt noch nichts! nichts!« Sie umklammerte wieder seine Hände. »Ich bin immer so!... Immer fürchte ich mich... Aber du, nein, du quäle mich nicht, quäle mich nicht!...«

»Ich gehe dann zu ihm«, fuhr sie nach einer Weile fort. »Manchmal bespricht er mich einfach mit seinen eigenen Worten, ein anderes Mal nimmt er sein Buch, das größte, und liest mir vor – liest so drohende und strenge Worte! Ich weiß nicht, was es ist, und ich verstehe auch nicht jedes Wort, aber mich überkommt dann solch eine Angst; wenn ich auf seine Stimme horche, ist es mir, als spräche das gar nicht er, sondern ein anderer, kein guter, sondern einer, den nichts erweicht und der so unerbittlich ist, daß es mir das Herz zermalmt und die Qual noch größer wird als zu Anfang mein Gram war!«

»Geh nicht mehr zu ihm! Warum gehst du zu ihm?« sagte Ordynoff, ohne sich dessen recht bewußt zu sein, was er sprach.

»Warum bin ich zu dir gekommen? Frag mich – ich weiß es auch nicht... Er aber sagt mir immer: ‚Bete, bete, bete!' Zuweilen stehe ich in dunkler Nacht auf und bete lange, stundenlang. Oft übermannt mich der Schlaf, aber die Angst weckt mich wieder, immer wieder, und dann kommt es mir vor, daß ringsum ein dunkles Gewitter aufsteigt, daß mir Schlimmes droht, da die Bösen mich zu Tode quälen und zerreißen werden, daß ich keines Menschen Hilfe zu erflehen vermag und mich niemand vor dem Furchtbaren retten kann. Meine Seele will sich selbst verzehren, und es ist, als wolle sich mein ganzer Körper in Tränen auflösen... Dann fange ich wieder an zu beten, und bete und bete, bis die Mutter Gottes liebevoller auf mich herabschaut. Dann erst stehe ich auf und gehe halbtot wieder zu Bett, manchmal aber schlafe ich auch so vor dem Heiligenbild knieend ein. Da kommt es denn vor, daß er erwacht und mich ruft... und dann liebkost und tröstet und beruhigt er mich... und dann wird mir viel leichter. Ja, gleichviel was für ein Unglück auch noch käme, bei ihm fürchte ich mich nicht mehr. Er ist mächtig! Groß ist sein Wort!«

»Aber was ist denn, worin besteht denn dein Unglück?...« fragte Ordynoff zitternd, mit Verzweiflung im Herzen.

Katerina erbleichte. Sie sah ihn wie eine zum Tode Verurteilte an, der man die letzte Hoffnung auf Gnade nimmt.

»Ich... ich bin verflucht, ich bin eine Seelenmörderin, meine Mutter hat mich verflucht! Ich habe meine eigene Mutter umgebracht!...«

Ordynoff umschlang sie wortlos. Bebend schmiegte sie sich an ihn. Er fühlte, wie ein Zittern ihren Körper durchlief, als wolle es ihre Seele diesem Körper entringen.

»Ich habe sie unter die feuchte Erde gebracht«, sagte sie, ganz beherrscht von der Erinnerung und ihrer Aufregung – und sie schien das unwiderruflich Geschehene, unwiederbringlich Vergangene in diesen Augenblicken noch einmal zu erleben. »Ich wollte es schon lange sagen, aber er verbot es mir immer, bald mit Bitten, bald mit Vorwürfen und zornigen Worten. Zuweilen freilich beginnt er selbst, mich daran zu erinnern, als wäre er mein Feind und Widersacher. Mir aber kommt alles das – so auch heute nacht – wie stets und immer gegenwärtig vor... Höre, höre mich! Das ist schon sehr lange her, ich weiß nicht einmal mehr, wann es war, und doch steht es vor mir, als wäre es gestern gewesen, wie ein Traum der letzten Nacht, der bis zum Morgen mein Herz bedrückt hat. Der Gram macht die Zeit so lang. Setze dich hierher, ich werde dir mein Leid erzählen; vernichte mich, die ich schon verflucht bin... Ich übergebe dir mein Leben...«

Ordynoff wollte sie aufhalten, wollte sie am Sprechen verhindern, aber sie faltete die Hände, wie um ihn bei seiner Liebe anzuflehen, ihr doch Gehör zu schenken; dann fuhr sie in noch größerer Erregung fort. Ihre Erzählung war wirr und sprunghaft, ihre Stimme verriet den Sturm, der in ihrer Seele tobte. Aber trotzdem verstand Ordynoff alles, denn ihr Leben war für ihn zu seinem eigenen Leben geworden, ihr Leid auch sein Leid. Er glaubte, wieder seinen alten Feind vor sich zu sehen. Der Feind wuchs vor ihm auf mit jedem ihrer Worte und er ward immer greifbarer; es war ihm, als presse er mit ungeheurer Kraft sein Herz zusammen und spotte obendrein mit höhnischen Schimpfworten seiner Wut. Sein Blut begann zu sieden, drängte sich heiß in seine Gedanken und brachte ihn in Verwirrung. Da war es ihm denn, als stehe der boshafte Alte aus seinem Traum plötzlich auf (Ordynoff war davon überzeugt) und stehe leibhaftig vor ihm.

»Es war eine ebensolche Nacht«, begann Katerina, »nur viel dunkler und grausiger, und der Wind heulte durch unseren Wald, wie ich es noch nie gehört hatte... oder begann schon in jener Nacht mein Verderben?... Die Eiche vor unseren Fenstern brach. Ich weiß noch, der alte Bettler, der immer zu uns kam – er war schon ein ganz, ganz alter Mann – erzählte, daß er sich dieser Eiche noch aus seiner Kindheit erinnere: damals sei sie schon ebenso groß gewesen wie dann, als der Sturm sie brach. In derselben Nacht – wie heute entsinne ich mich dessen noch! – wurden Vaters Barken auf dem Fluß von diesem Sturm zertrümmert, und als die Fischer zu uns gelaufen kamen – wir wohnten bei der Fabrik – da fuhr der Vater gleich selbst zum Fluß, obschon er krank war. Wir blieben allein, Mutter und ich. Wir saßen beide im Zimmer; ich schlummerte, Mutter aber war so traurig und weinte bitterlich... und ich wußte, warum sie weinte. Sie war erst vor kurzem vom Krankenbett aufgestanden, war noch ganz blaß und sagte mir immer, ich solle ihr das Totenhemd nähen... Plötzlich, um Mitternacht, höre ich: jemand klopft draußen an die Pforte. Ich sprang auf, alles Blut strömte mir zum Herzen – die Mutter schrie auf vor Schreck... Ich sah nicht nach ihr hin, ich fürchtete mich, aber ich nahm die Laterne und ging selbst hinaus, um zu öffnen... Das war *er!* Mir wurde bange, denn ich bangte mich immer, wenn er kam, und das schon von Kindheit an, soweit meine Erinnerung zurückreicht, seitdem ich überhaupt denken kann! Damals hatte er noch kein graues Haar: sein Bart war pechschwarz und seine Augen brannten wie

Kohlen. Bis dahin hatte er mich noch kein einziges Mal freundlich angesehen. Er fragte: ‚Ist die Mutter zu Hause?‘ Ich schloß die Pforte und sagte, daß der Vater nicht zu Hause sei. Er sagte darauf nur: ‚Ich weiß‘, und plötzlich sah er mich an, so an... zum ersten Mal sah er so auf mich. Ich wandte mich zum Gehen, er aber stand immer noch. ‚Warum kommst du nicht herein?‘ – ‚Ich überlege‘, sagte er. Langsam folgte er mir. Als wir aber fast schon eintraten, fragte er plötzlich leise: ‚Warum sagtest du mir, daß der Vater nicht zu Hause ist, als ich nach deiner Mutter fragte?‘ Ich schwieg... Die Mutter erstarrte, als sie ihn sah – wollte dann zu ihm stürzen... Er aber schenkte ihr kaum einen Blick, – ich sah alles. Er war ganz durchnäßt und durchfroren: über zwanzig Werst hatte er im Sturm zurückgelegt, aber woher er kam und wo er sich aufhielt, das haben Mutter und ich nie gewußt. Damals hatten wir ihn schon ganze neun Wochen nicht gesehen... Die Mütze warf er auf den Tisch, die Fausthandschuhe streifte er ab – verneigte sich aber nicht vor den Heiligenbildern, bot keinen Gruß der Hausfrau, – setzte sich nur ans Feuer...«

Katerina fuhr sich mit der Hand über das Gesicht, als bedränge und quäle sie etwas, doch schon bald erhob sie wieder den Kopf und fuhr fort:

»Er begann mit der Mutter Tatarisch zu sprechen. Die Mutter konnte Tatarisch. Ich verstand kein Wort. Sonst hatte man mich immer fortgeschickt, wenn er kam; damals aber wagte die Mutter nicht, ihrem eigenen Kind ein Wort zu sagen. Der Böse kaufte meine Seele, ich aber sah die Mutter an, als wäre ich stolz darauf. Ich merkte, daß sie von mir sprachen, mich mit dem Blick streiften. Mutter begann zu weinen. Ich sah, wie seine Hand wieder an seinen Dolch fuhr – in der letzten Zeit hatte ich schon mehrmals seine Hand nach dem Dolch, den er vorn im Gürtel trug, greifen sehen, wenn er mit der Mutter sprach. Ich stand auf und griff nach seinem Gürtel, um ihm den sündhaften Dolch aus der Scheide zu reißen. Er aber knirschte vor Wut mit den Zähnen, schrie auf und wollte mich fortstoßen, aber der Stoß traf meine Brust. Ich dachte, jetzt sterbe ich auf der Stelle; es wurde mir dunkel vor den Augen und ich brach lautlos zusammen, aber ich schrie nicht. Und da sah ich, obschon mir fast die Sinne schwanden, wie er seinen Gürtel abnahm und den Ärmel an der Hand aufstreifte, mit der er mich gestoßen hatte, und den kaukasischen Dolch aus der Scheide zog und ihn mir reichte: ‚Da, schneide sie ab, die Hand, räche an ihr die Beleidigung, die ich dir angetan habe; ich aber, du Stolze, werde mich dafür tief bis zur Erde vor dir verneigen.‘ Ich legte den Dolch beiseite. Mein Blut drohte mich zu ersticken; aber ich sah nicht nach ihm hin. Ich weiß noch, ich lächelte mit zusammengepreßten Lippen, sagte aber kein Wort und sah nur der Mutter in die traurigen Augen, und sah sie zornig an, während zugleich ein schamloses Lächeln auf meinen Lippen blieb. Und die Mutter saß da, totenstill...«

Ordynoff hatte mit gespanntester Aufmerksamkeit auf jedes Wort ihrer Erzählung geachtet. Doch allmählich legte sich ihre Erregung, und ihre Rede wurde ruhiger. Die Erinnerung überwältigte das arme Weib und löste ihren Gram in ein Gefühl auf, das sich über das ganze uferlose Meer ihres Kummers erstreckte.

»Er nahm die Mütze, ohne sich zu verabschieden. Und ich nahm wieder die Laterne, um ihn hinauszugeleiten, indem ich der Mutter zuvorkam, die doch aufstehen und ihm das Geleit geben wollte, obwohl sie noch krank war. Wir kamen zur Pforte, ich öffnete sie ihm, verscheuchte die Hunde, schwieg aber. Er blieb stehen – und plötzlich nimmt er die Mütze ab und grüßt mich mit einer tiefen Verbeugung. Zugleich sehe ich, wie er die Hand in die Brusttasche schiebt und ein kleines, mit rotem Saffianleder überzogenes Kästchen hervorholt und es öffnet. Ich sehe hin: echte Perlen. Sie sollten für mich sein. ‚Ich habe‘, sagte er, ‚im nächsten Städtchen eine Schöne, der wollte ich zum Gruß diese Perlen bringen, doch nun habe ich sie nicht ihr gebracht: nimm du sie, schönes Mädchen, schmücke mit ihnen deine Schönheit oder zertritt sie mit dem Fuß, wie du willst, aber nimm sie.‘ Ich nahm sie, aber zertreten wollte ich sie nicht, das wäre zuviel Ehre gewesen. So nahm ich sie tückisch und sagte kein Wort. Ich kehrte zurück in das Zimmer und legte sie vor der Mutter auf den Tisch – dazu hatte ich sie genommen. Sie schwieg lange Zeit und war wie ein Handtuch so bleich, und es war, als hätte sie Furcht, mit mir zu sprechen. ‚Was bedeutet das, Katja?‘ fragte sie endlich. Ich aber sagte: ‚Für dich, Mutter, hat das der Kaufmann gebracht, mehr weiß ich nicht.‘ Und ich sah, wie ihr die Tränen über die Wangen herabrollten und wie das Atmen ihr schwer wurde. ‚Nicht für mich, böses Töchterchen, nicht für mich!‘ Ich weiß noch, so traurig sprach sie die Worte, so weh, als sei ihre ganze Seele voll Tränen. Und ich sah auf, wollte mich zu ihren Füßen niederwerfen, aber statt dessen sagte ich, was mir der böse Geist plötzlich eingab: ‚Nun, wenn nicht für dich, dann wohl für den Vater. Wenn er zurückkehrt, werde ich sie ihm geben und ihm sagen, daß Kaufleute hier waren und ein Stück ihrer Ware vergessen haben...‘ Da brach sie in Tränen aus und weinte bitterlich... ‚Das werde ich selbst tun, werde dem Vater sagen, was für Kaufleute hier waren und nach was für einer Ware sie gefragt haben... Ich werde es ihm schon sagen, wessen Tochter du bist, du Ruchlose! Du bist nicht mehr meine Tochter, du bist eine arglistige Schlange! Als Mutter verfluche ich dich!‘ Ich schwieg, keine Träne trat mir ins Auge... Ach! es war alles wie erstorben in mir... Ich ging hinauf in mein Mädchenzimmer und die ganze Nacht horchte ich auf den Sturm, und wie der Sturm draußen tobte, das fühlte ich, so entstanden in mir meine Gedanken.

Fünf Tage vergingen. Dann kehrte gegen Abend der Vater heim, finster und zornig, denn unterwegs hatte ihn die Krankheit noch mehr mitgenommen. Ich sehe: den einen Arm trägt er in der Binde. Da erriet ich, daß der Feind seinen Weg gekreuzt hatte. Und sein Feind hatte ihn auch krank gemacht. Und ich wußte auch, wer sein Feind war. Ich wußte alles. Mit der Mutter sprach er kein Wort, nach mir fragte er nicht, die Leute ließ er alle zusammenrufen und befahl, die Fabrik stillzulegen und das Haus vor dem bösen Blick zu beschützen. Da ahnte mein Herz, daß in unserem Hause etwas nicht gut war. So wachten wir denn. Die Nacht verging langsam, wieder stürmte es draußen im Dunkeln, und der Sturm drang auch in meine Seele. Ich öffnete das Fenster – mein Gesicht glühte, meine Augen weinten und mein Herz konnte keine Ruhe finden. Wie Feuer brannte es in mir! So hinaus hätte ich mögen, hinaus aus dem drückenden Zimmer, und weit weg, bis ans Ende der Welt, wo die Blitze und Stürme entstehen. Meine Mädchenbrust bebte und zitterte... plötzlich, es war schon spät – ich erwachte wie aus leichtem Schlummer... oder hatte sich ein Nebel auf meine Seele gesenkt und mich verwirrt? – plötzlich höre ich, wie ans Fenster gepocht wird: ‚Mach auf!‘ – und ich sehe, ein Mensch ist an einem Strick heraufgeklettert. Ich ahnte sogleich, wer der späte Gast war, öffnete das Fenster und ließ ihn in mein einsames Zimmer. Das war *er*! Die Mütze nahm er nicht ab, setzte sich auf die Truhe, und sein Atem ging keuchend, als sei eine Meute von Verfolgern hinter ihm her gewesen. Ich stand und wußte, daß ich bleich war. ‚Ist der Vater zu Hause?‘ fragte er. – ‚Ja.‘ – ‚Und die Mutter auch?‘ – ‚Auch die Mutter‘, sagte ich. ‚Dann sei jetzt ein Weilchen still... Hörst du nichts?‘ – ‚Ich höre.‘ – ‚Was?‘ – ‚Ein Pfeifen unter dem

Fenster!‘ – ‚Nun, willst du jetzt, schönes Mädchen, den Feind um seinen Kopf bringen? Willst du den Vater rufen und mich dem Verderben preisgeben? Deinem Mädchenwillen füge ich mich: was du willst, das soll geschehen! Hier hast du einen Strick, binde mich, wenn dein Herz dir befiehlt, für deine Mädchenehre einzustehen.‘ – Ich schwieg. – ‚Nun? Sprich doch, meine Schöne!‘ – ‚Was willst du?‘ fragte ich. – ‚Was ich will? Ich will einem Feind entgehen, will von einer alten Liebe Abschied nehmen und einer neuen, jungen Liebe, wie dir, schönes Mädchen, meine Seele verpfänden...‘ Ich lachte auf. Ich weiß selbst nicht, wie seine freche Rede mein Herz berühren konnte. ‚So laß mich jetzt, schönes Mädchen, nach unten gehen, mein Herz prüfen und dem Vater und der Mutter meinen Gruß entbieten‘, sagte er und stand auf. Ich zitterte so, daß mir die Zähne aufeinanderschlugen, und ich mein Herz wie glühendes Eisen in der Brust fühlte. Und ich ging, öffnete ihm die Tür. Doch wie er schon über die Schwelle trat, nahm ich alle meine Kraft zusammen und stieß noch hervor: ‚Da hast du deine Perlen, und wage es nie wieder, mir Geschenke zu bringen!‘ – und ich warf ihm das rote Kästchen mit den Perlen nach.«

Katerina hielt inne, um Atem zu schöpfen. Sie wechselte, wie schon oft während ihrer Erzählung, wieder die Farbe: ihre blauen Augen waren dunkel und glänzten seltsam. Plötzlich aber erblaßte sie von neuem, und ihre Stimme senkte sich und bebte vor Erregung und Trauer.

»Ich blieb allein«, fuhr sie fort, »und es war mir, als habe mich ein Wirbelsturm erfaßt. Plötzlich höre ich rufen, schreien, höre, wie über den Hof die Leute laufen, höre: ‚Die Fabrik brennt!‘ Ich rührte mich nicht, ich hörte nur, wie alle aus dem Hause liefen; ich selbst blieb allein mit der Mutter. Ich wußte, daß sie mit dem Tode rang, seit drei Tagen lag sie schon im Sterben, ich, ihre verfluchte Tochter, ich wußte es! ... Plötzlich tönte ein Schrei unter meinem Zimmer, nur ein ganz schwacher, leiser Schrei, der so klang, wie ein Kind aufschreit, wenn es im Traum erschrickt, und dann war wieder alles still. Ich blies das Licht aus; es überlief mich kalt in der Dunkelheit, ich bedeckte das Gesicht mit den Händen; ich fürchtete mich, überhaupt zu sehen. Dann drang plötzlich wieder Stimmengewirr zu mir, lauter und lauter – von der Fabrik her kamen Menschen gelaufen. Ich beugte mich weit zum Fenster hinaus, und ich sah: da brachten sie den Vater, tot, und ich hörte noch, wie sie untereinander sagten: ‚Von der Leiter ist er gefallen, von der Leiter... gerade in den siedenden Kessel! Der Teufel muß ihn hinuntergestoßen haben!... Er muß fehlgetreten sein!‘ Ich sank auf mein Bett; rührte mich nicht; aber ich wartete, wußte selbst nicht, auf was oder wen... Furchtbar war diese Stunde. Ich weiß nicht, wie lange ich so saß. Ich weiß nur, daß ich schließlich ein Gefühl hatte, als drehe sich alles rund um mich. Im Kopf empfand ich einen dumpfen Druck, und der Rauch biß mir in die Augen. Und es freute mich, daß mein Ende nahte! Da berührte plötzlich jemand meine Schultern und richtete mich auf. Ich schlug die Augen auf und sah, so gut ich sehen konnte: *er* war es, und ganz versengt waren seine Kleider und heiß; ich glaube, sie schwelten noch und rochen nach Rauch.

‚Ich bin gekommen, um dich zu holen, schönes Mädchen‘, sagte er. ‚Führe mich jetzt aus dem Verderben hinaus, wie du mich ins Verderben hineingeführt hast. Hab meine Seele heut für dich umgebracht. Für diese verfluchte Nacht werde ich keine Vergebung durch Gebete erflehen können! Vielleicht wenn wir beide gemeinsam beten!‘ Und er lachte, der böse Mensch! ‚Nun weise den Weg‘, sagte er, ‚wie man von hier fortkommt, ohne gesehen zu werden!‘ Ich nahm ihn bei der Hand und führte ihn. Wir stiegen die Treppe hinunter, gingen leise über den Flur, ich schloß die Tür der Vorratskammer auf – die Schlüssel trug ich bei mir – und wies auf das Fenster. Dort lag der Garten. Da ergriff er mich, hob mich auf seinen starken Arm und schwang sich mit mir aus dem Fenster. Hand in Hand liefen wir weiter, lange liefen wir. Dann stand endlich der dichte dunkle Wald vor uns. Er blieb stehen und horchte. ‚Sie verfolgen uns, Katerina! Die Verfolger sind hinter uns her, schönes Mädchen. Aber nicht in dieser Stunde ist es uns bestimmt, unser Leben zu lassen! Küsse mich, schönes Mädchen, verheiße mir Liebe und ewiges Glück!‘ – ‚Wovon sind deine Hände blutig?‘ fragte ich. – ‚Sind meine Hände blutig, mein Lieb? Ich habe eure Hunde erstochen. Sie bellten zu laut für den späten Gast. Komm!‘ Und wir liefen weiter. Da sahen wir auf dem Waldweg meines Vaters Pferd, das hatte den Zaum zerrissen und war aus dem Stall gelaufen; es hatte nicht mitverbrennen wollen! ‚Setz dich mit mir aufs Pferd! Diese Hilfe hat uns Gott geschickt!‘ sagte er. Ich schwieg. ‚Oder willst du nicht? Ich bin doch kein Unchrist, kein böser Geist, da sieh, ich bekreuze mich, wenn du willst‘, und er schlug auch wirklich das Kreuz. Dann schwang er sich aufs Pferd, hob mich zu sich hinauf, und ich drückte mich an ihn und vergaß an seiner Brust alles um mich her, und es war ganz so, als hielte mich nur ein Traum umfangen. Als ich aber aus diesem Traum erwachte, da sah ich, daß wir an einem breiten, breiten Fluß waren. Er stieg ab, hob mich vom Pferde und ging in das Schilf: dort hatte er seinen Nachen versteckt. Zum Abschied klopfte er dem Tier noch den Hals: ‚Nun leb wohl, braves Roß!' sagte er, ‚geh, such dir einen neuen Herrn, die alten haben dich alle verlassen.' Das ging mir so nah! Ich schlang meine Arme um den Hals des Tieres und preßte das Gesicht an sein glattes Fell und küßte es zum Abschied. Dann stiegen wir in den Nachen, er nahm die Ruder, und bald lag das Ufer hinter uns. Und als das Ufer nicht mehr zu sehen war, zog er die Ruder ein und schaute sich auf dem Wasser rings um. Und während er noch so schaute, murmelte er: ‚Sei gegrüßt, Mütterchen, du gewaltiger Strom, bist manches Gottesmenschen Ernährerin und meine Beschützerin! Hast du mein Gut auch bewahrt, meine Waren sanft getragen?' Ich schwieg und hatte den Blick gesenkt, denn mein Antlitz brannte vor Scham wie Feuer. ‚Hättest du doch lieber alles genommen, du Stürmische, Unersättliche', murmelte er weiter, ‚und würdest mir nun dafür versprechen, meine schönste, vielkostbare Perle zu hüten und zu wiegen! Sag doch nur ein Wort, Mädchen, was bist du so stumm? – Strahle wie die Sonne, die Sturmwolken durchbricht, und verscheuche mit deinem Licht das Dunkel der Nacht!' Er sagte es, aber er lächelte dabei; sein Herz brannte nach mir, aber sein Lächeln dazu wollte ich aus Schamgefühl doch nicht dulden. Ich wollte etwas sagen, aber ich traute mich nicht, und so schwieg ich denn. – ‚Nun, wie du willst!' antwortete er auf mein schüchternes Sinnen, aber er sagte es wie mit Trauer, als ob ihn selbst Traurigkeit erfasse. ‚Mit Gewalt läßt sich da nichts erzwingen. Gott sei denn mit dir, du Hochmütige, du schönes Mädchen, du weiße Taube! Da sieht man, daß dein Haß gegen mich groß ist, oder bin ich deinen blauen Augen so wenig liebwert erschienen?' Ich hörte das, und Wut kam über mich, Wut aus Liebe; doch ich bezwang mein Herz und sagte: ‚Liebwert oder nicht liebwert, wie soll ich das wissen, wohl aber weiß das eine andere Törichte, Schamlose, die ihr reines Mädchenstübchen in dunkler Nacht entweiht, die ihre Seele für eine Todsünde verkauft und ihr unkluges Herz nicht bezwungen hat. Das wissen vielleicht nur noch meine heißen Tränen, und das sollte auch der noch wissen, der wie ein Räuber auf das Leid, das er anderen verursacht, obendrein stolz ist und über ein Mädchenherz sich lustig macht!' Ich sagte es, vermochte dann aber nicht länger an mich zu halten und brach in Tränen aus... Er schwieg, sah mich aber an, daß ich wie ein Espenlaub erzitterte. ‚So höre denn, schönes Mädchen', sagte er dann, und seine Augen brannten auf mir, ‚es sind keine leeren Worte, die ich dir sage, sondern es ist ein großes Versprechen, das ich dir jetzt gebe: Solange du mir Glück schenken wirst, so lange werde ich dein Herr sein, wenn du mich aber einmal nicht mehr liebhast, – so mache keine unnützen Worte, sage nichts, bemühe dich nicht: nur ein Zucken deiner Zobelbrauen, ein Blick aus deinem dunklen Auge, eine Bewegung deines kleinen Fingers laß genug sein, und ich gebe deine Liebe frei und gebe dir deine goldene Freiheit zurück. Nur wird das zu derselben Stunde, du meine stolze, grausame Schöne, zugleich auch das Ende meines Lebens sein!' Da griff ich mit allen meinen Sinnen lächelnd seine Worte auf...«

In tiefer Erregung hielt Katerina hier in ihrer Erzählung inne. Sie holte schwer Atem, lächelte über einen neuen Gedanken sinnend vor sich hin und wollte fortfahren. Doch da begegneten ihre glänzenden Augen Ordynoffs fieberglühendem Blick, der wie gebannt an ihrem Antlitz hing. Sie zuckte zusammen, wollte etwas sagen, aber nur das Blut fuhr ihr wieder ins Gesicht... Wie fassungslos hob sie die Hände, umklammerte ihren Kopf und warf sich mit dem Gesicht auf das Kissen. – Alles erbebte in Ordynoff! Ein qualvolles Gefühl, eine Erregung, über die er sich keine Rechenschaft zu geben vermochte und die unerträglich war, ergoß sich wie ein Gift durch alle seine Adern, sie wuchs und wuchs: ein wilder und doch gefesselter Trieb, eine gierig verlangende, nicht zu ertragende Leidenschaft verschlang sein ganzes Denken und tobte durch alle seine Gefühle. Gleichzeitig aber begann eine unendliche, uferlose Trauer immer lastender sein Herz zu bedrücken. Mehr als einmal hatte er, während Katerina erzählte, aufschreien und ihr zurufen wollen, daß sie doch schweigen solle! Er wollte sich ihr schon zu Füßen werfen und sie unter Tränen anflehen, ihm seine früheren Liebesqualen, sein erstes, ihm selbst noch unverständliches reines Verlangen wiederzugeben, und er sehnte sich zurück nach den Tränen, die nun schon lange versiegt waren. Sein Herz verging vor Sehnsucht und es war ihm, als sei es blutüberströmt und schließe alle Tränen in sich ein, die seine Seele nicht mehr erlösen wollten. Er begriff kaum, was Katerina zu ihm sagte, und seine Liebe erschrak vor dem Gefühl, von dem das arme Weib so tief erregt wurde. Er verfluchte seine Leidenschaft in diesem Augenblick: sie erstickte ihn, marterte ihn, und er glaubte zu fühlen, wie statt des Blutes geschmolzenes Blei durch seine Adern rann.

»Ach, nicht darin liegt mein Elend«, sagte Katerina, plötzlich den Kopf erhebend, »nicht darin, was ich dir bis jetzt erzählt habe«, fuhr sie mit einer Stimme fort, die von einem neuen, unerwarteten Gefühl wie Erz erklang, während ihre ganze Seele von bisher unterdrückten, erstickten Tränen zerrissen wurde, von Tränen, die noch nie hatten durchbrechen können, »nein, nicht das ist mein Elend, meine Qual, meine Sorge! Was, was liegt mir an meiner Mutter, wenn ich auch auf der ganzen Welt keine andere leibliche Mutter erwerben kann! Was liegt mir daran, daß sie mich in ihrer schweren letzten Stunde verflucht hat! Was geht es mich noch an, mein goldenes früheres Leben, mein warmes sauberes Zimmer, meine frühere Mädchenfreiheit! Was geht es mich an, daß ich mich dem Bösen verkauft und meine Seele dem Verderben hingegeben, für das Glück ewige Sünde auf mich geladen habe! Ach, nein, nicht das ist mein Elend, mag ich auch dafür schwer verdammt sein! Aber bitter ist mir nur dies und es zerreißt mir das Herz, daß ich seine entehrte Sklavin bin, daß Schmach und Schande mir selbst, mir Schamlosen, lieb sind, daß das gierige Herz es sogar genießt, seines Leides zu gedenken, als ob es Freude und Glück wäre, – eben das ist mein Elend, daß in diesem Herzen keine Kraft zur Empörung ist und kein Zorn über die ihm angetane Schmach!...«

Die Brust des armen jungen Weibes rang nach Luft, und ein aus tiefster Seele aufsteigendes krampfhaftes Aufschluchzen erstickte ihre Worte. Ihr stoßweiser Atem strich heiß über ihre brennenden Lippen, ihre Brust hob sich und senkte sich tief beim Ausatmen, und ihre Augen blitzten in unbegreiflicher Entrüstung. Zugleich aber wurde ihr Gesicht in diesem Augenblick von einem solchen Zauber verklärt, erbebte jede Linie, jeder Muskel ihres Antlitzes in einem so leidenschaftlichen Strom von Gefühl, bebte in so unsagbarer, unerhörter Schönheit, daß in Ordynoffs Brust jeder schwarze Gedanke erlosch und die reine Trauer verstummte. Sein Herz drängte wild zu ihr hin, wollte sich nur noch an ihr Herz pressen, um sich leidenschaftlich, in unsinniger Erregung, in ihm und mit ihm zu vergessen, im gleichen Takt, in gleichem Sturm zu pochen, in gleichem Ausbruch ungeahnter Leidenschaft, und, wenn es sein mußte, zusammen mit ihm zu sterben. Katerina begegnete dem getrübten Blick Ordynoffs und lächelte so, daß ein verdoppelter

Feuerstrom sein Herz überglühte. Er war sich seiner selbst kaum bewußt.

»Hab Erbarmen mit mir, hab Nachsicht!« flüsterte er ihr zu, seine zitternde Stimme verhaltend, und beugte sich zu ihr nieder, mit der Hand sich auf ihre Schulter stützend, indem er ihr ganz nah, so nah, daß sein Atem und der ihre zusammenströmten, in die Augen sah. »Du richtest mich zugrunde! Ich kenne dein Elend nicht, und meine Seele ist verwirrt... Was geht es mich an, worüber dein Herz weint! Sage, was du verlangst... ich werde es tun. So komm doch mit mir, komm, töte mich nicht, bring mich nicht um!...«

Regungslos sah Katerina ihn an; die Tränen waren versiegt, die heißen Wangen trocken. Sie hatte ihn unterbrechen wollen, hatte seine Hand ergreifen wollen... sie wollte selbst etwas sagen und fand doch keine Worte. Ein seltsames Lächeln erschien langsam auf ihren Lippen, ja, fast war es, als wolle durch dieses Lächeln ein Lachen hervorbrechen.

»So habe ich dir wohl noch nicht alles erzählt«, sagte sie endlich mit stockender Stimme. »Hör weiter... aber wirst du auch, wirst du mir denn auch zuhören, du heißes Herz? Also höre, was deine Schwester dir erzählt! Du hast noch wenig von ihrem grausamen Leid erfahren! Ich wollte dir erzählen, wie ich mit ihm ein Jahr lang lebte, doch wozu... Als aber dies Jahr vergangen war, da zog er mit seinen Genossen stromabwärts, und ich blieb bei seiner Pflegemutter im Hafenstädtchen zurück. Ich sollte dort auf seine Rückkehr warten. Ich wartete einen Monat, wartete noch einen; da begegnete mir im Städtchen ein junger Kaufmann, und wie ich ihn erblickte, erinnerte ich mich meiner früheren goldenen Jahre. ‚Schwesterchen, liebes Schwesterchen!' sagte er, als er mich erkannte, ‚ich bin Aljóscha, dein Verlobter: die Eltern verlobten uns als Kinder – weißt du noch? Hast du mich vergessen? Erinnere dich, ich bin aus demselben Ort wie du...' – ‚Was sagt man dort von mir?' fragte ich. ‚Man sagt, du seist fortgegangen, habest deine Mädchenehre vergessen und dich einem Räuber, einem Mörder hingegeben', antwortete mir Aljoscha lachend. – ‚Und was sagtest du von mir, Aljoscha?' – ‚Vieles wollte ich dir sagen, als ich hierherfuhr', – und sein Herz verwirrte sich – ‚vieles wollte ich dir sagen, aber jetzt, wo ich dich sehe, habe ich alles vergessen, jetzt ist meine Seele erstorben... verdorben hast du mich!' sagte er. ‚So sei es denn, nimm auch meine Seele, und solltest du mein Herz auch verspotten und über meine Liebe lachen, du Schöne!... Ich bin allein, meine Eltern sind gestorben, habe mein Erbe und bin mein eigener Herr, und auch meine Seele ist mein, habe sie keinem verkauft, wie eine andere es getan, die ihr Gedächtnis ausgelöscht hat. Aber ein Herz ist nicht zu kaufen, umsonst gebe ich es dir, denn verdienen läßt es sich ja nicht, wie man sieht!' Ich lachte, und nicht nur einmal oder zweimal hat er mir das gesagt – einen ganzen Monat blieb er dort, ließ alles andere liegen, vergaß die Waren, entließ seine Leute, lebte dort ganz allein. Da tat er mir schließlich leid, seine Tränen erbarmten mich, und ich sagte eines Morgens zu ihm: ‚Erwarte mich, Aljoscha, wenn die Nacht dunkelt, unten am Landungsplatz, laß uns dann zu dir fahren! Ich bin meines unglücklichen Lebens hier überdrüssig!' Die Nacht kam, ich schnürte mein Bündel, und meine Seele begann sich zu sehnen und sie spielte mit meinen Gedanken. Da sehe ich – mein Herr tritt ein, ganz unerwartet, unverhofft! – ‚Sei gegrüßt', sagt er. ‚Komm. Auf dem Fluß wird es heute Sturm geben, die Zeit drängt.' Ich folgte ihm; wir kamen an den Fluß, aber bis zu den Unsrigen war es weit. Da sehen wir: ein Boot hat angelegt und in ihm sitzt ein bekannter Ruderer, der jemand zu erwarten scheint. ‚Guten Abend, Aljoscha, Gott helfe dir!' sagt mein Herr. ‚Was, – hast dich verspätet oder willst du noch zu deinen Schiffen? Nimm uns mit, sei so gut und bringe uns zu den Unsrigen. Mein Boot habe ich entlassen und schwimmen kann ich nicht.' – ‚Steige ein', sagt Aljoscha, und mein Herz erbebte, als ich seine Stimme vernahm. ‚Setzt euch, der Wind ist für alle, und in meinem Boot ist auch für euch noch Platz.' Wir stiegen ins Boot. Die Nacht war dunkel, die Sterne hatten sich versteckt, der Wind heulte, die Wellen wuchsen, vom Ufer aber waren wir bald schon über eine Werst weit entfernt. Wir schwiegen alle drei.

‚Welch ein Sturm!' sagte endlich mein Herr. ‚Der bringt diesmal nichts Gutes! Einen solchen wie heut nacht habe ich auf dem Fluß noch niemals erlebt. Wir sind zu schwer für das Boot! Drei Menschen kann es bei diesem Sturm nicht tragen!' – ‚Ja, drei kann es nicht tragen, da ist einer von uns zu viel an Bord', sagte Aljoscha, und in seiner Stimme klang ein verhaltenes Beben. ‚Nun was, Aljoscha?' sagte er, ‚ich kannte dich schon als kleines Kind, hab mit deinem Vater Bruderschaft getrunken, haben Salz und Brot miteinander geteilt. Nun sage mir, Aljoscha, könntest du ohne Boot von hier aus ans Ufer gelangen... würdest du untergehen und dein

Leben verlieren? – oder würdest du zur Not das Ufer erreichen?' – ‚Nein', sagt Aljoscha, ‚ich würde es nicht erreichen.' – ‚Aber wer weiß, vielleicht ist die Stunde dir gnädig und du könntest es doch?' – ‚Nein, bei dem stürmischen Fluß kann ich es nicht wagen, ich fände meinen Tod in den Wellen.' – ‚So höre jetzt, Katerínuschka, meine vielkostbare Perle!' wandte er sich da an mich. ‚Ich erinnere mich einer ähnlichen Nacht, doch wogte da nicht die Welle, die Sterne glänzten und der Mond schien... Ich will dich nur so, ganz einfach fragen, ob du sie nicht vergessen hast?' – ‚Nein', sagte ich, ‚ich habe sie nicht vergessen.' – ‚Und wenn du sie nicht vergessen hast, dann wirst du dich wohl auch noch erinnern, wie ein Verwegener ein schönes Mädchen lehrte, ihre Freiheit zurückzugewinnen, wenn ihr jemand nicht mehr liebwert erscheint, nicht wahr?' – ‚Auch das habe ich nicht vergessen', sagte ich, aber ich wußte selbst nicht, ob ich noch lebte oder schon tot war. – ‚Ah! hast also nichts vergessen! Nun sieh, für das Boot sind jetzt drei zu schwer. Sollte da nicht jemandes Stunde gekommen sein? Sprich, meine Liebste, sprich es aus, dein Wort, meine Taube, du Süße, girre uns nach Taubenart dein freundliches Wort...'«

»Ich habe dieses Wort damals nicht ausgesprochen!« flüsterte Katerina erblassend. Sie kam nicht dazu, die Erzählung zu beenden.

»Katerina!« ertönte dicht bei ihnen eine rauhe, heisere Stimme. Ordynoff fuhr zusammen. In der Tür stand Murin. Er war nur halbwegs in die Pelzdecke gehüllt, war bleich wie der Tod und sah sie mit nahezu irrsinnigen Augen an. Katerina wurde blasser und blasser; sie starrte ihn reglos an, wie von einem Zauber gebannt.

»Komm zu mir, Katerina!« flüsterte der Kranke mit kaum hörbarer Stimme und verließ das Zimmer. Katerina starrte immer noch reglos in die Luft, als stände der Alte immer noch vor ihr. Plötzlich aber stieg glühende Röte in ihre blassen Wangen, und sie erhob sich langsam vom Bett. Ordynoff mußte an ihre erste Begegnung denken.

»Also dann auf morgen, meine Tränen!« sagte sie mit einem sonderbaren kleinen Auflachen, »auf morgen! Vergiß aber nicht, wo ich stehen geblieben bin: ‚Wähle einen von beiden: wer dir lieb und wer dir nicht lieb ist, schönes Mädchen!' – Wirst's nicht vergessen, wirst eine Nacht dich gedulden?« wiederholte sie, indem sie die Hände auf seine Schultern legte und ihn zärtlich ansah.

»Katerina, geh nicht zu ihm, tu's nicht! Er ist doch wahnsinnig, siehst du das denn nicht!« flüsterte Ordynoff, der um sie bangte.

»Katerina!« rief die Stimme hinter der Scheidewand.
»Was hast du denn? Du meinst, er wird mich ermorden?« fragte Katerina lachend. »Gute Nacht, mein Herz, mein heißes Täuberl, mein... liebster Bruder, der du doch bist!« sagte sie, zärtlich seinen Kopf an ihre Brust drückend, während plötzlich wieder Tränen in ihren Augen standen. »Das sind die letzten Tränen. Verschlafe dein Leid, mein Liebster, sollst morgen zur Freude erwachen!« Und sie küßte ihn leidenschaftlich.
»Katerina! Katerina!« flehte Ordynoff, der sie mit Gewalt zurückzuhalten versuchte, »Katerina!«
Sie wandte sich noch einmal nach ihm um, nickte ihm lächelnd zu und verließ das Zimmer. Ordynoff hörte, wie sie bei Murin eintrat, er hielt den Atem an und horchte, aber es war kein Laut mehr zu vernehmen. Der Alte schwieg oder war vielleicht wieder bewußtlos... Er wollte schon zu ihr gehen, dorthin, aber seine Füße versagten... Er wurde ganz schwach und mußte sich auf das Bett setzen...

II

Als er wieder zu sich kam, konnte er lange nicht feststellen, welche Tageszeit es war. Es konnte früheste Morgendämmerung oder auch Abenddämmerung sein: im Zimmer war es noch ganz dunkel. Er hätte auch nicht angeben können, wie lange er geschlafen hatte, aber er fühlte, daß es ein krankhafter Schlaf gewesen war. Er suchte sich zu besinnen und strich sich mit der Hand über das Gesicht, als wolle er damit den Schlaf und die nächtlichen Visionen wegwischen. Als er aber aufstehen wollte, fühlte er, daß sein ganzer Körper gleichsam zerschlagen war und die erschöpften Glieder sich weigerten zu gehorchen. Sein Kopf schmerzte und ihm wurde schwindlig; den ganzen Körper überlief bald ein leichtes Zittern, bald eine Hitzewelle. Zugleich mit dem Bewußtsein war auch das Gedächtnis erwacht; sein Herz zuckte zusammen, als er in einem Augenblick die ganze letzte Nacht in der Erinnerung von neuem durchlebte. Sein Herz begann als Antwort auf sein Denken so stark zu schlagen, seine Empfindungen waren so heiß, so frisch, als wäre seit Katerinas Weggehen nicht eine ganze Nacht mit langen Stunden, sondern nur eine einzige Minute vergangen. Er fühlte, daß seine Augen noch von den Tränen brannten – oder waren es neue Tränen, die seiner Seele wie ein Quell entströmten? Und dennoch (wie ein Wunder erschien ihm das!): in seinen Qualen lag für ihn sogar eine lustvolle Süße, obschon er gleichzeitig mit jedem Nerv seines Körpers spürte, daß er eine solche Selbstvergewaltigung ein zweitesmal nicht überstehen würde. Es kam ein Augenblick, wo er fast zu sterben meinte und bereit war, den Tod wie einen lichten Gast zu empfangen: bis zu einer solchen Spannung war seine Empfindungsfähigkeit gesteigert, mit solch einer stürmischen und machtvollen Gewalt wogte jetzt, nach dem Erwachen, seine Leidenschaft von neuem auf; ein solches Entzücken überkam seine Seele, daß sein so maßlos beschleunigtes Leben anscheinend nahe daran war, zu zerbrechen, sich selbst zu zerstören, einfach aufzuhören, in einer Sekunde zu verwesen und für immer nicht mehr da zu sein. Fast in demselben Augenblick, als wär's eine Antwort auf seinen Schmerz, auf das Zittern seines Herzens, begann eine Stimme zu singen. Sie schien ihm so bekannt wie jene innere Musik, die der Menschenseele in Stunden der Lebensfreude, in Stunden ungestörten Glücks wohlbekannt ist: es war die weiche, volltönende Stimme Katerinas. Ganz nahe bei ihm, fast wie über dem Kopfende seines Bettes, begann ein Lied, anfangs leise und schwermütig... Bald hob sich die Stimme, bald senkte sie sich, schmerzhaft verhaltend, als vergehe sie und wiege dabei doch noch zärtlich die unruhvolle Qual des unterdrückten Verlangens, das in ihrem sehnsüchtigen Herzen, ohne Hoffnung auf Befreiung, ewig verheimlicht bleiben mußte; bald wieder schwang sie sich von neuem empor, wie wenn eine Nachtigall schlägt, und ergoß sich zitternd und flackernd von einer Leidenschaft, die sich nicht mehr zurückhalten ließ, in ein ganzes Meer von Entzücken, in ein Meer von zaubermächtigen, endlosen Tönen, gleich dem ersten Augenblick der Liebesseligkeit. Ordynoff unterschied auch Worte: sie waren der rührend schlichte, zu Herzen gehende Ausdruck eines einfachen, ruhigen, reinen Gefühls, das für den Dichter, der sie in alter Zeit zusammengefügt, von vollkommener Klarheit war. Aber er vergaß die Worte, er hörte nur auf die Töne hin; durch die einfachen, naiven Strophen des Liedes blitzten für ihn ganz andere Worte auf, Worte, aus denen dasselbe Verlangen sprach, das seine eigene Brust erfüllte, die wie ein Echo der eigenen verborgensten, von ihm selbst ungeahnten Heimlichkeiten seiner Leidenschaft klangen, und die ihm erst die ganze Erkenntnis dieser Leidenschaft vermittelten. Bald glaubte er, das letzte Stöhnen eines in seiner Leidenschaft hoffnungslos erstickenden Herzens zu ver-

nehmen, bald die Freude eines Willens und Geistes, die ihre Ketten gesprengt hatten und licht und frei in das unermeßliche Meer einer erlaubten Liebe hinausstrebten; dann wieder war es ihm, als hörte er das erste zitternde Liebesgeständnis, unter Erröten und Tränen in heimlichem zagem Flüstern von Mädchenlippen, noch mit dem ganzen Duft süßer Scham; dann wieder stieg gleichsam das wilde Begehren einer Bacchantin auf, das stolz und voll Freude ob seiner Kraft, hüllenlos, ohne Geheimnis, mit sprühendem Lachen die trunkenen Augen im Kreise umherschweifen läßt...
Ordynoff hielt es nicht aus bis zum Ende des Liedes und erhob sich vom Bett. Das Lied verstummte sofort.
»Guten Morgen und guten Tag kann man nicht mehr sagen, mein Ersehnter!« rief Katerinas Stimme hinter der Scheidewand, »so sage ich dir denn guten Abend! Steh auf, komm zu uns, erwache zu heller Freude: wir erwarten dich, ich und mein Herr, beides gute Leute und dir ergeben. Lösche mit Liebe den Haß, wenn das Herz uns die Kränkung noch nachträgt. Sag ein freundliches Wort!...«
Ordynoff verließ bereits sein Zimmer, wußte aber eigentlich selbst kaum, daß er zu seinen Wirtsleuten ging. Vor ihm öffnete sich die Tür: er sah und schaute und war wie geblendet von dem goldenen Lächeln der Wundersamen, die vor ihm stand. Er hörte und sah nichts und niemanden außer ihr. Im Augenblick war ihre Lichtgestalt der Inbegriff seines ganzen Lebens, seiner ganzen Freude.
»Zwei Sonnenröten sind schon vergangen, seit wir Abschied nahmen«, sagte sie, und sie streckte ihm beide Hände entgegen, »da schau durch das Fenster, auch die Abendröte ist schon erloschen. Sie waren ähnlich dem Erröten eines schönen Mädchens«, fuhr sie lachend fort, »die erste Morgenröte war wie die Glut, mit der das Mädchen zum erstenmal das Herz in der Brust schlagen fühlt; die zweite wie wenn die Schöne ihre Scheu vergißt und das Blut feurig ins Antlitz steigen spürt... Tritt ein, tritt ein in unser Haus, braver Junker! Was stehst du noch auf der Schwelle? Ehre werde dir zuteil und Liebe und als erstes ein Gruß vom Hausherrn!«
Und mit hellem Lachen erfaßte sie Ordynoffs Hand und führte ihn ins Zimmer. Befangenheit schlich sich in sein Herz. Das ganze Feuer, das in seinem Inneren flammte, war wie im Augenblick erloschen, aber nur für einen Augenblick. Verwirrt schlug er die Augen nieder und fürchtete sich, sie anzusehen. Er fühlte, sie war von so bezaubernder Schönheit, daß er ihren heißen Blick nicht

würde ertragen können. Nein, so hatte er sie noch nie gesehen! Zum erstenmal sah er Freude und den Zauber des Lachens in ihrem Gesicht; ihre dunklen Wimpern glänzten nun nicht mehr von vergossenen Tränen. Seine Hand lag bebend in ihren Händen. Hätte er den Blick erhoben, so würde er gesehen haben, daß Katerinas strahlende Augen mit triumphierendem Lächeln an seinem Mienenspiel hingen, in dem sich deutlich Verwirrung und Leidenschaft widerspiegelten.

»Steh doch auf, Alter!« sagte sie endlich, als käme sie selbst erst und mit einem Mal zur Besinnung, »sag dem Gast ein freundliches Wort zum Gruß. Ein Gast ist doch so gut wie ein lieber Bruder! Steh auf, du unfreundlicher Alter, sei nicht hochmütig, steh auf, entbiete ihm einen Gruß, fasse seine Hand, heiß ihn am Tisch Platz nehmen!«

Ordynoff sah auf, und es war ihm, als käme er jetzt erst zu sich: er hatte Murin ganz vergessen, an seine Anwesenheit gar nicht gedacht. Die Augen des Alten, die wie in Todesahnen erloschen schienen, sahen ihn unbeweglich an, und mit einem stechenden Schmerzgefühl erinnerte sich Ordynoff jenes Blickes, der ihn das letztemal unter den buschig überhängenden Brauen hervor getroffen hatte; diese Brauen waren auch jetzt wieder wie in Qual und Grimm zusammengezogen. Ein leichtes Schwindelgefühl erfaßte ihn. Er sah sich um: da erst kam ihm klar zum Bewußtsein, wo er sich eigentlich befand. Murin lag noch immer auf dem Bett, war jedoch fast vollständig angekleidet und machte den Eindruck, als sei er bereits am Morgen aufgestanden und tagsüber ausgegangen. Um den Hals trug er wieder ein rotes Tuch, die Füße staken in Hausschuhen. Die Krankheit war offenbar überstanden, nur sein Gesicht war noch auffallend blaß und gelb. Katerina stand neben dem Bett, stützte sich mit der Hand auf den Tisch und sah aufmerksam von dem einen zum anderen: doch das freundliche Lächeln schwand nicht aus ihrem Gesicht. Es schien beinahe, als geschehe alles auf einen Wink von ihr.

»Ja! Das bist du«, sagte Murin, indem er sich langsam erhob und auf das Bett setzte. »Du bist mein Mieter. Ich bin schuldig vor dir, Herr, habe gesündigt und dich, ohne es zu wollen, erschreckt – gestern, mit der Flinte. Wer konnt's denn wissen, daß dich auch mitunter Krankheit heimsucht! Bei mir aber kommt das vor«, fügte er mit rauher, von der Krankheit noch heiserer Stimme hinzu. Seine Stirn runzelte sich, unwillkürlich wandte er den Blick von

Ordynoff ab. »Unglück pflegt sich nicht vorher anzumelden; wenn es kommt, schleicht es sich wie ein Dieb heran und ist da! Auch ihr hab' ich vor kurzem beinahe das Messer in die Brust gestoßen...«, brummte er, mit dem Kopf nach Katerina weisend. »Ich bin ein kranker Mensch, habe zuweilen meine Anfälle – nun, was ist da noch viel zu erklären, das mag dir genügen! Setz dich, sollst mein Gast sein.«

Ordynoff sah ihn immer noch unverwandt an.

»Setz dich, so setz dich doch!« rief der Alte ungeduldig, »wenn's ihr nun mal Freude macht!... Hm! Da habt ihr nun Bruderschaft geschlossen, wie *einer* Mutter Kinder, seid sozusagen Geschwister, seht doch mal an! Habt euch also liebgewonnen, recht wie ein Liebespaar!«

Ordynoff setzte sich.

»Sieh doch, was du da für eine Schwester hast«, fuhr der Alte lustig fort; er lachte, daß man alle seine ausnahmslos noch weißen, heilen Zähne sehen konnte. »So tut doch zärtlich, meine Lieben! Hast du nicht eine schöne Schwester, Herr? Sprich doch, antworte! Da, sieh sie doch an, sieh, wie ihre Wangen glühen. So sage doch, daß sie eine Schönheit ist, rühme doch vor der ganzen Welt ihre Schönheit! Zeige, wie sehr dein Herz nach ihr verlangt!«

Ordynoff runzelte die Stirn und sah den Alten böse an. Der zuckte zusammen unter seinem Blick. In Ordynoffs Brust stieg eine blinde Wut auf. Mit geradezu tierischem Instinkt fühlte er, daß er einen Todfeind vor sich hatte. Er begriff selbst nicht, was mit ihm geschah. Er vermochte nicht mehr zu denken –

»Schau nicht so!« erklang da Katerinas Stimme hinter ihm. Ordynoff blickte sich um.

»Schau nicht so, sage ich dir, wenn der Böse dich zu Bösem verleitet – hab Mitleid mit deiner Liebsten«, sagte Katerina lachend, und plötzlich legte sie ihm hinterrücks die Hände auf die Augen, – zog sie aber sogleich wieder zurück und bedeckte mit ihnen ihr eigenes Gesicht. Doch die flammende Röte leuchtete gleichsam durch ihre Finger: sie ließ die Hände sinken und mühte sich, offen und furchtlos den Blicken der beiden Männer standzuhalten. Die aber sahen sie beide nur schweigend an – Ordynoff mit einer gewissen verwunderten Liebe, die sein Herz zum erstenmal zu der Schönheit eines Weibes empfand, der Alte dagegen aufmerksam, forschend und kalt. Sein bleiches Gesicht verriet nicht das geringste, nur seine Lippen wurden bläulich und bebten leise.

Katerina war gleichfalls ernst geworden, trat an den Tisch und begann, die Bücher, Papiere, das Tintenfaß und alles übrige abzuräumen und stellte es auf das Fensterbrett. Sie atmete schnell und ungleichmäßig. Von Zeit zu Zeit holte sie tief Atem, als fühle sich ihr Herz beengt. Schwer wie die Woge am Ufer, senkte sich und hob sich von neuem ihre volle Brust. Sie sah nicht auf, und die langen Wimpern glänzten schwarz auf ihren zarten Wangen...

»Königin-Weib!« sagte der Alte.

»Meine Gebieterin!« flüsterte Ordynoff. Er besann sich aber sofort, denn er fühlte den Blick des Alten auf sich ruhen. Wie ein Blitz, in einem Nu war dieser Blick aufgeflammt, gierig, gehässig, mit kalter Verachtung. Ordynoff erhob sich, aber eine unsichtbare Macht schien seine Füße gefesselt zu haben. Er setzte sich wieder. Und er preßte seine eigene Hand zusammen, als traue er nicht der Wirklichkeit, die ja auch nur ein Traum sein konnte. Es war ihm, als ob ein Alp ihn bedrücke und als ob seine Augen in peinvollem und krankhaftem Dämmer geschlossen lagen. Doch sonderbar! Er wollte gar nicht erwachen.

Katerina nahm den alten Teppich vom Tisch, öffnete eine Truhe, aus der sie ein kostbares Tischtuch hervorholte, das reich mit Stickerei in Seide und Goldfäden verziert war, und breitete es über den Tisch; dann holte sie aus dem Schrank eine altertümliche, aus schwerem Silber gearbeitete Kanne, an der noch wie zu Urgroßväter Zeiten die silbernen Becher hingen – stellte sie mitten auf den Tisch und nahm drei Becher von den Häkchen: einen für den Hausherrn, einen für den Gast und einen für sich selbst. Mit ernstem, fast nachdenklichem Blick sah sie auf den Alten, dann auf den Gast.

»Wer ist nun von uns einem anderen lieb oder nicht lieb?« fragte sie. »Wer einem anderen nicht lieb ist, der soll mir lieb sein und wird mit mir aus einem Becher trinken. Mir aber ist jeder von euch lieb, lieb, wie ein Nahestehender: deshalb laßt uns alle auf die Liebe und die Eintracht trinken!«

»Trinken und die schwarzen Gedanken im Wein ertränken!« sagte der Alte mit veränderter Stimme. »Schenk ein, Katerina!«

»Und dir auch?« fragte Katerina, indem sie Ordynoff ansah.

Der schob schweigend seinen Becher hin.

»Wartet!« rief plötzlich der Alte und erhob sein Glas. »So jemand von uns einen geheimen Wunsch im Herzen hegt, so möge er nach seinem Sinn in Erfüllung gehen!«

Sie stießen an und tranken.
»Nun laß uns beide miteinander trinken«, sagte Katerina, sich an den Alten wendend, »trinken wir, wenn dein Herz mir gut ist! Trinken wir auf das erlebte Glück, laß uns die vergangenen Jahre grüßen! Aus dem Herzen dem Glück in Liebe einen Gruß! So laß dir einschenken, Alter, wenn dein Herz noch für mich glüht!«
»Dein Wein ist stark, meine Taube, du selbst aber hast nur die Lippen benetzt!« sagte der Alte lachend und hielt ihr von neuem seinen Becher hin.
»Ich werde einen Schluck trinken, du aber trinke den Wein bis zur Neige!... Wozu leben, alter Mann, und ewig schwere Gedanken mit sich herumtragen! Das bedrückt nur das Herz. Gedanken kommen vom Kummer und Gedanken schaffen Kummer, im Glück lebt man ohne Gedanken! Trink, alter Mann! Ertränke deine Gedanken!«
»Da muß sich ja in dir viel Kummer angesammelt haben, wenn du dich plötzlich so gegen ihn wappnen willst! Möchtest wohl mit eins allem ein Ende machen, meine weiße Taube? Ich trinke auf dein Wohl, Katja! Aber du, hast du auch einen Kummer, Herr, wenn du erlaubst zu fragen?«
»Was ich habe, das habe ich geheim für mich«, murmelte Ordynoff, ohne seine Augen von Katerina abzuwenden.
»Hast du gehört, alter Mann? Ich habe mich selbst lange nicht gekannt und an nichts zurückgedacht; da kam aber eine Stunde und ich erkannte alles und erinnerte mich an alles: da hab' ich alles Vergangene mit unersättlicher Seele nochmals erlebt.«
»Ja, es ist bitter, wenn man mit dem Vergangenen allein sich begnügen muß«, bemerkte der Alte nachdenklich. »Was vergangen ist, ist wie getrunkener Wein! Was hat man von vergangenem Glück? Hat man einen Rock abgetragen, dann weg mit ihm...«
»Dann ist ein neuer nötig!« fiel ihm Katerina ins Wort, mit erzwungenem Lachen, während zwei große Tränen wie Diamanten an ihren Wimpern erglänzten. »Da sieht man, ein Menschenalter kann nicht in einem Augenblick vergehen, und ein Mädchenherz hat ein zähes Leben: das ist nicht so leicht erschöpft! Hast du's erfahren, alter Mann? Sieh, da habe ich eine Träne in deinem Becher begraben!«
»War es denn viel Glück, für das du dein Leid gekauft?« fragte Ordynoff und seine Stimme zitterte vor Erregung.
»Du hast wohl, Herr, viel eigenes zu verkaufen«, versetzte der

Alte, »daß du dich ungebeten vordrängst.« Und er lachte lautlos und boshaft und sah dabei frech Ordynoff an.
»Wofür ich es gekauft habe, das war auch danach«, antwortete Katerina mit einer Stimme, aus der eine gewisse Unzufriedenheit und Gekränktheit zu klingen schien. »Dem einen scheint es viel, dem anderen wenig. Der eine will alles hingeben, es wird ihm aber nichts dafür geboten; der andere verheißt nichts, und doch folgt ihm das Herz gehorsam. Du aber, mach deshalb niemandem einen Vorwurf.« Sie wandte das Gesicht nach ihm hin und sah ihn traurig an. »Der eine ist so ein Mensch, der andere ein anderer – weiß man's denn selbst, weshalb die Seele gerade zu dem einen drängt! Fülle deinen Becher, Alter! Trinke auf das Glück deiner geliebten Tochter, deiner gehorsamen Sklavin, wie einst, als sie dich erst noch lieben lernte. Nun, erhebe den Becher!«
»Wohlan! So schenke auch dir ein!«
»Warte, alter Mann! Trink noch nicht, laß mich zuvor noch ein Wort sagen!...«
Katerina stützte die Ellbogen auf den Tisch und sah regungslos mit glänzendem, leidenschaftlichem Blick dem Alten in die Augen. Eine eigentümliche Entschlossenheit sprach plötzlich aus ihrem Blick. Doch alle ihre Bewegungen waren ruhig, ihre Gesten kurz, unerwartet, schnell. Es war, als wäre Feuer in ihr, und wunderbar nahm sich das aus. Ihre Schönheit schien mit ihrer Erregung, mit ihrer Spannung zu wachsen. Sie lächelte, und wie Perlen erglänzten ihre gleichmäßigen Zähne zwischen den Lippen. Ihr Atem war kurz und unterbrochen durch die Erregung, die ihre Nasenflügel leise hob. Ihre Haarflechte, die sie aufgesteckt trug, hatte sich gelöst und gesenkt, sie bedeckte das linke Ohr und einen Teil der heißen Wange. Ihre Schläfen glänzten feucht.
»Sage mir wahr, alter Mann! Sag mir wahr, mein Guter, sag, bevor du deinen Verstand vertrinkst! Hier hast du meine weiße Hand! Nennen dich doch die Leute bei uns nicht umsonst einen Zauberer. Du hast aus Büchern gelernt und kennst jede schwarze Wissenschaft! So sieh dir jetzt die Linien meiner Hand an, lieber Alter, und verkünde mir mein ganzes unseliges Los! Nur sieh zu, daß du die Wahrheit sagst!... Nun, sage mir, wie du es weißt und meinst – wird dein Töchterchen glücklich sein oder verzeihst du ihr nicht und rufst ihr durch deine Zauberkünste herbes Leid auf den Weg? Sage, wird der Winkel warm sein, in dem ich mich einnisten werde, oder soll ich, wie ein Zugvogel, mein Leben lang gleich einer Waise

bei guten Leuten Unterkunft suchen? Sage, wer ist mein Feind und hegt Arges gegen mich im Sinn? – und wer ist mein Freund und hat für mich nur Liebe im Herzen? Sage, wird mein junges heißes Herz sein Lebtag einsam bleiben und vor der Zeit verstummen, oder wird es ein anderes Herz finden, das ihm gleich ist und im gleichen Pulsschlag der Freude mit ihm schlagen wird... bis zu neuem Leid! Und sage mir, lieber Alter, wenn du schon einmal wahrsagst, wo, unter welchem blauen Himmel, hinter welchen fernen Meeren und Wäldern mein lichter Falke dann lebt; sag mir, wo, und ob er auch mit scharfem Auge nach seinem Falkenweibchen Ausschau hält, und ob er auch in Liebe wartet, ob er es auch heiß lieben oder ob er die Liebe bald verlernen und mich betrügen, oder ob er mich nicht betrügen und mir treu bleiben wird? Und dann sprich auch schon das Letzte und Allerletzte aus, lieber Alter: Sag, ist es uns beiden bestimmt, lang noch gemeinsam die Zeit zu verbringen, hier im armseligen Winkel zu sitzen, dunkle Bücher zu lesen? Oder wann werde ich von dir Abschied nehmen, mich tief vor dir verneigen und dir für deine Gastfreundschaft danken, und dafür, daß du mir Speise und Trank gegeben und mir Märchen erzählt hast?... Aber sieh zu, daß du mir die Wahrheit sagst, lüge nicht! Die Zeit ist gekommen, jetzt steh für dich ein!«
Ihre Erregung war mit jedem weiteren Wunsch gewachsen, bis ihre Stimme bei den letzten Worten die Gewalt über sich verlor und abbrach, als risse ein Wirbelsturm ihr Herz mit sich fort. Ihre Augen blitzten, und ihre Oberlippe zitterte leise. Und doch hatte aus ihrer Stimme zugleich ein boshafter Spott geklungen – wie eine Schlange wand er sich versteckt durch ihre Worte –, es war, als ob ein Schluchzen in ihrem Lachen mitschwinge. Sie streckte sich über den Tisch zu dem Alten hin und sah ihm mit forschender Neugier in seine umflorten Augen. Ordynoff hörte, als sie verstummte, wie ihr Herz plötzlich heftig zu klopfen begann; er sah sie an und wollte aufjauchzen vor Entzücken, und war schon im Begriff, sich von der Bank zu erheben. Da traf ihn ein flüchtiger, kurzer Blick des Alten und wie gebannt, wie gelähmt blieb er auf seinem Platz: Es war eine seltsame Mischung von Verachtung, Spott, ungeduldiger, ärgerlicher Unruhe und zugleich boshafter, arglistiger Neugier, die in diesem jähen Blick aufblitzte, in diesem Blick, unter dem Ordynoff jedesmal zusammenfuhr, und der sein Herz stets mit Haß und ohnmächtiger Wut erfüllte.
Nachdenklich und wie mit einer eigentümlichen traurigen Neugier

betrachtete der Alte seine Katerina. Sie hatte sein Herz getroffen, durchbohrt, das Wort war jetzt von ihr ausgesprochen – und doch hatte er nicht einmal mit einer Wimper gezuckt. Er lächelte nur, als sie verstummt war.

»Willst viel auf einmal erfahren, mein flügge gewordenes, mein flugbereites Vögelchen! Fülle mir schnell noch den Becher; dann laß uns trinken: zuerst auf die Entzweiung und dann auf den guten Willen; sonst verderbe ich noch durch irgend jemandes bösen unsauberen Blick meinen Wunsch. Der Teufel ist stark! Wie weit ist's denn bis zur Sünde!«

Er hob seinen Becher und leerte ihn. Je mehr er trank, um so bleicher wurde er. Seine Augen röteten sich und glühten wie Kohlen. Es war vorauszusehen, daß ihr fieberhafter Glanz und die plötzliche Totenblässe seines Gesichts die Vorboten eines baldigen neuen Anfalls waren. Der Wein aber war schwer und feurig. Auch Ordynoff fühlte von dem einen Becher, den er geleert hatte, wie seine Augen sich mehr und mehr trübten. Sein fieberndes Blut konnte nicht lange widerstehen und überströmte bald sein Herz, quälte und verwirrte seinen Verstand. Seine Unruhe wuchs mit jeder Minute. Und er schenkte sich von dem schweren Wein noch einmal ein und trank einen Schluck, ohne selbst zu wissen, was er tat oder wie er gegen seine wachsende Erregung ankämpfen sollte, und das Blut jagte noch stürmischer durch seine Adern. Er war wie von einem Fiebertraum fortgerissen und vermochte kaum, trotz krampfhaftester Anspannung seiner ganzen Aufmerksamkeit, zu verfolgen, was zwischen seinen seltsamen Wirtsleuten vorging.

Der Alte klopfte mit dem silbernen Becher laut auf den Tisch.

»Schenk ein, Katerina!« rief er, »schenk ein, böses Töchterchen, schenk ein, bis ich umfalle! Bette den Alten zur Ruhe und laß es genug für ihn sein! So ist's recht, schenk ein, meine Schöne, ganz voll, – so! Nun laß uns beide trinken! Warum hast du denn so wenig getrunken, Junker? Oder hab ich es nicht gesehn…«

Katerina entgegnete ihm etwas, aber Ordynoff verstand nicht recht, was sie sagte; der Alte ließ sie nicht zu Ende sprechen: er ergriff ihre Hand, als habe er nicht mehr die Kraft, all das zurückzuhalten, was seine Brust bedrängte. Sein Gesicht war blaß und sein Blick umflorte sich bald, bald flammte er auf, und dann brannte in ihm ein unheimliches Feuer. Seine farblos gewordenen Lippen zuckten, und mit ungleichmäßiger Stimme, aus der so etwas wie eine seltsame Begeisterung hervorklang, sagte er zu ihr:

»Also gib mir deine Hand, du Schöne! Laß mich dir wahrsagen, sollst die ganze Wahrheit von mir hören. Ich bin doch tatsächlich ein Zauberer; da hast du dich nicht geirrt, Katerina! Dein goldenes Herzchen hat's erraten, daß ich sein einziger Wahrsager bin und ihm die Wahrheit auch nicht verheimlichen werde, diesem einfachen, unschlauen Herzchen! Nur eins hast du nicht erkannt: auch ich, der Zauberer, kann dich nicht vernünftig machen! Vernunft ist keine Richtschnur für ein Mädchen, und wenn man ihm auch die ganze Wahrheit sagt, so ist es doch, als habe es nichts gehört, nichts begriffen! Ihr eigener Kopf ist eine listige Schlange, auch wenn das Herz von Tränen überfließt! Also mag sie sich schon selber ihren Weg suchen, sich zwischen Gefahren kriechend hindurchschlängeln, ohne ihren schlauen Willen aufzugeben! Manchmal erreicht sie wohl auch mit ihrer Klugheit, was sie will; wo ihr das aber nicht gelingt, da berückt sie mit ihrer Schönheit und macht mit ihren dunklen Augen trunken eines Mannes klaren Sinn. Schönheit ist stärker als Kraft; wenn das Herz auch von Eisen ist, sie zerspellt es mit ihrer Macht! – Ob auch Leid und Sorge deiner harrt? ... Schwer ist Menschenleid! Aber es sind nicht die schwachen Herzen, die sich das Unglück aussucht. Das Unglück wählt sich ein starkes Herz zum Wohnsitz aus, das nur im stillen blutige Tränen vergießt und nicht darauf aus ist, anderen Leuten ein billiges Schauspiel zu bieten. Dein Leid aber, Mädchen, ist wie die Spur im Sand, die der Regen verwäscht, die Sonne trocknet und der frische Wind verweht! Laß mich dir noch mehr sagen, dir wahrsagen: Wer dich lieben wird, zu dessen Sklavin wirst du werden, wirst selbst deine Freiheit binden und ihm hingeben als Pfand und auch nie mehr zurückverlangen; wirst es nicht verstehen, zur rechten Zeit aufzuhören zu lieben; ein Korn wirst du hineinlegen, und dein Verderber wird es als volle Ähre einernten! Mein zärtliches Kind, mein Goldköpfchen, hast in meinem Wein dein Tränenperlchen begraben und dann doch nicht widerstanden und darüber gleich hundert andere vergossen, hast ein schönes Wort gesagt, dich an ihm berauscht und auf dein Leid gepocht. Doch ob deines Tränchens, des himmlischen Tautropfens, wirst du dich nicht zu grämen, wirst du nicht zu trauern brauchen! Es wird dir mit Wucherzinsen wiedergegeben werden, dein Tränenperlchen; warte nur, in langer Nacht, in trauriger Nacht, wenn böser Kummer an deinem Herzen nagen wird und ein arger Gedanke – dann wird auf dein heißes Herz, für dies selbe Tränchen, eines anderen Träne fallen, eine blutige, nicht warme oder heiße, sondern eine glühende, wie von flüssigem Erz; die wird dir deine weiße Brust blutig brennen, und bis zum Morgen, dem trüben, düsteren, wie er an Regentagen graut, wirst du dich auf deiner Lagerstätte wälzen, aus der frischen Wunde wirst du purpurnes Blut vergießen, und nimmer wird dir diese Wunde bis zum vollen Morgen verheilen! Schenk mir noch ein, Katerina, schenke mir ein, meine Taube, für den weisen Rat; jetzt aber noch mehr Worte zu verlieren ist, denke ich, wohl zwecklos...«

Seine Stimme senkte sich und erbebte: es war, als wolle ein Schluchzen aus seiner Brust hervorbrechen... Er schenkte sich selbst den Wein ein und stürzte ihn gierig hinab; dann klopfte er wieder mit dem Becher auf den Tisch. Sein trüber Blick flammte noch einmal auf.

»Ach! Lebe, so gut es sich leben läßt!« rief er, »was vorüber ist, ist vorüber! Schenk mir ein, schenk mir noch einmal ein, noch einmal, und ganz voll, bis zum Rande, damit der Wein den wilden Kopf von den Schultern nimmt und die Seele in ihm ertränkt! Schläfere mich ein für die lange Nacht, der kein Morgen folgt, auf daß das Gedächtnis mir völlig schwinde! Getrunkener Wein ist wie verlebtes Leben! Da muß doch dem Kaufmann die Ware liegen geblieben sein, wenn er sie umsonst aus der Hand gibt! Würde er sie doch sonst nicht aus freiem Willen unter dem Preise hingeben, würde auch der Feinde Blut vergießen, auch unschuldig Blut würde fließen, und auf den Kauf würde jener Käufer obendrein noch seine verlorene Seele hergeben müssen! Schenk ein, schenk mir noch ein, Katerina!«

Doch seine Hand, die den silbernen Becher hielt, schien plötzlich wie im Krampf zu erstarren und rührte sich nicht mehr. Er atmete schwer und mühsam, sein Kopf sank unwillkürlich auf die Brust. Noch einmal richtete er den Blick starr auf Ordynoff, als wolle er ihn zum letztenmal durchbohren, aber auch dieser Blick erlosch endlich und seine Lider senkten sich, als wären sie bleischwer. Tödliche Blässe breitete sich über sein Antlitz... Ein paarmal zuckten noch seine Lippen und bewegten sich, als wollten sie etwas sagen – und plötzlich glänzte eine große heiße Träne an seinen Wimpern, hing, löste sich und rollte langsam über seine blasse Wange herab...

Ordynoff hatte nicht mehr die Kraft, noch länger dies alles zu ertragen. Er erhob sich, trat schwankend einen Schritt vor, näherte sich Katerina und suchte nach ihrer Hand; sie aber hatte nicht einmal einen Blick für ihn, als bemerke sie ihn überhaupt nicht.

Sie schien gleichfalls das Bewußtsein zu verlieren; es war, als hielte ein besonderer Gedanke sie in seinem Bann oder als sei sie von einem einzigen starren Gedanken erfüllt. Sie sank an die Brust des schlafenden Alten, schlang ihren weißen Arm um seinen Hals und sah ihn reglos an, als könne sie den Blick nicht losreißen von ihm. Sie fühlte es wohl gar nicht, als Ordynoff sie bei der Hand ergriff. Erst nach einer Weile hob sie den Kopf und wandte das Gesicht ihm zu und sah ihn mit einem langen durchdringenden Blick an. Endlich schien sie ihn zu verstehen, und ein schweres, verwundertes Lächeln rang sich gleichsam mühselig, wie mit Schmerz aus ihrem Innersten hervor und erschien auf ihren Lippen...

»Geh, geh weg«, flüsterte sie, »du bist betrunken und böse! Du bist kein Gast für mich!« Und sie wandte sich wieder dem Alten zu, und wieder hing ihr Blick wie gebannt an ihm.

Sie schien jeden Atemzug des Schlafenden zu bewachen, schien seinen Schlaf mit ihrem Blick liebkosen zu wollen. Ja, sie schien sogar ihren eigenen Atem zurückzuhalten, als wage sie kaum, ihr Herz schlagen zu lassen. In ihrem Gesicht, in ihrem ganzen Wesen lag eine solche Liebesverzückung, daß Ordynoff plötzlich von Verzweiflung, Wut und rasendem Grimm übermannt wurde...

»Katerina! Katerina!« rief er und drückte ihre Hand wie in einem Schraubstock zusammen.

Der Schmerz verzog ihr Gesicht; sie erhob wieder den Kopf und sah ihn an, doch diesmal mit solch einem Spott und solch schamloser Verachtung, daß er sie anstarrte, ohne fassen zu können, was er sah. Sie wies auf den schlafenden Alten und sah – als wäre der ganze Hohn seines Feindes in ihre Augen übergegangen – sah mit einem Blick zu Ordynoff auf, unter dem in seinem Innern irgend etwas mit schneidendem Schmerz zerriß und von dem es ihn mit Eiseskälte überlief.

»Wie? Er wird mich ermorden, meinst du?« stieß Ordynoff hervor, außer sich vor Wut.

Und als hätte ihm ein Dämon etwas ins Ohr geflüstert – begriff er sie plötzlich... und sein ganzes Herz lachte auf über diesen starren Gedanken Katerinas.

»So werde ich dich denn kaufen, du Schöne, von deinem Kaufmann, wenn du meine Seele haben willst! Sei ruhig, *nicht er* wird morden!...«

Das starre Lachen, das Ordynoffs ganzes Wesen lähmte, wich nicht aus ihrem Gesicht. Ihr grenzenloser Hohn zerriß ihm das Herz.

Er wußte nicht mehr, was in ihm vorging, und was er fast mechanisch tat: er stützte sich mit der einen Hand an die Wand und nahm mit der anderen von einem Nagel einen altertümlichen kostbaren Dolch. Ein Ausdruck wie Verwunderung glitt über Katerinas Züge; zugleich jedoch trat der Ausdruck von Haß und Verachtung zum erstenmal mit solcher Stärke in ihre Augen, daß er alles andere darüber vergessen ließ. Ordynoff sah sie an, und ihm wurde übel... Es war ihm, als zerre jemand an seiner Hand, die sich zu einer unsinnigen Tat erheben wollte, und als sei ein fremder Trieb in ihr. Er zog den Dolch aus der Scheide... Katerina folgte regungslos, wie in atemloser Spannung, seiner Bewegung...

Er sah nach dem Alten hin...

Da kam es ihm auf einmal so vor, als ob ein Auge des Alten sich langsam öffne und ihn lachend ansehe. Ihre Blicke begegneten einander. Minutenlang sah Ordynoff ihn an, ohne zu zucken... Plötzlich aber schien es ihm, daß das ganze Gesicht des Alten lache und ein teuflisches Gelächter, das ihn eisig überlief und erstarren machte, im Zimmer erschalle. Ein scheußlicher, nachtschwarzer Gedanke kroch wie eine Schlange durch sein Gehirn. Er erzitterte; der Dolch entfiel seiner Hand und klirrte auf dem Fußboden. Katerina schrie auf, wie aus einem Traum erwachend, wie nach einem furchtbaren Alpdruck, und doch noch im Bann des Schreckbildes... Der Alte erhob sich langsam vom Bett, mit bleichem Gesicht, und stieß voll Ingrimm mit dem Fuß den Dolch in eine Ecke des Zimmers. Katerina stand totenblaß neben dem Bett und rührte sich nicht. Ihre Augen schlossen sich; ein dumpfer, unerträglicher Schmerz drückte sich in ihren Zügen aus; sie bedeckte das Gesicht mit den Händen und mit dem erschütternden Aufschrei einer fast Erstickenden warf sie sich dem Alten zu Füßen...

»Aljóscha! Aljóscha!« entrang es sich ihr wie im Krampf.

Der Alte umfing sie mit seinen mächtigen Armen und erdrückte sie fast an seiner Brust. Als sie aber ihren Kopf an sein Herz schmiegte, da lachte jeder Zug, jede Runzel im Gesicht des Alten ein so schamloses, entblößtes Lachen, daß Ordynoff nur fühlte, wie kaltes Entsetzen ihn ergriff. Betrug, Berechnung, eifersüchtige Tyrannei und Vergewaltigung dieses armen, zerrissenen Herzens – das war es, was er aus diesem schamlos nichts mehr verbergenden Lachen begriff.

»Eine Wahnsinnige!« flüsterte er erschauernd, von Entsetzen geschüttelt, und stürzte hinaus.

III

Als Ordynoff am nächsten Morgen, noch blaß und erregt von dem Erlebnis der letzten Nacht, gegen acht Uhr bei Jaroslaff Iljitsch eintrat (zu dem er übrigens aus einem ihm selbst völlig unklaren Grunde gegangen war), prallte er vor Überraschung zurück und blieb auf der Schwelle stehen: im Zimmer erblickte er – Murin. Der Alte war noch blasser als Ordynoff und schien sich vor Krankheit kaum auf den Füßen halten zu können, weigerte sich jedoch, trotz aller Aufforderungen Jaroslaff Iljitschs, der über den Besuch Murins offenbar sehr erfreut war, auf einem Stuhl Platz zu nehmen. Als Jaroslaff Iljitsch nun Ordynoff erblickte, entfuhr ihm ein Ausruf freudiger Überraschung, doch schon im nächsten Augenblick wich seine Freude einer recht merkbaren Verwirrung, die ihn ganz plötzlich überkam, so daß er mitten auf dem Wege vom Tisch zum nächsten Stuhl, den er wohl Ordynoff hatte anbieten wollen, ratlos stehen blieb. Man sah es ihm an, daß er nicht wußte, was er sagen oder tun sollte und daß er es zugleich als unpassend empfand, in dieser schwierigen Lage sein türkisches Pfeifchen weiter zu rauchen. Trotzdem aber – so groß war seine Verwirrung – zog er in vollen Zügen den Rauch aus seinem Pfeifchen, und zwar noch viel häufiger und heftiger, als es sonst seine Art war. Inzwischen trat Ordynoff ins Zimmer. Er warf einen flüchtigen Blick auf Murin und bemerkte in dessen Gesicht etwas ähnliches wie das boshafte Lächeln vom letzten Abend, das Ordynoff auch jetzt wieder erbeben machte vor Wut und Empörung. Danach verschwand alles Feindselige sofort aus Murins Zügen, sein Gesicht nahm den Ausdruck vollständiger Verschlossenheit und Gelassenheit an. Langsam machte er eine sehr tiefe Verbeugung vor seinem Mieter... Diese kurze Szene hatte indes das Gute, daß sie Ordynoff vollends zur Besinnung brachte. Er sah Jaroslaff Iljitsch mit scharfem Blick aufmerksam an, wie um sich aus dessen Antlitz Aufschluß über den Sachverhalt zu verschaffen. Jaroslaff Iljitsch freilich schien dieser forschende Blick überaus peinlich zu sein.

»Aber ich bitte Sie, treten Sie doch näher, teuerster Wassilij Michailowitsch«, brachte er endlich verwirrt hervor, »ich bitte Sie dringend, beehren Sie mich mit Ihrem Besuch... Geben Sie diesen meinen einfachen Sachen hier... die Weihe, indem Sie ihnen, wie gesagt, die Ehre antun... wie gesagt...«

Jaroslaff Iljitsch geriet mit seinen Gedanken und Worten in einige

Unordnung, verlor den Faden, wurde bis über die Ohren rot vor Verwirrung und auch vor Ärger darüber, daß die schöne Phrase mißlungen war und daß er sie somit umsonst ausgespielt und sie für immer verloren hatte. Geräuschvoll rückte er einen Stuhl bis mitten ins Zimmer.

»Ich möchte Sie nicht lange aufhalten, Jaroslaff Iljitsch, ich wollte nur... auf einen Augenblick...«

»Aber ich bitte Sie! Sie und mich aufhalten – Wassilij Michailowitsch!... Doch – nicht wahr – ein Glas Tee? He! Bedienung!... Und Sie, versteht sich, werden doch auch nicht noch ein Gläschen ablehnen!«

Murin nickte nur mit dem Kopf, wodurch er zu verstehen gab, daß er das Angebot nicht ablehnte.

Jaroslaff Iljitsch schnauzte zunächst den eingetretenen Diener wegen seiner angeblichen Saumseligkeit an und bestellte dann in strengem Ton noch drei Glas Tee, worauf er sich auf den nächsten Stuhl neben Ordynoff niederließ. Nachdem er sich gesetzt, drehte er den Kopf wie eine Gipskatze bald nach rechts, bald nach links, sah von Murin zu Ordynoff und von Ordynoff zu Murin. Seine Lage war keineswegs angenehm. Offenbar wollte er etwas sagen, etwas vielleicht äußerst Heikles, wenigstens für den einen Teil; doch ungeachtet aller Anstrengungen seiner Gedanken brachte er nichts über die Lippen... Ordynoff schien auch nicht recht zu wissen, was er sagen, und noch viel weniger, was er denken sollte. Es gab einen Augenblick, wo sie plötzlich beide zugleich anfangen wollten... Währenddessen hatte der schweigende Murin Zeit, sie aufmerksam zu beobachten und seinem Gesicht ein ruhiges Grinsen zu gestatten, das seine sämtlichen Zähne sehen ließ.

»Ich bin gekommen, um Ihnen mitzuteilen«, begann plötzlich Ordynoff, »daß ich mich infolge eines unangenehmen Zwischenfalls gezwungen sehe, meine Wohnung aufzugeben und...«

»Ja, denken Sie sich!« fiel ihm Jaroslaff Iljitsch ins Wort. »Ich war, offen gestanden, baff, als mir dieser ehrenwerte Mann hier von Ihrem Entschluß Mitteilung machte. Aber...«

»Wie, *er* hat es Ihnen bereits mitgeteilt?« fragte Ordynoff verwundert, und blickte auf Murin.

Dieser strich sich über den Bart und lachte in seinen Rockärmel hinein.

»Ja, was sagen Sie dazu!« fuhr Jaroslaff Iljitsch fort. »Übrigens – oder habe ich da vielleicht etwas mißverstanden? Jedenfalls muß

ich sagen, daß – ich versichere Sie bei meiner Ehre! – daß in seinen Worten auch nicht der Schatten einer Sie kränkenden Äußerung enthalten gewesen ist...«
Und Jaroslaff Iljitsch errötete hierbei und vermochte nur mit Mühe seine Erregung niederzuhalten. Murin, der sich an der Verwirrung Jaroslaff Iljitschs und seines Gastes inzwischen genugsam ergötzt zu haben schien, hielt es nun wohl für angemessen, auch mit der Sprache herauszurücken, und trat einen Schritt vor.
»Ich habe dieserhalb, Euer Wohlgeboren«, begann er langsam, sich höflich vor Ordynoff verneigend, »Seine Wohlgeboren Euretwegen ein wenig zu belästigen gewagt. Es ist nun mal so, Herr, es kommt schon so heraus, Sie wissen doch selber: wir – wollte sagen, ich und die Hauswirtin, wir wären ja mehr als froh und würden auch kein Wort dawider reden... Aber was soll man da viel sagen! Was hab' ich denn für eine Wohnung, das wissen und sehen Sie doch selbst, Herr! Und was haben wir denn überhaupt – grad nur so viel, daß man satt wird, wofür wir denn auch genugsam dem Schöpfer danken und zu ihm beten, ihn bitten, er möge uns seine Gnade auch fernerhin in diesem Maße zuteil werden lassen. Aber sonst, Herr, Sie haben doch selbst alles gesehen, was soll ich da noch viel vorjammern?« Und Murin strich sich wieder mit dem Ärmel über den Bart.
Ordynoff fühlte nur, wie ihn Ekel erfaßte.
»Jaja, es ist wahr, ich habe Ihnen doch auch schon von ihm erzählt: er ist krank, tatsächlich, ce malheur... das heißt: ich hätte mich lieber französisch ausgedrückt, aber entschuldigen Sie schon, ich beherrsche die französische Sprache nicht so gut, das heißt...«
»Nun ja...«
»Ja eben, wie gesagt...«
Ordynoff und Jaroslaff Iljitsch machten hier vor einander so etwas wie eine Halbverbeugung, etwas schräg, vom Stuhl aus, und beide verdeckten dann den mitglückten Versuch mit einem entschuldigenden Lächeln. Der geschäftlich geübte Jaroslaff Iljitsch war aber sogleich wieder bei der Sache.
»Ich habe mich übrigens bei diesem ehrenwerten Mann eingehend erkundigt«, begann er, »und er hat mir gesagt, daß die Krankheit jener... jungen Person...«
Hier blickte der vorsichtige Jaroslaff Iljitsch, vermutlich um eine neue kleine Ratlosigkeit, die sein Gesicht verriet, zu verbergen, schnell mit fragendem Ausdruck zu Murin auf.

»Ja, unserer Hauswirtin...«
Der zartfühlende Jaroslaff Iljitsch begnügte sich sogleich mit der ihm zuteil gewordenen Erklärung und hastete schnell weiter:
»Also: Ihrer Hauswirtin... das heißt: jetzt ist sie es ja nicht mehr, aber sie war es, – ich weiß nicht, wie ich mich, pardon... nun ja! Sehen Sie, die Sache ist nämlich die, daß sie eben krank ist, und dem müssen Sie Rechnung tragen. Sie meint, sie störe Sie bei Ihrer wissenschaftlichen Arbeit, und auch er... Sie haben mir nämlich einen wichtigen Zwischenfall verschwiegen, Wassilij Michailowitsch!«
»Welch einen?«
»Den mit der Flinte«, sagte Jaroslaff Iljitsch fast flüsternd mit der nachsichtigsten Stimme, wobei nur ein verschwindender Bruchteil, höchstens ein Millionstel eines Vorwurfs aus dem zart tremolierenden Tonfall seiner innig freundschaftlichen Tenorstimme herauszuhören war. »Aber«, fuhr er schnell fort, »jetzt, wo ich alles weiß, denn er hat mir den ganzen Vorfall erzählt, kann ich Ihnen nur sagen, daß es von Ihnen sehr edel war, ihm das Vergehen zu verzeihen, dessen er sich ungewollt schuldig gemacht hat. Ich schwöre Ihnen, ich habe hierbei Tränen in seinen Augen gesehn!«
Jaroslaff Iljitsch errötete wieder ein wenig; seine Augen glänzten, und er nahm gerührt eine andere Stellung ein auf seinem Stuhl.
»Ich will nur sagen, Euer Wohlgeboren, daß wir, das heißt: ich und meine Wirtin, ohnehin schon, ich weiß nicht wie, zu Gott für Euch beten«, begann Murin, sich an Ordynoff wendend, während Jaroslaff Iljitsch noch wie gewöhnlich seine Erregung niederkämpfte, und er sah ihn dabei unverwandt an, »aber Ihr wißt doch selbst, Herr, sie ist ein krankes, dummes Weib; mich wollen die Füße auch nicht so recht mehr tragen...«
»Aber ich bitte Sie«, unterbrach ihn Ordynoff ungeduldig, »ich bin ja bereit auszuziehen, meinetwegen sofort!...«
»Nein, Herr, will sagen, wir wären ja, mit Verlaub, mit Euer Wohlgeboren mehr als zufrieden.« (Murin verbeugte sich wieder sehr tief.) »Ich, Herr, ich rede nicht davon; ich wollte nur ein anderes Wort noch sagen: sie ist doch, Herr, fast verwandt mit mir, wenn auch nicht nah, sondern nur so wie man beispielsweise zu sagen pflegt, der siebente Aufguß, will sagen, Euer Wohlgeboren mögen uns unsere einfache Ausdrucksweise zugute halten, wir sind einfache Leute... Aber sie ist doch schon von Kindheit an so! Ihr Kopf ist krank, ist eigenwillig, im Walde aufgewachsen, nur unter den

Barkenknechten und Fabrikarbeitern. Und da brannte dann noch das Haus nieder; ihre Mutter, Herr, verbrannte; auch der Vater verbrannte – aber sie selbst, Herr, erzählt das doch Gott weiß wie ... Ich will ihr nur nicht widersprechen, aber in Moskau haben die größten Ärzte sie untersucht, ein ganzes Kon... Konsilium, wie sie sagen... doch nichts war zu machen, Herr, sie ist ganz unheilbar, das ist es! Ich allein bin ihr noch geblieben, und so lebt sie denn bei mir... will sagen: so leben wir denn beide, beten zu Gott und hoffen auf seine Allmacht; sonst aber – mag sie reden, was sie will, ich widerspreche ihr schon gar nicht mehr...«

Ordynoffs ganzes Gesicht verfärbte sich, es sah fast entstellt aus. Jaroslaff Ilitsch sah bald den einen, bald den anderen an.

»Aber ich wollte nicht davon reden, Herr... nein!« verbesserte sich Murin und schüttelte ernst das Haupt. »Sie ist nun einmal so, will sagen: von so heißblütigem Schlag, das Köpfchen stürmisch, liebevoll und liebebedürftig, ist wie'n Wirbelwind, hatt alleweil Verlangen nach einem lieben Freund, will immer – wenn ich mit Verlaub von Euer Gnaden so sagen darf –, daß man ihrem Herzen einen Geliebten gebe; das ist eben ihre Verrücktheit. So erzähle ich ihr denn Märchen, um sie abzulenken und zu zerstreuen. Das ist nun mal so. Aber ich hab' ja doch, Herr, gesehen, wie sie – verzeiht schon, Herr, mein dummes Wort«, entschuldigte Murin sich mit einer Verbeugung und indem er wieder mit dem Ärmel den Bart vom Munde nach links und rechts strich, »wie sie beispielsweise mit Euer Gnaden näher bekannt geworden ist, will sagen, um beispielsweise zu reden, daß Sie, halten zu Gnaden, beispielsweise bezüglich der Liebe sich ihr zu nähern wünschten...«

Jaroslaff Iljitsch wurde feuerrot und blickte vorwurfsvoll Murin an. Ordynoff bezwang sich so weit, daß er äußerlich ruhig auf seinem Stuhl sitzen blieb.

»Nein... will sagen, ich, Herr, ich wollte nicht davon reden... ich bin, halten zu Gnaden, nur ein einfacher Bauer, Herr... wir sind einfache Leute, sind unwissend und ungebildet, Herr, sind Eure Diener.« Er machte wieder eine tiefe Verbeugung. »Und wie werden wir, ich und mein Weib, für Euer Gnaden beten!... Worüber hätten wir auch zu klagen? – wenn man nur immer satt wird und gesund bleibt, dann ist man schon zufrieden. Aber was soll ich denn tun, Herr, soll ich selbst den Kopf in die Schlinge stecken, oder was meint Ihr? Ihr wißt doch selbst, gnädiger Herr, das ist nun mal so im Leben eine alltägliche Sache, habt Mitleid mit uns; das würde

ja genauso sein wie mit einem Liebhaber, Euer Gnaden!... Halten zu Gnaden mein grobes Wort... ich bin halt ein Bauer, Ihr aber seid ein vornehmer Herr... Euer Gnaden sind eben ein junger, stolzer, heißblütiger Mensch, sie aber ist doch, wie Euer Gnaden selbst wissen, wie ein kleines Kind, jung und unvernünftig – wie weit ist es denn da mit ihr bis zur Sünde! Sie ist doch ein frisches, rosiges, liebreizendes Weibsbild, mich Alten aber plagt immer die Krankheit. Nun, also, was da noch reden! Der Böse hat doch wohl Euer Gnaden, wie 's scheint, schon arg umgarnt! Ich unterhalte sie schon immer mit Märchen und lenke sie auch wirklich ab. Aber wie würden wir, ich und meine Frau, für Euer Gnaden zu Gott beten! Wie noch nie beten! Und was hätten denn Euer Erlaucht auch an ihr, denn wenn sie auch lieblich ist, so bleibt sie doch immerzu eine Bäuerin, ein ungewaschenes Weib, wie man zu sagen pflegt, eine dumme Bäuerin, die zu mir, dem Bauern, paßt! Euch aber, gnädiger Herr, Väterchen-Herr, steht es doch, weiß Gott, ganz und gar nicht an, sich mit Bäuerinnen einzulassen! Und wie wir doch, ich mit ihr, für Euer Gnaden zu Gott beten würden, immerzu beten würden!«
Hier verbeugte sich Murin von neuem tief, ganz tief und richtete sich lange nicht wieder auf, während er sich dabei andauernd mit dem Rockärmel über den Bart strich. Jaroslaff Iljitsch wußte kaum noch, wo er stand.

»Ja... tja, dieser brave Mann«, begann er ganz konfus, »hat mir gegenüber auch etwas von gewissen... Ungehörigkeiten Ihrerseits verlauten lassen; ich wage es nicht zu glauben, Wassilij Michailowitsch... Ich hörte, Sie seien immer noch krank«, unterbrach er sich geschwind und sah Ordynoff mit Augen an, in denen vor lauter Verlegenheit Tränen standen.

»Ja, so... Wieviel bin ich Ihnen schuldig?« fragte Ordynoff schnell, sich an Murin wendend.

»Aber was reden Sie da, Väterchen-Herr! Was denken Sie denn! Wir sind doch keine Judasse. Sie wollen uns doch nicht kränken! Euer Gnaden sollten sich schämen, denn womit sind wir denn, ich und meine Ehehälfte, Euer Gnaden je zu nahe getreten? Ich bitte Euch!«

»Aber erlauben Sie, mein Freund, so geht das doch auch nicht! Er war doch immerhin Ihr Mieter! Fühlen Sie denn nicht, daß Sie ihn mit Ihrer Weigerung Ihrerseits kränken?« legte sich Jaroslaff Iljitsch ins Mittel, da er es für seine Pflicht hielt, Murin die unübliche und peinliche Seite seiner Handlungsweise vor Augen zu halten.

»Aber ich bitte Euch, Väterchen! Wie kommen Euer Wohlgeboren nur darauf? Ich bitte Euch! Wodurch hätten wir denn jemals Eure Ehre außer acht gelassen? Haben uns doch redlich bemüht, und noch mehr als das, alles zu tun, was in unseren Kräften steht! Laßt es gut sein, Euer Gnaden! Christus verzeihe Euch! Sind wir denn Ungläubige oder was? Wir hätten ja nichts dawider, mag er bei uns wohnen, unser einfaches Essen mit uns teilen und es zur Gesundheit verzehren – mag er, mag er –, wir würden ja nichts dawider sagen und... kein Wort darüber verlieren; aber der Böse hat sich eingemischt, ich bin ein kranker Mensch und auch meine Hausfrau ist krank – was soll man da tun! Es wäre niemand zum Bedienen da, sonst aber wären wir ja froh, von Herzen froh! Und wie wir für Euer Gnaden zu Gott beten werden, will sagen: ich und meine Hausfrau, wie inbrünstig wir beten werden!«
Murin verbeugte sich bis zur Gürtelhöhe. Dem guten Jaroslaff Iljitsch trat vor Entzücken eine Träne ins Auge. Ganz enthusiastisch schaute er Ordynoff an.
»Was sagen Sie dazu, ist das nicht ein edler Zug! Was für eine heilige Gastlichkeit ruht doch im russischen Volk!«
Ordynoff warf ihm einen wütenden Blick zu: er war nahezu entsetzt... und maß ihn vom Kopf bis zu den Füßen.
»Ja, so ist es wirklich, Herr, Gastfreundschaft ist uns heilig, und wie!« bestätigte Murin sofort, und wieder strich der Ärmel über den Bart. »Und da kommt mir soeben ein Gedanke: Euer Gnaden waren bei uns zu Gast, bei Gott, nur zu Gast«, fuhr er fort, indem er sich Ordynoff näherte, »und es wäre ja alles gut, gnädiger Herr, sagen wir: einen oder noch einen Tag, dawider würde ich nichts sagen, wirklich nicht! Aber die Sünde verstrickt, und meine Hausfrau ist doch nicht gesund! Ach, wenn sie nicht wäre! – will sagen: wenn ich beispielsweise allein leben würde! – wie würde ich da Euer Gnaden verehren und betreuen, will sagen: hegen und pflegen! Wen sollten wir denn auch verehren, wenn nicht Euer Gnaden? Und ich würde Euch auch kurieren, wirklich kurieren; ich kenne ein Mittel... Nur zu Gast seid Ihr bei uns gewesen, Euer Gnaden, bei Gott, da habt Ihr mein Wort darauf, wirklich nur zu Gast!...«
»Tatsächlich?... Gibt es denn so ein Mittel...«, fragte Jaroslaff Iljitsch, sprach aber seinen Gedanken nicht ganz aus.
Ordynoff hatte ihm entschieden Unrecht getan, als er ihn mit so wütender Verwunderung maß.

Jaroslaff Iljitsch war natürlich einer der ehrlichsten und anständigsten Menschen; jetzt aber, wo er endlich alles begriffen hatte, muß man schon zugeben, daß er sich in einer äußerst heiklen Lage befand. Er wollte, wie man zu sagen pflegt, bersten vor Lachen! Wäre er mit Ordynoff allein gewesen, so hätte er sich selbstverständlich nicht bezwungen (zwei so gute Freunde unter sich!) und sich rückhaltlos dem Ausbruch seiner Heiterkeit hingegeben. Jedenfalls hätte er sich sehr anständig benommen, hätte nach dem Heiterkeitsausbruch Ordynoff gefühlvoll die Hand gedrückt, hätte ihm aufrichtig und wahrheitsgemäß versichert, daß er ihn nun noch doppelt achte und ihn jedenfalls entschuldigt finde... und schließlich bliebe Jugend eben Jugend, für die man Verständnis haben müsse. Doch in Murins Gegenwart war das natürlich ausgeschlossen, und so befand er sich denn bei seinem großen Zartgefühl in einer höchst peinlichen Lage und wußte fast nicht, wohin er verschwinden könnte...

»Es gibt Mittel, will sagen: Heilmittel«, versetzte Murin, dessen ganzes Gesicht nach dem ungeschickten Zwischenruf Jaroslaff Iljitschs ins Zucken geriet. »Ich würde, Euer Gnaden, in meiner bäuerlichen Dummheit nur dies sagen«, fuhr er fort, indem er noch einen Schritt vortrat, »Bücher haben Euer Gnaden furchtbar viele gelesen; ich möchte sagen: Ihr seid auch furchtbar klug geworden; aber nun ist der Verstand, wie man bei uns nach Bauernart zu sagen pflegt, ist der Verstand da angelangt, wo er stille steht...«

»Genug jetzt!« sagte Jaroslaff Iljitsch in strengem Ton.

»Ich gehe«, sagte Ordynoff. »Ich danke Ihnen, Jaroslaff Iljitsch!... Gewiß, gewiß werde ich Sie besuchen, unbedingt«, sagte er schnell, auf die verdoppelten Höflichkeiten Jaroslaff Iljitschs, der ihn nicht mehr zurückzuhalten vermochte. »Leben Sie wohl, Adieu...«

»Leben Sie wohl, Euer Wohlgeboren, leben Sie wohl, Euer Gnaden; vergessen Sie uns nicht, besuchen Sie uns Sünder.«

Ordynoff hörte nichts mehr davon. Er trat wie ein Halbwahnsinniger hinaus.

Er konnte das nicht länger ertragen; er war wie zerschlagen; sein Denken erstarrt. Er hatte die dumpfe Empfindung, daß seine Krankheit ihn ersticke, aber eine kalte Verzweiflung bemächtigte sich seiner Seele, und er fühlte nur, daß irgend ein dumpfer Schmerz in seiner Brust wühlte und quälte und sog. Er wäre jetzt gern gestorben. Seine Beine knickten ein, und er setzte sich an einem Zaun hin, ohne auf die Vorübergehenden zu achten, noch auf die Menge, die sich nach und nach um ihn zu versammeln begann, noch auf die Anrufe und Fragen der Neugierigen, die ihn umstanden. Da vernahm er plötzlich durch das Stimmengewirr Murins Stimme über sich. Er erhob den Kopf. Der Alte stand tatsächlich vor ihm; sein blasses Gesicht war ernst und nachdenklich. Das war aber jetzt ein ganz anderer Mensch als der, der ihn soeben erst bei Jaroslaff Iljitsch so derb verhöhnt hatte. Ordynoff erhob sich, und Murin faßte ihn am Arm und führte ihn hinaus aus der Menge...

»Du mußt noch deine Sachen mitnehmen«, sagte er, indem er Ordynoff von der Seite ansah. »Gräme dich nicht, Junker!« rief Murin ihm zu. »Du bist jung, wozu da trauern!...«

Ordynoff schwieg.

»Bist gekränkt, Herr? Ärgerst dich also... aber worüber denn? Ein jeder verteidigt sein Eigentum!«

»Ich kenne Sie nicht«, sagte Ordynoff, »und Ihre Geheimnisse gehen mich nichts an. Aber sie, sie!...«, stieß er hervor, und Tränen rollten auf einmal in großen Tropfen über seine Wangen. Der Wind riß sie, eine nach der anderen, von seiner Haut... Ordynoff hob die Hand, um sie abzuwischen. Diese Geste, sein Blick, die unwillkürliche Bewegung seiner bebenden, blaugewordenen Lippen – alles schien darauf hinzudeuten, daß ihm ein geistiger Zusammenbruch bevorstand.

»Ich habe dir doch schon erklärt«, sagte Murin, die Brauen zusammenziehend, »sie ist eine Halbirre!... Wodurch und wie sie irrsinnig geworden ist... wozu brauchst du das zu wissen? Mir aber ist sie auch so – ein Teil von mir! Liebgewonnen habe ich sie mehr als mein Leben und werde sie niemandem abtreten. Begreifst du jetzt!«

In Ordynoffs Augen blitzte für einen Augenblick Feuer auf.

»Aber warum habe denn ich... warum habe denn ich jetzt gleichsam das Leben verloren? Warum schmerzt denn *mein* Herz so? Warum habe ich Katerina kennenlernen müssen?«

»Warum!« wiederholte Murin, mit kurzem Auflachen, und wurde nachdenklich. »Warum, auch ich weiß nicht warum«, murmelte er schließlich, »Weibersinn ist kein Meeresgrund, erforschen kann man ihn schon, aber schlau ist er, beharrlich, lebenszäh! Was sie haben wollen, das muß man ihnen geben, als ob man's aus der Tasche nehmen und hinlegen könnte!... Dann hat sie also wirklich mit Euch von mir weggehen wollen, Herr«, fuhr er nachdenklich fort. »Hat das Alte verschmäht, nachdem sie mit ihm alles erlebt, soviel man nur erleben kann! Da müßt Ihr doch gleich auf den ersten Blick ihr arg gefallen haben! Oder vielleicht war's auch nur so, ob Ihr, ob ein anderer... Ich lasse ihr ja in allem ihren Willen; wenn sie Vogelmilch haben will, so verschaffe ich ihr auch Vogelmilch, stelle selbst so 'nen Vogel her, wenn es ihn noch nicht gibt! Eitel ist sie! Ist auf Freiheit aus, weiß aber selber nicht, was ihr launisches Herz begehrt. Aber da hat sich's dann herausgestellt, daß es doch am besten ist, wenn alles beim alten bleibt! Ach, Herr! Jung bist du noch! Arg jung! Dein Herz ist noch so heiß wie bei einem Mädel, das sich mit dem Ärmel die Tränen abwischt, wenn's sich vom Liebsten verlassen sieht! Erkenne dies, Herr: ein schwacher Mensch kann für sich allein nicht bestehen! Gib ihm meinetwegen alles, er wird von selbst kommen und alles zurückgeben; gib ihm die halbe Welt zum Besitz, versuch's nur – und was meinst du? Er wird dir auf der Stelle in den erstbesten Schuh kriechen, um sich zu verstecken; so klein macht er sich. Gib ihm Freiheit, dem schwachen Menschen – und er wird sie selbst binden und zurückbringen. Einem dummen Herzen ist auch die Freiheit zu nichts nütze. Es weiß damit nichts anzufangen! Ich sage dir das alles nur so – bist noch arg jung! Was gehst du mich an? Bist gekommen und bist gegangen – ob du oder ein anderer, ist ja gleich. Ich hab's ja schon im voraus gewußt, daß es so kommen wird. Sich widersetzen hilft da gar nichts. Mit keinem Wort darf man widersprechen, wenn man sein Glück bewahren will. Denn es ist doch, weißt du, Herr«, fuhr Murin fort zu philosophieren, »alles immer nur bloß so gesagt; und was kommt da nicht alles vor? Im Zorn wird auch nach dem Messer gegriffen, oder wenn keine Waffe da ist, so geht er auch mit leeren Händen wie ein Wilder auf dich los und beißt dem Feinde die Gurgel durch. Wird dir aber das Messer in die Hand gegeben und dein Feind entblößt vor dir selber seine breite Brust, dann wirst du doch wohl zurücktreten!«

Sie traten auf den Hof. Der Tatar, der Murin schon von weitem hatte kommen sehen, nahm vor ihm die Mütze ab und blickte Ordynoff listig und unverwandt an.

»Wo ist deine Mutter? Zu Haus?« wandte sich Murin barsch an ihn.

»Ist zu Haus.«

»Sag ihr, daß sie seine Sachen herunterschleppen soll. Und auch du, hilf ihr, marsch! rühr dich!«

Sie stiegen die Treppe hinauf. Die Alte, die bei Murin als Magd diente und sich tatsächlich als die Mutter des Hausknechts erwies,

trug seine Habseligkeiten zusammen und band sie brummend in ein großes Bündel.
»Warte; ich bringe dir noch etwas, was dir gehört...«
Murin ging in sein Zimmer, kam aber sogleich wieder zurück und händigte Ordynoff ein mit Seide und feinstem Kammgarn reich gesticktes Kissen ein, dasselbe, das Katerina ihm unter den Kopf geschoben hatte, als er erkrankt war.
»Das schickt sie dir«, sagte er. »Und jetzt geh mit Gott, aber sieh zu, daß du dich vor leichtsinnigem Leben in acht nimmst«, fügte er halblaut in väterlichem Ton hinzu, »sonst kann es dir noch schlimm ergehen.«
Offenbar wollte er seinen Mieter zum Abschied nicht kränken. Doch als Ordynoff bereits aus der Tür trat und er den letzten Blick auf ihn warf, da war es doch wie ein Aufflammen unermeßlicher Wut, was sein Gesicht unwillkürlich verriet. Fast wie mit Ekel schloß Murin hinter ihm die Tür...
Zwei Stunden darauf war die Fahrt zurückgelegt, und Ordynoff zog bei dem Deutschen Spieß ein. Tinchen schlug die Hände zusammen, als sie ihn erblickte. Das erste war, daß sie sich nach seiner Gesundheit erkundigte, und als sie erfuhr, daß er krank war, schickte sie sich gleich an, ihn zu betreuen.
Der alte Deutsche erzählte darauf selbstgefällig seinem Mieter, er sei gerade im Begriff gewesen, den Mietzettel wieder unten am Haustor auszuhängen, da dies genau der letzte Tag sei, an dem seine Anzahlung der Miete ablaufe, bei tageweiser Berechnung der Miete. Worauf der Alte es nicht unterließ, in weiser Vorausschau die deutsche Genauigkeit und Ehrlichkeit zu loben. Ordynoff erlitt noch an demselben Tag einen vollkommenen Zusammenbruch und erst nach einem Krankenlager von drei Monaten konnte er das Bett verlassen.

Allmählich begann er zu genesen und auch wieder auszugehen. Das Leben bei dem Deutschen verlief eintönig, gemächlich. Der Alte war ein Mensch ohne besondere Eigenheiten; das nette Tinchen war – innerhalb der Gebote der Sittsamkeit – alles, was man nur wünschen konnte; aber für Ordynoff schien das Leben für immer seinen Reiz verloren zu haben! Er versank in grübelndes Sinnen und wurde reizbar. Seine Sensibilität entwickelte sich beinahe schon zu krankhafter Überempfindlichkeit, und unmerklich verfiel er einer argen, ihn abstumpfenden Hypochondrie. Die Bücher schlug

er manchmal ganze Wochen lang nicht auf. Die Zukunft war für ihn verschlossen, sein Geld ging auf die Neige und er ließ schon im voraus die Arme sinken; ja, er dachte sogar nicht einmal an die Zukunft. Manchmal ergriff ihn zwar wieder die frühere heiße Liebe zur Wissenschaft, das frühere Fieber; die früheren, von ihm selbst geschaffenen Pläne und Gestalten stiegen aus der Vergangenheit grell wieder vor ihm auf, aber jetzt bedrückten und lähmten sie nur seine Tatkraft. Seine Gedanken wurden nicht zu Taten. Die Schöpferkraft war wie stehen geblieben. Es war ihm, als erständen alle diese Gestalten absichtlich nur noch zu dem Zweck so gigantisch in seiner Vorstellung, um über seine, ihres Schöpfers, Kraftlosigkeit zu spotten. In einem traurigen Augenblick verglich er sich unwillkürlich mit jenem vorwitzigen Zauberlehrling, der, nachdem er von seinem Meister das Zauberwort aufgeschnappt, dem Besen befahl, Wasser herbeizutragen, und dann in Gefahr kam, in diesem Wasser zu ertrinken, weil er vergessen hatte, wie man Einhalt gebietet. Vielleicht wäre von ihm eine große, selbständige, neue Idee in die Welt gesetzt worden. Vielleicht war es ihm bestimmt gewesen, ein Künstler in der Wissenschaft zu werden. Wenigstens hatte er früher selbst so etwas geglaubt. Ein aufrichtiger Glaube aber ist schon eine Bürgschaft für die Zukunft. Jetzt jedoch lachte er in manchen Augenblicken selbst über diese seine blinde Überzeugung und – kam keinen Schritt vorwärts.
Vor einem halben Jahr war das anders gewesen: da hatte er in klaren Zügen eine Skizze zu einem wohlgeordneten Werk entworfen und zu Papier gebracht, und auf dieses Werk hatte er (jung wie er war) in den unschöpferischen Ruhepausen die größten Zukunftshoffnungen, auch in materieller Hinsicht, aufgebaut. Dieses Werk betraf die Kirchengeschichte, und Worte tiefster, glühendster Überzeugungen waren seiner Feder entströmt. Jetzt nahm er diesen Plan wieder vor, las ihn durch, änderte, dachte von neuem über ihn nach, las und suchte in den verschiedensten Büchern nach diesem und jenem; schließlich verwarf er seine Idee, ohne auf den Ruinen etwas anderes aufzubauen. Dafür begann so etwas wie Mystizismus, wie Prädestination und das Geheimnis des Ursprungs in seine Seele einzudringen. Der Unglückliche litt unter seinen Qualen und wandte sich Gott zu, um bei ihm Erlösung zu finden. Die Aufwärterin des Deutschen, eine alte gottesfürchtige Russin, erzählte mit Wohlgefallen, wie ihr stiller Mieter bete und wie er manchmal ganze Stunden lang wie entseelt auf den Kirchenfliesen verharre.

Er hatte zu keinem Menschen ein Wort von seinem Erlebnis gesagt. Zuweilen aber, namentlich in der Dämmerung, erinnerte das Geläut der Kirchenglocken ihn an jenen Augenblick, wo zum erstenmal seine ganze Brust von einem ihm bis dahin völlig unbekannten Gefühl erbebt war, als er im Gotteshaus neben ihr niederkniete, alles andere vergaß und nur hörte, wie ihr ängstliches Herz pochte ... und wie er dann vor lauter Freude und Entzücken in Tränen ausgebrochen war, vor Freude über die neue lichte Hoffnung, die mit einem Mal sein einsames Leben erhellte... Wenn er das alles jetzt nochmals durchlebte, dann war ihm, als erhebe sich ein Sturm in seiner für immer verwundeten Seele; dann erzitterte sein Geist, und die Qual der Liebe flammte von neuem wie brennendes Feuer in seiner Brust. Dann tat ihm das Herz vor Leid und Leidenschaft weh und ihm war, als wüchse seine Liebe zugleich mit der Traurigkeit. Oft saß er so stundenlang, sich und sein ganzes Alltagsleben und alles übrige auf der Welt vergessend, saß stundenlang auf einem Fleck, einsam, traurig, wiegte hoffnungslos müde den Kopf, während stumme Tränen nach innen rannen und er für sich flüsterte: »Katerina! Meine Taube, an der ich mich nicht sattsehen kann! Meine einzige geliebte Schwester!...«

Ein garstiger Gedanke begann ihn mehr und mehr zu quälen. Dieser Gedanke verfolgte ihn geradezu; mit jedem Tage wurde er für ihn mehr und mehr zur Wahrscheinlichkeit und Wirklichkeit. Es schien ihm – und zu guter Letzt glaubte er selbst fest daran –, es schien ihm, daß Katerinas Geist und Vernunft keineswegs gelitten hatten, daß aber Murin in seiner Weise recht hatte, wenn er sie ein »schwaches Herz« nannte. Es schien ihm, daß irgendein Geheimnis sie mit dem Alten verband, daß aber Katerina, ohne sich eines Verbrechens bewußt zu sein, rein wie eine Taube, in seine Gewalt geraten sei. Wer waren sie? – er wußte es nicht. Aber ihn verfolgte andauernd die Vorstellung von einer tiefen, rettungslosen Tyrannei, die der Alte über das arme, schutzlose Geschöpf ausübte, und sein Herz erhob sich in seiner Brust und knirschte in ohnmächtiger Empörung. Es schien ihm, daß der Alte, als ihr plötzlich eine Ahnung des Zusammenhangs aufgegangen war, ihr arglistig ihre eigene Mitschuld und ihren Sündenfall vor die erschrockenen Augen gerückt hatte, um dann tückisch das arme *schwache* Herz zu quälen und den Tatbestand schlau zu verdrehen. Dabei mochte er mit Absicht ihre Blindheit dort, wo es ihm ratsam erschien, noch verstärkt und andererseits die unerfahrenen Neigungen ihres im-

pulsiven, verirrten Herzens mit List begünstigt haben, bis er ihr auf diese Weise allmählich die Flügel gestutzt und die freie unabhängige Seele so weit gebracht hatte, daß sie schließlich unfähig geworden war, sich gegen ihn aufzulehnen, oder sich zu einem freien Entschluß und Durchbruch ins wirkliche Leben aufzuraffen… Mit der Zeit wurde Ordynoff immer noch menschenscheuer, woran ihn seine Deutschen – diese Gerechtigkeit muß man ihnen widerfahren lassen – nicht im geringsten hinderten.
Es wurde ihm zu einer geliebten Gewohnheit, lange und ziellos durch die Straßen zu wandern. Er wählte sich dazu vorzugsweise die Dämmerstunde und als Ort für seine Spaziergänge öde, entlegene Stadtteile aus, wo nur wenige Menschen hinkamen. An einem regnerischen, ungesunden Vorfrühlingsabend begegnete er in einer dieser Gassen Jaroslaff Iljitsch.
Dieser war inzwischen merklich magerer geworden; seine freundlichen Augen hatten von ihrem Glanz verloren; der ganze Mensch machte den Eindruck des Enttäuschtseins. Er hatte es gerade sehr eilig in einer keinen Aufschub duldenden Angelegenheit, war durchnäßt und angeschmutzt; an seiner sonst sehr anständigen, jetzt aber von der Witterung bläulich angelaufenen Nase hielt sich die ganze Zeit in einer nahezu phantastischen Weise ein Regentropfen. Überdies hatte er sich einen Backenbart wachsen lassen.
Dieser Backenbart und dazu der Umstand, daß Jaroslaff Iljitsch so dreinschaute, als wolle er einer Begegnung mit seinem alten Bekannten lieber ausweichen, überraschten beinahe Ordynoff… Und merkwürdig! – gewissermaßen verletzte, ja, kränkte das sogar sein Herz, das doch bis dahin noch niemals das Verlangen nach jemandes Teilnahme verspürt hatte. Schließlich war ihm der frühere Jaroslaff Iljitsch lieber gewesen, der einfache, gutmütige, naive und – entschließen wir uns, es endlich offen auszusprechen! – ein wenig dumme Mensch, aber ohne Anspruch auf den Eindruck, blasiert und klüger geworden zu sein. Aber es ist doch unangenehm, wenn ein *dummer* Mensch, den wir früher gern hatten, vielleicht gerade wegen seiner Dummheit gern hatten, *plötzlich klüger* geworden ist, ja, entschieden unangenehm! Übrigens verschwand das Mißtrauen, mit dem er Ordynoff anblickte, sofort wieder aus seinem Gesicht.
Doch trotz aller Blasiertheit hatte er sein früheres, sein ursprüngliches Wesen, mit dem ja der Mensch bekanntlich auch ins Grab sinkt, keineswegs abgelegt; so schlug er ohne weiteres und mit Freuden den alten freundschaftlichen Ton an. Zunächst bemerkte

er, daß er viel zu tun habe, danach, daß sie sich lange nicht gesehen; doch plötzlich nahm das Gespräch wieder eine an ihm sonst ungewohnte Wendung. Jaroslaff Iljitsch kam auf die Verlogenheit der Menschen im allgemeinen zu sprechen, auf die Vergänglichkeit der Güter dieser Welt, auf die Nichtigkeit der Eitelkeiten, erwähnte beiläufig auch Puschkin, jedoch in mehr als gleichmütigem Ton, sprach mit einem gewissen Zynismus von guten Bekanntschaften und zum Schluß machte er sogar einige Anspielungen auf die Verlogenheit und Falschheit derjenigen, die sich in der Gesellschaft Freunde nennten, während es aufrichtige Freundschaft in der Welt doch noch niemals gegeben habe. Mit einem Wort: Jaroslaff Iljitsch war klüger geworden.

Ordynoff widersprach ihm in keiner Hinsicht, aber es wurde ihm unsagbar, geradezu qualvoll traurig zumut; als hätte er seinen besten Freund begraben!

»Ach, ja! fast hätte ich's vergessen, Ihnen zu erzählen!« unterbrach ihn Jaroslaff Iljitsch plötzlich, als wäre ihm etwas äußerst Interessantes eingefallen, »eine Neuigkeit! Ich will sie Ihnen im Vertrauen mitteilen. Erinnern Sie sich noch an das Haus, in dem Sie einmal wohnten?«

Ordynoff zuckte zusammen und wurde blaß.

»Stellen Sie sich vor: in diesem Hause hat man vor kurzem ein ganzes Diebesnest entdeckt, das heißt, mein Verehrtester, eine ganze Bande, eine wahre Räuberhöhle! Schmuggler, Spitzbuben jeder Art, und wer weiß was noch alles! Mehrere sind schon hinter Schloß und Riegel, anderen ist man erst noch auf der Spur; die strengsten Weisungen sind ergangen! Und können Sie sich das vorstellen: erinnern Sie sich noch an den Hausbesitzer? – so 'n kleines Männchen, gottesfürchtig, dem Anschein nach so ein ehrenwerter, anständiger Mensch ...«

»Nun, und?«

»Urteilen Sie danach über die ganze Menschheit! Eben dieses Männchen war der Anführer der ganzen Bande, ihr Oberhaupt sozusagen! Ist das nicht haarsträubend?«

Jaroslaff Iljitsch sprach mit Gefühl und Temperament; er verurteilte mit dem einen zugleich die ganze Menschheit, denn ein Jaroslaff Iljitsch kann ja gar nicht anders urteilen; das gehört zu seinem Charakter.

»Und jene ... meine Wirtsleute? – Murin?« fragte Ordynoff flüsternd.

»Ach, Murin, Murin! Nein, der war ein ehrenwerter alter Mann, anständig... Aber erlauben Sie... Sie werfen da ein neues Licht auf die Sache...«

»Wie denn? Gehörte auch er zu der Bande?«

Ordynoffs Herz schlug vor Ungeduld so heftig, daß er zu vergehen glaubte vor Spannung.

»Übrigens, wieso... wie kommen Sie darauf...« Jaroslaff Iljitsch starrte mit seinen zinnernen Augen unbeweglich Ordynoff an – ein Anzeichen, daß er zu überlegen versuchte. »Nein, Murin kann doch nicht zu ihnen gehört haben. Er hat doch schon ganze drei Wochen vorher Petersburg verlassen, ist mit seiner Frau in seine Heimat zurückgekehrt... Ich erfuhr das vom Hausknecht... jenem kleinen Tataren, erinnern Sie sich noch?«

POLSUNKOFF

Eine Erzählung

Ich begann diesen Menschen eingehender zu betrachten. Selbst in seinem Äußeren lag etwas Eigentümliches, das einen unwillkürlich zwang, mochte man auch noch so zerstreut sein, den Blick an ihn zu heften und dann – in unbezwingbares Lachen auszubrechen. So erging es auch mir. Die Äuglein dieses kleinen Herrn waren so beweglich, oder vielmehr, er war selbst vom Scheitel bis zur Sohle so empfindlich für den Magnetismus jedes auf ihn gerichteten Blicks, daß er es sofort instinktiv spürte, wenn man ihn betrachtete, sich im Nu dem Betrachter zuwandte und voll Unruhe dessen Blick zu analysieren begann. Infolge dieser ständigen Beweglichkeit und des Hin und Her seines Zusammenzuckens erinnerte er entschieden an eine kleine Wetterfahne. Merkwürdigerweise schien er den Spott zu fürchten, und dabei verdiente er sich doch gerade damit sein Brot, daß er den Allerweltsnarren spielte und ergeben seinen Kopf allen Nasenstübern und Kopfnüssen hinhielt, auch solchen im physischen Sinne des Wortes, je nachdem in welcher Gesellschaft er sich befand. Freiwillige Narren sind ja nicht weiter bemitleidenswert. Aber ich bemerkte sofort, daß dieses sonderbare Geschöpf, dieses komische Menschlein keineswegs Narr von Natur war. Es verblieb in ihm immer noch ein gewisser Anstand. Seine Unruhe, seine ewig krankhafte Angst um sich selbst sprachen schon zu seinen Gunsten. Ich hatte den Eindruck, daß seine ganze Dienstbereitschaft eher einem guten Herzen entsprang als der Berechnung materieller Vorteile. Bereitwillig ließ er es zu, daß man über ihn lachte, aus vollem Halse und taktlos ihm ins Gesicht lachte, aber zu gleicher Zeit – und ich könnte schwören, daß es so war – schmerzte und blutete sein Herz bei dem Gedanken, seine Zuhörer könnten so unfein und herzlos sein, nicht nur über seine Späße und Witze zu lachen, sondern auch über ihn selbst, über sein ganzes Wesen, über sein Herz, seinen Kopf, über sein Äußeres, kurz, über alles, was Fleisch und Blut an ihm war. Ich bin überzeugt, daß er in diesen Augenblicken die ganze Dummheit seiner Lage sehr wohl empfand; aber der Protest dagegen erstarb sofort in seiner Brust, obschon er in ihr unbedingt jedesmal in edelster Weise aufflammte. Ich bin, wie gesagt, überzeugt, daß bei ihm alles nur aus Herzensgüte geschah und bestimmt nicht aus Angst vor dem materiellen Schaden, sagen wir, etwa hinausgeworfen zu werden und damit die Möglichkeit zu verlieren, hier jemanden anzupumpen. Dieser Herr lebte nämlich davon, daß er sich ständig Geld ausborgte, das heißt: er bat in dieser Form um Almosen, wenn er die Gesellschaft mit seinen Possen und Witzchen genügend unterhalten und auf seine Rechnung belustigt hatte, so daß er sich gewissermaßen berechtigt fühlen konnte, mit seiner Bitte herauszurücken. Aber, mein Gott! was war das schon für ein Ausborgen! Und wie sah er selbst dabei aus! Ich hätte nie geglaubt, daß auf einer so kleinen Fläche wie dem zusammengekniffenen, eckigen Gesicht dieses Menschleins gleichzeitig so viele verschiedene Grimassen, soviel unterschiedliche Empfindungen, soviel qualvolle Eindrücke und mörderische Gemütsbewegungen Platz finden könnten. Und was, ja, was war da nicht alles zu lesen: Scham und vorgetäuschte Frechheit, Ärger über sich selbst mit plötzlich aufsteigender Schamröte im Gesicht, Zorn und Bangen vor dem Mißerfolg, die Bitte um Verzeihung, daß er zu belästigen gewagt, das Bewußtsein der eigenen Menschenwürde und gleichzeitig die umfassendste Erkenntnis der eigenen Nichtigkeit, – das alles zuckte wie Blitze über sein Gesicht. Schon seit ganzen sechs Jahren schlug er sich so durch in dieser Gotteswelt, und noch immer verstand er nicht, in der wichtigsten Minute des Anborgens eine gewisse Haltung zu bewahren! Es versteht sich von selbst, daß er niemals hätte unempfindlich oder gar gemein werden können. Dazu war sein Herz viel zu sensibel, viel zu heiß! Ich möchte sogar noch mehr sagen: meiner Meinung nach war er der anständigste und nobelste Mensch der Welt, aber mit einer kleinen Schwäche behaftet: er konnte gutmütig und uneigennützig auf die erste beste Aufforderung hin womöglich auch eine Niedrigkeit begehen, bloß um dem Nächsten einen Gefallen zu erweisen. Mit einem Wort, er war durchaus das, was man als Charakter einen Lappen zu nennen pflegt. Am lächerlichsten aber war doch, daß er fast ebenso gekleidet war wie alle, nicht schlechter, nicht besser, sauber und sogar mit einer gewissen Gewähltheit, einer Neigung zu Solidität und persönlicher Würde. Dieses Streben nach äußerer Gleichheit bei so großer innerer Ungleichheit, seine Unruhe um sich selbst und gleichzeitig diese ununterbrochene Selbstverkleinerung – das bildete den schreiendsten Kontrast und konnte freilich sowohl Gelächter als auch Erbarmen erwecken. Wenn er in seinem Herzen überzeugt gewesen wäre (was er trotz aller Erfahrungen immer wieder war), daß alle seine Zuhörer die gütigsten Menschen der Welt seien, die nur über seine komischen Späße lachten und nicht auch über seine zum Komischsein vorausbestimmte Person, so würde er mit Vergnügen seinen Frack ausgezogen und ihn umgekehrt, mit dem Futter nach außen, wieder angezogen haben; ja, er wäre in diesem Aufzug sogar durch die Straßen spaziert, anderen zur Erheiterung und sich selbst zur Genugtuung, einzig von dem Wunsch getrieben, seine Gönner zu belustigen und allen ein Vergnügen zu bereiten. Aber bis zu einer Gleichheit mit den anderen konnte er es doch niemals und durch nichts bringen. Und noch ein Zug an ihm: der sonderbare Kauz war ehrgeizig und konnte mitunter, wenn damit keine Gefahr verbunden war, sogar mutig sein. Man mußte es gesehen und gehört haben, wie er es verstand, manchmal ohne sich selbst dabei zu schonen, also mit einem Wagnis, ja, fast mit Heldenmut, einen seiner *Gönner*, der ihn schon bis zum Äußersten gebracht hatte, durch die Hechel zu ziehen. Aber das währte nur Minuten... Mit einem Wort, er war ein Märtyrer im vollen Sinn des Wortes, aber der nutzloseste und daher komischste aller Märtyrer.

Unter den Gästen erhob sich ein allgemeiner Streit. Plötzlich sah ich, wie mein Kauz auf einen Stuhl springt und aus allen Kräften schreit, man möge doch ausschließlich ihm allein das Wort geben. »Passen Sie auf«, flüsterte mir der Hausherr zu. »Er erzählt mitunter die interessantesten Sachen... Interessiert er Sie?«

Ich nickte mit dem Kopf und mischte mich unter die Zuhörer. Der Anblick eines anständig gekleideten Herrn, der auf einem Stuhl stand und die ganze Gesellschaft überschrie, erweckte die allgemeine Aufmerksamkeit. Viele, die den Sonderling nicht kannten, sahen sich verständnislos untereinander an, andere wiederum lachten aus vollem Halse.

»Ich kenne Fedosséi Nikolájitsch! Ich muß doch Fedossei Nikolajitsch von allen am besten kennen!« rief er von seinem erhöhten

Platz aus. »Meine Herren, ich bitte ums Wort! Ich werde von Fedossei Nikolajitsch erzählen! Eine Geschichte, sag ich Ihnen – einfach exquisit!«
»Erzählen Sie, Ossip Michailytsch, erzählen Sie!«
»Erzähl schon!«
»So hören Sie denn...«
»Zuhören!... Zuhören!«
»Ich beginne also... Aber meine Herrschaften, diese Geschichte ist sehr sonderbar...«
»Gut, schon gut!«
»Diese Geschichte ist auch sehr komisch.«
»Um so besser! Herrlich! – Zur Sache!«
»Sie ist eine Episode aus dem Leben Ihres alleruntertänigsten...«
»Na, wozu brauchen Sie dann noch zu versichern, daß sie komisch ist!«
»Und sie ist sogar ein bißchen tragisch!«
»Ah???«
»Mit einem Wort, die Geschichte, die Ihnen das Vergnügen bereitet, mich zu hören, meine Herrschaften, – die Geschichte, der zufolge ich in eine für mich so *interessante* Gesellschaft geraten bin...«
»Ohne Witzchen, bitte!«
»Die Geschichte...«
»Mit einem Wort, die Geschichte – beenden Sie etwas schneller Ihre Vorrede –, die Geschichte, die wohl wieder etwas kosten wird«, schaltete mit heiserer Stimme ein blonder junger Herr ein, steckte die Hand in die Tasche und zog wie zufällig statt des Taschentuches seine Geldbörse hervor.
»Eine Geschichte, meine Herren, nach der ich viele von Ihnen an meiner Stelle hätte sehen mögen. Und schließlich die Geschichte, der zufolge ich nicht geheiratet habe.«
»Geheiratet!... Eine Frau!... Polsúnkoff hat heiraten wollen!«
»Ich gestehe, ich würde gar zu gern Madame Polsúnkowa mal sehen!«
»Gestatten Sie, mich nach dem Namen dieser Dame zu erkundigen, die beinahe Madame Polsunkowa geworden wäre?« fragte mit hoher Stimme ein Jüngling, der sich zum Erzähler vordrängte.
»Also, meine Herrschaften, das erste Kapitel: Es war genau vor sechs Jahren, im Frühling, am 31. März – beachten Sie das Datum, meine Herrschaften –, am Vorabend...«
»Des ersten April!« rief ein blondlockiger junger Mann.

»Sie sind wirklich ungemein scharfsinnig. Also: es war Abend. Über der Kreisstadt N. verdichtete sich die Dämmerung, und der Mond schickte sich an, langsam am blauen Himmelszelt aufzutauchen... kurz: alles war, wie es sich gehört. Und siehe da, in der spätesten Dämmerstunde war's, da tauchte auch ich ganz leise und heimlich aus meiner kleinen Wohnung auf, nachdem ich mich noch vorher von meiner ‚total verbarrikadierten' Großmutter verabschiedet hatte. Entschuldigen Sie, meine Herrschaften, daß auch ich diesen neumodischen Ausdruck gebrauche, den ich erst neulich bei Nikolai Nikolájitsch gehört habe. Aber meine selige Großmutter war in der Tat vollkommen verbarrikadiert: sie war blind, taub, stumm und dumm, – mehr kann man doch nicht verlangen!... Ich muß gestehen, ich zitterte am ganzen Leibe, denn was ich vorhatte, war bedeutungsschwer für mich; das Herz zitterte in mir wie das in einem Kätzchen, wenn eine knöcherne Hand es am Schlafittchen packt...«

»Erlauben Sie, Herr Polsunkoff!«

»Sie wünschen?«

»Erzählen Sie doch einfacher! Geben Sie sich nicht zuviel Mühe!«

»Zu Befehl«, sagte Ossip Michailytsch ein wenig verlegen. »Also ich ging zu Fedossei Nikolájitsch (in sein wohlerworbenes Haus). Fedossei Nikolajitsch war bekanntlich nicht etwa mein Kollege, sondern mein gestrenger Vorgesetzter. Ich wurde angemeldet und man führte mich sofort in sein Arbeitszimmer. Ich sehe es noch jetzt vor mir; ein fast, fast ganz dunkles Zimmer war's, Licht aber wurde nicht gebracht. Ich warte. Da tritt auch schon Fedossei Nikolajitsch ein. Und so blieben wir denn beide im Dunklen...«

»Was ging denn zwischen Ihnen vor?« fragte ein Offizier...

»Ja, was meinen Sie wohl?« fragte Polsunkoff und er wandte sich unverzüglich mit zuckendem Gesicht an den Jüngling mit dem gelockten Haar.

»Nun, meine Herrschaften, es war eine sonderbare Situation. Das heißt: sonderbar war an ihr eigentlich nichts, es war, was man so nennt, eine ganz alltägliche Begebenheit: ich zog einfach aus meiner Tasche ein Päckchen Papiere, das heißt amtliche Papiere...«

»Papiere?«

»Und er zog gleichfalls aus seiner Brusttasche ein Päckchen Papiere hervor, und wir tauschten die beiden Päckchen gegeneinander aus.«

»Ich könnte wetten, daß es nach Sporteln roch«, warf ein gut gekleideter junger Herr ein, dessen Haar nach neuester Mode kurz geschnitten war.

»Sportel?« griff Polsunkoff sofort das Wort auf, – »Ach!

„Wär ich doch ein Liberaler,
Wie ich viele schon gesehn!“

Wenn auch Sie einmal in der Provinz als Beamter angestellt sein sollten, so werden Sie sehen, daß Sie Ihre Hände am Herd des Vaterlandes nicht wärmen können, wenn Sie nicht... Sagt doch nicht umsonst ein Dichter: „Selbst der Rauch des Vaterlandes ist mir süß und angenehm!“ Unser Vaterland ist unsere Mutter, unsere Mutter, meine Herren, die leibliche Mutter, wir aber sind ihre Säuglinge, und so saugen wir denn auch an ihr!...«

Allgemeines Gelächter erhob sich.

»Aber werden Sie es mir glauben, meine Herrschaften, ich habe mich doch niemals bestechen lassen«, sagte Polsunkoff, indem er auf einmal mißtrauisch die ganze Gesellschaft musterte. Doch der Ausbruch eines wahrhaft homerischen Gelächters übertönte Polsunkoffs Worte.

»Es ist aber wirklich so, meine Herrschaften...«

Aber hier stockte er plötzlich, fuhr jedoch fort, die Anwesenden alle mit einem merkwürdigen Gesichtsausdruck zu betrachten. Vielleicht – wer kann's wissen –, vielleicht kam es ihm in diesem Augenblick in den Sinn, daß er doch wohl ehrlicher und anständiger war als viele in dieser ganzen ehrbaren Gesellschaft... Nur der ernste Ausdruck schwand bis zum Schluß der allgemeinen Heiterkeit nicht aus seinem Gesicht.

»Also«, begann Polsunkoff von neuem, als die Heiterkeit sich gelegt hatte, »obschon ich mich nie bestechen ließ, sündigte ich diesmal doch: ich steckte die Bestechung in die Tasche... von einem bestechlichen Beamten... Das heißt: es gab da gewisse Papiere, die sich in meinen Händen befanden, und wenn ich diese Papiere an eine gewisse Stelle gesandt hätte, so wäre es Fedossei Nikolajitsch schlimm ergangen.«

»Er hat sie Ihnen also abgekauft?«

»Jawohl, genau das war es.«

»Hat er viel dafür gegeben?«

»So viel, daß heutzutage manch einer sein ganzes Gewissen dafür verkaufen würde, restlos, mitsamt allen Variationen desselben... wenn man ihm nur soviel dafür geben würde. Mir aber war, als ich das Geld in die Tasche steckte, als würde ich mit siedendem Wasser übergossen. Ich weiß wahrhaftig nicht, meine Herrschaften, was damals mit mir geschah. Ich war weder tot noch lebendig, bewegte zwar die Lippen, aber die Beine zitterten: schuldig, schuldig, ringsum schuldig fühlte ich mich nur, schämte mich bis zum Vergehen vor Scham, war bereit, Fedossei Nikolajitsch um Vergebung zu bitten...«

»Nun, und er, vergab er Ihnen?«

»Aber ich bat ihn ja gar nicht... ich erzählte ja nur, wie mir dabei zumute war; ich habe nun einmal, nun ja, ein heißes Herz. Ich sehe, er schaut mir mitten in die Augen: ‚Sie fürchten Gott nicht, Óssip Micháilytsch!' sagte er. Was sollte ich tun? Ich hob nur so die Hände, blickte zur Seite. ‚Wieso soll ich denn Gott nicht fürchten, Fedossei Nikolajitsch?...' frage ich anstandshalber... Dabei wäre ich am liebsten in die Erde versunken.

‚Nachdem Sie so lange ein Freund meiner Familie gewesen sind, nachdem Sie, ich kann wohl sagen, wie ein Sohn unseres Hauses hier aufgenommen worden sind – und wer weiß, was der Himmel sonst noch vorgesehen haben mag, Óssip Micháilytsch! Und plötzlich, was hör ich, fällt es Ihnen ein, eine Anzeige vorzubereiten, wollen Sie mich anzeigen, und das ausgerechnet jetzt!... Was soll man da von den Menschen noch denken, Ossip Michailytsch?'

Und was hat er mir für eine Moralpredigt gehalten, meine Herrschaften!

‚Nein, sagen Sie mir bloß: Was soll man danach von den Menschen noch denken, Ossip Michailytsch?' fragt er mich wieder.

‚Was', denke ich, ‚was soll man denn denken!' Wissen Sie, ich fühlte schon so etwas im Halse aufsteigen, und meine Stimme zitterte! – Da wußte ich doch, daß ich nicht würde standhalten können, und griff nach meinem Hut...

‚Aber wohin wollen Sie denn nun, Ossip Michailytsch? Sie werden doch nicht am Vorabend eines solchen Tages... Sie werden mir doch nicht jetzt noch übelwollen? Wodurch habe ich mich denn *gegen Sie* versündigt?...'

‚Fedossei Nikolajitsch', sage ich nun, ‚Fedossei Nikolajitsch!' Also, meine Herrschaften, ich wurde weich, zerschmolz wie so ein naßgewordener Zuckerl Honigssohn, wie man zu sagen pflegt. Dagegen war nichts mehr zu machen! Und selbst das Päckchen Banknoten in der Tasche schien mir zuzuschreien: ‚Du Undankbarer, du Räuber, du gottverfluchter Dieb!' Es lag so schwer in meiner Tasche, als wöge es fünf Pud... (Wenn es doch wirklich und wahrhaftig fünf Pud gewogen hätte!...)[1]

‚Ich sehe', sagt Fedossei Nikolajitsch, ‚ich sehe, daß Sie es bereuen... Sie wissen doch, morgen ist der Tag...'

‚Der Maria von Ägypten...'[2]

‚Nun, weine nicht', sagt Fedossei Nikolajitsch, ‚laß es gut sein: du hast gesündigt und hast es bereut! Gehen wir! Vielleicht wird es mir gelingen', sagt er, ‚dich auf den rechten Weg zurückzuführen... Vielleicht werden meine bescheidenen Penaten' (jawohl, ich erinnere mich noch genau, der Räuber sagte tatsächlich ‚meine bescheidenen Penaten') ‚dich erwärmen und dein verstock... nein, ich will nicht sagen: dein verstocktes, sondern dein verirrtes Herz zu uns zurückführen...' Und damit nahm er meinen Arm und führte mich zu seiner Familie. Mir lief es kalt über den Rücken; ich zitterte! Ich denke nur noch, wie ich ihnen in die Augen sehen soll... Denn Sie müssen wissen, meine Herrschaften, es handelt sich hierbei außerdem noch – wie soll ich mich ausdrücken? – jedenfalls um eine überaus delikate Geschichte...«

»Doch nicht etwa um Madame Polsunkowa?«

»Es war Marja Fedosséjewna vom Schicksal nicht bestimmt, diesen Namen zu tragen, den Sie soeben zu nennen beliebten; diese Ehre hat sie nicht abgewartet. Denn sehen Sie mal, Fedossei Nikolajitsch hatte ja recht, wenn er sagte, daß ich in seinem Hause fast wie ein Sohn behandelt worden sei. Jawohl, so war es noch vor einem halben Jahr gewesen, als noch ein gewisser Junker außer Diensten lebte, Micháilo Maxímytsch Dwigáiloff mit Namen. Nun war er aber inzwischen nach Gottes Ratschluß gestorben; ein Testament zu machen hatte er jedoch immer auf die lange Bank geschoben, weshalb man es denn auch nachher auf keiner Bank zu finden vermochte.«

»Au!!!«

»Na ja, entschuldigen Sie schon, meine Herrschaften, das Wortspielchen ist mir so 'rausgerutscht und ist schlecht, aber das ist ja unwichtig; dafür war die Sache selbst um so schlechter und wichtiger, als ich nun zurückblieb – sozusagen bloß mit einer Null in der Perspektive, denn der Junker hatte mich, wenn ich auch sein Haus nicht betreten durfte (er lebte auf großem Fuß, nachdem er zuvor im Staatsdienst lange Finger gehabt!), – hatte mich vielleicht nicht ganz irrtümlicherweise für seinen leiblichen Sohn gehalten.«

»Ach, so!!!«

»Jawohl, so war es nämlich! Nun, bei Fedossei Nikolajitsch aber begann man mir seitdem lange Nasen zu zeigen. Ich bemerkte es zwar alsbald und immer mehr, nahm mich aber zusammen, ließ mir nichts anmerken. Da kam aber plötzlich zu meinem Unglück (oder vielleicht zu meinem Glück!) ganz unverhofft ein Remonteoffizier in unser Städtchen hereingeschneit. Nun ist ja sein Beruf allerdings mehr von der beweglichen Art, hängt mit leichter Kavallerie zusammen und so weiter, aber im Hause von Fedossei Níkolajitsch hatte er sich bald so festgesetzt, und saß nun da wie... na, ungefähr wie so'n schweres Mörsergeschütz! Ich, bisher so gut wie Kind im Hause, war an die Wand gespielt. So versuchte ich denn, so auf meine dumm-bängliche Art, als vertrauter Mensch Fedossei Nikolajitsch unter vier Augen gewissermaßen zur Rede zu stellen: warum ich denn jetzt so kränkend zurückgesetzt werde, ich sei doch in gewissem Sinne schon so gut wie ein Sohn... ‚Wie lange soll ich denn noch warten auf den väterlichen... den väterlichen...' Aber da fiel er mir schon ins Wort, meine Herrschaften, und begann mir zu antworten! Das heißt: er begann zu reden; er trug mir eine ganze Dichtung vor, in zwölf Gesängen und in Versen womöglich, man kann nur zuhören und sich die Lippen lecken und die Arme heben vor Wonne, aber Sinn hatte das Ganze auch nicht für einen Groschen, das heißt: was es bedeuten sollte, das war nicht herauszuhören; man steht da wie ein ausgemachter Tölpel, benebelt von Worten; wie ein Aal schlängelt er sich um alles herum und hinaus. Jedenfalls ein Talent, wirklich eine Gabe, eine angeborene Begabung, daß einem vor Befremdung angst und bange werden konnte! Weder ja noch nein, denk dir, was du willst. Nun, Sie können sich denken, was ich mir dachte! Ich tat mein möglichstes. Ich schleppte Romanzen für sie herbei, ebenso Konfekt, brütete Wortspiele aus, seufzte und stöhnte vor Herzeleid; mein Herz tue mir weh vor Liebe, und ich vergoß Tränen und machte ihr heimliche Liebeserklärungen! Der Mensch ist doch dumm! Der Alte hatte sich beim Küster nicht erkundigt und wußte nicht, daß ich schon dreißig Jahre alt war... Na ja! Ich wollte schlau vorgehen! Aber nein! Meine Sache ging nicht vorwärts, nur gelacht und gespöttelt wurde um mich herum. Da packte mich die Wut und preßte mir die Kehle zu, daß ich zu ersticken glaubte. Ich ging stillschweigend davon und setzte keinen Fuß mehr in das Haus. Ich überlegte und grübelte... und dann auf einmal fiel es mir ein: eine Anzeige! Nun ja, zugegeben, es war gemein von mir, den Freund anzeigen zu wollen, gewiß! Aber es war soviel Material vorhanden, und was für erstklassiges Beweismaterial, eine kapitale Sache! Tausendfünfhundert Silberrubel brachte es ein, als ich es mitsamt der Anzeige gegen seine Banknoten eintauschte!«

»Ah, so! Die Bestechung für's Schweigen!«

»Jawohl, mein Herr, das war eine kleine Bestechung; das zahlte mir der Bestechliche! (Und das wäre doch keine Sünde gewesen, wirklich nicht!) So, und nun fahre ich fort in meiner Erzählung: Er schleppte mich also, wie Sie sich vielleicht noch zu erinnern belieben, mehr tot als lebendig ins Teezimmer. Man begrüßt mich: alle tun so, als wären sie gleichsam beleidigt, das heißt: nein, nicht gerade beleidigt, aber betrübt, so tief betrübt, daß es schon einfach... Nun ja, mit einem Wort, sie waren eben niedergeschlagen, nichts als niedergeschlagen. Dabei aber sprach aus ihren Gesichtern eine so wohlanständige Würde, aus ihren Blicken eine so biedere Feierlichkeit, so etwas Väterliches gleichsam oder Verwandtschaftliches... der verlorene Sohn war zu ihnen zurückgekehrt, – darauf lief es hinaus! Man nahm Platz am Teetisch; aber mir war, als koche hier in meiner Brust ein Ssamowar, während meine Füße eiskalt wurden: ganz kleingeworden und feige kam ich mir vor! Marja Fomínischna, seine Gattin, die Hofrätin (jetzt ist sie Kollegienrätin), redete mich sofort mit *Du* an: ,Warum bist du denn so abgemagert, mein Bester?' fragte sie mich. ,Das hat nichts auf sich, fühle mich nicht ganz wohl, Marja Fomíschna'... antwortete ich, aber mein Stimmchen zittert. Sie aber fängt gleich an, mir nichts, dir nichts, als hätte sie nur darauf gewartet, ihre Strafpredigt abzuspulen, diese Viper: daß mich wohl augenscheinlich mein Gewissen über alles Maß quäle, ,mein lieber Ossip Michailytsch! Unsere liebevoll dargebotene Gastlichkeit hat in dir wohl die mahnende Stimme erhoben! So sind denn die blutigen Tränen, die ich deinetwegen vergossen, nicht umsonst gewesen!' – Bei Gott, so sagte sie es wörtlich, gegen ihr eigenes Gewissen! Aber das macht ihr nichts aus, diesem verwegenen Weibe! Sie saß da am Tisch und goß den Tee ein. ,Schon gut', dachte ich bei mir, ,wenn du aber auf dem Markt säßest, würdest du alle Marktweiber überschreien!' So eine war sie, unsere Rätin! Aber da trat zu meinem Pech Marja Fedosséjewna, das Töchterlein, ins Zimmer, mit allen Reizen ihrer Unschuld, nur ein wenig blaß sah sie aus und die Äuglein wie von Tränen gerötet, – ich aber war auf der Stelle verloren. Später stellte es sich heraus, daß sie die Tränchen wegen des Remonteoffiziers vergossen hatte: der hatte sich heimlich aus dem Staube gemacht, die Flucht auf seine Weise ergriffen, denn es war für ihn Zeit geworden, den Rückzug anzutreten (das muß hier angedeutet werden, wissen Sie); aber es war kein dienstlicher Befehl von oben, der ihn dazu zwang, sondern eben so... Erst nachher merkten es die teuren Eltern und erfuhren dann alles, aber was war da noch zu machen! Das Unglück wurde stillschweigend verborgen... der Familienzuwachs!... Nun ja, aber als ich sie damals wiedersah, war ich verloren, einfach verloren, sah mich wohl nach meinem Hut um, wollte ihn ergreifen und schleunigst verschwinden; aber das war nicht mehr möglich: mein Hut war bereits versteckt worden... Ich muß gestehen, daß ich schon ohne Hut auf und davon wollte, – aber nein, die Tür wurde verriegelt, und dann begann ein Kichern und Lachen und freundschaftliches Necken und Kokettieren, daß ich ganz verlegen wurde, nicht wußte, was ich stammelte, etwas vom Amor faselte; sie aber, mein Täubchen, setzte sich ans Klavichord und sang das Lied vom Husaren, der sich auf seinen Säbel stützt, sang es mit so weher Stimme... Das gab mir den Rest! ‚Nun', sagte Fedossei Nikolajitsch, ‚laß uns alles vergessen, komm ...komm, laß dich umarmen!' Und ich fiel, wie ich da war und stand, an seine Brust, mit dem Gesicht auf seine Weste. ‚Mein Wohltäter, mein leiblicher Vater!' rief ich aus, und heiße Tränen rannen mir über die Backen! Herr, du meine Güte, da ging's erst recht los! Der Alte weinte, seine Alte weinte, Máschenka weinte... dann war da noch eine kleine Semmelblonde, und auch die weinte... und überdies – aus allen Winkeln krochen Kinderchen hervor (der Herr hatte sein Haus gesegnet!) und auch sie heulten mit... wieviel Tränen, das heißt: wieviel Rührung, wieviel Freude; der Verlorene war wiedergefunden, es war, wie wenn ein Soldat in die Heimat zurückkehrt![3] – Sofort wurde festlich bewirtet, wurden Süßigkeiten gereicht, dann folgten Pfänderspiele. ‚Ach, wie es schmerzt!' – ‚Was schmerzt?' – ‚Das Herz'. – ‚Weshalb denn?' Und sie errötete, das Täubchen. Der Alte und ich tranken dann noch ein Pünschlein, kurz: ich wurde umhegt, verwöhnt und vollkommen eingewickelt... Ich kehrte zurück zu meiner Großmutter. In meinem Kopf drehte sich alles; auf dem Heimweg lachte ich die ganze Zeit vor mich hin, zu Hause ging ich geschlagene zwei Stunden in meinem Stübchen auf und ab, weckte die Großmutter, teilte ihr mein ganzes Glück mit. – ‚Aber hat er dir denn auch Geld gegeben, der Räuber?' – ‚Das hat er, Großmütterchen, das hat er, hat er, meine Liebe, das Glück steht vor der Tür, öffne nur und laß es herein!' – ‚Nun, dann heirate aber schnell, schieb's nicht auf, heirate jetzt', sagt mein Großmütterchen, ‚so sind denn meine Gebete erhört worden.' Ich weckte Ssofrón. ‚Ssofrón', sagte ich, ‚zieh' mir die Stiefel aus! Nun, Ssofróschka! Jetzt kannst du mir gratulieren, gib mir einen Kuß! Ich heirate nämlich, Bruderherz, ich heirate! Kannst dich morgen betrinken, dir einen fröhlichen Tag machen, dein Herr heiratet!' Eitel Sonnenschein war in meinem Herzen und Spielereien im Kopf!... Beinah wollte ich schon einschlafen, aber nein, es trieb mich wieder auf und so saß ich denn und sann; plötzlich schießt mir ein Gedanke durch den Kopf: ‚Morgen ist ja der erste April! – Der Tag der heiteren Neckereien und Scherze, des Frohsinns! – sollte man da nicht auch mal...?' – Und ich dachte mir auch wirklich etwas aus! Was glauben Sie, meine lieben Herrschaften, ich stand wieder auf, zündete die Kerze an und setzte mich kurzerhand, wie ich da war, an den Schreibtisch, das heißt: ich ließ die Zügel schießen und gab mich ganz dem Spiel hin! – Wissen Sie auch, meine Herrschaften, wie das ist, wenn der Mensch sich in ein Spiel verrennt? Mit dem Kopf voran stieß ich vor, meine Väter, blindlings drauflos und geradenwegs in die Pfütze, in den Schmutz hinein! Das ist nun mal so eine Veranlagung: man nimmt dir was weg, du aber wirfst ihnen auch noch anderes nach, einfach so aus Überschwang! Man gibt dir einen Backenstreich, du aber hältst ihnen vor Freude gleich den ganzen Rücken hin. Danach fangen sie an, dich wie einen Hund mit einem Stückchen Gebäck zu locken, du aber wirfst dich ihnen gleich aus vollem Herzen und mit ganzer Seele an den Hals und betatschest sie mit deinen dummen Pfoten und... na, drängst dich ihnen mit deinen Küssen auf! Und so ist es ja auch jetzt, meine Herrschaften! Sie lachen und flüstern miteinander, das sehe ich doch! Nachher aber, wenn ich Ihnen auch noch das Letzte von mir erzählt habe, werden Sie anfangen, sich gerade über *mich* lustig zu machen und mich davonzujagen; ich aber erzähle Ihnen trotzdem immer weiter von mir, von mir, von mir! Ja, wer zwingt mich denn dazu! Wer treibt mich dazu an! Wer steht hinter meinen Schultern und flüstert mir zu: Sprich weiter, sprich weiter, erzähle! Und ich spreche ja, erzähle, dränge mich Ihnen in die Seele, ganz als wären Sie alle, vergleichsweise gesagt, meine leiblichen Brüder oder Busenfreunde... Ach, n-e-i-n!...«

Das Gelächter, das sich schon hier und da zu erheben begonnen hatte, wurde allgemeiner und übertönte schließlich vollkommen die Stimme des Erzählers, der tatsächlich in eine Art Ekstase geraten war; er hielt inne, seine Augen liefen eine ganze Weile über die Versammlung hin, und dann plötzlich, gleichsam mitgerissen von einem Wirbelwind, gab er's mit einer Handbewegung auf und fing selbst zu lachen an, ganz als fände er seine Lage in der Tat lächerlich, und fuhr dann von neuem in seiner Erzählung fort:

»In jener Nacht, meine Herrschaften, kam ich kaum richtig zum Schlafen; die ganze Nacht saß ich über meiner Schreiberei, denn sehen Sie, ich hatte mir einen Aprilscherz ausgedacht! Ach ja, meine Herrschaften, wenn ich auch nur von fern daran denke, dann schäme ich mich schon! Ich wollte nichts sagen, wenn es bei der Schreiberei in der Nacht geblieben wäre: nun ja, in der Betrunkenheit kann man schon was Dummes aushecken, Unsinn zusammenfaseln, blöd sein, aber dabei blieb's ja nicht! Am nächsten Morgen erwachte ich schon in aller Frühe, hatte kaum ein bis zwei Stündchen geschlafen, und dann machte ich mich wieder daran! Darauf wusch ich mich, frisierte mich, strich Pomade aufs Haar, zog meinen neuen Frack an und begab mich schnurstracks zu Fedossei Nikolajitsch, um ihm zum Fest zu gratulieren, das Schriftstück aber hatte ich im Hut. Er empfing mich mit offenen Armen und wollte mich wieder an seine väterliche Weste drücken. Ich aber nahm eine steife Haltung an – mein Kopf war noch voll von dem nachts geplanten Schabernack –, trat einen Schritt zurück: ‚Nein, Fedossei Nikolajitsch', sagte ich, ‚aber wenn's Ihnen gefällig ist, lesen Sie zunächst dieses Schriftstück hier durch', und damit überreichte ich ihm das Schreiben. Wissen Sie, was darin stand? Daß aus den und den Gründen ein gewisser Ossip Michailytsch Polsunkoff um seine Entlassung aus dem Dienst ersucht! Und unterzeichnet hatte ich noch mit meinem vollen Namen und Titel! Ja, mein Gott, das war es, was ich mir ausgedacht hatte! Etwas Gescheiteres war mir nicht eingefallen! Ich hatte es mir so zurechtgelegt: ‚Heute ist der erste April, da will ich denn zum Scherz so tun, als fühlte ich mich noch immer gekränkt, als hätte ich es mir in der Nacht überlegt und mich anders bedacht: daß ich die beleidigende Zurücksetzung nicht vergessen habe und noch empörter sei als zuvor, und daß ich weder von euch, meine lieben Wohltäter, noch von eurem Töchterlein etwas wissen wolle; das Geld aber habe ich gestern eingesteckt, bin nun vorerst versorgt, und hier reiche ich das Gesuch um meinen Abschied ein. Ich wolle sozusagen nicht mehr unter einem Vorgesetzten wie Fedossei Nikolajitsch Dienst tun. Ich werde mich nach einer anderen Stellung umsehen und dann, nehmt euch in acht, doch noch eine Anzeige erstatten!' – Als solch einen Schuft stellte ich mich hin, bloß um sie zu erschrecken. Das war es, was ich mir ausgedacht hatte! Wie finden Sie den Einfall, meine Herrschaften, etwa nicht gut? Dabei war mein Herz seit dem vergangenen Tag von so viel Liebe zu ihnen erfüllt, daß ich mir den kleinen Familienscherz erlauben wollte, um das Vaterherz Fedossei Nikolajitschs ein wenig aufzuziehen...

Kaum hatte er mein Schreiben in Empfang genommen und entfaltet – da sehe ich, wie sich sein ganzer Gesichtsausdruck verändert. ‚Was soll das heißen, Ossip Michailytsch?' – Ich aber rufe ausgelassen wir ein Narr: ‚April! Erster April! Ich gratuliere zum Festtage, Fedossei Nikolajitsch!' – also ganz wie ein dummer Bengel, der sich heimlich hinter Großmutters Lehnstuhl versteckt hat und dann plötzlich ihr lauthals ins Ohr schreit ‚Bääh!' – um sie zu erschrecken! Tja... man schämt sich einfach, so etwas zu erzählen, meine Herrschaften! Tatsächlich! Ich werde nun auch nicht mehr weitererzählen!«

»Aber nicht doch, was geschah denn danach?«

»Nein, nein, erzählen Sie weiter! Erzählen Sie schon, erzählen Sie!« rief man von allen Seiten.

»Ja, meine Herrschaften, danach gab es viel Gerede, Erklärungen und kritische Betrachtungen, mit Ächzen und Seufzen über mich! Ein Schelm sei ich und ein Spaßvogel sei ich, und ich hätte sie so erschreckt, und dann wurde mir so viel Süßes gesagt, daß ich mich zu schämen begann und bange dastand und mich nur wunderte, wie einen solchen Sünder ein so heiliger Boden überhaupt noch trug!

‚Nun, mein Bester', begann die Rätin mit ihrer blechernen Stimme, ‚du hast mich dermaßen erschreckt, daß mir auch jetzt noch die Knie zittern und ich mich kaum auf den Füßen halten kann! Wie halb von Sinnen lief ich zu Mascha. ›Máschenka‹, sagte ich, ›was wird jetzt aus uns werden! Schau doch, als was für einer sich *Dein Erwählter* entpuppt!‹ Und so versündigte ich mich selbst, mein Lieber, verzeih mir schon, mir alten Frau, die ich mich so blamiert habe! Denn ich wußte es mir nur so zu erklären: da ist er nun gestern spät in der Nacht von uns heimgekehrt, hat angefangen nachzudenken, und da hat es ihm vielleicht geschienen, daß wir ihn gestern gar zu sehr hofiert hätten, ihn wohl gar einfangen wollten!

Bei diesem Gedanken stand mir das Herz still! – ›Hör auf, Máschenka, brauchst mir nicht Winke zu geben, laß das Zwinkern! Ossip Michailytsch ist uns kein Fremder, und ich bin deine Mutter, werde schon nichts Unrechtes sagen! Gott sei Dank lebe ich nicht erst seit zwanzig Jahren auf der Welt, sondern schon seit ganzen fünfundvierzig!‹ ...'

Nun ja, meine Herrschaften! Fast wäre ich ihr hier zu Füßen gefallen! Wieder wurden Tränen geweint, wieder gab's Versöhnungsküsse und Umarmungen! Dann ging man zu Scherzen über. Auch Fedossei Nikolajitsch wollte sich einen Aprilscherz leisten und sagte, der feurige Märchenvogel sei angeflogen gekommen und habe ihm im brillantenglitzernden Schnabel einen Brief gebracht! Er wollte uns gleichfalls verblüffen, – es wurde viel gelacht! Alle waren ganz gerührt! Pfui! Es ist beschämend, das zu erzählen!

Ja, was, meine Gönner, jetzt ist nicht mehr viel zu berichten! Wir verlebten einen Tag, einen zweiten, einen dritten, eine ganze Woche; ich war nun schon richtig Bräutigam! Was fehlte denn noch! Die Ringe waren bestellt, der Tag wurde festgesetzt, nur öffentlich wollte man es nicht vor der Zeit bekanntgeben, wollte noch den Revisor abwarten. Ich aber wartete auf ihn mit aller Ungeduld, da mein Glück doch von ihm aufgehalten wurde. ‚Wenn wir ihn doch nur schneller vom Halse hätten', dachte ich. Fedossei Nikolájitsch aber hatte so zwischen den Räuschchen und in der Hochstimmung alle Arbeiten auf mich abgewälzt: Rechnungen und Rapporte zu schreiben, die Bücher zu revidieren, Abschlüsse zu machen. Ich fand die schrecklichste Unordnung vor: alles war rückständig, überall stimmte etwas nicht. Nun, ich sagte mir, indem ich mich abrackerte, ich tue es doch für den lieben Schwiegervater! Er aber begann zu kränkeln, wurde krank, von Tag zu Tag ging es ihm zusehends schlechter. Ich aber war schon so abgemagert wie ein Streichhölzchen, arbeitete die Nächte durch und fürchtete schon, ganz zusammenzubrechen! Aber ich schaffte es doch und beendete die Arbeit wunderbar! Bis zum Termin hatte ich Fedossei Nikolajitsch glücklich aus der Patsche gezogen! Plötzlich schickt man einen Eilboten nach mir. ‚Kommen Sie schnell', sagt er, ‚Fedossei Nikolajitsch geht es schlecht!' Ich laufe Hals über Kopf zu ihm. Was gibt's? Ich sehe, mein Fedossei Nikolajitsch sitzt da mit Essigkompressen auf dem Kopf, der ganz umwickelt ist, verzieht das Gesicht, keucht und stöhnt, oh und ach! ‚Mein Lieber, mein Liebster', sagte er; ‚ich sterbe', sagt er, ‚wem überlasse ich euch, meine Kin-

der!‘ Die Frau kam mit den Kindern, Maschenka war in Tränen aufgelöst, – nun, auch ich begann zu weinen. ‚Nein, nein, gewiß nicht, Gott wird barmherzig sein und wird nicht die Sünden des Vaters heimsuchen an den Kindern, an euch, meine Lieben!‘ Hierauf entließ er sie alle, befahl mir, die Tür hinter ihnen zu schließen, und so blieben wir beide allein zurück, unter vier Augen.
‚Ich habe eine Bitte an dich!‘ – ‚Was für eine?‘ – ‚Ja, sieh mal, Bruder, nicht einmal auf dem Sterbebett habe ich Ruhe, ich bin in Not geraten!‘ – ‚Wie ist das möglich?‘ Mir stieg das Blut zu Kopf, meine Zunge war wie gelähmt. ‚Ja, das kam so, mein Lieber, ich mußte aus meiner Tasche die Kasse auffüllen; für das allgemeine Wohl bin ich zu jedem Opfer bereit! Da tut es mir nicht leid ums Geld; da schone ich auch nicht mein Leben! Du darfst nicht schlecht von mir denken! Es macht mich traurig, daß Verleumder mich bei dir angeschwärzt haben... Du hast dich irreführen lassen, der Kummer hat seitdem mein Haar gebleicht. Der Revisor kann jeden Augenblick eintreffen, und bei Matwéjeff fehlen siebentausend, ich aber bin dafür verantwortlich... wer denn sonst! Von mir wird man sie verlangen, Bruder, und warum hast du nicht aufgepaßt, wird's heißen! Und von Matwejeff ist doch nichts zu holen! Er hat auch so schon genug auf dem Kerbholz; man kann den Habenichts doch nicht ganz ins Verderben stürzen!‘
‚Alle Heiligen!‘ denke ich, ‚ist das ein rechtschaffener Mann! ist das eine Seele!‘ Er aber fährt fort: ‚Das Geld für die Aussteuer und Mitgift meiner Tochter will ich nicht anrühren: das ist für mich eine heilige Summe! Freilich habe ich auch noch eigenes Geld, das ist ja wahr; aber das ist an andere Leute ausgeliehen, das läßt sich doch jetzt nicht so schnell eintreiben!‘ Da fiel ich denn ohne weiteres vor ihm auf die Knie. ‚Mein Wohltäter!‘ rief ich, ‚ich habe dich gekränkt und beleidigt. Verleumder haben die Anzeige gegen dich geschrieben und mir zugestellt, damit ich... ach, bring mich nicht um vor Reue, nimm es zurück, das Geld, das du mir gegeben hast!‘ Er sieht mich an, und Tränen rollen aus seinen Augen... ‚Ich habe es nicht anders von dir erwartet, mein Sohn; stehe auf! Damals habe ich dir um meiner Tochter Tränen willen verziehen, jetzt verzeiht dir auch mein Herz! Du hast‘, sagte er, ‚hast meine Wunden geheilt!‘ sagte er. ‚Ich segne dich bis in alle Ewigkeit!‘ Nun, meine Herrschaften, nachdem er mich so gesegnet hatte, sprang ich auf und rannte, wie man zu sagen pflegt, auf allen vier Pfoten zu mir nach Haus und brachte ihm die Summe zurück: ‚Hier, Väterchen,

hier ist das Geld, nur fünfzig Rubel habe ich davon verbraucht!' – ‚Nun, das macht nichts', sagte er, ‚so genau kommt es jetzt nicht darauf an; die Zeit drängt; also setz einen Rapport auf, unter älterem Datum, schreib: du seiest in Geldverlegenheit und bätest um einen Vorschuß von fünfzig Rubeln. Ich werde es dann als dein Vorgesetzter so vorweisen und sagen, der Vorschuß sei dir ausgezahlt worden...' Nun was, meine Herrschaften! Was meinen Sie! Ich habe doch den Rapport geschrieben!...«

»Nun, und? – was geschah denn danach? – wie endete denn das alles?«

»Nachdem ich meinen Rapport geschrieben hatte, meine verehrten Herrschaften, geschah folgendes: Gleich am nächsten Tage, frühmorgens, kommt ein Brief mit einem Amtsstempel. Ich sehe nach. Und was halte ich in der Hand? Meine Entlassung! Dazu die Aufforderung, alle Akten zu übergeben, die Rechnungen abzuschließen und selbst meiner Wege zu gehen!«

»Wieso? Wir war denn das möglich?«

»Ja, meine Herrschaften, auch ich habe damals aufgeschrien: Wieso? Wie ist denn das möglich? In meinen Ohren begann es zu klingen, wie ein Glockenläuten! In meiner Einfalt dachte ich zunächst, der Revisor hält seinen Einzug in die Stadt! Dann erschrak mein Herz. Nein, dachte ich, so einfach ist das nicht! Und so wie ich da stand, stürzte ich zu Fedossei Nikolajitsch. – ‚Was soll das bedeuten?' sage ich. – ‚Was denn?' sagt er. – ‚Das hier: diese Entlassung!' – ‚Was für eine Entlassung?' – ‚Meine Entlassung?' – ‚Nun ja, dann wird sie 's wohl sein.' – ‚Aber wieso denn, habe ich denn um meine Entlassung ersucht?' – ‚Ja, wie denn nicht, Sie haben Ihr Gesuch doch eingereicht, am 1. April haben Sie es eingereicht. (Ich hatte das Schriftstück nicht wieder an mich genommen!) – ‚Fedossei Nikolajitsch, sehen meine Augen, hören meine Ohren recht, sind Sie das selbst...?' – ‚Freilich bin ich's selbst; was soll diese Frage?' – ‚Herrgott im Himmel!' – ‚Es tut mir leid, mein Herr, leid, sehr leid, daß Sie schon in so jungen Jahren Ihren Dienst quittieren wollen! Ein junger Mann muß im Dienst stehen, bei Ihnen aber, mein Herr, scheint neuerdings der Wind im Kopf zu spielen. Was nun das Zeugnis anbelangt, so können Sie unbesorgt sein: ich werde dafür Sorge tragen. Sie haben sich ja selbst immer so gut attestiert!' – ‚Aber das sollte doch damals nur ein kleiner Scherz sein, Fedossei Nikolajitsch; es war ja gar nicht ernst gemeint! Ich habe die Eingabe doch nur zum Spaß überreicht, um Ihre väterliche Einstellung

... jawohl ...' – ,Was – jawohl? Was reden Sie von einem kleinen Scherz, mein Herr! Scherzt man denn mit solchen Schriftstücken? Für solche Scherze wird man Sie noch mal nach Sibirien expedieren! Und nun leben Sie wohl, ich habe keine Zeit; der Revisor wird gleich eintreffen, die Dienstpflichten gehen vor; Sie können sich ja jetzt amüsieren, wir aber haben hier zu arbeiten. Aber ich werde Ihnen schon ein Zeugnis ausstellen, wie es sich gehört ... ja, noch was: ich habe das Haus von Matwéjeff erstanden, sind uns über den Preis einig geworden, und da wir in den nächsten Tagen umziehen werden, hoffe ich, das Vergnügen zu haben, Sie in meinem neuen Heim nicht mehr zu sehen. Und somit: Leben Sie wohl!' – Ich lief nach Haus, so schnell ich noch konnte. ,Wir sind verloren, Großmutter!' Sie begann zu weinen, die liebe Alte. Gleich darauf sehen wir, wie der kleine Kosak von Fedossei Nikolajitsch angelaufen kommt, mit einem Zettel und einem Vogelbauer, in dem ein Star sitzt. Ich hatte ihr im Überschwang der Gefühle diesen Star im Vogelbauer selbst geschenkt. Auf dem Zettel aber stand: ,1. April.' Und weiter nichts. So also war es, meine Herschaften; wie denken Sie nun darüber?«

»Aber wie denn, was geschah denn weiter??«

»Was sollte denn noch geschehen! Einmal begegnete ich Fedossei Nikolajitsch, wollte ihm schon ins Gesicht sagen, daß er ein Schuft ist ...«

»Nun, und?«

»Aber ich brachte es irgendwie doch nicht über die Lippen, meine Herrschaften!«

EIN SCHWACHES HERZ

Eine Novelle

Unter dem gleichen Dach, in ein und derselben Wohnung im vierten Stock hausten gemeinsam zwei junge Kollegen, Arkádij Iwánowitsch Nefédjewitsch und Wássja Schúmkoff... Der Verfasser ist sich natürlich durchaus der Notwendigkeit bewußt, dem Leser jetzt gleich zu erklären, warum der eine der beiden Helden mit seinem vollen Namen genannt wird, der andere dagegen nur mit der familiären Abkürzung seines Taufnamens und dem Familiennamen, und wäre es zum Beispiel auch nur zu dem Zweck, damit man eine solche Ausdrucksweise nicht einfach für ungehörig und allzu intim finde.[1] Um das zu verhüten, müßte jedoch im voraus alles erklärt und beschrieben werden, der Rang, das Alter, der Stand, die berufliche Tätigkeit und schließlich sogar die Charaktere der handelnden Personen. Da es aber so viele solcher Schriftsteller gibt, die gerade damit zu beginnen pflegen, so entschließt sich der Verfasser der vorzutragenden Novelle einzig zu dem Zweck, um jenen nicht zu gleichen (das heißt: nur infolge seines maßlosen Ehrgeizes, wie vielleicht manche sagen werden), unmittelbar mit der Handlung anzufangen. Nach Abschluß eines solchen Vorworts beginnt er nun also ohne weiteres.

Am Vorabend des Neujahrstages kam Schumkoff gegen sechs Uhr nach Hause. Arkadij Iwanowitsch, der auf seinem Bett lag, erwachte und blickte aus einem halboffenen Auge auf seinen Freund. Er bemerkte, daß dieser seinen besten Zivilanzug anhatte und dazu ein blitzsauberes Vorhemd. ‚Wohin könnte er in diesem Aufzug gegangen sein?‘ fragte sich Arkadij Iwanowitsch. ‚Und wo mag er gegessen haben?‘

Schumkoff hatte inzwischen eine Kerze angezündet, und Arkadij Iwanowitsch erriet alsbald, daß sein Freund die Absicht hatte, ihn zu wecken, aber nur durch ein scheinbar ganz unbeabsichtigtes Geräusch. Und so geschah es denn auch: Wassja hustete zweimal, ging zweimal im Zimmer auf und ab, und ließ schließlich, wie aus Versehen, seine Pfeife aus der Hand fallen, die er in der Ecke am Ofen zu stopfen begonnen hatte. Arkadij Iwanowitsch mußte in sich hineinlachen.

»Wassja, höre auf, dich zu verstellen!« sagte er.

»Arkáscha, du schläfst nicht?«

»Ja, weißt du, mit Bestimmtheit kann ich es dir nicht sagen; aber es scheint mir, daß ich nicht schlafe.«

»Ach, Arkascha! Guten Tag, mein Lieber!... Nun, Bruderherz! nun, Bruderherz!... Du weißt ja gar nicht, was ich dir zu sagen habe!«

»Nee, das weiß ich wirklich nicht; aber komm mal ein bissel her zu mir.«

Wassja kam sofort herbei, als hätte er nur auf dieses Wort gewartet, und ohne auf die geringste Hinterlist von seiten Arkadij Iwanowitschs gefaßt zu sein. Dieser aber packte ihn am Arm, drehte ihn mit einem überaus geschickten Griff herum, brachte ihn unter sich zu liegen und begann nun das Opferlein, wie man zu sagen pflegt, zu knuffen und zu würgen, was dem lustigen Arkadij Iwanowitsch unglaublichen Spaß zu machen schien.

»Hereingefallen!« rief er triumphierend, »bist hereingefallen!«

»Arkáscha, Arkascha, was tust du mit mir? Laß mich los, um Gottes willen, laß mich los, du verknüllst mir meinen ganzen Anzug!«

»Macht nichts; wozu hast du auch deinen guten Anzug an? Sei nächstens nicht so vertrauensselig, daß du dich schnappen läßt! Sag jetzt, wo bist du gewesen, wo hast du zu Mittag gegessen?«

»Arkascha, um Gottes willen, laß mich los!«

»Wo hast du gegessen?«

»Das wollte ich dir doch gerade erzählen...«

»Dann erzähle.«

»Laß mich aber erst los!«

»Nein, nun gerade nicht, bevor du nicht alles erzählt hast!«

»Arkascha, Arkascha! Begreifst du denn nicht, daß es so nicht geht... ganz unmöglich ist!« schrie der schwächliche Wassja und versuchte vergeblich, sich den starken Pranken seines Gegners zu entwinden. »Es gibt doch gewisse Dinge, die...«

»Was für Dinge?«

»Dinge eben, die so sind, daß man, wenn man in einer solchen Lage von ihnen zu sprechen anfinge, einfach seine Würde verlöre; es geht wirklich nicht; es würde nur komisch wirken! Dabei handelt es sich hier um gar nichts Komisches, sondern um etwas Wichtiges.«

»Ach, zum Kuckuck mit dem Wichtigen! Da hast du dir was Schönes ausgedacht! Erzähle es mir so, daß ich darüber lachen kann; etwas, was zum Lachen ist; von Wichtigem mag ich nichts hören. Was bist du denn sonst für ein Freund? Sag doch, was bist du denn sonst für ein Freund, he?«

»Arkascha, bei Gott, es geht nicht!«

»Und ich will von wichtigen Dingen nichts hören...«

»Nun gut, Arkascha!« begann Wassja, der quer auf dem Bett lag und sich nun alle Mühe gab, seinen Worten möglichst viel Würde zu verleihen. »Arkascha! Ich werde es dir also meinetwegen sagen; nur...«

»Nun, was?«

»Nun ja, ich habe mich verlobt!«

Arkadij Iwanowitsch nahm, ohne ein weiteres Wort zu verlieren, seinen Wassja wie ein kleines Kind auf die Arme, ungeachtet dessen, daß Wassja durchaus nicht so klein, sondern ziemlich lang war, wenn auch sehr mager, und trug ihn spielend aus einer Ecke des Zimmers in die andere; er tat, als wiege er ein Kindchen in den Schlaf.

»Und ich werde dich Bräutigam gleich trocken legen«, sagte er dazu beschwichtigend, wie eine Kinderfrau. Als er aber bemerkte, daß Wassja ganz regungslos und ohne noch ein Wort zu sagen in seinen Armen lag, besann er sich sofort und begriff, daß er mit seinen Scherzen offenbar zu weit gegangen war. Er stellte ihn mitten im Zimmer hin und küßte ihn in der aufrichtigsten und freundschaftlichsten Weise auf die Backe.

»Wassja, bist doch nicht etwa böse?«

»Arkascha, höre mich an...«

»Nun dann: viel Glück zum Neuen Jahr!«

»Ich nehme es dir ja nicht übel; aber warum bist du immer so ein Tollkopf, so ein Ulkbruder? Wie oft habe ich schon zu dir gesagt: Arkascha, bei Gott, das ist nicht witzig, ganz und gar nicht witzig!«

»Na ja, also du bist nicht böse?«

»Nein, das nicht; auf wen bin ich denn schon jemals böse! Aber du hast mich betrübt, verstehst du das denn nicht?«

»Wieso betrübt? Wodurch denn das?«
»Ich kam zu dir wie zu einem Freunde, mit übervollem Herzen, um vor dir meine ganze Seele auszubreiten, dir von meinem Glück zu erzählen...«
»Von was für einem Glück? Ja, warum sagst du denn nichts?...«
»Nun ja, ich habe mich doch verlobt, werde heiraten!« antwortete Wassja unwillig, da er wirklich ein wenig ungehalten war.
»Du! Du wirst heiraten! So war das ernst gemeint?« schrie Arkascha vor Überraschung laut auf. »Nein, nein... wie ist denn das? Er sagt es so, dabei kullern ihm die Tränen aus den Augen!... Wassja, du mein Wassjúk, mein Söhnchen, laß es gut sein! Also ist es wirklich wahr? Wirklich?« Und Arkadij Iwanowitsch stürzte wieder auf ihn zu, um ihn in die Arme zu schließen.
»Nun, verstehst du jetzt, weshalb ich es so nicht sagen konnte?« fragte Wassja. »Du bist doch ein guten Mensch, bist mein Freund, ich weiß das doch. Ich kam zu dir so voller Freude, voll seelischer Begeisterung geradezu, und diesen ganzen Überschwang sollte ich dir mitteilen, indem ich quer auf dem Bett liege und mit den Beinen strampele, aller Würde bar... Du begreifst doch, Arkascha«, fuhr Wassja halblachend fort, »das wäre doch geradezu lächerlich gewesen... nun und in gewissem Sinne war ich doch in diesem Augenblick nicht einmal Herr über meine Person. Da konnte ich diese Sache doch nicht so erniedrigen... Es fehlte nur noch, daß du mich gefragt hättest, wie sie heißt! Ich schwöre dir, du hättest mich eher umbringen können, als daß ich dir geantwortet hätte.«
»Aber, Wassja, warum hast du denn geschwiegen! Du hättest mir das alles schon vorher sagen sollen; dann hätte ich mit dem Ulk gar nicht angefangen!« rief Arkadij in aufrichtiger Verzweiflung.
»Ach, schon gut, schon gut! Ich habe das ja nur so... Du weißt doch, woher das alles kommt, – doch nur daher, weil ich ein gutmütiges Herz habe. Da ärgert es mich nun, daß ich es dir nicht so habe sagen können, wie ich es wollte, dich erfreuen, dir eine frohe Überraschung bereiten, es schön erzählen, dich auf anständige Weise einweihen... Wirklich, Arkascha, ich liebe dich so, daß ich, wenn du nicht wärest, gar nicht heiraten würde, und dann auch überhaupt nicht auf der Welt sein wollte!«
Arkadij Iwanowitsch, der außergewöhnlich gefühlvoll war, lachte und weinte zugleich, während er Wassja zuhörte. Und Wassja tat dasselbe. Beide umarmten sich immer wieder und vergaßen, was gewesen war.

»Aber wie ist das, wie ist das nun eigentlich? Erzähle mir alles, Wassja! Du siehst, Bruder, ich bin erschüttert, verzeih mir, wirklich ganz erschüttert; wie vom Donner gerührt, bei Gott! Aber nein doch, Bruder, nein, du hast dir das doch wohl nur so ausgedacht, du faselst mir was vor!« rief Arkadij Iwanowitsch plötzlich aus und sah Wassja sogar mit unverfälschtem Mißtrauen ins Gesicht, doch als er in diesem nur die strahlende Bestätigung der Absicht las, unbedingt und so bald wie nur möglich zu heiraten, da warf er sich auf sein Bett und begann auf ihm Purzelbäume zu schlagen, daß die Wände zitterten.

»Wassja, setz dich hierher zu mir!« rief er, endlich sich sittsam aufs Bett setzend.

»Ich weiß wirklich nicht, Bruder, wie ich anfangen soll, womit zuerst?«

Beide sahen in freudiger Erregung einander an.

»Wer ist sie, Wassja?«

»Eine Artémjewa!...«, brachte Wassja mit vor Glück schwacher Stimme hervor.

»Wirklich?«

»Na ja, ich habe dir doch schon soviel von ihnen die Ohren vollgesummt... dann habe ich nichts mehr gesagt; du aber hast überhaupt nichts gemerkt. Ach, Arkascha, was es mich gekostet hat, dir gegenüber alles zu verheimlichen! Aber ich hatte Angst, hatte Angst, davon zu sprechen! Ich dachte, es könnte alles auseinandergehen, und ich bin doch verliebt, Arkascha! Mein Gott, mein Gott! Siehst du, die Sache war nämlich so«, begann er, mußte aber vor Aufregung immer wieder innehalten. »Sie hatte einen Bräutigam, noch vor einem Jahr; plötzlich wurde er irgendwohin versetzt; ich habe ihn auch gekannt – es war so ein... ach, was, Gott mit ihm! Na ja, und da hat er denn nichts mehr von sich hören lassen, war einfach verschollen. Sie warteten, warteten; was das wohl bedeuten mochte?... Plötzlich kommt er, das war vor vier Monaten, kommt er zurück, schon verheiratet, und läßt sich bei ihnen nicht mehr blicken! Das war roh! war gemein! Es war aber niemand da, der für sie hätte eintreten können. Sie weinte und weinte, die Arme, ich aber verliebte mich in sie... Aber ich war doch schon lange, schon immer in sie verliebt. Also, ich begann sie zu trösten, besuchte sie, besuchte sie oft... Nun ja, aber ich weiß wirklich nicht, wie das alles so gekommen ist, nur hat auch sie mich liebgewonnen; vor einer Woche hielt ich es dann nicht mehr aus, ich mußte weinen, ich schluchzte und sagte ihr alles... nun ja... daß ich sie liebte, – mit einem Wort, sagte ihr alles!... ‚Ich würde Sie wohl auch lieben können, Wassílij Petrówitsch‘, sagte sie, ‚aber ich bin ein armes Mädchen, machen Sie sich nicht lustig über mich; ich wage es schon gar nicht mehr, jemanden zu lieben.‘ Nun, Bruder, begreife doch! Begreifst du?... Da haben wir uns denn gleich miteinander verlobt. Ich habe dann nachgedacht und überlegt und habe sie dann gefragt: ‚Wie sagen wir es Mamachen?‘ Und sie sagte: ‚Das wird schwierig werden. Warten Sie noch ein wenig.‘ Sie fürchtete sich; sie meinte, jetzt werde die Mutter sie mir noch nicht geben wollen; dabei weinte sie selbst. So habe ich denn heute, ohne sie einzuweihen, der Mutter alles gesagt. Lisa fiel vor ihr auf die Knie, ich auch... nun, und sie hat uns dann ihren Segen gegeben. Arkascha, Arkascha! Mein Liebster! Laß uns alle zusammen wohnen! Nein! Um nichts in der Welt werde ich mich von dir trennen!«

»Wassja, soviel ich dich auch anschaue, ich kann es einfach nicht glauben, bei Gott, ich kann es nicht glauben, ich schwöre dir. Wahrhaftig, es kommt mir immer so vor... Hör mal, wie kannst du denn überhaupt heiraten?... Und wie ist es denn möglich, daß ich nichts davon gewußt habe? Weißt du, Wassja, ich will es dir nur gestehen, Bruder, ich habe ja selbst schon daran gedacht zu heiraten; aber da nun du heiratest, so bleibt sich das ja gleich. Na, also denn: werde glücklich, werde glücklich!...«

»Bruder, weißt du, jetzt ist es mir so süß im Herzen, so leicht in der Seele...«, sagte Wassja, indem er aufstand und erregt im Zimmer hin und her ging. »Nicht wahr? nicht wahr, du empfindest das doch auch so? Wir werden bescheiden leben, das versteht sich von selbst, aber wir werden glücklich sein; das ist doch kein Hirngespinst! Unser Glück ist doch keine aus den Büchern übernommene Illusion: wir werden doch in der Wirklichkeit glücklich sein!...«

»Wassja, aber Wassja, höre mal!«

»Was?« fragte Wassja und blieb vor Arkadij Iwanowitsch stehen.

»Mir kam nur soeben der Gedanke... weißt du, ich fürchte mich irgendwie, ihn vor dir auszusprechen!... Verzeih mir und... nimm mir meine Bedenken. Wovon willst du denn leben? Weißt du, ich bin natürlich begeistert, daß du heiratest, natürlich, bin vor Freude ganz aus dem Häuschen und weiß nicht, wie mich beherrschen, – aber wovon wirst du denn leben? Das ist die Frage...«

»Ach, du lieber Gott! Wie kannst du nur so sein, Arkascha!« sagte Wassja, der mit tiefster Verwunderung seinen Freund Nefedjewitsch ansah. »Was fällt dir eigentlich ein? Selbst die alte Mutter hat keine zwei Minuten überlegt, nachdem ich ihr alles klar auseinandergesetzt hatte. Frage sie doch, womit *sie* auskommen müssen! Sie haben doch nur fünfhundert Rubel im Jahr, zu dritt: das ist die ganze Pension, die ihnen nach dem Tode des Vaters zusteht. Davon haben die Mutter, die Tochter und noch der kleine Bruder gelebt, für den von diesem Geld noch die Schule bezahlt werden muß, – siehst du, so leben sie dort! Dagegen sind doch wir beide richtige Kapitalisten, im Vergleich mit ihnen! Und ich stehe mich doch in manchem Jahr, einem guten Jahr, sogar auf siebenhundert.«

»Hör mal, Wassja, entschuldige schon; ich denke doch, bei Gott, nur daran, wie das alles zu machen wäre, – aber wie kommst du auf siebenhundert? Du bekommst doch nur dreihundert...«

»Dreihundert!... Und Julián Mastákowitsch? Hast du den vergessen?«

»Julian Mastakowitsch! Aber das ist doch nur eine ganz unsichere Sache; das ist doch nicht dasselbe wie dreihundert Rubel sicheren Gehalts, wo jeder Rubel wie ein treuer Freund ist. Julian Mastakowitsch, nun ja, natürlich, er ist sogar ein großer Mann, ich achte ihn, ich verstehe ihn, obschon er so hoch gestiegen ist, und, bei Gott, ich liebe ihn, weil er dich liebt und dir für deine Heimarbeit Geld zahlt, während er das doch auch unterlassen und einfach einen Beamten damit beauftragen könnte. Aber du mußt doch zugeben, Wassja... Höre also weiter; ich rede doch keinen Unsinn! ich gebe zu, daß man in ganz Petersburg keine solche Handschrift findet wie deine, das will ich gern anerkennen«, schloß Nefedjewitsch nicht ohne Wärme, »aber wenn du ihm nun, Gott behüte! – eines Tages nicht mehr gefällst, es ihm nicht recht machst, oder wenn er plötzlich keine Extraarbeit mehr für dich hat oder einen anderen nimmt – nun ja, schließlich, was kann nicht alles passieren? Dann kann dein Julian Mastakowitsch eines Tages der Vergangenheit angehören, Wassja...«

»Na, höre mal, Arkascha, wenn du so zu philosophieren anfängst, dann kann ja auch gleich die Zimmerdecke über uns einstürzen...«

»Nun ja, freilich, freilich... Ich will ja auch nichts...«

»Nein, höre mich an, du, hör nur mal zu, sieh mal: warum soll er denn auf mich verzichten... Nein, wart, laß mich zu Ende sprechen, hör nur zu! Ich erledige doch alles für ihn sorgfältig und pünktlich; er ist doch so gut zu mir, er hat mir doch, Arkascha, hat mir doch heute noch fünfzig Silberrubel gegeben!«

»Ist's möglich, Wassja? Eine Zulage?«

»Was, Zulage! Aus *seiner* Tasche! Er sagte: ‚Du hast ja, mein Lieber, schon den fünften Monat kein Geld mehr erhalten, wenn du welches brauchst, hier, nimm es!' und ‚Ich danke dir', sagte er, ‚ich danke dir, ich bin mit dir zufrieden... bei Gott! Und du sollst doch nicht umsonst für mich arbeiten', sagt er, wirklich! Wörtlich so! Mir rollten die Tränen über die Backen, Arkascha. Herrgott noch einmal!«

»Höre, Wassja, hast du die neue Abschrift schon fertiggestellt?...«

»Nein... noch nicht.«

»Aber, Wássinka! Mein Engel! Was hast du denn getan?«

»Ach, hör auf, Arkadij, das macht doch nichts, ich habe ja noch zwei Tage Zeit, da schaff' ich's schon...«

»Warum hast du denn nicht geschrieben?«

»Na ja, na ja! Du schaust mich schon gleich so bedrückt an, daß sich mein ganzes Innere umdreht und das Herz sich zusammenkrampft! Na, was ist denn dabei? Du machst mich immer so mutlos! Gleich schreist du: ach – ach – ach!! Überlege es doch: was ist denn dabei? Ich werde es schon noch schaffen, bei Gott, ich werde es schaffen...«

»Aber wenn du es nun nicht schaffst!« schrie Arkadij ihn an, »er aber hat dir heute noch eine Gratifikation gegeben! Und obendrein willst du heiraten... da hört sich doch...«

»Das macht doch nichts, gar nichts«, schrie nun auch Schumkoff, »ich setze mich gleich hin, im Augenblick, – das macht doch nichts!«

»Wie hast du bloß so versagen können, Wassjútka?«

»Ach, Arkascha! Konnte ich denn überhaupt stillsitzen? Hatte ich denn das im Sinn? Ich konnte ja auch in der Kanzlei kaum sitzen bleiben, es drückte mir ja das Herz ab... Ach, was! Ich werde jetzt die ganze Nacht durcharbeiten, morgen wieder und übermorgen gleichfalls, und dann – wird's fertig sein!...«

»Ist noch viel abzuschreiben?«

»Störe mich nicht, um Gottes willen, störe mich nicht! Schweige jetzt!«

Arkadij Iwanowitsch ging leise auf den Fußspitzen zu seinem Bett und setzte sich hin, darauf wollte er plötzlich wieder aufstehen, sagte sich aber sofort, daß er den Freund nicht stören dürfe, und blieb sitzen, obschon ihm das bei seiner Erregung schwerfiel: offenbar hatte ihn die Mitteilung so aufgeregt und war die erste Freude noch nicht abgeklungen in ihm. Er blickte zu Schumkoff hinüber,

der sah ihn an, lächelte, drohte ihm mit dem Finger, und dann runzelte er ganz furchtbar die Brauen (als läge gerade darin die ganze Kraft und der ganze Erfolg der Arbeit) und heftete den Blick wieder auf die Schriftstücke.
Wie es schien, hatte auch er seine Erregung noch nicht überwunden, wechselte die Federn, rückte auf dem Stuhl hin und her, nahm sich zusammen, machte sich von neuem ans Schreiben, aber seine Hand zitterte und versagte offenbar den Dienst.
»Arkascha! Ich habe ihnen auch von dir erzählt!« rief er plötzlich, als wäre es ihm soeben wieder eingefallen.
»Ja?« rief Arkadij, »ich wollte dich vorhin danach fragen. Nun, und?«
»Ja... Ach, ich werde dir das später alles erzählen. Da sieh, jetzt bin ich, bei Gott, selbst daran schuld, hatte es aber ganz vergessen, daß ich nicht früher zu sprechen anfangen wollte, als bis ich vier Blätter geschrieben habe, – da fielen sie mir wieder ein und dann du. Weißt du, ich kann gar nicht richtig schreiben, immer wieder muß ich an euch denken...« Wassja lächelte.
Sie schwiegen beide.
»Pfui! Was für eine schlechte Feder!« rief Schumkoff, schlug vor Ärger auf den Tisch und nahm wieder eine andere.
»Wassja! Höre, Nur ein Wort...«
»Nun, aber schnell, zum letztenmal.«
»Hast du noch viel zu schreiben?«
»Ach, mein Lieber!...« Wassja schnitt ein Gesicht, als gäbe es keine schrecklichere und vernichtendere Frage auf der Welt als diese. »Viel, noch furchtbar viel!« antwortete er dann.
»Weißt du, ich habe eine Idee...«
»Was für eine?«
»Nein, nein, schreibe nur.«
»Nun, was für eine? Sag doch schon!«
»Es geht schon auf sieben Uhr, Wassjúk!«
Dabei lächelte Nefedjewitsch schelmisch und blinzelte Wassja zu, wenn auch nur ganz schüchtern, da er nicht wußte, wie dieser es aufnehmen würde.
»Nun, was denn:« sagte Wassja und schien wirklich mit dem Schreiben aufhören zu wollen. Er sah ihm gerade in die Augen und war ganz blaß vor Erwartung.
»Weißt du was?«
»Um Gottes willen, was denn?«

»Weißt du, du bist so aufgeregt und wirst jetzt doch nicht viel arbeiten können... Warte, warte, warte, ich sehe, ich sehe – so höre doch!« beeilte sich Nefedjewitsch und sprang, von seinem Gedanken begeistert, vom Bett auf, um mit allen Kräften einer Erwiderung Wassjas zuvorkommen. »Es ist vor allem nötig, daß du dich beruhigst und wieder von neuem Kräfte sammelst, ist's nicht so?«

»Arkascha! Arkascha!« rief Wassja und sprang vom Stuhl auf, »ich werde die ganze Nacht aufbleiben und schreiben, bei Gott, das tu' ich!«

»Nun ja, jawohl! aber gegen Morgen wirst du doch einschlafen...«

»Ich werde nicht einschlafen, um nichts in der Welt...«

»Nein, das geht, das geht nicht! Natürlich wirst du gegen fünf Uhr einschlafen! Und um acht Uhr werde ich dich wieder wecken. Morgen ist ein Feiertag, da kannst du dich hinsetzen und den ganzen Tag über schreiben... Dann noch eine Nacht und – ist denn noch so viel übriggeblieben?«

Wassja zeigte ihm zitternd vor Erwartung und Erregung die Akte: »Da! sieh!«

»Höre, Bruder, das ist doch nicht viel...«

»Ja, mein Lieber, aber – es ist noch etwas da«, sagte Wassja und sah dabei schüchtern fragend Nefedjewitsch an, als würde von dessen Entschluß alles abhängen: ob sie gingen oder nicht gingen?

»Wieviel denn noch?«

»Noch zweimal soviel.«

»Nun, ich glaube, damit wirst du noch fertig, bei Gott, du wirst fertig!«

»Arkascha!«

»Höre, Wassja! Heute, am Vorabend des Neuen Jahres, versammelt sich doch jede Familie bei sich zu Hause; nur wir beide sind allein, verwaist, ohne Familie... Also, Wassinka!«

Nefedjewitsch umschlang Wassja und erdrückte ihn fast mit seinen Löwenpranken.

»Arkadij, abgemacht! Wir gehen!«

»Wassjuk, ich wollte es ja nur andeuten. Sieh mal, Wassjuk, mein Junge! Höre! Höre mich an!«

Arkadij hielt den Mund weit aufgesperrt, als könne er vor Begeisterung nicht weitersprechen. Wassja, der sich noch immer mit den Händen an Arkadijs Schultern hielt, sah ihm gespannt in die Augen und bewegte die Lippen, ganz als wollte er für ihn sprechen...

»Nun!« sagte er endlich.
»Stelle mich ihnen heute vor!«
»Arkadij! Ja: gehen wir hin! Trinken wir Tee bei ihnen! Aber weißt du was? Das neue Jahr wollen wir nicht abwarten, wir wollen früher nach Hause kommen!« rief Wassja, noch immer in aufrichtiger Begeisterung.
»Das heißt also: zwei Stunden, nicht mehr und nicht weniger!...«
»Wassjuk!...«
»Arkadij...«
In drei Minuten war Arkadij im Galaanzug. Wassja brauchte sich nur etwas abzubürsten, da er seinen guten Anzug noch gar nicht abgelegt hatte – vor lauter Eifer, sich an die Arbeit zu machen. Sie beeilten sich, auf die Straße zu kommen, der eine noch freudiger als der andere. Der Weg führte sie von der Petersburger Seite nach Kolomna.[2] Arkadij Iwanowitsch schritt weit und energisch aus; schon an seinem Gang konnte man seine Freude über das Glück Wassjas erkennen. Wassjas Gang war trippelnder, doch verlor er deshalb nichts von seiner Würde. Im Gegenteil, Arkadij Iwanowitsch hatte noch nie einen so vorteilhaften Eindruck von ihm gehabt. Er empfand, wie sie so gingen, fast eine gewisse Hochachtung vor ihm; ein körperlicher Fehler Wassjas, von dem der Leser bis jetzt noch nichts weiß, (Wassja war ein wenig schief gewachsen) und der in Arkadij Iwanowitschs gutem Herzen immer ein tiefes Mitgefühl für ihn erweckte, ließ die zärtliche Rührung, die der Freund besonders jetzt für ihn empfand, noch ergreifender werden. Es versteht sich wohl von selbst, daß Wassja dieses Mitleids in jeder Hinsicht würdig war. Arkadij Iwanowitsch hätte vor Freude weinen mögen, aber er beherrschte sich.
»Wohin, wohin, Wassja? Von hier ist es doch näher!« rief er, als er sah, daß Wassja in den Wosnessénskij-Prospekt einbiegen wollte.
»Sei still, Arkascha, sei still...«
»Es ist aber von hier wirklich näher, Wassja.«
»Arkascha, weißt du was?« begann Wassja geheimnisvoll, mit einer vor verhaltener Freude zitternden Stimme. »Weißt du was? Ich möchte Lisánka ein kleines Geschenk mitbringen...«
»Was denn für eins?«
»Hier, mein Lieber, gleich an der Ecke ist das Geschäft von Madame Leroux, ein wunderbarer Laden!«
»Was gibt es denn da?«
»Ein Häubchen, mein Herzchen, ein Häubchen! Heute morgen habe

ich hier ein entzückendes Häubchen gesehen. Ich habe mich schon erkundigt: dieses Modell, sagte man mir, heiße Manon Lescaut. Ein Wunderwerk! Die Bänder sind kirschfarben, und wenn es nicht teuer ist... ach, Arkascha, und selbst wenn es teuer ist...«

»Du übertriffst ja, scheint mir, noch alle Dichter, Wassja! Gehen wir!«

Sie liefen ein Stück, nach zwei Minuten betraten sie den Laden. Hier wurden sie von einer schwarzäugigen Französin mit eingelegten Locken empfangen, die sofort, beim ersten Blick auf ihre Käufer, ebenso lustig und glücklich zu werden schien, wie diese selbst waren, sogar noch lustiger und noch glücklicher, wenn das möglich gewesen wäre. Wassja war bereit, Madame Leroux vor lauter Entzücken sofort abzuküssen. »Arkascha!« flüsterte er diesem zu, als er mit seinem Blick all das Schöne und Hohe überflog, das auf Holzständern auf dem großen Tisch des Geschäftes ausgestellt war. »Welche Wunder! Wie ist denn das hier? Dies hier, dies zum Beispiel, dieses Bonbon hier, siehst du?« Wassja wies auf ein kleines reizendes Häubchen, aber nicht auf dasjenige, welches er kaufen wollte, denn schon von weitem hatte dieses andere am entgegengesetzten Ende des Tisches seine Aufmerksamkeit auf sich gezogen. Er starrte es so an, als wäre zu befürchten, daß es von jemand gestohlen werden könnte oder als ob das Häubchen selbst, nur damit Wassja es nicht bekomme, in die Luft fliegen könne.

»Dieses hier«, sagte Arkadij Iwanoyitsch und wies auf ein anderes, »dieses hier ist meiner Meinung nach noch schöner.«

»Nun, Arkascha! Das legt dir Ehre ein! Ich muß dir sagen, daß ich vor deinem Geschmack Achtung bekomme«, bemerkte Wassja, der scheinbar aus Liebe zu Arkascha auf dessen Vorschlag einging. »Dein Häubchen ist wirklich reizend, aber komm einmal her!«

»Aber welches kann denn noch schöner sein?«

»Sieh mal her!«

»Dieses«, sagte etwas zögernd Arkadij.

Doch als Wassja, der nicht fähig war, länger an sich zu halten, das Häubchen vom Holzgestell herunterholte, von dem es anscheinend schon selbst herunterfliegen wollte, als freute es sich – nach so langer Wartezeit, in der seine Bänderchen, Rüschchen und Spitzen steif hatten dastehen müssen – über den guten Käufer: da entriß sich der mächtigen Brust Arkadij Iwanowitschs ein Ausruf des Entzückens. Sogar Madame Leroux, die die ganze Zeit über ihre Würde gewahrt und während der Auswahl zu allen Fragen des Geschmacks herablassend geschwiegen hatte, belohnte jetzt Wassja mit einem anerkennenden Lächeln. Dieses Lächeln schien zu sagen: ‚Ja! Sie haben es getroffen. Sie sind des Glückes würdig, das Sie erwartet.'

»Es hat doch in seiner Einsamkeit kokettiert mit mir und kokettiert!« rief Wassja aus, der seine ganze Zärtlichkeit auf das reizende Häubchen übertrug, »hat sich mit Absicht versteckt, der Schelm!« Und er küßte es, das heißt: er küßte die Luft, die es umgab, denn er fürchtete sich, seine Kostbarkeit auch nur zu berühren.

»So pflegt sich das wahre Verdienst und die echte Tugend zu verbergen!« fügte Arkadij in seinem Entzücken hinzu, um mit dieser schönen Phrase, die er am Morgen in einer geistreichen Zeitschrift gelesen hatte, Humor in die Sache zu bringen. »Nun, Wassja, wobei bleibt es?«

»Vivat Arkascha! Du bist ja heute so geistreich, du wirst Furore machen bei den Damen, das prophezeie ich dir! – Madame Leroux, Madame Leroux!«

»Sie wünschen?«

»Mein Täubchen, Madame Leroux!...«

Madame blickte Arkadij Iwanowitsch an und lächelte nachsichtig.

»...Sie glauben nicht, wie sehr ich Sie in diesem Augenblick vergöttere... Erlauben Sie mir, daß ich Sie küsse...«, und Wassja gab der Ladenbesitzerin einen Kuß.

Man mußte tatsächlich alle Würde aufbieten, um sich diesem Mutwillen gegenüber nichts zu vergeben. Aber ich möchte doch betonen, daß dazu vor allem die ganze angeborene, echte Liebenswürdigkeit und Grazie der Mme. Leroux gehörte, mit der sie das Entzücken Wassjas aufnahm. Sie entschuldigte ihn, und wie klug, wie graziös wußte sie sich in die Situation zu schicken! Wie hätte man aber auch einem Wassja ernstlich böse sein können?

»Madame Leroux, und der Preis?«

»Dieses kostet fünf Silberrubel«, sagte sie, wieder gefaßt, mit einem neuen Lächeln.

»Und dieses hier, Madame Leroux«, fragte Arkadij Iwanowitsch und wies auf das von ihm gewählte Häubchen.

»Dieses: acht Silberrubel.«

»Aber erlauben Sie, erlauben Sie! Nun müssen Sie selbst entscheiden, Madame Leroux: welches ist schöner, welches niedlicher, welches von beiden würde *Sie* besser kleiden?«

»Dieses hier ist reicher, aber jenes, das Sie gewählt haben, c'est plus coquet.«

»Also dann nehmen wir das da!«
Madame Leroux nahm einen Bogen feinen dünnen Seidenpapiers und steckte es mit einer Stecknadel zusammen. Das Papier aber mit dem Häubchen schien jetzt beinah noch leichter zu sein als früher, ohne Häubchen. Wassja nahm das Paket und wagte kaum zu atmen. Er verabschiedete sich von Madame Leroux, sagte ihr noch etwas sehr Liebenswürdiges und verließ den Laden.
»Ich bin ein Lebemann, Arkascha, ein geborener Lebemann!« rief Wassja draußen lachend aus. Dies Lachen ging aber gleich über in ein unhörbares nervöses Lachen nach innen, das ein Lächeln begleitete, – und Wassja selbst wich allen Vorübergehenden ängstlich aus, als ob er sie mit einem Male alle in Verdacht kätte, der Versuchung, sein kostbares Häubchen zu zerdrücken, nicht widerstehen zu können.
»Höre, Arkadij, höre!« begann er einen Augenblick später; etwas Feierliches, etwas unendlich Seliges lag in seiner Stimme. »Arkadij, ich bin so glücklich, ich bin so glücklich!«
»Wassinka! Und wie glücklich ich erst bin, mein Lieber!«
»Nein, Arkascha, nein, deine Liebe zu mir ist grenzenlos, das weiß ich. Aber du kannst nicht den hundertsten Teil von dem empfinden, was ich in diesem Augenblick fühle. Mein Herz ist so groß, so übervoll! Arkascha! Ich bin ja meines Glückes gar nicht würdig! Ich spüre es, ich fühle es selbst. Womit habe ich es denn verdient«, rief er mit einer Stimme aus, die voll war von verhaltenem Schluchzen, »was habe ich denn jemals Gutes getan, sage es mir! Sieh doch, wieviel Menschen es gibt, wieviel Tränen, wieviel Kummer, wieviel Alltag ohne Feiertag! Und ich! Mich liebt ein solches Mädchen, mich… Aber du wirst sie ja selbst gleich sehen, wirst selbst ihr edles Herz erkennen. Ich komme aus niedrigem Stand, jetzt habe ich eine Stellung und ein festes Gehalt. Ich bin mit einem Gebrechen auf die Welt gekommen, bin schief gewachsen. Sie aber liebt mich, so wie ich bin. Julian Mastakowitsch war heute so liebevoll, so aufmerksam, so höflich zu mir. Er spricht sonst selten mit mir – doch: ‚Nun, Wassja', sagte er heute (bei Gott, Wassja nannte er mich) ‚wirst du an den Feiertagen auch durchgehen, wie?' Dabei lachte er. ‚Nein', sagte ich zuerst, ‚Euer Exzellenz, ich habe zu arbeiten.' Doch dann nahm ich mich zusammen und sagte: ‚Vielleicht werde ich mich auch mal amüsieren, Exzellenz!' – bei Gott, das sagte ich. Da gab er mir denn das Geld und sprach noch ein paar Worte mit mir. – Ich, Bruder, ich weinte beinah, die Tränen

stürzten mir aus den Augen, und er, er schien auch gerührt zu sein, klopfte mir auf die Schulter und sagte: ‚Fühle immer so, Wassja, wie du jetzt fühlst'...«

Wassja verstummte auf einen Augenblick. Arkadij Iwanowitsch wandte sich ab und wischte sich mit der Faust eine Träne weg.

»Und dann noch... dann noch«, fuhr Wassja fort. »Ich habe es dir gegenüber noch nie ausgesprochen, Arkadij... Arkadij! Arkadij! Du beglückst mich so mit deiner Freundschaft, ohne dich lebte ich nicht auf der Welt, – nein, nein, widersprich nicht, Arkascha! Laß mich dir nur die Hand drücken... laß mich... dir... danken...«

Wassja vermochte seinen Satz nicht zu Ende zu sprechen.

Arkadij Iwanowitsch wollte ihn schon an seine Brust drücken, da sie aber gerade die Straße überquerten und fast dicht über ihren Ohren ein scharfes »Achtung! Achtung!« erklang, so liefen sie erschrocken und erregt geschwind bis zum Trottoir. Arkadij Iwanowitsch war sogar froh darüber. Er erklärte sich Wassjas Dankbarkeitsausbruch nur mit der Besonderheit des gegenwärtigen Augenblicks. Ihm selbst war peinlich zumute, denn er fühlte, daß er bisher so wenig für Wassja getan hatte! Er schämte sich sogar vor sich selbst, als Wassja ihm für so Weniges zu danken begann! Aber noch lag ja ein ganzes langes Leben vor ihm; Arkadij Iwanowitsch wurde das Atmen wieder leichter...

Man hatte es schon aufgegeben, sie zu erwarten! Der Beweis dafür: man saß bereits beim Tee. Aber manchmal hat ein älterer Mensch doch mehr Sehergabe als die Jugend! Lisanka hatte schon allen Ernstes versichert, daß er »nicht kommen werde, bestimmt nicht, Mamachen!« Das Mamachen aber hatte versichert, ihr Herz fühle, im Gegenteil, daß er ganz gewiß kommen werde, daß er es nicht aushalten und herlaufen werde, zumal er doch jetzt vor dem Feiertag keinen Dienst mehr habe! Als nun Lisanka die Tür aufmachte, traute sie ihren Augen nicht: sie errötete über und über; ihr Herz schlug so heftig wie bei einem gefangenen Vögelchen. Ja, sie war rot wie eine Kirsche, der sie überhaupt ähnlich sah. Mein Gott, war das eine Überraschung! Ein freudiges »Ach!« kam über ihre Lippen. »Du Schelm, du Betrüger, du mein Lieber, du!« rief sie aus und fiel Wassja um den Hals... Doch man stelle sich ihre Verwunderung vor, ihre plötzliche Verlegenheit: denn unmittelbar hinter Wassja stand verwirrt, als wolle er sich hinter ihm verstecken, Arkadij Iwanowitsch. Aber Arkadij Iwanowitsch verstand es nicht, mit Frauen umzugehen; er war sogar sehr ungeschickt, ja, einmal soll es ihm passiert sein, daß... doch davon ein andermal. Indessen, man versetze sich in seine Lage! Es war wirklich nicht zum Lachen: Er stand im Vorzimmer, in Gummischuhen, im Mantel, in einer Mütze mit Ohrenklappen (die er sogleich herunterriß), um den Hals einen schrecklichen gelben gestrickten Schal, der zum Überfluß hinten im Nacken geknotet war. Dieser Knoten mußte nun gelöst und der Schal abgewickelt werden, damit Arkadij selbst einen vorteilhafteren Eindruck machen konnte... Denn es gibt nun einmal keinen Menschen, der nicht wünschte, einen vorteilhaften Eindruck zu machen! Und dieser Wassja, dieser unerträgliche, unausstehliche, obgleich sonst so liebe, gute Wassja, der war jetzt ein ganz erbarmungsloser Wassja! Sofort mußte er schreien:

»Lisanka, hier stelle ich dir Arkadij vor! Wie gefällt er dir? Er ist mein bester Freund, umarme ihn, küsse ihn, Lisanka! Küsse ihn im voraus, denn wenn du ihn erst einmal kennst, wirst du ihn immer küssen...« Was blieb da wohl dem armen Arkadij Iwanowitsch übrig? Er stand noch immer da und hatte erst die Hälfte seines Schals abgewickelt! Nein: diese Begeisterung Wassjas war doch manchmal wirklich unangebracht und ganz gewissenlos! Freilich, freilich, sie bewies sein gutes Herz, aber... immerhin – es war doch peinlich, war scheußlich!

Endlich traten sie beide ins Zimmer... Das Mamachen war unsagbar glücklich, die Bekanntschaft Arkadij Iwanowitschs zu machen: sie hätte so viel von ihm gehört, sie... Doch sie kam nicht weiter: ein freudiges »Ach!« durchtönte das Zimmer und unterbrach sie. Mein Gott! Lisanka stand vor dem enthüllten Häubchen, hielt naiv beide Hände gefaltet und lächelte, lächelte so... Himmel, warum gab es bei Madame Leroux nicht noch ein viel, viel schöneres Häubchen!

Ach, mein Gott, wo hätte man denn ein noch schöneres finden können? Das ist doch wohl unvorstellbar! Ich spreche im Ernst! Diese Undankbarkeit der Verliebten verdrießt mich schließlich, ja, sie betrübt mich sogar gewissermaßen. So sehen Sie es sich doch selbst einmal an, meine Herrschaften, was kann es Schöneres geben als dieses süße Häubchen! So sehen Sie es doch nur an... Aber nein, nein, meine Vorhaltungen sind umsonst; man ist ja schon einig mit mir; es war nur eine vorübergehende Verwirrung, ein Nebel, in der Hitze des Gefühls; ich bin bereit, ihnen zu verzeihen... Aber dafür schauen Sie es doch einmal an... Entschuldigen Sie schon, meine Herrschaften, ich rede immer noch vom Häubchen: es ist aus Tüll gefertigt, ganz leicht; ein kirschrotes Band, von einer Spitze bedeckt, verläuft zwischen dem Tüllkopf und der Rüsche und fällt hinten im Nacken in zwei langen, breiten Bändern auf den Hals... Man muß das ganze Gebilde etwas mehr auf den Hinterkopf setzen; sehen Sie nur, ich bitte Sie, wie finden Sie es?... Aber Sie schauen ja gar nicht hin, wie ich bemerke!... Es scheint Ihnen gleichgültig zu sein! Sie sehen ja ganz woanders hin... Sie beobachten, wie zwei dicke, runde Tränen sich in den pechschwarzen Augen angesammelt haben, ein Weilchen an den langen Wimpern zittern und dann wie zwei durchsichtige Perlen auf dieses eher der Luft als einem Stoff gleichende Tüllgebilde fallen, aus dem das Kunstwerk der Madame Leroux besteht... Und wieder verdrießt es mich: diese zwei Tränen galten doch fast nicht dem Häubchen!... Nein! meiner Meinung nach muß so etwas kaltblütig geschenkt werden. Nur dann kann man es richtig einschätzen! Ich gestehe, meine Herrschaften, es ist mir immer nur um das Häubchen zu tun!

Man setzte sich – Wassja neben Lisanka und das Mamachen neben Arkadij Iwanowitsch; die Unterhaltung kam in Gang und Arkadij Iwanowitsch behauptete sich durchaus. Mit Freuden lasse ich ihm Gerechtigkeit widerfahren. Das war kaum von ihm zu erwarten gewesen. Nach ein paar Worten über Wassja verstand er es geschickt, das Gespräch auf Julian Mastakowitsch, Wassjas Wohltäter, zu lenken. Und so klug, so vernünftig wußte er von ihm zu erzählen, daß das Gespräch auch nach einer Stunde noch nicht ins Stocken geriet. Man muß es selbst erlebt haben, mit welchem Verständnis, mit welchem Takt Arkadij Iwanowitsch gewisse Eigenheiten Julian Mastakowitschs erwähnte, die Wassja direkt oder indirekt angingen. Dafür war das Mamachen denn auch entzückt, aufrichtig entzückt von ihm, was sie Wassja selbst gestand: sie rief ihn zu dem Zweck beiseite und sagte ihm dort, sein Freund sei der vortrefflichste, der liebenswürdigste junge Mann, und vor allem so ein ernster, solider junger Mann. Wassja hätte vor Seligkeit laut auflachen mögen. Er mußte daran denken, wie der gesetzte Arkascha ihn eine Viertelstunde lang auf dem Bett herumgekugelt hatte! Darauf gab sie Wassja leise zu verstehen, er solle ihr doch ins andere Zimmer unauffällig folgen. Man muß aber gestehen, daß sie dort nicht recht tat, indem sie ihm das Geschenk zeigte, das Lisanka ihm zum neuen Jahr machen wollte. Es war eine Brieftasche, die mit winzigen Glasperlen und Goldfäden bestickt war, nach einer sehr hübschen Vorlage: auf der einen Seite war ein Hirsch in schnellem Lauf zu sehen, ganz naturgetreu, so echt und hübsch! Auf der anderen Hälfte war das Porträt eines berühmten Generals gestickt, gleichfalls vorzüglich ausgeführt und ganz naturgetreu. Wassjas Entzücken will ich gar nicht zu beschreiben versuchen.

Inzwischen war im Wohnzimmer die Zeit auch nicht ungenutzt verstrichen. Lisanka war zu Arkadij Iwanowitsch getreten, hatte ihm die Hand gereicht und ihm gedankt, und dieser hatte alsbald begriffen, daß es sich um den teuersten Wassja handelte. Lisanka war sichtlich tief gerührt: sie hatte schon gehört, was für ein treuer Freund er sei; daß er ihren Verlobten liebe und sich um ihn kümmere, ihn überhaupt auf Schritt und Tritt beschütze und ihm stets mit gutem Rat beistehe, weshalb sie, Lisanka, nicht anders könne als ihm dafür danken. Sie hoffe, Arkadij Iwanowitsch werde sie wenigstens halb so lieb haben wie er jetzt Wassja liebe. Hierauf begann sie ihn auszufragen, ob Wassja auch auf seine Gesundheit achte, äußerte gewisse Befürchtungen wegen der auffallenden Impulsivität seines Charakters, wegen seiner unzureichenden Kenntnis der Menschen und des praktischen Lebens. Sie sagte, daß sie mit der Zeit gottesfürchtig lernen werde, auf ihn aufzupassen, ihn zu beschützen und sein Schicksal zu betreuen; schließlich, daß sie hoffe, er, Arkadij Iwanowitsch, werde sie beide nicht etwa verlassen, sondern sogar mit ihnen zusammen wohnen.

»Wir werden dann zu dritt wie ein Herz und eine Seele sein!« rief sie in übernaiver Begeisterung aus.

Aber es war Zeit aufzubrechen. Natürlich versuchte man, die Gäste zum Bleiben zu überreden, doch Wassja erklärte kurz und bündig, das sei unmöglich; Arkadij Iwanowitsch bestätigte das. Selbstverständlich wurde nun nach dem Grund ihres Zeitmangels gefragt; so erfuhren sie denn unverzüglich, daß es sich um eine Arbeit handelte, die Julian Mastakowitsch Wassja anvertraut hatte, um eine eilige, wichtige, schreckliche Arbeit, die übermorgen früh abgeliefert werden mußte, und daß diese Arbeit nicht nur noch nicht fertig, sondern sogar noch arg im Rückstand war. Das Mamachen erschrak nicht wenig, als sie das hörte; Lisanka erschrak zwar auch, trieb aber sofort erregt Wassja zur Eile an. Der letzte Kuß verlor aber dadurch nicht: er war kürzer, eiliger, aber um so heißer und kräftiger. Schließlich trennte man sich, und die beiden Freunde machten sich schleunigst auf den Heimweg.

Kaum auf der Straße, begannen sie sofort, wie um die Wette, ihre

Eindrücke einander mitzuteilen. Und so gehörte es sich auch: Arkadij Iwanowitsch hatte sich verliebt, hatte sich sterblich verliebt in Lisanka! Wer aber hätte das besser nachempfinden können als das Glückskind Wassja selbst? Und so schämte er sich denn auch nicht und gestand Wassja auf der Stelle alles. Wassja mußte furchtbar lachen und war schrecklich froh; dann bemerkte er sogar, daß das gar nicht überflüssig sei und daß sie jetzt noch innigere Freunde sein würden.

»Du hast mich sofort verstanden, Wassja«, sagte Arkadij Iwanowitsch. »Ja! Ich liebe sie genau so wie dich; sie wird auch mein Engel sein, ganz wie deiner, denn euer Glück wird auch auf mich ausstrahlen und auch mich erwärmen. Sie wird auch meine Hausfrau sein, Wassja; in ihren Händen wird auch mein Glück ruhen; sie soll den Haushalt mit dir wie mit mir führen. Ja, meine Freundschaft mit dir ist auch Freundschaft mit ihr; ihr seid von jetzt ab beide eine untrennbare Einheit für mich; nur daß ihr eben statt ein Wesen, das du früher für mich warst, zwei Wesen sein werdet...«

Arkadij verstummte unter dem Übermaß seiner Gefühle; Wassja aber war von seinen Worten bis in die Tiefe seiner Seele erschüttert. Die Sache war die, daß er von Arkadij Iwanowitsch niemals solche Worte erwartet hätte. Arkadij Iwanowitsch verstand sich nämlich sonst gar nicht auszudrücken, und zu träumen liebte er sonst auch ganz und gar nicht; jetzt aber war er sofort mitten drin im Träumen und erging sich in den heitersten, frischesten, regenbogenrosigsten Schwärmereien!

»Und wie ich euch beide beschützen werde, wie euch verhätscheln«, begann er wieder. »Erstens, Wassja, werde ich der Taufpate aller deiner Kinder sein, aller ohne Ausnahme; zweitens, Wassja, wird man jetzt auch an die Zukunft denken müssen. Möbel müssen gekauft werden, eine Wohnung muß gemietet werden, damit jeder, sie und du und ich, sein eigenes Zimmer hat. Weißt du, Wassja, ich werde gleich morgen ausgehen und die an den Hausportalen ausgehängten Wohnungszettel studieren. Drei... nein, zwei Zimmer genügen; mehr brauchen wir nicht. Ich glaube jetzt selbst, Wassja, daß ich vorhin Unsinn geredet habe; das Geld wird schon reichen – und ob! Als ich ihr heute in die Äuglein sah, da wußte ich sofort, daß es reichen wird. Alles für sie! Ach, und wie wir arbeiten werden! Jetzt, Wassja, jetzt kann man es riskieren und auch so an die fünfundzwanzig Rubel Miete zahlen für die Wohnung. Die Wohnung ist die Hauptsache, Bruder! Schöne Räume... und der ganze

Mensch ist fröhlich und hat rosige Gedanken! Und zweitens, Lisanka wird unsere gemeinsame Kasse verwalten: keine Kopeke darf unnütz ausgegeben werden! Daß ich noch so ins Restaurant laufen sollte! – für was hältst du mich eigentlich? Um keinen Preis! Und dann gibt es eine Zulage, dann Gratifikationen, weil wir fleißig unseren Dienst versehen. Und sapperment, wie wir arbeiten werden, wie die Büffel vor dem Pflug!... Stell dir bloß vor, wie das sein wird«, (und Arkadij Iwanowitschs Stimme klang schon ganz weich vor lauter Vorfreude) »wenn plötzlich, ganz unerwartet, so dreißig oder fünfundzwanzig Silberrubel pro Kopf ins Haus kommen!... Und von jeder Gratifikation kaufen wir ihr etwas Hübsches, mal ein Häubchen, mal einen Schal, oder vielleicht Strümpfchen! Sie muß mir unbedingt einen neuen Schal stricken! Schau nur, wie abscheulich der meine ist: gelb noch dazu, der verwünschte, ich habe mich seinetwegen heute nicht wenig geschämt! Und du warst auch gut, Wassja, mußtest mich gerade in dem Augenblick vorstellen, wo ich wie ein Gaul in diesem Kummet dastehe... Aber das ist ja egal, nicht darum dreht es sich jetzt! Also hör zu, sieh mal: Das ganze Silberzeug, das nehme ich auf meine Kappe! Ich muß euch doch auch ein Hochzeitsgeschenk machen, – also das ist Ehrensache, das verlangt schon mein Ehrgeiz!... Meine Gratifikation wird mir nicht entgehen... oder wird man sie etwa Skorochódoff zusprechen? Keine Sorge, dieser Streber wird sich ihrer nicht lange erfreuen. Also, Bruder, ich werde euch silberne Löffel kaufen und Messer-Gabel-Bestecke – die brauchen nicht aus Silber zu sein, aber ausgezeichnete Messer werden es sein. Und dann noch eine Weste; das heißt: die Weste werde ich für mich kaufen: ich werde doch euer Trauzeuge sein! Du aber nimm dich jetzt mal zusammen, hörst du, ich werde schon auf dich aufpassen, Bruder; heute und morgen und die ganze Nacht werde ich mit dem Stock bei dir stehen und dich zur Arbeit antreiben: Schneller, Bruder, schneller! sieh zu, daß du schneller fertig wirst! Und dann gehen wir zum Abend wieder hin und werden beide glücklich sein; werden Lotto spielen!... Werden die Abende zusammen verbringen – ach, wird das schön sein! Zum Teufel, daß ich dir nicht helfen kann, das ist doch zu dumm. Ich würde am liebsten alles, alles für dich abschreiben... Warum haben wir nicht die gleiche Handschrift!«

»Ja!« antwortete Wassja. »Ja! Ich muß mich beeilen. Ich glaube, es wird jetzt elf Uhr sein; wir müssen schneller gehen... An die Arbeit!« Und nachdem Wassja das gesagt hatte, wurde er, der bisher die ganze Zeit bald gelächelt, bald mit einem begeisterten Wort den Erguß der freundschaftlichen Gefühle zu unterdrücken versucht hatte, hochgestimmt mit allen Sinnen dabei gewesen war, wurde er auf einmal stiller, schweigsamer und begann fast im Laufschritt den Heimweg fortzusetzen. Es war, als hätte ein schwerer Gedanke seinen lodernden Kopf plötzlich eiskalt gemacht; es war, als zöge sich sein ganzes Herz zusammen.

Arkadij Iwanowitsch begann sich sogar beunruhigt zu fühlen; auf seine hastigen Fragen erhielt er kaum noch eine Antwort von Wassja, der die Frage mit ein, zwei Worten abtat, manchmal auch nur mit einem Ausruf, der oft gar nicht zur Sache paßte. »Aber was hast du denn, Wassja?« rief er endlich, da er mit ihm kaum noch Schritt halten konnte. »Bist du wirklich so in Sorge?...«

»Ach, was, laß doch das Geschwätz!« versetzte Wassja sogar ärgerlich.

»Aber du brauchst doch den Mut nicht gleich sinken zu lassen, Wassja, so schlimm ist das doch nicht«, beschwichtigte ihn Arkadij. »Ich habe es doch schon miterlebt, daß du viel mehr in noch kürzerer Zeit geschafft hast... Was willst du denn! Du hast doch das Talent dazu! Im äußersten Fall könntest du doch einfach flüchtiger schreiben; es muß doch nicht jede Zeile wie gestochen sein; deine Abschrift soll doch nicht lithographiert werden! Du wirst es schon schaffen!... Es ist ja nur dies, daß du jetzt aufgeregt und zerstreut bist; deshalb geht die Arbeit nicht so flott vorwärts...« Wassja antwortete hierauf nichts mehr oder brummte nur etwas vor sich hin, und beide beendeten in unverkennbarer Aufregung laufend den Weg nach Hause.

Wassja setzte sich sofort an die Arbeit. Arkadij Iwanowitsch verhielt sich ruhig und still, kleidete sich wortlos aus und legte sich ins Bett, ohne Wassja aus den Augen zu lassen... Eine unbestimmte Angst bemächtigte sich seiner... ‚Was ist mit ihm los?‘ dachte er bei sich, indem er das erblaßte Gesicht Wassjas betrachtete, seine brennenden Augen und die Unruhe, die sich an ihm in jeder Bewegung verriet. ‚Auch seine Hand zittert ja... Verdammt noch mal!... Sollte man ihm nicht raten, sich auf etwa zwei Stunden hinzulegen? Ein wenig Schlaf würde seine Gereiztheit besänftigen.‘

Wassja hatte gerade eine Seite beendet, sah auf und sein Blick fiel zufällig auf Arkadij – sofort schlug er die Augen nieder und griff wieder zur Feder.

»Hör mal, Wassja«, begann plötzlich Arkadij Iwanowitsch, »wäre es nicht besser, wenn du dich ein wenig ausschliefest? Du fieberst ja, das sieht man dir doch an...«

Wassja warf nur wie verärgert, ja sogar wie wütend einen Blick auf Arkadij und gab keine Antwort.

»Höre, Wassja, was tust du dir an?...«

Wassja kam sofort zur Besinnung.

»Sollte man nicht ein wenig Tee trinken, Arkascha?« fragte er.

»Wieso Tee? Wozu denn das?«

»Tee regt an. Ich will nicht schlafen, und ich werde auch nicht! Ich werde die ganze Zeit schreiben. Aber eine kleine Ruhepause beim Tee wäre jetzt vielleicht ganz angebracht; der kritische Augenblick wäre überwunden.«

»Hoppla! Ja, Bruder Wassja, großartig! Gerade das ist das Richtige! Ich wundere mich nur, daß ich nicht selbst darauf verfallen bin. Aber weißt du? Mawra wird nicht aufstehen; sie wird um nichts in der Welt aufzuwecken sein...«

»Tja!...«

»Ach was, das macht doch nichts!« rief Arkadij Iwanowitsch munter und sprang barfuß aus dem Bett. »Ich werde das selbst besorgen! Das wäre doch nicht das erste Mal, daß ich den Ssamowar aufstelle...«

Arkadij Iwanowitsch lief in die Küche und machte sich sofort am Ssamowar zu schaffen. Wassja schrieb inzwischen weiter. Arkadij Iwanowitsch kleidete sich an und lief auch noch zum Bäcker, damit Wassja sich für die Nachtarbeit richtig stärken könne. In einer Viertelstunde stand der kochende Ssamowar auf dem Tisch. Sie begannen, Tee zu trinken, aber der Unterhaltung fehlte es an Klebestoff. Wassja war immer noch sehr zerstreut.

»Ja, was ich sagen wollte«, begann er endlich, als wäre ihm das soeben erst eingefallen, »morgen muß man ja gratulieren gehen...«

»Du brauchst das doch nicht.«

»Nein, Bruder, ich muß doch wohl...«, sagte Wassja.

»Aber ich kann doch für dich deinen Namen eintragen... in die Listen für die Gratulanten!... Was willst du da noch? Du arbeite morgen. Heute könntest du noch etwa bis fünf Uhr schreiben, wie ich dir schon sagte, und dann legst du dich hin und schläfst. Denn sonst, wie wirst du morgen sonst aussehen? Ich werde dich um Punkt acht Uhr wecken...«

»Ja, geht es denn an, daß du statt meiner mich überall einschreibst?« fragte Wassja, halb und halb schon einverstanden.

»Aber warum denn nicht? So machen es doch alle!«
»Ich fürchte aber...«
»Was denn, was?«
»Bei den andern, weißt du, tut es nichts, aber bei Julian Mastakowitsch – er ist doch mein Wohltäter, Arkascha, und wenn er bemerkt, daß eine fremde Hand...«
»Bemerkt! Wie töricht du bist, Wassjúk! Wie kann er denn das bemerken?... Ich kann doch deine Unterschrift so gut kopieren und denselben Schnörkel dranmachen, bei Gott, du weißt doch! Wer soll denn da was bemerken?«
Wassja antwortete nichts und beeilte sich, sein Glas zu leeren... Darauf schüttelte er zweifelnd den Kopf.
»Wassja, mein Junge! Ach, wenn es uns doch nur gelänge! Wassja, was fehlt dir denn? Du machst mir Angst! Weißt du, ich werde mich nicht hinlegen, Wassja, ich werde nicht einschlafen. Zeige mir doch, wieviel du noch zu schreiben hast?«
Wassja blickte Arkadij Iwanowitsch so an, daß diesem das Herz weh tat und er kein Wort mehr herausbrachte.
»Wassja! Was ist mit dir? Was hast du? Warum siehst du mich so an?«
»Arkadij, weißt du, ich werde morgen doch lieber selbst gehen und Julian Mastakowitsch ein gutes neues Jahr wünschen.«
»Na, dann geh, von mir aus!« sagte Arkadij, der ihn in bedrückender Spannung aus beiden Augen ansah.
»Höre, Wassja, schreibe doch einfach schneller; damit will ich dir doch zu nichts Bösem raten, weiß Gott nicht! Wie oft hat dir nicht Julian Mastakowitsch schon selbst gesagt, daß ihm an deiner Handschrift vor allem die Lesbarkeit gefällt! Das ist doch nur Skoropljóchin, der von der Handschrift nicht nur Deutlichkeit, sondern auch noch Schönheit verlangt, um dann den einen oder anderen Bogen zu unterschlagen und ihn für seine Kinder als Schönschreibevorlage nach Hause mitzubringen! Als ob sich der Dummkopf solche Vorlagen nicht kaufen könnte! Aber Julian Mastakowitsch sagt und verlangt doch nur eins: daß die Schrift lesbar sei, lesbar, lesbar!... Also was willst du eigentlich! Ich versteh dich nicht! Ich weiß schon gar nicht mehr, wie man mit dir reden soll, Wassja. Ich fürchte mich sogar... Mit deiner ewigen Selbstquälerei bringst du mich noch auf die Wände!«
»Laß nur, laß nur!« murmelte Wassja und sank erschöpft zurück an die Stuhllehne. Arkadij erschrak.

»Willst du Wasser? – Wassja! Wassja!«

»Laß nur, schon gut«, sagte Wassja und drückte ihm die Hand. »Mir fehlt nichts... mir wurde nur so traurig zumut, Arkadij. Ich kann eigentlich selbst nicht sagen, warum. Weißt du, sprich lieber von etwas anderem, erinnere mich nicht...«

»Beruhige dich, um Gottes willen, beruhige dich, Wassja. Du wirst schon noch fertig werden! Und wenn du nicht fertig wirst, wäre das doch auch noch kein Unglück! Tust ja, als wäre das ein Verbrechen!«

»Arkadij«, sagte Wassja, seinen Freund so bedeutsam ansehend, daß dieser wieder erschrak, denn noch nie hatte er Wassja so tief innerlich aufgeregt gesehen. »Wenn ich allein wäre, wie früher... Nein! Nicht das meine ich! Ich möchte es dir immer sagen, dir anvertrauen, wie einem Freund... Übrigens, wozu dich beunruhigen? ...Siehst du, Arkadij, den einen ist viel gegeben, andere verrichten nur Kleines, wie ich. Nun, wenn man von dir zum Beispiel Dankbarkeit, Erkenntlichkeit erwartete – und dir wäre es nicht möglich, sie zu erweisen...«

»Wassja! Ich kann dich wahrhaftig nicht verstehen!«

»Ich bin niemals undankbar gewesen«, fuhr Wassja fort, als spräche er zu sich selbst. »Wenn ich nun aber nicht imstande bin, alles auszudrücken, was ich fühle, so ist es, als ob... so hat es doch den Anschein, Arkadij, als wäre ich tatsächlich undankbar, und das bringt mich um.«

»Ja, was denn, was sagst du da? Glaubst du denn wirklich, damit deine ganze Dankbarkeit beweisen zu können, daß du genau zum Termin fertig wirst? Denke doch nach, Wassja, was du da sagst! Wäre damit wirklich die ganze Dankbarkeit auszudrücken?«

Wassja wurde plötzlich ganz still und sah seinen Freund aus großen Augen an, als hätte dieses unerwartete Argument alle seine Zweifel zerstreut. Er lächelte sogar, nahm aber sofort wieder den früheren nachdenklichen Ausdruck an. Arkadij, der dieses Lächeln für das Ende aller Ängste hielt, die neue Erregung aber, die wieder zum Vorschein kam, für ein Entschlossensein zu etwas Besserem, freute sich von Herzen.

»Nun, Arkascha«, du legst dich jetzt schlafen, Bruder«, sagte Wassja, »aber wenn du zwischendurch aufwachst, dann schau nach mir: am Ende schlafe ich doch noch ein, das gäbe ein Unglück! So, und jetzt mache ich mich wieder an die Arbeit... Arkascha!«

»Ja?«

»Nein, nichts, ich wollte nur so... ich wollte...«

Wassja machte sich an die Arbeit, schrieb und schwieg, Arkadij legte sich hin. Weder der eine noch der andere hatte die Familie in Kolomna erwähnt. Vielleicht fühlten sich beide ein bißchen schuldig, weil sie zu unrechter Stunde Zeit vergeudet hatten. Arkadij Iwanowitsch schlief bald ein, trotz aller seiner Sorgen um Wassja. Zu seiner Verwunderung wachte er um genau acht Uhr morgens auf. Wassja schlief auf seinem Stuhl, die Feder in der Hand, blaß und erschöpft; die Kerze war niedergebrannt. In der Küche hörte man Mawra die Holzkohlen im Ssamowar anfachen.

»Wassja, Wassja!« rief Arkadij erschrocken aus. »Wann bist du eingeschlafen?«

Wassja erwachte und sprang gleich auf.

»Ach!« sagte er, »da bin ich doch eingeschlafen!...«

Er sah sofort nach seinen Blättern: es war ihnen nichts geschehen, alles war in Ordnung, kein Tintenfleck, kein Talgfleck von der Kerze war zu sehen.

»Ich glaube, ich bin so gegen sechs Uhr eingeschlafen«, sagte Wassja. »Wie kalt es in der Nacht wird! Laß uns jetzt Tee trinken, und dann werde ich wieder...«

»Fühlst du dich ein wenig gestärkt?«

»Jaja, es geht, jetzt geht es wieder!...«

»Also dann: Prosit Neujahr, Bruder Wassja!«

»Prost Neujahr, Bruder, Prost Neujahr... auch dir alles Gute, Lieber.«

Sie umarmten einander. Wassjas Kinn zitterte und seine Augen wurden feucht. Arkadij Iwanowitsch schwieg: ihm wurde bitter zumut; beide tranken eilig ihren Tee...

»Arkadij! Ich habe mich entschlossen, doch selbst zu Julian Mastakowitsch zu gehen...«

»Aber er wird es doch gar nicht merken...«

»Mich aber, Bruder, wird sonst doch das Gewissen quälen.«

»Aber du plagst dich doch für ihn, du rackerst dich doch für ihn hier ab... Sieh es doch ein!... Und ich werde derweil, weißt du, zu ihnen gehen...«

»Wohin?« fragte Wassja.

»Zu Artémjeffs, um auch ihnen in meinem und in deinem Namen ein gutes neues Jahr zu wünschen.«

»Mein Liebster, mein Bester! Also gut! Und ich bleibe hier; ja, ich sehe schon, das hast du dir gut ausgedacht; ich habe doch hier zu arbeiten, verbringe die Zeit ja nicht müßig. Wart noch einen Augenblick, ich schreibe nur noch ein paar Zeilen an sie.«

»Schreib nur, Bruder, schreib, hast noch Zeit; ich muß mich ja erst noch waschen, rasieren, meinen Frack abbürsten. Ach, Bruder Wassja, wir werden zufrieden und glücklich sein! Komm, umarme mich, Wassja!«

»Ach, wenn es doch dazu käme, Bruder!...«

»Wohnt hier der Herr Beamte Schumkoff?« ertönte in diesem Augenblick eine Kinderstimme auf der Treppe.

»Jawohl, mein Kleiner, jawohl, hier wohnt er«, antwortete Mawra, indem sie den kleinen Gast eintreten ließ.

»Wer ist da? Wer, wer?« rief Wassja, der schon vom Stuhl aufsprang und ins Vorzimmer stürzte. »Pétinka, du?«

»Guten Tag, und ich habe die Ehre, Ihnen zum neuen Jahr alles Gute zu wünschen, Wassílij Petrówitsch«, sagte ein netter schwarzlockiger Knabe von etwa zehn Jahren. »Meine Schwester läßt Sie grüßen, und Mamachen auch, und meine Schwester hat mich beauftragt, Ihnen von ihr einen Kuß zu geben...«

Wassja hob den kleinen Boten schwungvoll hoch in die Luft und drückte auf seinen Kindermund, der auffallend dem Lisankas glich, einen honigsüßen, langen, begeisterten Kuß.

»Da, küsse du ihn auch, Arkadij!« sagte er, indem er ihm Petja übergab, und Petja ging, ohne den Boden zu berühren, sogleich hinüber in die im wahrsten Sinne des Wortes mächtige und unersättliche Umarmung Arkadij Iwanowitschs.

»Mein Liebling, willst du nicht ein Täßchen Tee?«

»Ich danke höflichst. Aber ich habe ihn doch schon getrunken! Zu Haus! Wir sind heute ganz früh aufgestanden. Die anderen sind dann zur Frühmesse gegangen, und Schwesterchen hat mir zwei Stunden lang Locken in die Haare gebrannt, hat mich auch gewaschen, mit Pomade eingesalbt, und hat den Riß in meinem Höschen zugenäht; den Riß habe ich mir gestern geholt, als ich mit Saschka eine Schneeballschlacht auszufechten hatte!...«

»Huhuhuhu!«

»Ja–a, und so lange hat sie an mir herumgeputzt für den Besuch bei Ihnen, und... und dann hat sie mich abgeküßt und gesagt: ‚Geh zu Wassja, wünsche ihm alles Gute zum neuen Jahr und frag ihn, ob er zufrieden ist', und... wie Sie die Nacht verbracht haben und auch noch... ja, und dann sollte ich noch was fragen... hab's aber vergessen... ja! und ob die Arbeit beendet ist, um die Sie gestern...

Wie war's bloß weiter... Aber sie hat's mir ja aufgeschrieben«, unterbrach sich der Kleine, fingerte aus der Tasche einen Zettel hervor und las dann ab: »ja! um die Sie gestern so in Sorge waren.«

»Ich werde noch fertig werden! Bestimmt! Sag ihr das genau so, mit diesen Worten, ich werde bestimmt noch fertig werden, mein Ehrenwort!«

»Ja, und dann noch... Ach! Da hätt' ich's fast noch vergessen! Schwesterchen hat mir auch ein Brieflein und ein Geschenk an Sie mitgegeben, und ich hätt's fast verschwitzt!«

»Mein Gott, wo, was?... Ach, du mein Liebling! Wo... wo ist es denn? Ach... also da ist es!... Höre, Bruder, höre nur, was sie mir schreibt... Mein Täubchen, mein Liebes!... Weißt du, ich habe doch gestern die Brieftasche schon gesehn, die sie mir schenken will, aber sie war noch nicht ganz fertig, also deshalb, schreibt sie, schickt sie mir heute nur eine Locke von ihrem Haar, ‚aber das andere wird Ihnen nicht entgehen', schreibt sie. Sieh nur, Bruder, sieh!«

Und der vor Entzücken nur so bebende Wassja zeigte Arkadij Iwanowitsch eine dicke schwarze Locke, hielt sie ihm hin; dann küßte er sie heiß und hüllte sie wieder in das Papier, das er dann in seiner Brusttasche, nahe dem Herzen, aufhob.

»Wassja! Ich werde dir für diese Locke ein Medaillon machen lassen!« sagte schließlich Arkadij entschlossen.

»Und wir werden heute Kalbsbraten zum Mittagessen haben und morgen Hirn. Und Mamachen will noch Biskuit backen... Aber Hirsegrütze gibt es dafür nicht«, sagte der Knabe, nachdem er kurz überlegt hatte, wie er sein kindliches Geplauder beenden könnte.

»Was das doch für ein reizender Bengel ist!« rief Arkadij Iwanowitsch ganz entzückt. »Wassja, du bist der Glücklichste der Sterblichen!«

Der Knabe trank seinen Tee aus, erhielt ein Briefchen, tausend Küsse und machte sich dann auf den Heimweg, froh und munter, wie er gekommen war.

»Nun, mein Lieber«, meinte der erfreute Arkadij Iwanowitsch, »jetzt siehst du doch selbst, wie gut alles sich fügt! Alles fügt sich besser als gedacht, sei nicht traurig; verzage nicht! Vorwärts! Beende die Arbeit, Wassja, beende sie! Um zwei Uhr bin ich wieder zu Hause. Unterwegs werde ich auch noch bei ihnen vorsprechen, dann geht es zu Julian Mastakowitsch.«

»Also leb wohl, Bruder, leb wohl... Ach, wenn doch!... Nun,

schon gut, geh nur, schon gut«, sagte Wassja, »ich werde bestimmt nicht zu Julian Mastakowitsch gehen.«

»Leb wohl!«

»Halt, Bruder, halt! Sag ihnen... Ach nun, alles, was dir zu sagen einfällt. Und ihr gib einen Kuß... Und nachher erzählst du mir alles, mein Lieber, alles, wie es gewesen ist...«

»Na, natürlich, ich weiß doch schon Bescheid! Dieses Glück hat dich ganz aus dem Geleise geworfen! Das kommt von der Überraschung; seit gestern bist du ja ein ganz anderer Mensch. Du hast dich von deinen gestrigen Eindrücken noch gar nicht erholen können. Na, das ist doch verständlich. Sieh nur zu, daß du wieder auf die Beine kommst, mein Lieber! Leb wohl, Bruder Wassja, leb wohl!«

Endlich trennten sich die Freunde. Den ganzen Vormittag war Arkadij Iwanowitsch zerstreut, und er dachte nur an Wassja. Er kannte seinen schwachen, so leicht erregbaren Charakter. ‚Ja, das Glück hat ihn ganz durcheinandergebracht; darin täusche ich mich nicht!' dachte er bei sich. ‚Mein Gott! Er hat ja auch mich ganz trübselig gemacht! Und aus was allem dieser Mensch eine Tragödie zu machen vermag! Was ist das nur für ein Fieber! Ach, man muß ihn retten! muß ihn retten!' sagte sich Arkadij, ohne zu gewahren, daß er ja auch selbst schon kleine häusliche Unannehmlichkeiten, die doch im Grunde belanglos waren, in seinem Herzen bereits zu einem anscheinend großen Unglück aufgebauscht hatte. Erst um elf Uhr langte er bei Julian Mastakowitsch an, um auch seinen bescheidenen Namen der langen Reihe ehrerbietiger Gratulanten anzuhängen, die sich hier in der Portiersloge auf einem vollgeschriebenen und bekleckerten Bogen schon eingetragen hatten. Wie groß aber war sein Erstaunen, als er plötzlich die eigenhändige Unterschrift von Wassja Schumkoff vor sich sah! Ganz bestürzt fragte er sich: ‚Was soll das bedeuten?' Und Arkadij Iwanowitsch, der noch kurz zuvor voller Hoffnung gewesen war, ging völlig verstimmt hinaus. Tatsächlich, es bereitete sich ein Unheil vor, aber wo? woher? Und was für ein Unheil?

Er fuhr nach Kolomna hinaus und erschien dort mit düsteren Gedanken, war anfangs zerstreut, aber nachdem er mit Lisanka gesprochen hatte, verließ er sie mit Tränen in den Augen, da er nun richtig Angst bekam um Wassja. Den Heimweg legte er fast laufend zurück, und an der Newa stieß er fast Nase an Nase mit Schumkoff zusammen. Dieser lief gleichfalls.

»Wohin rennst du?« schrie ihn Arkadij Iwanowitsch an.
Wassja blieb erschrocken stehen, als hätte man ihn bei einem Verbrechen ertappt.
»Ich... bin nur so, Bruder; ich wollte nur ein wenig an die Luft...«
»Hast es nicht ausgehalten, wolltest nach Kolomna? Ach, Wassja, Wassja! Und wozu mußtest du zu Julian Mastakowitsch gehen?«
Wassja antwortete nichts, aber dann winkte er mit der Hand ab und sagte:
»Arkadij! Ich weiß selbst nicht, was alles in mir vorgeht! Ich...«
»Schon gut, Wassja, schon gut! Ich weiß doch, woher das kommt. Beruhige dich! Du bist seit gestern aufgeregt und erschüttert! Es ist ja auch kein Wunder! Denk doch nach, wie soll einen das denn nicht umwerfen! Alle lieben dich, alle stehen dir bei; mit deiner Arbeit geht es vorwärts, du wirst sie beenden, wirst sie bestimmt noch rechtzeitig beenden, ich weiß es! Du aber bildest dir irgend etwas ein, leidest an Gott weiß was für Ängsten...«
»Nein, gewiß nicht, gewiß nicht...«
»Aber kannst du dich nicht erinnern, Wassja, weißt du denn nicht, das war doch schon einmal so mit dir, als du befördert wurdest, da wolltest du vor lauter Glück und Dankbarkeit deinen Arbeitseifer gleich verdoppeln, und was dabei herauskam, war nur, daß du eine ganze Woche lang die Arbeit nur verpfuschtest. Und jetzt ist es genau dasselbe...«
»Ja, ja, Arkadij; aber jetzt ist es doch etwas anderes, diesmal ist es gar nicht dasselbe...«
»Wieso denn nicht? Ich bitte dich! Und die Arbeit ist vielleicht gar nicht so eilig, du aber schindest dich zu Tode...«
»Nein, nein, das tue ich ja gar nicht. Nun, gehen wir!«
»Wie, so willst du jetzt nach Haus und nicht zu ihnen?«
»Nein, Bruder, mit was für einem Gesicht soll ich denn jetzt dort auftauchen?... Ich habe es mir überlegt. Ich habe es nur allein, ohne dich, nicht ausgehalten; aber jetzt, wo du wieder bei mir bist, werde ich mich gleich wieder an die Arbeit setzen. Gehen wir!«
Sie gingen und schwiegen eine Zeitlang. Wassja hatte es eilig.
»Warum erkundigst du dich denn gar nicht nach ihnen?« fragte Arkadij Iwanowitsch.
»Ach, ja! Nun, Arkáschenka, wie war es?«
»Wassja, du bist ja gar nicht wiederzuerkennen!«
»Ach, das ist doch nichts!... Also erzähle mir alles, Arkascha!« sagte Wassja mit flehender Stimme, wie um weitere Erklärungen

zu umgehen. Arkadij Iwanowitsch seufzte. Er wußte nun entschieden nicht mehr, woran er war, wenn er Wassja ansah.

Der Bericht über den Besuch in Kolomna belebte Wassja sichtlich. Er wurde sogar gesprächig. Sie aßen zu Mittag. Das Mamachen hatte in Kolomna Arkadij Iwanowitschs Taschen mit Bisquits vollgestopft, und die Freunde wurden, während sie sie aßen, wieder vergnügter. Wassja versprach, nach Tisch ein wenig zu schlafen, um dann die Nacht über arbeiten zu können. Er legte sich auch tatsächlich hin. Am Morgen hatte jemand, dem man nicht absagen konnte, Arkadij Iwanowitsch zum Tee eingeladen. Darum mußten sich die Freunde wieder trennen.

Arkadij nahm sich vor, möglichst früh die Gesellschaft wieder zu verlassen, wenn es anging, schon um acht Uhr. Die drei Stunden der Trennung vergingen für ihn so langsam wie drei Jahre. Endlich konnte er sich verabschieden und zu Wassja zurückkehren. Als er eintrat, sah er, daß das Zimmer dunkel war. Wassja war nicht zu Hause. Er erkundigte sich bei Mawra. Mawra sagte, er, Wassja, habe die ganze Zeit geschrieben und überhaupt nicht geschlafen; darauf sei er im Zimmer auf und ab gegangen und dann, vor einer Stunde, sei er hinausgelaufen und habe nur gesagt, in einer halben Stunde werde er wieder zurück sein; »‚wenn aber Arkadij Iwanowitsch früher kommt, dann sag ihm, Alte'«, habe er gesagt, schloß Mawra ihren Bericht, »‚dann sag ihm, Alte, ich sei spazieren gegangen'« und dies habe er ihr drei-, wenn nicht viermal eingeschärft.

‚Er ist bei Artemjeffs!' dachte Arkadij Iwanowitsch und schüttelte den Kopf.

Im nächsten Augenblick sprang er auf, von einer neuen Hoffnung belebt: ‚Er wird vielleicht fertiggeworden sein', dachte er, ‚und das ist alles, und da hat er es nicht ausgehalten und ist hinausgelaufen. Oder nein! Er hätte meine Rückkehr doch abgewartet... Ich werde mal nachsehn, wieviel er geschrieben hat!' – Er zündete die Kerze an und eilte zum Schreibtisch: die Arbeit ging offenbar gut voran; das Ende schien nicht gar so weit zu sein. Arkadij Iwanowitsch wollte sich noch näher davon überzeugen, da kam Wassja zurück...

»Ah! Du bist schon hier?« rief er zusammenschreckend aus. Arkadij Iwanowitsch schwieg. Er fürchtete sich, an Wassja eine Frage zu stellen. Dieser schlug die Augen nieder und begann schweigend seine Papiere zurechtzurücken. Schließlich begegneten sich ihre Blicke. Wassjas Blick war so bittend, so flehend, so bedrückt, daß

Arkadij erschrak. Sein Herz zitterte und war voll von Erbarmen...

»Wassja, mein Bruder, was hast du nur? Was fehlt dir?« rief er unwillkürlich, stürzte zu ihm und schloß ihn in die Arme. »Erkläre mir doch, sprich dich doch aus; ich verstehe dich nicht mehr und begreife nicht, was dich so bedrückt. Was fehlt dir denn, du mein Martyrer? Was? Sage mir doch alles, ohne etwas zu verheimlichen. Es ist doch nicht möglich, daß nur dies allein...«

Wassja preßte sich fest an ihn und konnte nicht sprechen.

»Laß gut sein, Wassja, laß gut sein! Nun, und wenn du nicht fertig wirst, was ist denn dabei? Ich verstehe dich nicht; teile mir doch mit, was dich so quält! Schau, ich bin doch für dich... Ach, mein Gott, mein Gott!« Er schritt im Zimmer umher und griff nach allem, was ihm unter die Hände kam, als suche er nach einer Medizin für Wassja, die sofort helfen könnte. »Ich werde morgen selbst zu Julian Mastakowitsch gehen, statt deiner, werde ihn um einen Tag Aufschub bitten, ihn beschwören. Ich werde ihm alles, alles erklären, wenn es das ist, was dich so quält...«

»Um Gottes willen, tu' bloß das nicht!« rief Wassja entsetzt aus und wurde weiß wie die Wand. Er hielt sich kaum noch auf den Beinen, wankte stark.

»Wassja! Wassja!«

Wassja kam zu sich. Seine Lippen zitterten; er wollte etwas aussprechen, konnte aber nur schweigend und krampfhaft Arkadijs Hand drücken. Seine Hand war kalt. Arkadij stand vor ihm in banger, quälender Erwartung. Wassja blickte wieder zu ihm auf.

»Wassja, mein Gott, was fehlt dir denn? Du zermarterst mir das Herz, mein Freund, mein lieber Freund!«

Tränen stürzten aus Wassjas Augen, und er warf sich an Arkadijs Brust.

»Ich habe dich betrogen, Arkadij!« sagte er, »ich habe dich betrogen; vergib mir, vergib! Ich habe deine Freundschaft betrogen...«

»Was, wieso, Wassja? Wovon redest du?« fragte Arkadij entsetzt.

»Da!...« Und Wassja warf mit einer verzweifelten Geste aus einem Schubfach sechs dicke Akten auf den Tisch, Akten, die genauso aussahen wie jene, die er bereits abschrieb.

»Was ist das?«

»Dies alles muß ich bis übermorgen abgeschrieben haben. Ich habe aber noch nicht einmal den vierten Teil davon!... Frage nicht, frage nicht, wie das so gekommen ist!« fuhr Wassja fort, um nun selbst alles zu erzählen, was ihn so gequält hatte. »Arkadij, mein

Freund! Ich weiß selbst nicht, was mit mir los war! Jetzt ist mir, als erwache ich aus einer Art Traum. Ich habe ganze drei Wochen umsonst verloren. Ich wollte immer... ich... ich bin immer zu ihr gegangen... Mein Herz schmerzte und quälte mich... wegen der Ungewißheit... und so konnte ich nicht schreiben. Aber ich habe auch gar nicht daran gedacht. Erst jetzt, wo das Glück für mich anbricht, erst jetzt bin ich zu mir gekommen.«

»Wassja!« begann nun Arkadij Iwanowitsch entschlossen. »Wassja, ich werde dich retten. Ich verstehe das alles. Die Sache ist freilich kein Spaß. Ich werde dir helfen! Höre, höre mich an: ich werde gleich morgen zu Julian Mastakowitsch gehen... Schüttle nicht den Kopf, nein, höre lieber zu! Ich werde ihm alles erzählen, wie es so gekommen ist; erlaube mir schon, das zu tun... Ich werde es ihm erklären!... Ich werde aufs Ganze gehen! Ich werde ihm auch sagen, wie verzweifelt du bist, wie du dich quälst.«

»Weißt du auch, daß du mich jetzt einfach umbringst?« fragte Wassja, der sich vor Schreck eiskalt werden fühlte.

Arkadij Iwanowitsch wurde schon blaß, besann sich aber sofort und begann zu lachen.

»Bloß? Nichts weiter?« sagte er. »Aber ich bitte dich, Wassja, schämst du dich denn gar nicht? So höre doch! Ich sehe, daß ich dich betrübe. Sieh mal, ich verstehe dich durchaus; ich weiß, was in dir vorgeht. Wir leben doch schon fünf Jahre zusammen, gottlob! Du bist ein so gütiger, zartfühlender Mensch, aber du bist schwach, unverzeihlich schwach. Das hat auch Lisaweta Michailowna schon bemerkt. Und außerdem bist du auch noch ein Träumer, das aber ist doch auch nicht gut; man kann dabei überschnappen, Bruder! Hör mal, ich weiß doch, was du möchtest! Du möchtest zum Beispiel, daß Julian Mastakowitsch vor Freude darüber, daß du heiratest, außer sich gerate und womöglich einen Ball gebe... Nein, warte, warte mal! Du runzelst die Stirn. Sieh, schon wegen dieses einen Wortes von mir über Julian Mastakowitsch bist du sozusagen für ihn gekränkt! Aber lassen wir ihn aus dem Spiel. Ich achte ihn ja selbst nicht weniger als du. Aber du wirst es nicht bestreiten und wirst mir nicht verbieten können, zu denken, daß du vor allem möchtest: es möge, wenn du heiratest, überhaupt keine Unglücklichen mehr geben auf Erden... Ja, Bruder, gib's schon zu, daß du so gern möchtest, daß ich zum Beispiel, dein bester Freund, plötzlich ein Vermögen von etwa hunderttausend Rubeln besäße; daß alle Feinde, die es nur gibt auf Erden, sich plötzlich mir nichts, dir nichts versöhnten, daß sie alle sich mitten auf der Straße vor Freude umarmten und danach meinethalben hierher zu dir in deine Wohnung auch noch zu Gast kämen. Mein Freund! Mein lieber Freund! Ich scherze nicht, es ist so; du hast mir schon seit langem fast lauter ähnliches bei verschiedenen Gelegenheiten vorphantasiert. Weil du glücklich bist, möchtest du, daß alle, ausnahmslos alle mit einemmal auch glücklich seien! Deshalb möchtest du dich gleich mit aller Gewalt dieses Glückes würdig erweisen und womöglich – zur Erleichterung deines Gewissens – irgendeine Heldentat vollbringen! Nun, ich verstehe ja auch, wie sehr es dich quält, daß du gerade dort, wo es für dich galt, deine Beflissenheit, deinen Eifer, dein Können... nun, meinethalben, wie du es nennst, deine *Dankbarkeit* zu beweisen, daß du gerade dort plötzlich versagt hast! Es ist furchtbar bitter für dich, daran zu denken, daß Julian Mastakowitsch die Stirn runzeln oder gar sich ärgern könnte, wenn er sieht, daß du die Hoffnungen, die er auf dich gesetzt hat, nicht erfüllst. Es schmerzt dich, daran zu denken, daß du Vorwürfe von demjenigen wirst hören müssen, den du für deinen Wohltäter hältst, – und das gerade noch in einem solchen Augenblick! Wo dein Herz von Freude überfüllt ist und du nicht weißt, an wen du deine Dankbarkeit verströmen lassen kannst... So ist es doch, nicht wahr? So ist es doch?«

Arkadij Iwanowitsch, dessen Stimme zum Schluß hin zu beben begonnen hatte, verstummte und schöpfte Atem.

Wassja blickte voll Liebe auf seinen Freund. Ein Lächeln glitt über seine Lippen. Es war sogar, als belebe die Erwartung einer Hoffnung sein Gesicht.

»Also, dann höre weiter«, begann Arkadij von neuem, und die eigene Hoffnung fachte ihn noch mehr an, »es ist ja gar nicht gesagt, daß Julian Mastakowitsch sein Wohlwollen dir gegenüber werde aufgeben müssen. Ist es das, was du befürchtest, mein Lieber? Ist es das? Und wenn es wirklich das ist, dann werde ich«, sagte Arkadij aufspringend, »dann werde ich mich für dich opfern. Ich werde morgen zu Julian Mastakowitsch fahren... Widersprich mir nicht! Du, Wassja, bauschst ja dein Vergehen zu einem ganzen Verbrechen auf. Er aber, Julian Mastakowitsch, ist großmütig und barmherzig, und überdies ist er anders als du! Er wird uns, Bruder Wassja, wird uns anhören und uns aus der Not heraushelfen. Nun! Bist du jetzt beruhigt?«

Wassja, in dessen Augen Tränen standen, drückte Arkadijs Hand.

»Schon gut, Arkadij, schon gut«, sagte er, »die Sache ist ja bereits entschieden. Nun ja, ich habe es nicht geschafft, und dabei bleibt es; daran ist nichts zu ändern. Und du brauchst gar nicht hinzugehen: ich werde ihm selbst alles sagen, werde selbst zu ihm gehen. Ich habe mich jetzt beruhigt, du siehst ja, ich bin ganz ruhig. Du aber sollst nicht hingehen...«

»Wassja, Liebster!« rief Arkadij Iwanowitsch vor Freude laut aus, »wie froh bin ich, daß du dich besonnen hast und gefaßt bist! Nur das sollten doch meine Worte bezwecken! Aber was immer mit dir geschehen mag, was dir auch bevorstehen sollte, ich bin bei dir, vergiß das nicht! Ich sehe schon, du willst nicht, daß ich mit Julian Mastakowitsch über dich rede, dich quält der Gedanke, ich könnte etwas sagen, – also gut, ich werde nichts sagen, gar nichts, du wirst das selbst tun. Siehst du: du gehst also morgen zu ihm... oder nein, es ist besser, du gehst morgen noch nicht, sondern bleibst hier und schreibst, verstehst du? – und ich werde mich dort erst erkundigen, wie es sich mit diesen Akten verhält, ob es eine sehr eilige Sache ist oder nicht, ob die Arbeit unbedingt zum Termin fertig sein muß oder ob man einen Aufschub erhalten könnte, oder was das für Folgen haben würde? Und dann komme ich geschwind zu dir und berichte dir alles... Siehst du, siehst du! Schon gibt es eine Hoffnung! Stell dir doch vor, daß es damit vielleicht gar nicht eilt – dann haben wir doch gewonnen. Julian Mastakowitsch denkt vielleicht gar nicht daran und fragt nicht darnach, und dann ist ja alles gerettet.«

Wassja wiegte zweifelnd den Kopf. Aber sein dankbarer Blick hing immerzu am Gesicht des Freundes.

»Schon gut, schon gut! Ich fühle mich so schwach, so müde«, sagte er, nach Atem ringend; »ich mag schon gar nicht mehr daran denken. Sprechen wir von etwas anderem! Weißt du, ich werde jetzt auch nicht mehr weiterschreiben, höchstens nur noch diese zwei Seiten beenden, bis zu diesem Abschnitt, um so wenigstens bis zu einem gewissen Abschluß zu gelangen. Hör mal... Ich wollte dich schon längst fragen: wie kommt es, daß du mich so gut kennst?«

Tränen tropften aus Wassjas Augen auf Arkadijs Hände.

»Wenn du wüßtest, Wassja, wie sehr ich dich liebhabe, dann würdest du nicht danach fragen, – dann nicht!«

»Jaja, Arkadij, ich weiß das nicht, weil... weil ich nicht weiß, *wofür* du mich denn so liebgewonnen hast! Ja, Arkadij, weißt du auch, daß selbst deine Liebe mich manchmal bedrückt hat? Weißt du auch, daß ich so manches Mal, namentlich wenn ich vor dem Einschlafen an dich dachte (denn ich denke vor dem Einschlafen immer an dich), in Tränen ausgebrochen bin und mein Herz erbebt ist, weil... weil... Nun, weil du mich so liebtest und ich auf keine Weise mein Herz erleichtern und mit nichts dir dafür danken konnte...«

»Da siehst du, Wassja, da siehst du, wie du bist!... Schau nur, wie dich das gleich wieder erregt«, sagte Arkadij, dem in diesem Augenblick inwendig etwas weh zu tun begann, da ihm die gestrige Szene auf der Straße wieder einfiel.

»Laß gut sein; du willst, daß ich mich beruhige, aber ich bin doch noch nie so ruhig und glücklich gewesen wie jetzt! Weißt du... Hör mal, ich möchte dir gern alles erzählen, aber ich fürchte immer, dich zu betrüben... Du bist immer gleich betrübt und schreist mich an; ich aber erschrecke dann... Sieh nur, wie ich jetzt zittere, ich weiß nicht, weshalb... Siehst du, das ist es, was ich dir sagen möchte. Ich glaube, ich habe mich früher selbst nicht gekannt, – ja! Aber auch die anderen habe ich erst gestern kennengelernt. Ich habe, Bruder, gar nicht alles zu fühlen, zu schätzen verstanden. Das Herz war... in mir verhärtet... Höre, wie ist das nur so gekommen, daß ich niemandem, aber auch niemandem auf der Welt etwas Gutes getan habe, weil ich es gar nicht habe tun können – schon mein Äußeres ist ja unangenehm... Und doch hat mir ein jeder Gutes erwiesen! Du gleich als erster: als ob ich's nicht sähe! Ich habe nur geschwiegen, nur geschwiegen!...«

»Wassja, hör auf!«

»Was denn, Arkascha! Was denn!... Laß mich doch...«, unterbrach sich Wassja, der vor Tränen kaum sprechen konnte. »Ich habe dir gestern von Julian Mastakowitsch erzählt. Und du weißt ja selbst, wie streng er sonst ist, wie hart er sein kann; auch du hast ja schon manchen Verweis von ihm einstecken müssen. Mit mir aber hat er gestern zu scherzen angefangen, ist es ihm eingefallen, freundlich zu mir zu sein; er hat sein gutes Herz, das er vor allen vernünftigerweise verbirgt, mich spüren lassen...«

»Nun ja, Wassja, aber das beweist doch nur, daß du das verdient hast, daß du deines Glückes würdig bist.«

»Ach, Arkascha! Wie gern, wie gern hätte ich diese Arbeit erledigt! ... Nein, ich werde mein Glück selbst verspielen! Ich habe so eine Vorahnung! Aber nein, nicht wegen dieser Arbeit«, unterbrach sich Wassja, als er bemerkte, daß Arkadij heimlich nach dem schweren

Papierstapel auf dem Tisch blickte, »das ist nichts, beschriebenes Papier... Unsinn! Diese Sache ist auch so erledigt... Arkascha, ich war heute dort, bei ihnen... Ich bin ja nicht hineingegangen. Es war schwer, war bitter für mich! Ich stand nur eine Weile vor der Tür. Sie spielte Klavier, ich hörte zu. Siehst du, Arkadij«, sagte er, die Stimme senkend, »ich wagte nicht, einzutreten...«

»Wassja, was hast du? Du siehst mich so an?«

»Was? Nein, es ist nichts. Mir ist nur ein wenig übel; die Beine zittern; das kommt daher, weil ich die ganze Nacht gesessen bin. Ja! Es wird mir... grün vor den Augen. Ich habe hier, hier...«

Er wies auf sein Herz. Und zugleich sank er ohnmächtig zusammen...

Als er wieder zu sich kam, wollte Arkadij strenge Vorkehrungen treffen. Er wollte ihn mit Gewalt zu Bett bringen. Aber Wassja wollte das um keinen Preis geschehen lassen. Er weinte, rang die Hände, wollte unbedingt noch die zwei Seiten zu Ende schreiben. Um ihn nicht noch mehr aufzuregen, ließ Arkadij ihn zu seinen Papieren...

»Siehst du«, sagte Wassja, indem er wieder seinen Platz am Schreibtisch einnahm, »mir ist etwas eingefallen, wie ich's machen könnte, das wäre eine Hoffnung.«

Und er lächelte Arkadij zu; sein blasses Gesicht war wirklich wie von einem Hoffnungsstrahl belebt.

»Also paß auf: ich bringe ihm übermorgen nicht alles. Von dem Rest werde ich ihm vorlügen, daß er verbrannt sei, daß er naßgeworden sei oder daß ich ihn verloren hätte daß ich schließlich, nun ja, eben nicht fertig geworden bin... Nein, ich kann nicht lügen. Ich werde ihm sagen... weißt du was? Ich werde ihm lieber alles erklären, werde sagen, wie es gekommen ist, daß ich einfach nicht konnte. Ich werde ihm von meiner Liebe erzählen; er hat ja selbst erst vor kurzem geheiratet, er wird mich verstehen! Ich werde dies alles natürlich ehrerbietig und bescheiden vorbringen; er wird meine Tränen sehen, sie werden ihn rühren...«

»Ja, selbstverständlich, geh selbst zu ihm, geh selbst, erkläre ihm alles... Aber Tränen sind da gar nicht nötig! Weshalb denn Tränen? Weiß Gott, Wassja, du hast auch mich ganz ängstlich gemacht.«

»Ja, ich werde selbst hingehen, werde selbst zu ihm gehen. Aber jetzt laß mich weiterschreiben, Arkascha. Ich werde niemanden stören, laß auch du mich ruhig schreiben!«

Arkadij warf sich aufs Bett. Er traute Wassja nicht, er traute ihm entschieden nicht. Wassja war ja zu allem fähig. Aber um Verzeihung bitten, weswegen denn, wieso? Die Sache lag ja gar nicht so. Es handelte sich doch nur darum, daß Wassja sich *vor sich selbst* schuldig fühlte; daß er sich dem Schicksal gegenüber als undankbar empfand, daß er bedrückt, erschüttert war von seinem unverhofften Glück und sich dieses Glücks nicht... für wert hielt, und schließlich, daß er für sich selbst nur einen Vorwand gefunden hatte, um nach dieser Richtung hin abzuschwenken, daß er aber seit dem gestrigen Tage und seit dieser großen Überraschung noch gar nicht zur Besinnung gekommen war; – ,nur darum dreht es sich!' dachte Arkadij Iwanowitsch. ,Man muß ihn retten, muß ihn mit sich selbst aussöhnen. Er gibt sich ja selbst schon auf, hält schon das Totenamt ab...' Und Arkadij dachte und sann noch lange nach und beschloß dann doch, unverzüglich zu Julian Mastakowitsch zu gehen, schon morgen früh, und ihm alles darzulegen.

Wassja saß und schrieb. Der schon ganz müdgequälte Arkadij Iwanowitsch kleidete sich aus und wollte noch weiter über die Sache nachdenken, schlief aber darüber ein und erwachte erst vor dem Morgengrauen.

»Ach, zum Teufel! Wieder schon!« stieß er hervor, als er Wassja erblickte; der saß und schrieb.

Arkadij stürzte zu ihm, umfing ihn, hob ihn auf und trug ihn auf sein Bett. Wassja lächelte: die Augen fielen ihm zu vor Schwäche. Er konnte kaum sprechen.

»Ich wollte mich schon selbst hinlegen«, sagte er. »Weißt du, Arkadij, ich habe die Idee, daß ich doch noch fertig werde. Ich werde es schaffen. Ich habe *schneller* geschrieben! Aber noch länger sitzen... kann ich nicht; weck mich... um acht...«

Er vermochte kaum zu Ende zu sprechen und schlief schon fest.

»Mawra!« wandte sich Arkadij Iwanowitsch flüsternd an die Magd, die gerade den Ssamowar hereinbrachte, »er hat gebeten, ihn in einer Stunde zu wecken. Unter keinen Umständen! Und wenn er zehn Stunden schlafen sollte, verstehst du?«

»Versteh schon, Väterchen-Herr.«

»Das Mittagessen brauchst du nicht zu bereiten, rühre auch kein Holzscheit an; daß du mir keinen Lärm machst! Sonst – wehe dir! Wenn er nach mir fragt, dann sag ihm, ich sei ins Amt gegangen, verstehst du?«

»Versteh schon, Väterchen-Herr. Mag er schlafen soviel er will, mich geht's nichts an. 's freut mich, wenn die Herrschaften schlafen und ich ihr Hab und Gut hüte. Aber von wegen der zerbrochenen Tasse neulich, wegen der Sie zu schelten beliebten, das war doch nicht ich, sondern die Katze Maschka war's; ich kam bloß nicht dazu, sie noch rechtzeitig zu verscheuchen mit ‚Wirst du wohl! Katzenvieh!'...«

»Pst! sei still, sei still!«

Arkadij Iwanowitsch ging hinter Mawra hinaus in die Küche, verlangte von ihr den Schlüssel und sperrte sie dort ein. Darauf begab er sich in den Dienst. Unterwegs überlegte er hin und her, wie er sich bei Julian Mastakowitsch melden lassen könnte, und ob das überhaupt anginge, ob es nicht anmaßend wäre oder gar unverfroren? Als er im Amt anlangte, war ihm doch bänglich zumut, und er erkundigte sich vorsichtig, ob Seine Exzellenz schon da sei? Man antwortete ihm, Exzellenz sei noch nicht gekommen und werde an diesem Tage auch nicht kommen. Da wollte denn Arkadij Iwanowitsch sofort zu ihm in die Wohnung gehen, überlegte aber noch rechtzeitig, daß Julian Mastakowitsch dann wohl zu Hause beschäftigt sein werde. So blieb er denn im Amt und versah seinen Dienst. Die Stunden erschienen ihm endlos. Unter der Hand erkundigte er sich nach der Arbeit, die Schumkoff zugewiesen worden war. Aber niemand konnte ihm darüber Auskunft geben. Man wußte nur, daß Julian Mastakowitsch ihn mit besonderen Aufträgen zu beschäftigen pflegte; aber was das für Aufträge waren, darüber wußte niemand Näheres. Endlich schlug es drei Uhr, und Arkadij Iwanowitsch hastete nach Haus. Im Vorzimmer sprach ihn ein Schreiber an und sagte ihm, Wassilij Petrówitsch Schúmkoff sei so ungefähr um ein Uhr dagewesen und habe gefragt, »ob Sie hier seien und ob auch Julian Mastakowitsch hier gewesen sei«. Als Arkadij das hörte, nahm er sofort eine Droschke und fuhr nach Hause, wo er halb außer sich vor Schreck und Sorge anlangte.

Schumkoff war zu Hause. Er ging sehr erregt im Zimmer auf und ab. Als er Arkadij Iwanowitsch erblickte, nahm er sich sofort zusammen und beeilte sich sichtlich, seine Erregung zu verbergen. Schweigend setzte er sich an seine Arbeit. Offenbar wollte er den Fragen seines Freundes ausweichen, die er wohl als lästig empfand, hatte wohl auch selbst etwas beschlossen, wovon er aber nichts verlauten lassen wollte, da er sich auf die Freundschaft Arkadijs nicht mehr verlassen zu können glaubte. Arkadij spürte das betroffen; sein Herz krampfte sich zusammen vor schwerem, stechendem Schmerz.

Er setzte sich aufs Bett und schlug ein Buch auf, das einzige, das er besaß, beobachtete aber heimlich die ganze Zeit den armen Wassja. Dieser schwieg hartnäckig, schrieb und blickte nicht auf. So vergingen mehrere Stunden. Arkadijs Qualen wurden schier unerträglich. Endlich, gegen elf Uhr, hob Wassja den Kopf und sah mit stumpfem, unbeweglichem Blick Arkadij an. Arkadij wartete ab. Es vergingen zwei, drei Minuten; Wassja schwieg immer noch. »Wassja!« rief Arkadij: Wassja gab keine Antwort. – »Wassja!« wiederholte er und sprang auf. »Wassja, was ist denn mit dir los? Was hast du?« rief er erschrocken und lief zu ihm. Wassja erhob den Kopf und sah ihn an – mit dem gleichen stumpfen, unbeweglichen Blick. ‚Er hat wohl einen Starrkrampf!' dachte Arkadij, zitternd vor Schreck. Er griff nach der Wasserkaraffe, nahm Wassja in den Arm, goß ihm Wasser über den Kopf, kühlte seine Schläfen, rieb Wassjas Hände zwischen seinen Händen, und richtig – Wassja kam wieder zu sich. »Wassja, Wassja!« Arkadij brach in Tränen aus, er konnte sich nicht mehr beherrschen. »Wassja, richte dich doch nicht zugrunde, besinne dich, besinn dich!...« Er sprach nicht weiter und nahm Wassja nur stumm in seine Arme und drückte ihn innig an sich. Da war es, als glitte ein qualvoller Ausdruck über Wassjas Gesicht; er rieb sich die Stirn und griff sich an den Kopf, als fürchte er, der Kopf könnte ihm zerspringen.

»Ich weiß nicht, was mit mir ist!« sagte er endlich. »Ich glaube, ich habe mich überarbeitet. Nun, schon gut, schon gut. Laß nur, Arkadij, sei nicht traurig; laß nur!« wiederholte er, indem er ihn mit traurigen, erschöpften Augen ansah, »wozu regst du dich auf? Laß gut sein!«

»Und du, du suchst jetzt noch mich zu trösten!« rief Arkadij, dem das Herz zerspringen wollte. »Wassja«, sagte er schließlich behutsam, »leg dich hin, schlaf ein wenig, was meinst du? Quäle dich doch nicht so unnötigerweise! Du kannst dann nachher wieder besser arbeiten!«

»Jaja!« sagte Wassja »also gut! Ich werde mich hinlegen; ja! Siehst du, ich wollte die Arbeit doch noch... beenden, aber jetzt habe ich es mir... doch anders überlegt, ja...«

Und Arkadij schleppte ihn weg zu seinem Bett.

»Höre, Wassja«, sagte er entschlossen, »in dieser Sache muß eine Entscheidung getroffen werden! Sage mir, was du im Sinn hast?«

»Ach!« sagte Wassja, winkte mit müder Hand ab und wandte den Kopf nach der anderen Seite.

»Schön, Wassja, schön! Aber entschließe dich! Ich will nicht zu deinem Mörder werden: ich kann nicht länger schweigend zusehen. Du wirst ja doch nicht eher einschlafen können, als bis du dich zu etwas Bestimmtem entschlossen hast, das weiß ich.«

»Wie du willst, wie du willst«, wiederholte Wassja rätselhaft.

‚Er gibt nach!' dachte Arkadij Iwanowitsch.

»Sieh doch ein, Wassja«, sagte er, »erinnere dich an das, was ich dir schon gesagt habe, und ich werde dich morgen retten; morgen werde ich dein Schicksal entscheiden! Ach, was sage ich da, Schicksal! Du hast mich so eingeschüchtert, Wassja, daß ich schon mit deinen Worten denke. Was heißt Schicksal! Das ist doch einfach Unsinn, dummes Zeug! Du möchtest nicht das Wohlwollen, oder, wenn du willst, die Liebe von Julian Mastakowitsch verlieren; das ist es doch! Und du wirst sie auch nicht verlieren, du wirst sehen ... Ich ...«

Arkadij Iwanowitsch hätte noch lange weitergesprochen, aber Wassja unterbrach ihn. Er richtete sich auf, umschlang mit beiden Armen Arkadijs Hals und küßte ihn.

»Genug!« sagte er mit schwacher Stimme, »genug! Genug davon!« Und wieder wandte er sein Gesicht zur Wand.

‚Mein Gott!' dachte Arkadij, ‚mein Gott! Was hat er nur? Er hat ja ganz den Kopf verloren; was mag er vorhaben? Er wird sich noch zugrunde richten.'

Arkadij betrachtete ihn voller Verzweiflung.

‚Wenn er erkranken würde', dachte Arkadij, ‚vielleicht wäre das besser. Mit der Krankheit würde dann auch seine Sorge vergehen, und dann könnte man die ganze Sache leicht in Ordnung bringen. Aber was bilde ich mir da ein? Ach, du mein Herrgott ...'

Inzwischen schien Wassja einzuschlummern. Arkadij Iwanowitsch freute sich schon darüber. ‚Ein gutes Zeichen!' dachte er. Und er beschloß, die ganze Nacht bei ihm zu wachen. Aber Wassja war sehr unruhig. Alle Augenblicke zuckte er zusammen, warf er sich auf dem Bett hin und her und schlug momentweise die Augen auf. Endlich aber nahm die Müdigkeit doch überhand; er schlief ein wie erschlagen. Es war gegen zwei Uhr morgens, als Arkadij Iwanowitsch, mit dem Ellbogen auf den Tisch gestützt, auf seinem Stuhl gleichfalls einschlief.

Er hatte einen aufregenden und seltsamen Traum. Es schien ihm, daß er nicht schlafe und Wassja nach wie vor auf dem Bett liege. Doch merkwürdig! Es kam ihm dann so vor, daß Wassja sich nur schlafend stelle, daß er ihn sogar bewußt betrüge und jetzt, ja, jetzt leise aufstehe, ihn dabei mit halbem Auge beobachte und sich heimlich zum Schreibtisch schleiche. Ein brennender Schmerz ergriff Arkadijs Herz; es ärgerte ihn und machte ihn zugleich traurig und bedrückte ihn, sehen zu müssen, wie Wassja ihm nicht traute, ihn hinterging, sich vor ihm versteckte. Er wollte ihn ergreifen, wollte schreien, ihn aufs Bett zurücktragen... Da geschah es aber, daß Wassja auf seinen Armen einen Schrei ausstieß – und er trug nur noch einen leblosen Körper, eine Leiche aufs Bett. Kalter Schweiß trat auf Arkadijs Stirn hervor; sein Herz schlug stürmisch. Er schlug die Augen auf und erwachte... Wassja saß vor ihm am Schreibtisch und schrieb.

Seinen Augen nicht trauend, blickte Arkadij aufs Bett. Wassja war nicht dort. Noch ganz befangen von dem Eindruck seines Traumes sprang Arkadij erschrocken auf. Wassja rührte sich nicht. Er schrieb immerzu. Plötzlich aber bemerkte Arkadij mit Entsetzen, daß Wassja mit trockener Feder übers Papier fuhr, vollkommen unbeschriebene Seiten umblätterte, und so schnell, so schnell ohne Tinte schrieb, als flöge die Arbeit nur so dahin! ‚Nein, das ist kein Starrkrampf!' dachte Arkadij Iwanowitsch und erzitterte am ganzen Körper. »Wassja, Wassja! So antworte mir doch!« rief er ihn an und packte ihn an der Schulter. Aber Wassja schwieg und fuhr fort, mit trockener Feder über das Papier zu hasten.

»Endlich ist es mir gelungen, so *beschleunigt* zu schreiben wie ich will«, sagte er, ohne zu Arkadij aufzublicken.

Arkadij packte seine Hand und entriß ihr die Feder.

Ein Stöhnen entrang sich Wassjas Brust. Er ließ die Hand sinken und sah auf zu Arkadij; dann strich er sich mit einem qualvoll traurigen Ausdruck mit der Hand über die Stirn, als wolle er eine schwere, bleierne Last, die sein ganzes Wesen bedrückte, von sich wegschieben, und wie in Nachdenken versunken ließ er still den Kopf auf die Brust sinken.

»Wassja, Wassja!« schrie Arkadij Iwanowitsch verzweifelt auf. »Wassja!«

Nach einer Weile blickte Wassja ihn an. Tränen standen in seinen großen blauen Augen, und das blasse, sanfte Gesicht sprach nur von einer unendlichen Qual... Seine Lippen flüsterten etwas.

»Was, was sagst du?« rief Arkadij und beugte sich zu ihm hinab.

»Warum denn mich, gerade mich?« flüsterte Wassja. »Weshalb denn? Was habe ich denn getan?«

»Wassja! Was meinst du damit? Was fürchtest du, Wassja? Was

denn?« fragte Arkadij erregt, die Hände ringend vor Verzweiflung.
»Weshalb will man denn gerade mich unter die Soldaten stecken?« fragte Wassja und sah geradeaus in die Augen seines Freundes, »wofür denn? Was habe ich denn getan?« [3]
Arkadij standen die Haare zu Berge; er wollte es nicht glauben. Erschüttert stand er vor ihm da.
Dann riß er sich zusammen, besann sich: ‚Das ist nur so, das ist vorübergehend!' sagte er sich, bleich im Gesicht, mit zitternden, bläulichen Lippen, raffte sich auf, um sich schnell zum Ausgehen anzukleiden. Er wollte sofort einen Arzt holen. Plötzlich rief Wassja ihn zu sich. Arkadij stürzte zu ihm und umfing ihn wie eine Mutter, der man das leibliche Kind entreißen will...
»Arkadij, Arkadij, sag es niemandem! Hörst du, das ist *mein* Unglück! So laß es mich denn allein tragen...«
»Was sagst du? Was fällt dir ein! Besinne dich, Wassja; komm zur Besinnung!«
Wassja seufzte, und Tränen liefen über seine Wangen.
»Wozu denn auch noch *sie* vernichten? Was hat denn sie verbrochen!...«, murmelte er mit qualvoller, herzzerreißender Stimme. »Es ist meine Sünde, meine Sünde!...«
Er verstummte für einen Augenblick.
»Leb wohl, meine Liebste! Leb wohl, meine Liebste!« flüsterte er und nickte dazu mit seinem armen Kopf. Arkadij fuhr zusammen, kam zu sich und wollte hinausstürzen nach einem Arzt... »Ja, gehen wir! Es ist Zeit!« rief Wassja, den Arkadijs ungestüme Bewegung mitriß. »Gehen wir, Bruder, gehen wir, ich bin bereit! Du begleite mich!« Er verstummte und blickte Arkadij mit verzagtem, dabei mißtrauischem Blick an.
»Wassja, um Gottes willen, komme mir nicht nach, bleibe hier! Erwarte mich hier! Ich werde sofort zu dir zurückkehren«, sagte Arkadij Iwanowitsch, der jetzt selbst den Kopf zu verlieren glaubte, und griff nach seiner Mütze, um einen Arzt herbeizuschaffen. Wassja setzte sich gleich wieder hin; er war still und gehorsam, nur in seinen Augen blitzte es wie von einer verwegenen Entschlossenheit. Arkadij kehrte noch einmal zurück, nahm vom Tisch ein aufgeklapptes Taschenmesserchen an sich, sah den Armen noch einmal besorgt an und lief aus der Wohnung.
Es war bald acht Uhr. Das Tageslicht hatte die Morgendämmerung im Zimmer bereits verdrängt.

Er konnte keinen Arzt auftreiben. Schon eine ganze Stunde lief er vergeblich umher. Alle Ärzte, nach denen er sich bei den Hausmeistern erkundigte, waren bereits ausgefahren, die einen dienstlich, die anderen in privaten Angelegenheiten. Endlich fand er einen, der zu Hause war und Patienten empfing. Dieser erkundigte sich zunächst lange und ausführlich bei seinem Diener, der ihn anmeldete: von wem der frühzeitige Besucher komme, wer er sei, wie er aussehe, aus welchem Grunde er einen Arzt aufsuche und sogar, was für einen Eindruck er mache! – woraufhin er zu dem Schluß kam, daß er ihn nicht empfangen könne; er habe viel zu tun und könne nicht zum Kranken fahren; im übrigen müsse man Kranke dieser Art ins Krankenhaus schaffen.

Der erschöpfte und erschütterte Arkadij, der auf ein solches Ergebnis nicht im geringsten gefaßt gewesen war, gab es auf, verzichtete auf alle Ärzte der Welt und eilte, in größter Angst um Wassja, wieder nach Hause. Er lief in die Wohnung. Mawra kehrte in der Küche den Fußboden, als wäre nichts geschehen; sie machte sich ans Späneschneiden, um den Ofen zu heizen. Arkadij stürzte ins Zimmer, – von Wassja war nicht einmal eine Spur zu sehen; er hatte die Wohnung verlassen.

‚Wohin mag er...? Wo mag er sein? Zu wem kann der Unglückliche gelaufen sein?' überlegte Arkadij, äußerlich wie gelähmt vor Schreck. Er begann Mawra auszufragen. Die wußte von nichts, hatte weder gehört noch gesehen, daß er hinausgegangen war, Gott verzeihe ihm! Nefedjewitsch eilte nach Kolomna. Jawohl: dort, nur dort konnte er sein! Davon war er plötzlich überzeugt.

Die Uhr ging schon auf zehn, als sein Schlitten dort anlangte. Man hatte ihn nicht erwartet, wußte von nichts, ahnte nicht einmal etwas. Arkadij stand vor ihnen, erschrocken, verstört, und wollte wissen, wo Wassja war? Dem Mamachen wurden die Knie schwach, und sie sank oder fiel fast auf den Diwan. Lisanka, die vor Schreck zitterte, begann nach dem Geschehenen zu forschen. Was sollte er da viel sagen? Arkadij Iwanowitsch wollte sich möglichst schnell wieder verabschieden, dachte sich irgend eine Geschichte aus, die ihm natürlich nicht geglaubt wurde, lief davon und ließ sie erschüttert und in Sorge um Wassja zurück. Er eilte in sein Amt, um wenigstens nicht zu spät zu kommen und dort zu informieren, damit man schleunigst Vorkehrungen treffe. Unterwegs kam ihm der Gedanke, daß Wassja zu Julian Mastakowitsch gegangen sein könne. Das war doch das Wahrscheinlichste: Arkadij hatte sogar zu

allererst daran gedacht. Und als er jetzt am Hause Seiner Exzellenz vorüberfuhr, ließ er anhalten, besann sich aber sofort und befahl, weiterzufahren. Er wollte lieber erst im Amt nach Wassja fragen, erst wenn er ihn dort nicht vorfand, sich bei Seiner Exzellenz melden, um wenigstens Bericht zu erstatten über Wassjas Verschwinden. Irgend jemand mußte das doch melden.
Schon im Vorzimmer wurde er von einigen jüngeren Kollegen umringt, die größtenteils im gleichen Rang mit ihm standen; wie aus einem Munde fielen sie mit der Frage über ihn her, was mit Wassja geschehen sei? Sie sprachen alle zugleich und sagten, daß Wassja den Verstand verloren habe und sich einbilde, man wolle ihn unter die Soldaten stecken, weil er sich ein Versäumnis im Dienst habe zuschulden kommen lassen. Arkadij Iwanowitsch antwortete nach allen Seiten, oder richtiger gesagt, er beeilte sich, ohne etwas Bestimmtes zu antworten, zu den „inneren Gemächern" zu gelangen. Auf dem Wege dorthin erfuhr er, daß Wassja sich bereits im Arbeitsraum Julian Mastakowitschs befinde, und daß sich die meisten Vorgesetzten gleichfalls dorthin begeben hätten, auch Esper Iwanowitsch. Arkadij wollte schon stehenbleiben. Einer von den älteren Beamten fragte ihn, wohin er gehe und was er dort wolle. Ohne den Fragenden zu erkennen, sagte er etwas von Wassja und ging weiter geradeaus zum Arbeitsraum Seiner Exzellenz. Von dort her hörte er schon die Stimme Julian Mastakowitschs. Unmittelbar vor der Tür fragte ihn jemand »Wohin wollen Sie?« Arkadij Iwanowitsch verlor fast den Mut und wollte beinah schon umkehren, aber da erblickte er durch die halbgeöffnete Tür seinen armen Wassja. Er öffnete die Tür und zwängte sich irgendwie ins Zimmer. Dort herrschte Verwirrung und Ratlosigkeit, zumal Julian Mastakowitsch allem Anschein nach sehr, sehr betrübt war. Um ihn herum standen alle höheren Beamten, sprachen hin und her und wußten nicht, wozu sie sich entschließen sollten. Wassja stand etwas abseits. In Arkadijs Brust blieb das Herz stehen, als er ihn erblickte. Wassja stand da, bleich, mit erhobenem Kopf, in strammer Haltung, wie ein Rekrut vor neuen Vorgesetzten, die Hacken aneinander, die Hände an der Hosennaht. Er sah Julian Mastakowitsch geradeaus in die Augen. Nefedjewitsch wurde natürlich sofort bemerkt, und jemand, der es wußte, daß er und Wassja Freunde waren und zusammen wohnten, meldete dies Seiner Exzellenz. Arkadij wurde vorgeführt. Er wollte auf die an ihn gestellten Fragen etwas antworten, blickte Julian Mastakowitsch an, aber als er auf dessen

Gesicht aufrichtiges Mitleid erblickte, erzitterte er und brach wie ein Kind in Tränen aus. Und nicht nur das: er stürzte vor, ergriff die Hand seines Vorgesetzten, drückte sie an seine Augen und benetzte sie mit seinen Tränen, so daß Seine Exzellenz genötigt war, sie hastig zurückzuziehen, sie in der Luft zu schwenken und zu sagen: »Schon gut, mein Lieber, schon gut; ich sehe, du hast ein liebevolles Herz.« Arkadij schluchzte, und in den Blicken, die er den Umstehenden zuwarf, war etwas wie ein Flehen um Hilfe. Es war ihm, als wären sie alle Brüder seines armen Wassja, als wenn sie alle gleichfalls litten und um ihn weinten, wie er.

»Aber wie ist denn das nur mit ihm geschehen; wie hat das geschehen können?« fragte Julian Mastakowitsch. »Wodurch hat er den Verstand verloren?«

»Aus Da–Dank–barkeit!« konnte Arkadij nur hervorstottern.

Verwundert nahmen alle diese Antwort auf; allen erschien sie seltsam und unwahrscheinlich: Wie ist es denn möglich, daß ein Mensch aus Dankbarkeit seinen Verstand verlieren kann? Arkadij versuchte ihnen das zu erklären, so gut er es konnte.

»Gott, wie traurig!« sagte schließlich Julian Mastakowitsch, »und dabei war die Arbeit, mit der ich ihn beauftragt hatte, gar nicht so wichtig und eilte auch keineswegs. So ist denn der Mensch um nichts und wieder nichts zu Grunde gegangen!... Was soll man da sagen, er muß fortgebracht werden!...« Hierauf wandte sich Julian Mastakowitsch von neuem an Arkadij Iwanowitsch, um von ihm noch weiteren Aufschluß zu erhalten. »Er bittet«, sagte er, auf Wassja weisend, »man möge einem gewissen Mädchen nichts davon sagen. Wer ist das? Seine Braut vielleicht?«

Arkadij begann zu erklären. Während dieses Berichtes schien Wassja angestrengt über etwas nachzudenken, als suche er sich einer sehr wichtigen, sehr notwendigen Sache zu erinnern, die ihm, wie er wohl glaubte, gerade in diesem Augenblick sehr zustatten kommen könnte. Hin und wieder ließ er seinen kummervollen Blick über seine Umgebung schweifen, als hoffe er, jemand werde sich vielleicht der Sache erinnern, die er vergessen hatte. Da blieben seine Augen auf Arkadij haften. Und plötzlich blitzte es wie eine Hoffnung in ihnen auf. Er schob den linken Fuß vor, machte dann möglichst stramm drei Schritte vorwärts und schlug sogar die Hacken zusammen, mit dem rechten Stiefel an den linken, wie es die Soldaten tun, wenn sie an einen Offizier herantreten, der sie gerufen hat. Alle warteten, was nun geschehen werde.

»Ich habe ein körperliches Gebrechen, Euer Exzellenz, bin schwächlich und klein von Wuchs, bin darum untauglich zum Dienst«, sagte er wie gehackt.

Da war allen im Zimmer Anwesenden zumut, als presse ihnen jemand das Herz zusammen; selbst Julian Mastakowitsch, der doch sonst einen starken Charakter hatte, konnte es nicht verhindern, daß ihm eine Träne über die Backe rollte. »Führt ihn fort«, sagte er und winkte mit der Hand ab.

»Tauglich!« sagte Wassja halblaut, drehte sich links um und ging aus dem Zimmer. Alle, die an seinem Schicksal Anteil nahmen, drängten ihm nach, Arkadij mit ihnen. Wassja wurde ins Empfangszimmer geführt, wo er noch auf die Ausführung der Überweisung und die Ankunft des Wagens, der ihn ins Krankenhaus bringen sollte, warten mußte. Er saß still da und war anscheinend sehr besorgt. Wen er erkannte, dem nickte er zu, als wolle er sich von ihm verabschieden. Alle Augenblicke sah er nach der Tür und schien darauf zu warten, daß man sogleich sagen werde: »Es ist soweit.« Um ihn herum hatte sich ein enger Kreis gebildet; alle schüttelten den Kopf, alle betrauerten ihn. Viele wurden nachdenklich, als sie seine Lebensgeschichte erfuhren, die nun schnell bekannt wurde; die einen ergingen sich in Betrachtungen über den Fall, andere bedauerten und lobten Wassja, weil er so ein bescheidener, stiller, vielversprechender junger Mann gewesen sei; man erzählte, wie eifrig er gelernt habe, wie wissensdurstig er gewesen sei und wie bemüht, sich weiterzubilden. »Nur aus eigener Kraft hat er sich aus niederem Stande emporgearbeitet!« bemerkte jemand. Mit Rührung sprach man auch von dem Wohlwollen, das Seine Exzellenz für ihn bekundet hatte. Manche bemühten sich zu ergründen, wieso Wassja eigentlich auf die Idee gekommen und darüber verrückt geworden war, daß man ihn unter die Soldaten stecken werde, weil er seine Arbeit nicht beendet hatte. Man sagte, der Arme habe noch vor kurzem zum untersten Stande gehört, und nur dank der Fürsprache Julian Mastakowitschs, der in ihm Talent und Willigkeit und eine seltene Bescheidenheit zu erkennen verstanden, sei er in die erste Rangstufe eingereiht worden.[4] Mit einem Wort, es wurde sehr viel geredet, zu erklären versucht und geäußert. Unter den Erschütterten fiel besonders ein sehr kleiner Kollege Wassja Schumkoffs auf. Nicht, daß er ein sehr junger Mann gewesen wäre, nein, er war schätzungsweise wohl schon dreißig Jahre alt. Er war bleich wie Leinwand, zitterte am ganzen Leibe, und in seinem Gesicht stand ein merkwürdiges Lächeln, vielleicht deshalb, weil ja jedes irgendwie Aufsehen erregende Geschehnis, sei es ein Skandälchen oder eine grausige Szene, den unbeteiligten Zuschauer zwar erschreckt, aber zugleich auch ein bißchen freut. Jetzt lief er unausgesetzt um den kleinen Kreis herum, der sich um Schumkoff gebildet hatte, und da er sehr klein war, hob er sich immer wieder auf die Fußspitzen, faßte jeden, der ihm in den Weg kam, am Rockknopf, das heißt: jeden, dem gegenüber er sich das erlauben konnte, und versicherte immer wieder, er wisse, woher das alles komme; das sei durchaus kein einfacher, vielmehr ein sehr bedeutsamer Fall, den man nicht so ohne weiteres auf sich beruhen lassen könne; darauf erhob er sich wieder auf die Fußspitzen, flüsterte seinem Zuhörer etwas ins Ohr, nickte wieder zweimal mit dem Kopf und lief wieder weiter um den Kreis. Schließlich nahm alles ein Ende: ein Wärter und ein Feldscher aus dem Krankenhaus erschienen, gingen auf Wassja zu und sagten ihm, es sei Zeit zu fahren. Er sprang auf, tat geschäftig und ging mit ihnen, sah sich aber dauernd um. Seine Augen suchten jemanden! »Wassja, Wassja!« rief Arkadij Iwanowitsch aufschluchzend. Wassja blieb stehen, und Arkadij drängte sich zu ihm durch. Zum letzten Mal fielen sie einander in die Arme, umfingen sich fest und wollten von einander nicht lassen. Es war traurig, das anzusehen. Woher kam dieses sinnlose Schicksal, das ihnen die Tränen in die Augen trieb? Worüber weinten sie? Worin bestand dieses Unglück? Warum konnten sie einander nicht mehr verstehen?

»Hier, hier, nimm das! Verwahre es!« sagte Schumkoff und drückte Arkadij ein zusammengefaltetes Papier in die Hand. »Sonst nehmen sie es mir weg. Du kannst es mir später bringen. Ja, bring es mir später; hebe es auf...«

Wassja wurde gerufen, er konnte nichts mehr sagen. Er lief eilig die Treppe hinunter, nickte allen zu, zum Abschied. Aus seinem Gesicht sprach nichts als Verzweiflung. Man setzte ihn in einen geschlossenen Wagen. Die Pferde zogen an, und sie fuhren fort. Arkadij entfaltete nun hastig das Papier: es enthielt die Locke von Lisas schwarzem Haar, die Schumkoff in der Brusttasche bei sich getragen hatte. Heiße Tränen stiegen Arkadij in die Augen: »Ach, arme Lisa!«

Nach Schluß der Amtsstunden ging er nach Kolomna, zu ihnen. Es ist nicht wiederzugeben, was sich dort abspielte. Selbst Pétja, der kleine Petja, der noch gar nicht verstehen konnte, was mit dem guten Wassja geschehen war, bedeckte das Gesicht mit den Händen und schluchzte, als wolle sein Kinderherz brechen...

Als Arkadij auf dem Heimweg über die Newa ging, blieb er auf der Brücke einen Augenblick stehen und blickte gespannt in die dunstig frostige Ferne, die plötzlich auflohte im letzten blutigen Purpur der Abendsonne, die am Horizont langsam versank. Die Nacht zog herauf, und der ganze Rauhreif der Schneefläche auf der Newa erglänzte, vom letzten Strahl der Sonne beschienen, in Myriaden von diamantenen Funken. Die Kälte war auf zwanzig Grad angestiegen. Die ausgreifenden Pferde vor den Schlitten, die dahineilenden Menschen waren von sich wölkendem Dampf umgeben. Die kalte Luft erzitterte vom geringsten Laut, und zu beiden Seiten des Flusses stiegen über den Häusern Rauchsäulen empor, erhoben sich wie Riesen, reckten und streckten sich, ballten sich zusammen und wichen wieder auseinander; es sah aus, als wollte sich über der alten Stadt eine neue Stadt in der Luft bilden... Und diese ganze Welt mit all ihren Bewohnern, den starken und den schwachen, mit allen ihren Behausungen, den Unterschlupfen für die Armen und den Palästen der Reichen und Mächtigen der Erde, schien sich in dieser Dämmerstunde in ein phantastisches Trugbild zu verwandeln, das aus dem irdischen Dunst zum dunkelblauen Himmel aufstieg, um sich in ihm aufzulösen und zu vergehen. Ein sonderbares Gefühl überkam den verwaisten Freund des armen Wassja. Er schrak zusammen, dann war ihm, als ströme eine heiße Blutwelle über sein Herz, infolge eines ihm bisher ganz unbekannten Gefühls. Erst jetzt glaubte er auf einmal, den Sinn dieses ganzen Geschehnisses zu begreifen, warum der arme Wassja sein Glück nicht ertragen und den Verstand verloren hatte. Seine Lippen zitterten, seine Augen blitzten auf und er erblaßte vor dem Neuen, das in ihm erstand... Es war schon dunkel, als Arkadij zu Hause anlangte...

Seit der Zeit wurde er finster und verschlossen; er verlor seine ganze frühere Fröhlichkeit. Die Wohnung wurde ihm unerträglich – er nahm eine andere. Zwei Jahre vergingen. Da traf er einmal ganz zufällig in einer Kirche Lisanka. Sie war verheiratet; eine Amme mit einem Säugling folgte ihr. Sie begrüßten sich, trauten sich aber beide nicht, vom Vergangenen zu sprechen. Lisa sagte, sie sei glücklich, sei auch nicht arm, und ihr Mann sei ein guter Mensch, den sie gern habe... Plötzlich stockte sie, ihre Augen füllten sich mit Tränen, ihre Stimme versagte; sie wandte sich ab und beugte sich über ein Betpult, um vor den Menschen ihre Trauer zu verbergen.

DIE FREMDE FRAU
UND DER EHEMANN UNTER DEM BETT

Eine ungewöhnliche Begebenheit

I

»Haben Sie die Güte mein Herr, und gestatten Sie die Frage...«

Der Vorübergehende zuckte zusammen und blickte ein wenig erschrocken einen Herrn in einem Waschbärpelz an, der ihn so ohne weiteres gegen acht Uhr abends auf der Straße anredete. Bekanntlich pflegt jeder Petersburger zu erschrecken, wenn ihn ein Unbekannter auf der Straße plötzlich anredet, auch wenn dieser es noch so höflich tut.

Also der Vorübergehende zuckte zusammen und erschrak ein wenig.

»Verzeihen Sie, daß ich Sie belästige«, fuhr der Herr im Waschbärpelz fort, »aber ich... ich, wirklich, ich weiß nicht... Sie werden mich, hoffe ich, entschuldigen... wie Sie sehen, bin ich ein wenig aus der Fassung gebracht...«

Da erst gewahrte der junge Mann in der Pekesche[1], daß der Herr im Waschbärpelz allerdings nichts weniger als gefaßt aussah. Sein runzliges Gesicht war reichlich blaß, seine Stimme unsicher, seine Gedanken offenbar in Verwirrung und die Worte gingen ihm nicht recht von der Zunge, kurz: man sah ihm an, daß es ihn eine schreckliche Überwindung kostete, sich mit einer Bitte an eine dem Rang und der gesellschaftlichen Stellung nach augenscheinlich unter ihm stehende Persönlichkeit zu wenden. Hinzu kam noch, daß diese Bitte an und für sich höchst peinlicher Art war, und von einem Herrn, der einen so soliden Pelz, einen so tadellosen dunkelgrünen Frack und so bedeutsame Abzeichen auf diesem Frack trug, zum mindesten befremdend erscheinen mußte. Alles dessen war sich der Herr im Waschbärpelz auch vollkommen bewußt; das verwirrte ihn denn auch so sehr, daß er seinen eigenen Gefühlen nicht widerstehen konnte, seine Aufregung, so gut es ging, niederrang und kurz ent-

schlossen der peinlichen Szene, die er selbst heraufbeschworen hatte, ein Ende machte.
»Entschuldigen Sie, ich war mir meiner Handlungsweise nicht ganz bewußt. Aber Sie kennen mich ja nicht, ich... Verzeihen Sie, daß ich Sie belästigt habe; ich habe es mir anders überlegt...«
Damit lüftete er den Hut und entfernte sich schnell.
»Aber ich bitte Sie, ich stehe gern zu Diensten...«
Doch der kleine Herr im Waschbärpelz war bereits in der Dunkelheit verschwunden, und dem jungen Mann blieb nichts anderes übrig, als ihm nur noch verdutzt nachzusehen.
‚Was für ein Sonderling!' dachte der Herr in der Pekesche. Dann, nachdem er sich, wie es nur natürlich war, gewundert hatte und die Verwunderung schon zu vergessen begann, fiel ihm wieder seine eigene Sorge ein, worauf er von neuem auf der Straße auf und ab zu gehen anfing, ohne dabei das Portal eines vielstöckigen Miethauses aus dem Auge zu lassen. Es wurde neblig, und das freute den jungen Mann, denn im Nebel mußte sein unermüdliches Hin- und Hergehen weniger auffallen, obgleich es vielleicht nur einem müßigen Droschkenkutscher, der vergeblich auf Fahrgäste wartete, auffallen konnte.
»Verzeihung!«
Der auf und ab Wandelnde fuhr wieder zusammen. Derselbe Herr im Waschbärpelz stand abermals vor ihm.
»Entschuldigen Sie, daß ich nochmals...«, begann dieser von neuem, »aber Sie... Sie sind ganz gewiß ein Ehrenmann! Beachten Sie mich weiter nicht... ich meine: als Person, das heißt: im gesellschaftlichen Sinn... Übrigens war es nicht das, was ich sagen wollte. Aber... fassen Sie es menschlich auf... vor Ihnen, mein Herr, steht ein Mensch, der sich mit einer dringenden Bitte an Sie wenden muß...«
»Wenn es in meiner Macht steht... Um was handelt es sich denn?«
»Sie denken vielleicht, daß ich Sie um Geld bitten will!« Der geheimnisvolle Herr verzog den Mund zu einem Lächeln, erblaßte und lachte hysterisch auf.
»Aber ich bitte Sie...«
»Nein, ich sehe, daß ich Ihnen lästig falle! Verzeihen Sie, aber ich kann mich selbst nicht ertragen! Betrachten Sie mich als einen Unzurechnungsfähigen, einen fast Wahnsinnigen, aber denken Sie nicht –«
»Aber zur Sache, zur Sache!« unterbrach ihn der junge Mann, zwar

in aufmunterndem Ton, doch schon mit merklich ungeduldigem Kopfnicken.
»Ah! Also, so sind Sie? Sie – ein so junger Mann – erinnern mich an das Wichtigste, ganz als wäre ich ein dummer Junge! Mein Gott, ich muß wirklich den Verstand verloren haben ... Als was erscheine ich Ihnen jetzt in meiner Erniedrigung? Sagen Sie es aufrichtig!«
Der junge Mann blickte ihn ein wenig betreten an, sagte jedoch nichts.
»Erlauben Sie, daß ich Sie ganz offen frage: haben Sie hier eine Dame gesehen? Darin besteht meine ganze Bitte an Sie!« sagte schließlich der Herr im Waschbärpelz kurz entschlossen.
»Eine Dame?«
»Ganz recht, eine Dame.«
»Allerdings ... aber ich muß gestehen, es sind so viele Damen hier vorübergegangen ...«
»Ganz recht«, unterbrach ihn der geheimnisvolle kleine Herr mit einem bitteren Lächeln. »Ich bin etwas zerstreut und verwirrt im Kopf; es war nicht das, was ich sagen wollte. Ich ... ich wollte Sie nur fragen, ob Sie eine Dame in einem Fuchspelz, mit einer Kapuze aus dunklem Samt und einem schwarzen Schleier gesehen haben?«
»Nein, eine solche habe ich nicht gesehen ... Nein, eine solche glaube ich nicht bemerkt zu haben.«
»Ach, so! dann – entschuldigen Sie!«
Der junge Mann wollte nun seinerseits etwas fragen, doch der Herr im Waschbärpelz war bereits wieder verschwunden, und sein geduldiger Zuhörer konnte ihm wieder nur verdutzt nachsehen.
‚Ach, hol' ihn der Teufel!' dachte er schließlich bei sich, zog, offenbar geärgert, seinen Biberkragen fester um den Hals und nahm von neuem den unterbrochenen Spaziergang auf, ohne seine Vorsichtsmaßregeln zu vergessen oder das Portal des vielstöckigen Miethauses aus dem Auge zu lassen. Er ärgerte sich.
‚Weshalb kommt sie denn noch nicht?' dachte er. ‚Bald ist es acht Uhr!'
Da schlug die nächste Turmuhr auch schon acht.
»Ah, zum Teufel, das ist doch! ...«
»Entschuldigen Sie! ...«
»Verzeihen Sie, daß ich Sie so angefahren habe ... Aber Sie kamen mir so plötzlich vor die Füße, daß ich geradezu erschrak«, entschuldigte sich der junge Mann, doch klang es diesmal fast schon unwirsch.

»Ich wende mich wieder an Sie. Natürlich muß es Ihnen seltsam erscheinen...«

»Haben Sie die Güte, sich ohne Umschweife zu erklären. Ich habe bis jetzt noch nicht erfahren können, was Sie eigentlich von mir wünschen...«

»Ah, Sie haben wohl wenig Zeit? Sehen Sie mal... ich werde Ihnen alles ganz offen erzählen, ohne ein überflüssiges Wort. Was soll ich tun! Die Umstände bringen bisweilen Menschen zusammen, die, was ihre Charaktere betrifft, im Grunde ganz verschieden sind... Doch ich sehe, Sie sind ungeduldig, junger Mann... Also, wie gesagt... übrigens weiß ich nicht einmal, wie ich mich ausdrücken soll! Kurz, ich suche eine Dame – Sie sehen, ich habe mich schon entschlossen, alles zu sagen. Ich muß, wie gesagt, unbedingt erfahren, oder feststellen, wenn Sie wollen, wohin diese Dame gegangen ist. Wer sie ist, – das, denke ich, wird Sie nicht interessieren, junger Mann.«

»Nun – und? Was weiter!«

»Weiter? Aber Ihr Ton ist ja recht... Das heißt: verzeihen Sie, vielleicht hat es Sie gekränkt, daß ich Sie ‚junger Mann' nannte... aber ich versichere Ihnen, ich habe nichts... mit einem Wort, wenn Sie mir einen unermeßlichen Gefallen erweisen wollten, dann also, wie gesagt, diese Dame... das heißt: ich will nur sagen, daß sie eine anständige Dame ist, aus der besten Familie, mit der auch ich bekannt bin... und da bin ich nun beauftragt... sehen Sie, ich habe selbst keine Familie...«

»Nun, und?«

»Also versetzen Sie sich in meine Lage, junger Mann! (Ach, wieder! Verzeihen Sie, bitte! Ich nenne Sie immer ‚junger Mann'!) Dabei ist jeder Augenblick kostbar... Stellen Sie sich vor: diese Dame... aber können Sie mir nicht sagen, wer hier in diesem Hause wohnt?«

»Ja... hier wohnen sehr viele.«

»Allerdings, das heißt: Sie haben vollkommen recht«, versetzte schnell der Herr im Waschbärpelz und er lachte kurz auf, wie um die Situation zu retten. »Ich sehe, daß ich mich zu ungenau ausgedrückt habe. Doch weshalb schlagen Sie einen solchen Ton an? Wie Sie sehen, gebe ich offenherzig zu, daß ich mich nicht ganz treffend ausgedrückt habe, so daß Sie, wenn Sie ein hochmütiger Mensch wären, mich auch schon zur Genüge erniedrigt gesehen hätten... Ich sage Ihnen, eine Dame von anständigem Lebenswandel, das heißt: nur ‚leichten Inhalts'... Verzeihen Sie, ich bin so verwirrt. Ich rede ja, als spräche ich über Literatur!... Da hat man sich nämlich jetzt eingeredet, daß Paul de Kocks Romane ganz leichten Inhalts seien, während doch bei seinen Romanen das ganze Malheur... wie gesagt... nun eben...«

Der junge Mann blickte mitleidig den Herrn im Waschbärpelz an, der sich schließlich rettungslos verwirrt hatte und ihn mit sinnlosem Lächeln ansah, während seine bebende Hand ohne jeden sichtbaren Grund immer wieder nach dem Aufschlag der Pekesche des anderen griff.

»Sie fragen, wer hier wohnt?« fragte der junge Mann, ein wenig zurückweichend.

»Ja, Sie haben ja schon gesagt, hier wohnen viele.«

»Hier... hier wohnt, wie ich zufällig weiß, unter anderen Ssófja Osstáfjewna«, sagte der junge Mann flüsternd und sogar mit einem gewissen Mitgefühl.

»Nun sehen Sie, sehen Sie! Sie wissen unbedingt etwas Näheres, junger Mann!«

»Ich versichere Ihnen: nein, ich weiß nichts... Ich habe nur so kombiniert, so nach Ihrem verstörten Aussehen...«

»Ich... ich habe soeben erst von der Köchin erfahren, daß sie in dieses Haus hier geht. Sie sind aber in Ihrer Vermutung fehlgegangen, ich will sagen, sie ist nicht zu Ssofja Osstafjewna gegangen... sie kennt sie ja gar nicht...«

»Nicht? Dann entschuldigen Sie...«

»Man sieht, daß Sie das alles nicht interessiert, junger Mann«, bemerkte der seltsame Herr mit bitterer Ironie.

»Hören Sie mal«, begann der junge Mann und stockte, »ich... kenne allerdings nicht die Ursache Ihrer gegenwärtigen... Verfassung, aber sagen Sie doch offen: Sie sind wohl hintergangen worden, nicht?«

Und der junge Mann lächelte ermunternd.

»... Wir werden uns dann wenigstens schneller verstehen«, fügte er lächelnd hinzu, und seine ganze Gestalt verriet offensichtlich die großmütige Bereitwilligkeit, sogleich eine leichte Verbeugung zu machen.

»Sie vernichten mich! Aber wissen Sie... ich gestehe Ihnen ganz offen: Sie haben vollkommen erraten, um was es sich... Aber wem kann das nicht passieren!... Ihre Teilnahme rührt mich tief. Unter jungen Leuten, nicht wahr, das werden Sie doch zugeben...

Übrigens bin ich ja nicht mehr ganz jung, aber, wissen Sie, die Gewohnheit, das Junggesellenleben, wie gesagt, unter uns Junggesellen ist es bekanntlich, wie Sie wissen...«

»Oh, versteht sich, selbstverständlich! Doch womit kann ich Ihnen nun dienen?«

»Ja, sehen Sie! Sie werden zugeben, daß ein Besuch bei Ssofja Osstafjewna... Übrigens weiß ich noch nicht einmal genau, zu wem sich jene Dame begeben hat; ich weiß nur, daß sie sich in diesem Hause befindet. Als ich Sie nun hier auf und ab gehen sah – ich selbst spazierte dort auf jener Seite –, dachte ich, wie gesagt... Sehen Sie, ich erwarte nämlich diese Dame... ich weiß, daß sie hier ist. Da wollte ich nun mit ihr zusammentreffen und ihr erklären, ihr vernünftig auseinandersetzen, wie wenig anständig, wie schändlich... mit einem Wort, wie gesagt – Sie verstehen mich...«

»Hm! Nun, und?«

»Ich tue es ja gar nicht für mich! Denken Sie das nur nicht etwa... O nein! Das ist eine ganz fremde Frau! Der Mann steht dort auf der Wosnessénskij-Brücke; er möchte sie hier überrumpeln, kann sich aber nicht entschließen... Er glaubt eben noch nicht, wie jeder Gatte...« Hier machte der Herr im Waschbärpelz wieder einen Versuch, zu lächeln. »Ich bin nur sein Freund. Und nicht wahr, Sie werden doch zugeben, daß ich als Mensch, der sich sozusagen einer gewissen allgemeinen Achtung erfreut, nicht wohl derjenige sein kann, für den Sie mich zu halten offenbar geneigt sind, – das ist doch klar!«

»Selbstverständlich. Nun, und?«

»Also, wie gesagt, ich bin hier auf der Lauer, ich bin beauftragt – Sie verstehen... Der arme Mann! Aber ich weiß, daß die listige junge Frau – ewig hat sie einen Paul de Kock unter ihrem Kopfkissen! – ich bin überzeugt, daß sie es doch verstehen wird, irgendwie unbemerkt durchzuschlüpfen... Mir hat nämlich, offen gestanden, nur die Köchin gesagt, daß sie hierher in dieses Haus zu gehen pflege, und da bin ich denn wie von Sinnen hergestürzt, kaum daß sie es ausgesprochen hatte. Ich will ihrer habhaft werden, ich muß es, koste es, was es wolle! Ich habe ja schon längst Verdacht geschöpft. Deshalb wollte ich Sie fragen – Sie gingen ja hier auf und ab – Sie... Sie... ich weiß nicht, wie ich...«

»Ja, *was* denn? Was wünschen Sie zu wissen?«

»Ja... ja... Ich... ich habe leider nicht das Vergnügen, Sie zu kennen, und, offen gestanden, ich wage auch gar nicht, eine solche Neugierde zu bekunden, zum Beispiel... ich meine... wer und was... und weshalb... Jedenfalls aber werden Sie erlauben, daß wir uns, wie gesagt...«

Und der bebende Herr im Waschbärpelz ergriff die Hand des jungen Mannes und schüttelte sie kräftig und mit glühender Aufrichtigkeit.

»Freut mich, freut mich! das hätte ich eigentlich sogleich tun sollen«, fuhr er erregt fort, »aber man ist mitunter so zerfahren, daß man alles vergißt!«

Der Herr konnte vor Unruhe keinen Augenblick mehr still stehen, blickte nach links, nach rechts, trat von einem Fuß auf den anderen, fast zappelnd vor Ungeduld, und griff, wie ein Ertrinkender nach dem Strohhalm, fortwährend nach einem Knopf oder einem Aufschlag der Pekesche des jungen Mannes.

»Sehen Sie mal«, fuhr er fort, »ich wollte mich in aller Freundschaft an Sie wenden (verzeihen Sie die Freiheit!), und wollte Sie bitten: könnten Sie nicht dort in jener Straße, an der anderen Seite des Hauses, wo sich der hintere Ausgang befindet, promenieren, so, wissen Sie, hin und her? Und ich – ich würde dann dasselbe tun, bloß hier, vor dem Haupteingang, damit sie nicht unbemerkt durchschlüpfen kann – verstehen Sie? Ich fürchte nämlich die ganze Zeit, sie könnte vielleicht doch unbemerkt durchschlüpfen. Das aber darf auf keinen Fall geschehen. Und Sie, sobald Sie sie erblicken – Sie rufen mich dann schnell! Schreien Sie und halten Sie sie auf... Aber was sage ich! ich bin ja verrückt! Jetzt erst begreife ich die ganze Dummheit und Unanständigkeit meines Vorschlags!«

»Nein, wieso! Ich bitte Sie!...«

»Nein, nein, versuchen Sie nicht, mich zu entschuldigen. Ich bin unzurechnungsfähig, ich... ich kann meine Gedanken nicht mehr zusammenhalten! Das ist mir so noch nie passiert! Es ist, als hätte ich mein Todesurteil vernommen! Ich will Ihnen sogar gestehen (ich bin ganz offen und ehrlich mit Ihnen, junger Mann!) ja, ich habe anfangs *Sie* für den Liebhaber gehalten!«

»Sie wollen also, einfach ausgedrückt, wissen, was ich hier tue?«

»Aber mein Bester, Verehrtester, der Gedanke sei mir fern, daß *Sie* der Betreffende sein könnten! Es sei, wie gesagt, fern von mir, Sie auch nur in Gedanken mit einem solchen Verdacht zu... Aber... aber können Sie mir Ihr Ehrenwort darauf geben, daß Sie kein Liebhaber sind?...«

»Nun, gut: mein Ehrenwort, daß ich zwar ein Liebhaber bin, aber nicht derjenige Ihrer Frau; anderenfalls wäre ich jetzt nicht auf der Straße, sondern bei ihr, wie Sie wohl zugeben werden.«

»Meiner Frau? Wer... wer hat Ihnen das gesagt, junger Mann? Ich bin unverheiratet, bin, wie gesagt, Junggeselle, ich... das heißt, nun ja... ich bin selbst ein Liebhaber...«

»Sie sagten, der Gatte... warte dort auf der Brücke...«

»Gewiß, gewiß – wenn ich es doch selbst gesagt habe? Aber sehen Sie, es gibt noch andere... Verwicklungen! Und Sie werden mir doch zugeben, junger Mann, daß eine gewisse Leichtfertigkeit, namentlich wenn sie beiden Charakteren eigen ist, das heißt, ich meine...«

»Schon gut, schon gut, aber um was...«

»Das heißt, ich bin durchaus nicht der Gatte...«

»Ganz recht, das haben Sie schon gesagt. Aber jetzt bitte ich Sie, nachdem ich Sie beruhigt habe, auch mir Ruhe zu gönnen, und damit Ihnen das leichter wird, verspreche ich Ihnen nochmals, Sie sogleich zu rufen. Jetzt aber werden Sie wohl die Güte haben, sich zurückzuziehen und mir den Weg gefälligst frei zu geben. Ich warte nämlich gleichfalls.«

»Oh, bitte, bitte, sofort, sofort werde ich mich entfernen! Ich kann Ihnen die leidenschaftliche Ungeduld Ihres Herzens nur zu gut nachfühlen. Ich verstehe das, junger Mann. Oh, wie gut ich Sie jetzt verstehe!«

»Ja, was...«

»Auf Wiedersehen!... Übrigens, verzeihen Sie, junger Mann, ich komme schon wieder zu Ihnen... Ich weiß nicht, wie ich mich ausdrücken soll... Geben Sie mir noch einmal Ihr Ehrenwort, daß Sie nicht der Liebhaber sind!«

»Herr des Himmels!...«

»Nur noch eine Frage, die letzte: ist Ihnen der Familienname des Mannes Ihrer... daß heißt, ich wollte sagen, derjenigen bekannt, für die Sie sich interessieren?«

»Selbstverständlich ist er mir bekannt; jedenfalls ist es nicht der Ihrige. Jetzt aber basta!«

»Aber woher kennen Sie denn meinen Namen?«

»Hören Sie, ich gebe Ihnen einen Rat: machen Sie, daß Sie davonkommen! So verlieren Sie nur Ihre Zeit, und sie kann inzwischen tausendmal unbemerkt aus dem Hause schlüpfen... Was wollen Sie denn noch? Die, die Sie suchen, ist in einem Fuchspelz und trägt eine Kapuze aus dunklem Samt, und die, die ich suche, hat einen karierten Umwurf und ein hellblaues Samthütchen... Was wollen Sie mehr?«

»Ein hellblaues Samthütchen! Aber sie hat ja gleichfalls einen karierten Umwurf und ein hellblaues Hütchen!« rief der lästige Herr bestürzt aus, der plötzlich wie angewurzelt vor dem jungen Manne stand.

»Ach, der Teufel! Na ja, das nennt man eben Zufall, mein Herr, so etwas kommt vor. Doch wozu rege ich mich auf! – Die, die ich erwarte, pflegt ja nicht dorthin zu gehen!«

»Aber wo ist sie denn jetzt – diejenige, die *Sie* erwarten?«

»Interessiert Sie das?«

»Offen gestanden, ich habe nichts anderes...«

»Pfui, Teufel! Sie haben ja, weiß Gott, überhaupt kein Schamgefühl! Na, zum Kuckuck, ich will es Ihnen sagen: die, die *ich* erwarte, hat hier Bekannte in diesem Hause, im dritten Stock des Vorderhauses. So, und was wollen Sie jetzt noch wissen? Jetzt fehlte nur noch, daß Sie auch die Namen zu hören wünschen!«

»Mein Gott! Auch *ich* habe Bekannte im dritten Stock, hier im Vorderhaus... General...«

»General?...«

»Jawohl, ein General. Ich kann Ihnen, wenn Sie wollen, auch sagen, wie die Familie heißt... es ist die des Generals Polowízyn.«

»Da haben wir's!... Das heißt, nein, die ist es nicht!« versetzte er schnell gefaßt (innerlich aber fluchte er ganz gotteslästerlich: ‚Ach, zum Teufel! da schlag' doch der Henker drein!').

»Nicht die?«

»Nein!«

Beide schwiegen plötzlich und starrten verständnislos einander an.

»Na, zum... was starren Sie mich denn so an?« fuhr plötzlich der junge Mann auf, ärgerlich die Starrheit von sich abschüttelnd.

Der Herr im Waschbärpelz wurde unruhig.

»Ich... ich, offen gestanden...«

»Nein, erlauben Sie mal, jetzt lassen Sie uns vernünftig reden. Die Sache geht uns beide an. Erklären Sie mir: wen haben Sie denn dort?«

»Das heißt, Sie meinen meine Bekannten?«

»Ja, Ihre Bekannten...«

»Nun sehen Sie, sehen Sie! Ich sehe es ja Ihren Augen an, daß ich es erraten habe!«

»Teufel! Aber nein doch, nein! Zum Teufel! Sind Sie denn etwa blind? Ich stehe doch leibhaftig vor Ihnen, also kann ich doch nicht bei ihr sein. Aber jetzt reden Sie endlich! Übrigens hol's der Teufel, mir ist es schließlich auch gleichgültig, ob Sie reden oder nicht!«

Und der junge Mann drehte sich wütend auf dem Absatz um, schlug bezeichnenderweise mit der Hand durch die Luft und stampfte sogar mit dem Fuß auf.

»Ja, aber ich sage ja nichts, ich bitte Sie, ich bin ja gern bereit, Ihnen als einem Ehrenmann alles zu erzählen: anfangs ging meine Frau allein zu Polowizyns – sie ist mit ihnen verwandt, müssen Sie wissen – und ich ahnte natürlich nichts, das heißt: jeder Verdacht lag mir vollkommen fern. Gestern aber traf ich auf der Straße Seine Exzellenz: da mußte ich zu meiner Verwunderung vernehmen, daß sie bereits vor drei Wochen die Wohnung gewechselt hatten, meine Frau aber... das heißt, was sage ich! – nicht *meine* Frau, sie ist die Frau eines anderen – ihr Mann wartet, wie gesagt, dort auf der Wosnessénskij-Brücke. Also: diese Dame hat aber gesagt, daß sie noch vor zwei Tagen bei ihnen gewesen sei, und zwar hier in dieser Wohnung... Die Köchin wiederum erzählte mir, daß die Wohnung Seiner Exzellenz ein junger Mann, Bobýnizyn mit Namen, gemietet habe...«

»Ach, der Teufel! Das ist doch... Teufel noch eins!«

»Mein Herr, ich bin außer mir, ich bin entsetzt!«

»Ach, hol' Sie der Henker! Was geht das mich an, ob Sie außer sich sind oder nur entsetzt! Ach! Da, da schimmerte etwas Helles! Dort! ... Sehen Sie?«

»Wo? wo? Rufen Sie nur ‚Iwan Andrejewitsch' und ich komme sofort...«

»Gut, gut... Teufel, so etwas ist mir bisher doch noch nicht vorgekommen! – Iwan Andrejewitsch!«

»Hier!« rief in diesem Augenblick der Gerufene und kehrte wie der Wind zurück, atemlos vor Schreck und Aufregung. »Was? was? Wo?«

»Nein, diesmal rief ich nur so... ich wollte bloß wissen, wie diese Dame heißt?«

»Glaf...«

»Glafira?«

»Nein, nicht ganz so, nicht gerade Glafira... verzeihen Sie, aber ich kann Ihnen ihren Namen nicht nennen.«

Der ehrenwerte Mann ward bei diesen Worten kreideweiß.

»Nun ja, selbstverständlich heißt sie nicht Glafira, das weiß ich selbst, daß sie nicht Glafira heißt, auch jene heißt nicht Glafira... Doch übrigens, bei wem ist sie denn dort?«

»Wo?«

»Dort! Herr des Himmels! Da schlag' doch der Henker drein!«

Der junge Mann konnte buchstäblich nicht stille stehn vor Wut.

»Aha! Sehen Sie? Woher wußten Sie denn, daß sie Glafira heißt?«

»Ach, zum Teufel damit! Da hab' ich nun auch Sie noch auf dem Halse! Aber Sie sagen doch selbst, daß diejenige, die Sie suchen, nicht Glafira heißt!...«

»Mein Herr, welch ein Ton!«

»Ach, zum Teufel, jetzt ist es mir wohl gerade um den Ton zu tun! Wer ist sie denn? – Ihre Frau etwa?«

»Nein, das heißt... ich bin ja unverheiratet, wie gesagt... Nur finde ich es anstößig, im Gespräch mit einem unglücklichen Menschen, einem Menschen, der – ich will nicht sagen: der aller Achtung wert ist, aber zum mindesten doch... einem wohlerzogenen Menschen nach jedem Wort ‚Teufel' zu sagen. Von Ihnen hört man ja überhaupt nichts anderes als ‚Hol's der Teufel' und ‚Ach, zum Teufel!'«

»Nun ja, schon gut, hol's der Teufel! – da haben Sie es wieder!... begreifen Sie doch...«

»Sie sind vom Zorn geblendet, und deshalb schweige ich. Mein Gott, wer sind das?«

»Wo?«

Sie hörten Geräusch und Lachen: zwei schmierig gekleidete Mädchen traten aus dem Hause. Beide Herren stürzten ihnen entgegen.

»Nein! So sehen Sie doch!...«

»Was wollen Sie?«

»Das ist sie doch nicht!«

»Was, seid nicht auf die Richtigen gestoßen?« fragte die eine. »He! Droschke!«

»Wohin will Sie denn, Fräuleinchen?«

»Zu Pokróff! Steige ein, Annuschka, ich werde dich hinbringen.«

»Ich setze mich auf diesen Platz! So, fahr' los! Aber daß du schnell fährst...«

Die Droschke fuhr davon.

»Woher mögen die gekommen sein?«

»Herr des Himmels! Das ist ja, um... Oder sollte man nicht hingehen?«

»Wohin?«
»Zu Bobynizyn, wohin denn sonst!...«
»Nein, das geht nicht...«
»Weshalb nicht?«
»Ich würde natürlich hingehen, aber dann sagt sie etwas anderes, sie... würde den Spieß umdrehen; ich kenne sie! Sie würde sagen, daß sie absichtlich hierher gekommen sei, um *mich* bei irgendeiner zu überraschen, und dann würde sie alles noch mir in die Schuhe schieben!«
»Und dabei zu wissen, daß sie vielleicht dort ist! Hören Sie – ich weiß nicht – aber weshalb schließlich nicht den Versuch wagen? Hören Sie, gehen Sie zum General...«
»Aber der wohnt doch nicht mehr hier!«
»Gleichviel! – begreifen Sie denn nicht? Sie ist doch hingegangen, und Sie gehen ebenfalls hin – verstehen Sie? Tun Sie, als wüßten Sie nichts von seinem Wohnungswechsel, als wollten Sie nur auf einen Augenblick bei ihm vorsprechen, um Ihre Frau abzuholen, nun und so weiter!«
»Und dann?«
»Nun und dann ertappen Sie eben, wen Sie wollen, bei Bobynizyn. Pfui Teufel, ist das aber ein Rüp...«
»Ja, aber was haben *Sie* denn davon, wenn ich dort jemanden ertappe? Sehen Sie, sehen Sie!«
»Was, was? Kommen Sie wieder damit? Ach, du Grundgütiger! Schämen Sie sich denn gar nicht...«
»Ja, aber weshalb regen *Sie* sich denn deshalb so auf? Offenbar wollen Sie wissen...«
»Was? was soll ich wissen wollen? was? Ach nun, zum Teufel mit Ihnen, jetzt ist's mir nicht um Sie zu tun! Ich kann auch allein gehen, gehen Sie, gehen Sie fort, bewachen Sie dort den Ausgang, laufen Sie, aber schnell!«
»Mein Herr, Sie vergessen sich fast!« rief der Herr im Waschbärpelz, der Verzweiflung nahe.
»Was? Nun, was, was ist denn dabei, daß ich mich vergesse?« fragte der junge Mann durch die Zähne, in wahrer Wut auf den Herrn im Waschbärpelz eindringend. »Nun, was? Wem gegenüber vergesse ich mich?!« knirschte er zornbebend.
»Aber, mein Herr, erlauben Sie...«
»Nun, wer sind Sie, dem gegenüber ich mich vergesse, wer? wie ist Ihr Name?«

»Ich weiß nicht, ich... wie ich das nennen soll, junger Mann. Wozu denn meinen Namen?... Ich kann ihn nicht nennen... Ich werde lieber mit Ihnen gehen. Also gehen wir, ich werde zurückbleiben, ich bin zu allem bereit... Nur, glauben Sie mir: ich bin wirklich an höflichere Ausdrücke gewöhnt! Man soll sich nie die Geistesgegenwart nehmen lassen. Wenn Sie aber durch irgendeinen Umstand aus der Fassung gebracht sind – und ich glaube die Ursache zu erraten –, so brauchen Sie sich deshalb noch nicht zu vergessen... Sie sind ein noch sehr, sehr junger Mann...«

»Zum... was geht das mich an, daß Sie alt sind? Machen Sie, daß Sie fortkommen, was laufen Sie hier herum?...«

»Wieso, inwiefern bin ich denn alt? Ich bin noch gar nicht so alt! Allerdings, meinem Titel nach habe ich es schon weit gebracht, aber ... aber ich laufe durchaus nicht hier herum...«

»Das sieht man, weiß Gott! So packen Sie sich doch zum Teufel...«

»Nein, es bleibt dabei, ich gehe mit Ihnen; das können Sie mir nicht verbieten; ich bin gleichfalls beteiligt; ich gehe mit Ihnen...«

»Aber dann still, ganz leise, und schweigen Sie!...«

Sie traten ins Haus und stiegen die Treppe hinauf zum dritten Stock. Im Treppenflur war es ziemlich dunkel.

»Warten Sie! Haben Sie Streichhölzer?«

»Streichhölzer? Was für Streichhölzer?«

»Zum... rauchen Sie denn keine Zigarren?«

»Ach, ja! Gewiß habe ich, hier, hier sind sie, sogleich...« Der Herr im Waschbärpelz befühlte hastig seine Taschen.

»Teufel, das ist aber ein... Ich glaube, diese Tür muß es sein...«

»Jajaja, diesediesediesediese...«

»‚Diese-diese-diese' – schreien Sie doch noch lauter! Können Sie denn nicht still sein? Pst!...«

»Mein Herr, ich bin an so etwas nicht gewöhnt, ich muß mir Gewalt antun... Sie sind ein ungezogener, frecher Mensch!«

Das Streichholz flammte auf.

»Da, sehen Sie? Das Metallschildchen? Da steht's ja: Bobynizyn. Sehen Sie: Bobynizyn?...«

»Ich sehe, ich sehe!«

»Still doch! Lei–se! Was, ausgelöscht?«

»Ja, ausgelöscht!«

»Soll man klopfen?«

»Ja«, entschied der Herr im Waschbärpelz.

»Dann klopfen Sie!«

»Nein, weshalb denn ich? Fangen Sie an, pochen Sie zuerst an die Tür.«
»Feigling!«
»Sie sind selbst ein Feigling!«
»So packen Sie sich doch von hier!«
»Ich muß sagen, ich bereue es fast, Ihnen das Geheimnis anvertraut zu haben. Sie...«
»Ich? Nun, was?«
»Sie haben meine Verstörtheit ausgenutzt, Sie haben gesehen, wie ich...«
»Ach, zum Teufel damit! Ich finde Sie nur lächerlich und damit basta!«
»Weshalb sind Sie denn hier?«
»Und Sie? weshalb sind Sie denn hier?«
»Das ist mir mal eine schöne Moral!« versetzte äußerst ungehalten der Herr im Waschbärpelz.
»Was reden *Sie* von Moral! – was sind Sie denn selbst?«
»Sehen Sie, das ist eben unmoralisch von Ihnen!«
»Was?«
»Ja, Ihrer Meinung nach ist jeder beleidigte Gatte ein... ein Pantoffelheld!«
»Sind Sie denn ein Gatte? Der Gatte wartet doch dort auf der Brücke? Weshalb regen Sie sich denn so auf? Weshalb mischen Sie sich überhaupt in fremde Angelegenheiten ein?«
»Mir aber will es scheinen, daß gerade Sie der Liebhaber sind!...«
»Hören Sie, wenn Sie so fortfahren, muß ich gestehen, daß meiner Überzeugung nach gerade Sie ein Pantoffelheld sind! Oder mit anderen Worten: wissen Sie, wer?«
»Das heißt: Sie wollen sagen, daß ich der Ehemann sei!« versetzte der Herr im Waschbärpelz, wie mit heißem Wasser übergossen und unwillkürlich einen Schritt zurückweichend.
»Ssst! Schweigen Sie! Hören Sie?...«
»Das ist sie!«
»Nein!«
»Wie dunkel es hier ist!«
Auf der Treppe wurde es mäuschenstill. Aus der Wohnung Bobynizyns ließ sich Geräusch vernehmen.
»Weshalb streiten wir uns, mein Herr?« flüsterte der Kleine im Waschbärpelz.
»Ja, zum Teufel, Sie haben sich doch als erster beleidigt gefühlt!«

»Aber wie haben Sie mich auch behandelt!«
»Schweigen Sie!«
»Aber Sie müssen doch zugeben, daß Sie ein noch sehr junger Mann sind...«
»Schweigen Sie! zum...«
»Gewiß, ich bin mit Ihrer Auffassung vollkommen einverstanden, daß der Gatte in einer solchen Lage ein Pantoffelheld ist...«
»So schweigen Sie doch endlich! verflucht noch mal!«
»Aber weshalb denn diese boshafte Verfolgung des unglücklichen Gatten?...«
»Das ist sie!«
In dem Augenblick verstummte das Geräusch.
»Ist sie es?«
»Ja, sie ist es! Aber weshalb regen Sie sich denn so auf? Was geht das Sie als fremden Menschen an?«
»Mein Herr, mein Herr!« stammelte der Kleine im Waschbärpelz mit versagender, gewürgter Stimme, aus der es fast wie ein Schluchzen klang. »Ich... versteht sich, in der Verstörtheit... Sie haben mich zur Genüge erniedrigt gesehen; doch jetzt ist es Nacht, aber morgen... Übrigens werden wir uns morgen sicherlich nicht wiedersehen, obschon ich mich vor einer Begegnung mit Ihnen nicht zu fürchten brauchte – und übrigens bin ja gar nicht ich es, es ist nur mein Freund, wie gesagt, der auf der Wosnessenskij-Brücke wartet. Wirklich, Sie können mir das glauben! Das ist seine Frau, wie gesagt, nicht meine Frau. Der arme Mann! Ich... ich versichere Ihnen! Ich bin sehr gut mit ihm bekannt. Erlauben Sie, ich werde Ihnen alles erzählen. Ich bin sein Freund, wie Sie sehen, denn – würde ich anderenfalls so lebhaften Anteil an seinem Unglück nehmen? Und Sie sehen doch! – Ich habe ihm ja selbst gesagt, unzählige Male gesagt: ‚Wozu heiratest du? Bist du nicht ein ehrenwerter Mensch, bist du nicht wohlhabend, bekleidest du nicht einen angesehenen Posten? Weshalb also willst du das alles gegen die Launen einer Koketten eintauschen? oder zum mindesten doch aufs Spiel setzen?‘ Hab ich nicht recht? Aber nein: ‚Ich heirate‘, sagt er, ‚weil mich nach Familienglück verlangt!‘... Da hat er jetzt sein Familienglück! Früher hat er selber Ehemänner betrogen, jetzt aber kommt die Reihe an ihn, den Kelch zu leeren. Sie werden mich entschuldigen, diese Erklärungen hat mir nur die Notwendigkeit entrissen! ...Er ist ein unglücklicher Mensch, der jetzt... selbst den Kelch leeren muß...«

Hier begann die Stimme des Herrn im Waschbärpelz zu versagen, und der junge Mann hörte so etwas wie ein Schluchzen, als habe sein Gefährte allen Ernstes zu weinen begonnen.
»Ach, daß der Teufel sie alle holte! Es gibt doch wahrlich genug Dummköpfe auf der Welt! Wer sind Sie denn eigentlich?«
Der junge Mann knirschte vor Wut.
»Nein, das müssen Sie zugeben, das geht nicht... ich handelte edel und offen... Sie aber schlagen jetzt wieder einen solchen Ton an!«
»Nun, verzeihen Sie, – wie lautet denn Ihr Familienname?«
»Nein, wozu, was hat das hier mit dem Familiennamen zu tun?«
»Ah!!«
»Es ist mir unmöglich, meinen Namen zu nennen...«
»Kennen Sie Herrn Schabrin?« fragte plötzlich der junge Mann.
»Schabrin!!«
»Ja, Schabrin! Ah!!« (Hier erlaubte sich der Herr in der Pekesche, die Stimme des älteren ein wenig nachzuäffen.) »Haben Sie jetzt begriffen?«
»Nein, wieso, was für einen Schabrin?« stotterte mit hervorquellenden Augen der Herr im Waschbärpelz. »Durchaus nicht Schabrin! Der ist ein Ehrenmann, ich kenne ihn zufällig! Und Ihre Unhöflichkeiten kann ich mir nur durch Ihre Eifersucht erklären, die Sie vollkommen unzurechnungsfähig macht.«
»Ein Spitzbube ist er, aber kein Ehrenmann, eine käufliche Seele, ein Prozentschneider, ein Betrüger, der die Kasse bestohlen hat! Bald wird er vors Gericht gezogen werden!«
»Entschuldigen Sie«, sagte der Herr im Waschbärpelz, der bleich geworden war, »Sie kennen ihn nicht; wie ich sehe, muß er Ihnen vollkommen unbekannt sein!«
»Freilich, persönlich kenne ich ihn nicht, dafür kenne ich aber um so besser das Wesen seiner werten Person aus gewissen ihm sehr nahestehenden Quellen.«
»Mein Herr, aus welchen Quellen? Ich bin... so zerstreut, wie Sie sehen...«
»Ein Esel ist er! Ein Dummkopf erster Sorte! Ein eifersüchtiger Pantoffelheld, eine Schlafmütze, der seine Frau nicht zu bewachen versteht – das ist er! Finden Sie sich damit ab, daß Sie jetzt erfahren haben, was er ist!«
»Ich bitte um Entschuldigung, aber Sie täuschen sich in Ihrem Eifer, junger Mann...«

»Ach!«
»Ach!«
Aus der Wohnung Bobynizyns ließ sich wieder Geräusch vernehmen. Die Tür wurde aufgeschlossen, Stimmen wurden laut.
»Ach, das ist nicht sie, nein, das ist sie nicht! Ich erkenne ihre Stimme! Jetzt habe ich alles erfahren!... Glauben Sie mir, das ist sie nicht!« versicherte der Herr im Waschbärpelz fast beschwörend, während sein Gesicht so weiß wie die Wand hinter ihm war.
»Schweigen Sie!«
Der junge Mann drückte sich in den Winkel, um nicht gesehen zu werden.
»Mein Herr, ich eile: das ist sie nicht, und das freut mich sehr.«
»Nun, dann machen Sie, daß Sie fortkommen, gehen Sie nur!«
»Aber weshalb bleiben Sie denn hier?«
»Weshalb gehen Sie denn nicht?«
Die Tür wurde aufgemacht, und der Herr im Waschbärpelz eilte wie der Blitz die Treppe hinab.
An dem jungen Mann gingen ein Herr und eine Dame vorüber: sein Herz drohte still zu stehen... Er vernahm nur eine bekannte helle Frauenstimme und dann eine heisere Männerstimme, die ihm ganz unbekannt war.
»Das hat nichts auf sich, ich werde einen Schlitten nehmen«, sagte die heisere Stimme.
»Ach, nun ja, dann ja; gut, ich willige ein...«
»Er wird vor der Türe halten. Im Augenblick.« Und damit verschwand der Herr. Die Dame blieb allein zurück.
»Glafira! Sind so deine Schwüre?« rief der junge Mann in der Pekesche, die Dame am Handgelenk fassend.
»Ach! Wer ist das? Sind Sie es, Sie, Tworógoff? Mein Gott! Was tun Sie hier?«
»Wer war jener Herr?«
»Aber das ist ja doch mein Gatte, gehen Sie, gehen Sie, er wird sogleich zurückkehren... von Polowizyns. So gehen Sie doch fort, um Gottes willen, gehen Sie!«
»Polowizyns sind von hier schon vor drei Wochen ausgezogen! Ich weiß alles!«
»Ach!« Und damit eilte die Dame, so schnell sie konnte, die Treppe hinab. Der junge Mann holte sie aber doch noch ein.
»Wer hat Ihnen das gesagt?« fragte die Dame.
»Ihr Herr Gemahl, meine Gnädigste, Iwán Andréjewitsch, der sich

in nächster Nähe befindet, der – vor Ihnen steht, meine Gnädigste...
Iwan Andrejewitsch (so hieß der Herr im Waschbärpelz) stand in der Tat auf der Treppe dicht vor seiner Gemahlin.
»Ach, das bist du?« rief der Herr Gemahl.
»Ah, c'est vous?« rief Glafíra Petrówna, die mit ungefälschter Freude zu ihm stürzte. »O Gott! Was mir alles zugestoßen ist! Ich war bei Polowizyns; kannst du dir vorstellen... du weißt doch: sie wohnen jetzt an der Ismailoff-Brücke; ich sagte es dir doch, weißt du noch? Und dort stieg ich in einen Schlitten. Unterwegs scheuten die Pferde, jagten dahin, zerschmetterten den Schlitten, und ich wurde, keine hundert Schritt von hier, in den Schnee geschleudert! Der Kutscher wurde aufs Polizeibüro abgeführt; ich war natürlich außer mir! Zum Glück kam da Monsieur Tworógoff...«
»Was?!«
Monsieur Tworogoff glich eher der personifizierten Erstarrung als Herrn Tworogoff.
»Monsieur Tworogoff erkannte mich sofort und war so liebenswürdig, mich zu begleiten. Doch jetzt bist du ja hier; da kann ich mit dir zu uns nach Hause fahren. Sie aber, Monsieur Tworogoff, erlauben wohl, daß ich Sie meiner größten Dankbarkeit versichere.«
Und damit reichte die Dame dem immer noch starr dastehenden Herrn Tworogoff die Hand, mit der sie aber seine Hand so stark drückte, daß er fast aufgeschrien hätte.
»Monsieur Iwán Iljítsch Tworógoff!« stellte sie ihn ihrem Gatten vor. »Ein Bekannter von mir. Ich hatte das Vergnügen, ihn auf dem letzten Ball bei Skorlúpoffs kennen zu lernen, – ich habe dir doch von ihm schon erzählt? Entsinnst du dich nicht, Coco?«
»Ach, aber gewiß, gewiß, mein Kind! Sehr gut entsinne ich mich!« versicherte eilfertig der Herr im Waschbärpelz, der »Coco« genannt worden war. »Freut mich, freut mich ungemein!«
Und er drückte in aufrichtiger Freude die Rechte des Herrn Tworogoff.
»Mit wem reden Sie denn da? Was hat denn das zu bedeuten? Ich warte«, ertönte plötzlich die heisere Stimme.
Vor der Gruppe stand plötzlich ein endlos langer Herr, der ein Lorgnon hervorzog und den Herrn im Waschbärpelz aufmerksam zu betrachten begann.
»Ach, voilà Monsieur Bobynizyn!« rief die Dame in den süßesten

Tönen. »Woher kommen Sie denn, wenn man danach fragen darf? Das nenne ich eine Begegnung! Denken Sie sich, mich haben die Pferde soeben aus dem Schlitten geworfen... Doch hier ist mein Mann! Jean, erlaube, daß ich – Monsieur Bobynizyn, den ich auf dem Ball bei Kárpoffs kennen gelernt habe.«

»Ah, sehr, sehr, sehr angenehm!... Ich werde sogleich ein Gefährt besorgen, mein Kind.«

»Ja, ja, tu' es, Jean, tu' es. Ich zittere noch, ich bebe noch vor Schreck! Mir ist gar nicht wohl... Heute abend auf dem Maskenball«, flüsterte sie schnell Tworogoff zu... »Leben Sie wohl, leben Sie wohl, Herr Bobynizyn! Wir werden uns doch wohl morgen auf dem Ball bei Kárpoffs wiedersehen?«

»Nein, pardon, ich werde dort nicht zu finden sein; ich werde morgen... wenn es jetzt nicht geht...«, brummte Herr Bobynizyn undeutlich durch die Zähne, so daß der Nachsatz nicht zu verstehen war, machte eine Art Verbeugung, setzte sich in seinen Schlitten und fuhr davon.

Da fuhr schon ein zweites Gefährt vor: die Dame setzte sich hinein, doch der Herr im Waschbärpelz zögerte mit dem Einsteigen. Wie es schien, war er noch nicht fähig, eine Bewegung zu machen, und mit völlig sinnlosem Blick sah er den jungen Mann in der Pekesche an, worauf dieser nichts als ein Lächeln zur Erwiderung hatte, ein Lächeln, das auch nicht gerade geistreich war.

»Ich weiß nicht...«

»Es freut mich, Ihre Bekanntschaft gemacht zu haben«, versetzte der junge Mann mit einer leichten Verbeugung, gewissermaßen um vorzubeugen, da er plötzlich so etwas wie eine Befürchtung verspürte...

»Freut mich, freut mich sehr...«

»Sie haben, glaube ich, einen Überschuh verloren...«

»Ich? Ach, richtig! Ich danke Ihnen, ich danke Ihnen! Ich habe mir immer Gummigaloschen anschaffen wollen...«

»In Gummigaloschen sollen aber die Füße transpirieren, sagt man«, bemerkte der junge Mann, allem Anschein nach mit grenzenloser Anteilnahme.

»Jean! So komm doch endlich!«

»Ganz recht, ganz recht, sie sollen transpirieren, wie man hört. Sogleich, sogleich, Herzchen, im Augenblick; wir haben hier nur ein Gespräch zu beenden! Ja, es ist so, wie Sie zu bemerken beliebten: die Füße transpirieren... Übrigens, verzeihen Sie, ich...«

»Oh, ich bitte!«
»Freut mich, freut mich ungemein, Ihre Bekanntschaft gemacht zu haben...«
Und der Herr im Waschbärpelz setzte sich neben seine Gattin. Das Gefährt setzte sich in Bewegung.
Der junge Mann aber stand noch lange auf demselben Fleck und schaute ihm verwundert nach.

II

Am Abend des nächsten Tages fand in der Italienischen Oper irgendeine Aufführung statt. Der erste Akt sollte gerade beginnen, als plötzlich noch Iwán Andréjewitsch sich wie eine Bombe in den Saal zwängte. Noch nie hatte man an ihm einen solchen Eifer bemerkt, oder ein so großes Verlangen nach Musik wahrgenommen, wie er es jetzt plötzlich zu haben schien. Wenigstens wußte man so ziemlich allgemein, daß Iwan Andrejewitsch einem Schlummerstündchen in der Italienischen Oper keineswegs abhold war; ja, es hieß sogar, er habe des öfteren selbst gesagt, daß ein solches dort ganz besonders sowohl angenehm als süß sei. »Und die Primadonna« – so habe er sich mehrfach unter Freunden geäußert –, »die singt dir dazu noch ein Schlummerlied, so süß, wie ein weißes Kätzchen miaut.« Aber es war schon etwas lange her, daß er sich so zu äußern pflegte, schon über ein gutes halbes Jahr; jetzt aber – ach! – jetzt vermag Iwan Andrejewitsch nicht einmal zu Hause zu schlafen, nicht einmal nachts! Doch lassen wir das. Er flog also tatsächlich wie ein Geschoß in den Saal, der ohnehin schon vollgepfropft war. Der Theaterdiener fuhr ordentlich zusammen vor Schreck und äugte sogleich mit merklichem Mißtrauen nach seiner Brusttasche, wohl in der Annahme, mindestens den Griff eines für alle Fälle mitgenommenen Dolches aus ihr hervorlugen zu sehen. Es gab nämlich – das muß hier erwähnt werden – zu dieser Zeit zwei Parteien, von denen jede für eine Primadonna stand. Die einen hießen „die ...siten“, die anderen „die ...nisten“. Doch beide Parteien liebten die Musik so sehr, daß den Theaterdienern entschieden bange ward vor einem möglicherweise tätlichen Ausbruch dieser Liebe zu allem Schönen und Hehren, das man in den beiden Primadonnen verkörpert sah. Das also war der Grund, weshalb dem Theaterdiener beim Anblick so jugendlicher Hitze selbst in einem ergrauten Mann – allerdings nicht völlig ergrauten, aber so, immerhin eines Mannes an die Fünfziger, mit einer Glatze und augenscheinlich gesetzten Alters – unwillkürlich die Worte Hamlets, des Dänenprinzen, in den Sinn kamen:

„Denn in Eurem Alter ...“ usw.

Ja, wenn schon das Alter sich so gebärdete, was stand dann von der Jugend zu erwarten? Und das war auch der Grund, weshalb er, wie erwähnt, mißtrauisch nach der Brusttasche des Fracks äugte, im voraus darauf gefaßt, aus ihr einen Dolch hervorlugen zu sehen. Doch in dieser Fracktasche befand sich nur eine Brieftasche und sonst nichts.

Inzwischen hatte Iwan Andrejewitsch, kaum daß er glücklich im Saale stand, schon im Nu mit dem Blick alle Logen im Zweiten Rang überflogen, und – oh, Entsetzen! Sein Herzschlag setzte aus: sie war hier! Sie saß in einer Loge mit General Polowizyn, dessen Gattin und Schwägerin. Und in derselben Loge befand sich auch der Adjutant des Generals – ein überaus gewandter und liebenswürdiger Mann – und dann noch ein Herr in Zivil...

Iwan Andrejewitsch strengte seinen Blick bis zur größtmöglichen Schärfe an, doch – oh, Angst und Pein! Dieser Unbekannte in Zivil machte sich hinter dem Rücken des Adjutanten unsichtbar und blieb völlig unerkennbar.

Sie war hier und hatte doch gesagt, daß sie bestimmt nicht hier sein werde!

Gerade diese, eben diese Doppelzüngigkeit, die Glafira Petrowna auf Schritt und Tritt an den Tag legte, war das, was den guten Iwan Andrejewitsch vernichtete! Und dieser Jüngling in Zivil, der brachte ihn vollends zur Verzweiflung. Wie ein tödlich Verwundeter sank er in seinen Sessel. Weshalb nur? fragt sich wohl ein jeder. Die Sache war sehr einfach...

Der Sessel, auf den sich Iwan Andrejewitsch in seiner Verzweiflung hatte niedersinken lassen, befand sich dicht an den Parterrelogen und in gerader Linie unter jener Loge, in der seine Frau und General Polowizyn nebst Familie saßen, so daß er zu seinem größten Ungemach nicht einmal sehen konnte, was dort vorging. Wie verständlich ist's daher, daß die Wut in ihm wie das Wasser in einem Ssamowar kochte! Von dem ganzen ersten Akt vernahm er keinen Ton. Man sagt, das Beste an der Musik sei, daß man sie mit jedem beliebigen Gefühl in Einklang bringen könne: wer sich freut, höre Freude aus ihr heraus, der Traurige dagegen Trauer – also, was will man mehr? Doch in den Ohren Iwan Andrejewitschs begann ein ganzer Sturm zu heulen. Zum Überfluß erschallten noch vor und hinter und neben ihm so entsetzliche Stimmen, daß er glaubte, sein Herz müsse zerspringen. Endlich war der erste Akt zu Ende. Doch siehe, gerade in dem Augenblick, als der Vorhang sank, geschah mit unserem Helden etwas so Seltsames, daß keine Feder es richtig zu beschreiben vermöchte.

Es pflegt bisweilen zu geschehen, daß von der Brüstung einer der höchsten Logen ein Theaterzettel langsam herabfällt. Ist das Schauspiel auf der Bühne langweilig und das Publikum unbeteiligt, so ist ihm damit eine willkommene Zerstreuung geboten. Geradezu teilnahmsvoll verfolgen die Blicke den im Zickzack zurückgelegten Flug des weichen, leichten Papiers, wobei sie mit besonderem Interesse die voraussichtliche Endstation ins Auge fassen, jenes ahnungslose Haupt, über dem buchstäblich das Verhängnis schwebt. Es ist allerdings auch sehr unterhaltsam zu beobachten, wie dieser Kopf dann plötzlich erschrickt, wie er verwirrt sich umblickt – denn der Betreffende wird im ersten Augenblick ganz unfehlbar betroffen und sehr verwirrt sein. Auch wegen der Operngläser, die die Damen so unvorsichtig auf den Logenbrüstungen liegen lassen, stehe ich jedesmal große Angst aus: ich kann den Gedanken nicht loswerden, daß sie sogleich und unfehlbar auf irgendjemandes vollständig unvorbereitetes Haupt herabfallen werden.

Doch Iwan Andrejewitsch widerfuhr etwas, das bisher noch keinem Menschen widerfahren oder das wenigstens noch nie beschrieben worden ist. Auf sein ahnungsloses Haupt – das seines Haarschmuckes schon ziemlich beraubt war – fiel kein Theaterzettel. Ich spüre, daß es mir eigentlich recht peinlich ist, das Ereignis wahrheitsgetreu wiederzugeben. Denn es ist doch nichts weniger als höflich, zu sagen, daß auf das ehrenwerte entblößte Haupt des eifersüchtigen und schwergereizten Iwan Andrejewitsch tatsächlich ein solch unmoralischer Gegenstand fiel, wie es zum Beispiel ein süßduftender Liebesbrief ist. Wenigstens fuhr der arme Iwan Andrejewitsch, dessen Haupt alles andere eher als eine solche Überraschung erwartete, so heftig zusammen, als habe er auf seinem ehrenwerten Haupte plötzlich zum mindesten eine lebende Maus oder ein anderes reißendes Tier verspürt.

Daß der Brief ein Liebesbrief war – das sah man ihm nur zu deutlich an. Erstens war er auf zartfarbenem, verräterisch duftendem Papier geschrieben, und zweitens war das Format so klein, daß eine

Dame ihn in ihrem Handschuh hätte verbergen können. Gefallen war er offenbar während der Übergabe, vielleicht beim Überreichen eines Theaterzettels, unter dem der Brief geschickt und schnell verborgen worden war. Vielleicht war auch nur eine unbeabsichtigte Bewegung des Adjutanten die Ursache gewesen, daß der Brief aus dem Theaterzettel herausfiel, bevor der Empfänger ihn bemerken und verbergen konnte. Jedenfalls hatte der Jüngling in Zivil nur den Theaterzettel erhalten, mit dem er dann wohl nicht allzuviel anzufangen wußte. Fürwahr, eine höchst unangenehme Situation, doch muß man zugeben, daß die Lage Iwan Andrejewitschs noch um ein Bedeutendes unangenehmer war.

»Prédestiné!« murmelte er, indes kalter Schweiß ihm aus den Poren trat und er den kleinen Brief krampfhaft in der Hand zusammenpreßte, als wenn ihm jemand das Kleinod hätte entreißen wollen. ‚Prédestiné! Die Kugel wird den Schuldigen finden' zuckte es durch seine Gedanken. ‚Nein, das ist nicht das Richtige! Was habe ich verbrochen, daß ich mein Leben aufs Spiel setzen soll?' überlegte er sofort weiter, und ein Gedanke verdrängte den anderen. Doch wer vermag all die Gedanken aufzuzählen, die ein Gehirn nach einer solchen unvorhergesehenen Erschütterung durchzucken!

Iwan Andrejewitsch saß vorläufig regungslos, als wäre er in der Tat das gewesen, was er zu sein schien: weder tot noch lebendig. Er war überzeugt, daß das ganze Publikum sein lächerliches Unglück bemerkt hatte, obschon gerade in jenem Augenblick der Vorhang unter schallendem Applaus gefallen war und ein wahrer Sturm die Primadonna hervorzurufen begann. Er war aber so verwirrt und verlegen, daß er nicht einmal seinen Blick zu erheben wagte, ganz als wäre mit ihm das Schrecklichste geschehen, das ein Mensch sich überhaupt auszudenken vermag.

»Sehr gut gesungen!« bemerkte er schüchtern zu seinem Nachbarn zur Linken, einem auffallenden Geck.

Der Geck, der sich im höchsten Stadium der Ekstase befand, unermüdlich in die Hände klatschte und sogar mit den Füßen scharrte, warf nur einen flüchtigen, zerstreuten Blick auf Iwan Andrejewitsch, baute dann geschwind aus seinen Händen ein Schallrohr vor seinem Munde und rief dumpf brüllend den Namen der Sängerin. Iwan Andrejewitsch, der noch nie ein ähnliches Gebrüll vernommen hatte, war entzückt. ‚Nein, der hat nichts bemerkt!' sagte er vollbefriedigt zu sich selbst und wandte sich zurück. Der dicke Herr aber, der hinter seinem Rücken saß, war schon aufgestanden und musterte, ihm seinerseits den Rücken zuwendend, durch ein Opernglas die Reihen der Logen. ‚Auch gut!' dachte Iwan Andrejewitsch. In den Reihen vor ihm hatte man natürlich nichts gesehen. Schüchtern, doch voll froher Hoffnung wagte er einen Blick in die Parterreloge zu werfen, neben der er saß, zuckte aber plötzlich mit der unangenehmsten Empfindung zusammen, denn was er dort erblickt hatte, war wenig trostreich: Er sah eine schöne Dame, die, im Sessel zurückgelehnt, krampfhaft ihr Taschentuch an die Lippen preßte und unbändig lachte.

‚Ach, diese Weiber!' knirschte Iwan Andrejewitsch und versuchte, sich schleunigst zur Ausgangstür zu verdrücken, bemüht, dem Publikum nicht gar zu rücksichtslos auf die Füße zu treten.

Nun fragt es sich: Wie kam Iwan Andrejewitsch darauf, anzunehmen, daß dieser Liebesbrief gerade aus jener Loge im Zweiten Rang stammte? Gab es doch über dem Zweiten Rang noch einen und dann noch einen, und dann noch die Galerie – im ganzen gab es fünf Ränge. Weshalb sollte er ausgerechnet aus jener bewußten Loge im Zweiten Rang gefallen sein, warum nicht von hoch oben, von der Galerie, wo doch gleichfalls Damen saßen? Doch Leidenschaft ist zum Beispiel exklusiv, und Eifersucht – die exklusivste Leidenschaft der Welt.

Iwan Andrejewitsch stürzte, kaum daß er die Tür erreicht hatte, ins Foyer, blieb unter einer Lampe stehen, erbrach das Kuvert und las:

»Heute abend gleich nach der Vorstellung in der G–straße, Ecke der –scher Gasse, im Hause K–offs, im dritten Stockwerk, rechts von der Treppe. Eingang von der Straße. Sei dort, sans faute; ich flehe dich an!«

Die Handschrift war Iwan Andrejewitsch unbekannt, doch eins stand für ihn fest: daß es eine Bestellung zu einem Rendezvous war. Sein erster Gedanke war deshalb: ‚Vorbeugen, überrumpeln, das Übel verhüten, so lange es noch nicht zu spät ist!'

Einen Augenblick dachte er sogar daran, ‚die Schuldigen sogleich zu überführen, sofort, hier im Theater!' Doch wie das anstellen?

Iwan Andrejewitsch eilte schon die Treppe hinauf zum Zweiten Rang, besann sich aber zum Glück noch rechtzeitig und machte vor der Logentür wieder kehrt. Er wußte entschieden nicht, wohin er sich wenden oder wo er sich überhaupt lassen sollte. In seiner Ratlosigkeit eilte er auf die andere Seite und blickte durch die offene Tür der gegenüberliegenden Loge. Tatsächlich: in jeder der fünf Logen, die sich in lotrechter Linie über seinem Platz befanden, saßen junge Damen und junge Herren. Der Liebesbrief hätte aus allen fünf zugleich fallen können, um so mehr, als Iwan Andrejewitsch die Insassen aller fünf gegen sich verschworen glaubte. Doch ungeachtet aller sichtbaren Möglichkeiten blieb Iwan Andrejewitsch bei seiner Überzeugung. Den ganzen zweiten Akt verbrachte er in den Korridoren, die er nach allen Richtungen durchirrte, ohne Seelenruhe finden zu können. Er eilte sogar an die Theaterkasse, um vom Kassierer die Namen aller fünf Logeninhaber zu erfahren, doch leider war die Kasse schon geschlossen. Endlich erschallte Applaus, dazu das wilde Schreien heller Stimmen, die Bravo und die Namen der Künstler riefen. Die Vorstellung war zu Ende. Iwan Andrejewitsch hatte etwas ganz Bestimmtes im Sinn: er griff nach seinem Pelz und eilte in die G–straße, um dort, an Ort und Stelle zu überführen, abzufangen, und überhaupt energischer vorzugehen als gestern‘. Bald hatte er auch das Haus gefunden, und er war gerade im Begriff einzutreten, als plötzlich, fast seinen Ärmel streifend, eine Männergestalt in einem geckenhaften Paletot durch die Tür schoß und die Treppen zum dritten Stockwerk hinaufeilte. Iwan Andrejewitsch schien es, daß es derselbe junge Fant gewesen sei, obschon er sein Gesicht weder jetzt noch in der Loge deutlich gesehen hatte. Sein Herz blieb stehen. Der Geck hatte bereits einen Vorsprung von zwei Treppen – wie ihn einholen, wie ihm zuvorkommen? Da hörte Iwan Andrejewitsch, wie oben eine Tür schon geöffnet wurde, ohne daß geläutet worden war, als sei der Betreffende erwartet worden. Iwan Andrejewitsch erreichte diese Tür, als der junge Mann kaum hinter ihr verschwunden war und noch niemand sie von innen zugeschlossen hatte. Er gedachte zwar, sich noch ein wenig zu sammeln, den bevorstehenden wichtigen Schritt noch zu überlegen, dies und jenes noch zu befürchten und sich dann erst zu etwas Entscheidendem zu entschließen. Da wollte es das Schicksal, daß in diesem Augenblick eine schwere Equipage vor das Haus rollte und plötzlich hielt. Die Paradetür wurde geräuschvoll aufgerissen, und jemandes schwere Schritte begannen, begleitet von Husten und Pusten, langsam die Treppen empor zu steigen. Dieser Situation war Iwan Andrejewitsch nicht gewachsen: er klinkte die Tür auf und betrat mit der ganzen Feierlichkeit des hintergangenen, sich im Recht fühlenden Gatten das Vorzimmer einer fremden Wohnung. Eine Kammerzofe trat ihm sehr erregt entgegen, ihr folgte auf dem Fuß ein Diener, doch nichts vermochte Iwan Andrejewitsch aufzuhalten: wie ein Geschoß unaufhaltsam drang er in das nächste Gemach, durchschritt zwei fast dunkle Zimmer und befand sich plötzlich in einem Schlafgemach vor einer jungen, sehr schönen Dame, die ihn zitternd und entsetzt anstarrte, als verstehe sie überhaupt nicht, was hier geschah. Da erschallten aber, noch bevor Iwan Andrejewitsch zu sich gekommen war, schwere Schritte im Nebenzimmer und näherten sich der Tür: das waren dieselben Schritte, die Iwan Andrejewitsch auf der Treppe unter sich vernommen hatte.

»Gott! Da kommt mein Mann!« rief die Dame entsetzt, bleicher als ihr Nachtgewand, und rang die Hände.

Iwan Andrejewitsch fühlte, daß er in eine Sackgasse geraten war, aus der es kein Entrinnen gab, fühlte, daß er eine bodenlose Dummheit begangen hatte, die sich nun nicht mehr gutmachen ließ. Schon öffnete sich die Tür, schon trat der schwere Mann – nach seinen schweren Schritten zu urteilen – ins Zimmer... Ich weiß nicht, für wen oder was Iwan Andrejewitsch sich in diesem Augenblick hielt. Auch vermag ich nicht zu sagen, was ihn davon abhielt, dem Fremden frank und frei entgegenzutreten, seinen Irrtum zu erklären, für seine Unhöflichkeit um Verzeihung zu bitten und sich dann zurückzuziehen – freilich nicht ruhmbedeckt, nicht heldenhaft –, aber man hätte es doch immerhin eine anständige, eine offene Handlungsweise nennen müssen.

Aber nein: Iwan Andrejewitsch verfuhr wieder wie ein Schulbube, der nicht weiß, was Überlegung ist, oder als hätte er sich für einen Don Juan oder Lovelace gehalten.

Im ersten Augenblick verbarg er sich hinter dem Bettvorhang, doch schon nach zwei Sekunden brach er vor Angst in die Kniee und kroch, jedes Gedankens bar, auf allen Vieren unter das Bett des fremden Ehepaares. Der Schreck hatte in ihm jede Regungsfähigkeit der Vernunft gelähmt – nur so läßt es sich erklären, daß Iwan Andrejewitsch, der selbst ein hintergangener Gatte war oder sich wenigstens für einen solchen hielt, nun tat, als tue er das, was ihm widerfuhr, selbst einem andern an. Vielleicht konnte er es bloß nicht übers Herz bringen, in einem anderen Mann diese ihm wohlbekannten Qualen durch seine Gegenwart hervorzurufen? Doch wie dem auch gewesen sein mag, Tatsache ist, daß er schon unter dem Bett lag, ohne selbst zu begreifen, wie er dorthin gelangt war. Das Erstaunlichste war aber für ihn in diesem Augenblick, daß die Dame es widerspruchslos hatte geschehen lassen. Sie hatte nicht einmal aufgeschrien, als er plötzlich vor ihr aufgetaucht war, dieser fremde, bejahrte kleine Mann, um darauf ungefragt unter ihrer Ruhestätte zu verschwinden. Anzunehmen ist, daß sie vor Schreck einfach die Sprache verloren hatte.

Inzwischen war langsam, oft stöhnend und ächzend ihr schwerer Gatte ins Zimmer getreten, als hätte er soeben eine Last Holz heraufgetragen. Mit greisenhafter Langsamkeit wünschte er seiner Frau einen guten Abend, worauf er sich schwer in den tiefen Sessel fallen ließ. Darauf folgte ein langanhaltender Hustenanfall. Iwan Andrejewitsch, der sich aus einem gereizten Tiger in ein Lämmlein verwandelt hatte und nun zitterte und zagte wie ein Mausejunges vor einem Kater, wagte kaum zu atmen, obschon er eigentlich aus eigener Erfahrung wissen mußte, daß nicht alle hintergangenen Ehemänner beißen. Doch das kam ihm gar nicht in den Sinn – sei es aus Mangel an Überlegungskraft, sei es aus irgend einem anderen Mangel in diesem Augenblick. Vorsichtig, nur leise tastend, wagte er unter dem Bett einen kleinen Orientierungsversuch, um seine Gliedmaßen in eine etwas bequemere Lage bringen zu können. Wie groß aber war sein Erstaunen, sein Schreck und seine Verwunderung, als seine tastende Hand plötzlich an einen Gegenstand stieß, der sich bewegte und ihn seinerseits mit einer Hand anfaßte!

Unter dem Bett war noch ein anderer Mensch!

»Wer ist da?« fragte Iwan Andrejewitsch flüsternd und zitternd.

»Ich soll Ihnen wohl meinen Namen nennen!« kam es flüsternd, doch mit deutlicher Ironie zurück. »Liegen Sie still und halten Sie den Mund, wenn Sie schon in die Falle geraten sind!«

»Mein Herr, Ihr Ton...«

»Still!«

Und der überflüssige Mensch – denn einer hätte unter dem fremden Ehebett doch vollkommen genügt – dieser freche Mensch preßte die Hand Iwan Andrejewitschs so stark in seiner Faust, daß dieser vor Schmerz fast aufgeschrieen hätte.

»Mein Herr, mein Herr...«

»Pst!«

»So zerdrücken Sie mir doch nicht meine Hand! oder ich schreie!«

»Na, los! Schreien Sie doch, wenn Sie's wagen!«

Iwan Andrejewitsch errötete vor Scham. Der Unbekannte schien kein Erbarmen zu kennen. Vielleicht war er schon so manches Mal einer Verfolgung des Schicksals ausgesetzt gewesen und befand sich infolgedessen nicht zum ersten Male in dieser Enge. Iwan Andrejewitsch aber war jedenfalls ein Neuling in dieser Situation und glaubte daher schier vergehen zu müssen. Das Blut stieg ihm beängstigend heiß zu Kopf. Was sollte er tun? Er mußte liegen, wie er lag: platt auf dem Bauch. Da faßte er sich in Demut und schwieg.

»Ich war, mein Herzchen«, begann der alte Gatte, »ich war, mein Herzchen, bei Páwel Iwánytsch. Wir begannen Préférence zu spielen, aber weißt du, köchö-köch-köch!« – er hustete – »so ... köchkch-kch! Mein Rücken ... Köch! Ach, Gott ... Köch-kch-kch!«

Und der Greis hustete endlos.

»Mein Rücken ...«, fuhr er endlich mit schwacher Stimme fort, sich die Tränen aus den Augen wischend, »begann so zu schmerzen ... von diesen verwünschten Hämorrhoiden ... daß ich weder stehen noch sitzen ... noch sitzen konnte! Kököch-köch-köch!«

Es schien, daß dem neuen Hustenanfall ein weit längeres Leben bevorstand als dem Alten, der diesen Husten hatte. Ließ der Husten ein wenig nach, so brummte er mitunter ein paar unverständliche Worte, die aber bald wieder vom Husten erstickt wurden.

»Mein Herr, ich bitte Sie, rücken Sie um Christi willen etwas zur Seite!« flüsterte inzwischen Iwan Andrejewitsch.

»Wohin soll ich denn rücken, ich habe selbst keinen Platz!«

»Aber einstweilen, Sie müssen doch zugeben, daß ich nicht lange so liegen kann! Ich befinde mich zum erstenmal in einer solchen Lage.«

»Und ich zum erstenmal in so unangenehmer Nachbarschaft.«

»Einstweilen aber, junger Mann, ich muß sagen ...«

»Still!«

»Still? Ich möchte Ihnen nur bemerken, junger Mann, daß Ihre Redeweise, gelinde gesagt, sehr unhöflich ist ... Wenn ich mich nicht täusche, sind Sie noch sehr jung; ich bin älter als Sie.«

»Schweigen Sie!«

»Mein Herr! Sie vergessen sich, Sie wissen nicht, mit wem Sie reden!«

»Mit einem Herrn, der unter einem fremden Ehebett liegt ...«

»Aber mich hat doch nur ein Zufall, ein Irrtum hergeführt ... Sie aber, wenn ich mich nicht täusche, Ihre Unsittlichkeit.«

»Gerade darin täuschen Sie sich eben.«

»Mein Herr! Ich bin älter als Sie, ich sage Ihnen ...«

»Mein Herr, vergessen Sie gefälligst nicht, daß wir hier auf dem *gleichen* Brett liegen. Und ich bitte Sie, mir nicht mit Ihren Händen ins Gesicht zu fahren!«

»Mein Herr! Glauben Sie mir, ich kann hier nichts sehen. Verzeihen Sie, aber ich habe ja doch keinen Platz.«

»Wozu sind Sie denn auch so dick?«

»Herrgott, Vater im Himmel! Noch nie hast du mich in eine so erniedrigende Lage gebracht!«

»Ja, noch niedriger kann man nicht gut liegen.«

»Mein Herr, ich muß Sie bitten, mein Herr! Ich weiß zwar nicht, wer Sie sind, ich weiß auch nicht, wie das alles gekommen ist: ich weiß nur, daß ich irrtümlicherweise hierher geraten bin – ich bin nicht das, was Sie von mir glauben ...«

»Ich würde nichts von Ihnen glauben, wenn Sie mich nicht immer stoßen wollten. So schweigen Sie doch endlich!«

»Mein Herr! Wenn Sie nicht weiterrücken, bekomme ich einen Schlaganfall! Sie werden meinen Tod zu verantworten haben. Ich versichere Ihnen ... Ich bin ein ehrenwerter Mensch, ein ... ein Familienvater. Ich kann mich doch nicht in einer solchen Lage befinden! ...«

»Sie haben sich doch selbst und freiwillig in eine solche Lage gebracht. Nun, rücken Sie näher, da haben Sie noch etwas Platz. Aber mehr gibt's davon nicht.«

»Oh, ich sehe, Sie sind ein edler junger Mann! Ich sehe, daß ich mich in Ihnen getäuscht habe ...«, begann Iwan Andrejewitsch in aufwallender Dankbarkeit, indes er seine abgetaubten Gliedmaßen in eine glücklichere Lage zu bringen suchte. »Ich kann Ihnen Ihre eigene Bedrängnis lebhaft nachfühlen, aber was soll man tun? Ich sehe, daß Sie schlecht von mir denken. Erlauben Sie, daß ich meine Reputation in Ihren Augen wieder herstelle ... Erlauben Sie, daß ich Ihnen auseinandersetze, wer ich bin, wie ich mich gegen meinen Willen hierher verirrt habe – nochmals, ich versichere Ihnen! Ich bin nicht aus dem Grunde hier, den Sie annehmen ... Ich fürchte mich entsetzlich ...«

»So schweigen Sie doch endlich, Herrgott noch 'nmal! Begreifen Sie denn nicht, wem Sie sich aussetzen, wenn man Sie hört? Pst! Er wird sogleich aufhören zu husten!«

In der Tat hatte der Husten des Greises nachgelassen, und so schickte er sich wieder an, zu sprechen.

»Also, mein Herzchen«, krächzte der Greis mühsam und mit kläglicher Stimme, »also, mein Herzchen, köch-köch! Ach, diese Plage! Fedossei Iwánowitsch sagte mir: ‚Sie sollten doch versuchen', sagte er – köch! – ‚doch versuchen, einmal Schafgarbentee zu trinken.' Hörst du, Herzchen?«

»Ich höre, mein Freund.«

»Nun, also er sagte: ‚Sie sollten doch Schafgarbentee trinken.‘ Ich aber sagte: ‚Ich habe mir schon Blutegel anlegen lassen.‘ Er aber sagte: ‚Nein, Alexander Demjánowitsch, Schafgarbentee ist besser, ist vor allem ein gutes Purgativ, sage ich Ihnen...‘ Köch-köch! Ach, Gott! Was meinst du nun dazu, Herzchen? Köch-köch! Ach, Gott! Köch-köch!... Also du meinst, Schafgarbentee wäre besser, wie?... Köch-köch! Ach, Gott! Köch!...« usw., usw.

»Ich meine, daß es nicht schlecht sein kann, dieses Mittel zu versuchen«, meinte die junge Frau.

»Ja, nicht schlecht! ‚Sie haben‘, sagte er, ‚vielleicht sogar die Schwindsucht.‘ Köch-köch! Ich aber sagte: ‚Nein, Podagra, und außerdem einen Magenkatarrh...‘ Köch-köch! Er aber sagte: ‚vielleicht auch Schwindsucht‘. Also was, köch-köch! Was meinst du dazu, mein Herzchen: habe ich wirklich die Schwindsucht? Köch!«

»Ach, wie kommen Sie nur darauf, Alexander Demjanowitsch! Welch ein Unsinn das ist!«

»Ja, die Schwindsucht, sagt er. Aber du, mein Herzchen, könntest dich jetzt auskleiden und zu Bett gehen... Köch-köch! Ich aber habe heute, köch! heute Schnupfen.«

»Uff!« stöhnte Iwan Andrejewitsch in seiner Zwangslage unter dem Bett. »Um Gottes willen, rücken Sie weiter!«

»Ich kann mich wahrhaftig nur über Sie wundern: können Sie denn keinen Augenblick still sein?...«

»Sie sind gegen mich erbittert, junger Mann. Sie wollen mich verletzen, das sehe ich. Sie sind wahrscheinlich der Liebhaber dieser Dame?«

»Schweigen Sie!«

»Ich werde nicht schweigen! Ich werde Ihnen nicht erlauben, hier zu kommandieren! Ganz gewiß sind Sie der Liebhaber! Wenn man uns entdeckt, bin ich vollkommen unschuldig, ich... ich weiß von nichts.«

»Wenn Sie nicht endlich den Mund halten«, unterbrach ihn der junge Mann zähneknirschend, »werde ich sagen, daß Sie mich hergelockt haben, daß Sie mein Onkel sind, der sein Vermögen durchgebracht hat. Dann wird man wenigstens nicht annehmen, daß ich der Liebhaber dieser Dame sei.«

»Mein Herr! Sie wollen mich zum Narren machen! Wissen Sie auch, daß meine Geduld reißen kann?«

»Pst! oder ich werde Sie das Schweigen anders lehren! Sie sind mein Unglück! So sagen Sie doch: weshalb sind Sie denn hier? Ohne Sie würde ich hier, wo ich liege, ruhig bis zum Morgen liegen, und dann bei passender Gelegenheit fortgehen...«

»Aber ich kann hier doch nicht bis zum Morgen so liegen, ich bin doch ein denkender Mensch! Ich habe Verbindungen, habe Protektion... Was meinen Sie: wird er wirklich hier schlafen?«

»Wer?«

»Nun, dieser Greis?«

»Selbstverständlich wird er! Es sind doch nicht alle Männer so wie Sie. Einige übernachten auch zu Hause.«

»Mein Herr, mein Herr!« rief Iwan Andrejewitsch, erkaltend vor Schreck, »seien Sie überzeugt, daß auch ich zu Hause zu schlafen pflege, es ist das erstemal... Aber, mein Gott, ich sehe, daß Sie mich kennen! Wer sind Sie, junger Mann? Sagen Sie es mir ohne Umschweife, ich flehe Sie an – wer sind Sie?«

»Hören Sie mal! Entweder – oder ich gebrauche Gewalt!...«

»Aber erlauben Sie, erlauben Sie, daß ich Ihnen erzähle, mein Herr, daß ich Ihnen diese ganze entsetzliche Geschichte erkläre...«

»Ich will nichts von Ihnen hören, ich will nichts wissen, lassen Sie mich in Ruh! Schweigen Sie oder...«

»Aber ich kann doch nicht...«

Unter dem Bett spielte sich ein zwar kurzer, doch dafür um so erbitterterer Kampf ab, bis Iwan Andrejewitsch verstummte.

»Herzchen, knurrt hier nicht der Kater irgendwo?«

»Der Kater? Wie... wie kommen Sie darauf?«

Offenbar wußte die junge Frau nicht, was sie mit ihrem alten Gatten reden sollte, da sie, nach ihrer erschrockenen Stimme und ihrer Unsicherheit zu urteilen, ihre Geistesgegenwart noch nicht wiedererlangt hatte.

»Was für ein Kater?«

»Unser Wasska, Herzchen. Vor ein paar Wochen ging ich in mein Arbeitszimmer, da saß er und schnurrte so vor sich hin. Ich fragte ihn: ‚Was hast du, Wassenka?' Er aber schnurrt und schnurrt. Da dachte ich: Ach, ihr Heiligen! Sollte er mir etwa meinen Tod prophezeien?«

»Pfui, welch einen Unsinn Sie heute reden! Schämen Sie sich!«

»Nu-nu-nun, sei nur nicht böse, Herzchen. Ich sehe: der Gedanke, daß ich sterben könnte, ist dir unangenehm, sei aber nicht böse deshalb. Ich sagte es nur so. Aber du könntest dich wirklich, Herzchen, jetzt auskleiden und zu Bett gehen; ich werde hier noch – Köch-köch! – solange sitzen... Köch-köch-köch!«

»Oh, um's Himmels willen, hören Sie auf! Später...«
»Nu-nu, sei nicht böse, sei nicht böse! Nur war es wirklich so, als raschelten hier Mäuse...«
»Ach, bald glauben Sie den Kater, bald Mäuse zu hören! Ich weiß nicht, was heute mit Ihnen ist!«
»Nu, nu... Köch-köch! Nichts, nichts, köch-köch-köch-köch! Ach, du Grundgütiger! – Köch!«
»Da haben Sie's! Sie schreien so laut, daß er es glücklich gehört hat!« flüsterte der junge Mann seinem Nachbar zu, während der Alte hustete.
»Wenn Sie nur wüßten, was in mir vorgeht! Meine Nase blutet...«
»So lassen Sie sie bluten, nur schweigen Sie! Warten Sie, bis er fortgegangen ist.«
»Aber, junger Mann, so versetzen Sie sich doch in meine Lage: ich weiß doch nicht einmal, mit wem ich hier liege!«
»Ja, würde Ihnen denn davon leichter werden, wenn Sie's wüßten? Ich interessiere mich doch nicht im geringsten für Ihren Namen. Aber wenn schon – nun, wie lautet denn Ihr Name, sagen Sie doch zuerst?«
»Nein, wozu meinen Namen nennen... Ich will nur erklären, durch welchen sinnlosen Zufall...«
»Pst... er hat aufgehört...«
»Glaube mir, mein Herzchen, jetzt habe ich ganz deutlich flüstern gehört!«
»Ach, nein, das ist doch nicht möglich, es wird sich nur die Watte in Ihren Ohren verschoben haben.«
»Ach, à propos! Weißt du, hier... Köch-köch... über uns... Köch ... in der Wohnung über uns, hier, köch-köch!«
»Über uns!« flüsterte der junge Mann. »Ach, der Teufel! Und ich dachte, dies sei das letzte Stockwerk! Ist denn dies hier erst das zweite?«
»Junger Mann, mein Herr«, fuhr Iwan Andrejewisch wie von jemandem gekniffen auf, »was sagen Sie da? Um Gottes willen, weshalb interessiert Sie das? Auch ich war der Meinung, daß dies das dritte und letzte Stockwerk sei! Um Gottes willen, ist hier denn noch ein Stockwerk?«
»Nein, wirklich, mein Herzchen, es muß hier jemand sein«, sagte der Greis, dessen Husten sich wieder gelegt hatte.
»Pst! Hören Sie?« flüsterte der junge Mann, dessen Hand wie eine eiserne Zange Iwan Andrejewitschs Hand packte.

»Mein Herr, Sie zermalmen mir alle Finger! Das ist Vergewaltigung! Lassen Sie los!«

»Pst!«

Wieder kam es zu einem kurzen Kampf unter dem Bett.

»Ja, ich traf eine nette Kleine...«, fuhr der Greis fort.

»Wie, eine nette?... Du wolltest etwas erzählen... Bitte, erzähle doch!« sagte seine junge Frau.

»Ja... habe ich dir noch nicht erzählt, daß ich einer netten Dame auf der Treppe begegnet bin?... oder habe ich es vergessen zu erzählen... Mein Gedächtnis ist schwach. Johanniskraut müßte ich trinken... Köch!«

»Was?«

»Johanniskraut müßte ich trinken: man sagt, das helfe... Köch-köch-köch!... denn das helfe, sagt man.«

»Da haben Sie ihn unterbrochen!« flüsterte der junge Mann knirschend.

»Du sagtest, dir sei heute eine nette Dame begegnet?« fragte die junge Frau.

»Wie?«

»Dir ist heute eine nette Dame begegnet?«

»Wem das?«

»Aber dir doch!«

»Mir? Wann? Ach so, richtig, ja!...«

»Endlich! Oh, du verfluchte Mumie!« murmelte der junge Mann unterm Bett, der dem vergeßlichen Greise am liebsten einen aufmunternden Rippenstoß versetzt hätte.

»Mein Herr! Ich zittere vor Angst! Mein Gott, mein Gott! was höre ich? Das ist ja wie gestern, ganz wie gestern!...«

»Pst!«

»Jajaja! Jetzt fällt es mir wieder ein: eine solche Schelmin! So blanke Augen... unter einem hellblauen Hütchen...«

»Hellblauen Hütchen!! Teufel noch eins!«

»Das ist sie!! Sie hat ein hellblaues Hütchen! Mein Gott! mein Gott!« stöhnte Iwan Andrejewitsch wie ein Verzweifelter.

»Sie? Welch eine ‚sie?' fragte der junge Mann flüsternd, doch mit unheimlichem Händedruck.

»Pst!« machte nun seinerseits Iwan Andrejewitsch, »er spricht!«

»Zum Teufel!... Teufel...«

»Übrigens kann jede Dame ein hellblaues Hütchen tragen...«, flüsterte Iwan Andrejewitsch zaghaft.

»Und solch eine Schelmin scheint sie zu sein!« fuhr der Greis jetzt fort, »köch! Sie kommt immer hierher, zu irgendwelchen Bekannten. Und immer liebäugelt sie. Zu diesen Bekannten kommen aber wieder andere Bekannte...«

»Pfui, wie langweilig das ist«, unterbrach ihn seine junge Frau. »Ich begreife nicht, wie einen so etwas interessieren kann.«

»Nun, schon gut, schon gut! Sei nur nicht böse!« beschwichtigte sie wieder der Greis. »Ich... ich – Köch! – ich werde nicht mehr davon erzählen, wenn du es nicht willst. Du bist heute nicht bei Laune...«

»Aber wie sind Sie denn hierher geraten?« forschte plötzlich in gereiztem Flüsterton der junge Mann unterm Bett.

»Ach, sehen Sie, sehen Sie! Jetzt fangen Sie an, sich dafür zu interessieren, vorhin aber wollten Sie mich überhaupt nicht anhören!«

»Ach, nun, dann nicht! Mir ist's schließlich egal. Aber seien Sie dann wenigstens still! Hol's der Teufel, die Geschichte ist, weiß Gott! um aus der Haut zu fahren...«

»Junger Mann, hören Sie, ärgern Sie sich nicht! Ich weiß nicht, was ich rede! Ich... ich wollte nur sagen, daß Sie sich wohl kaum grundlos für den Zwischenfall interessieren werden... Aber wer sind Sie, junger Mann? Sie sind mir unbekannt, wie ich sehe, aber wer sind Sie nun eigentlich! Mein Gott! Ich weiß selbst nicht mehr, was ich rede!«

»Hören Sie auf«, sagte der junge Mann, aber in einem Tone, als sei er innerlich mit anderem beschäftigt.

»Ich werde Ihnen alles erzählen, alles! Sie denken vielleicht, daß ich nichts erzählen werde, daß ich Ihnen böse bin, nicht? Hier haben Sie meine Hand! Ich bin nur in einer etwas niedergeschlagenen Stimmung, das ist alles. Aber sagen Sie mir um Gottes willen zuerst: wie sind Sie hierher geraten? Aus welchem Grunde, zu welchem Zweck sind Sie in dieses Haus gekommen? Was mich betrifft, so bin ich nicht böse, bei Gott, ich bin Ihnen nicht böse, hier haben Sie meine Hand darauf. Nur wird sie nicht allzu sauber sein, denn hier ist es etwas staubig. Aber was will das besagen!? Auf das Gefühl kommt es an!«

»Eh, gehn Sie zum Teufel mit Ihrer Hand! Kaum, daß man hier Platz hat, platt auf dem Bauch zu liegen – da will er noch Armverrenkungen versuchen!«

»Aber, mein Herr! Sie gehen mit mir um, als wäre ich, mit Erlaubnis zu sagen, eine alte Stiefelsohle!« wendete Iwan Andrejewitsch in einer Aufwallung der keuschesten Verzweiflung mit einer Stimme ein, wie man sie sonst nur zu flehentlichen Bitten gebraucht. »Behandeln Sie mich nur ein wenig höflicher – hören Sie? – nur ein wenig höflicher, und ich werde Ihnen alles erzählen! Wir würden einander liebgewinnen; ich bin sogar bereit, Sie zu mir zu Tisch einzuladen. So aber können wir nicht beisammen liegen bleiben, das sage ich Ihnen ganz offen. Sie sind auf einem Irrwege, junger Mann, Sie wissen nicht...«

»Wann kann er ihr denn begegnet sein?« murmelte der junge Mann vor sich hin, offenbar in größter Aufregung. »Vielleicht wartet sie dort auf mich... Nein, ich muß unbedingt fort von hier, koste es, was es wolle!«

»‚Sie'! Wer ist diese ‚sie'? Mein Gott, von wem reden Sie, junger Mann? Sie glauben, daß hier oben über uns... Mein Gott, mein Gott, wofür werde ich so gestraft?!«

Und Iwan Andrejewitsch wollte sich, außer sich vor Verzweiflung, auf den Rücken drehen, doch der Versuch mißlang, was ihn noch unglücklicher machte.

»Was geht Sie das an, wer sie ist? Eh, zum Teufel! – ich krieche hinaus!...«

»Mein Herr! Was fällt Ihnen ein? Und ich? Wo soll ich dann bleiben?« stotterte Iwan Andrejewitsch entsetzt, und klammerte sich an die Frackschöße des andern.

»Was geht das mich an? So bleiben Sie doch allein hier. Oder wenn Sie das nicht wollen, kann ich ja sagen, daß Sie mein Onkel seien, der sein Vermögen durchgebracht hat, damit der Klappergreis nicht auf den Gedanken kommt, in mir den Geliebten seiner Frau zu sehen.«

»Aber, junger Mann, das ist doch ganz unmöglich, ganz ausgeschlossen! Wer wird Ihnen denn das glauben, daß ich Ihr Onkel sei? Kein dreijähriges Kind wird es Ihnen glauben!« flüsterte in beschwörendem Ton Iwan Andrejewitsch.

»Dann schwatzen Sie wenigstens nicht und liegen Sie still! Sie können doch hier ruhig übernachten und dann morgen sehen, wie Sie hinauskommen. Kein Mensch wird Sie hier bemerken: wenn einer schon herausgekrochen ist, wird niemand noch einen zweiten unter dem Bett vermuten – da könnte ein ganzes Dutzend sich hier sicher fühlen. Übrigens wiegen Sie allein ein ganzes Dutzend auf. Rücken Sie zur Seite, ich krieche hinaus.«

»Sie drücken mich, junger Mann... Aber wie, wenn ich zu husten beginne? Man muß doch alles voraussehen...«

»Pst!«
»Was ist das, mein Herzchen, ich glaube, über uns hat wieder ein Spektakel begonnen«, bemerkte der Greis, der inzwischen wohl eingeschlummert war, mit schläfriger Stimme.
»Über uns?«
»Hören Sie, junger Mann: *ich* werde hinauskriechen.«
»Ich höre, – nun!«
»Mein Gott, junger Mann, ich werde hinauskriechen!«
»Ich nicht. Mir ist alles gleich. Wenn schon einmal ein Strich durch die Rechnung gemacht ist, dann... Aber wissen Sie, was ich vermute? Daß gerade Sie und kein anderer ein betrogener Ehemann sind! Haben Sie's gehört?«
»Mein Gott, welch ein Zynismus!... Vermuten Sie das wirklich? Aber weshalb denn gerade ein Ehemann... ich bin doch nicht verheiratet...«
»Was, nicht verheiratet? Sie? Wer das glaubt!«
»Ich bin vielleicht selbst ein Liebhaber, Sie können es doch nicht wissen!«
»Famoser Liebhaber, das! Haha!«
»Mein Herr, mein Herr! Nun gut, ich werde Ihnen alles gestehen. Vernehmen Sie also meine Beichte, – die Beichte eines Verzweifelten. Nicht ich bin der Betreffende, ich bin nicht verheiratet. Ich bin gleichfalls Junggeselle – ganz wie Sie. Es ist nur mein Freund, mein Jugendfreund, um den es sich handelt... Ich aber bin ein Liebhaber... Da sagt er mir eines Tages: ‚Ich bin ein unglücklicher Mensch, ich muß den bittersten Kelch leeren, denn ich mißtraue meiner Frau.' – ‚Aber, Freund', sage ich, ‚wessen verdächtigst du sie denn?' ... Aber Sie hören mir ja gar nicht zu! So hören Sie, hören Sie doch!... ‚Eifersucht ist lächerlich', sage ich zu ihm, ‚Eifersucht ist ein Laster!'... Er aber sagt: ‚Nein, ich bin ein unglücklicher Mensch! Ich – wie gesagt... ich leere den Kelch, den bittersten Kelch... das heißt: ich habe sie im Verdacht...' – ‚Du bist mein Jugendfreund', sagte ich zu ihm. ‚Wir haben gemeinsam Blumen gepflückt, gemeinsam die ersten Freuden genossen...' Mein Gott, ich weiß nicht mehr, was ich rede! Sie lachen die ganze Zeit, junger Mann. Sie werden mich noch verrückt machen!«
»Das sind Sie ja schon.«
»Da haben wir's! Ich ahnte es ja, daß Sie mir das sagen würden, als ich das Wort noch nicht einmal ausgesprochen hatte – da ahnte ich es schon! Lachen Sie nur, lachen Sie nur, junger Mann! Auch ich

bin so gewesen, zu meiner Zeit, auch ich habe so verführt! Ach, ja! – jetzt aber... jetzt werde ich sicher verrückt!«

»Was ist das, mein Herzchen, hat hier nicht jemand geniest?« fragte wieder der Greis in seiner trägen Langsamkeit. »Warst du es, mein Herzchen?«

»Oh, mon Dieu!« stöhnte die arme junge Frau.

»Pst!« hörte man unter dem Bett.

»Das muß über uns im dritten Stockwerk sein«, bemerkte die junge Frau in ihrer Herzensangst. Unter dem Bett wurde es schon allzu verräterisch laut und immer lauter.

»Ja, das scheint mir auch so«, meinte der Greis bedächtig. »Über uns!... Habe ich dir schon erzählt, daß ich einem jungen Mann – Köch-köch! einem jungen Mann mit einem Schnurrbärtchen – Köch-köch! Ach! mein Gott und Vater! – mein Rücken!... einem jungen Fant vorhin begegnet bin, mit einem Schnurrbärtchen...«

»Mit einem Schnurrbärtchen! Großer Gott, das sind gewiß Sie!« flüsterte Iwan Andrejewitsch entsetzt.

»Herrgott, ist das ein Mensch! Ich bin doch hier, hier unter dem Bett, liege hier dicht neben Ihnen! Wo kann er mir denn begegnet sein! Aber so fahren Sie mir doch nicht ewig mit Ihren Händen ins Gesicht!«

»Gott, ich werde sogleich ohnmächtig werden!«

In diesem Augenblick hörte man in der oberen Wohnung allerdings einen großen Lärm.

»Was mögen sie dort nur treiben?« fragte sich der junge Mann.

»Mein Herr! Ich zittere, mir graut! Helfen Sie mir!«

»Pst!«

»Ja, mein Herzchen, jetzt höre ich es ganz deutlich, es ist ja ein Höllenspektakel dort oben. Und das gerade über deinem Schlafzimmer. Sollte man da nicht hinaufschicken und um Ruhe bitten lassen?«

»Ach, das fehlte noch!«

»Nun, nun, schon gut, dann nicht. Warum bist du heute so böse?«

»Oh, mon Dieu! Werden Sie nicht bald schlafen gehn?«

»Lisa, du liebst mich gar nicht.«

»Ach, gewiß liebe ich Sie! Nur... um Gottes willen, ich bin so müde.«

»Nun, nun, schon gut, ich gehe ja schon.«

»Ach, nein, nein, gehen Sie nicht fort!« rief die junge Frau plötzlich angstvoll. »Oder nein, gehen Sie, gehen Sie!«

»Was hast du nur, mein Herzchen! Bald sagst du, ich soll fortgehen, bald wieder, ich soll hierbleiben... Köch-köch! Aber es wäre wirklich Zeit zum... Köch-köch! Bei Panafidins hatten die kleinen Mädchen... Köch-köch!... Mädchen... Köch! Eine Nürnberger Puppe sah ich bei der Kleinen, Köch-köch!...«
»Ach, jetzt redet er noch von Puppen!«
»Köch-köch! Eine sehr schöne Puppe war es... Köch-köch!«
»Er verabschiedet sich schon!« flüsterte der junge Mann seinem Leidensgenossen zu, »er geht und dann können wir sogleich hinausschlüpfen. Hören Sie? So freuen Sie sich doch!«
»Oh, Gott gebe es! Gott gebe es!«
»Das war eine Lehre für Sie...«
»Junger Mann! Was für eine Lehre? Wofür? Ich fühle, daß... Sie sind noch zu jung, Sie können mir keine Lehre geben.«
»Trotzdem gebe ich sie aber... Hören Sie?«
»Gott! Ich muß niesen!...«
»Pst! Wenn Sie es nur wagen!!«
»Aber was soll ich denn tun? Es riecht hier nach Mäusen, ich habe Staub eingeatmet! Ich kann doch nicht! Ziehen Sie mir mein Taschentuch, aus meiner Tasche, um Gottes willen, ich kann mich nicht rühren... O Gott, O Gott! Wofür werde ich so gestraft?«
»Da haben Sie Ihr Taschentuch! Wofür Sie bestraft werden, das will ich Ihnen sogleich sagen: Sie sind eifersüchtig. Auf Grund Gott weiß welcher Zweifel rennen Sie wie ein Verrückter durch die Straßen der Stadt, brechen in fremde Häuser ein, belästigen die Menschen in ihren Wohnungen, verursachen einen Skandal...«
»Junger Mann! Ich habe noch nie einen Skandal verursacht!«
»Schweigen Sie!«
»Junger Mann, Sie können und dürfen mir nicht Moral predigen! Ich bin moralischer als Sie!«
»Schweigen Sie!«
»O Gott, o Gott!«
»Sie verursachen einen Skandal, erschrecken eine schöne junge Frau, die nicht weiß, wo sie sich vor Angst lassen soll, und die vielleicht noch krank werden wird von dieser ganzen Aufregung; Sie beunruhigen einen ehrwürdigen Greis, der von seinen verschiedenen Leiden ohnehin schon genug gequält wird, einen Greis, der vor allen Dingen der Ruhe bedarf, – und das alles aus welchem Grund? Nur weil Sie sich da irgendeinen Unsinn in den Kopf gesetzt haben, mit dem Sie nun durch alle Gassen und in alle Häuser laufen! Be-

greifen Sie auch, begreifen Sie auch, in welches Licht Sie sich selbst gestellt haben, als was Sie dastehen, was man von Ihnen denken muß? Fühlen, begreifen Sie das auch wirklich so, wie es sich gehört?«

»Mein Herr! Gut! Ich fühle es! Aber Sie haben kein Recht...«

»Schweigen Sie! Was reden Sie hier von Recht oder kein Recht! Begreifen Sie denn nicht, wie tragisch das enden kann? Begreifen Sie denn nicht, daß dieser Greis, der seine junge Frau über alles liebt, einfach irrsinnig werden kann, wenn er sieht, wie Sie unter dem Bett seiner Frau hervorkriechen? Doch nein, Sie können nicht die Ursache einer Tragödie sein! Wenn Sie hervorkriechen, muß ein jeder, denke ich, sich vor Lachen die Seiten halten. Ich würde viel dafür geben, könnte ich Sie mal bei Licht betrachten! Sie müssen ja zum Platzen komisch sein!«

»Und Sie? In einer solchen Lage, unter dem Bett hervorkriechend, würden Sie gleichfalls lächerlich sein! Auch ich würde Sie gern einmal bei Licht betrachten!«

»Sie!!«

»Ihrem Gesicht wird zweifellos der Stempel der Unsittlichkeit aufgedrückt sein, junger Mann!«

»Ah! Sie kommen mir wieder mit der Sittlichkeit! Woher wissen Sie denn, weshalb ich hier bin? Ich bin irrtümlicherweise hierher geraten, ich wollte eine Treppe höher hinauf. Und der Teufel mag wissen, weshalb man mich hereingelassen hat! Offenbar muß sie selbst jemanden erwartet haben – doch, versteht sich, jedenfalls nicht Sie. Ich versteckte mich sofort unter dem Bett, als ich Ihre Schritte hörte und als ich sah, daß die Dame so heftig erschrak. Zudem war es hier noch ziemlich dunkel. Übrigens kann meine Anwesenheit Ihre Anwesenheit noch lange nicht rechtfertigen. Sie sind, mein Herr, nichts als ein lächerlicher eifersüchtiger Greis! Weshalb ich nicht hinausgehe? Sie denken vielleicht, ich fürchte mich? Nein, mein Verehrtester, ich wäre schon längst gegangen, ich bin nur aus Mitleid mit Ihnen hiergeblieben. Sie würden ja am Ende gar Ihren Geist aufgeben, wenn ich Sie verließe. Sie würden ja wie ein alter Klotz vor ihnen stehen, wenn man Sie endlich ans Licht beförderte, Sie würden sich doch nie und nimmer zurechtfinden...«

»Weshalb denn wie ein alter Klotz? Weshalb gerade wie dieser Gegenstand? Konnten Sie mich nicht mit etwas anderem vergleichen, junger Mann? Weshalb sollte ich mich denn nicht zurechtfinden? Nein, ich würde mich sehr gut...«

»Pst! Hören Sie nicht, wie der Schoßhund bellt! Das kommt alles von Ihrem ewigen Geschwätz! Jetzt haben Sie das Hündchen aufgeweckt! Dieses elende Vieh kann noch zu unserem Verräter werden!«

In der Tat: das Schoßhündchen der Dame, das bis dahin ruhig auf seinem Kissen in der Ecke geschlafen hatte, war plötzlich aufgewacht, hatte ein wenig geschnuppert und war dann mit empörtem Gekläff unter das Bett gestürzt.

»O Gott, dieses miserable Biest!« murmelte Iwan Andrejewitsch, halb tot vor Schreck und Angst. »Es wird uns bestimmt verraten! Jetzt wird alles offenbar werden! Wodurch habe ich nur diese Strafe verdient, o du mein Gott!«

»Durch Ihre Feigheit natürlich!«

»Ami, Ami, komm her!« rief plötzlich, erschrocken auffahrend, die junge Frau. »Ici, Ici, viens ici!«

Doch das Hündchen kümmerte sich nicht um sie, sondern griff mutig Iwan Andrejewitsch an.

»Was ist das, mein Herzchen, weshalb bellt denn Amischka so laut?« fragte der Greis. Sind etwa Mäuse unter dem Bett, oder sitzt dort der Kater? Deshalb also – ich hörte ihn ja schon die ganze Zeit schnurren... Und du weißt doch, unser Wasska hat sich erkältet...«

»Liegen Sie ganz still!« flüsterte der junge Mann. »Rühren Sie sich nicht! Dann wird das Vieh sich vielleicht beruhigen.«

»Mein Herr! Mein Herr! Geben Sie meine Hände frei! Weshalb halten Sie sie fest?«

»Pst! still!«

»Aber ich bitte Sie, ich beschwöre Sie, der Hund beißt mich gleich in die Nase! Sie wollen wohl, daß ich meine Nase verliere?«

Es folgte ein Handgemenge, in dem es Iwan Andrejewitsch schließlich gelang, seine Hände zu befreien. Das Hündchen bellte wie rasend; plötzlich aber quiekte es auf und verstummte.

»Ach!« schrie die Dame auf.

»Was tun Sie?« flüsterte der junge Mann wütend. »Sie verraten uns! Weshalb haben Sie den Hund gepackt? Teufel, der Kerl würgt ihn noch obendrein! So hören Sie doch, was ich Ihnen sage! Lassen Sie ihn laufen! Hören Sie! Sie Kamel! Haben Sie denn keine Ahnung von einem Weiberherzen? Sie wird uns beide noch an den Galgen bringen, wenn Sie ihren Hund erwürgen!«

Doch die Angst hatte Iwan Andrejewitsch taub gemacht: er hörte auf nichts. Es war ihm gelungen, den kleinen Köter am Kragen zu fassen: und da hatte er ihm denn in übergroßem Selbsterhaltungstrieb den Hals mit einem Griff so zugeschnürt, daß dem Tierchen kaum Zeit geblieben war, noch einmal zu quieken, bevor es den Geist aufgab.

»Wir sind verloren!« flüsterte der junge Mann.

»Amischka, Amischka!« rief die Dame. »Mon Dieu, was haben sie mit meinem Ami gemacht! Amischka, Amischka! Ici! Oh, diese Schändlichen! Diese Barbaren! Mein Gott, mir wird schlecht!«

»Was ist denn, was ist denn geschehen, mein Herzchen?« sagte der Greis, der wohl gerade im Begriff gewesen war, ein wenig einzuschlummern, »was hast du, mein Herz? Amischka, hierher! hierher! Amischka, Amischka, Amischka!« rief der Alte eifrig, schnalzte mit der Zunge, schnippte mit den Fingern, doch es half alles nichts: Amischka kam nicht wieder zum Vorschein. »Wo ist er denn geblieben? Amischka! Ici. Wirst du wohl! Es kann doch nicht sein, daß der Kater ihn dort aufgefressen hat? Jedenfalls muß Wasska Prügel bekommen, meine Liebe; er ist schon einen ganzen Monat nicht mehr bestraft worden. Was meinst du dazu? Ich werde morgen Praskówja Sachárjewna fragen, was sie dazu meint. Aber um Gottes willen, mein Herz, was ist mit dir? Du bist ganz bleich! Oh, oh! Wasser! Hilfe! Hilfe!«

Und der Alte stürzte kopflos zur Tür.

»Diese Mörder! Diese Räuber!« schrie die Dame und sank auf die Chaiselongue.

»Wer, wer, wer war das?« rief der Alte von der Tür her.

»Dort sind Menschen! Fremde Menschen! Dort... unter meinem Bett! Oh, mon Dieu! Ami, Ami! Was haben sie mit dir getan!!«

»Ach, Gott im Himmel! Was für Menschen? Amischka... Nein, zuerst Leute her, Leute! Leute! Wer ist dort? Wer?« schrie der Alte ganz heiser vor Aufregung, und er griff nach dem Licht und beugte sich, um unter das Bett zu sehen. »Wer ist dort! Zu Hilfe! Leute!...«

Iwan Andrejewitsch lag mehr tot als lebendig neben dem Leichnam Amischkas. Der junge Mann aber verfolgte aufmerksam jede Bewegung des Alten. Plötzlich sah er, daß dieser sich niederzubeugen begann, und während der Alte die Einbrecher auf der anderen Seite des Ehebettes suchte, kroch er im Nu unter dem Bett hervor.

»Mon Dieu!« murmelte die Dame ganz entgeistert, als sie plötzlich einen jungen eleganten Mann vor sich stehen sah. »Wer sind Sie? Ich dachte...«

»Der andere ist noch unterm Bett«, erklärte ihr der junge Mann leise und schnell. »*Er* ist schuld an Amischkas Tod!«
»Ach!« schrie die Dame entsetzt auf.
Doch schon war der junge Mann aus dem Zimmer.
»Ach! Wer ist hier? Hier sehe ich einen Stiefel! Ein Bein!« keuchte der Alte, der Iwan Andrejewitsch am Fuß hervorzuziehen versuchte.
»Der Mörder! dieser Mörder! Ami, Ami!« jammerte die Dame.
»Kommen Sie hervor! Kommen Sie hervor!« schrie der Alte, mit den Füßen auf den Teppich trampelnd. »Wer sind Sie? Was suchen Sie hier? Was wollen Sie? Gott im Himmel! Was das für ein Mensch ist!«
»Das sind ja Mörder!«
»Um Gottes und aller Heiligen willen! Um Christi willen!« flehte Iwan Andrejewitsch, der auf allen Vieren hervorkroch, sich auf den Knien erhob, flehend die Hände faltete und dann wieder weiterkroch. »Um Gottes willen, Euer Exzellenz, rufen Sie keine Menschen herbei! Exzellenz, rufen Sie keine Menschen herbei! Das... das ist überflüssig! Sie... Sie können mich nicht vor die Tür setzen lassen!... Ich bin nicht solch einer!... Ich bin ein freier Mensch... Das ist ein Irrtum, Exzellenz, ich habe mich nur geirrt! Ich werde Ihnen sogleich alles erzählen, Exzellenz, alles, alles, alles!« fuhr Iwan Andrejewitsch schluchzend mit versagender Stimme fort. »An allem ist nur meine Frau schuld, das heißt: nicht meine Frau, sondern eine fremde Frau, – denn ich bin ja gar nicht verheiratet, ich bin nur so... Das ist mein Schulkamerad und Jugendfreund...«
»Was für ein Jugendfreund!« schrie der Alte und stampfte zornig mit dem Fuß auf. »Sie sind ein Dieb, ein Einbrecher, ein Mörder! Stehlen wollten *Sie*!... Aber nicht ein Jugendfreund!...«
»Nein, ich bin kein Dieb, Exzellenz, ich bin wirklich sein Jugendfreund... ich... ich habe mich nur zufällig verirrt, ich habe nur die Haustüren verwechselt!...«
»Das kennt man! – Haustüren verwechselt!«
»Euer Exzellenz! Ich bin nicht solch ein Mensch! Sie täuschen sich! Ich versichere Ihnen, daß Sie sich in einem grausamen Irrtum befinden, Exzellenz! Sehen Sie mich an, betrachten Sie mich, und Sie werden an allen Anzeichen erkennen, daß ich kein Dieb sein kann. Exzellenz! Euer Exzellenz!« flehte Iwan Andrejewitsch, sich mit beschwörender Gebärde an die junge Frau wendend. »Sie... Sie werden mich als zartfühlende Dame eher verstehen... Ich... ich

habe Amischka umgebracht... Aber ich bin nicht schuld daran... bei Gott nicht! Daran ist meine... das heißt: nicht meine, sondern eine fremde Frau schuld! Ich... ich bin ein unglücklicher Mensch, ich habe den Kelch geleert...«

»Was geht das mich an, was Sie da geleert haben – es wird wohl nicht nur *ein* Kelch gewesen sein, nach Ihrem Aussehen zu urteilen! Aber wie sind Sie hierher gekommen, mein Herr, wenn Sie mir das erklären wollten?!« schrie der Alte, zitternd vor Aufregung, obschon er sich selbst eingestand, daß dieser Fremde offenbar kein gewöhnlicher Dieb sein konnte. »Ich frage Sie: wie – sind – Sie – hierher gekommen? Zum Donnerwetter!... Daß Sie kein Räuber sind...«

»Ich bin kein Räuber, ich bin kein Räuber, Exzellenz! Ich... ich bin nur in eine andere Tür... bei Gott, ich bin kein Räuber! Das kommt alles nur daher, daß ich eifersüchtig bin! Ich werde Ihnen alles erklären, Exzellenz, alles und ganz offenherzig, Exzellenz, wie meinem Vater werde ich es Ihnen erzählen, wie meinem leiblichen Vater, denn den Jahren nach könnten Sie doch mein Vater sein!«

»Was? Ich Ihr Vater?!«

»Exzellenz, Euer Exzellenz! Ich habe Sie vielleicht verletzt! – o, verzeihen Sie mir! In der Tat, eine so junge Frau... und Ihre Jahre ...sehr-sehr-sehr angenehm, Euer Exzellenz, glauben Sie mir, eine ...eine solche Ehe zu sehen... in den besten Jahren!... Rufen Sie nur nicht die Leute herbei, um Gottes willen, rufen Sie nicht Ihre Leute her... die würden nur lachen... ich kenne sie... Das heißt, ich will damit nicht sagen, daß ich mit Ihren Bedienten bekannt bin, – ich habe selbst Bediente, Exzellenz, und ewig lachen sie, die ...Esel! Exzellenz... Ich glaube, mich nicht getäuscht zu haben... Durchlaucht... ich habe doch die Ehre, mit einem Fürsten zu sprechen...«

»Nein, nicht mit einem Fürsten, mein Herr, ich bin... ein Privatmann. Und ich bitte Sie, mich mit Ihren Titeln zu verschonen, sich nicht mit ihnen bei mir einschmeicheln zu wollen. Das würde Ihnen auch nicht gelingen! Was ich von Ihnen hören will, ist: wie Sie hierher gekommen sind? Also erklären Sie es mir gefälligst!«

»Durchlaucht! das heißt, nein! Euer Exzellenz... verzeihen Sie, ich dachte, Sie seien ein Fürst. Ich habe mich versprochen, es war ein Irrtum, verzeihen Sie... das kommt vor... Sie ähneln so auffallend dem Fürsten Korotkoúchoff, den ich bei meinem Bekannten, Herrn

Pusyrjóff, die Ehre hatte, kennen zu lernen... Sie sehen: ich bin gleichfalls mit Fürsten bekannt, ich habe einen wirklichen Fürsten bei einem Bekannten getroffen: Sie können mich nicht für das halten, für was Sie mich halten! Ich bin kein Räuber, ich bin kein Dieb! Exzellenz, rufen Sie keine Menschen herbei, um Gottes willen, haben Sie Erbarmen mit mir! Bedenken Sie doch: wenn Sie die Leute herbeirufen – was wird daraus entstehen!«

»Aber wie sind Sie denn hierhergekommen?« rief die Dame. »Wer sind Sie überhaupt?«

»Ja, wer sind Sie überhaupt?« griff der Alte die Frage auf. »Und ich, mein Herzchen, glaubte wirklich, es sei der Kater Wasska, der da irgendwo schnurrt! Und statt dessen ist es dieser! Ach, Sie Bandit!... Wer sind Sie? So reden Sie doch!«

Und der Alte stampfte wieder mit dem Fuß auf vor Ungeduld.

»Ich kann nicht, Exzellenz! Ich warte, bis Sie aufgehört haben... Was mich betrifft, so ist es eine lächerliche Geschichte, Exzellenz. Ich werde Ihnen alles erzählen, es wird sich alles auch ohnedies erklären lassen... das heißt, ich will damit sagen: rufen Sie nicht fremde Leute her, Exzellenz! Seien Sie großmütig, haben Sie Erbarmen mit mir... Das hat nichts zu sagen, daß ich unter dem Bett gelegen habe... das hat mich nicht meiner Würde berauben können. Es ist die lächerlichste Geschichte der Welt, meine Gnädigste!« wandte sich der arme Iwan Andrejewitsch flehentlich an die junge Frau. »Namentlich Sie, meine Gnädigste, wollte sagen, Exzellenz, werden über sie lachen! Sie sehen vor sich einen – eifersüchtigen Gatten! Wie Sie sehen, erniedrige ich mich selbst, tue es selbst und freiwillig! Allerdings bin ich es, der Amischka erwürgt hat, aber... Mein Gott, ich weiß nicht mehr, was ich rede!«

»Aber wie, *wie* sind Sie denn hierhergekommen?«

»Im... im Schutz der Dunkelheit, Exzellenz, indem ich mich der Dunkelheit bediente... Verzeihung! Oh, verzeihen Sie, Exzellenz! Ich bitte Sie kniefällig um Verzeihung! Ich bin nur ein gekränkter Gatte, nichts weiter! Denken Sie nicht, Exzellenz, daß ich ein Liebhaber sei! Ich bin kein Liebhaber, ich versichere Ihnen! Ihre Gemahlin ist sehr tugendreich, wenn ich es wagen darf, mich so auszudrücken. Sie ist rein und unschuldig, glauben Sie es mir!«

»Was? Was? Wessen erfrecht sich der Kerl!« schrie der Alte, ganz rot im Gesicht, und wieder trampelte er mit den Füßen. »Sind Sie verrückt geworden? übergeschnappt? Wie unterstehen Sie sich, von meiner Frau zu reden?«

»Dieses Scheusal, dieser Mörder, der meinen Ami erwürgt hat!« rief die junge Frau empört aus. Sie war in Tränen aufgelöst ob des Verlustes ihres Amischka. »Und er wagt noch, mich zu beleidigen!«
»Exzellenz, Gnade, Exzellenz! Ich habe mich nur versprochen!« beteuerte nun halb besinnungslos Iwan Andrejewitsch. »Betrachten Sie mich, wenn Sie wollen, als Wahnsinnigen... Um Gottes willen! – als Wahnsinnigen, wenn Sie wollen... Ich schwöre Ihnen bei meiner Ehre, daß Sie mir damit einen großen Dienst erweisen. Ich würde Ihnen meine Hand reichen, aber ich wage es nicht... Ich war nicht allein, ich bin der Onkel... das heißt, ich will nur sagen, daß man nicht mich für den Liebhaber halten darf... Gott! Ich weiß wieder nicht, was ich rede! Ich habe Sie nicht kränken wollen, Exzellenz!« rief Iwan Andrejewitsch nun der Frau zu. »Sie sind eine Dame, Sie werden begreifen, was Liebe ist – dieses zarte Gefühl... Doch was rede ich, was rede ich da wieder!... Ich will nur sagen, daß ich ein Greis bin, das heißt: kein Greis, sondern ein schon bejahrter Mann... ein Greis in den besten Jahren... Ich will damit sagen, daß ich gar nicht Ihr Liebhaber sein kann, meine Gnädigste, daß ein Liebhaber immer à la Mister Richardson oder à la Don Juan zu sein pflegt, ich aber... O Gott, was rede ich!... Aber Sie sehen doch jetzt wenigstens, Exzellenz, daß ich ein gebildeter Mensch bin, der die Literatur kennt. Sie lächeln, meine Gnädigste. Es freut mich, es freut mich ungemein, daß ich Sie zum Lächeln habe bringen können! Oh, wie es mich freut, daß Sie lächeln!«
»Mon Dieu! Was das für ein komischer Mensch ist!« bemerkte die Dame, die sich auf die Lippe biß, um jetzt nicht wirklich laut aufzulachen.
»Ja, das ist er«, meinte gleichfalls lächelnd der Alte, sichtlich erfreut darüber, daß seine Frau lachte. »Mein Herzchen, weißt du, ich denke: er kann kein Dieb sein. Aber wie ist er hierher gekommen?«
»Ich weiß, ich begreife – das ist sehr sonderbar, sogar noch mehr als sonderbar! Wirklich, so etwas kommt sonst nur in Romanen vor! Wie? Um Mitternacht in der Großstadt, plötzlich – ein fremder Mensch unter dem Bett im Schlafzimmer! Da hört doch alles auf! Ist das nicht seltsam, entsetzlich! A la Rinaldo Rinaldini, nicht wahr? Doch das hat nichts auf sich, das hat alles nichts zu sagen, Exzellenz. Ich werde Ihnen alles erzählen... Und Ihnen, meine gnädigste gnädige Frau, werde ich ein anderes Schoßhündchen zur Stelle schaffen... ein ebenso entzückendes! Mit so langhaarigem,

seidenweichem Fell und so kleinen Beinchen, daß es keine zwei Schritte zu gehen vermag: es verwickelt sich sonst in seinem eigenen Fell und fällt. Und gefüttert wird es nur mit Zuckerstückchen. Ich werde es Ihnen besorgen, gnädige Frau, ich werde es unfehlbar besorgen!«

»Hahahahaha!« lachte die Dame von ganzem Herzen über den armen Iwan Andrejewitsch. »Mon Dieu, mon Dieu, wie ist er komisch!«

»Ja, das ist er! Hahaha! Köch-köch-köch! Zum Lachen... köch! und so zerzaust und bestaubt... köch-köch-köch!«

»Exzellenz, meine Gnädigste, ich bin jetzt vollkommen glücklich! Ich würde jetzt um Ihre Hand bitten, aber ich wage es nicht, meine Gnädigste, ich fühle, daß ich in einem großen Irrtum befangen gewesen bin, in allem. Jetzt öffne ich die Augen! Jetzt glaube ich, daß auch meine Frau rein und unschuldig ist! Ich habe sie grundlos verdächtigt.«

»Seine Frau! Er hat eine Frau!« rief die Dame, die ihr Lachen nicht mehr bezwingen konnte.

»Was! Er ist verheiratet? Ist's möglich? Das hätte ich nicht gedacht! Hahaha! Köch-köch-köch!«

»Exzellenz, Exzellenz! Aber meine Frau ist an allem schuld... das heißt: vielmehr ich bin schuld, denn ich verdächtigte sie. Ich wußte, daß hier in diesem Hause ein Rendezvous stattfinden sollte – im dritten Stock, hier über Ihrer Wohnung. Der Brief war in meine Hände geraten. Ich versah mich aber, ich dachte, vor der richtigen Tür bereits angelangt zu sein, und da lag ich denn unter dem Bett, noch eh' ich mich dessen versah...«

»Hehehehe! Köch-köch-köch!«

»Hahahahaha!«

»Hahahahaha!« begann zu guter Letzt auch Iwan Andrejewitsch zu lachen. »Oh, wie glücklich bin ich! Oh, wie rührend ist es, uns alle friedlich und einträchtig beieinander zu sehen! Und meine Frau ist – oh, das weiß ich jetzt! – vollkommen schuldlos! Davon bin ich fest überzeugt. Nicht wahr, so muß es doch sein, meine Gnädigste?«

»Hahaha! Köch-köch! Weißt du, Herzchen, wer das ist?« wandte sich lachend und hustend der Alte an seine Frau.

»Wer? Hahaha! Wen meinst du?«

»Köch-köch! Hahaha! Das ist dasselbe nette Frauenzimmerchen, das mit allen kokettiert! Das ist sie! Ich könnte wetten, daß das seine Frau ist!«

»Nein, Exzellenz, ich bin überzeugt, daß Sie eine andere meinen, ich bin vollkommen überzeugt davon...«

»Aber, mein Gott! – weshalb verlieren Sie dann Ihre kostbare Zeit!« unterbrach ihn die Dame, indem sie zu lachen aufhörte. »So eilen Sie doch! Gehen Sie nach oben, vielleicht treffen Sie sie noch an...«

»Sie haben recht, gnädige Frau, ich werde nach oben eilen. Doch ich weiß, daß ich niemanden antreffen werde, gnädige Frau. Das kann nicht meine Frau sein, davon bin ich fest überzeugt. Sie ist jetzt zu Hause! Ich allein bin der Schuldige! Ich habe es meiner eigenen Eifersucht zuzuschreiben... Was meinen Sie: oder werde ich sie wirklich dort antreffen, gnädige Frau?«

»Hahahahaha!«

»Hehehe! Köch-köch!«

»Gehen Sie! Gehen Sie! Und wenn Sie wieder vorüberkommen, dann treten Sie ein und erzählen Sie!« rief die Dame lebhaft. »Oder nein: kommen Sie morgen und bringen Sie Ihre Frau mit; ich will sie kennenlernen!«

»Leben Sie wohl, gnädige Frau, besten Dank, ich werde sie unfehlbar mitbringen. Es hat mich sehr gefreut, Ihre Bekanntschaft zu machen. Ich bin glücklich und froh, daß alles so schnell und gut seine Lösung gefunden hat!!«

»Und den Schoßhund! Vergessen Sie den nicht!«

»Nie im Leben, gnädige Frau! Ich werde ihn unfehlbar bringen!« beteuerte Iwan Andrejewitsch, der bereits an der Tür stand. »So weiß wie ein Zuckerstückchen und auch nicht viel größer als ein solches, mit langhaarigem, seidigem Fell! – Leben Sie wohl, gnädige Frau, es hat mich sehr, sehr, sehr gefreut, Ihre Bekanntschaft zu machen, sehr gefreut!«

Und Iwan Andrejewitsch verbeugte sich und verschwand.

»He! Sie! Mein Herr! Warten Sie, kommen Sie zurück... köch-köch!« rief ihm plötzlich die heisere Stimme des Alten nach.

Iwan Andrejewitsch kehrte zurück.

»Ich kann den Kater Wasska nicht finden – sagen Sie, war er nicht unter dem Bett, als Sie dort waren?«

»Nein, da war er nicht, Exzellenz... Übrigens, es freut mich wirklich, Ihre Bekanntschaft gemacht zu haben. Ich rechne es mir zur großen Ehre an...«

»Er hat jetzt Schnupfen und da schnurrt er immer und niest! Man muß ihn wieder einmal prügeln.«

»Ja, gewiß, Erziehungsstrafen sind bei Haustieren sehr angebracht.«

»Was?«

»Ich sagte nur, daß Erziehungsstrafen, Exzellenz, bei Haustieren sehr angebracht sind, um sie an Gehorsam zu gewöhnen.«

»Ah? Wirklich?... Nun, schon gut, das war alles, was ich wissen wollte, besten Dank! Köch-köch!«

Als Iwan Andrejewitsch auf die Straße trat, blieb er lange Zeit regungslos auf einem Fleck stehen, als erwarte er im Augenblick einen Schlaganfall. Dann nahm er langsam den Hut ab, wischte sich den kalten Schweiß von der Stirn, schüttelte sich, dachte nach und begab sich nach Hause.

Wie groß aber war sein Erstaunen, als er, zu Hause angelangt, erfuhr, daß Glafira Petrowna schon längst aus dem Theater zurückgekehrt war, daß ihre Zähne zu schmerzen begonnen hatten, daß sie nach dem Arzt und nach Blutegeln gesandt hatte, und daß sie nun im Bett lag und voll Ungeduld ihren Gatten erwartete.

Iwan Andrejewitsch schlug sich zuerst vor die Stirn, dann verlangte er Wasser und Bürsten, um sich zu waschen und zu reinigen, und erst nachdem dies geschehen war, entschloß er sich, das Schlafgemach seiner Frau zu betreten.

»Jetzt sagen Sie mir, bitte, wo Sie die Nächte zubringen! So sehen Sie doch, wie Sie aussehen! Wo waren Sie? Das ist doch noch nicht dagewesen: während die Frau zu Hause fast im Sterben liegt, ist der Mann in der ganzen Stadt nicht zu finden! Wo waren Sie? Oder waren Sie wieder auf der Suche nach mir, um mich bei einem Rendezvous zu ertappen, zu dem ich Gott weiß wen bestellt haben soll? Schämen Sie sich denn nicht? Das will ein Mann sein! Bald wird man mit dem Finger auf Sie weisen!«

»Herzchen!« stammelte Iwan Andrejewitsch, doch verspürte er schon im selben Augenblick eine solche Rührung, daß er nach seinem Taschentuch greifen mußte und es ihm zu einer Rede an Worten, Gedanken und Luft gebrach... Doch wer beschreibt seinen Schreck, sein grauenvolles Entsetzen, als aus seiner hinteren Fracktasche, aus der er das Taschentuch hervorziehen wollte, plötzlich die Leiche Amischkas herausfiel! Er war sich dessen gar nicht bewußt, daß er im Augenblick der größten Verzweiflung, als er gezwungen war, unter dem Bett hervorzukriechen, die Leiche seines Opfers in die Tasche gesteckt hatte, vielleicht aus einer Art Selbsterhaltungstrieb, um die Spuren seiner Tat zu verbergen und somit der Strafe zu entgehen.

»Was ist das?« rief entsetzt seine Gattin. »Ein totes Hündchen! Gott! Woher kommt das?... Was fällt Ihnen ein?... Wo waren Sie? Sagen Sie sofort, wo Sie waren!«

»Herzchen!« stammelte Iwan Andrejewitsch, dessen eigenes Herz beinahe stille stand, »Herzchen!...«

Doch nun ziehen wir es vor, unseren Helden zu verlassen, denn hier setzt etwas ganz Neues ein, das mit seinen früheren Abenteuern nichts Gemeinsames hat. Es ist möglich, daß ich noch einmal alle diese Unglücksfälle mit ihren Schicksalstücken wiedergebe... Nur eines müssen Sie, meine verehrten Leser, mir schon heute zugeben: daß Eifersucht eine unverzeihliche Leidenschaft ist, ja, sogar noch mehr als das: sogar ein – Unglück!...

EIN EHRLICHER DIEB

Aus den Aufzeichnungen eines Unbekannten

Eines Morgens, als ich mich gerade anschickte, in mein Amt zu gehen, trat Agrafena, meine Köchin, Wäscherin und Haushälterin, zu mir ins Zimmer und begann zu meiner Verwunderung ein Gespräch mit mir.

Bis dahin war dieses schlichte Frauenzimmer so wortkarg gewesen, daß sie außer den paar Fragen täglich, was sie zum Mittagessen bereiten solle, seit sechs Jahren fast kein überflüssiges Wort gesprochen hatte. Ich wenigstens hatte bisher noch nie ein solches von ihr vernommen.

»Also, Herr, ich komme jetzt«, begann sie auf einmal, »weil Sie doch die kleine Kammer vermieten könnten.«

»Was für eine Kammer?«

»Die dort neben der Küche. Das weiß man doch, was für eine!«

»Warum denn?«

»Warum! Darum, weil so was doch vermietet wird. Das weiß man doch, warum.«

»Aber wer wird denn die mieten?«

»Wer die mieten wird! Ein Mieter natürlich. Wer denn sonst!«

»Aber dort, meine Beste, kann man ja kaum ein Bett unterbringen; die Kammer ist doch so eng. Wer könnte denn dort wohnen?«

»Wozu denn dort wohnen! Wenn er nur irgendwo schlafen kann; wohnen kann er ja am Fenster.«

»An welchem Fenster?«

»An welchem! Das wissen Sie doch selber! An dem, das im Vorzimmer ist! Er kann dort am Fenster sitzen, nähen oder sonst was arbeiten. Er kann ja dort auch seinen Stuhl hinstellen. Er hat einen Stuhl; auch einen Tisch hat er; alles hat er.«

»Wer ist er denn?«
»Ein braver, solider Mensch. Ich werde ihn auch verköstigen. Und für Wohnung und Verköstigung werde ich drei Silberrubel von ihm verlangen; monatlich.«
Nach längerer Fragerei erfuhr ich endlich, daß irgend ein älterer Mann Agrafena überredet hatte, ihn als Mieter und Kostgänger aufzunehmen. Was aber Agrafena einmal einfiel, das mußte auch geschehen; andernfalls würde sie mich ja doch nicht, wie ich aus Erfahrung wußte, in Ruhe lassen. Denn sobald ihr etwas nicht paßte, begann sie sogleich nachzudenken und versank dann alsbald in tiefe Melancholie. Dieser Zustand konnte zwei bis drei Wochen andauern. In dieser Zeit wurde das Essen verdorben, haperte es mit der Wäsche, wurden die Fußböden nicht gescheuert, mit einem Wort: es kann dann unfehlbar zu vielen Unannehmlichkeiten kommen. Ich hatte es schon längst bemerkt, daß dieses wortkarge Frauenzimmer unfähig war, von sich aus einen Entschluß zu fassen, geschweige denn von selbst auf einen neuen eigenen Gedanken zu kommen. Wenn sich aber in ihrem schwachen Hirn auf irgendeine zufällige Weise so etwas wie eine Idee oder ein Vorhaben festsetzte, so konnte man sie durch ein Verbot der Ausführung des von ihr Geplanten für einige Zeit moralisch gewissermaßen abtöten. Und da ich nun meinerseits um alles in der Welt nicht in meiner Ruhe gestört sein wollte, so erklärte ich mich sofort damit einverstanden.
»Aber hat er wenigstens irgendeinen Ausweis, einen Paß oder etwas ähnliches?«
»Wie denn nicht! Wie sollt' er das nicht haben! Ist doch ein solider, erfahrener Mensch; drei Rubel hat er mir zu zahlen versprochen.«
Schon gleich am nächsten Tage erschien in meiner bescheidenen Junggesellenwohnung der neue Mieter; ich ärgerte mich aber nicht darüber, im Gegenteil, es freute mich sogar. Ich führe ja überhaupt ein einsames Leben, fast wie ein richtiger Einsiedler. An Bekanntschaften habe ich so gut wie niemanden, und ausgehen tue ich nur selten. In den zehn Jahren eines solchen Einsiedlerlebens hatte ich mich an Einsamkeit schon gewöhnt; aber weitere zehn Jahre oder fünfzehn Jahre, oder vielleicht noch mehr, solcher Einsamkeit, mit derselben Agrafena und in derselben Junggesellenwohnung waren freilich eine ziemlich farblose Perspektive! Und so erschien mir denn unter diesen Umständen ein

weiterer ruhiger Mensch in der Wohnung als ein wahres Gnadengeschenk des Himmels!
Agrafena hatte nicht gelogen: mein Mieter war ein wirklich solider Mensch. Aus seinem Paß ging hervor, daß er ein verabschiedeter Soldat war, was ich freilich auch ohne Paß schon auf den ersten Blick an seinem Gesicht erkannt hatte. Das ist leicht zu erkennen. Astáfij Iwánowitsch, mein Mieter, war einer von den Wohlgeratenen unter seinen Standesgenossen. Wir kamen gut miteinander aus. Das Beste war aber doch, daß Astáfij Iwánowitsch Geschichten zu erzählen verstand, meist eigene Erlebnisse, die sich so im Laufe der Jahre angesammelt hatten. Bei der dauernden Langeweile meines Lebens war ein solcher Erzähler ein wahrer Schatz. Eine seiner Erzählungen machte auf mich einen nachhaltigen Eindruck, und so will ich sie denn auch hier wiedergeben, und dazu auch, aus welchem Anlaß er sie mir erzählte.

Ich war einmal allein in der Wohnung: sowohl Astafij als auch Agrafena waren in eigenen Angelegenheiten ausgegangen. Plötzlich hörte ich aus meinem Zimmer, daß jemand ins Vorzimmer trat, wie mir schien, ein Fremder; ich ging hinaus, und tatsächlich stand im Vorzimmer ein fremder Mensch, klein von Wuchs, und trotz der kalten Herbstzeit nur im Rock.
»Was suchst du hier?«
»Den Beamten Alexandroff; der wohnt doch hier?«
»Nein, den gibt's hier nicht, Brüderchen, adieu.«
»Wieso hat denn der Hausmeister sagen können, er wohne hier«, brummte der Besucher, sich vorsichtig zur Tür zurückziehend.
»Mach, daß du hinauskommst, mein Lieber; pack dich!«
Am nächsten Nachmittag, als Astafij Iwanowitsch mir gerade meinen Rock anpaßte, den er umarbeitete, trat wieder jemand ins Vorzimmer. Ich öffnete ein wenig die Tür.
In diesem Augenblick nahm der gestrige Besucher vor meinen Augen meinen Pelz vom Kleiderhaken, klemmte ihn unter den Arm und verschwand im Nu aus der Wohnung. Agrafena sah ihm die ganze Zeit mit offenem Munde zu, tat aber vor Verwunderung nichts zur Verteidigung meines Pelzes. Astafij Iwanowitsch stürzte sofort dem Spitzbuben nach, kehrte aber schon nach zehn Minuten ganz außer Atem und mit leeren Händen zurück. Wie von der Erde verschluckt war der Dieb!

»Nun ja, das nennt man eben Pech haben«, sagte ich. »Ein Glück, daß er Ihren Mantel nicht auch noch mitgenommen hat! Sonst hätte er uns ja völlig aufs Trockene gesetzt, der Spitzbube!«
Astafij Iwanowitsch war aber so bestürzt nach diesem Vorfall, daß ich vor lauter Verwunderung über ihn den Diebstahl fast vergaß. Er konnte es immer noch nicht fassen, wie das alles so hatte geschehen können. Alle Augenblicke hielt er in der Arbeit inne und begann von neuem den Vorgang zu erzählen: wie er dort gestanden, wie man vor seinen Augen, zwei Schritte von ihm entfernt, den Pelz vom Kleiderhaken genommen hatte, und wie es gekommen war, daß er den Dieb nicht hatte erwischen können. Nach einiger Zeit setzte er sich von neuem an die Arbeit, aber es dauerte nicht lange und er ließ sie wieder liegen, um nach unten zum Hausmeister zu laufen, ihm die ganze Geschichte zu erzählen und ihm anschließend Vorwürfe zu machen, wie er denn in dem seiner Aufsicht unterstellten Hause solche Dinge hatte geschehen lassen können. Darauf kam er zurück und begann Agrafena auszuschelten; als er sich dann wieder an die Arbeit machte, murmelte er noch lange vor sich hin, wie das nur möglich gewesen war, daß er hier gestanden habe und ich dort, und wie vor unseren Augen, zwei Schritte von uns entfernt, der Pelz vom Kleiderhaken und so weiter. Mit einem Wort: wenn Astafij Iwanowitsch auch ein solider Arbeiter war, so war er doch gleichzeitig auch ein großer Brummbär und Rechtschaffenheitsprediger.
»Ja, also, da hat man uns eben mal zum besten gehabt, Astafij Iwanowitsch!« sagte ich zu ihm am Abend, als ich ihm ein Glas Tee reichte, um ihn aus Langeweile zu einer abermaligen Erzählung der Geschichte vom gestohlenen Pelz anzuregen, die infolge der häufigen Wiederholung und der tiefen Anteilnahme des Erzählers schließlich sehr komisch zu wirken begann.
»Ja, Herr, das hat man wahrhaftig, uns zum Narren gehabt! Auch für einen Unbeteiligten ist das ärgerlich, und die Wut packt mich, wenn's auch nicht mein Kleidungsstück war, das abhanden gekommen ist. Und meiner Meinung nach gibt es nichts Gemeineres auf der Welt als einen Dieb. Manch einer bekommt manches geschenkt, aber solch ein Dieb stiehlt dir deine Mühe, deinen Arbeitsschweiß, deine dafür hingegebene Lebenszeit weg... So 'ne Gemeinheit, pfui! Man mag gar nicht darüber reden, so wütend kann's einen machen. Aber tut es denn Ihnen, Herr, gar nicht leid um Ihr Eigentum?«

»Ja, es ist schon wahr, Astafij Iwanowitsch. Es würde mir weniger leid tun, wenn die Sache verbrannt wäre, aber sie so einem Dieb überlassen zu müssen, ist ärgerlich, das will man nicht.«

»Das fehlte noch, daß man's wollte! Freilich, auch zwischen Dieben gibt es Unterschiede... Aber wissen Sie, Herr, ich habe einmal einen Fall erlebt, wo ich auf einen ehrlichen Dieb gestoßen bin.«

»Wieso auf einen ehrlichen Dieb? Welcher Dieb ist denn ehrlich, Astafij Iwanowitsch?«

»Ja, das ist schon wahr, Herr! Welcher Dieb kann denn ehrlich sein; so einen gibt es doch gar nicht. Ich wollte nur sagen, daß jener, den ich meine, offenbar doch ein anständiger Mensch war, obschon er mal gestohlen hat. Er konnte einem aber doch nur leid tun.«

»Wie war denn das, Astafij Iwanowitsch?«

»Ja, das war, Herr, vor zwei Jahren. Es traf sich damals so, daß ich fast ein Jahr lang, etwas weniger als ein Jahr, stellungslos blieb. Aber schon vorher, als ich noch in Stellung war, hatte ich einen ganz verkommenen Menschen kennen gelernt. Ganz zufällig. In der Garküche. So 'n armseliger Trunkenbold war's, so 'n Streuner, ohne Obdach, ein Müßiggänger und Tagedieb. Früher war er irgendwo angestellt gewesen, aber schon vor langer Zeit des Suffes wegen davongejagt worden. So ein ganz Unwürdiger! Gekleidet war er schon Gott weiß wie! Oft wußte man nicht, ob er noch ein Hemd unter dem Mantel anhatte; alles, was er bekam, versoff er. Dabei war er gar kein Raufbold, bewahre! War von Charakter bescheiden, immer freundlich, gutherzig, und bettelte auch nicht, schämte sich immer davor. Aber man sah doch selber, wie gern der arme Kerl trinken wollte, und da spendierte man ihm eben was. Na ja, und so kamen wir denn beide zusammen, das heißt: er schloß sich mir einfach an... Mir machte das nicht viel aus. Aber was war das für 'n Mensch! Wie ein Hündchen hinter einem her, wohin du auch gehst, er folgt dir; dabei hatten wir uns erst einmal gesehen. So 'n Jämmerling! zuerst wollte er nur mal übernachten. – Nun, ich erlaubte es ihm. Ich sah, sein Paß war in Ordnung, der Mensch – soweit leidlich. Danach, am nächsten Tage, rechnete er schon wieder damit, übernachten zu dürfen; am dritten kam er schon auf den ganzen Tag, saß bei mir auf dem Fensterbrett und blieb dann wieder über

Nacht. Nun ja, dachte ich, den hast du jetzt auf dem Halse: gib ihm zu trinken, gib ihm zu essen und laß ihn auch noch übernachten bei dir. Jetzt hast du, der du selber arm bist, auch noch einen Kostgänger auf dem Buckel. Vordem aber war er, so wie jetzt zu mir, zu einem anderen Angestellten gegangen, hatte sich dem angeschlossen, und zusammen tranken sie dann auch immerzu; bis jener sich zu Tode soff und an irgend einem Kummer verstarb... Nun, mein Kostgänger hieß Jemeléi. Oder richtiger: Jemelján Iljitsch. Ich sann nun hin und her: was sollte ich bloß mit ihm anfangen? Ihn einfach fortjagen? – dazu tat er mir zu leid, so 'n armseliger, verlorener Mensch, daß Gott erbarm'! Und so 'n Stiller dazu, sitzt nur da so für sich allein und schaut dir bloß wie 'n Hündchen in die Augen. Ich meine: da sieht man wieder nur, wie der Suff einen Menschen verdirbt! Da überlegte ich so bei mir: wie soll ich ihm das nur so sagen? Etwa so: ‚Höre mal, Jemeljánuschka, geh nun deiner Wege; bei mir hast du ja doch nichts zu tun, bist nicht an den Richtigen geraten; habe bald selbst nichts mehr zu beißen, wie soll ich da noch einen Kostgänger durchfüttern?' Da saß ich nun und dachte, was er wohl tun werde, wenn ich ihm sowas sagte? Und da stellte ich mir das so vor, wie er mich lange ansieht, nachdem er meine Ansprache gehört, wie er lange dasitzt und kein Wort versteht, wie er dann endlich kapiert, vom Fensterbrett aufsteht, nach seinem Bündelchen langt – ich sehe es noch deutlich vor mir, dieses Bündelchen in einem rotkarierten Tüchlein voller Löcher, in dem er Gott weiß was überall mit sich herumschleppte –, wie er dann sein Mäntelchen zurechtzieht, damit es anständiger aussieht und wärmer hält, und auch damit man die Löcher nicht sieht, – so 'n zartfühlender Mensch war er! Und wie er dann zur Tür geht, mit einem Tränlein im Auge, und auf die Treppe hinaustritt. Nun ja... man konnte doch den Menschen nicht ganz zugrundegehen lassen... er tat mir leid! Aber da mußte ich gleich wieder denken, wie es mir selber wohl ergehen wird! ‚Wart 'mal, Jemeljánuschka', dachte ich so bei mir, ‚du wirst ja doch nicht mehr lange bei mir Feierabend machen können; ich werde ja sowieso bald umziehen, dann findest du mich nicht mehr vor.' Jawohl, Herr, ich mußte meine Behausung verlassen. Damals lebte noch mein Brotherr, Alexander Filimónowitsch (jetzt ist er verstorben, möge seine Seele in Frieden ruhen!), und der sagte zu mir: ‚Ich bin sehr zufrieden mit dir, Astafij, wenn wir alle vom Gut wieder zurückkehren, werden wir dich nicht vergessen, werden dich wieder anstellen.' Ich aber war Hausmeister bei ihnen, – er war ein guter Herr, aber er starb noch im selben Jahr. Nun ja, wie er also weggefahren war, nahm ich meine Habseligkeiten, auch mein bißchen Geld, sagte mir, jetzt ruhst du dich erst mal ein bißchen aus, und zog zu einem alten Frauchen, wo ich einen Winkel mietete. Denn sie hatte nur noch einen Winkel frei. Früher war sie irgendwo Kinderfrau gewesen, jetzt aber lebte sie für sich, erhielt eine Pension...

Nun und da dachte ich denn bei mir: ‚So, jetzt leb wohl, Jemeljanuschka, lieber Mensch, jetzt wirst du mich nicht mehr vorfinden!' – Aber was glauben Sie, Herr? Ich kam gegen Abend nach Haus (ich hatte nur einen alten Bekannten aufgesucht), und was sehe ich als erstes? Jemelei sitzt bei mir auf meinem Koffer, das karierte Bündelchen neben sich, sitzt in seinem Mäntelchen da und wartet auf mich... und vor Langeweile hat er von der Alten ein frommes Büchlein genommen, hält es aber verkehrt in den Händen. Er hatte mich also doch gefunden! Mir sanken die Arme herab. Nun ja, dachte ich, jetzt ist schon nichts mehr zu machen, warum habe ich ihn nicht früher fortgejagt? Und so fragte ich ihn denn nur: ‚Hast du deinen Paß mitgebracht, Jemelei?'

Ich setzte mich dann auch hin, Herr, und fing an nachzudenken, ob dieser obdachlose Mensch für mich nun eine große Belastung sein werde? Ich überlegte und kam zu dem Schluß, daß die Last alles in allem nicht sehr groß sein würde. Er muß doch essen, sagte ich mir. Nun, dachte ich, am Morgen ein Stück Brot, und damit es schmackhafter ist, ein paar Zwiebelchen dazu. Um die Mittagszeit wieder Brot mit Zwiebeln. Am Abend Zwiebeln mit Kwaß und auch noch etwas Brot, wenn er Brot haben will. Und wenn es ab und zu noch eine Kohlsuppe gibt, dann werden wir ja beide bis zum Halse satt sein. Ich bin kein großer Esser, und ein Trinker ißt ja, wie Sie wissen, so gut wie überhaupt nichts; wenn er nur seinen Kümmel oder Branntwein kriegt. Aber mit dem Trinken wird er mich ja noch um alles bringen, befürchtete ich schon... Aber da kam mir, Herr, plötzlich was anderes in den Kopf, und das packte mich so, daß ich, wenn Jemelei mich jetzt verlassen hätte, meines Lebens nicht mehr froh geworden wäre... Ich hatte beschlossen, für ihn Vater und Wohltäter zugleich zu sein. Ich werde ihn, dachte ich, vor dem Verderben bewahren, werde ihm das Trinken abgewöhnen! Also wart einmal, dachte ich! – ‚Gut, Jemelei, bleibe hier, aber daß du dich fortan brav hältst, aufs Kommandowort parierst!‘

Und so malte ich mir denn weiter aus, wie ich ihn jetzt an eine Arbeit gewöhnen würde, aber nicht zu hastig; mag er erst noch ein wenig bummeln, und inzwischen werde ich dich so ’n bißchen beobachten und herauszufinden versuchen, wozu du, Jemelei, nun eigentlich begabt bist. Weil doch, Herr, zu jeder Sache im voraus eine menschliche Begabung da sein muß. Und so fing ich denn heimlich an, ihn zu beobachten. Aber was sah ich: ein ganz hoffnungsloser Mensch war er doch, mein Jemeljánuschka! Ich begann zunächst nur so mit manch gutem Wort, wie beispielsweise: ‚Du solltest doch, Jemeljan Iljitsch, einmal dich selber anschaun, und zusehn, daß du dich wieder zurechtrappelst. Hast jetzt genug gebummelt! Schau doch nur dein Mäntelchen an, das taugt doch nur noch zu einem Sieb, wenn ’s erlaubt ist, das offen zu sagen! Das ist doch nicht mehr schön! Man sollte meinen, es ist Zeit, wieder daran zu denken, was Ehre und Anstand ist.‘ – Aber mein Jemelei sitzt da, läßt den Kopf hängen. Was soll man da noch sagen, Herr! Es war schon so weit, daß er die Sprache versoffen hatte, kein vernünftiges Wort mehr sagen konnte! Spricht man ihm von Gurken, so redet er von Bohnen. Nun, er hörte mir zu, lange, dann seufzte er. ‚Weshalb seufzest du denn‘, fragte ich ihn, ‚Jemeljan Iljitsch?‘

‚Ja, nur so, wegen nichts, Astafij Iwanytsch; beunruhigen Sie sich nicht. Aber heute habe ich zwei Weiber gesehn, Astafij Iwanytsch, die haben sich auf der Straße geprügelt. Die eine hatte der anderen deren Korb mit Moosbeeren aus Versehen umgestoßen.‘

‚Was ist denn dabei Besonderes?‘

‚Und diese hat dann der anderen absichtlich deren Korb umgestoßen und dann noch mit dem Fuß die Beeren zu zertreten angefangen.‘

‚Und das war alles, Jemeljan Iljitsch?‘

‚Ja... Astafij Iwanowitsch, ich hab’s nur so erzählt.‘

Da dachte ich bei mir nur: Ach, Gott, Jeneléi-Jeméluschka! hast doch wahrhaftig deinen ganzen Grips versoffen und verbummelt!...

‚Und dann hat ein Herr eine Banknote verloren, auf dem Bürgersteig der Goróchowaja-Straße, nein, der Ssadówaja-Straße. Ein Kerl sah es und sagte: Das ist mein Glück! Aber ein anderer hatte

es auch bemerkt und sagte: Nein, das ist *mein* Glück! ich hab's vor dir gesehen...'
‚Nun, und, Jemeljan Iljitsch?'
‚Und die beiden Kerle wurden handgemein, Astafij Iwanowitsch. Aber da kam ein Schutzmann, hob die Banknote auf und gab sie dem Herrn zurück; den beiden Kerlen jedoch drohte er, sie auf die Wache abzuführen.'
‚Nun, und was weiter? Was findest du denn daran so Erbauliches, Jemeljanuschka?'
‚Ich? Nichts... Die Leute lachten darüber, Astafij Iwanowitsch.'
‚Ach, Jemeljanuschka! Die Leute! Hast deine Seele für einen kupfernen Dreier verkauft! Aber weißt du, Jemeljan Iljitsch, was ich dir sagen werde?'
‚Was denn, Astafij Iwanytsch?'
‚Such dir doch irgendeine Arbeit, weiß Gott, versuch es doch wenigstens. Zum hundertsten Mal sage ich dir das! Hab doch Mitleid mit dir selber!'
‚Was für eine soll ich denn suchen, Astafij Iwanowitsch? Ich weiß ja schon gar nicht, was für eine das sein könnte; mich wird doch auch niemand mehr einstellen, Astafij Iwanytsch.'
‚Deshalb hat man dich ja auch aus dem Dienst gejagt, Jemelei, weil du eben ein Trinker bist!'
‚Ja, und dann hat man heute den Wlaß, den Einschenker am Büffet, ins Kontor gerufen, Astafij Iwanytsch.'
‚Weshalb hat man ihn denn ins Kontor gerufen, Jemeljanuschka?'
‚Ja, das weiß ich schon nicht, weshalb, Astafij Iwanytsch. Es muß wohl nötig gewesen sein, deshalb hat man's auch getan...'
Ach, denke ich, wir sind ja beide hoffnungslos verloren, Jemeljanuschka! Für unsere Sünden werden wir jetzt von Gott gestraft! Nun, sagen Sie doch selbst, Herr, was soll man mit so 'nem Menschen noch anfangen?...
Dabei war er ein so schlauer Bursche, weiß Gott! Er hörte mir wohl zu, wenn ich ihm Vernunft predigte, hörte und hörte zu, aber dann muß es ihm doch zuviel geworden sein, und wenn er dann merkte, daß ich böse wurde, nahm er sein Mäntelchen und – eh' man sich dessen versah, war er weg! Kannst dich bloß erinnern, wie er hieß! Den Tag über bummelte er dann herum und erst am Abend kam er betrunken heim. Wer ihm zu trinken gab, woher er das Geld dazu bekam, das mag Gott wissen, meine Schuld war's nicht!...

‚Nein, Jemeljan Iljitsch', sagte ich zu ihm, ‚du wirst noch ein schlimmes Ende nehmen! Jetzt hast du genug gesoffen; hörst du, jetzt ist's wirklich genug! Wenn du noch einmal beschwipst heimkommst, kannst du auf der Treppe übernachten. Ich werde dich nicht mehr hereinlassen!...'
Nach dieser Androhung saß mein Jemelei einen Tag und noch einen Tag brav daheim; am dritten aber war er auf einmal wieder verschwunden. Ich warte und warte, er kommt nicht! Da bekam ich es schon, offengestanden, mit der Angst, und er begann mir auch leid zu tun. Was hab' ich bloß mit ihm angestellt, dachte ich. Ich habe ihn eingeschüchtert, erschreckt und verscheucht. Wohin mag der Armselige jetzt gegangen sein? Schließlich kommt er noch irgendwie um, Herrgott im Himmel! Es wurde Nacht – er kam noch immer nicht. Am Morgen gehe ich hinaus auf den Flur, – was sehe ich: er beliebt im Flur zu übernachten. Den Kopf hat er auf die Schwelle gelegt, liegt dort auf dem Boden, schon ganz steif vor Kälte.
‚Was fällt dir ein, Jemelei? Gott, erbarme dich! Wo bist du hingeraten?'
‚Aber Sie waren doch böse auf mich, Astafij Iwanytsch, und schalten mich doch... neulich... und drohten mir an, mich im Flur übernachten zu lassen... so habe ich denn gar nicht... einzutreten gewagt, Astafij Iwanytsch, und mich gleich hier hingelegt...'
Sowohl Zorn als Mitleid packten mich da!
‚Wenn du doch, Jemeljan, eine andere Aufgabe dir aussuchtest, als so die Treppe zu bewachen!'
‚Aber was denn für eine andere Aufgabe, Astafij Iwanytsch?'
‚Ja, wenn du doch, du verkommene Seele', sagte ich (so groß war meine Wut im Augenblick!), ‚wenn du doch wenigstens das Schneiderhandwerk erlernen würdest. Schau doch nur, wie dein Mantel aussieht! Er ist ja nicht nur voller Löcher, du wischst nun auch noch den Flur mit ihm auf! Wenn du doch wenigstens eine Nadel nehmen und die Löcher stopfen würdest, wie es der Anstand verlangt. Ach, du... versoffener Mensch!'
Und was soll ich Ihnen sagen, Herr! Er nahm auch wirklich eine Nadel in die Hand; ich hatte das doch nur aus Hohn gesagt, er aber bekam es mit der Angst und nahm eine Nadel. Er zog sein Mäntelchen aus und wollte nun einen Faden einfädeln. Ich sehe ihm zu; nun, man weiß ja: die Augen tränen, sind gerötet, entzündet; die Hände zittern, und wie! Er fädelt und fädelt – der

Faden will und will nicht ins Ohr, mag er ihn auch noch so anfeuchten und zusammendrallen und dann zielen – alles vergeblich! Schließlich gibt er es auf. Und sieht mich an...

‚Nun, Jemelei, du wolltest mir wohl einen Gefallen tun!' Wenn andere zugegen gewesen wären, ich weiß nicht, was ich getan hätte! ‚Ich habe dir das doch nur so gesagt, du einfältiger Mensch, zum Spott, als Vorwurf... Also, Gott mit dir, wenn du nur von deiner Sünde abließest! Sitze hier meinethalben, tu bloß nichts Unrechtes, übernachte nicht im Treppenflur, mach mir keine Schande!...'

‚Aber was soll ich denn tun, Astafij Iwanytsch? Ich weiß ja selbst, daß ich immer betrunken bin und zu nichts tauge... nur Sie, meinen Wo-Wohltäter, umsonst erzürne...'

Und wie da seine bläulichen Lippen zu zittern anfangen und ein Tränlein über seine blasse Wange rinnt bis in die unrasierten Bartstoppeln, und wie dann plötzlich mein Jemeljan in eine solche Flut von Tränen ausbricht... Himmlischer Vater! Da war mir doch, als schnitte ein Messer einmal so über mein Herz.

‚Ach, du gefühlvoller Mensch, darauf bin ich ja gar nicht verfallen! Wer hätte das wissen, wer erraten können?...' Nein, denke ich so bei mir, dich, Jemelei, muß ich wohl endgültig aufgeben, bleib wie du bist und verkomme wie 'n Lappen!

Nun ja, Herr, was ist da noch viel zu erzählen! Und die ganze Geschichte ist ja so leer, so erbärmlich, ist ja die Worte nicht wert, das heißt: Sie, Herr, würden doch beispielsweise keine zwei halben Groschen dafür geben; ich aber hätte viel dafür gegeben, wenn ich viel gehabt hätte, nur damit all das nicht geschehen wäre!... Ich hatte nämlich eine Reithose, Herr, eine, hol's der Kuckuck, eine feine, wunderbare Reithose aus blaukariertem Stoff; bestellt hatte sie bei mir ein Gutsbesitzer, der hergereist war, aber nachher nahm er sie mir nicht ab, sagte, ich hätte sie ihm zu eng gemacht; so war sie denn bei mir verblieben... Ich sagte mir: Ein wertvolles Stück! Auf dem Trödelmarkt würde man mir vielleicht fünf Rubel dafür geben, oder wenn nicht, dann kann ich daraus immer noch für Petersburger Herrschaften eine Hose schneidern; dann bliebe mir noch ein Schwänzchen zu einer Weste für mich. Für einen armen Menschen, wie unsereinen, ist alles willkommen! – Für Jemeljanuschka aber war damals eine strenge, eine traurige Zeit angebrochen. Ich sah's doch: den einen Tag trank er nicht, den anderen wieder nicht, den dritten auch nicht. Kein Branntwein kommt über seine Lippen, er ist schon wie vor den Kopf geschlagen, sitzt ganz trübsinnig da, stützt den Kopf in beide Hände, kann einem leid tun. Ich denke noch so bei mir: Entweder hast du, Bursche, kein Geld, oder du bist von selber auf den Weg Gottes zurückgekehrt, hast basta gesagt und endlich Vernunft angenommen, hab' ja auch genug auf dich eingeredet. So war das damals, Herr. Es war gerade am Vorabend eines großen Feiertages. Ich ging zum Abendgottesdienst. Wie ich zurückkomme, sitzt mein Jemelei auf dem Fensterplatz, betrunken, schaukelt nur so hin und her. Aha! denke ich, bist also wieder so, Bursche! Ich mußte etwas aus meinem Koffer holen. Da schau! – die Reithose ist nicht mehr drin!... Ich suche sie hier, suche sie da: weg war sie! Ich durchwühle alles, sehe aber immer nur, daß sie verschwunden ist. Da kratzte mich was bös am Herzen. Ich stürzte zur Alten, hatte zuerst sie im Verdacht; denn auf Jemelei verfiel ich gar nicht, obschon doch ein Hinweis auf ihn vorlag: er war doch betrunken heimgekehrt!

‚Nein', sagt meine Alte, ‚Gott verzeihe dir, mein Kavallerist, was mache ich mit deiner Reithose! Soll ich sie vielleicht tragen? Mir ist neulich selber ein Rock abhanden gekommen, dank eurer Gesellschaft...' Kurz: sie wußte von nichts.

‚Wer war denn hier? Ist jemand hergekommen?' frage ich.

‚Gar niemand war hier, ich bin die ganze Zeit zu Hause gewesen. Jemeljan Iljitsch war hier, ging später aus und kam dann wieder, da sitzt er ja. Frage ihn doch!'

‚Hast du nicht, Jemeljan, aus irgend einem Grunde meine Reithose genommen, du weißt doch: die, die ich für den Gutsbesitzer angefertigt habe?'

‚Nein, Astafij Iwanytsch', sagte er, ‚nein, ich habe sie nicht genommen.'

Welch ein Unglück! Wieder fing ich an, sie zu suchen, suchte und suchte – nichts! Jemelei aber sitzt da, und sein Oberkörper schwankt. Ich saß, Herr, vor ihm auf meinem Koffer, so vor ihm niedergeduckt, und sah so mit einem Auge auf ihn. He, denke ich, und plötzlich fängt mir das Herz in der Brust zu brennen an, und das Blut steigt mir zu Kopf. Plötzlich sieht auch Jemelei auf mich.

‚Nein', sagte er hastig. ‚Astafij Iwanytsch, ich habe Ihre Hose nicht... Sie glauben vielleicht, weil... daß... aber ich habe sie nicht genommen.'

‚Wo ist sie denn geblieben, Jemeljan Iljitsch?‘
‚Ich weiß es nicht‘, sagte er, ‚ich habe sie überhaupt nicht gesehen.‘
‚Wie denn, Jemeljan Iljitsch, dann ist sie also von selbst verloren gegangen?‘
‚Kann sein, Astafij Iwanytsch. Ich weiß es nicht.‘
Ich stand auf, ging zu ihm ans Fenster, zündete die Lampe an und setzte mich, um zu steppen. Ich wendete die Weste des Beamten, der über uns wohnte. In meiner Brust aber nagt und brennt es. Leichter wäre mir gewesen, wenn ich mit meiner ganzen Garderobe den Ofen geheizt hätte. Jemelei aber fühlte wohl, daß Wut mein Herz packte. Wenn ein Mensch was Böses getan hat, Herr, so wittert er das Unheil schon von fern, wie die Vögel unterm Himmel das Unwetter.
‚Astafij Iwanytsch‘, begann Jemeljan Iljitsch, aber seine Stimme war unsicher, ‚heute hat Antip Prochorytsch, der Feldscher, die Witwe des Kutschers, der vor kurzem starb, geheiratet.‘
Ich aber sah ihn an und sah ihn nur an... daß er wohl verstand! Was sehe ich: er steht auf, geht ans Bett und fängt dort an, herumzuwühlen. Ich schweige still, er kramt und kramt und spricht dabei: ‚Hier nichts und da nichts, wo mag dieses dumme Ding nur hingeraten sein?‘ Ich warte ab, was nun weiter kommen wird, und was sehe ich? Jemelei kriecht unter das Bett! Da konnte ich nicht mehr an mich halten.
‚Was‘, sagte ich, ‚Jemeljan Iljitsch, was rutschen *Sie* denn da auf den Knien herum?‘
‚Ich sehe nur nach, Astafij Iwanytsch, ob die Hose nicht hier irgendwo liegt.‘
‚Was tun Sie, mein Herr‘ (aus Ärger sagte ich höflichst *Sie* zu ihm und *Herr*), ‚lohnt es sich denn, sich eines armen, einfachen Menschen wegen so abzumühen, auf den Knien herumzurutschen!‘
‚Ach, Astafij Iwanytsch, das tut doch nichts... irgendwo wird man sie doch finden müssen, wenn man sie sucht.‘
‚Hm‘, sagte ich, ‚höre mal, Jemeljan Iljitsch...‘
‚Was, Astafij Iwanytsch?‘
‚Hast du sie nicht einfach gestohlen, wie ein Dieb und Spitzbube, aus Dankbarkeit für mein Salz und Brot, das ich dir gegeben habe?‘ – Sehen Sie, er wollte mich damit rühren, daß er auf den Knien vor mir auf dem Fußboden herumrutschte.
‚Nein... Astafij Iwanytsch...‘
Und so wie er da lag, so blieb er noch lange unter dem Bett; sehr

lange; endlich kam er wieder hervorgekrochen. Ich sehe ihn an: ganz bleich ist der Mensch, wie ein Linnen. Er stand auf und setzte sich wieder auf seinen Fensterplatz; dort saß er wohl so an die zehn Minuten... Plötzlich steht er auf und tritt auf mich zu, ich seh' ihn noch jetzt wie vor mir, schrecklich wie die Sünde.
‚Nein', sagt er, ‚Astafij Iwanowitsch, ich habe mir nicht erlaubt, Ihre Reithose an mich zu nehmen.'
Dabei zitterte er am ganzen Körper und auch seine Stimme zittert, und er stößt sich mit zitterndem Finger vor die Brust, so daß ich selber Angst bekam und ganz wie angewachsen auf meinem Platz saß und mich nicht rührte.
‚Nun', sagte ich, ‚wie Sie wollen, Jemeljan Iljitsch; verzeihen Sie schon, wenn ich dummer Mensch Sie unnötigerweise verdächtigt habe. Und mit der Reithose lassen wir's gut sein; verloren ist verloren, da ist nichts mehr zu machen; aber wir werden ohne sie auch nicht untergehn. Ich habe ja, Gott sei Dank, noch meine Hände, wir brauchen nicht stehlen zu gehen... und brauchen auch nicht bei einem fremden armen Menschen Gnadenbrot zu essen; wir werden unser Brot schon noch mit Arbeit verdienen...'
Jemelei steht und steht und hört, was ich sage; endlich – setzt er sich. So saß er den ganzen Abend, ohne sich zu rühren. Ich ging schon zu Bett – immer noch saß er auf demselben Fleck. Am nächsten Morgen, wie ich aufstehe, sehe ich, er liegt zusammengekrümmt in seinem Mäntelchen auf dem nackten Fußboden; er hat sich wohl selbst so arg erniedrigt gefühlt, daß er sich nicht mehr aufs Bett zu kommen traute. Nun ja, Herr, seit jenem Vorfall mochte ich ihn nicht mehr, das heißt: in den ersten Tagen war er mir sogar verhaßt. Es war so, wie wenn beispielsweise mein leiblicher Sohn mich bestohlen und mir eine blutige Beleidigung zugefügt hätte. Ach, denke ich, Jemelei, Jemelei! Und was glauben Sie, Herr, Jemelei trank doch darauf an die zwei Wochen lang ununterbrochen. Er war wie rasend geworden, er trank sich zuschanden. Morgens ging er fort und kam spät nachts heim; in diesen zwei Wochen hab ich auch nicht ein Wort von ihm gehört. Das heißt wohl, daß ihn selber damals der Kummer zernagt hat, oder daß er irgendwie mit sich hat Schluß machen wollen. Endlich hörte er auf zu trinken, weil er schon alles vertrunken hatte, und saß wieder bei mir tagsüber. Ich erinnere mich noch: er saß und schwieg drei Tage lang; auf einmal sehe ich: der Mensch weint. Also er sitzt da und weint, Herr, und wie er weint! Das

kam wie aus einem Brunnen; und dabei schien er es gar nicht zu merken, daß er weinte. Es ist schwer mit anzusehen, Herr, wenn ein erwachsener Mensch weint; dazu noch, wenn ein alter Mensch, wie Jemelei, vor Not und Traurigkeit zu weinen anfängt.

,Was hast du, Jemelei?' fragte ich.

Er fuhr zusammen und erzitterte nur so. Ich hatte ihn nämlich zum erstenmal seit jenem Tage wieder angesprochen.

,Nichts... Astafij Iwanowitsch.'

,Gott mit dir, Jemelei, laß das doch, was liegt denn an all dem Kram, mag er doch draufgehen. Aber weshalb sitzt du denn so da wie 'n Uhu?' – Er begann mir leid zu tun.

,Ja, so, Astafij Iwanowitsch, eben nur so. Ich möchte doch irgendeine Arbeit annehmen, Astafij Iwanytsch.'

,Was denn für eine Arbeit, Jemeljan Iljitsch?'

,Ja, so, irgendeine. Vielleicht finde ich wieder so eine Stellung, wie ich sie früher hatte; ich bin auch schon zu Fedosséi Iwánytsch gegangen, um ihn drum zu bitten... Es ist nicht recht von mir, daß ich Sie belaste, Astafij Iwanytsch. Ich werde Ihnen, Astafij Iwanytsch, wenn ich vielleicht noch so was finde, alles wiedererstatten und für die Beköstigung eine Entschädigung anbieten.'

,Schon gut, Jemelei, laß gut sein!... Nun ja, es ist wohl mal eine Sünde vorgekommen, nun und – das ist vergangen! Hol' sie der Kuckuck! Und nun laß uns wieder wie zuvor miteinander hausen!'

,Nein, bitte, Astafij Iwanytsch, Sie meinen vielleicht immer noch... jenes... aber ich habe mir nicht erlaubt, Ihre Reithose zu nehmen.'

,Nun, wie du willst; Gott mit dir, Jemeljánuschka!'

,Nein, bitte, Astafij Iwanytsch. Ich sehe doch ein, ich kann doch nicht länger bei Ihnen bleiben. Sie müssen mich schon entschuldigen, Astafij Iwanytsch.'

,Aber – Gott mit dir!' sagte ich, ,wer kränkt dich denn, Jemeljan Iljitsch, wer treibt dich denn hinaus, ich doch nicht?'

,Nein, bitte, es ist nicht recht von mir, so bei Ihnen zu leben, Astafij Iwanytsch... Da will ich schon lieber von selbst gehen...'

Das bedeutete, er war gekränkt, der Mensch, und kam darüber nicht hinweg, und konnte immer nur das gleiche sagen. Ich sehe ihn an, und er steht wirklich auf und zieht sein Mäntelchen an.

,Aber wohin willst du denn gehen, Jemeljan Iljitsch? Nimm doch Vernunft an, höre, was man dir sagt: was willst du? Wohin gehst du?'

,Nein, bitte, verzeihen Sie schon, Astafij Iwanytsch, halten Sie mich nicht zurück (dabei weinte er schon wieder); ich will schon lieber weggehen von der Sünde, Astafij Iwanytsch. Sie sind jetzt anders geworden zu mir.‘

‚Wieso anders? Ich bin ganz derselbe. Du aber bist ja wie ein kleines unvernünftiges Kind; du wirst ja allein einfach zugrundegehen, Jemeljan Iljitsch.‘

‚Nein, Astafij Iwanytsch, wenn Sie jetzt weggehen, schließen Sie zuvor immer Ihren Koffer ab; ich aber sehe das doch und muß dann weinen... Nein, lassen Sie mich schon lieber gehen, Astafij Iwanytsch, und verzeihen Sie mir alles, was ich Ihnen während unseres Zusammenlebens an Kränkendem zugefügt habe.‘

Und was glauben Sie, Herr? Der Mensch ging wirklich fort! Ich warte einen Tag, denke bei mir, er kommt am Abend. Nein, er kam nicht. Ich warte einen zweiten Tag. Wieder nicht. Warte auch den dritten Tag. Wieder kommt er nicht. Da erschrak ich denn, die Sorge krempelte mich völlig um; ich konnte weder trinken, noch essen, noch schlafen. Ganz entwaffnet hatte mich der Mensch! Am vierten Tag machte ich mich auf den Weg, schaute in alle Kneipen hinein, fragte überall nach ihm – nichts! Jemeljanuschka war verschwunden!... Oder hast du vielleicht deinen armen Kopf irgendwo schon für immer niedergelegt? dachte ich. Vielleicht bist du betrunken an einem Zaun verreckt und liegst jetzt dort wie ein verfaulter Balken?... Halbtot kehrte ich nach Hause zurück. Ich beschloß, am nächsten Tage wieder auf die Suche zu gehen. Und ich verwünschte mich selber, weil ich es zugelassen hatte, daß der dumme Mensch aus eigenem freien Willen von mir weggegangen war. Endlich, am fünften Tage, es tagte kaum (es war ein Feiertag), da knarrte die Tür. Ich sehe: Jemelei kommt herein! Ganz blau im Gesicht, und die Haare voller Schmutz, als hätte er auf der Straße genächtigt, und mager war er wie ein Kienspan! Zieht sein Mäntelchen aus, setzt sich zu mir auf den Koffer und sieht mich an. Was war ich froh, aber zugleich erhob sich doch ein Schmerz in meinem Herzen, schlimmer als je zuvor. Denn es ist doch so, Herr: wenn nun beispielsweise mir eine solche Menschensünde zugefallen wäre, so hätte ich doch, so wahr ich lebe, lieber wie ein Hund krepieren mögen als daß ich zurückgekommen wäre. Jemelei aber kam zurück. Nun ja, es ist natürlich hart, einen Menschen in einer solchen Lage zu sehen. Da war ich denn recht lieb zu ihm, streichelte und tröstete ihn. Ich sagte: ‚Was bin ich froh, Jemeljanuschka, daß du wieder

da bist! Wärest du ein wenig später gekommen, so hätte ich mich auch heute wieder auf den Weg gemacht, um alle Schenken abzuklappern auf der Suche nach dir. Hast du heute schon was gegessen?'
,Ja, ich habe schon, Astafij Iwanytsch.'
,Wirklich, so früh schon? Hör mal, Brüderchen, von gestern ist noch Kohlsuppe übriggeblieben, keine leere Suppe, sondern mit Rindfleisch gekochte. Und hier hast du noch Zwiebeln und Brot. Iß nur', sagte ich, ,das ist für die Gesundheit nicht überflüssig.'
Ich gab ihm zu essen; da sah ich denn, daß der Mensch vielleicht ganze drei Tage nichts mehr gegessen hatte, mit solchem Appetit aß er. Also war es der Hunger gewesen, der ihn zu mir zurückgetrieben hatte. Ganz zärtlich wurde mir zumut, während ich ihm so zusah, dem lieben Menschen... Wart einmal, dachte ich, soll ich nicht selber schnell hinüberspringen zum Ausschank und eine kleine Herzstärkung für ihn holen, damit er die Trübsal vergißt und sieht, daß ich ihm nicht mehr böse bin, Jemeljanuschka! Ich brachte den Branntwein...
,Hier', sagte ich, ,Jemeljan Iljitsch, trinken wir auf den Feiertag! Willst du nicht trinken? Das ist doch gesund.'
Er streckte auch schon die Hand aus, streckte sie geradezu gierig aus, ergriff beinah schon das Glas, aber da hielt er sich wieder zurück; wartete ein Weilchen; ich sehe, er führt es schon an den Mund, seine Hand aber zittert so, daß er etwas verschüttet auf den Ärmel. Nein, er führt das Glas wieder zum Munde, stellt es aber sofort zurück auf den Tisch.
,Was hast du denn, Jemeljanuschka?'
,Aber nein: ich habe doch... Astafij Iwanytsch...'
,Du willst nicht trinken, wie?'
,Aber ich... habe doch... nein, ich werde nicht mehr trinken, Astafij Iwanytsch.'
,Wie denn, hast du dir vorgenommen, das Trinken ganz aufzugeben, Jemeljuschka, oder willst du bloß heute nicht?'
Er schweigt. Ich sehe ihn an. Nach einer Weile legt er den Kopf auf den Arm.
,Was hast du nur, oder bist du am Ende krank, Jemelei?'
,Ja, so, fühle mich schlecht, Astafij Iwanytsch.'
Da brachte ich ihn zu Bett. Es ging ihm wirklich schlecht. Sein Kopf glühte, und Frostschauer schüttelten ihn. Den Tag über saß ich bei ihm, zur Nacht verschlimmerte sich sein Zustand. Ich

machte ihm eine Suppe aus Kwaß mit Butter und Zwiebeln und brockte Brot hinein.
‚Hier, iß jetzt das Kindersüppchen, davon wird dir vielleicht besser werden!' Er schüttelt den Kopf.
‚Nein', sagt er, ‚heute werde ich nicht mehr essen, Astafij Iwanytsch.'
Ich machte ihm Tee, meine Alte mußte sich auch anstrengen für ihn. Aber es half alles nichts. Nun wird's schlimm, dachte ich. Am dritten Morgen ging ich darum zum Arzt. Ich kannte in der Nähe einen Arzt, Kostopráwoff. Er hatte mich früher mal kuriert, als ich noch bei meinen Herrschaften Bossomjágin in Stellung war. Also, der kam, sah ihn sich an. ‚Es steht schlecht mit ihm. Es war überflüssig, mich noch herzurufen. Man könnte ihm noch ein Pulver verordnen.' ... Nun, das Pulver hab ich ihm nicht gegeben; ich dachte mir: der Arzt will sich nur wichtig machen. Dann brach schon der fünfte Tag an.
Er lag vor mir auf dem Bett, es ging zu Ende mit ihm. Ich saß am Fenster, hatte meine Arbeit in den Händen. Die Alte heizte den Ofen. Wir schwiegen alle. Der Schmerz um den liederlichen Menschen dort auf dem Sterbebett zerriß mir das Herz; es war, als ob es mein leiblicher Sohn gewesen wäre, den ich sterben sah. Ich wußte, daß Jemelei mich jetzt anblickte, denn schon seit dem Morgen hatte ich bemerkt, daß der Mensch sich zusammennahm, etwas sagen zu wollen schien, aber sich nicht traute, wie man sah. Schließlich schaute ich ihn an und da sah ich: Es lag eine solche Qual in den Augen des Ärmsten, der mit dem Blick an mir hing; als er aber bemerkte, daß ich ihn betrachtete, da schlug er sofort die Augen nieder.
‚Astafij Iwanytsch!'
‚Was denn, Jemeluschka?'
‚Was meinen Sie, wenn man, zum Beispiel, mein Mäntelchen auf den Trödelmarkt brächte, – ob man dort wohl viel dafür bieten würde, Astafij Iwanytsch?'
‚Ja, das weiß ich nicht, wieviel man bieten würde. Vielleicht ein Dreirubelscheinchen, denke ich, Jemeljan Iljitsch.'
Hätte man's aber versucht und wäre damit hingegangen, dann hätten sie nichts dafür geboten, abgesehen davon, daß sie einem ins Gesicht gelacht hätten, weil man so 'n armseliges Stück noch verkaufen will. Ich sagte es auch nur so, weil ich dieses Kind Gottes und seine Einfalt kannte, um zu trösten, zu beruhigen.

‚Ich aber dachte, Astafij Iwanytsch, daß man drei Silberrubel dafür geben würde, es ist doch ein Tuchmantel, Astafij Iwanytsch. Wieso denn nur drei Bankorubel, wenn's doch Tuchware ist?'

‚Ich weiß nicht, Jemeljan Iljitsch', sagte ich, ‚wenn du ihn hinbringen lassen willst, müßte man natürlich gleich drei Silberrubel verlangen.'

Jemelei schwieg ein wenig; darauf rief er mich von neuem.

‚Astafij Iwanytsch!'

‚Was denn', fragte ich, ‚Jemeljanuschka?'

‚Verkaufen Sie das Mäntelchen, wenn ich gestorben bin; beerdigen Sie mich nicht in ihm. Ich kann auch so liegen; es ist doch immerhin noch ein Wertgegenstand; könnte Ihnen zustatten kommen.'

Da krampfte sich mein Herz so zusammen, Herr, wie ich es Ihnen gar nicht zu sagen vermag. Ich sehe, wie die Beklemmung der Sterbestunde an den Menschen herantritt. Wieder schwiegen wir. So verging wohl die Zeit einer ganzen Stunde. Ich sah von neuem zu ihm hinüber: er schaute mich immer noch an, aber wie sich unsere Blicke begegneten, schlug er wieder die Augen nieder.

‚Wollen Sie nicht vielleicht ein Schlückchen Wasser trinken, Jemeljan Iljitsch?' fragte ich.

‚Ja, bitte... Vergelt's Gott, Astafij Iwanytsch.'

Ich gab ihm zu trinken. Er trank ein wenig.

‚Ich danke Ihnen', sagte er, ‚Astafij Iwanytsch.'

‚Sonst noch was, Jemeljanuschka?'

‚Nein, danke, brauche nichts, aber von jenem...'

‚Wovon denn, was willst du denn noch sagen, Jeméluschka?' –

‚Von der Reithose... von jenem... daß ich es war, der sie Ihnen damals... weggenommen hat, Astafij Iwanytsch...'

‚Schon gut, Gott wird 's dir verzeihen', sagte ich, ‚Jemeljanuschka, du armer Armseliger! Zieh hin in Frieden...'

Mir selbst aber, Herr, verschlug es den Atem, die Tränen stürzten mir aus den Augen, wollte mich abwenden.

‚Astafij Iwanytsch...'

Ich sehe: Jemelei will mir noch etwas sagen, will sich selbst aufrichten, bewegt die Lippen... Auf einmal wird er ganz rot im Gesicht, schaut mich an... Da sehe ich: er wird wieder blaß, noch blasser... in einem Augenblick sank er zusammen, der Kopf fiel nach hinten, er atmete noch einmal aus und gab damit Gott seine Seele zurück...«

WEIHNACHT UND HOCHZEIT

Aus den Aufzeichnungen eines Unbekannten

Vor ein paar Tagen sah ich eine Trauung... oder nein! Es ist besser, ich erzähle Ihnen zunächst von einer Weihnachtsfeier. Eine Trauung ist gewiß ein schönes Thema, aber das andere Erlebnis ist wichtiger. Ich weiß nicht, wieso ich mich beim Anblick dieser Trauung an jene Weihnachtsfeier erinnerte. Das geschah folgendermaßen.

Vor genau fünf Jahren erhielt ich kurz vor Neujahr die Einladung zu einem Kinderball. Die Persönlichkeit, die mich einlud, war ein bekannter Geschäftsmann – mit Beziehungen, einem großen Bekanntenkreis und Intrigen –, so daß man ohne weiteres annehmen konnte, dieser Kinderball sei nur ein Vorwand für die Eltern, einmal ganz harmlos in größerer Anzahl zusammenzukommen und bei der Gelegenheit sich über gewisse überaus interessante Dinge wie zufällig und ganz unauffällig besprechen zu können. Ich war in dieser Gesellschaft ein völlig Unbeteiligter, zumal ich keinerlei Güter besaß; so verbrachte ich den Abend ziemlich ungestört und blieb mir selbst überlassen. Außer mir war dort noch ein Herr, der, wie mir schien, weder durch Familie noch Sippe dazugehörte, trotzdem aber gleich mir auf dieses Fest des Familienglücks geraten war... Er fiel mir vor allen anderen auf. Sein Äußeres machte einen guten Eindruck: er war groß von Wuchs, hager, auffallend ernst, sehr gut gekleidet. Man sah ihm aber an, daß es ihm nicht um Fröhlichkeit und Familienglück zu tun war; sobald er sich in einen stilleren Winkel zurückziehen konnte, hörte er sofort auf zu lächeln und zog die dichten schwarzen Brauen stirnrunzelnd zusammen. Bekannt war er offenbar, außer mit dem Hausherrn, mit keinem einzigen der Anwesenden. Man sah es ihm an, daß er sich furchtbar langweilte, trotzdem aber die Rolle eines sich gut unterhaltenden und glücklichen Menschen tapfer bis zum Schluß durchhielt. Nachher erfuhr ich, daß er aus der Provinz nur auf kurze Zeit nach Petersburg gekommen sei, wo er eine entscheidende und verzwickte Sache durchzufechten habe. Zu unserem Hausherrn allerdings habe ihn nur ein Empfehlungsschreiben gebracht; dieser jedoch protegiere ihn keineswegs con amore und habe ihn nur aus Höflichkeit zu seinem Kinderball eingeladen. Und da man nicht Karten spielte, auch keine Zigarren anbot und niemand ein Gespräch mit ihm anknüpfte – wahrscheinlich erkannte man den Vogel schon von weitem an den Federn –, so war der Mann gezwungen, nur um seine Hände irgendwie zu beschäftigen, den ganzen Abend seinen Backenbart zu streicheln. Freilich war dieser Backenbart sehr gepflegt, aber er streichelte ihn doch so unablässig, daß man nach einigem Zusehen entschieden meinen konnte, zuerst sei nur der Backenbart erschaffen worden, und dann erst der Mann dazu, damit er ihn streichle.

Außer diesem Herrn, der in solcher Weise am Familienglück des Hausherrn, des Vaters von fünf wohlgenährten Buben, teilnahm, fiel mir noch ein anderer Herr auf. Dieser war jedoch von ganz anderer Art. Er war nämlich eine Persönlichkeit. Er hieß Julian Mastakowitsch. Schon auf den ersten Blick konnte man erkennen, daß er ein Ehrengast war und zum Hausherrn in ungefähr dem gleichen Verhältnis stand wie der Hausherr zu dem Herrn mit dem Backenbart. Der Hausherr und die Hausfrau sagten ihm unendlich viele Liebenswürdigkeiten, machten ihm geradezu den Hof, kredenzten ihm den Wein, verwöhnten ihn nach Möglichkeit und führten ihm ihre Gäste zu, um sie ihm zu empfehlen; ihn dagegen stellten sie keinem vor. Wie ich bemerkte, erglänzte im Auge des Hausherrn sogar eine Träne der Rührung, als Julian Mastakowitsch zum Lobe des Festes versicherte, er habe selten so angenehm die Zeit verbracht. Mir ward irgendwie unheimlich in der Gegenwart einer solchen Persönlichkeit, und so zog ich mich, nachdem ich mich am Anblick der Kinder genugsam gefreut hatte, in einen kleinen Salon zurück, in dem zufällig kein Mensch war. Hier setzte ich mich am Fenster in eine Blumenlaube, die fast das halbe Zimmer einnahm.

Die Kinder waren alle unglaublich nett und lieb, sie wollten entschieden nicht den *Großen* gleichen, ungeachtet aller Ermahnungen der Gouvernanten und Mütter. Im Nu hatten sie den ganzen Weihnachtsbaum geplündert, bis zum letzten Konfekt in Goldpapier. Schon war es ihnen gelungen, die Hälfte aller Spielsachen zu zerbrechen, noch bevor sie erfahren hatten, was für wen bestimmt war. Besonders gefiel mir ein kleiner Knabe mit dunklen Augen und Locken, der mich mit seinem hölzernen Gewehr immer wieder erschießen wollte. Doch am meisten lenkte seine kleine Schwester die Aufmerksamkeit der Gäste auf sich, ein Mädelchen von etwa elf Jahren, reizend wie ein kleiner Amor; ein stilles, nachdenkliches, blasses Kind mit großen verträumten Augen, die ein wenig hervortraten. Die anderen Kinder hatten sie irgendwie gekränkt, und da kam sie denn in das stille Zimmer, wo ich saß, setzte sich in einen Winkel und beschäftigte sich mit ihrer Puppe. Die Gäste deuteten unter sich respektvoll auf den reichen Vater dieser Kleinen, einen Branntweinpächter [1]; jemand wußte flüsternd mitzuteilen, daß an barem Gelde bereits jetzt dreihunderttausend Rubel für sie als Mitgift beiseite gelegt seien. Ich sah mich unwillkürlich nach der Gruppe um, die sich für diesen Umstand interessierte, und mein Blick fiel auf Julian Mastakowitsch, der, die Hände auf dem Rücken, den Kopf ein klein wenig zur Seite geneigt, auffallend interessiert dem müßigen Geschwätz dieser Herrschaften zuhörte. Gleichzeitig mußte ich über die Weisheit der Gastgeber staunen, die diese bei der Verteilung der Geschenke an die Kinder zu bezeugen gewußt hatten. Das kleine Mädchen zum Beispiel, das bereits dreihunderttausend Rubel besaß, hatte die schönste und teuerste Puppe erhalten. Der Wert der anderen Geschenke dagegen sank von Stufe zu Stufe herab, je nach dem Rang der Eltern dieser Kinder. Das letzte Kind, ein Knabe von etwa zehn Jahren, ein mageres, rötlichblondes Kerlchen mit Sommersprossen, bekam nur ein Buch, das belehrende Geschichten enthielt und von der Größe der Natur, von Tränen der Rührung und ähnlichem handelte, ein nüchternes Buch, ohne Bilder und sogar ohne Vignetten.

Er war der Sohn einer armen Witwe, die die Kinder des Hausherrn unterrichtete und kurzweg die Gouvernante genannt wurde. Er selbst war ein ängstlicher, verschüchterter Knabe. Er trug eine russische Bluse aus billigem Nanking. Nachdem ihm sein Buch eingehändigt worden war, ging er lange Zeit um die Spielsachen der anderen Kinder herum; er hätte wohl furchtbar gern mit diesen gespielt, aber er wagte es nicht; man sah es ihm an, daß er seine gesellschaftliche Stellung bereits vollkommen begriff. Ich beobachte gern Kinder beim Spiel. Diese ihre erste selbständige Äußerung im Leben ist immer sehr aufschlußreich. Es fiel mir auf, daß der rothaarige Knabe sich von den teuren Geschenken der anderen so hinreißen ließ, namentlich von einem Puppentheater, bei dem er wohl nur zu gern mitgespielt hätte, daß er sich einzuschmeicheln versuchte. Er lächelte und suchte sich angenehm zu machen, er gab seinen Apfel einem kleinen pausbackigen Jungen, der bereits einen ganzen Sack voll Naschwerk hatte, und er entschloß sich sogar, einen von ihnen huckepack zu tragen, nur damit man ihn nicht vom Theater fortdränge. Aber schon im nächsten Augenblick wurde er von einem Erwachsenen, der gewissermaßen den Oberaufseher spielte, mit Püffen und Stößen fortgetrieben. Der Junge wagte nicht, zu weinen. Sogleich erschien auch schon die Gouvernante, seine Mutter, und sagte ihm, er solle die anderen beim Spielen nicht stören. Da kam denn der Kleine auch in jenes Zimmer, in dem das Mädchen saß. Sie ließ es zu, daß er sich ihr anschloß, und beide begannen eifrig, die schöne Puppe herauszuputzen.

Ich hatte schon über eine halbe Stunde in der Efeulaube gesessen und war fast eingenickt, unbewußt eingelullt durch das Kindergespräch des kleinen rotblonden Jungen und der zukünftigen Schönheit mit der Mitgift von dreihunderttausend Rubeln, als plötzlich Julian Mastakowitsch ins Zimmer trat. Er benutzte die Gelegenheit, die ihm ein großer Streit unter den Kindern im Saal bot, um unbemerkt zu verschwinden. Vor wenigen Minuten hatte ich ihn noch an der Seite des reichen Vaters der Kleinen in lebhaftem Gespräch gesehen, und aus einzelnen Worten, die ich auffing, erriet ich, daß er die Vorzüge der einen Stellung im Vergleich mit denen einer anderen pries. Jetzt stand er nachdenklich an der Efeulaube, ohne mich zu sehen, und schien zu überlegen.

»Dreihundert... dreihundert...«, murmelte er. »Elf... zwölf, dreizehn – sechzehn. Fünf Jahre! Nehmen wir an, zu vier Prozent – zwölf mal fünf... macht sechzig. Ja, von diesen sechzig... nun, sagen wir, nach fünf Jahren im ganzen – vierhundert. Ja!... tja!... Aber der wird doch nicht bloß vier Prozent nehmen, der Gauner! Mindestens acht, wenn nicht sogar zehn! Na, sagen wir: fünfhunderttausend! Hm! eine halbe Million Rubel, das läßt sich hören!... Nun, und dann noch die Aussteuer, hm...«

Sein Entschluß stand fest. Er räusperte sich und wollte das Zimmer bereits verlassen – da sah er plötzlich die Kleine im Winkel mit ihrer Puppe und blieb stehen. Mich hatte er hinter den Blattpflanzen gar nicht bemerkt. Wie mir schien, war er sehr erregt. Ob diese Erregung nun auf die Berechnung, die er soeben angestellt hatte, oder auf etwas anderes zurückzuführen war, das ist schwer zu sagen. Aber er rieb sich lächelnd die Hände und schien kaum ruhig stehen zu können. Seine Erregung wuchs noch bis zu einem nec plus ultra, als er einen zweiten entschlossenen Blick auf die reiche Erbin warf. Er wollte einen Schritt vortreten, blieb aber wieder stehen und blickte sich zuerst nach allen Seiten um. Dann näherte er sich auf den Fußspitzen, als sei er sich einer Schuld bewußt, langsam und ganz leise dem Kinde. Er lächelte. Als er dicht hinter der Kleinen stand, beugte er sich zu ihr nieder und küßte sie auf den Kopf. Die Kleine schrie vor Schreck auf, denn sie hatte ihn bis dahin nicht bemerkt.

»Was tust du denn hier, mein liebes Kind?« fragte er leise, blickte sich um und tätschelte ihr dann die Wange.

»Wir spielen...«

»Ah? Mit ihm etwa?« Julian Mastakowitsch warf einen Blick auf den Knaben.

»Du könntest doch, mein Lieber, in den Saal gehen«, riet er ihm. Der Knabe schwieg und blickte ihn groß an. Julian Mastakowitsch sah sich wieder schnell nach allen Seiten um und beugte sich von neuem zu der Kleinen.

»Was hast du denn da, mein liebes Kind? Ein Püppchen?« fragte er sie.

»Ein Püppchen...«, antwortete die Kleine etwas zaghaft und runzelte leicht die Stirn.

»Ein Püppchen... Aber weißt du auch, mein liebes Kind, woraus diese Puppe gemacht ist?«

»N–nein...«, antwortete die Kleine flüsternd und senkte das Köpfchen noch tiefer.

»Nun, aus alten Lappen, mein Herzchen, die zu gepreßter Pappe verarbeitet werden... Aber du könntest doch in den Saal gehen, Junge, zu den anderen Kindern!« wandte sich Julian Mastakowitsch mit einem strengen Blick abermals an den Knaben. Das Mädchen aber und der Kleine runzelten die Stirn und faßten sich gegenseitig an. Sie wollten sich offenbar nicht voneinander trennen.

»Aber weißt du auch, wofür man dir dieses Püppchen geschenkt hat?...«, fragte Julian Mastakowitsch, dessen Stimme immer einschmeichelnder wurde.

»N–nein...«

»Nun, dafür, daß du ein liebes und artiges Kind bist.«

Hier blickte sich Julian Mastakowitsch wieder nach der Tür um und fragte dann mit kaum hörbarer, vor Erregung und Ungeduld zitternder Stimme:

»Aber wirst du mich auch lieb haben, kleines Mädchen, wenn ich zu deinen Eltern zu Besuch komme?«

Bei diesen Worten wollte Julian Mastakowitsch noch einmal das Mädchen küssen, doch als der kleine Knabe sah, daß sie dem Weinen schon ganz nahe war, umklammerte er sie plötzlich angstvoll und begann vor lauter Teilnahme und Mitleid mit ihr selbst laut zu weinen. Julian Mastakowitsch wurde ernstlich böse.

»Geh, geh fort, geh doch fort von hier!« sagte er ärgerlich. »Geh in den Saal! Geh zu deinen Altersgenossen!«

»Nein, nicht, nicht! Er soll nicht gehn! Gehen *Sie* fort«, sagte das kleine Mädchen, »er aber soll hier bleiben... lassen Sie ihn hier!« sagte sie fast schon weinend.

Da ertönten laute Stimmen an der Tür, und Julian Mastakowitschs gewichtiger Oberkörper schnellte empor. Er war sichtlich erschrocken. Doch der kleine Knabe erschrak noch mehr als Julian Mastakowitsch, gab das kleine Mädchen frei und schlich geduckt längs der Wand ins Eßzimmer. Auch Julian Mastakowitsch ging ins Eßzimmer, ganz als wäre nichts vorgefallen. Er war rot wie ein Krebs im Gesicht, und als er im Vorübergehen einen Blick in den Spiegel warf, schien sein Aussehen ihn selbst zu verwirren. Vielleicht ärgerte er sich darüber, daß er so erregt war, und daß er so unvorsichtig gesprochen hatte. Vielleicht hatte ihn – zu Anfang – seine Berechnung selbst so bestrickt und begeistert, daß er trotz seiner ganzen Solidität und Würde recht wie ein Bengel handelte und schon jetzt und unbedacht genug auf sein Ziel geradeswegs loszusteuern begann, obgleich dieses Ziel doch erst nach fünf Jahren in Frage kommen konnte. Ich folgte ihm alsbald in das andere Zimmer – und wahrlich, was ich dort erblickte, war ein seltsames Schauspiel! Ich sah nämlich, wie Julian Mastakowitsch, der hochangesehene würdevolle Julian Mastakowitsch, den kleinen Knaben einschüchterte, der immer weiter vor ihm zurückwich und nicht wußte, wo er sich vor Angst lassen sollte.

»Marsch, wirst du wohl! Was tust du hier, Taugenichts? Geh!

Geh! Du willst hier wohl Früchte klauen, wie? Willst hier Früchte klauen? Marsch, mach', daß du fortkommst, wirst du wohl, ich werd' dir zeigen!«

Der verschreckte Knabe entschloß sich zu einem verzweifelten Rettungsversuch: er kroch unter den Tisch. Das rief aber in seinem Verfolger noch größere Wut hervor. Zornig riß er sein langes Batisttaschentuch aus der Tasche und versuchte damit den Kleinen unter dem Tisch zu verscheuchen, damit er von dort hervorkrieche. Der Kleine aber war mäuschenstill vor Angst und rührte sich nicht. Ich muß bemerken, daß Julian Mastakowitsch ein wenig korpulent war. Er war, was man so nennt, ein satter Mensch, mit roten Wänglein, einem Bäuchlein, untersetzt und mit dicken Schenkeln – kurz, ein stämmiger Bursche, an dem alles so rund war wie an einer Nuß. Schweißtropfen standen ihm schon auf der Stirn, er atmete schwer und fast keuchend. Das Blut drang ihm vom Bücken rot und heiß zu Kopf. Er wurde jähzornig, so groß war sein Unwille oder (wer kann es wissen?) seine Eifersucht.

Ich lachte schallend auf. Julian Mastakowitsch wandte sich blitzschnell nach mir um und wurde ungeachtet seines gesellschaftlichen Ansehens, seiner einflußreichen Stellung und seiner Jahre geradezu fassungslos verlegen. In dem Augenblick trat durch die gegenüberliegende Tür der Hausherr ins Zimmer. Der kleine Junge kroch unter dem Tisch hervor und rieb sich die Knie und Ellenbogen. Julian Mastakowitsch kam zu sich, führte schnell das Taschentuch an die Nase und schneuzte sich.

Der Hausherr blickte uns drei etwas verwundert an, doch als lebenskluger Mensch, der das Leben ernst auffaßte, wußte er sogleich die Gelegenheit, mit seinem Gast unter vier Augen sprechen zu können, auszunutzen.

»Ach, sehen Sie, das ist ja jener Knabe, für den ich die Ehre hatte, zu bitten...«, begann er, auf den armen Kleinen weisend.

»Ah!« versetzte Julian Mastakowitsch, noch immer nicht ganz auf der Höhe der Situation.

»Er ist der Sohn der Gouvernante meiner Kinder«, fuhr der Hausherr erklärend und in verbindlichem Ton fort, »einer armen Frau. Sie ist Witwe eines ehrenwerten Beamten. Ginge es nicht irgendwie, Julian Mastakowitsch...«

»Ach, ich entsinne mich! Nein, nein!« unterbrach dieser ihn eilig. »Nehmen Sie es mir nicht übel, mein bester Filípp Alexéjewitsch, aber es geht ganz und gar nicht. Ich habe mich erkundigt: Vakan-

zen gibt es nicht, und selbst wenn eine bestünde, so kämen doch zehn Kandidaten eher in Betracht als dieser, da sie eben ein größeres Anrecht darauf hätten... Es tut mir sehr leid, aber...«
»Schade«, sagte der Hausherr nachdenklich, »er ist ein stiller, bescheidener Knabe...«
»Scheint mir eher ein richtiger Bengel zu sein, soweit ich sehe«, bemerkte Julian Mastakowitsch mit saurem Lächeln. »Geh, was stehst du hier, mach' dich fort! Geh zu deinen Spielkameraden«, wandte er sich an den Kleinen.
Dann konnte er offenbar der Versuchung nicht widerstehen, aus einem Augenwinkel auch mir einen Blick zuzuwerfen. Ich aber hielt nicht an mich, sondern lachte ihm offen ins Gesicht. Julian Mastakowitsch wandte sich sogleich ab und fragte sehr vernehmlich den Hausherrn, wer dieser sonderbare junge Mann eigentlich sei. Sie begannen miteinander zu flüstern und verließen das Zimmer. Ich sah nur noch durch die offene Tür, wie Julian Mastakowitsch, der dem Hausherrn aufmerksam zuhörte, verwundert und mißtrauisch den Kopf schüttelte.
Als ich genügend gelacht hatte, begab ich mich gleichfalls in den Saal. Dort stand jetzt der einflußreiche Mann, umringt von Vätern, Müttern und den Festgebern und sprach lebhaft auf eine Dame ein, der man ihn soeben vorgestellt hatte. Die Dame hielt das kleine Mädchen an der Hand, das Julian Mastakowitsch vor zehn Minuten geküßt hatte. Er lobte die Kleine bis in den siebenten Himmel, pries ihre Schönheit, ihre Grazie, ihre Wohlerzogenheit, und die Mutter hörte ihm fast mit Tränen der Rührung in den Augen zu. Die Lippen des Vaters lächelten. Der Hausherr nahm mit sichtlichem Wohlgefallen teil an der allgemeinen Freude. Die übrigen Gäste waren gleichfalls angenehm berührt. Selbst die Spiele der Kinder wurden unterbrochen, damit sie durch ihr Geschrei nicht störten. Die ganze Luft war voll von gehobener Stimmung. Später hörte ich, wie die tiefgerührte Mutter der Kleinen in ausgesucht höflichen Redewendungen Julian Mastakowitsch bat, ihrem Hause die besondere Ehre zu erweisen und sie zu besuchen. Dann hörte ich weiter, wie mit ungefälschtem Entzücken Julian Mastakowitsch der liebenswürdigen Aufforderung unfehlbar nachzukommen versprach, und wie die Gäste, als sie darauf, so wie es der gesellschaftliche Brauch verlangte, nach allen Seiten auseinandergingen, sich in geradezu gerührten Lobpreisungen ergingen, die den Branntweinpächter, dessen Frau und Töchterchen,

namentlich aber Julian Mastakowitsch hoch über sie selbst erhoben.
»Ist dieser Herr verheiratet?« fragte ich hörbar laut einen meiner Bekannten, der neben Julian Mastakowitsch stand.
Julian Mastakowitsch warf mir einen zornigen Blick zu, der wohl seinen Gefühlen entsprach.
»Nein!« antwortete mein Bekannter, offenbar äußerst peinlich berührt durch meine ungeschickte Frage, die ich absichtlich so laut an ihn gerichtet hatte...

Vor ein paar Tagen ging ich an der -schen Kirche vorüber. Die Menschenmenge, die sich vor dem Portal drängte, und die Vielzahl der Equipagen fielen mir auf. Ringsum sprach man von einer Hochzeit. Es war ein trüber Herbsttag und es begann zu frieren. Ich drängte mich mit den anderen in die Kirche und erblickte den Bräutigam. Das war ein kleiner, rundlicher Herr mit einem Bäuchlein und vielen Orden auf der Brust. Er war überaus geschäftig, eilte hin und her, traf Anordnungen und schien sehr aufgeregt zu sein. Endlich verbreitete sich vom Portal her lautes Gemurmel: die Kutsche mit der Braut war vorgefahren. Ich drängte mich weiter durch die Menge und erblickte eine wunderbare Schönheit, für die kaum der erste Lenz angebrochen war. Sie war aber blaß und traurig. Ihre Augen blickten zerstreut. Es schien mir sogar, daß diese Augen noch gerötet waren von vergossenen Tränen. Die strenge Schönheit ihrer Gesichtszüge verlieh ihrer ganzen jungen Erscheinung eine gewisse hoheitsvolle Würde und Feierlichkeit. Und doch schimmerte durch diese Strenge und Würde und Trauer noch das unberührte Kindergemüt – und es verriet sich darin etwas unsäglich Naives, Unausgeglichenes, Kindliches, das wortlos für sich um Schonung zu flehen schien.
Man sagte, sie sei kaum erst sechzehn Jahre alt geworden. Ich blickte aufmerksamer auf den Bräutigam und plötzlich erkannte ich in ihm Julian Mastakowitsch, den ich seit fünf Jahren nicht wiedergesehen hatte. Ich blickte nochmals auf die Braut... Mein Gott! Ich drängte mich durch die Gaffenden zum Ausgang, um schneller aus der Kirche zu kommen. Man flüsterte, die Braut sei so reich: sie bekomme allein an barem Kapital eine halbe Million Rubel mit und eine Aussteuer im Wert von soundsoviel...
‚Dann stimmte also die Berechnung!' dachte ich bei mir und trat auf die Straße hinaus...

EIN KLEINER HELD

Eine Erzählung

Damals war ich noch nicht volle elf Jahre alt. Im Juli wurde ich zu einem Verwandten auf ein Gut in der Nähe von Moskau geschickt, zu T-off, bei dem sich um diese Zeit wohl an die fünfzig Gäste eingefunden hatten, oder vielleich noch mehr ... ich kann das nicht genau sagen, gezählt habe ich sie nicht. Es ging laut und lustig zu. Anscheinend war dieses Fest nur begonnen worden, damit es nie mehr aufhöre. Und unser Gastgeber schien sich geschworen zu haben, seinen ganzen Riesenbesitz so schnell wie möglich zu vergeuden, – eine Vermutung, deren Richtigkeit er denn auch kürzlich bestätigt hat, das heißt: er hat nun tatsächlich alles, aber auch wirklich alles vertan.

Jeden Augenblick trafen neue Gäste ein, denn Moskau lag ja so nahe, daß man die Stadt vom Gut aus sehen konnte, die Auf brechenden traten nur ihren Platz den Eintreffenden ab, und das Fest ging weiter. Die Vergnügungen reihten sich aneinander, und das Ende der Reihenfolge war nicht abzusehen. Bald machte man hoch zu Roß Ausflüge in die Umgegend, in ganzen Kavalkaden, bald Spaziergänge in den Wald oder Bootspartien auf dem Fluß; Picknicks und Diners im Freien gehörten zur Tagesordnung, und zu Abend wurde meist auf der großen halboffenen Veranda des Herrenhauses gespeist, die von seltenen Blumen in dreifacher Reihe eingefaßt war. Der berauschende Duft dieser Blütenfülle in der frischen Nachtluft ließ bei der glänzenden Beleuchtung der Tafel unsere ohnehin fast ausnahmslos jungen Damen noch schöner erscheinen, wenn sie nach ihren Ausflügen am Tage, angeregt von den Eindrücken in der freien Natur, den Schalk in den glänzenden Augen, ein entzückend keckes Wortgeplänkel mutwillig hin und her zu führen wußten, das nur von ihrem hellen Lachen unterbrochen wurde. Es wurde getanzt, musiziert, gesungen; bei unfreundlichem Wetter stellte man lebende Bilder, Scharaden, Sprichwörter, die auch erraten werden mußten, und selbstverständlich wurde auch Theater gespielt. Gute Erzähler taten sich hervor, allerhand Erlebnisse wurden berichtet, Bonmots zum besten gegeben.

Unter den Gästen gab es mehrere, denen sozusagen von selbst die Hauptrollen zufielen. Natürlich fehlte es auch hier nicht an Neid, Klatsch, an übler Nachrede, ohne die die Welt ja offenbar nicht bestehen könnte, da sonst wohl Millionen von Menschen vor Langeweile wie die Fliegen stürben. Doch als Elfjähriger begriff ich damals noch nicht viel von dieser Menschenart, zumal ich noch von etwas ganz Anderem abgelenkt wurde, oder wenn mir auch mancherlei auffiel, so verstand ich doch längst nicht den Zusammenhang. Erst später kam es vor, daß mir dieses und jenes aus der Erinnerung wieder einfiel und ich dann darüber nachdachte. Damals aber konnte freilich nur das glänzende Äußere des Bildes meinen Kinderaugen auffallen, dieser allgemeine Lebensschwung, diese Pracht und Heiterkeit. Dies alles von mir bis dahin noch nie Gesehene, nie Gehörte beeindruckte mich dermaßen, daß ich mich in den ersten Tagen förmlich verlor und mein junger Kopf schwindlig wurde.

Ich muß immer wieder betonen, daß ich erst elf Jahre alt, also noch ein Kind war, nicht mehr als ein Kind. Viele dieser schönen Damen, die mich liebkosten, machten sich auch weiter keine Gedanken über mein Alter. Allein – und das war merkwürdig! – schon begann sich meiner eine gewisse, mir selbst unbegreifliche Empfindung zu bemächtigen: leise schauerte schon irgend etwas gleichsam über mein Herz hin, etwas bisher Ungekanntes und Ungeahntes, wovon aber mein Herz mitunter wie erschrocken zu glühen und zu pochen begann, daß mir oft ganz plötzlich das Blut heiß ins Gesicht schoß. Es gab Augenblicke, wo ich mich der verschiedenen kindlichen Vorrechte, die ich noch genoß, bereits schämte, oder sie womöglich als persönliche Beleidigung empfand. Dann wieder bemächtigte sich meiner so etwas wie Verwunderung, und ich schlich mich fort, irgendwohin, wo mich niemand sehen konnte, gleichsam um einmal Atem zu schöpfen und mich an etwas zu erinnern, an etwas, das ich, wie mir schien, bisher sehr gut gewußt hatte und woran ich mich jetzt plötzlich nicht mehr zu erinnern vermochte, indes ich mich doch ohne dieses Eine nirgendwo blicken lassen durfte und überhaupt nicht sein konnte.

Bald schien es mir schließlich, daß ich vor allen Menschen etwas verheimlichte, aber um keinen Preis hätte ich auch nur ein Wort davon zu jemandem gesagt, da ich kleiner Kerl mich dessen bis zu Tränen schämte. Bald aber begann ich mich mitten in dem Trubel, der mich hier umgab, eigentümlich einsam zu fühlen. Es waren wohl noch andere Kinder da, aber die waren alle entweder viel jünger oder viel älter als ich; im übrigen gingen sie mich gar nichts an. Freilich wäre mit mir auch nichts geschehen, wenn ich mich nicht in einer so verzwickten Lage befunden hätte. In den Augen aller dieser schönen Damen war ich ja immer noch das harmlose junge Lebewesen, das sie zwischendurch zu hätscheln beliebten oder mit dem sie wie mit einer Puppe spielen zu dürfen glaubten. Besonders eine von ihnen, eine bezaubernde junge Blondine mit dem schönsten und reichsten Blondhaar, das ich je gesehen habe und je sehen werde, schien sich geschworen zu haben, mich nicht in Ruhe zu lassen. Mich verwirrte das Gelächter ringsum, das ihre drolligen Scherze mit mir fortwährend hervorriefen, ihr aber machte es offenbar riesigen Spaß und steigerte nur ihre Ausgelassenheit. In Mädchenpensionaten hätte man ihre Einfälle bestimmt „Schuljungenstreiche“ genannt. Sie war wirklich wunderschön, und ihre Schönheit hatte etwas an sich, was sofort in die Augen stach, schon auf den ersten Blick. Und natürlich war sie keineswegs mit jenen schüchternen Blondinen zu vergleichen, die so weich wie Flaum und so zahm wie weiße Mäuschen oder Pastorentöchterlein sind. Sie war nicht groß von Wuchs und mollig, aber die Züge ihres Gesichts waren von einer bezaubernd zarten, feinen Zeichnung. In diesem Antlitz konnte es wie ein Blitz aufleuchten, und überhaupt war sie wie eine Flamme: lebendig, flink, leicht. Aus ihren großen, offenen Augen sprühten gleichsam Strahlen, wie aus Edelsteinen, und nie würde ich diese blauen, strahlenden Augen gegen gleichviel welche schwarzen des Südens eintauschen, sollten sie auch noch dunkler sein als „der dunkelste andalusische Blick“. Denn meine Blondine war jener berühmten Brünetten wahrlich ebenbürtig, die ein bekannter Dichter besingt und für die er in so herrlichen Versen dem ganzen Kastilien schwört, mit Wonne bereit zu sein, sich alle Knochen zu brechen für die Gunst, nur einmal mit der Fingerspitze die Mantille seiner Schönen berühren zu dürfen. Man füge noch hinzu, daß *meine* Schöne die lustigste aller Schönen der Welt war und dabei das ausgelassenste, mutwilligste, lachlustigste Kind, obschon sie bereits seit etwa fünf Jahren verheiratet war. Das Lachen wich fast nicht von ihren Lippen, die so frisch waren wie eine kaum erblühte Rose in der frühen Morgensonne, noch bevor deren Strahlen die kühlglitzernden Tautropfen von den duftenden Blättern getrunken haben.

Ich weiß noch, am zweiten Tage nach meiner Ankunft wurde Theater gespielt. Eine Liebhaberaufführung. Der Saal war, wie man zu sagen pflegt, gepfropft voll; es gab keinen einzigen freien Platz, und da ich mich zufällig etwas verspätet hatte, mußte ich nun stehend der Aufführung zusehen. Aber das lustige Spiel zog mich an, ich drängte mich unauffällig vor. Bald hatte ich mich fast unbemerkt bis zu den ersten Reihen durchgearbeitet, wo ich dann endlich stehen blieb und mich auf die Lehne eines Stuhles stützte, auf dem eine Dame saß. Diese Dame war meine schöne Blondine. Aber wir waren noch nicht miteinander bekannt. Und da nun – ich weiß wirklich nicht, wie es kam – begann ich zufällig ihre schönen Schultern zu betrachten, die so wunderhübsch rund geformt waren und so zart und weiß aussahen wie Milchschaum, obwohl es mir völlig gleich war, ob ich auf die schönsten Frauenschultern blickte oder auf die Spitzenhaube mit feuerfarbenen Schleifen, die das graue Haar einer ehrwürdigen Dame vorn in der ersten Reihe bedeckte. Neben der schönen Blondine saß aber ein älteres Fräulein, eines von jenen, die ewig, wie ich später beobachtet habe, irgendwo Anschluß suchen, mit Vorliebe an junge und hübsche Damen, und in der Regel suchen sie sich gerade solche aus, die die männliche Jugend nicht zu verscheuchen pflegen. Doch dies nur nebenbei; ich erwähne es bloß deshalb, weil dieses ältere Fräulein meine Betrachtung der vor mir Sitzenden bemerkte, sich sogleich mit maliziösem Lächeln zu ihrer schönen Nachbarin beugte und ihr etwas ins Ohr tuschelte. Im Nu sah sich diese nach mir um, und ich weiß noch, ihr Blick im Halbdunkel flammte mich so an, daß ich, der ich darauf gar nicht vorbereitet war, erschrocken zusammenfuhr. Da lächelte sie.

»Gefällt dir das Stück?« fragte sie mich, indem sie mir halb spöttisch, halb spitzbübisch in die Augen sah.

»Ja–a«, antwortete ich verdutzt und schaute sie immer noch in einer Art Verwunderung an, die wiederum ihr zu gefallen schien.

»Aber warum stehst du denn? So wirst du doch bald müde werden. Oder sind alle Stühle besetzt?«

»Ja... alle«, sagte ich, jetzt aber schon abgelenkt und mehr mit dem Gedanken an eine Sitzgelegenheit beschäftigt als mit den sprühenden Augen der schönen Dame, und zugleich ehrlich froh darum, daß sich endlich ein gutes Herz fand, dem ich meinen Kummer mitteilen konnte. »Ich habe schon gesucht, aber auf jedem Stuhl sitzt schon jemand«, fuhr ich fort, als wollte ich mich bei ihr darüber beklagen, daß alle Plätze besetzt waren.

»Komm her!« sagte sie flink, so schnell entschlossen, wie sie sich zu allem immer blitzschnell entschloß, gleichviel was für eine tolle Idee ihr gerade in den Sinn kam. »Komm hierher zu mir, schnell, und setz' dich auf meinen Schoß!«

»Auf den Schoß?« wiederholte ich bestürzt, und ich wußte nicht recht, was ich tun sollte.

Wie ich schon sagte, fingen diese Kindern eingeräumten Vorrechte nachgerade an, mich zu kränken und zu beschämen. Diese Dame aber trieb es, wie zum Trotz, weit ärger als alle anderen. Überdies begann ich, der ich schon von jeher ein etwas schüchterner und verschämter Knabe war, mich gerade zu jener Zeit vor Damen ganz besonders zu fürchten, und deshalb machte mich ihre Aufforderung vollends unsicher.

»Nun ja, auf den Schoß! Warum willst du denn nicht auf meinem Schoß sitzen?« beharrte sie und begann zu lachen, lachte immer übermütiger, lachte Gott weiß worüber – vielleicht über ihren eigenen Einfall oder vielleicht auch vor Freude darüber, daß sie mich so verlegen gemacht hatte. Darauf hatte sie es ja abgesehen.

Ich errötete und sah mich in meiner Verwirrung verstohlen um – wie um eine Möglichkeit zu erspähen, irgendwohin zu entschlüpfen. Aber sie kam mir zuvor, erwischte meine Hand, zog mich geschwind näher, und plötzlich – ganz unverhofft und zu meiner größten Verwunderung – preßte sie meine Hand mit ihren heißen Fingern wie in einem Schraubstock zusammen. Es tat schrecklich weh und ich mußte mich krampfhaft beherrschen, um nicht aufzuschreien. Da war es denn wohl kein Wunder, daß ich die seltsamsten Gesichter schnitt. Hinzu kam noch, daß ich nicht nur verwundert und erschrocken war, sondern einfach entsetzt, und zwar über die Tatsache, die ich nun plötzlich am eigenen Körper erfahren mußte: daß so schöne Damen zugleich so böse sein und sich so schlimm an kleinen Jungen vergreifen konnten, die ihnen doch nichts getan hatten, und das noch dazu vor so vielen fremden Menschen! Wahrscheinlich spiegelte aber mein unglückliches Gesicht alle meine Seelenregungen wider, denn die unartige Dame lachte unbezwingbar in sich hinein und preßte dabei meine armen Finger, als wollte sie sie zerquetschen. Es schien ihr ein rasendes Vergnügen zu bereiten, etwas recht Tolles anzustellen und einen armen Jungen recht bis zur Verzweiflung zu peinigen, und ihn dabei doch nur zum besten zu haben. Ich war in der Tat der Verzweiflung nahe. Erstens verging ich fast vor Scham, da alle, die in der Nähe saßen, sich schon nach uns umsahen, die einen erstaunt und verständnislos, die anderen lachend, da sie sogleich begriffen, daß die schöne Blondine wieder jemandem einen Streich spielte. Und zweitens wollte ich schreien vor Schmerz, denn die Schöne schien ihren ganzen Ehrgeiz darein zu setzen, meine Finger mit wahrem Ingrimm, gerade weil ich nicht schrie, zusammenzupressen. Ich aber beschloß, standzuhalten wie ein Spartaner, und schrie nicht. Ich fürchtete, mit meinem Schrei das Publikum zu erschrecken und die allgemeine Aufmerksamkeit auf mich zu lenken; was aber dann mit mir geschehen wäre, das vermochte ich nicht einmal auszudenken! In meiner Verzweiflung begann ich einen erbitterten Kampf mit ihr, um meine Hand aus ihren Fingern zu reißen, aber die Grausame war ja viel stärker als ich. Endlich hielt ich den Schmerz nicht mehr aus und schrie auf – aber nur darauf hatte sie ja gewartet! Im Nu ließ sie meine Hand fahren und saß da, als wäre gar nichts geschehen, als wäre sie das unschuldigste Geschöpf der Welt, das nichts damit zu schaffen hat, wenn ein anderer unartig ist, kurz, haargenau so, wie's ein echter Schulbub macht, der, kaum daß der Lehrer ihm den Rücken kehrt, im Handumdrehen etwas anrichtet – und wäre es auch nur, daß er einem kleinen Schwächling einen Rippenstoß versetzt, ihn kneift oder ähnliches mit dem Erfolg verbricht, daß der andere aufschreit –, in der nächsten Sekunde aber wieder stramm und artig auf seinem Platz sitzt und sittsam die Augen niederschlägt oder mit ungeteilter Aufmerksamkeit ins Buch schaut, als ob er büffele, und somit den Herrn Lehrer, der auf den Lärm hin wie ein Habicht auf ihn losschießt, mit einer langen Nase wieder abziehen läßt.

Zu meinem Glück jedoch wurde gerade in diesem Augenblick die Aufmerksamkeit der übrigen durch das meisterhafte Spiel unseres Hausherrn in Anspruch genommen – er spielte in der aufgeführten Scribe'schen Komödie die Hauptrolle. Stürmischer Beifall erscholl, und ich benutzte schnell die Gelegenheit zur Flucht, drängte mich durch ein paar Reihen und lief in die entgegengesetzte Ecke, von wo aus ich, halb versteckt hinter einer Säule, mit Grauen dorthin spähte, wo die heimtückische Schöne saß. Sie lachte so, daß sie das

Taschentuch an die Lippen pressen mußte. Und lange noch sah sie sich immer wieder suchend nach mir um, jedoch ohne mich zu entdecken. Allem Anschein nach tat es ihr leid, daß unsere verrückte Balgerei so schnell ein Ende gefunden hatte. Ja, vielleicht heckte sie schon einen neuen Streich aus.

Damit begann also unsere Bekanntschaft, und seit jenem Abend war ich meines Lebens nicht mehr sicher vor ihr. Sie verfolgte mich ununterbrochen. Sie wurde einfach zu meinem Schreckgespenst. Das Groteske ihrer Scherze mit mir bestand hauptsächlich darin, daß sie beteuerte, bis über die Ohren in mich verliebt zu sein, und das sagte sie ganz ungeniert in Gegenwart aller Gäste! Natürlich war das für mich, den ohnehin scheuen und verschämten Knaben, ungefähr das Fürchterlichste, was ich mir denken konnte, und es verdroß mich fast bis zu Tränen. Und schon mehrmals hatte sie mich in eine so ernsthaft peinliche Lage gebracht, daß ich bereits nahe daran war, mit den Fäusten auf diese meine heimtückische Anbeterin loszugehen. Aber meine hilflose Verwirrung, meine ratlose, wütende Verzweiflung reizten sie offenbar erst recht, mich weiter aufzuziehen. Sie kannte kein Erbarmen, ich aber wußte nicht, wo ich mich lassen sollte, um ihr zu entgehen. Zum Unglück wirkte auch das Gelächter der anderen, das sie mit ihren Streichen hervorzurufen verstand, noch anfeuernd auf sie. Aber zu guter Letzt fand man doch, daß sie mit ihren Scherzen schon etwas zu weit ging. Und auch ich muß gestehen, wenn ich jetzt zurückdenke, daß sie sich schon ein wenig viel erlaubte mit einem solchen Kinde, wie ich es damals war.

Aber so war nun einmal ihr Wesen; im Grunde war sie nur ein verspieltes und verwöhntes Kind. Wie ich nachher erfuhr, soll gerade ihr Mann sie am meisten verwöhnt haben, ein dicker kleiner Herr mit einem frischen Gesicht, sehr reich und sehr beschäftigt, letzteres wenigstens nach seiner Lebensweise zu urteilen: ewig hatte er etwas vor, keine zwei Stunden hielt er es an einem Ort aus, jeden Tag fuhr er vom Gut nach Moskau, oft sogar zweimal am Tage, und zwar immer, wie er behauptete, wegen geschäftlicher Angelegenheiten. Etwas Lustigeres und Gutmütigeres als es seine humorige, aber dabei doch immer gesetzte Miene und Haltung war, hätte man schwerlich irgendwo finden können. Seine Frau liebte er nicht nur bis zur Schwäche, bis zur Unsagbarkeit – nein, er betete sie buchstäblich an wie einen Abgott.

Da versteht es sich wohl von selbst, daß er ihr nichts verbot, und daß sie tun und lassen konnte, was ihr nur einfiel. Freunde und Freundinnen hatte sie eine Menge. Denn erstens gab es überhaupt wenige, die sie nicht liebten, und zweitens war sie gar nicht wählerisch in der Wahl ihrer guten Bekannten, obgleich ihrem Charakter viel mehr Ernst zugrunde lag, als man nach dem, was ich soeben erzählt habe, annehmen könnte. Aber von allen ihren Freundinnen liebte und schätzte sie ganz besonders eine junge Frau, eine entfernte Verwandte, die jetzt gleichfalls als Gast hier eingetroffen war. Zwischen ihnen bestand ein ganz eigenes Freundschaftsverhältnis, eines von jenen seltsam zarten, geistig vornehmen, wie sich so etwas zuweilen aus der Begegnung zweier sonst recht verschiedener Charaktere ergibt, die vielleicht sogar einander ganz entgegengesetzt sind, von denen aber der eine strenger, tiefer und reiner ist als der andere, während dieser mit feinem Taktgefühl, ehrlicher Selbsteinschätzung und neidloser Liebe sich dem anderen unterordnet, dessen Überlegenheit er anerkennt und dessen Freundschaft er als ein Geschenk des Glücks empfindet. Unter solchen Umständen entwickelt sich dann manchmal ein zwar zartes, innerlich vornehmes Verhältnis zueinander, das Güte und Nachsicht auf der einen Seite, auf der anderen Liebe und Verehrung des Höherstehenden kennzeichnen – eine Verehrung, der freilich eine gewisse Furcht nicht fehlt: die Furcht nämlich, sich in den Augen des anderen, der einem vorbildhaft ist, etwas zu vergeben, was zugleich den glühenden Wunsch hervorruft, mit jedem Schritt und jeder Tat dem Herzen des Freundes näher zu treten. Sie waren beide im gleichen Alter, aber es war doch in allem ein schier unermeßlicher Unterschied zwischen ihnen, vor allem auch in ihrer äußeren Erscheinung. Mme. M. war gleichfalls sehr schön, aber ihre Schönheit hatte etwas Eigenartiges, was sie auf den ersten Blick von der Schar der anderen hübschen Damen unterschied. Dieses nur schwer erklärbare Etwas wirkte mit einer unwiderstehlichen Anziehungskraft auf die Menschen, oder richtiger, es erweckte in jedem, der ihr begegnete, ein gutes, reines Gefühl, das einen alsbald wie eine geheime, aber mächtige Sympathie zu ihr hinzog. Es gibt solche beglückenden Gesichter. In ihrer Nähe fühlt sich ein jeder irgendwie besser, irgendwie freier und wärmer. Und doch war der Blick ihrer traurigen großen Augen, aus denen Geist und Kraft sprachen, zugleich schüchtern und unruhig, wie in immerwährender Furcht vor etwas Feindlichem und Drohendem, und diese seltsame Scheu breitete zuweilen solch eine Wehmut über ihre stillen Züge, die an das lichte Antlitz italienischer Madonnen gemahnten, daß man bei ihrem Anblick bald ebenso traurig wurde, als hätte man selbst den gleichen Kummer wie sie. Aus ihrem blassen, schmalen Gesicht sah, trotz der vollendeten Schönheit seiner regelmäßigen Züge und der wehmütigen Strenge einer dumpfen, verborgenen Qual, doch noch oft genug das ursprüngliche klare Kinderantlitz hervor, das Gesicht der noch nicht vergessenen vertrauensseligen Jahre – der Jahre eines vielleicht naiven Glücks. Und hinzu kam dieses stille, etwas zaghafte, unsichere Lächeln, und all das erweckte eine so unerklärliche Teilnahme für diese Frau, daß im Herzen eines jeden unwillkürlich eine süße, innige Sorge um sie erwachte, eine Sorge, die für sie noch aus der Ferne sprach und einen über Zeit und Raum hinweg mit ihr verband. Sie war vielleicht ein wenig schweigsam, vielleicht auch verschlossen, obwohl es zugleich schwerlich ein aufmerksameres und liebevolleres Wesen gab als sie, wenn jemand der Teilnahme bedurfte. Es gibt Frauen, die im Leben geradezu wie barmherzige Schwestern sind. Vor ihnen braucht man nichts zu verbergen, nichts zu verschweigen, wenigstens nichts, was in unserer Seele krank und verwundet ist. Wer leidet, der gehe getrost zu ihnen und fürchte nicht, ihnen zur Last zu fallen, denn nur selten weiß jemand von uns, wieviel unendlich geduldige Liebe, wieviel Mitgefühl und welch ein Allverzeihen in manchen Frauenherzen sein kann. Ganze Schätze an Mitempfinden, Trost und Hoffnung ruhen in diesen reinen Herzen, die so oft selbst verwundet sind – Herzen, die viel trauern, mehr als andere lieben, aber die eigenen Wunden behutsam vor jedem neugierigen Blick verbergen, denn tiefes Leid schweigt und verbirgt sich. Diese Frauen schreckt weder die Tiefe der fremden Wunde noch ihre Fäulnis ab: wer an sie mit seinem Vertrauen herantritt, ist ihrer schon wert; aber sie sind ja auch, nebenbei bemerkt, wie eigens zum Helfen geboren. Mme. M. war von hohem Wuchs, biegsam und schlank, aber verhältnismäßig mager. Ihre Bewegungen waren seltsam unausgeglichen, bald langsam, sanft und nicht ohne eine gewisse Würde, bald aber wieder von einer kindlichen Hastigkeit, und doch sprach zugleich aus mancher Geste eine eigenartige spröde Demut, etwas wie ein Bangen, wie eine Schutzlosigkeit, die aber doch niemanden um Schutz anging oder auch nur Schutz erwartete.

Ich sagte bereits, daß die ungehörigen Neckereien der tückischen Blondine mich beschämten, kränkten, ja, bis aufs Blut verletzten! Aber das hatte noch einen geheimen Grund, einen seltsamen und dummen Grund, den ich wie ein Heiligtum krampfhaft verbarg, um das ich zitterte, wie ein Geizhals um seinen Schatz, und schon beim bloßen Gedanken daran, selbst wenn ich ganz allein mit meinem verwirrten Kopf irgendwo in einer dunklen Ecke saß, wo mich kein durchschauender Blick einer spottlustigen blauäugigen Spitzbübin erreichen konnte, – ja, schon beim bloßen Gedanken daran stockte mir der Atem vor Verwirrung, Scham und Furcht, drohte mir das Herz stillzustehen. Mit einem Wort, ich war verliebt... das heißt, sagen wir, oder vielmehr, ich gebe zu, daß ich Unsinn rede: das war doch ganz unmöglich. Aber warum fing denn von allen Gesichtern, die mich umgaben, nur dieses eine meine Aufmerksamkeit ein? Weshalb folgte mein Blick nur ihr allein, wo sie ging und stand, weshalb *liebte* ich es, sie zu betrachten, obschon doch damals mein Sinn entschieden noch nicht danach stand, Frauen zu erspähen und sie kennen zu lernen? Das geschah aber namentlich abends, wenn sich bei trübem oder kühlem Wetter die ganze Gesellschaft in den Sälen versammelte und ich dann aus irgendeiner Saalecke, wo ich einsam und verlassen saß, ziellos nach allen Seiten ausguckte – wohin die Augen selbst gerade wollten, da ich keine andere Beschäftigung für sie zu finden wußte. Außer meiner Verfolgerin sprach selten jemand ein Wort zu mir, so daß ich mich an solchen Abenden gewöhnlich sträflich langweilte. Dann betrachtete ich die Menschen und spitzte die Ohren, wenn ich Gesprächen zuhörte, von denen ich oft kein Wort begriff. Da kam es denn ganz von selbst, daß die traurigen Augen und das stille Lächeln der schönen Mme. M. (denn um sie handelt es sich) Gott weiß weshalb meine Aufmerksamkeit fesselten, und dann konnte nichts mehr den seltsamen, unbestimmten und unfaßbar süßen Eindruck verwischen, den sie auf mich machte. Oft saß ich stundenlang und sah sie wie verzaubert an und konnte meinen Blick nicht von ihr losreißen. Jede Geste, jede Bewegung, jeder Ausdruck ihres Gesichts prägte sich meinem Gedächtnis ein, und ich lauschte auf jede Schwingung ihrer Stimme, die nicht laut war, sondern von einem tieferen, leicht gedämpften Klang, und – merkwürdig! – aus diesen Beobachtungen und ihren seltsam süßen Eindrücken erwuchs in mir eine ganz unerklärliche Neugier. Es war fast, als ahnte ich ein Geheimnis in ihr...

Am qualvollsten war mir daher jeder Spott in ihrer Gegenwart. Denn alle diese Scherze und komischen Neckereien erniedrigten mich in meinen Augen und waren für mein Gefühl die schrecklichsten Beleidigungen. Und wenn nun gar bei dem allgemeinen Gelächter über mich auch Mme. M. zuweilen unwillkürlich mitlachte, dann war ich außer mir vor Schmerz und Scham. Ich riß mich mit der Wut eines Verzweifelten aus den Händen meiner Verfolgerinnen und rannte nach oben, in den Zweiten Stock, wo ich dann den ganzen übrigen Tag einsam verbrachte, da ich mich nicht mehr im Saal zu zeigen wagte. Übrigens war ich mir damals weder über mein Schamgefühl noch über meine Erregung im klaren: der ganze Prozeß spielte sich vollkommen unbewußt in mir ab. Mit Mme. M. hatte ich noch keine zwei Worte gesprochen, und ich hätte natürlich nie den Mut gehabt, sie anzureden. Eines Abends aber, nach einem für mich elend verlaufenen Tag, blieb ich während des Spaziergangs hinter den anderen zurück, und da ich schrecklich müde geworden war, ging ich durch den Garten wieder nach Hause. Ich wählte den kürzesten Weg – eine entlegene Allee – und da erblickte ich auf einer Bank plötzlich Mme. M. Sie saß dort ganz allein, als habe sie diese Einsamkeit gesucht, saß zurückgelehnt, mit gesenktem Kopf, und ihre Finger spielten mechanisch mit dem Taschentuch, das sie in der Hand hielt. Sie war so in Gedanken versunken, daß sie gar nicht hörte, wie ich mich ihr näherte.

Als sie mich erblickte, erhob sie sich schnell von der Bank, wandte das Gesicht ab und ich sah, wie sie das Taschentuch an die Augen führte, um die Tränenspuren fortzuwischen. Sie hatte geweint. Dann tat sie, als wäre nichts geschehen, lächelte mir zu und ging mit mir zurück zum Herrenhause. Ich habe vergessen, wovon wir sprachen; nur schickte sie mich unterwegs immer wieder unter verschiedenen Vorwänden von sich fort: bald bat sie mich, eine Blume zu pflücken, bald sollte ich ihr sagen, wer dort in der nächsten Allee ritt. Sobald ich mich aber von ihr fortwandte, fuhr sie wieder schnell mit dem Tuch über die Wangen, da die ungehorsamen Tränen nicht versiegen wollten, vielmehr aus dem wehen kämpfenden Herzen immer wieder in ihre armen Augen traten. Ich begriff sehr wohl, daß ich ihr lästig war, da sie mich so oft fortschickte. Sie aber sah doch, daß ich schon alles bemerkt hatte, und trotzdem konnte sie sich nicht beherrschen – das quälte mich für sie noch viel mehr! Ich ärgerte mich fast bis zur Verzweiflung über mich selbst, ich verwünschte mein Unglück und meine Dummheit, die mich keinen Vorwand finden ließ, unter dem ich mich hätte entfernen können, ohne sie noch obendrein merken zu lassen, daß ich um ihr Leid wußte. So ging ich denn betrübt und unglücklich, mit meinem Zwiespalt im Herzen, neben ihr her und fand trotz aller Anstrengung kein einziges Wort, mit dem ich unsere einsilbige Unterhaltung hätte beleben können.

Diese Begegnung machte einen so tiefen Eindruck auf mich, daß ich Mme. M. nun den ganzen Abend mit unsagbarer Wißbegier verstohlen beobachtete. Aber ungeachtet meiner Vorsicht trafen sich unsere Blicke doch ein paarmal, und als sie das zweite Mal meinen Blick bemerkte, da lächelte sie. Das war an diesem Abend das einzige Mal, daß ich sie lächeln sah. Die Trauer war jedoch nicht aus ihrem Gesicht gewichen, und sie war sehr blaß. Die ganze Zeit unterhielt sie sich mit einer alten Dame, die eigentlich von keinem gemocht wurde, weil sie immer spionierte und Klatschgeschichten verbreitete, die aber von allen gefürchtet wurde, weshalb man sich denn gewissermaßen gezwungen sah, im Verkehr mit ihr liebenswürdig und aufmerksam zu sein, ob man wollte oder nicht...

Gegen zehn Uhr traf plötzlich der Mann von Mme. M. ein. Ich sah, wie sie bei dem unerwarteten Erscheinen ihres Gatten zusammenzuckte und wie ihr ohnehin schon blasses Gesicht fast schneeweiß wurde. Das war so auffallend, daß auch andere es bemerkten. Wenigstens fing ich von einem leisen Gespräch in meiner Nähe ein paar Bemerkungen auf, aus denen ungefähr hervorging, daß die arme Mme. M. kein gerade beneidenswertes Leben habe. Ihr Mann sei, wie man wisse, eifersüchtig wie ein Mohr, jedoch nicht aus Liebe zu ihr, sondern nur aus Liebe zu sich selbst. Dieser Mensch war nämlich in erster Linie „Europäer", und zwar einer der neuzeitlichen, beeinflußt von modernen Ideen, mit denen er gerne großtat. Was sein Äußeres anbetraf, so war er ein brünetter, großer und sehr stämmiger Herr mit europäisch geschnittenem Backenbart und einem selbstzufriedenen, frischen Gesicht, mit zuckerweißen Zähnen und dem Auftreten eines vollendeten Gentleman. Man nannte ihn einen »klugen Menschen«. So pflegt man nämlich in gewissen Kreisen einen besonderen, auf Kosten anderer fett gewordenen Menschenschlag zu nennen, der so gut wie nichts tut und auch so gut wie nichts tun will, der vielmehr vor lauter Faulheit und ewigem Nichtstun anstatt des Herzens sozusagen ein Stück Speck im Leibe hat. Gerade von diesen Leuten aber hört man jeden Augenblick, daß sie nur infolge gewisser höchst verwickelter und ihnen feindlicher Umstände, die ihr »Genie ermüdeten«, nichts zu tun hätten, und daß es deshalb »traurig sei«, sie »unbeauftragt zu sehen«. Das ist nun einmal so ihre schönklingende Phrase, ihr mot d'ordre, ihre pompöse Parole, die diese satten Fettwänste überall anbringen, weshalb sie einen denn auch schon längst langweilen, um nicht mehr zu sagen; wie eben jede ausgesprochene Tartüfferie oder jedes leere, alberne Wort. Übrigens scheinen einige dieser spaßigen Käuze, die auf keinerlei Weise eine Arbeit für sich finden können – zumal sie eine solche auch nie ernstlich suchen –, gerade danach zu trachten, alle davon zu überzeugen, daß sie an Stelle des Herzens nicht ein Stück Speck, sondern im Gegenteil etwas *sehr Tiefes* besäßen, aber was das nun eigentlich sein sollte, darüber würde wohl selbst der beste Chirurg keine Auskunft zu geben vermögen, aus Höflichkeit, wohlverstanden. Diese Herrschaften schlagen sich ihr Leben lang damit durch, daß sie alle ihre Instinkte nur auf billigen Spott, kurzsichtige Kritik und maßlosen Dünkel ausrichten. Da sie sonst nichts zu tun wissen, als die Fehler und Schwächen anderer zu erspähen und ewig breitzutreten, und da sie von guten Gefühlen genau nur soviel besitzen, wie sie etwa einer Auster zugeteilt worden sind, so fällt es ihnen auch nicht schwer, bei so viel vorbeugenden Mitteln, ihr Leben ziemlich umsichtig und mit viel Vorsicht unter den Menschen zu verbringen. Dessen rühmen sie sich denn auch über alle Maßen. So sind sie zum Beispiel nahezu überzeugt, daß ihnen womöglich die ganze Welt zinspflichtig sei; daß diese ganze Welt nur ihre Auster oder Vorratskammer darstelle, für sie zum Verspeisen geschaffen; daß alle außer ihnen Dummköpfe seien; daß jedermann gleich einer Apfelsine oder einem Schwamm nur den Daseinszweck habe, sich von ihnen bis zum letzten Tropfen auspressen zu lassen; sie halten sich für die Herren der Welt und meinen, diese ganze löbliche Ordnung der Dinge rühre nur davon her, daß sie so kluge und charaktervolle Leute seien. In ihrem maßlosen Stolz werden sie niemals eigene Mängel zugeben. Sie gleichen jener Gattung weltgewandter Schwindler, geborener Tartüffs und Falstaffs, die sich so ans Heucheln und Schwindeln gewöhnt haben, daß sie schließlich selber glauben, was sie sagen; sie haben so oft anderen versichert, sie seien ehrliche Leute, daß sie zu guter Letzt auch sich persönlich überzeugt haben, sie seien es wirklich, und ihr Schwindel sei die Ehrlichkeit selbst. Zu einer gewissenhaften inneren Selbsterkenntnis, zu einer aus innerem Anstand gerechten Selbsteinschätzung und Einordnung langt es bei ihnen nie; denn für gewisse Dinge haben sie ein viel zu dickes Fell. Im Vordergrund steht für sie doch immer und überall ihre eigene goldene Person, ihr Moloch oder Baal, ihr herrliches

„Ich" ganz allein. Die gesamte Natur, ja, die ganze Welt ist für sie nichts weiter als ein einziger prächtiger Spiegel, der nur dazu geschaffen sein soll, damit mein kleiner Gott sich ununterbrochen in ihm bewundern könne und außer seiner eigenen Person niemand und nichts zu bemerken brauche. Da ist es denn kein Wunder, wenn er alles auf der Welt in so abscheulicher Entstellung zu sehen pflegt. Für alles haben sie eine fertige Phrase, und zwar – was übrigens ihrerseits der Gipfel ihrer Geschicklichkeit ist – immer die allermodernste Phrase. Ja, man kann sogar sagen, daß gerade sie es sind, die die neue Mode verbreiten, indem sie redselig den Gedanken anpreisen, dessen Erfolg sie schon wittern. Eben dies ist es, was sie auszeichnet: die Witterung, mit der sie so eine heraufkommende Modephrase schon von fern riechen und mit der sie sie sich dann schleunigst, schon vor den anderen aneignen, daß es den Anschein hat, sie sei von ihnen ausgegangen. Vor allem aber versehen sie sich mit einem Vorrat an solchen Phrasen, die ihrer tiefsten Sympathie mit der Menschheit Ausdruck geben, die genau definieren, wie die einzig richtige und von der Vernunft anerkannte Philantropie beschaffen zu sein habe, um schließlich überzugehen auf unentwegte Angriffe und Vorwürfe gegen die Romantik im Leben, das heißt aber nur allzu oft gegen alles Schöne und Wahre, von dem jedes Atom kostbarer ist als ihre gesamte Weichtiergattung. Aber in ihrer Roheit sind sie völlig unfähig, das Wahre in einer noch suchenden, noch unfertigen Übergangsform zu erkennen, und so verwerfen sie denn alles, was noch nicht ausgereift ist, was sich noch nicht geklärt hat und noch umhertastet. Dieser satte Mensch hat sein ganzes Leben in Heiterkeit an fertiggedeckten Tischen verbracht, hat selbst nie etwas geschaffen und weiß gar nicht, wie schwer jedes Ding zu schaffen ist; daher wehe dem, der seine verfetteten Gefühle mit etwas Rauhem streift: das wird er nie verzeihen, nie vergessen und sich bei Gelegenheit mit Wonne dafür rächen. In der Summe ergibt sich, daß ein derartiger Held nichts mehr und nichts weniger ist als ein riesengroßer, bis zur letzten Möglichkeit aufgeblasener Sack, voll Sentenzen, Modephrasen und Schlagwörtern aller Art.

Übrigens war Monsieur M. doch ein etwas bemerkenswerterer Herr, da er eine Gabe besaß, die ihn immerhin durch einen gewissen Eigenwert auszeichnete: er war nämlich ein guter Erzähler, war witzig und redselig, was zur Folge hatte, daß in der Gesellschaft sich immer ein Kreis um ihn versammelte. An jenem Abend war er besonders gut aufgelegt; er riß die Unterhaltung an sich, war schlagfertig, beinahe geistvoll, gut gelaunt und brachte es soweit, daß alle nur ihm zuhörten, nur ihn anschauten. Dagegen war Mme. M. die ganze Zeit schweigsam und litt sichtlich: sie sah so traurig aus, daß ich fürchtete, gleich wieder Tränen in ihren Augen zu sehen. Alles das machte, wie gesagt, einen tiefen Eindruck auf mich. Ich war bestürzt und verwundert, und eine seltsame Neugier erfaßte mich. Die ganze Nacht träumte mir von M. M., während ich bis dahin noch kaum von peinigenden Träumen heimgesucht worden war.

Am anderen Morgen wurde ich schon früh nach unten in den Saal gerufen, wo die Proben zu den lebenden Bildern, zu denen auch ich herhalten mußte, stattfanden. Diese lebenden Bilder, ferner eine Theateraufführung und ein großer Ball, alles an einem Abend, sollten zur Feier des Geburtstages der jüngsten Tochter unseres Gastgebers stattfinden. Wir hatten im ganzen nur noch etwa fünf Tage Zeit. Zu diesem neuen Fest waren aus Moskau und von den benachbarten Landgütern nicht viel weniger als hundert Personen eingeladen, so daß große Vorbereitungen getroffen werden mußten, die natürlich den Trubel noch erhöhten. Die Proben oder richtiger: die Durchsicht der vorhandenen Kostüme fand zu einer so ungelegenen Zeit statt, weil der bekannte Künstler R., der ein Freund und Gast unseres Hausherrn war und sich aus Gefälligkeit bereit erklärt hatte, die Bilder zu stellen, noch nach Moskau fahren wollte, um die fehlenden Requisiten einzukaufen. So hieß es denn, sich beeilen. Mich hatte man für ein lebendes Bild mit Mme. M. ausersehen. Das Bild stellte eine Szene aus dem mittelalterlichen Leben dar und hieß: „Die Schloßherrin und ihr Page“.

Ich war entsetzlich verwirrt, als ich mit Mme. M. auf der Probe zusammentraf. Natürlich war ich überzeugt, daß sie sogleich alle meine Gedanken, Zweifel und Vermutungen, die mir seit dem letzten Abend durch den Kopf gefahren waren, aus meinen Augen erraten werde. Und überdies bedrückte mich noch so etwas wie ein Schuldgefühl ihr gegenüber, weil ich sie in ihrem Leid überrascht und ihre Tränen bemerkt hatte. Wußte ich denn, ob sie nicht vielleicht sogar sehr ärgerlich über mich war? Aber Gott sei Dank, es verlief alles ohne irgendwelche Unannehmlichkeiten: ich wurde von ihr ganz einfach – gar nicht bemerkt. Ihre Gedanken waren offenbar mit etwas ganz Anderem beschäftigt, und sie schien weder mich noch sonst etwas von der Probe zu sehen. Sie machte den Eindruck, als laste eine große quälende Sorge auf ihr. Sie war zerstreut und sichtlich bedrückt. Nach beendeter Probe lief ich schnell fort und kleidete mich um. Etwa zehn Minuten später trat ich auf die Veranda, um in den Garten zu gehen. Im selben Augenblick trat aus einer anderen Tür auch Mme. M. auf die Veranda, und zugleich erblickten wir beide vor uns ihren selbstzufriedenen Herrn Gemahl, der aus dem Garten heraufkam, wohin er gerade eine Schar junger Damen begleitet und einem anderen, zufällig müßigen Kavalier anvertraut hatte. Die Begegnung mit seiner Frau kam auch für ihn ganz unerwartet. Mme. M. errötete plötzlich, und in ihrer hastigen Bewegung drückte sich ein gewisser Unmut aus. Der Herr Gemahl, der sorglos eine Arie vor sich hinpfiff und unausgesetzt mit tiefsinniger Miene seinen schönen Backenbart strich, runzelte ein wenig die Stirn, als er seine Frau erblickte, und betrachtete sie, wie ich mich jetzt entsinne, mit entschieden inquisitorischem Blick.

»Sie gehen in den Garten?« fragte er, da er in ihrer Hand einen Sonnenschirm und ein Buch bemerkte.

»Nein, in den Wald«, sagte sie und errötete leicht.

»Allein?«

»Mit ihm...« Sie wies auf mich. »Ich gehe morgens immer allein spazieren«, fügte sie wie zur Erklärung hinzu, aber mit einer etwas unsicheren Stimme, die wohl gleichgültig klingen sollte, statt dessen aber genauso klang, wie wenn man zum erstenmal im Leben lügt.

»Hm... Ich habe soeben eine ganze Gesellschaft fortbegleitet. Sie versammeln sich dort alle bei der Rosenlaube, um N. das Geleit zu geben. Er verläßt uns, wie Sie wissen... Es ist ihm da irgendwo in Odessa ein Malheur passiert... Ihre Kusine« (mein blonder Plagegeist) »lacht und weint, beides zugleich, so daß man nicht aus ihr klug werden kann. Übrigens sagte sie mir, daß Sie aus irgendeinem Grunde auf N. böse seien und ihn deshalb nicht begleiten wollten. Natürlich ein Unsinn?«

»Sie scherzt doch nur«, sagte Mme. M. und stieg die Stufen hinab in den Garten.

»Also das ist jetzt Ihr täglicher Cavalier servant?« fragte er noch beiläufig mit spöttisch zuckenden Mundwinkeln und musterte mich durch sein Monokel.

»Page!« rief ich, wütend über seinen Blick, über seinen Spott, und dann lachte ich ihm gerade ins Gesicht und sprang mit einem Satz über die drei Stufen.

»Nun, viel Vergnügen«, brummte M. M. und ging weiter.

Ich war natürlich gleich zu Mme. M. getreten, als sie auf mich wies, und hatte mir den Anschein gegeben, als hätten wir uns schon vor einer Stunde verabredet, und ich tat auch so, als sei ich schon einen ganzen Monat jeden Morgen mit ihr spazierengegangen. Nur konnte ich nicht begreifen, weshalb diese Begegnung sie so verwirrte, und was sie eigentlich im Sinn hatte, als sie sich zu der kleinen Lüge entschloß. Warum hatte sie nicht ganz einfach gesagt, daß sie allein gehe? So aber wußte ich nicht, was ich davon denken sollte. Dennoch begann ich allmählich, trotz meiner Unsicherheit und aller Befürchtungen, mit naiver Neugier verstohlen zu ihr aufzusehen; doch ganz wie vor kurzem bei der Probe bemerkte sie auch jetzt weder meine Blicke, noch meine stumme Frage. Nur dieselbe quälende Sorge spiegelte sich noch deutlicher, noch tiefer in ihren erregten Zügen wider und sprach aus jeder Bewegung, sprach vor allem aus ihrem schnellen Gang. Sie mußte Eile haben, denn sie beschleunigte ihre Schritte, und unruhig blickte sie in jede Allee, in jede Schneise im Walde, und zwar immer nach der Seite des Gartens hin. Auch ich begann etwas zu erwarten. Da vernahmen wir Pferdegetrappel hinter uns. Es war eine ganze Kavalkade, Damen und Herren, hoch zu Roß, die alle jenen N., der uns so plötzlich verließ, begleiteten.

Unter den Reiterinnen erblickte ich auch meine Blondine, von der M. M. uns erzählt hatte, daß sie gelacht und geweint habe, beides zugleich. Ihrer Gewohnheit gemäß lachte sie nun wieder wie ein Kind und war so mutwillig und lustig wie nur je. Sie ritt einen prächtigen Schimmel. Als die Gesellschaft uns erreichte, zog N. den Hut, hielt aber weder sein Pferd an, noch sagte er ein Wort zu Mme. M. Bald waren sie alle hinter einer Wegbiegung verschwunden. Ich blickte zu Mme. M. auf und – beinahe hätte ich aufgeschrien vor Überraschung: sie war totenbleich und rührte sich nicht, nur große Tränen standen in ihren Augen. Unsere Blicke trafen sich: Mme. M. errötete jäh, wandte sich ab, und ich las Unruhe und Ärger in ihrem Gesicht, obschon sie sich schnell zusammennahm. Ich war überflüssig, war lästig, das war mir klar. Aber wie sollte ich mich entfernen, unter welchem Vorwand?

Da schlug Mme. M. plötzlich, als habe sie meine Gedanken erraten, das Buch auf, das sie mitgenommen hatte, und, indem ihr wieder das Blut in die Wangen stieg, sagte sie – sichtlich bemüht, mich dabei nicht anzusehen – als habe sie es soeben erst bemerkt:

»Ach! Das ist ja der Zweite Band, ich habe mich versehen! Bitte, bring mir den Ersten!«

Es war nicht mißzuverstehen! Ich hatte meine Rolle ausgespielt und auf einem geraderen Wege hätte sie mich schwerlich fortschicken können.
Ich lief mit dem Buch fort und kehrte nicht zurück. Der Erste Band blieb an diesem Morgen unberührt auf dem Tisch liegen.
Aber seitdem war ich so verändert, daß ich mir selbst ganz fremd vorkam: mein Herz pochte wie in fortwährender Angst. Ich wandte die größte Vorsicht an, um nicht irgendwie Mme. M. zu begegnen. Dafür aber betrachtete ich von nun an mit einer nahezu wilden Neugier ihren selbstzufriedenen Herrn Gemahl, als müsse an ihm etwas ganz Besonderes zu entdecken sein. Ich begreife jetzt selbst nicht, wie ich damals zu dieser lächerlichen Neugier kam, doch entsinne ich mich, daß alles, was ich an jenem Morgen erlebt hatte, mich in ein ganz eigenartiges Staunen versetzte. Und doch war das erst nur ein Anfang an diesem Tag, an dem mir noch ganz andere und noch viel größere Erlebnisse bevorstanden.
Es wurde ausnahmsweise früher als sonst zu Mittag gespeist. Am Nachmittag sollten wir eine Ausfahrt nach einem Nachbardorf machen, um einmal ein richtiges Dorffest, das dort gefeiert wurde, kennenzulernen; deshalb speisten wir früher. Ich hatte mich schon seit drei Tagen auf dieses Fest gefreut, von dem ich Gott weiß wie viel erwartete. Den Kaffee tranken alle auf der Veranda. Vorsichtig folgte ich den anderen aus dem Speisesaal und verbarg mich hinter mehreren Sesseln. Mich zog wieder meine Neugier dorthin, und die war so groß, daß ich ihr sogar auf die Gefahr hin folgte, von Mme. M. bemerkt zu werden. Der Zufall fügte es jedoch anders: ich geriet in die Nähe meiner blonden Verfolgerin. An diesem Tag war mit ihr ein Wunder geschehen, etwas schier Unglaubliches: sie sah plötzlich noch einmal so schön aus wie sonst. Wie und woher das kam, das weiß ich nicht, aber mit Frauen geschieht dieses Wunder ja recht oft. Unter uns befand sich ein neuer Gast, ein langer blonder junger Mann, der gerade aus Moskau eingetroffen war, fast wie um N. zu ersetzen, der uns am Morgen verlassen hatte und von dem das Gerücht ging, daß er in unsere blonde Schönheit sterblich verliebt gewesen sei. Der neue Gast aber stand schon seit langer Zeit in einem Verhältnis zu ihr, wie Benedikt zu Beatrice in Shakespeares „Viel Lärm um nichts". Kurz, unsere blonde Schöne fand an diesem Tage ungeheuren Beifall. Ihre Scherze und ihr Geplauder waren so entzückend, so zutraulich naiv, so verzeihlich unvorsichtig, und dabei war sie

selbst mit einer so graziösen Sicherheit im voraus vom allgemeinen Beifall überzeugt, daß sie die ganze Zeit von allen Anwesenden tatsächlich nur bewundert wurde. Um sie herum bildete sich ein dreifacher Kreis von überraschten, verwunderten und entzückten Zuhörern, denn so bezaubernd hatte man sie noch nie gesehen. Jedes Wort von ihr ward wie ein verführerisch Wunderding erhascht und weitergegeben, jeder Scherz, jede schlagfertige Antwort erregten Begeisterung. Wie es schien, hatte niemand soviel Geschmack, Geist und Verstand in ihr vermutet, denn ihre besten Eigenschaften wurden durch ihre täglichen kindischen Tollheiten, die oft fast zu Narreteien ausarteten, in den Schatten gestellt und selten von jemand bemerkt; oder wer sie zwischen jenen Kindereien bemerkte, der hielt sie für Zufall, so daß ihr plötzlicher Erfolg mit einem eifrigen Getuschel allgemeiner Verwunderung aufgenommen wurde.
Übrigens trug zu diesem Erfolg noch ein besonderer, etwas kitzliger Umstand bei, kitzlig wenigstens im Hinblick auf die Rolle, die der Herr Gemahl der Mme. M. dabei spielte. Der Wildfang hatte sich nämlich vorgenommen – und wie ich bemerken muß: fast zum allseitigen Gaudium oder zum mindesten doch zu dem der ganzen Jugend – wahrhaft unbarmherzig M. M., immer nur M. M. anzugreifen, und dies wohl aus verschiedenen Gründen, die in ihren Augen wahrscheinlich alle sehr gewichtig waren. Sie eröffnete im Kampf mit ihm ein richtiges Geplänkel mit spitzen Bemerkungen, Seitenhieben und Sarkasmen von der boshaftesten Art, die aber ihrerseits so geschlossen, glatt und rund waren, daß man sie nirgends fassen konnte, um sie der gütigen Spenderin zurückzuwerfen; Sarkasmen, denen der Gegner wehrlos ausgeliefert war, die nie ihr Ziel verfehlten und ihr Opfer, das sich in vergeblichen Anstrengungen erschöpfte, schließlich in die wildeste Wut versetzten und zur komischsten Verzweiflung brachten.
Ich weiß es zwar nicht genau, aber ich glaube doch sagen zu dürfen, daß dieser Zweikampf nicht zufällig entbrannte, sondern von ihr mit Absicht herbeigeführt wurde. Eigentlich hatte dieses erbitterte Duell schon bei Tisch begonnen. Ich nenne es erbittert, denn M. streckte die Waffen nicht so bald. Er mußte mit Aufbietung seiner ganzen Geistesgegenwart all seinen Scharfsinn und seine nicht geringe Wortgewandtheit zusammennehmen, um nicht eine Schlappe sondergleichen davonzutragen und mit Schmach und Schande das Feld räumen zu müssen. Der Kampf verlief unter fast unaufhör-

lichem Gelächter aller Zeugen und Teilnehmer. Jedenfalls hatte sich das Blatt für ihn an diesem zweiten Tage völlig gewendet; mit dem Beifall, den er am ersten Abend geerntet hatte, war es zu Ende. Wie ich und auch andere bemerkten, war Mme. M. mehrmals im Begriff, ihrer unvorsichtigen Freundin ins Wort zu fallen. Diese aber schien dem eifersüchtigen Gatten unbedingt eine Narrenkappe aufsetzen oder ihn wenigstens eine lächerliche Rolle spielen lassen zu wollen – etwa diejenige eines Blaubart, wenigstens nach dem zu urteilen, was ich noch behalten habe, und nach der Rolle, die ich selbst durch einen Zufall in dieser Komödie spielen sollte.
Das geschah ganz plötzlich und so unvorhergesehen, daß ich kaum zur Besinnung kam. Ich stand und hörte zu, ohne etwas Böses zu ahnen, und hatte sogar meine Vorsicht vergessen, als ich mich mit einem Mal mitten in den Streit hineingezogen sah: sie stellte mich plötzlich als den Todfeind und natürlichen Gegner des M. M. vor, als den sterblich, bis zur Verzweiflung verliebten Anbeter seiner Frau. Mit ihrem Ehrenwort verbürgte sich die Schreckliche für die Wahrheit ihrer Behauptungen, und sie beteuerte hoch und heilig, daß sie die sichersten Beweise besitze, z. B. habe sie noch an diesem Morgen im Walde gesehen … –
Doch sie konnte den Satz nicht beenden: ich unterbrach sie in dem für mich entscheidenden Augenblick. Aber dieser Augenblick war von ihr so geschickt abgepaßt, der Knoten war so genial geschürzt und die scherzhafte Lösung so wohl vorbereitet, und dabei alles so unnachahmlich wiedergegeben, daß eine schallende Lachsalve diesen letzten Trumpf begrüßte. Und obschon ich damals gleich erriet, daß die lächerlichste Rolle gar nicht mir zufiel, war ich doch so verwirrt, aufgebracht und erschrocken, daß ich mit Tränen in den Augen, mit dem Schmerz und der Erschütterung der Verzweiflung und Scham mich zwischen den Stühlen im Nu durchgedrängt hatte, mitten im Kreise stand und mit vor Tränen stockender Stimme empört meine Feindin anschrie:
»Und Sie schämen sich nicht! … ganz laut … und vor allen Damen … eine so häßliche Unwahrheit zu sagen?! Sie sind wie eine … eine dumme Göre … und das noch dazu vor Männern! Was werden die sich denken? Dabei sind Sie doch schon groß und … sogar verheiratet!! …«
Ohrenbetäubender Beifall unterbrach mich. Meine Standrede machte Furore! Es war aber nicht nur mein naiver Ausfall, es waren auch nicht die Tränen in meinen Augen, die so erheiternd wirkten, son-

dern es war vor allem das, daß ich gleichsam als Verteidiger des M. M. auftrat, was ein so schallendes Gelächter hervorrief. Aber ich gestehe: in der Erinnerung muß ich jetzt selber lachen, dermaßen komisch war doch der ganze Auftritt... Damals aber erstarrte ich und verlor völlig den Kopf vor Entsetzen... Und dann flammte ich auf wie Pulver im Feuer, bedeckte das Gesicht mit den Händen und stürzte fort, prallte in der Tür mit einem Diener zusammen, dem das Tablett aus den Händen flog, und stob wie der Wind nach oben in mein Zimmer. Ich riß den Schlüssel heraus, der von außen in der Tür stak, und schloß mich ein. Das war aber auch mein Glück, denn schon folgte mir eine wilde Jagd: eine halbe Minute später lief eine ganze Bande Sturm gegen meine Tür. Es waren alle unsere jungen Damen: ich hörte ihr Lachen, ihr flinkes Geschwätz, alle Stimmen zugleich – wie ein Schwalbenvolk zwitscherten sie durcheinander. Alle, alle ausnahmslos baten sie, flehten sie mich an, die Tür wenigstens auf einen Augenblick zu öffnen; sie schworen, daß mir nichts Böses widerfahren werde, sie wollten mich nur totküssen, wie sie versicherten. Aber welche Drohung hätte fürchterlicher sein können. Ich brannte, ich verging vor Scham und preßte das Gesicht in die Kissen und hätte um keinen Preis die Tür geöffnet oder auch nur mit einer Silbe geantwortet. Sie lärmten und bettelten noch lange vor der Tür, ich aber blieb gefühllos und taub, wie es nur ein Elfjähriger fertigbringt.

Was sollte ich jetzt tun? Alles war aufgedeckt, alles verraten, was ich so eifersüchtig geheimgehalten und vor allen Blicken verborgen hatte!... Ich war auf ewig mit Schmach und Schande bedeckt! Um ganz aufrichtig zu sein: ich hätte freilich nicht zu sagen gewußt, *was* ich so ängstlich geheimhalten wollte; aber schließlich hatte ich doch vor der Entdeckung dieses geheimgehaltenen Etwas wie ein Espenblättchen gezittert. Auch war ich mir bis dahin durchaus nicht klar darüber gewesen, ob es etwas Gutes oder Schlechtes, etwas Rühmliches oder Schmähliches sei. Nun aber kam mir plötzlich unter Qualen, zu meinem großen Kummer, die Erkenntnis, daß dies alles *lächerlich* und *beschämend* war! Mein Instinkt sagte mir zwar gleichzeitig, daß eine solche Auffassung falsch, unmenschlich und roh sei; aber ich war geschlagen, war vernichtet; das Denkvermögen, oder vielmehr die Erkenntnisfähigkeit, war gleichsam gelähmt und schien sich in mir irgendwie verwickelt und verwirrt zu haben. Es war mir unmöglich, mich gegen dieses Urteil aufzulehnen oder es auch nur gründlich zu untersuchen: ich war wie betäubt;

ich fühlte nur, daß mein Herz unmenschlich und schamlos verwundet worden war, und ich brach in ohnmächtige Tränen aus. Ich war überreizt. Machtlose Wut kochte in mir und alsbald stieg sogar Haß in mir auf, den ich bisher nie gekannt, denn zum erstenmal in meinem Leben hatte ich jetzt ernstes Leid und eine wirkliche Kränkung erfahren. In mir, dem unwissenden Kinde, war das erste noch unerfahrene, noch unentwickelte Gefühl mit roher Hand berührt, das erste keusche, hauchzarte Schamgefühl entblößt und entheiligt, der erste und vielleicht sehr ernste ästhetische Eindruck ins Lächerliche gezogen worden. Allerdings konnten die Lachenden vieles nicht wissen und meine Qualen nicht voraussehen. Zur Hälfte aber war hierbei noch ein *verborgener* Umstand im Spiel, über den ich mir selbst noch nicht ganz klar geworden war, oder richtiger: den zu untersuchen ich mich bis dahin nicht recht getraut hatte. In Kummer und Verzweiflung blieb ich auf meinem Bett liegen und verbarg das Gesicht in den Kissen. Fieber- und Frostschauer überliefen abwechselnd meinen Körper. Zwei Fragen quälten mich: Was hatte diese nichtsnutzige Blondine am Morgen im Walde zwischen mir und Mme. M. gesehen, was hatte sie sehen können? Und die zweite Frage: Wie, auf welche Weise, mit welchen Augen konnte ich jetzt noch Mme. M. ins Gesicht sehen, ohne auf der Stelle, im selben Augenblick, vor Scham und Verzweiflung zu vergehen?

Ein ungewohnter Lärm auf dem Hof weckte mich aus der halben Bewußtlosigkeit, in der ich mich befand. Ich stand auf und trat ans Fenster. Der Hof war voll von Equipagen, Reitpferden, geschäftigen Stallknechten und Kutschen; es sah aus, als wollten alle Gäste uns verlassen. Ein paar Reiter saßen schon zu Pferde, die übrigen Gäste nahmen in den verschiedenen Wagen Platz... Da fiel mir ein, daß wir ja nach dem Nachbardorf fahren sollten, und eine gewisse Unruhe erfaßte mich: ich begann, mit den Augen meinen kleinen Klepper zu suchen, aber der war nicht zu sehen – also hatte man mich vergessen! Da hielt ich es nicht aus und lief Hals über Kopf nach unten, ohne an alle unangenehmen Folgen und den ganzen Vorfall noch weiter zu denken...

Unten erwartete mich eine vernichtende Nachricht: es gab für mich diesmal weder ein Pferd noch den kleinsten Platz in einem Wagen – alle waren bereits überbesetzt!

Von neuem Leid betroffen, blieb ich an der Freitreppe stehen und blickte traurig auf die lange Wagenreihe und die Reiter und Reiterinnen, deren Tiere bereits unruhig tänzelten.

Man wartete nur noch auf einen der Herren, der sich wohl etwas verspätet hatte. Unten vor der Freitreppe stand sein Reitpferd, schäumte ins Gebiß, scharrte mit dem Huf und zuckte bei jeder Kleinigkeit zusammen, wobei es große Lust verriet, sich zu bäumen. Zwei Stallknechte hielten das Tier am Zaum, zugleich sich selbst vorsichtshalber nach Möglichkeit außerhalb des Bereichs seiner Hufe, wie denn überhaupt alle in achtungsvoller Entfernung von ihm standen.

Es hatte in der Tat seinen Grund, und einen sehr unangenehmen dazu, weshalb ich nicht mitkonnte. Abgesehen davon, daß noch neue Gäste angekommen waren, die die freien Plätze in den Wagen einnahmen, wollte es das Unglück, daß zwei Reitpferde erkrankt waren, das eine davon war mein Klepper. Durch dieses Pech aber war nicht ich allein betroffen; auch für unseren neuen Gast, den blonden jungen Mann, den ich bereits erwähnte, stand nun kein Reitpferd mehr zur Verfügung. Infolgedessen hatte sich unser Hausherr gezwungen gesehen, seinen wilden, noch nicht zugerittenen jungen Hengst dem Gast anzubieten, allerdings mit der Bemerkung – zur Beruhigung seines Gewissens –, daß es ein Ding der Unmöglichkeit sei, dieses Tier zu reiten, und daß man schon längst beschlossen habe, den Hengst wegen seiner Wildheit zu verkaufen, sobald sich nur ein Käufer fände. Doch der junge Mann hatte trotz der Warnung lachend erklärt, er fühle sich in jedem Sattel sicher und im übrigen sei er bereit, sich auf gleichviel welchen Pferderücken zu setzen, um nur mitreiten zu können. Da hatte denn der Hausherr geschwiegen, doch jetzt spielte, wie mir schien, ein etwas zweideutiges Schmunzeln um seine Lippen. Er stand in Erwartung des Reiters, der seiner Reitkunst so sicher war, auf der Freitreppe, ließ auch sein Pferd noch warten, rieb sich die Hände und schaute immer wieder nach der Tür. Ähnliche Gedanken wie ihr Herr schienen auch die beiden Stallburschen zu haben, die den Hengst hielten und sehr stolz darauf waren, sich vor soviel Zuschauern als die Bändiger eines so wilden Tieres zeigen zu können, das um nichts und wieder nichts einen Menschen totzutrampeln vermochte. In ihren Augen aber schien das zweideutige Schmunzeln ihres Herrn sich widerzuspiegeln, und sie guckten gleichfalls immer wieder nach der Tür, in der der kühne Reiter doch bald erscheinen mußte. Übrigens verhielt sich auch das Tier schließlich nicht anders, als habe es sich mit seinem Besitzer samt den Stallburschen verabredet: es stand nun stolz und bis auf weiteres ruhig mit hocherhobenem Kopf da, als fühle es, daß einige Dutzend neugieriger Blicke auf ihm ruhten, und als wäre es gerade auf seinen schlechten Ruf stolz, ganz wie mancher unverbesserliche Galgenstrick, der mit seinen Galgenstreichen noch prahlt. Und es war, als wollte das Tier den Kühnen herausfordern, der es wagen würde, ihm seine Freiheit nehmen zu wollen.

Dieser Kühne erschien endlich. Es war ihm peinlich, daß er die Gesellschaft hatte warten lassen, und indem er sich eilig die Handschuhe anzog, stieg er die Stufen hinab und sah erst auf, als er schon die Hand nach dem Pferdehals ausstreckte und ein wildes Bäumen des Tieres, begleitet von einem warnenden Schrei der Zuschauer, ihn verblüfften. Der junge Mann trat einen Schritt zurück und betrachtete verwundert den Hengst, der jetzt am ganzen Körper zitterte, wütend schnaufte und wild die blutunterlaufenen Augen rollte, wobei er sich immer wieder auf die Hinterbeine setzte und die Vorderbeine hob, als wäre er im Begriff, sich im nächsten Augenblick loszureißen und in wilden Sätzen davonzujagen – die Stallburschen womöglich hinter sich herschleifend. Der junge Mann betrachtete ihn immer noch mit einem gewissen Befremden: dann errötete er leicht, wie in einer kleinen Verwirrung – sah auf, sah sich im Kreise um und sah die erschreckten Damen...

»Es ist ein sehr schönes Tier«, sagte er, wie zu sich selbst, »und meiner Meinung nach muß es herrlich sein, es zu reiten, – aber... aber wissen Sie was? Ich werde es lieber doch nicht versuchen«, schloß er, sich mit seinem offenen, freundlichen Lächeln, das seinem guten und klugen Gesicht so vortrefflich stand, an unseren Hausherrn wendend.

»Und dennoch halte ich Sie für einen vorzüglichen Reiter, mein Wort darauf!«, versetzte dieser sichtlich erfreut und drückte lebhaft und gleichsam dankbar seinem Gast die Hand, »eben weil Sie auf den ersten Blick erkannt haben, was für ein Tier Sie vor sich haben!« fügte er stolz hinzu. »Werden Sie es mir glauben, daß ich, der ich dreiundzwanzig Jahre lang Husar gewesen bin, schon dreimal das Vergnügen hatte, dank seiner Gnaden auf der Erde zu liegen, nämlich genau so oft, wie ich mich auf diesen... Nichtsnutz gesetzt habe. – Tankred, he! mein Freund, hier ist man dir nicht gewachsen! Dein Reiter wird vielleicht einmal ein zweiter Iljá Múrom[1] sein, der vorläufig noch in seinem Karatschárowo sitzt und wartet, bis dir die Zähne ausfallen. Na, führt ihn fort! Wir haben genug von ihm! Habt ihn umsonst herausgeführt!« rief er den Stallburschen zu und rieb sich zufrieden die Hände.

Ich muß hier bemerken, daß Tankred ihm nicht den geringsten Nutzen brachte und ganz umsonst seinen Hafer fraß. Überdies hatte er, der alte Husar, mit dem Ankauf dieses Pferdes seinen Ruf als Pferdekenner verdorben, da er für dieses Tier einzig um seiner Schönheit willen eine märchenhafte Summe bezahlt hatte... Nichtsdestoweniger war er jetzt sehr zufrieden mit dem Tier, das seinen schlimmen Ruf bewährte und sich somit immerhin einen gewissen Ruhm erwarb, gleichviel welcher Art dieser auch war.

»Wie, Sie wollen nicht mit uns reiten?« rief die Blondine, der es sehr darum zu tun war, daß ihr Cavalier servant gerade diesmal sie begleite, »haben Sie denn gar keinen Mut?«

»Bei Gott, diesmal hab' ich ihn nicht!« antwortete der junge Mann lachend.

»Und Sie sagen das im Ernst?«

»So wollen Sie denn wirklich, daß ich mir den Hals breche?«

»Dann nehmen Sie schnell mein Pferd! Fürchten Sie sich nicht, es ist lammfromm! Es wird uns nicht aufhalten – im Nu ist umgesattelt! Ich werde es auf Ihrem Pferde versuchen. Tankred kann doch nicht immer so unhöflich sein!«

Gesagt – getan. Sie sprang aus dem Sattel und stand schon vor uns, noch bevor sie zu Ende gesprochen hatte.

»Oh, da kennen Sie meinen Tankred schlecht, wenn Sie glauben, er werde sich Ihren Damensattel auflegen lassen! Und übrigens kann ich auf keinen Fall gestatten, daß Sie sich das Genick brechen – das wäre doch zu jammerschade!« versetzte unser Hausherr gut gelaunt und seiner Gewohnheit gemäß mit altmodisch zierlicher Galanterie, die, mitunter gepaart mit einer gewissen Derbheit, wenn nicht gar verfänglichen Ungeniertheit, seiner Ansicht nach den alten Soldaten und „guten Kerl" markierte, der, wie er sich einbildete, besonders den Damen gefallen müsse. Das war nun einmal seine fixe Idee, die wir alle kannten.

»Na, du Schreihals – willst du's nicht versuchen? Du wolltest doch so gern mitkommen«, wandte sich die unerschrockene Reiterin plötzlich an mich, auf Tankred deutend. Sie meinte es mit ihrem Vorschlag wohl selber nicht sonderlich ernst, sondern sprach ihn nur aus, um nicht so ganz ohne weiteres das eigene Reitpferd wieder besteigen zu müssen, nachdem sie nun doch schon unnütz abgesprungen war, und ferner, um auch mich nicht »ungerupft« zu lassen, der ich so vorwitzig gewesen war, mich wieder vor ihr blikken zu lassen. »Du bist doch gewiß nicht so wie... na, wozu Namen nennen – wie ein gewisser Held, und wirst dich schämen, den Mut zu verlieren... noch dazu, wenn ‚man' dir zuschaut, schöner Page«, fügte sie hinzu, mit einem flüchtigen Blick auf Mme. M., deren Wagen der Freitreppe am nächsten hielt.

Haß und Rachedurst hatten mein Herz erfüllt, als sie, in der Absicht, Tankred gegen ihr Reitpferd einzutauschen, zu uns getreten war... Wie aber soll ich das wiedergeben, was ich bei dieser plötzlichen Herausforderung empfand? Mir wurde dunkel vor den Augen, als ich den Blick bemerkte, den sie Mme. M. zuwarf. Wie ein Blitz durchzuckte mich eine Idee... und in einer Sekunde, im Bruchteil einer Sekunde war die Idee schon Wille geworden... Ihr Blick wirkte auf mich wie ein Funke auf ein Pulverfaß – oder war das Maß schon so zum Überlaufen voll, daß ich bei diesem letzten Tropfen plötzlich wie mit einem Schlag wieder ich selbst war und alles sich in mir aufbäumte – daß ich mit einer einzigen Tat alle meine Feinde schlagen und mich vor allen Zeugen an ihnen rächen wollte, indem ich zeigte, was für ein Held ich sei? Oder war es vielleicht das, daß jemand mir in diesem Augenblick ein Stück Mittelalter, von dem ich noch nichts wußte, durch irgendein Wunder oder eine Zauberei offenbarte und ich in meinem erhitzten Kopf Turniere, Paladine, Knappen, schöne Edelfrauen, splitternde Lanzen sah und Schwertergeklirr, Geschrei und Beifallruf der Menge hörte, und zwischen all dem den schüchternen Aufschrei eines erschrockenen Herzens, der dem Stolzen auf dem Kampfplatz süßer klingt als alle Siegesfanfaren?... Nein, ich weiß wirklich nicht, ob dieser Unsinn mir schon damals den Kopf verwirrte, oder ob ich, wie mir scheint, nichts anderes dachte und fühlte als daß meine Stunde geschlagen hatte? Mein Herz stand still, und dann gab ich mir einen Ruck, und mit einem Sprung stand ich schon neben Tankred.

»Ach, Sie glauben, ich fürchte mich?« rief ich frech und stolz zugleich, in einer Erregung, die mir die Sinne benahm und das Blut ins Gesicht trieb. »Dann sollen Sie sehen!«... Und noch bevor jemand mich zurückhalten konnte, hatte ich schon eine Hand in Tankreds Mähne und einen Fuß im Steigbügel: Tankred bäumte sich auf, warf wild den Kopf in die Luft, riß sich mit einem Ruck und Satz von den Stallknechten los und raste vom Hof – ein Schrei des Entsetzens entrang sich allen Zuschauern.

Gott weiß, wie es mir gelang, im Fluge noch das andere Bein über den Sattel zu bringen; ebensowenig begreife ich, wie ich nicht das

Gleichgewicht verlor. Tankred raste mit mir durch das offene Gittertor, bog scharf nach rechts zur Seite und jagte mit hochgestrecktem Kopf blindlings längs dem Gitterzaun weiter. Erst in diesem Augenblick hörte ich hinter mir das Geschrei der fünfzig Stimmen, und dieser Schrei erweckte in meiner Brust soviel Freude und Stolz, daß ich diesen verrücktesten Augenblick meiner Kindheit nie vergessen werde. Das Blut stieg mir zu Kopf und betäubte, erstickte meine Angst. Ich war mir meiner selbst nicht bewußt. Übrigens hatte das alles, soweit ich mich erinnere, wirklich etwas Ritterliches. Indessen begann und endete mein Rittertum in kaum einer Minute – anderenfalls wäre es dem Ritter auch sehr schlecht bekommen. Und so verdanke ich meine Rettung nur einem Wunder. Zu reiten verstand ich zwar, aber mein gewohnter Klepper erinnerte doch weit eher an ein Lamm als an ein Reitpferd. Selbstverständlich wäre ich von Tankred aus dem Sattel geworfen worden, wenn er dazu nur Zeit gehabt hätte. Am Ende des Gitterzaunes scheute er aber vor einem großen Stein am Wege, bäumte sich und warf sich so wild herum, daß es mir noch jetzt ein Rätsel ist, wie ich im Sattel blieb und nicht wie ein Ball drei Klafter weit zu Boden flog, um zerschmettert liegen zu bleiben, und wie Tankred selbst sich bei dieser plötzlichen Wendung nicht einfach überschlug. So aber jagte er zurück zum Gittertor, schüttelte wild den Kopf, warf die Beine scheinbar wie sie wollten in die Luft und schien mit jedem Satz und Seitensprung nur eines zu wollen: mich abzuschütteln, als wäre ich ein Tiger, der ihm auf den Rücken gesprungen und sich mit allen Zähnen und Pranken in sein Fleisch einkrallte. Noch ein Augenblick – und ich wäre geflogen! Doch schon sprengten mehrere Reiter zu meiner Rettung herbei. Zwei von ihnen versperrten den Weg, zwei andere drängten ihre Tiere so dicht heran, daß sie mir fast die Beine zerquetschten, und schon hielten sie Tankred fest am Zaum. In wenigen Augenblicken waren wir wieder vor der Freitreppe.

Ich wurde aus dem Sattel gehoben, bleich und außer Atem. Tankred stand unbeweglich mit sich hebenden und senkenden Flanken, mit bebenden roten Nüstern wild schnaufend; dabei zitterten alle seine Nerven wie vor Wut und Empörung über die ungestrafte Frechheit eines Kindes, das ihn so beleidigt hatte! Ringsum ertönten immer noch Ausrufe der Angst und des Schrecks und der Verwunderung. Da begegnete mein irrender Blick dem der Mme. M., die mich erregt und bleich ansah, und – nie werde ich diesen Augenblick vergessen! – ich wurde feuerrot. Ich weiß nicht, was in mir vorging, aber verwirrt und erschreckt durch eine neue Empfindung, senkte ich schüchtern den Blick zu Boden. Doch mein Blick war bemerkt, war aufgefangen, war mir wieder gestohlen worden! Aller Augen wandten sich Mme. M. zu. Als diese plötzlich die allgemeine Aufmerksamkeit auf sich gerichtet sah, erschrak sie und errötete jählings selbst wie ein Kind, gleichsam infolge einer Empfindung, die gegen ihren Willen über sie kam, obgleich sie sich ganz unschuldig fühlte. Und in ihrer Verlegenheit zwang sie sich zu einem Lachen... Doch half ihr auch das nicht, ihr Erröten zu verbergen...

Alles dies hätte einem unbeteiligten Beobachter natürlich sehr komisch erscheinen müssen; aber da bewahrte mich ein höchst naiver und unerwarteter neuer Ausfall der Ungezogenen vor dem allgemeinen Gelächter indem er den ganzen Zwischenfall in ein besonderes Licht rückte. Sie, die mich zu meiner Tollkühnheit herausgefordert hatte und die ganze Zeit über mein unversöhnlichster Feind gewesen war, stürzte plötzlich zu mir, umschlang mich mit beiden Armen und bedeckte mich mit Küssen. Sie hatte ihren Augen nicht getraut, als ich ihre Herausforderung annahm und den Handschuh aufhob, den sie mir mit einem Blick auf Mme. M. zuwarf. Und als ich auf Tankred dahinjagte, da war sie vor Angst und Gewissensbissen schier ohnmächtig geworden. Jetzt aber, nachdem alles überstanden war und sie wie alle anderen meinen Blick auf Mme. M. bemerkte, dazu meine Verwirrung und mein plötzliches Erröten wahrnahm – jetzt, da sie dem Vorfall mit einer romantischen Deutung einen ganz anderen Sinn beilegen konnte – jetzt geriet sie in solches Entzücken ob meiner »Rittertat«, daß sie zu mir eilte und mich in ihre Arme schloß, gerührt, stolz, begeistert! Einen Augenblick später richtete sie sich schnell auf und wandte den übrigen, die sich um uns drängten, ihr Gesicht mit der ernsthaftesten Miene zu, in der unendlich viel kindlich naiver Stolz lag, und sagte, indes kristallklare Tränen in ihren Augen standen, mit einer so ernsten, eindringlichen Stimme, wie ich sie von ihr noch nie gehört hatte:

»Mais c'est très sérieux, messieurs, ne riez pas!« Und sie deutete auf mich, ohne zu gewahren, daß alle wie bezaubert vor ihr standen und nur sie ansahen. Diese ihre unerwartete schnelle Bewegung, ihr ernstes liebes Gesicht, ihre offenherzige Naivität und diese aufrichtigen Tränen in ihren sonst ewig lachenden Augen – alles das erschien ihnen als ein so unerwartetes Wunder, daß alle sie ansahen, wie gebannt durch diesen Zauber ihrer Leidenschaftlichkeit, ihres Blickes und ihrer Stimme. Niemand konnte die Augen von ihr abwenden, so schön war sie in ihrer Rührung und ihrem plötzlichen Ernst. Sogar unser alter Hausherr wurde rot wie eine Tulpe. Und wie man später behauptete, soll er gesagt haben: Zu seiner Schande müsse er gestehen, daß er mindestens eine ganze Minute lang in seinen schönen Gast verliebt gewesen sei. Ich aber, ich war jetzt natürlich ein Ritter, ein Held!

»Delorges!«... »Toggenburg!« ertönte es aus dem Kreis.

Viele applaudierten.

»Ja, ja, die junge Generation!« bemerkte unser Hausherr.

»Aber jetzt kommt er mit, jetzt muß er unbedingt mitkommen!« rief die Blondine schnell, »wir müssen ihm einen Platz verschaffen! Oder er setzt sich zu mir aufs Pferd, auf meinen Schoß... ach, nein, nein! Das geht ja nicht!«... unterbrach sie sich, auflachend bei der Erinnerung an unsere erste Bekanntschaft. Doch während sie lachte, streichelte sie zärtlich meine Hand, sichtlich von Herzen bemüht, meine Freundschaft zu gewinnen und die Kränkung vergessen zu machen.

»Unbedingt! Unbedingt!« riefen gleich mehrere Stimmen, »den Platz hat er sich erobert!«

Und im Augenblick ward alles besorgt: jenes selbe ältere Fräulein, das mich mit ihrer schönen Freundin bekannt gemacht hatte, wurde sogleich von der Jugend mit Bitten bestürmt, ihren Platz mir abzutreten und statt meiner zu Haus zu bleiben. Zu ihrem größten Ärger blieb ihr denn auch nichts anderes übrig als den Bitten Gehör zu geben und mit sauersüßem Lächeln auszusteigen – innerlich wohl dem Bersten nahe vor Wut über mich. Ihre Beschützerin, meine gewesene Feindin und nun größte Freundin, rief ihr jedoch, als sie an ihr vorüberritt, lachend zu, daß sie sie beneide und gern mit ihr tauschen wolle, denn es werde gleich regnen und dann würden wir alle naß werden.

Ihre Prophezeiung trat wirklich ein. Etwa eine Stunde später überraschte uns ein Platzregen, und unser Ausflug war zu Ende. Wir mußten mehrere Stunden in Bauernhäusern warten. Erst gegen zehn Uhr kehrten wir zurück, in feuchter, frisch-kühler Regenluft. Kurz bevor wir aufbrachen, trat Mme. M. zu mir und fragte mich verwundert, warum ich nichts weiter anhätte als meinen leichten Matrosenanzug. Ich sagte, ich hätte keine Zeit gehabt, meinen Mantel mitzunehmen. Da nahm sie eine Nadel und steckte meinen Kra-

gen höher zusammen und nahm von ihrem Halse ein kleines seidenes Tuch, das sie mir um den Hals band. Sie beeilte sich aber so sehr, daß ich ihr nicht einmal danken konnte.
Zu Hause angekommen, suchte ich sie und fand sie schließlich im kleinen Salon, im Gespräch mit der Blondine und dem freundlichen jungen Mann, der den Ruf eines guten Reiters beinahe eingebüßt hatte. Ich trat an sie heran, bedankte mich und gab ihr das Halstuch zurück. Ich schämte mich jetzt des Vorgefallenen und wollte schnell fortgehen, nach oben auf mein Zimmer, um dort in aller Ruhe und Muße über irgend etwas, was ich im Augenblick selbst nicht zu nennen vermocht hätte, nachzudenken und mir darüber Klarheit zu verschaffen. Ich war so voll von neuen Eindrücken. Indem ich das Tuch zurückgab, errötete ich natürlich wieder bis über die Ohren.
»Ich wette, der Junge hätte das Ding gern behalten«, bemerkte der junge Mann lachend, »man sieht es ja seinen Augen an, wie leid es ihm tut, sich von Ihrem Tuch trennen zu müssen...«
»Natürlich! Selbstverständlich!« fiel ihm die Blondine ins Wort. »So ein Schlingel! Ach, du!«... sagte sie scheinbar sehr ungehalten und schüttelte mißbilligend den blonden Kopf, verstummte aber sogleich unter dem ernsten Blick der Mme. M., der sie bat, ihre Scherze mit mir nicht wieder aufzunehmen.
Ich ging schnell fort.
»Wohin läufst du denn! So lauf doch nicht weg!« – damit holte sie mich im Nebenzimmer ein und faßte mich freundschaftlich an beiden Schultern. »Hättest du es doch einfach nicht zurückgegeben, wenn du's so gern behalten wolltest! Hättest doch sagen können, daß du es verloren hast oder irgendwohin gelegt, und damit basta! Und darauf bist du nicht verfallen? Bist du aber drollig!«
Und sie gab mir mit dem Finger einen leichten Backenstreich und lachte, weil ich wieder feuerrot wurde.
»Jetzt sind wir doch gute Freunde, nicht wahr? Hat unsere Feindschaft jetzt ein Ende, sag'!? Ja oder nein?«
Ich lachte und drückte ihr ohne ein Wort die Hand.
»Nun, das ist gut!... Aber warum bist du so bleich geworden und warum zitterst du? Hast du dich erkältet?«
»Ja, ich fühle mich nicht ganz wohl...«
»Ach, du Armer! Das kommt von der Aufregung! Weißt du was? Geh jetzt lieber gleich ins Bett, warte nicht erst auf das Abendessen, und wenn du dich gut ausschläfst, wird es vergehen! Komm!«

Sie führte mich nach oben, und wie es schien, konnte sie mir nicht genug Liebes erweisen. Während sie mich zum Auskleiden allein ließ, lief sie nach unten in die Küche und brachte mir heißen Tee, den ich, als ich schon im Bett lag, trinken mußte. Dann brachte sie mir noch eine warme Decke und deckte mich sorgfältig zu. Ihre liebevolle Fürsorge wunderte und rührte mich nicht wenig, – oder vielleicht waren auch meine Nerven nach allen Erlebnissen dieses Tages und obendrein noch durch das Fieber besonders empfänglich dafür. Ich schlang plötzlich meine Arme um ihren Hals, als wäre sie mein liebster und bester Freund; mit einem Male kamen alle Eindrücke des Tages wieder und stürmten auf mein ermattetes Herz ein: ich war den Tränen nahe und schmiegte mich fest an ihre Brust. Sie erriet meine überwallende Empfindung, und ich glaube, meine Schöne war selbst beinahe gerührt.

»Ja, du bist ein guter Junge«, flüsterte sie mir zu und sah mich mit stillen Augen an, »so sei mir nun nicht mehr böse, ja? Wirst mir nicht mehr böse sein?«

Mit einem Wort: uns verband von nun an die echteste, zärtlichste Freundschaft.

Es war ziemlich früh am Morgen, als ich erwachte, aber die Sonne erfüllte das Zimmer schon mit goldigem Licht. Ich sprang gesund und munter aus dem Bett, von der Erkältung spürte ich nichts mehr, statt dessen aber empfand ich eine unendliche, unerklärliche Freude. Ich dachte an den ereignisreichen letzten Tag und Abend, und ich hätte ein ganzes Glück dafür hingegeben, wenn ich in diesem Augenblick wieder meinen neuen Freund, unsere blondlockige Schönheit hätte umarmen können. Aber es war noch zu früh, und sie schliefen wohl noch alle. Ich kleidete mich schnell an, ging in den Garten und von dort in den Wald. Ich schlug die Richtung ein, in der der Wald noch am dichtesten war, der Duft der Bäume harziger, und wo die Sonnenstrahlen neckisch und nur wie verstohlen hier und da durch das dichte Blattgewirr lugten. Es war ein wundervoller Morgen.

Ich ging weiter und weiter, bis ich schließlich am anderen Waldrand anlangte, auf einem Bergabhang nicht weit vom Fluß. Die Moskwa ist dort keine zweihundert Schritte vom Waldrand entfernt, wenn man den Abhang hinabgeht. Auf dem anderen Ufer wurde eine Wiese gemäht. Ich blieb stehen und schaute hinüber: ich sah, wie ganze Reihen scharfer Sensen bei jedem Ausholen der Schnitter in der Sonne aufblitzten und dann wieder verschwanden, gleich kleinen glänzenden Schlangen, die schnell immer von neuem ins Gras huschten, als wollten sie sich verstecken, und wie das gemähte Gras in dicken bauschigen Büscheln zur Seite flog und in langen geraden Streifen liegen blieb. Ich erinnere mich nicht, wie lange ich so hinübergeschaut haben mochte, als ich plötzlich aus meinen Träumen zur Besinnung kam: aus dem Walde, ungefähr aus der Richtung des Durchhaus, der sich zwischen dem Fahrweg und dem Herrenhaus hinzog, vernahm ich Pferdegeschnauf und ungeduldiges Scharren mit dem Huf. Ich konnte jedoch nicht sagen, ob der Reiter sein Tier gerade erst anhielt, oder ob schon längere Zeit das Stampfen und Schnaufen zu hören gewesen war, das ich – in mich selbst versunken, während ich den Mähern zusah – nur nicht beachtet hatte. Neugierig kehrte ich zurück in den Wald, und schon nach wenigen Schritten vernahm ich Stimmen, die schnell, aber leise sprachen. Ich ging noch näher und bog die Äste der letzten Büsche zur Seite und – erschrocken wich ich zurück: durch die Zweige schimmerte ein weißes Kleid. Eine warme Frauenstimme schlug an mein Ohr und ließ mein Herz erzittern. Es war Mme. M. Sie stand neben einem Reiter, der vom Pferde herab schnell auf sie einsprach, und zu meiner Verwunderung erkannte ich in ihm N., jenen jungen Mann, der uns tags zuvor verlassen hatte, begleitet von allen jungen Damen und auch von M. M. Hatte man nicht gesagt, er müsse irgendwohin, weit nach dem Süden Rußlands reisen? Wahrlich, es war nur zu erklärlich, daß ich mich sehr wunderte, als ich ihn wieder bei uns und noch dazu so früh am Morgen und allein mit Mme. M. im Wald erblickte!

Sie schien geweint zu haben und sah erregt aus, aber so schön hatte ich sie noch nie gesehen. Der junge Mann hielt ihre Hand in der seinen und führte sie, im Sattel sich herabneigend, an die Lippen. Ich hatte sie beim Abschied überrascht. Ich glaube, sie beeilten sich. Da zog er aus der Brusttasche einen Brief, reichte ihn Mme. M., umfing sie mit dem einen Arm, sich wie vorher im Sattel herabbeugend, und küßte sie – fest und lange. Einen Augenblick später wippte die Peitsche, und er sprengte schnell an mir vorüber, auf und davon. Sie aber stand noch eine Weile und blickte ihm nach, dann wandte sie sich um und kehrte langsam, nachdenklich und traurig zum Hause zurück. Nach wenigen Schritten schien sie plötzlich zu sich zu kommen, wie aus einem Traum zu erwachen – und sie bog schnell die Zweige der Büsche am Durchhau zur Seite und ging durch den Wald.

Ich folgte ihr, erstaunt und verwirrt durch das, was ich gesehen hatte. Mein Herz pochte laut wie nach einem großen Schreck. Und dennoch war ich erstarrt und betäubt: meine Gedanken waren zerstreut, und ich konnte sie nicht sammeln; aber ich erinnere mich, daß ich furchtbar traurig war. Hin und wieder sah ich ihr weißes Kleid durch das Grün schimmern. Ich folgte ihr ganz willenlos, fast mechanisch, und hatte dabei nur den einen Gedanken, sie nicht aus dem Auge zu verlieren und doch selbst nicht von ihr gesehen zu werden. Endlich trat sie auf den Weg, der aus dem Wald in den Garten führte. Ich wartete eine Weile, dann trat ich gleichfalls aus dem Walde. In demselben Augenblick bemerkte ich auf dem gelben Kies des Weges ein geschlossenes Kuvert, das ich auf den ersten Blick erkannte – es war dasselbe, das vor etwa zehn Minuten N. der Mme. M. übergeben hatte.
Ich hob es auf, betrachtete es von allen Seiten: ein weißes Kuvert ohne Aufschrift, ohne ein Zeichen, dem Format nach nicht sehr groß, aber recht dick und schwer, wie wenn mindestens drei Bogen Postpapier in ihm wären.
Was enthielt dieser Brief? Vielleicht das ganze Geheimnis! Vielleicht war in ihm alles das ausgesprochen, was N. in den wenigen Minuten des kurzen Wiedersehens nicht zu sagen gewagt hatte. Er war ja dem Anschein nach nicht einmal abgestiegen... Sollte er so wenig Zeit gehabt haben oder fürchtete er vielleicht, bei einem längeren Abschied seinem gegebenen Wort nicht treu bleiben zu können? – Gott mag es wissen...
Ich blieb stehen, legte den Brief mitten auf den Weg, gerade auf die sichtbarste Stelle und versteckte mich hinter einem Baum, so daß ich den Brief im Auge behalten konnte, denn ich dachte, Mme. M. werde bald bemerken, daß sie ihn verloren hatte, und dann, um ihn zu suchen, auf demselben Weg in den Wald zurückkehren. Ich hielt aber das Warten nicht lange aus, hob den Brief wieder auf, steckte ihn in die Tasche und lief ihr nach. Sie war aber schon im Garten und ging in der großen Allee geradeswegs zum Hause, ging schnell, doch mit gesenktem Kopf. Da wußte ich nicht, was ich tun sollte. Sie einholen und ihr den Brief geben? Dann hätte sie erraten, daß ich sie und ihn gesehen hatte, daß ich alles wußte. Wie sollte ich ihr dann noch in die Augen blicken? Und was würde sie von mir denken? Ich hoffte immer noch, daß sie zu sich kommen, sich des Briefes erinnern und dann bemerken werde, daß sie ihn verloren hatte. In dem Fall hätte ich ihn unbemerkt fallen gelassen,

und sie würde ihn sogleich gefunden haben. Aber nein, sie dachte offenbar nicht an den Brief! Sie näherte sich schon dem Hause, und auf der Veranda hatte man sie bereits erblickt.

An diesem Morgen waren alle viel früher aufgestanden, denn am Abend nach der mißlungenen Ausfahrt hatte man sogleich einen neuen Ausflug verabredet, wovon ich noch nichts wußte. Alle hatten sich schon zum Ausflug bereitgemacht und saßen gerade beim Frühstück auf der Veranda. Ich wartete gute zehn Minuten, damit man mich nicht zusammen mit Mme. M. aus dem Garten kommen sähe, machte einen Umweg und näherte mich von einer anderen Seite dem Hause. Sie ging auf der Veranda unruhig hin und her, sah bleich und erregt aus, und aus allem war zu ersehen, daß sie sich Gewalt antat, um ihre Erregung und Angst nicht zu verraten. Dennoch sprach aus ihren Augen, ihrem unruhigen Gang, aus jeder Bewegung soviel Qual und Pein, daß es wohl jedem, der sie beobachtet hätte, aufgefallen wäre. Sie stieg die Stufen hinab und ging ein paar Schritte auf dem Wege in den Garten. Ihre Augen suchten angstvoll und sogar unvorsichtig und auffällig auf dem Kies und dem Fußboden der Veranda. Da wußte ich: jetzt endlich vermißte sie den Brief und fürchtete wohl, ihn in der Nähe des Hauses verloren zu haben – ja, sie schien davon überzeugt zu sein.

Jemand machte die Bemerkung, und nach ihm sagten es auch andere, daß sie blaß und nervös aussähe. Es folgten Fragen nach ihrer Gesundheit, lästige Ratschläge. Sie mußte beruhigen, scherzen, lachen, mußte eine heiter gelassene Miene zur Schau tragen. Zuweilen flog ihr Blick zu ihrem Mann hinüber, der sich am anderen Ende der Veranda mit zwei Damen unterhielt, und dann überlief wieder jenes Zittern ihren Körper und jene große Befangenheit kam über sie, wie an dem Abend, als er unerwartet hier eingetroffen war. Ich stand, die Hand in der Tasche, in der ich den Brief krampfhaft festhielt, etwas abseits auf der Veranda und flehte das Schicksal an, daß sie mich endlich bemerken möge. Ich wollte sie beruhigen, trösten, und wär's auch nur mit einem Blick, oder ihr, wenn es anging, heimlich ein paar Worte zuflüstern. Doch als sie mich dann zufällig ansah, erschrak ich nur und schlug die Augen nieder. Ich sah ihre Qual und täuschte mich nicht in meiner Annahme. Auch jetzt weiß ich von ihrem Geheimnis nicht mehr als damals, nichts weiter als das, was ich hier wiedergegeben habe. Aber ihr Verhältnis zu N. war vielleicht doch nicht von der Art, wie man es auf den ersten Blick vermuten könnte. Vielleicht war dieser Kuß ein letzter Abschiedskuß, ein dürftiger Lohn für ein Opfer, das er ihrer Ruhe und Ehre brachte? Er verließ sie. Er reiste irgendwohin, weit fort, vielleicht fürs ganze Leben, um sie nie wiederzusehen. Und schließlich, dieser Brief, den ich krampfhaft umklammerte – wer weiß, was er enthielt? Wer konnte da urteilen? Zweifellos wäre die plötzliche Aufdeckung ihres Geheimnisses ein entsetzlicher, ein vernichtender Schlag für sie gewesen. Ich sehe noch heute ihr Gesicht vor mir, wie sie dort ging und stand: nein, mehr konnte man nicht leiden! Fühlen, wissen, überzeugt sein, und wie auf seine Hinrichtung darauf warten, daß in einer Viertelstunde oder schon in der nächsten Minute alles der Öffentlichkeit preisgegeben sein werde – der Brief konnte doch jeden Augenblick von jemandem gefunden werden! Er war ohne Aufschrift, man würde ihn erbrechen und dann... was dann? Welche Hinrichtung könnte furchtbarer sein als die, die sie dann erwartete? Sie stand und ging hier mitten unter ihren zukünftigen Richtern. Nach wenigen Minuten würden alle diese lächelnden, schmeichelnden Gesichter streng und unerbittlich aussehen. Spott, Bosheit und eisige Verachtung würde sie in ihnen lesen und dann würde ewige, hoffnungslos dunkle Nacht ihr Leben abschließen... Damals freilich begriff ich das alles noch nicht so wie jetzt. Ich konnte es nur ahnen und Mitleid mit ihr empfinden, tiefes, unsagbares Mitleid mit ihrer Angst, die ich nicht einmal ganz verstand. Was auch immer ihr Geheimnis gewesen sein mag, durch jene qualvolle Stunde, deren Zeuge ich war und die ich niemals vergessen werde, hat sie viel gesühnt, wenn hier überhaupt etwas zu sühnen war.

Plötzlich erscholl der fröhliche Ruf zur Abfahrt. Ein lautes Stimmengewirr war die Antwort, und unter Scherzen und Lachen brach man auf. In wenigen Minuten hatten alle die Veranda verlassen. Mme. M. weigerte sich mitzufahren und gestand schließlich, daß sie sich nicht wohl fühle. Doch Gott sei Dank, alle beeilten sich und niemand belästigte sie weiter mit Fragen oder Ratschlägen, dazu hatten sie jetzt keine Zeit. Nur wenige blieben zu Haus. Ihr Mann war zu ihr getreten und sagte ihr irgend etwas: sie erwiderte, daß ihr Unwohlsein schnell vergehen werde, er solle sich deshalb nicht beunruhigen; hinlegen wolle sie sich nicht, sie werde in den Garten gehen, allein... oder mit mir... Dabei sah sie sich nach mir um. Ich errötete vor Freude: das war ja die beste Gelegenheit, die sie mir damit bot! Einen Augenblick später machten wir uns auf den Weg.

Sie ging denselben Weg, den sie gekommen war, sie schien sich unwillkürlich jeder Allee, jedes Umweges im Garten, jedes Fußsteiges zu erinnern, und sie ging, ohne den Blick vom Boden zu erheben, ohne mich zu beachten. Vielleicht hatte sie es schon vergessen, daß ich mit ihr ging.
Als wir an den Waldrand kamen, wo ich den Brief gefunden hatte und wo der Kiesweg aufhörte, blieb sie plötzlich müde stehen und sagte mit einer Stimme, die mir ins Herz schnitt, so verzweifelt und hoffnungslos traurig klang sie, daß sie sich schlecht fühle und zurückkehren wolle. Doch kaum waren wir wieder beim Gartenzaun angelangt, da blieb sie von neuem stehen und starrte vor sich hin. Ein wehes, qualvolles Lächeln zuckte um ihre Lippen, und wie erschöpft und wie aus Erschöpfung sich allem ergebend, sich in alles fügend, was auch über sie hereinbrechen möge, kehrte sie stumm zum Walde zurück, diesmal ohne mir ein Wort zu sagen, ohne mich zu beachten...
Ich hätte mich selbst zerreißen mögen, und doch verfiel ich nicht auf einen Ausweg.
Wir gingen, oder richtiger, ich führte sie zu jener Stelle am Waldrand, wo ich vor etwa einer Stunde gestanden und plötzlich den Hufschlag und das Schnauben des Pferdes gehört hatte. Nicht weit von dort war am Fuß einer alten Ulme ein bankartig behauener großer Feldstein, von Hagebutten, wildem Jasmin und Efeu umgeben. (Der ganze Wald hatte eine Menge solcher „Überraschungen" wie Bänke, Grotten, kleine Brücken und ähnliches.) Sie setzte sich auf die Bank und sah geistesabwesend auf das entzückende Landschaftsbild, das sich uns bot. Nach einer Weile schlug sie das Buch auf und tat, als läse sie, aber sie saß reglos, wandte weder ein Blatt um noch las sie; sie wußte wohl selbst nicht, was sie tat. Es war gegen halb zehn Uhr. Die Sonne stand schon hoch am klaren, endlos blauen Sommerhimmel und schien in ihrem eigenen Feuer zu verbrennen. Die Mäher waren bereits weit, man konnte sie von unserem Ufer kaum noch sehen. Unablässig folgten ihnen die langen Streifen des gemähten Grases, und wenn die Luft sich ab und zu wie in einem leisen Wehen regte, trug sie frischen Heuduft herüber. Ringsum aber ertönte unermüdlich das Zwitschern jener, die „weder säen, noch ernten" und frei sind wie die Luft, in der sie fliegen. Es lag solch ein seliges Wohlsein in der ganzen Natur, wie ein Dank allen Daseins an den Schöpfer.
Ich blickte scheu auf die arme Frau, die allein wie eine Tote in-

mitten dieses frohen Lebens war: an ihren Wimpern glänzten Tränen, die ihr das Leid aus den Augen gepreßt. In meiner Macht war es, diese arme, traurige Seele aufzurichten und zu beglücken, und doch wußte ich nicht, wie ich es anstellen sollte, und ich quälte mich entsetzlich. Hundertmal war ich schon im Begriff, zu ihr zu treten, um ihr den Brief zu übergeben, und jedesmal stieg mir dann die Röte wie Feuer ins Gesicht.

Plötzlich erleuchtete mich ein guter Gedanke: ich war auf ein Mittel verfallen und wie erlöst!

»Ich werde für Sie Blumen pflücken! Wollen Sie?« fragte ich sie froh, daß sie aufsah und mich anblickte.

»Gut«, sagte sie endlich mit müder Stimme, kaum merkbar lächelnd, und wieder sah sie ins Buch.

»Sonst wird hier auch das Gras gemäht und dann mähen sie alle Blumen nieder!« rief ich fröhlich und sprang davon.

Bald hatte ich schon eine gange Menge gepflückt, wenn es auch nur ein Strauß einfacher, unscheinbarer Feldblumen war, die man wohl kaum in einer Vase ins Zimmer stellen würde. Und doch, wie froh schlug mein Herz, als ich die Blumen suchte und zum Strauß zusammenband! Heckenrosen und wilden Jasmin brach ich. Dann lief ich zu einem nahen Kornfeld. Dort, das wußte ich, blühten Kornblumen. Die pflückte ich, und dazu lange goldgelbe Ähren, die schönsten suchte ich aus. Am Wegrand fand ich auch ein ganzes Büschel Vergißmeinnicht, und mein Strauß konnte sich eigentlich schon sehen lassen. Weiter im Felde fand ich hellblaue Glockenblumen und wilde Nelken und unten am Flußufer gelbe Wasserrosen. Schließlich, schon auf dem Rückwege, als ich noch auf einen Augenblick in den Wald trat, um einige Silberahornzweige zu brechen und sie unten kranzartig um die Blumen zu legen, fand ich wilde Stiefmütterchen, und in der Nähe, durch ihren Geruch aufmerksam gemacht, im Grase ganz versteckt, süß duftende Veilchen, die vom Tau noch feucht waren. Mein Strauß war fertig. Mit dünnen langen Gräsern umwand ich die Stiele, und zwischen die Blumen, ganz vorsichtig, steckte ich den Brief, so daß man ihn deutlich sehen konnte, wenn man dem Strauß nur einige Beachtung schenkte. – So brachte ich ihn Mme. M.

Unterwegs schien es mir, daß der Brief doch gar zu auffallend hervorragte: deshalb verdeckte ich ihn etwas mehr mit den Blüten. Als ich mich ihr schon näherte, schob ich ihn noch etwas tiefer hinein, und als ich schon ganz nahe bei ihr war, stieß ich ihn so tief in den Strauß, daß man von ihm nichts mehr sehen konnte. Das Blut schoß mir wieder ins Gesicht, ich wollte es mit den Händen bedecken und sogleich fortlaufen, aber sie sah nur zerstreut auf meine Blumen, als habe sie ganz vergessen, daß ich sie für sie gepflückt hatte. Mechanisch hob sie die Hand, nahm, fast ohne aufzuschauen, mein Geschenk in Empfang und legte es achtlos neben sich auf die Bank, und wieder sah sie ins Buch, wie in Gedanken verloren. Ich hätte weinen mögen vor Ärger über den Mißerfolg meines Planes. ‚Wenn der Strauß nur bei ihr bleibt', dachte ich, ‚wenn sie ihn nur nicht vergißt!' Ich legte mich in der Nähe der Bank ins Gras, schob die rechte Hand unter den Kopf und schloß die Augen, als wollte ich schlafen. Dabei beobachtete ich sie heimlich unausgesetzt.

Es verging eine geraume Zeit, vielleicht zehn Minuten; wie mir schien, wurde ihr Gesicht immer blasser... Plötzlich kam ein glücklicher Zufall mir zu Hilfe.

Es war eine große goldbraune Hummel, die ein freundliches Lüftchen zu uns führte. Sie summte zuerst über meinem Kopf, dann flog sie zu Mme. M. Diese schlug mit der Hand nach ihr, schlug noch einmal, aber die Hummel wurde wie zum Trotz nur noch zudringlicher. Da griff Mme. M. nach meinem Strauß, um mit ihm das Tier zu verscheuchen. In dem Augenblick löste sich aus den Blumen der Brief und fiel gerade auf das aufgeschlagene Buch. Ich zuckte zusammen. Sie blickte, stumm vor Verwunderung, bald auf den Brief, bald auf die Blumen und schien ihren Augen nicht zu trauen. Plötzlich wurde sie feuerrot, erhob schnell den Blick und sah sich nach mir um. Doch schon hatte ich die Augen geschlossen und tat, als schliefe ich fest: um keinen Preis hätte ich ihr jetzt offen in die Augen geschaut. Mein Herz schien stillstehen zu wollen und bebte nur wie das Herz eines kleinen Vogels in der Hand eines wuschelköpfigen Dorfjungen. Ich weiß nicht, wie lange ich so lag: zwei bis drei Minuten vielleicht. Endlich wagte ich es, ganz, ganz vorsichtig die Augen zu öffnen. Sie saß und las den Brief, und an ihren glühenden Wangen und glänzenden Augen, die tränenfeucht waren, ihrem verklärten Gesicht, in dem jeder Zug vor freudiger Erregung zu beben schien, erriet ich, daß der Brief ihr Glück gab und ihren Kummer wie eine trübe Wolke verscheuchte. Ein schmerzlich süßes Gefühl schlich sich in mein Herz und es fiel mir schwer, mich noch weiter schlafend zu stellen...

Niemals werde ich diese Stunde vergessen!

Plötzlich hörte ich rufen, nicht weit von uns erklangen Stimmen: »Mme. M.! Natalie! Natalie!«
Sie antwortete nicht, stand aber schnell auf, trat zu mir und beugte sich über mich. Ich fühlte, daß sie mir gerade ins Gesicht sah. Meine Lider wollten schon zucken, aber ich nahm mich krampfhaft zusammen und rührte mich nicht. Ich versuchte, möglichst gleichmäßig und ruhig zu atmen, aber das Herz wollte mich ersticken mit seinen ungestümen Schlägen. Da brannten plötzlich Tränen und ein Kuß auf meiner Hand, die auf meiner Brust lag. Und noch einmal, zweimal küßte sie mir die Hand.
»Natalie! Natalie! Wo bist du?« klang es wieder.
»Gleich!« sagte Mme. M. mit ihrer weichen, dunklen, von Tränen durchzitterten Stimme, aber so leise, daß nur ich es hören konnte.
Da stockte mein Herz und verriet mich: heiß trieb es mir all mein Blut ins Gesicht. Im nächsten Augenblick glühte ein schneller heißer Kuß auf meinen Lippen. Ich schlug vor Schreck mit einem schwachen Schrei die Augen auf, doch da fiel auf sie etwas seidig Weiches – es war jenes kleine Tuch –, als sollte es meine Augen vor der Sonne schützen. Einen Augenblick später war sie schon fort. Ich vernahm nur noch das Geräusch sich eilig entfernender Schritte. Dann war ich allein...
Ich riß das Tuch vom Gesicht und küßte es außer mir vor Entzücken. Ich war wie fassungslos!... Lange lag ich im Gras, hatte die Ellbogen aufgestützt und schaute sinnverloren und ohne mich zu rühren geradeaus auf die Hügel, die Felder und Wiesen, den Fluß, der sich zwischen ihnen in großen Windungen weit, soweit das Auge nur folgen konnte, hinschlängelte, zwischen neuen Hügeln und Gütern und Dörfern, deren Häuser sich in der sonnenhellen Ferne wie kleine Punkte vom Grün abhoben. Ich schaute auf die blauen kaum sichtbaren Wälder, die sich gleichsam dunstverschleiert am Horizont hinzogen; eine seltsam süße Stille, die aus der feierlichen Ruhe der Landschaft hervorzugehen schien, beruhigte allmählich mit einer unendlichen Sanftheit mein erregtes Herz. Wie eine Erleichterung war es, ich atmete freier... Aber meine ganze Seele begann, sich seltsam dumpf und süß zu sehnen, als sähe sie etwas, was sie noch nie gesehen, als wäre plötzlich ein Ahnen in ihr erwacht. Furchtsam und doch voll Freude begann mein Herz etwas Geheimnisvolles zu ahnen, leicht bebend vor Erwartung... Und plötzlich weitete sich meine Brust, in ihr wogte und schmerzte es, als wäre sie durchbohrt – und Tränen, selige Tränen entströmten

meinen Augen. Ich bedeckte das Gesicht mit den Händen, und wie ein Grashalm bebend gab ich mich wehrlos der ersten Erkenntnis und Offenbarung des Herzens hin, dem ersten noch unklaren Einblick in meine Menschennatur. Mit diesem Augenblick endete meine Kindheit.

Als ich zwei Stunden später ins Haus zurückkehrte, befand sich Mme. M. nicht mehr unter den Gästen. Sie war mit ihrem Mann nach Moskau zurückgekehrt, wie es hieß, auf irgendeine plötzlich eingetroffene Nachricht hin. Ich habe sie nie wiedergesehen.

EINE DUMME GESCHICHTE

Diese dumme Geschichte hat sich zu eben jener Zeit zugetragen, als die Auferstehung unseres liebwerten Vaterlandes mit so unaufhaltsamer Stoßkraft einsetzte und das Drängen aller seiner heldenmütigen Söhne zu neuen Bestimmungen und Hoffnungen mit so rührend naivem Eifer gerade erst seinen Anfang nahm. Also damals, an einem klaren, frostigen Winterabend – übrigens ging es schon auf zwölf – saßen in einem behaglich, ja sogar reich ausgestatteten Wohnraum eines schönen zweistöckigen Hauses auf der „Petersburger Seite“ [1] drei überaus ehrenwerte Herren beisammen in ernstem und bedeutsamem Gespräch über ein ungemein interessantes Thema. Alle drei hatten es schon bis zur Exzellenz gebracht. Sie saßen um einen runden Tisch in schönen Polstersesseln und schlürften während des Gesprächs dann und wann gemächlich und genüßlich ihren Champagner. Die Flasche stand vor ihnen auf dem Tisch in einem silbernen Kühler. Der Hausherr, Geheimrat Stepánn Nikíforowitsch Nikíforoff, ein alter Junggeselle von fünfundsechzig Jahren, hatte nämlich zur Einweihung seines neugekauften Hauses und gleichzeitig auch zur Feier seines Geburtstages, den er sonst nie festlich zu begehen pflegte, seine Freunde zum Abend eingeladen. Übrigens war die Feier nicht Gott weiß wie großartig; wie gesagt, es waren nur zwei Herren zu Gast, beides frühere Kollegen und ehemals Untergebene des Hausherrn: Der Wirkliche Staatsrat Ssemjónn Iwánowitsch Schipulénko und der ebenfalls Wirkliche Staatsrat Iwánn Iljítsch Pralínskij. Sie waren gegen neun Uhr zum Tee gekommen, tranken jetzt Champagner und wußten beide, daß sie sich um Punkt halb zwölf zu erheben und zu verabschieden hatten. Der

Hausherr liebte eben, und schon seit jeher, in jeder Lebenslage vor allem die feststehende Ordnung. Bei der Gelegenheit zwei Worte über ihn: seine Laufbahn hatte er als kleiner, unversorgter Beamter begonnen, hatte ruhig seine Karre fünfundvierzig Jahre lang gezogen, hatte genau gewußt, bis zu welchem Rang er sich hinaufdienen werde, konnte es nicht leiden, „nach den Sternen zu greifen", obgleich er ihrer schon zwei auf der Brust trug, und liebte es ganz und gar nicht, in gleichviel welcher Angelegenheit seine persönliche Meinung zu äußern. Er war wohl auch ein ehrenhafter Mensch, das heißt: er hatte keine Veranlassung gehabt, irgend etwas besonders Unehrenhaftes zu begehen; er war unverheiratet, da er Egoist war, war keineswegs dumm, konnte es aber, wie gesagt, nicht ausstehen, seinen Verstand leuchten zu lassen. Ganz besonders mißfiel ihm Unordnung und Begeisterung, da er letztere für moralische Unordnung hielt; an seinem Lebensabend versenkte er sich vollständig in einen gewissen süßen, trägen Komfort und in systematische Einsamkeit. Wenn er auch selbst zuweilen bei angeseheneren Leuten zu Besuch war, so empfand er es doch von Jugend auf als äußerst unangenehm, Gäste auch bei sich zu empfangen; in letzter Zeit begnügte er sich, wenn er nicht gerade *Grande patience* legte, mit der Gesellschaft seiner Stutzuhr, deren eigensinnigem Ticken unter dem Glassturz auf dem Kaminsims er, im Lehnstuhl dösend, unerschütterlich ganze Abende lang zuhören konnte. Sein Äußeres war sehr anständig; mit seinem glattrasierten Gesicht schien er etwas jünger zu sein, als er tatsächlich war. Er hatte sich gut erhalten, versprach noch lange zu leben und benahm sich in jeder Hinsicht haargenau nach dem Kodex des Gentleman. Zu arbeiten brauchte er nicht mehr; er bekleidete zwar noch einen Posten, doch hatte er hierbei nur noch zu präsidieren und zu unterschreiben. Mit einem Wort, man hielt ihn für einen vortrefflichen Menschen. Dieser Mensch nun hatte nur eine einzige Leidenschaft, oder sagen wir, einen einzigen heißen Wunsch sein Leben lang gehegt: ein eigenes Haus zu besitzen, und zwar ein herrschaftliches, keine Mietskaserne. Und jetzt endlich war auch dieser Wunsch in Erfüllung gegangen: er hatte ein Haus auf der „Petersburger Seite" entdeckt, das allerdings vom Zentrum der Stadt etwas weit ablag, dafür jedoch vornehm aussah und dazu noch einen Garten hatte; so hatte er es denn gekauft. Ja, der neue Hausherr hielt es sogar für einen entschiedenen Vorzug, daß das Haus etwas weiter ablag; denn bei sich empfangen tat er ungern, und um andere zu besuchen oder zu den Sitzungen zu fahren, dazu hatte er eine schöne zweisitzige Kalesche von schokoladebrauner Farbe, seinen Kutscher Michei und zwei kleine, doch starke und hübsche Pferdchen. Alles war durch vierzigjährige strenge Sparsamkeit erworben, so daß sein Herz sich beim Anblick seiner Habe unwillkürlich freuen mußte. Das war auch der tiefere Grund, weshalb Stepánn Nikíforowitsch Nikíforoff, nachdem er in sein neues Haus eingezogen war, in seinem ruhigen Herzen eine solche Zufriedenheit empfand, daß er sogar Gäste zu sich einlud und dazu noch sagte, daß er seinen Geburtstag feiern wolle, diesen Tag, den er sonst ängstlich sogar seinen besten Freunden verheimlicht hatte. Und außerdem gab es für diese Einladung noch einen zusätzlichen Grund. Er bewohnte nämlich im neuerworbenen Hause nur den oberen Stock, den unteren aber, der genau wie der obere gebaut war, hätte er gar zu gern vermietet. Nun hoffte er, für diesen unteren Stock Ssemjónn Iwánowitsch Schipulénko als Mieter zu gewinnen, und so brachte er denn an jenem Abend das Gespräch zweimal auf dieses Thema, ohne allerdings das gewünschte Ziel erreichen zu können, denn Ssemjónn Iwánowitsch schwieg sich hartnäckig aus über seine Pläne hinsichtlich eines etwaigen Wohnungswechsels.

Dieser Schipulénko, der sich gleichfalls schon seit langer Zeit mühsam und zäh seinen Weg bahnte, ein Herr mit schwarzem Haar und Backenbart und andauernd galliger Physiognomie, war verheiratet, ein mürrischer Stubenhocker, im Hause ein Despot und im Dienst von großem Selbstbewußtsein. Auch er wußte genau, wie weit er es bringen werde, und noch besser: wie weit er es niemals bringen werde. Inzwischen saß er auf einem guten Posten und saß auf diesem sogar ungewöhnlich fest. Auf die neueinzuführenden Reformen[2] blickte er zwar nicht ohne Galle, regte sich aber ihretwegen doch nicht sonderlich auf: er war, wie bereits angedeutet, sehr selbstbewußt und hörte nicht ohne spöttische Bosheit der Schönrednerei Iwánn Iljítsch Pralínskijs zu, der über die neuen Themata nie genug reden konnte. Jetzt waren sie freilich alle schon ein wenig animiert vom Champagner, so daß selbst der Hausherr sich ausnahmsweise zu einem kleinen Disput mit Herrn Pralinskij über die neuen Verordnungen herabließ. Aber zunächst werde ich wohl ein paar Worte auch über Seine Exzellenz Herrn Pralinskij sagen müssen, um so mehr, als gerade er der Held dieser Erzählung ist.

Der Wirkliche Staatsrat Iwánn Iljítsch Pralínskij erfreute sich erst seit vier Monaten des schönen Titels „Exzellenz“, war also, mit anderen Worten, eine sehr junge Exzellenz. Auch an Jahren war er noch sehr jung, ungefähr dreiundvierzig, jedenfalls bestimmt nicht mehr, dem Aussehen nach aber erschien er – und wollte er auch scheinen – noch jünger.

Er war ein schöner Mann von hohem Wuchs, elegant, jedoch nicht auffallend, sondern stets gesucht gediegen gekleidet, der es vorzüglich verstand, seinen bedeutenden Orden am Halse zu tragen. Schon als Kind hatte er sich gewisse vornehme Allüren anzueignen gewußt, und da er noch unverheiratet war, träumte er von einer reichen und warum nicht gar aristokratischen Braut. Allerdings träumte er auch noch von manch anderem, obwohl er sonst durchaus nicht dumm war. Bisweilen konnte er sehr gesprächig sein und dann nahm er gern sogar parlamentarische Posen an. Er stammte aus guter Familie; sein Vater war General gewesen; als Kind hatte man ihn in Batist oder Samt gekleidet; in einer aristokratischen Anstalt war er entsprechend erzogen worden, und wenn er dieses Institut auch nicht mit großen Kenntnissen verlassen hatte, so war ihm im Dienst doch guter Erfolg beschieden gewesen. Er brachte es in Bälde bis zur Exzellenz. Die Vorgesetzten hielten ihn für einen befähigten Menschen und setzten sogar gewisse Hoffnungen auf ihn. Herr Nikíforoff aber, unter dem er fast bis zur Exzellenz gearbeitet hatte, hielt ihn dagegen keineswegs für etwas Besonderes und setzte auch keinerlei Hoffnungen auf ihn. Es gefiel ihm nur, daß Herr Pralinskij guter Herkunft war, ein gutes Einkommen hatte, das heißt ein großes Zinshaus mit einem Hausverwalter besaß, nicht mit den letzten Leuten verwandt war und überdies durch seine Haltung und sein Auftreten zu imponieren verstand. Das hinderte ihn indessen nicht, jenen im geheimen wegen übermäßiger Einbildungskraft und Oberflächlichkeit zu tadeln. Ja, Herr Pralinskij fühlte es manchmal sogar selbst, daß er vielleicht doch gar zu viel Eigenliebe besaß und womöglich überempfindlich war. Merkwürdigerweise hatte er nämlich mitunter Anwandlungen geradezu krankhafter Gewissenhaftigkeit, wenn nicht gar so etwas wie einer Art Reue wegen gewisser Dinge. Dann gestand er sich mit heimlichem Herzweh und Kummer, daß er doch wohl kein ganz so großes Tier war, wie er sich selbst einredete. In solchen Augenblicken konnte er dann sogar gewissermaßen melancholisch werden, besonders wenn ihm seine Hämorrhoiden zu schaffen machten; dann nannte er sein Leben »une existence manquée«, hörte im geheimen sogar auf, an seine parlamentarischen Fähigkeiten zu glauben, nannte sich einen Parleur, einen Phraseur, und wenn ihm das auch nur zur Ehre gereichte, so hinderte es ihn doch wieder nicht, schon nach einer halben Stunde sein Haupt von neuem zu erheben und sich um so hartnäckiger, um so hochmütiger zu versichern, er werde es schon noch verstehen, sich hervorzutun und nicht nur ein hoher Würdenträger, sondern ein richtiger Staatsmann zu werden, den Rußland »lange nicht vergessen wird«. Ja, dann konnte es mitunter geschehen, daß die Einbildungskraft ihm womöglich schon seine zukünftigen Denkmäler vorgaukelte. Daraus ist zu ersehen, daß Iwánn Iljítsch nach Großem strebte, wenn er auch diese seine unbestimmten Träume und Hoffnungen tief und fast sogar ängstlich in seinem geheimsten Innersten verbarg. Kurz, er war ein guter Mensch und in der Seele sogar ein Dichter. In den letzten Jahren hatten ihn die krankhaften Augenblicke des Enttäuschtseins häufiger heimzusuchen begonnen. Er wurde merkwürdig reizbar, mißtrauisch und geneigt, jeden Widerspruch nahezu als Beleidigung aufzufassen. Aber da setzten die Reformen ein, und die Erneuerung Rußlands verlieh nun plötzlich auch seinen Hoffnungen neuen Auftrieb. Die Verleihung des Titels „Exzellenz" krönte sie gewissermaßen. Er bäumte sich auf; er warf den Kopf in den Nacken. Er begann auf einmal schön und viel zu reden, sprach natürlich nur über die allerneuesten Themata, die er sich überraschenderweise ungemein schnell und bis zur Leidenschaft anzueignen gewußt hatte. Er suchte nach Gelegenheiten, reden zu können, er fuhr in der Stadt umher und machte Besuche, so daß er denn alsbald in den Ruf eines verwegenen Liberalen geriet, was ihm ungemein schmeichelte. An jenem Abend nun kam er nach dem vierten Glas Champagner ganz besonders in Schwung. Er wollte plötzlich den Hausherrn in allem zu seinen Ansichten bekehren. Er hatte ihn nur in letzter Zeit nicht mehr gesehen, bisher ihn jedoch immer sehr geachtet und sogar auf seinen Rat gehört. Plötzlich aber erschien er ihm, Gott weiß weshalb, furchtbar reaktionär, und er begann mit ungewöhnlichem Eifer, über ihn herzufallen. Stepánn Nikíforowitsch widersprach ihm kaum und hörte nur mit hintergründigem Lächeln zu, obgleich ihn das Thema interessierte. Iwánn Iljítsch dagegen ereiferte sich immer mehr und führte in der Hitze des vermeintlichen Disputs sein

Glas weit häufiger, als es nötig gewesen wäre, zu einem Schluck an die Lippen. Und dann griff der Hausherr immer wieder zur Flasche, um das geleerte Glas zu füllen, was Herr Pralinskij auf einmal als beleidigend zu empfinden begann, um so mehr, als Ssemjónn Iwánowitsch Schipulénko, den er ganz besonders verachtete und obendrein noch wegen seines Zynismus und seiner witzigen Bosheit fürchtete, an seiner anderen Seite höchst verdächtig schwieg und gleichfalls häufiger als angebracht zu lächeln beliebte.

‚Die beiden scheinen mich ja für einen dummen Jungen zu halten!' dachte er eine Sekunde lang.

»Nein, meine Herren«, fuhr er darauf mit noch größerem Nachdruck fort, »es ist Zeit, es ist schon längst höchste Zeit! Wir sind schon gar zu lange einfach zurückgeblieben, und meiner Ansicht nach ist Humanität die erste Bedingung, Humanität in der Behandlung der Untergebenen, denn, nicht zu vergessen, auch *sie* sind Menschen! Humanität wird alles retten und alles auf den richtigen...«

»Hehehehe!« ertönte es da halblaut aus der Richtung Herrn Schipulénkos.

»Ja, aber, mein Lieber, warum waschen Sie uns denn so den Kopf?« fragte schließlich der Hausherr mit liebenswürdigem Lächeln. »Ich muß gestehen, Iwánn Iljítsch, es ist mir bisher noch nicht klargeworden, was Sie uns eigentlich erklären wollen. Sie betonen immer so sehr die Humanität. Damit meinen Sie doch wohl einfach Menschlichkeit, wenn ich Sie recht verstehe?«

»Ja, schön, wenn Sie wollen, meinetwegen auch Menschlichkeit. Ich...«

»Erlauben Sie! Soweit ich darüber urteilen kann, kommt es aber hierbei nicht nur darauf an. Menschlichkeit sollte immer selbstverständlich sein. Die bevorstehenden Reformen aber beschränken sich nicht darauf. Da haben wir jetzt die Bauernfrage, die Reform der Justiz und der Staatsökonomie, die Fragen der neuen Pachtordnungen, die Ordnung der Sittengesetze und... und... sie nehmen ja gar kein Ende, diese Fragen, und sie alle zusammen, und alles zugleich in Angriff genommen, das kann doch, sagen wir, gewaltige Schwankungen hervorrufen. Und nur das ist es, was wir befürchteten, nicht wegen der Humanität allein...«

»Tja, die Sache liegt etwas tiefer!« meinte Herr Schipulénko trocken.

»Das verstehe ich sehr wohl, und erlauben Sie mir, Ssemjónn Iwánowitsch, Ihnen zu versichern, daß ich keineswegs gewillt bin, Ihnen hinsichtlich der Tiefe der Auffassung dieser Dinge nachzustehen«, bemerkte gereizt und etwas zu schroff Herr Pralinskij; »einstweilen aber möchte ich mir auch Ihnen gegenüber, Stepánn Nikíforowitsch, die Bemerkung erlauben, daß Sie mich gleichfalls keineswegs verstanden haben...«

»Nein, hab's auch nicht.«

»Indessen halte ich mich an die Idee, die ich auch überall vertrete, daß Humanität, und zwar besonders Humanität den Untergebenen gegenüber – vom Beamten bis zum Schreiber, vom Schreiber bis zum Bedienten, vom Bedienten bis zum Bauern –, daß die Humanität, sage ich, in übertragenem Sinne sozusagen zum Eckstein der bevorstehenden Reformen und der Erneuerung der Dinge überhaupt werden könnte. Wieso, warum? Eben darum. Nehmen wir einen Syllogismus: ich bin human, folglich liebt man mich. Liebt man mich, so hat man Vertrauen zu mir. Vertraut man mir aber, so folgt daraus, daß man an mich glaubt; glaubt man aber an mich, so folgt daraus, daß man mich liebt... Das heißt: nein, ich wollte damit nur sagen, daß man, wenn man überhaupt glaubt, dann auch an die Reform glauben wird, und daß man dann auch begreifen wird, worin sozusagen das Wesen der Sache eigentlich besteht, daß man sich sozusagen moralisch umarmen und die ganze Sache freundschaftlich und gründlich machen wird! Worüber lachen Sie, Ssemjónn Iwánowitsch? Können Sie das nicht begreifen?«

Herr Schipulenko hatte allerdings gegrinst, während der Hausherr nur die Brauen in die Höhe zog und zu staunen schien.

»Ich glaube, ich muß etwas zu viel getrunken haben«, meinte Herr Schipulenko nicht ohne Bissigkeit, »daher fällt mir wohl das Begreifen ein wenig schwer. Das ist für mein Gehirn momentan etwas zu schleierhaft.«

Herr Pralinskij fühlte einen Stich im Herzen.

»Wir werden nicht durchhalten«, sagte plötzlich der Hausherr nach kurzem Nachdenken.

»Wieso, wie meinen Sie das, nicht durchhalten?« erkundigte sich Herr Pralinskij, den die plötzliche und wortkarge Bemerkung des Hausherrn wunderte.

»Ja, so. Ganz einfach, wir werden eben nicht durchhalten.« Offenbar wollte er sich nicht weiter darüber äußern.

»Wollen Sie damit etwa auf den neuen Wein, der auch neuer Schläuche bedarf, anspielen?« entgegnete Herr Pralinskij nicht ohne Ironie. »Nun, das trifft hierbei wohl nicht zu; für mich jedenfalls garantiere ich.«

Da schlug die Stutzuhr halb zwölf.

»Da sitzen sie nun und sitzen und gehen nicht fort«, sagte Herr Schipulenko, indem er sich anschickte, sich aus dem Sessel zu erheben. Herr Pralinskij jedoch kam ihm zuvor, erhob sich sofort und nahm vom Kamin seine Zobelmütze. Er trug die Miene eines Gekränkten zur Schau.

»Und wobei bleibt es denn nun damit, Ssemjónn Iwánowitsch?« fragte der Hausherr noch einmal, indem er die Gäste begleitete.

»Ach so, Sie meinen, mit der Wohnung? Ich werde sehn, ich werde sehn.«

»Und wenn Sie es sich überlegt haben, dann lassen Sie es mich bald wissen.«

»Immer von Geschäften die Rede?« erkundigte sich in liebenswürdigem Tonfall Herr Pralinskij, indem er mit seiner Mütze spielte. Es war ihm, als werde er übersehen.

Der Hausherr zog wieder die Brauen in die Höhe und schwieg zum Zeichen, daß er die Gäste nicht aufhalten wolle. Herr Schipulenko verabschiedete sich denn auch eiligst.

‚Ah... so... nun, wie ihr wollt... wenn ihr nicht einmal einfache Liebenswürdigkeit versteht...', dachte Herr Pralinskij bei sich abschätzig und streckte seine Hand möglichst unbefangen dem Hausherrn entgegen.

Im Vorzimmer hüllte sich Herr Pralinskij in seinen leichten kostbaren Pelz und bemühte sich, Gott weiß weshalb, den abgewetzten Waschbärpelz Herrn Schipulenkos nicht zu bemerken.

Als sie beide die Treppe hinabstiegen, sagte Herr Pralinskij zum schweigenden Schipulenko:

»Unser Alter scheint irgend etwas übelgenommen zu haben.«

»Wieso? Nein, das glaube ich nicht«, meinte ruhig und kühl der andere.

‚Prolet', dachte Pralinskij bei sich von seinem Begleiter.

Sie traten hinaus auf die Vortreppe. Schipulenkos Schlitten fuhr vor. Sein kleiner grauer Hengst nahm sich recht unansehnlich aus.

»Zum Teufel! Wo mag nur Trifónn mit meinem Schlitten stecken!« rief ungeduldig Herr Pralinskij, der sein Gefährt nirgendwo erblicken konnte.

Man sah sich um, schaute hierhin und dorthin, aber der Schlitten war nicht zu sehen. Der Hausmeister konnte auch keine Auskunft geben. Da fragte man schließlich Warlám, den Kutscher Schipulenkos, und erfuhr von ihm, der andere habe die ganze Zeit gleichfalls hier gewartet; jetzt aber sei er nicht mehr da, wie man ja sehen könne.

»Eine dumme Geschichte!« meinte Herr Schipulenko. »Wenn Sie wollen, bringe ich Sie nach Haus?«

»Solch ein Gaunervolk!« rief Herr Pralinskij aufgebracht. »Die Kanaille wollte sich bei mir vorhin die Erlaubnis ausbitten, hier irgendwo in der Nähe eine Hochzeit mitzumachen; eine Verwandte von ihm heirate! Daß sie der Henker hole! Ich verbot ihm strengstens, sich von hier zu entfernen. Ich könnte wetten, daß er dorthin gefahren ist!«

»Jawohl«, bemerkte Warlám, »er ist auf die Hochzeit gefahren, wollte aber gleich wieder zurückkehren und zur befohlenen Zeit hier sein.«

»Da haben wir's! Das ahnte ich ja! Der soll's mir aber büßen!«

»Versohlen Sie ihm lieber den Hintern so ein- bis zweimal, wie es sich gehört, dann wird er schon gehorsamer sein«, meinte Herr Schipulenko, der schon die Schlittendecke hochzog.

»Seien Sie unbesorgt, Ssemjónn Iwánowitsch!«

»So wollen Sie nicht? Ich brächte Sie gern nach Haus.«

»Danke, nein. Und gute Fahrt!«

Schipulenko fuhr fort; Pralinskij aber ging zu Fuß auf den Bretterstegen und fühlte selbst, daß er ziemlich stark erregt war.

‚Warte nur, Spitzbube, das sollst du mir aber büßen! Zum Trotz werde ich jetzt zu Fuß gehen, damit du erschrickst! Wenn er zurückkehrt und erfährt, daß sein Herr zu Fuß gegangen ist... so ein Halunke!'

Herr Pralinskij hatte innerlich noch nie so geflucht, aber er war doch sehr aufgebracht, und überdies brummte ihm der Schädel. Da er sonst kein Trinker war, wirkten die fünf bis sechs Glas Champagner ziemlich schnell. Aber die Nacht war herrlich. Zwar kalt, aber außergewöhnlich lautlos und vollkommen windstill. Der Himmel war sternklar und der Vollmond breitete sein mattes Silberlicht über die Erde. Es war so wundervoll, daß Iwánn Iljítsch schon nach einigen fünfzig Schritten seinen ganzen Ärger fast vergaß. Es war ihm auf einmal so wunderlich wohl zumut. Es ist ja eine bekannte Tatsache, daß Menschen im Zustande eines leichten Rausches schnell ihre Stimmungen wechseln. Ihm begannen sogar die unscheinbaren Holzhäuschen der öden Straße zu gefallen.

‚Es ist doch gut, daß ich zu Fuß gegangen bin', sagte er sich, ‚für Trifónn wird es eine Lehre sein, und für mich ist es ein Vergnügen. Man müßte wirklich öfter zu Fuß gehen... Nun ja. Auf dem Großen Prospekt werde ich ja sofort einen Schlitten finden. Prachtvolle Nacht! Was das hier für Häuschen sind. Wahrscheinlich lauter kleine Leute... Subalternbeamte... vielleicht auch Kaufleute... Dieser Stepann Nikiforowitsch! Und was für Reaktionäre sie sind, was für alte Schlafmützen! Jawohl, Schlafmützen, c'est le mot. Übrigens ist er ein ganz gescheiter Mensch, hat diesen bon sens, das nüchterne, praktische Verstehen der Dinge. Dafür aber sind es ja Greise, Greise! Es fehlt ihnen dieses... wie nennt man's doch gleich ... Nun ja, es fehlt ihnen eben etwas... »Werden nicht durchhalten!« Was mag er damit gemeint haben? Er wurde ja richtig nachdenklich, bevor er's sagte. Übrigens hat er mich überhaupt nicht verstanden. Und wie kann man nur das nicht verstehen? Das *nicht* zu verstehen, ist ja schwerer, als es zu verstehen. Die Hauptsache ist, daß ich überzeugt bin, seelisch überzeugt. Humanität... Menschlichkeit. Den Menschen zu sich selbst zurückführen... Das Bewußtsein seiner eigenen Würde in ihm erwecken, und dann... macht euch dann mit dem neuen Material an die Arbeit! Man sollte meinen, daß das einleuchtet! Tja! Erlauben Sie mal, Exzellenz! Nehmen wir einen Syllogismus: wir treffen zum Beispiel einen Beamten, einen kleinen Subalternbeamten, einen armen, verschüchterten Mann. Nun... wer bist du? Antwort: ein Beamter. Also gut, ein Beamter. Weiter: was für ein Beamter? Antwort: so und so einer. Du stehst also im Dienst? – Jawohl! – Möchtest du glücklich sein? – Gern. – Was brauchst du zum Glücklichsein? – Das und das. – Warum? – Darum... Und siehe, der Mensch begreift mich nach zwei Worten, der Mensch ist gewonnen, schwört auf mich, ist sozusagen wie ein Fisch im Netz eingefangen, und ich mache mit ihm, was ich will, das heißt: natürlich nur zu seinem Besten!... 'n gemeiner Mensch, dieser Schipulenko! Und was für eine gemeine Fratze er hat... »Versohlen Sie ihm den Hintern!...« Das hat er mit Absicht so gemein gesagt. Nein, mein Bester, das kannst du selbst besorgen; *ich* aber werde es jedenfalls *nicht* tun; ich werde meinen Trifónn mit einem einzigen Wort zu erziehen verstehen: ein kurzer Tadel – das genügt, er wird's schon fühlen und sich merken. Was jedoch die Prügelstrafe betrifft, hm!... ungelöste Frage das... hm! Oder sollte man nicht unterwegs bei Emerence vorsprechen?!...'

»Pfui Teufel, diese verfluchten Bretterstege!« rief er plötzlich wütend aus; er hatte auf den Weg nicht achtgegeben und war gestolpert. »Und das will eine Hauptstadt sein! O Zivilisation! Hier kann man sich ja die Beine brechen!« ,Hm!... Ich hasse diesen Schipulenko! 'n widerlicher Kerl. Vorhin lachte er über mich, als ich sagte, man würde sich moralisch umarmen. Nun ja, man wird es auch; was geht das dich an? Brauchst keine Angst zu haben, *dich* werde ich nicht umarmen; eher einen Bauern... Wenn mir jetzt ein Bauer begegnet, so rede ich ihn an. Übrigens war ich vorhin ein wenig berauscht und vielleicht habe ich mich da nicht ganz richtig ausgedrückt. Vielleicht drücke ich mich auch jetzt nicht ganz richtig aus... Hm! Werde nie mehr trinken. Was man am Abend schwätzt, das bereut man am nächsten Morgen. Wie!? ich torkele doch nicht etwa... Aber weiß Gott, sie sind doch alle Spitzbuben!'

Das waren so die Gedanken, die Herrn Pralinskij fragmentarisch und ohne Zusammenhang durch den Kopf zogen, während er auf den Bretterstegen weiterschritt. Die frische Nachtluft tat ihm gut; sie machte ihn wieder munter, wie man zu sagen pflegt. Nach weiteren etwa fünf Minuten aber hätte sich das gelegt und er wäre schläfrig geworden. Plötzlich aber, wenige Schritte vor dem Großen Prospekt, hörte er irgendwoher Musik. Er schaute sich um. In einem alten einstöckigen, doch langgestreckten hölzernen Wohnhause an der anderen Straßenseite schien ein tolles Fest gefeiert zu werden: Geigen fiedelten, ein Kontrabaß brummte und eine Flöte tat in schwungvoll perlenden Tönen ihr Bestes, um tanzlustigen Leuten eine lustig anfeuernde Quadrille aufzuspielen. Unter den Fenstern drängten sich Zuschauer, meist Weiber in wattierten Mänteln und in Kopftüchern, die sich eifrig alle Mühe gaben, durch die Spalten der geschlossenen Fensterläden irgend etwas zu erspähen. Das Gestampf der Tanzenden war selbst auf der anderen Straßenseite zu spüren. Pralinskij erblickte nicht weit vor sich einen Schutzmann und ging auf ihn zu.

»Wem gehört dieses Haus, mein Lieber?« fragte er ihn, indem er seinen kostbaren Pelz am Halse ein wenig lockerte, gerade nur soweit, daß der Schutzmann den bedeutenden Orden des Fragenden erkennen konnte.

»Dem Beamten Pseldonímoff, dem Registrator«, antwortete der

Schutzmann, der natürlich den Orden sofort erkannt und eine stramme Haltung angenommen hatte.

»Pseldonímoff? Hm! Pseldonímoff!... Und was ist denn da los? Heiratet er etwa?«

»Jawohl, Euer Hochgeboren, er heiratet die Tochter eines Titularrats. Mlekopitájeff, Titularrat... hat bei der städtischen Behörde gedient. Dieses Haus bekommt jetzt der Schwiegersohn.«

»Also gehört es jetzt Pseldonímoff und nicht mehr Mlekopitájeff?«

»Pseldonimoff, jawohl, Euer Hochwohlgeboren; Mlekopitájeff gehörte es früher, jetzt aber gehört es Pseldonimoff.«

»Hm! Ich habe mich nur erkundigt, weil ich nämlich sein oberster Vorgesetzter bin.«

»Zu Befehl, Exzellenz.«

Der Schutzmann nahm eine wenn möglich noch strammere Haltung an. Herr Pralinskij aber schien in Nachdenken zu versinken. Er stand und überlegte...

Ja, tatsächlich, dieser Pseldonímoff gehörte zu seinem Ressort, diente sogar in seiner eigenen Kanzlei, das wußte er ganz genau. Er war ein kleiner Beamter, der etwa zehn Rubel monatlich erhielt. Da Herr Pralinskij erst vor kurzer Zeit sein Amt übernommen hatte, hätte er sich schließlich seiner Untergebenen nicht allzu genau erinnern können; Pseldonímoffs jedoch erinnerte er sich deutlich, und zwar nur des Namens wegen: der war ihm sofort aufgefallen, und so hatte er sich denn den Eigentümer dieses Namens etwas genauer angesehen. Er erinnerte sich eines noch sehr jungen Menschen mit einer langen gebogenen Nase, mit weißblondem strähnigem Haar, der skrofulös und unterernährt aussah, einen unmöglichen Rock und noch unmöglichere Unaussprechliche trug. Pralinskij erinnerte sich auch noch, daß ihm damals beim Anblick dieser Gestalt der Gedanke gekommen war, dem Armen zu Weihnachten einige zehn Rubel zur Aufbesserung der Garderobe zukommen zu lassen. Da aber das Gesicht dieses Armen gar zu trokken-formell, der Blick recht unsympathisch, ja sogar abstoßend wirkte, so verflüchtigte sich der Gedanke irgendwie ganz von selbst, und Pseldonimoff erhielt keine Gratifikation. Um so mehr aber hatte ihn dann dieser selbe Pseldonimoff in Erstaunen versetzt, als dieser vor einer Woche um die Erlaubnis einkam, heiraten zu dürfen: Pralinskij erinnerte sich noch, daß er damals keine Zeit gehabt hatte, sich mit der Sache eingehender zu befassen, und so war denn die Heiratsbewilligung obenhin und schnell erledigt worden. Trotzdem wußte er noch, daß Pseldonimoff mit der Braut ein einstöckiges Holzhaus und vierhundert Rubel bar erhalten sollte. Dieser Umstand hatte ihn damals gleich in Erstaunen gesetzt; jetzt entsann er sich auch, daß er über die Verbindung der Namen Pseldonimoff und Mlekopitájewa [die mit Milch Nährende] einen Witz gerissen hatte. Daran erinnerte er sich vollkommen klar und deutlich. Er erinnerte sich und... versank mehr und mehr in Gedanken. Bekanntlich können mitunter die umfassendsten Räsonnaden blitzschnell durch unseren Kopf gehen in Form von gewissen Empfindungen, ohne Übertragung in Worte, geschweige denn in literarische Ausdrucksweise. Wir wollen nun versuchen, alle diese Empfindungen unseres Helden in Worte zu übersetzen und dem Leser wenigstens das, was das Wesentliche, sozusagen des Zwangsläufige und Wahrscheinliche an ihnen war, wiederzugeben. Denn es ist doch so, daß viele von unseren Empfindungen, in die gewohnte Sprache übersetzt, vollkommen unwahrscheinlich anmuten. Das ist auch der Grund, warum sie nie ausgesprochen werden, obgleich doch ein jeder sie hat. Natürlich waren die Empfindungen und Gedanken Pralinskijs ein wenig zusammenhanglos. Aber wir wissen ja, warum sie das waren.

‚Tja! Da reden wir nun alle und reden', zuckte es ihm durch den Kopf, ‚kommt es aber zum Handeln, so wird doch nichts getan. Hier haben wir gleich ein Beispiel, meinethalben eben diesen Pseldonímoff: da ist er nun von der Trauung heimgekehrt, erregt, voll Hoffnung, in Erwartung der... hm!... Dieser Tag ist einer der schönsten seines Lebens... Jetzt muß er sich mit den Gästen abgeben; das Fest will gefeiert sein... er ist bescheiden, zwar arm, aber heiter, froh, herzlich... Wie nun, wenn er jetzt erführe, daß in diesem Augenblick ich, ich, sein Vorgesetzter, sein höchster Vorgesetzter, hierselbst vor seinem Hause stehe und seiner Hochzeitsmusik zuhöre! Nein, tatsächlich, was würde dann mit ihm geschehen? Ja, was würde er tun, wenn ich mich jetzt auf der Stelle einfach entschlösse und plötzlich bei ihm erschiene? Hm!... zuerst würde er natürlich nur erschrecken, vor Verwirrung kein Wort zu sagen wissen... Ich wäre für ihn zunächst nur ein Störenfried, würde vielleicht alles verderben... Ja, so wäre es, wenn eine beliebige andere Exzellenz einträte, nicht aber, wenn ich... Das ist es ja, daß jeder andere stören würde, bloß ich nicht...'

‚Ja, mein bester Stepánn Nikíforowitsch, vorhin konnten Sie mich nicht verstehen, aber da haben Sie jetzt ein vollendetes Beispiel!'

‚Jawohl, meine Herrschaften, da schreien wir nun alle nach Humanität, aber zu Heroismus, zu Heldentaten sind wir nicht imstande!'

‚Heroismus – inwiefern? Eben zu *diesem* Heroismus! Urteilen Sie doch selbst: bei dem jetzigen Verhalten aller Gesellschaftsklassen zueinander sollte *ich*, ich es mir einfallen lassen, um Mitternacht auf das Hochzeitsfest meines Untergebenen, eines Registrators mit einem Monatsgehalt von etwa zehn Rubeln, zu gehen! – Das wäre doch Umdrehung aller Ideen, wäre der letzte Tag Pompejis, wäre doch einfach Irrsinn! Das würde doch kein einziger verstehen. Stepánn Nikíforowitsch stürbe eher, als daß er das begriffe! Er sagte doch noch: wir werden nicht durchhalten. Ja, aber diese „wir" sind Sie, meine Herren, sind die alten Leute, die Leute der Lähmung und Stagnation; ich aber, ich werde durch–hal–ten! Ich werde den letzten Tag Pompejis in den herrlichsten Tag meines Untergebenen verwandeln, und der unerhörte Schritt wird zu einem normalen, patriarchalischen und hochmoralischen Vorgehen werden! Wie das? Einfach so! Bitte gefälligst aufzumerken...'

‚Also... nehmen wir an, ich trete ein: sie staunen, unterbrechen den Tanz, wundern sich, schauen ratlos drein, drängen zurück. Jawohl; da aber trete ich vor: ich gehe geradenwegs auf den erschrockenen Pseldominoff zu und sage mit dem freundlichsten Lächeln zu ihm: So und so, ich war gerade bei Seiner Exzellenz Stepann Nikíforowitsch Nikíforoff; hier in der Nähe, der Ihnen wohl bekannt sein dürfte... Nun, und dann erzähle ich so leichthin in humoristischem Ton von meinem Pech mit diesem Trifónn und wie es kam, daß ich zu Fuß ging... Nun, und da höre ich denn plötzlich Musik, erkundige mich beim Schutzmann und erfahre, daß Sie, mein Lieber, heute Ihre Hochzeit feiern. Ach, denke ich, da mußt du doch hingehen, mußt doch einmal sehen, wie deine Beamten sich amüsieren und... heiraten. Ich hoffe, Sie werden mich doch nicht vor die Tür setzen! – Haha! vor die Tür setzen! Und das zu einem Untergebenen gesagt! Toller Gedanke! Ich glaube, er wird ganz aus dem Häuschen geraten, wird Hals über Kopf alle Sessel zusammenschleppen, um mir eine Sitzgelegenheit zu bieten, wird erbeben vor Entzücken, wird es vorderhand gar nicht fassen können!...'

‚Nun ja, was könnte es Einfacheres, Geschmackvolleres geben als so ein Vorgehen! Warum ich eingetreten bin? Das ist eine andere Frage. Das ist bereits die sozusagen moralische Seite der Sache. Eben darum dreht es sich ja!'

‚Hm... Woran dachte ich eigentlich? Ach, so!'

‚Natürlich werden sie mich mit dem vornehmsten ihrer Gäste zusammensetzen, mit irgendeinem Titularrat oder Anverwandten, vielleicht einem Hauptmann außer Diensten mit einer roten Nase ... Gogol hat sie doch unvergleichlich geschildert, diese Originale! Nun, selbstverständlich lerne ich auch die Jungvermählte kennen, sage ihr eine Schmeichelei; ermuntere die Gäste, bitte sie, sich nicht stören zu lassen, den Tanz wieder aufzunehmen, mache Bonmots; mit einem Wort – bin bezaubernd liebenswürdig. Ich bin immer bezaubernd liebenswürdig, wenn ich mit mir zufrieden bin ... Hm! ... das ist es eben, daß ich, wie mir scheint, immer noch so ein wenig ... natürlich nicht gerade betrunken, aber so ...‘

‚... Selbstverständlich stelle ich mich als Gentleman auf die gleiche Stufe mit ihnen und verlange nicht im geringsten irgendwelche besondere ... Aber moralisch, moralisch – das ist eine andere Sache: sie werden das begreifen und zu würdigen wissen ... Meine Handlungsweise wird auch in ihnen Edelmut erwecken ... Und dann bleibe ich so eine halbe Stunde ... Meinetwegen auch eine Stunde. Gehe natürlich kurz vor dem Essen; sie aber werden gewiß schon alles mögliche zusammenbraten und -backen, mich himmelhoch bitten, doch zu bleiben, ich aber erhebe nur meinen Pokal, spreche meinen Glückwunsch aus und danke für das Essen. Sage einfach: die Arbeit drängt. Und schon dieses eine Wort wird genügen; sofort werden sie alle ehrfürchtig-ernste Gesichter machen. Und damit gebe ich gleichzeitig zartfühlend den Unterschied zu verstehen, daß sie und ich – zwei verschiedene Dinge sind. Himmel und Erde. Ich meine ja nur ... ich sage das nicht, um zu imponieren ... aber man muß doch ... gerade im moralischen Sinne ist das sogar unbedingt nötig, was man sonst auch einwenden mag. Übrigens kann ich ja sofort wieder lächeln, ja, von mir aus sogar lachen, und alle werden wieder munter ... Scherze dann noch ein wenig mit der jungen Frau ... hm! ... könnte ja sogar andeuten, daß ich nach einer gewissen Anzahl Monate wiederkommen würde als Taufpate, hehe ... Sie aber wird dann bestimmt pünktlich zum Termin gebären. Vermehren sich ja wie die Kaninchen. Nun, man wird natürlich lachen, sie wird feuerrot, gefühlvoll küsse ich sie dann auf die Stirn, segne sie womöglich noch ... und morgen ist meine Heldentat schon der ganzen Kanzlei bekannt. Ich aber bin am nächsten Tag wieder streng, bin wieder anspruchsvoll, sogar unerbittlich; nur wissen sie jetzt alle schon, wie ich im Grunde bin. Kennen mein Innerstes, mein geheimstes Wesen: „Als Vorgesetzter ist er streng; aber als

Mensch ist er einfach ein Engel!" Und so habe ich denn gesiegt; habe mit einer einzigen kleinen Geste, auf die ihr nie verfallen würdet, alle Herzen erobert. Schon gehören sie mir; ich bin der Vater, sie die Kinder... Na, was sagen Sie jetzt dazu, Exzellenz Stepann Nikíforowitsch, versuchen Sie doch auch mal, etwas ähnliches zu machen...'

'... Ja, und wissen Sie auch, begreifen Sie auch, daß Pseldonimoff noch seinen Kindern und Kindeskindern erzählen wird, wie Seine Exzellenz in eigener Person auf seiner Hochzeit erschienen ist! Und diese werden es wiederum ihren Kindern und Enkeln als heiligste Überlieferung ihrer Familiengeschichte berichten, wie der Würdenträger, der große Staatsmann (der ich bis dahin schon sein werde) ihre Familie einst der Ehre gewürdigt hat und so weiter, und so weiter. Aber das bedeutet doch, einen Erniedrigten moralisch erheben, ihn sich wiederfinden lassen... Er steht sich ja nur auf zehn Rubel im Monat... Und wenn ich ähnliches noch ein paarmal wiederhole, fünfmal, zehnmal, so bin ich einfach populär... Werde in aller Herzen sein, und der Teufel weiß, was daraus in Zukunft noch alles entstehen kann, aus so einer Popularität, wie gesagt!...'
So oder ungefähr so dachte Herr Pralinskij (meine Herrschaften, was denkt der Mensch zuweilen nicht alles bei sich, und dazu noch, wenn er sich in einer etwas außergewöhnlichen Stimmung befindet!). Alle diese Erwägungen durchzuckten seinen Kopf in vielleicht kaum einer halben Minute, und gewiß hätte er sich mit diesen kleinen Illusionen begnügt und wäre, zufrieden mit der Beschämung Stepann Nikíforowitschs wenigstens in Gedanken, sorglos weitergegangen nach Haus und hätte sich zu Bett gelegt. Und das wäre sehr vernünftig gewesen! Aber das Unglück wollte eben, daß er sich in jenem Augenblick außerhalb des gewohnten Zustands befand.

Und wie vom Schicksal gerade in diesem entscheidenden Augenblick heraufbeschworen, sah er plötzlich die selbstzufriedenen Gesichter Nikiforoffs und Schipulenkos vor sich.

»Werden nicht durchhalten!« wiederholte der eine mit überlegenem Lächeln.

»Hehehe!« sekundierte ihm der andere mit einem gemeinen Gemecker.

'Das wollen wir mal sehen, ob wir durchhalten!' sagte entschlossen Herr Pralinskij, und es stieg ihm sogar heiß zu Kopf.

Er verließ den Brettersteg und ging mit festen Schritten über die

Straße auf das Haus seines Untergebenen, des Registrators Pseldonimoff, zu.

Sein Stern riß ihn mit sich. Mutig schritt er durch das unverschlossene Hofpförtchen und schob mit dem Fuß voll Nichtachtung den kleinen wolligen Spitz beiseite, der ihm mehr anstandshalber als um der Sache willen mit heiserem Gekläff an die Beine fuhr. Auf den Brettern, die von der Pforte bis zur Haustür führten, schritt er weiter, stieg die drei alten Holzstufen hinan, die unter einem kleinen Giebel einen Vorbau wie etwa ein Wächterhäuschen bildeten, und trat in einen winzigen Flur. Zwar brannte hier irgendwo in einem Winkel ein Lichtstümpfchen oder so etwas wie ein Fettlämpchen, aber das hinderte Herrn Pralinskij nicht, so wie er ging und stand, in Galoschen, mit dem linken Fuß in eine Schüssel mit Sülze, die zum Erkalten herausgestellt war, hineinzutreten. Herr Pralinskij beugte sich vor, um interessiert den Boden zu betrachten, erkannte, was er angerichtet hatte, und bemerkte zugleich, daß daneben noch zwei Schalen mit irgend etwas Eßbarem in Gallert und zwei Formen augenscheinlich mit Blanc-manger standen. Die zerdrückte Sülze verwirrte ihn allerdings ein wenig, und einen kurzen Augenblick lang durchzuckte ihn der Gedanke, ob es nicht besser wäre, sogleich leise umzukehren und sich aus dem Staube zu machen? Aber das erschien ihm doch gar zu charakterlos. Er überlegte, daß ihn doch noch niemand gesehen hatte und man daher auch bestimmt nicht auf ihn als den möglichen Übeltäter verfallen würde, wischte schnell seine Galosche ab, um alle Spuren zu beseitigen, tastete dann an der mit Filz beschlagenen Tür nach der Klinke, öffnete die Tür und trat in ein ganz kleines Vorzimmer. Die eine Hälfte dieses Vorzimmers war mit Mänteln, Pelzjacken, Überziehern, Kapuzen, Muffs und Galoschen vollkommen verbaut, in der anderen hatte man die Musikanten untergebracht: zwei Geigen, eine Flöte und einen Kontrabaß, im ganzen also vier Mann, natürlich von der Straße weg engagiert. Sie saßen um einen kleinen, ungestrichenen Holztisch, auf dem ein einziges Talglicht brannte, und fiedelten, was das Zeug hielt, die letzte Tour der Quadrille herunter. Durch die offene Tür konnte man im Saal die Tanzenden sehen, die sich in Staub-, Rauch- und Dunstwolken drehten. Es ging ausgelassen-lustig zu. Man hörte Lachen, Schreie und Damengekreisch. Die Kavaliere stampften wie eine Eskadron Pferde, und aus dem ganzen Sodom klang das Kommando des Tanzordners, eines anscheinend sehr gewandten Herrn, der ungeniert mit aufgeknöpftem Rock tanzte: »Avancez, Messieurs, chaine de dames, balancez!« usw. usw. Herr Pralinskij warf einigermaßen erregt seinen Pelz von den Schultern, streifte die Galoschen von den Füßen und trat mit der Mütze in der Hand in den Tanzraum. Übrigens hatte er schon aufgehört zu denken.

Im ersten Augenblick bemerkte ihn niemand: alle tanzten in wildem Galopp die Quadrille zu Ende. Pralinskij stand wie betäubt da und konnte in diesem Wirrwarr nichts richtig unterscheiden. Helle Damenkleider, schwingende Röcke, Herren mit einer Zigarette zwischen den Zähnen schwirrten vor seinen Augen, und zwischen ihnen irgendeine vorüberfliegende Dame, deren flatternde, hellblaue Schärpe mit Fransen ihm über die Nase wischte. Ihr setzte in heller Begeisterung ein strubbelköpfiger Student nach, der hierbei den Eingetretenen unsanft stieß. Darauf drehte sich vor ihm irgendein Offizier, der länger als eine Werst lang war. Irgend jemand rief vor lauter Überschwang mit ungewöhnlich hoher Stimme im gemeinsamen Vorüberfliegen: »A-a-ach, Pseldonímuschka!« Herrn Pralinskij schien es, als klebten seine Sohlen am Fußboden: der war mit Wachs gebohnt. In diesem Zimmer, das übrigens nicht sehr klein war, tanzten an die dreißig Menschen.

Doch nach einer Minute etwa ging die Quadrille zu Ende, und fast im selben Augenblick geschah genau das, was Herr Pralinskij sich schon auf dem Bretterstege vorgestellt hatte. Unter den Gästen und Tänzern, die noch nicht Atem geschöpft, noch nicht den Schweiß vom Gesicht gewischt hatten, verbreitete sich plötzlich ein ganz ungewöhnliches Tuscheln. Alle Augen, alle Gesichter wandten sich erschrocken schnell dem eingetretenen Gast zu. Und gleich darauf begann ein allgemeines Zurückweichen; alle schoben und drückten sich nach rückwärts. Die ihn noch nicht bemerkt hatten, wurden an den Kleidern gezupft und eines Besseren belehrt, worauf sie sich umsahen und sich dann gleichfalls dem Rückzug anschlossen. Herr Pralinskij stand immer noch in der Tür und wagte keinen Schritt vorzutreten. Zwischen ihm aber und den Gästen wurde der freie Raum immer größer und größer, und schließlich war das halbe Zimmer leer, abgesehen von den Zigarettenstummeln und Konfektpapierchen, mit denen der Fußboden besät war. Da löste sich aus diesem enggepreßten Publikum schüchtern ein junger Mensch im Uniformrock eines Beamten und trat vor in den leeren Raum; er hatte strähniges weißblondes Haar und eine gebogene Nase. Er schob sich zaghaft näher, machte einen Bückling nach dem anderen und blickte dabei auf den unerwarteten Gast genau so wie ein Hund, der sich seinem ihn rufenden Herrn nähert, um einen Tritt in Empfang zu nehmen.

»Guten Abend, Pseldonimoff, erkennen Sie mich?« sagte Herr Pralinskij und fühlte doch im selben Augenblick, daß er es furchtbar ungeschickt sagte und vielleicht im Begriff war, eine unglaubliche Dummheit zu begehen.

»Eu... eu... euer E-xzellenz«, murmelte Pseldonimoff.

»Nun ja, ich bin es! – bin, mein Lieber, ganz zufällig bei Ihnen eingetreten, wie Sie sich wahrscheinlich schon denken können...«

Pseldonimoff aber konnte augenscheinlich überhaupt nicht mehr denken. Er stand mit weit aufgerissenen Augen vor seinem Vorgesetzten in einem erschreckenden Nichtverstehenkönnen...

»Ich nehme an, daß Sie mich doch nicht vor die Tür setzen werden ... Ob willkommen oder nicht, aber einen Gast muß man doch empfangen!...« fuhr Herr Pralinskij fort, wobei er wieder fühlte, daß er bis zu unanständiger Ohnmacht verwirrt ist, daß er lächeln will und selbst das nicht mehr kann; daß die humoristische Erzählung vom Ausbleiben seines Trifónn immer unmöglicher wird. Pseldonimoff aber verharrte wie zum Trotz in seiner Erstarrung und fuhr nur fort, ihn blöde anzusehen. Pralinskij durchzuckte es, er fühlte: ‚Noch eine solche Minute, und es geschieht etwas Unmögliches!'

»Oder habe ich vielleicht gestört... dann werde ich natürlich sofort...«, sagte er halb mechanisch, und an seinem rechten Mundwinkel erzitterte ein kleiner Nerv...

Da aber besann sich Pseldonimoff endlich...

»Euer Exzellenz, ich bitte... geruhen... eine Ehre...«, stotterte er unter erneuten Bücklingen, »geruhen Platz zu nehmen...« Und noch etwas mehr zu sich gekommen, wies er plötzlich mit beiden Händen auf das Sofa, von dem der Tisch weggerückt worden war, um den Tanzenden nicht im Wege zu sein...

Herr Pralinskij atmete innerlich auf und ließ sich auf das Sofa nieder; sofort beeilte sich jemand, den beiseite geschobenen Tisch wieder vorzuschieben. Flüchtig blickte er sich um, und da gewahrte er, daß außer ihm niemand saß: alle, auch die Damen, standen. Das war ein schlechtes Zeichen. Aber noch war es nicht an der Zeit, sie zu ermuntern und zum Platznehmen aufzufordern. Die Gäste standen noch immer scheu zurückgedrängt, und vor ihm stand immer noch Pseldonimoff allein, krumm vor Ehrerbietung, und begriff immer noch nichts und war immer noch weit entfernt vom Lächeln. Es war einfach schändlich, oder kurz: in diesem Augenblick erlitt unser Held soviel Kummer, daß sein Harûn-al-Raschids würdiges Unternehmen um des Prinzips willen wohl für eine Heldentat angesehen werden könnte. Aber da stand plötzlich neben Pseldonimoff noch eine Gestalt, die einen Bückling nach dem anderen machte. Zu seiner unbeschreiblichen Freude, ja, geradezu beglückt erkannte Herr Pralinskij in dieser Gestalt sofort den Tischvorsteher aus seiner Kanzlei, Akím Petrówitsch Súbikoff, den er zwar nicht gesellschaftlich, dafür aber als tüchtigen schweigsamen Beamten kannte. Voll Freude erhob er sich sofort und streckte Súbikoff die Hand entgegen, die ganze Hand und nicht nur zwei Finger. Súbikoff drückte sie vorsichtig in tiefster Ehrfurcht. Exzellenz triumphierte: alles war gerettet!

In der Tat, jetzt war Pseldonimoff nicht mehr, sagen wir, die zweite, sondern einfach die dritte Person. Man konnte sich mit der Erzählung direkt an den Tischvorsteher Súbikoff wenden, ihn in der Not wie einen Bekannten behandeln, sogar wie einen nahen Bekannten; Pseldonimoff aber konnte man nun schweigen und vor lauter Respekt zittern lassen, soviel er wollte. Folglich war der Anstand gewahrt. Die Erzählung aber war unbedingt nötig, das fühlte Herr Pralinskij; er sah, daß alle Gäste etwas erwarteten, daß in beiden Türrahmen sich sogar alle Hausbewohner versammelt hatten und fast schon aufeinander kletterten, nur um ihn besser sehen und hören zu können. Unangenehm war bloß, daß der Tischvorsteher sich in seiner Dummheit immer noch nicht setzen wollte.

»Aber so setzen Sie sich doch!« sagte Herr Pralinskij und wies etwas ungeschickt neben sich auf das Sofa.

»Ich... ich... ach... ich kann auch hier...«, stotterte Akím Petrówitsch Súbikoff verlegen und setzte sich flink auf einen Stuhl, der ihm im Handumdrehen von Pseldonimoff, der selbst nicht Platz zu nehmen wagte, in die Kniekehlen geschoben wurde.

»Denken Sie doch nur, was mir soeben passiert ist«, begann Herr Pralinskij mit einer zwar noch etwas unsicheren, aber immerhin liebenswürdigen Stimme, ausschließlich zu Akím Petrówitsch gewandt. Er zog sogar die Worte möglichst in die Länge, sprach die Silben kokett langsam und das a fast wie ein e aus, kurz, er fühlte und begriff, daß er sich nicht natürlich gab, aber er konnte sich nicht mehr beherrschen: es geschah wie unter dem Einfluß einer äußeren Macht. Und überhaupt erkannte er in jenem Augenblick furchtbar viel und begriff es qualvoll.

»Können Sie sich vorstellen: ich komme von Stepánn Nikíforowitsch Nikíforoff, dem Geheimrat, Sie haben vielleicht von ihm gehört...«

Súbikoff beugte sich ehrerbietig mit seinem ganzen Oberkörper vor, als wollte er sagen: ‚Exzellenz, wie sollte ich nicht!'

»Er ist doch jetzt Ihr Nachbar«, fuhr Herr Pralinskij fort und wandte sich anstandshalber an Pseldonimoff, kehrte sich aber sofort wieder von ihm ab, da er an den Augen Pseldominoffs nur zu deutlich gesehen hatte, wie vollkommen gleichgültig diesem das war. »Er hat sich ja, wie Sie wissen, immer schon ein Haus kaufen wollen... Nun, und jetzt hat er es sich glücklich gekauft. Ein sehr hübsches Haus. Ja... Und da kam dann noch hinzu, daß heute sein Geburtstag ist, und so hat er ihn uns diesmal vor lauter Freude über sein neues Haus nicht verheimlicht, wie er es sonst immer zu tun pflegte, hehe... Wie gesagt, er hatte uns eingeladen, mich und Ssemjónn Iwánowitsch. Sie kennen ihn doch? – Schipulénko.«

Subikoff machte mit seinem Oberkörper wieder eine respektvolle Verbeugung; er tat es mit Diensteifer. Herr Pralinskij beruhigte sich ein wenig, denn er hatte schon gefürchtet, sein Untergebener könnte vielleicht erraten, daß er der einzige rettende Stützpunkt Seiner Exzellenz war. Das wäre doch gar zu abscheulich gewesen.

»Nun, wir saßen zu dritt beisammen, tranken Champagner, sprachen über Regierungssachen... über dieses und jenes... über verschiedene Staats–pro–bleme... disputierten sogar... Hehe...«

Súbikoff machte ein respektvolles Gesicht.

»Aber darum handelt es sich ja nicht! Ich verabschiedete mich schließlich, denn, wissen Sie, der alte Herr ist sehr pünktlich, er geht sehr früh zu Bett, ist ja auch schon be–jahrt. Ich trete also hinaus... mein Trifónn ist nirgends zu sehen! Das regt mich auf; ich erkundige mich: es stellt sich heraus, daß er sich in der Hoffnung, ich würde länger sitzen bleiben, auf eine Hochzeit – zu irgendeiner Verwandten oder Schwester – begeben hat... gleichfalls hier irgendwo auf der Petersburger Seite. Und auch den Schlitten hat er natürlich mitgenommen.«

Exzellenz blickte anstandshalber wieder Pseldonimoff an, was diesen sofort veranlaßte, sich zu verbeugen, doch keineswegs in der Art, wie es Exzellenz ersehnte, und daraus schloß er: ‚Dieser Mensch hat ja überhaupt kein Mitgefühl, überhaupt kein Herz!'

»Nein, so etwas!« sagte tief erschüttert Súbikoff. Ein leichter Schauer der Verwunderung lief tuschelnd über die dichtgedrängte Schar der übrigen Gäste.
»Nicht wahr? Sie können sich meine Lage denken...« Herr Pralinskij ließ seinen fragenden Blick flüchtig über alle Anwesenden gleiten. »Da war natürlich nichts zu machen, ich gehe also zu Fuß. Ich denke mir, nun, du gehst bis zum Großen Prospekt, dort wirst du bestimmt noch einen Schlitten finden... hehe!«
»Hihihi...« tönte dienstbeflissen das Echo von Subikoff zurück, und wiederum ging ein Getuschel durch die gedrängte Gästeschar. In diesem Augenblick platzte mit lautem Knall der Zylinder einer Wandlampe. Irgend jemand stürzte sofort eilfertig hin, um nachzusehen oder irgend etwas zu retten. Pseldonimoff fuhr zusammen und warf einen strengen Blick auf die Lampe. Exzellenz aber beachtete sie überhaupt nicht, und so beruhigte man sich.
»Ich gehe also zu Fuß... Die Nacht aber ist wunderbar, vollkommen windstill. Da höre ich plötzlich Musik, das Gestampfe Tanzender! Erkundige mich beim Schutzmann und erfahre, daß Pseldonimoff seine Hochzeit feiert. Mein Lieber, Ihr Fest ist ja auf der ganzen Petersburger Seite zu hören! Hahaha!«
»Hihihi! Stimmt...«, meinte auch Subikoff; die Gäste flüsterten und bewegten sich wieder; dumm war nur, daß Pseldonimoff selbst nach diesem Scherz nicht lächelte, sondern wieder nur seinen Bückling machte – wirklich, als ob er von Holz wäre! ‚Der Kerl scheint ja total borniert zu sein!' dachte Exzellenz verwundert, ‚wenn der Esel doch einmal lächeln wollte, wäre ja alles gut.' Die Ungeduld tobte in seinem Herzen.
»Halt! denke ich, wie wär's, wenn du einmal bei deinem Untergebenen vorsprächest? Ob ich ihm willkommen bin oder nicht, er wird mich doch nicht vor die Tür setzen... Sie verzeihen mir doch, mein Lieber... Wenn ich jedoch störe, so werde ich selbstverständlich sogleich wieder gehen... Ich bin ja eigentlich nur gekommen, um einmal zuzusehen...«
Allmählich aber begann sich schon eine gewisse Entspannung unter den Gästen bemerkbar zu machen. Subikoff lächelte verklärt, als wollte er sagen: ‚Gütiger Himmel, wie könnte Euer Exzellenz stören!' Und auch bei den übrigen Gästen waren die ersten Anzeichen des Zutrauens wahrzunehmen. Die Damen saßen schon fast alle: ein gutes, positives Zeichen. Die Keckeren von ihnen fächelten sich bereits mit den Taschentüchern. Eine von ihnen, in einem ab-

getragenen Samtkleid, sagte absichtlich einige Worte etwas lauter. Der Offizier, an den sie gerichtet waren, wollte ihr gleichfalls etwas lauter antworten, da sie aber beide die einzigen Mutigen waren, so führte er sein Vorhaben doch nicht aus. Die Herren, meistens Kanzleibeamte und zwei oder drei Studenten, tauschten untereinander Blicke aus, als wollten sie sich gegenseitig anfeuern, irgend etwas zu unternehmen; vorläufig aber räusperten sie sich nur oder traten von einem Fuß auf den andern, um sich ein wenig zu bewegen. Im Grunde hatte kein einziger Angst; sie waren nur ein wenig schüchtern und, genau genommen, blickten sie alle feindselig auf den Unglücklichen, der gekommen war, um ihr Vergnügen zu stören. Der Offizier, der sich schließlich seines Kleinmutes schämte, faßte sich ein Herz und näherte sich ein wenig dem Tisch.

»Aeh, mein Lieber, gestatten Sie, nach Ihrem und Ihres Vaters Namen zu fragen?« wandte sich Herr Pralinskij an Pseldonimoff.

»Porfírij Petrówitsch, Exzellenz«, antwortete der sofort, als ob er Rapport erstatte.

»Nun, Porfírij Petrówitsch, wann werden Sie mich denn mit Ihrer jungen Frau bekannt machen ... Führen Sie mich doch ... ich ...«

Und er bekundete schon die Absicht, sich vom Sofa zu erheben. Pseldonimoff stürzte sofort ins Nebenzimmer. Die Neuvermählte stand übrigens an der Tür, als sie aber hörte, daß von ihr die Rede war, schlüpfte sie sofort zurück und versteckte sich. Nichtsdestoweniger führte Pseldonimoff sie nach einer Minute an der Hand wieder in den Saal. Man trat sofort auseinander, um ihnen Platz zum Durchgehen zu machen. Exzellenz erhob sich feierlich und wandte sich mit liebenswürdigstem Lächeln an die Neuvermählte:

»Es freut mich ungemein, Ihre Bekanntschaft zu machen«, sagte er mit der elegantesten Halbverbeugung, »und dies um so mehr, als es gerade an einem solchen Tage ...« usw., usw.

Er lächelte überaus verschmitzt. Die Damen gerieten in angenehme Wallung.

»Charmant«, sagte fast laut die Dame im abgetragenen Samtkleid.

Die Neuvermählte war ihres Gatten wert. Sie war ein mageres Persönchen von siebzehn Jahren, blaß, mit einem kleinen Gesicht, in dem ein spitzes Näschen saß. Ihre kleinen, flink und unstet blikkenden Augen verrieten keinerlei Verlegenheit, im Gegenteil, sie sahen jetzt aufmerksam und sogar mit einer gewissen Bosheit den liebenswürdigen Vorgesetzten an. Offenbar hatte Pseldonimoff sie nicht ihrer Schönheit wegen geheiratet. Ihr Brautkleid war aus weißem Musselin auf einem rosa Unterkleide. Ihr Hals war erschreckend mager, die Schlüsselbeine zeichneten sich ab, ihr Körper erinnerte an den eines Kückens. Auf die liebenswürdigen Begrüßungsworte der Exzellenz wußte sie nichts zu antworten.

»Ich kann Ihnen zu Ihrem Geschmack nur gratulieren«, sagte Exzellenz zu Pseldonimoff gewandt halblaut, jedoch absichtlich so, daß sie es unbedingt hören mußte.

Pseldonimoff antwortete aber auch auf diese Liebenswürdigkeit nur mit Schweigen; ja, diesmal vergaß er sogar, sich zu verbeugen: er rührte sich nicht. Herrn Pralinskij schien es plötzlich, als blitze in seinen Augen etwas Kaltes, wenn nicht Feindseliges auf. Und doch hieß es für ihn, mit aller Gewalt, was es auch koste, die ersehnte gefühlvolle Stimmung zu erzwingen. Nur deswegen war er ja überhaupt eingetreten!

‚Das ist mir mal ein Pärchen!' dachte er bei sich. ‚Übrigens...'

Und er wandte sich von neuem an die junge Frau, die sich neben ihm auf das Sofa niedergelassen hatte, erhielt aber auf seine Fragen nur ein »Ja« oder »Nein« zur Antwort, und zuweilen selbst das nicht einmal.

‚Wenn sie doch wenigstens verlegen werden wollte!' dachte er wütend. ‚Ich könnte dann mit ihr scherzen. Aber so ist ja meine Lage einfach aussichtslos!'

Und auch Subikoff schwieg wie zum Trotz; wenn er es auch nur aus Dummheit tat, so blieb es doch unverzeihlich.

»Aber meine Damen und Herren! Ich habe Sie doch nicht in Ihrer Geselligkeit gestört?« wandte er sich an alle Gäste.

Er fühlte schon, daß sogar seine Handflächen transpirierten.

»Oh nein, Exzellenz, wir werden sofort weitertanzen, augenblicklich... erholen wir uns ein wenig«, antwortete ihm darauf der lange Offizier, auf dem die Neuvermählte wohlgefällig ihre Blicke ruhen ließ: er war noch nicht alt und trug die Uniform irgend eines Truppenteils. Pseldonimoff stand noch immer in der Nähe, und seine Hakennase nahm sich noch größer aus als zuvor. Er stand da und hörte zu wie ein Diener, der mit Pelzen und Mänteln auf dem Arm dem Abschiedsgespräch seiner Herrschaft zuhört. Diesen Vergleich machte Herr Pralinskij in Gedanken beim wiederholten Anblick seines Registrators. Ja, unser Held fühlte sich sehr ungemütlich, er fühlte, wie er den Boden unter den Füßen verlor; er fühlte, daß er irgendwohin hineingeraten war und nun nicht mehr heraus konnte, und saß da wie im Dunkeln.

Da traten die Gäste an der Tür wieder auseinander, um, wie es schien, jemandem Platz zu machen: es erschien eine mittelgroße, stämmige ältere Frau, die einfach, aber doch etwas festlicher angezogen war, ein großes Tuch, das sie auf der Brust festgesteckt hatte, um die Schultern trug und sich an die Haube, die ihren Kopf schmückte, augenscheinlich noch nicht gewöhnt hatte. In den Händen hielt sie ein rundes Tablett, auf dem eine volle, aber schon aufgekorkte Flasche Champagner und zwei Gläser standen – zwei, nicht mehr und nicht weniger. Offensichtlich war die Flasche nur für zwei Personen gekauft worden.
Die Frau kam freundlich auf den Gast zu.
»Bitte, Exzellenz«, sagte sie grüßend und herzlich, »wenn Sie uns schon die Ehre erweisen, zur Hochzeit meines Sohnes in eigener Person zu kommen, so bitten wir: begrüßen Sie auch schon das junge Paar mit einem Glas. Nehmen Sie vorlieb, erweisen Sie uns die Ehre.«
Herrn Pralinskij erschien sie wie die Rettung selbst! Sie war noch durchaus nicht alt, vielleicht fünf- oder sechsundvierzig, nicht mehr. Aber sie hatte ein so gütiges, frisches, ein so offenes, rundes russisches Gesicht, sie lächelte so gutmütig, begrüßte ihn so einfach, daß Herr Pralinskij sich sofort beinah getröstet fühlte und wieder Mut schöpfte.
»Also S–s–sie sind die Mutter Ihres Sohnes?« fragte er, sich schnell erhebend.
»Jawohl, Exzellenz, meine Mutter«, bestätigte Pseldonimoff, wobei er seinen langen Hals und seine gebogene Nase noch weiter vorstreckte.
»Ah, so! Freut mich! Es freut mich ganz ungemein, Sie kennen zu lernen!«
»So erweisen Sie uns schon die Ehre, Exzellenz.«
»Aber gewiß, und mit dem größten Vergnügen!«
Das Servierbrett wurde auf den Tisch gestellt, und Pseldonimoff schenkte eilfertig ein. Herr Pralinskij nahm seinen Pokal.
»Ich freue mich, ich freue mich ganz besonders der Gelegenheit...«, begann er, »daß ich bei der Gelegenheit... mit einem Wort, als Vorgesetzter mein Wohlwollen bezeugen kann... Ich wünsche Ihnen, meine Gnädigste«, – er wandte sich an die Neuvermählte – »und auch Ihnen, mein lieber Porfirij Petrowitsch, vollkommenes, höchstes und dauerndes Glück!«
Er erhob seinen Pokal und leerte ihn sogar mit tiefem Gefühl auf

einen Zug – es war der Zahl nach der siebente an jenem Abend. Pseldonimoff blickte ernst und mürrisch drein, und Exzellenz fühlte, daß er ihn schon qualvoll haßte.
‚Und diese verfluchte Bohnenstange', – er blickte wütend auf den langen Offizier – ‚kann der Kerl denn nicht einmal Hurra schreien!? Damit wäre ja alles gerettet...'
»Und auch Sie, Akím Petrówitsch, – bitte trinken auch Sie auf das Glück des jungen Paares«, wandte sich die Alte an den Beamten. »Sie sind sein Vorgesetzter, beschützen Sie meinen Sohn; ich bitte Sie darum, wie eine Mutter bittet. Und auch hinfort vergessen Sie uns nicht, Sie Lieber, ich weiß doch, daß Sie ein guter Mensch sind, Akím Petrówitsch!«
‚Wie reizend doch diese einfachen russischen Frauen sind!' dachte Herr Pralinskij bei sich. ‚Alle hat sie belebt. Hm, ich habe ja immer gesagt: ich liebe alles Urwüchsige...'
In dem Augenblick wurde noch ein Servierbrett zum Tisch gebracht: eine Magd in einem steifen, noch ungewaschenen Kattunkleide über einem Reifrock trug es herein; doch sie konnte es kaum fassen – so groß war es. Auf ihm standen eine Menge Schalen, Teller und Schüsseln mit Äpfeln, Konfekt, Marmeladen, Kuchen, Nüssen usw. Dieses Servierbrett hatte bis dahin im Nebenzimmer gestanden, zur Bewirtung der Gäste, vornehmlich der Damen. Nun wurde es aber zum Ehrengast gebracht.
»Verschmähen Sie nicht, Exzellenz, nehmen Sie vorlieb mit dem, was wir Ihnen bieten können. Was wir haben, dessen freuen wir uns«, sagte wieder gutmütig die Alte.
»Aber, ich bitte Sie!...«, rief Herr Pralinskij und nahm sogar mit Vergnügen eine Walnuß, die er mit den Fingern zerdrückte. Er hatte sich entschlossen, bis zum Schluß populär zu sein.
Plötzlich kicherte die Neuvermählte neben ihm.
»Wie?« erkundigte sich Herr Pralinskij lächelnd, sichtlich sehr erfreut über dies unverhoffte Lebenszeichen.
»Hihi, Iwánn Kosténkinytsch scherzt wieder«, entgegnete sie, diesmal mit gesenktem Blick.
Er bemerkte tatsächlich einen hübschen blonden Jüngling, der sich auf einem Stuhl neben dem Sofa niedergelassen und sich halb hinter der Lehne und der jungen Pseldonimowa versteckt gehalten hatte. Der Jüngling erhob sich schüchtern.
»Ich habe ihr nur von einem Traumbuch erzählt, Exzellenz«, sagte er, als wolle er sich entschuldigen.

»Von was für einem Traumbuch?« fragte Herr Pralinskij herablassend.
»Es gibt jetzt ein neues, ein literarisches. Ich habe ihr gesagt, wenn man Herrn Panájeff im Traum sieht, bedeute das, daß man sich das Chemisett mit Kaffee bekleckern werde.«
‚Himmlische Unschuld!' dachte Exzellenz nicht ohne Bosheit bei sich.
Der junge Mann errötete zwar, als er seine Erklärung gab, war aber zugleich unglaublich stolz auf seinen Mut.
»Nun ja, schön, ich habe auch schon so etwas gehört...«, meinte Exzellenz.
»Und was noch amüsanter ist«, sagte plötzlich eine neue Stimme dicht neben Herrn Pralinskij, »es wird ein neues Lexikon herausgegeben, und es heißt, Herr Krajéwskij werde dafür *palemische* Artikel schreiben...«
Der das sagte, war ein junger Mensch, der aber durchaus nicht verlegen schien, sondern eine gewisse Sicherheit in seinem Auftreten hatte. Er war in Handschuhen und weißer Weste und behielt die ganze Zeit seinen Hut in der Hand. Er tanzte nicht, gab aber sonst den Ton an, blickte auf die übrigen Gäste von oben herab, denn er war schon Mitarbeiter an dem satirischen Blatt „Der Feuerbrand", und war gleichsam als Ehrengast zur Hochzeit eingeladen worden, von Pseldonimoff selbst, mit dem er sich duzte und mit dem er noch vor einem Jahr ein Hungerleben bei einer deutschen Winkelvermieterin geführt hatte. Jetzt trank er schon Schnaps und war zu diesem Zweck bereits des öfteren in ein bescheidenes Hinterzimmer gegangen, zu dem alle Herren den Weg kannten. Seiner Exzellenz war er äußerst unsympathisch.
»Und das ist nur darum so komisch«, unterbrach ihn plötzlich freudig der blonde Jüngling, der von dem Chemisett erzählt hatte und den der „Mitarbeiter" haßerfüllt anblickte, »so furchtbar komisch, weil der Herausgeber so tut, als ob Herr Krajéwskij die Rechtschreibung nicht könne und wirklich glaube, man müsse statt ‚polemisch' ‚palemisch'... sagen...« Der arme Jüngling sprach kaum zu Ende, was er sagen wollte. Er erkannte an den Augen seines Zuhörers, daß er eine stadtbekannte Geschichte erzählte, denn Seine Exzellenz wurde gleichfalls verlegen, und das natürlich nur, weil auch er sie schon längst gehört hatte. Der junge Mann schämte sich entsetzlich: er zog sich denn auch so schnell wie möglich zurück, und die ganze Zeit nachher war er tief melancholisch. Dafür aber

trat der Mitarbeiter des „Feuerbrand“ noch näher an Seine Exzellenz heran und schien die Absicht zu haben, sich irgendwo in der Nähe niederzulassen. Solch eine liebenswürdige Annäherung eines Journalisten von links erschien ihm aber doch etwas zu gewagt.

»Tja! was ich sagen wollte, Porfirij Petrowitsch«, begann er plötzlich zu diesem gewandt, bloß um etwas zu sagen, »warum – ich wollte Sie das schon längst fragen, warum nennen Sie sich Pseldonimoff und nicht Pseudonimoff?«

»Das kann ich leider nicht genau erklären, Exzellenz«, entgegnete Pseldonimoff.

»Das hat man wohl schon früher verwechselt, als sein Vater in den Dienst trat, ich meine, in den Papieren«, bemerkte Súbikoff. »Das kommt zuweilen vor.«

»Un–be–dingt!« griff Exzellenz eifrig den Gedanken auf. »Unbedingt! Denn, urteilen Sie doch selbst: Pseudonimoff würde von dem literarischen Wort Pseudonym herkommen. Was aber bedeutet Pseldonimoff? – Überhaupt nichts!«

»Aus Dummheit«, fügte plötzlich Subikoff noch hinzu.

»Das heißt, wie meinen Sie das – aus Dummheit?«

»Das einfache Volk verwechselt zuweilen die Buchstaben und spricht überhaupt die Fremdwörter auf seine Art aus. So sagt es zum Beispiel oft Nevalide statt Invalide...«

»Ach, so... Nevalide, hehehe...«

»Auch hört man häufig Mummer sagen, Exzellenz«, fiel der lange Offizier ein, den die Lust, sich gleichfalls irgendwie auszuzeichnen, schon lange plagte.

»Wie das... Mummer?«

»Mummer statt Nummer, Exzellenz.«

»Ach so, Mummer statt Nummer... ja ja... hehehe?...« Exzellenz war gezwungen, auch dem Offizier Beifall zu zollen.

Der Offizier zupfte an seinem Kragen.

»Und dann sagt man auch noch vurbei«, mischte sich der Mitarbeiter des „Feuerbrand“ in das Gespräch. Exzellenz aber tat, als hätte er die Bemerkung ganz überhört. Er konnte doch nicht alle anlächeln!

»*Vurbei* statt *vorbei*«, wiederholte der Mitarbeiter sichtlich gereizt.

Exzellenz blickte ihn streng an.

»Wozu drängst du dich so vor?« flüsterte Pseldonimoff dem Mitarbeiter zu.

»Wieso, darf ich denn hier etwa nicht sprechen?!« fragte der flüsternd zurück, schwieg aber doch und verließ mit heimlichem Groll das Zimmer.

Er begab sich wieder in das anziehende Hinterzimmer, in dem für die Herren auf einem kleinen Tisch, der mit einem jarosláwschen bunten Tischtuch bedeckt war, zwei Sorten Schnaps, Hering, Kaviarbrötchen und noch eine Flasche des allerstärksten Sherry von einer russischen Firma zur Erfrischung hingestellt waren. Mit Wut im Herzen goß er sich ein Gläschen ein, als plötzlich der strubbelköpfige Student der Medizin hereinstürmte, hastig die Karaffe ergriff und sich einschenkte.

»Es wird gleich wieder losgehen!« sagte er, der erster Tänzer auf dieser Hochzeit Pseldonimoffs war. »Komm zusehn: werde ein Solo auf den Händen tanzen, mit den Beinen in der Luft, und nach dem Essen will ich 'nen Fisch riskieren. Der paßt zur Hochzeit: sozusagen unserem Pseldonimoff ein freundschaftlicher Wink ... Famoses Weib, diese Kleopátra Ssemjónowna, man kann bei ihr faktisch alles riskieren.«

»Das ist ja ein Reaktionär«, sagte finster der Mitarbeiter und stürzte sein Glas hinab.

»Wer das?«

»Diese hohe Persönlichkeit, vor der man sämtliche Süßigkeiten plaziert hat! Ein Reaktionär, wie er im Buche steht, sag ich dir!«

»Ach!« rief der Student gleichgültig und stürzte hinaus, da schon die ersten Takte der Quadrille erklangen.

Der Mitarbeiter goß sich, allein zurückgeblieben, ein noch größeres Glas ein, um sich etwas Mut anzutrinken, darauf nahm er ein Kaviarbrötchen – und noch niemals hatte sich der Wirkliche Geheimrat Pralinskij einen schrecklicheren Feind und unerbittlicheren Rächer erworben, als es der von ihm übersehene Mitarbeiter des „Feuerbrand" war, besonders nach dem zweiten Glase Schnaps. Doch wehe! Herr Pralinskij ahnte nichts. Desgleichen ignorierte er völlig noch einen anderen wichtigen Umstand, der aber auf das weitere Verhalten der Gäste zu Seiner Exzellenz einen unheilvollen Einfluß haben sollte. Die Geschichte war nämlich die, daß seine Erklärung, warum er zu seinem Untergebenen gekommen war, niemand befriedigt hatte und die Gäste fortfuhren, sich zu ängstigen oder wenigstens sich bedrückt zu fühlen. Plötzlich aber veränderten sich alle wie durch einen Zauberschlag: alle beruhigten sich und waren sofort bereit, wieder zu tanzen, zu lachen, zu schreien, ganz als ob der unerwartete Gast überhaupt nicht zugegen wäre. Die Ursache dieser Veränderung war das auf unerklärliche Weise entstandene Gerücht, der Gast sei nicht ganz... nüchtern! Und wenn dieses Gerücht auch den Stempel der schrecklichsten Verleumdung an sich trug, so fand es allmählich doch mehr und mehr Glauben und bald wurde es allgemein als Tatsache angesehen. Daher ging es denn plötzlich ungemein frei her. Die letzte Quadrille vor dem Essen begann.

Gerade als Herr Pralinskij sich wieder an die Neuvermählte wenden wollte, um diese Festung mit einem Scherz zu stürmen, erschien plötzlich der lange Offizier und ließ sich unverhofft auf ein Knie vor ihr nieder. Sie erhob sich sofort und flog selig mit ihm davon, um sich in die Reihe zu stellen. Der Offizier sagte nicht einmal seine Entschuldigung, als er sie entführte, und sie schenkte Seiner Exzellenz nicht einmal einen Blick, als ob sie froh wäre, ihren Platz verlassen zu können.

‚Im Grunde hat sie ja recht', dachte Herr Pralinskij, ‚aber was ist denn das für ein Benehmen!' – »Hm!... mein lieber Porfirij Petrowitsch«, wandte er sich an Pseldonimoff, »vielleicht haben Sie dort irgend etwas anzuordnen... das heißt... ich meine ja nur... bitte lassen Sie sich dann nicht abhalten...« – ‚Der Kerl tut ja, als müsse er hier auf mich aufpassen', dachte er ungehalten.

Dieser Pseldonimoff, der mit seinem langen Hals neben ihm stand und seinen Blick nicht von ihm abwandte, wurde ihm unerträglich. Kurz, das war alles nicht das, längst nicht das, was Herr Pralinskij sich gedacht hatte, aber er war noch weit davon entfernt, sich das einzugestehen.

Die Quadrille begann.

»Gestatten Exzellenz?« fragte ehrfürchtig Subikoff, der zaghaft die Champagnerflasche in der Hand hielt und sich halbwegs anschickte, Seiner Exzellenz einzuschenken.

»Ich... wirklich, ich weiß nicht, ob...«

Doch schon schenkte Súbikoff mit andächtig strahlendem Gesicht den Champagner ein. Als das Glas bis zum Rande gefüllt war, entschloß er sich, auch sein eigenes Glas zu füllen, doch tat er das gleichsam unter Gewissensbissen, verlegen und betreten und mit dem Unterschied, daß er in sein Glas gut einen Fingerbreit weniger eingoß, was seiner Meinung nach etwas ehrerbietiger war. Er fühlte sich wie eine Frau in Kindsnöten, während er neben seinem hohen

Vorgesetzten saß. Wovon sollte er sprechen? Sprechen aber mußte er unbedingt, da er nun einmal die Ehre hatte, neben Seiner Exzellenz zu sitzen: dafür mußte er doch wenigstens unterhaltend sein! Da mußte denn der Champagner retten. Seiner Exzellenz war es sogar angenehm, daß jener einschenkte, nicht des Weines wegen, denn der war warm und überhaupt irgendein widerliches Zeug, sondern gewissermaßen moralisch angenehm.

‚Der Alte will natürlich selbst gern trinken', dachte Herr Pralinskij, ‚allein aber wagt er es nicht. Ich kann ihn doch nicht des Genusses berauben. Und es wäre ja auch lächerlich, wenn die Flasche so unberührt zwischen uns stände.'

Er nahm einen Schluck, denn das erschien ihm immerhin besser als so dazusitzen.

»Ich bin ja nur her–gekommen«, begann er wieder in seiner vornehm gedehnten Sprechart, »ich bin ja nur... sozusagen zu–fällig her–gekommen, und vielleicht werden einige finden, ... daß ich... daß es mir... sozusagen nicht zu–stehe, in solch einer... Gesellschaft zu sein.«

Súbikoff schwieg und hörte nur mit schüchterner Neugier zu.

»Aber ich hoffe, daß wenigstens Sie verstehn, warum ich her–gekommen bin... Hehe...«

Subikoff wollte zwar gleichfalls ehrerbietig lächeln, doch plötzlich ging es nicht, und Herr Pralinskij hörte wiederum nichts Beruhigendes von ihm.

»Ich bin her–gekommen... um sozusagen zu ermuntern... um zu zeigen, daß es ein sozusagen mora–lisches Ziel gibt«, fuhr Pralinskij fort, doch die Stumpfheit seines Zuhörers ärgerte ihn, und plötzlich verstummte auch er. Der arme Subikoff wagte nicht einmal aufzublicken, ganz als ob sein Gewissen Gott weiß wie schuldbeladen gewesen wäre. Ein wenig verwirrt nahm Exzellenz das Glas und trank wieder einen Schluck, worauf Súbikoff wie nach einem letzten Strohhalm wieder nach der Flasche griff und von neuem einschenkte.

‚Nun, viel fällt dir nicht gerade ein', dachte Herr Pralinskij und betrachtete streng den armen Subikoff. Als dieser den strengen Blick seines hohen Vorgesetzten auf sich ruhen fühlte, beschloß er endgültig, den seinen nicht mehr zu erheben. So saßen sie sich denn eine ganze Weile stumm gegenüber, und das war für Subikoff eine furchtbare Zeit.

Dieser Subikoff war ein Mensch von altem Schrot und Korn. In

Ehrerbietung und Gehorsam aufgewachsen, war er friedsam wie ein Huhn, dabei aber ein guter und sogar edler Mensch. Er war ein Petersburger Russe, das heißt: sein Vater und sein Großvater waren in Petersburg geboren, aufgewachsen und schließlich gestorben, ohne diese Stadt auch nur ein einziges Mal verlassen zu haben. Das ist ein ganz besonderer Typ Russen. Von Rußland haben sie nicht die geringste Ahnung, was sie aber auch nicht im geringsten beunruhigt. Ihr ganzes Interesse ist auf Petersburg beschränkt und hauptsächlich auf den Umkreis ihres Dienstes. Alle ihre Sorgen drehen sich um die Kopekenpréférence, die nächste Kolonialwarenhandlung und ihr Monatsgehalt. Sie kennen keinen einzigen russischen Brauch, kein einziges russisches Volkslied, ausgenommen das eine vom „Kienspanfeuer“, und auch das nur, weil die Drehorgeln auf der Straße diese Melodie immer herunterleiern. Übrigens gibt es zwei bestimmte Anzeichen, an denen man unfehlbar den Petersburger Russen vom echten Russen unterscheiden kann. Erstens: alle Petersburger Russen, alle ohne Ausnahme, sagen „Akademische Nachrichten“ und niemals „Petersburger Nachrichten“, wie das Blatt doch eigentlich heißt. Und zweitens: der Petersburger Russe wird, wenn er „Frühstück“ sagen will, niemals das russische Wort „Sawtrak“ gebrauchen, sondern immer „Frjüstick“ sagen, wobei er noch ganz besonders die erste Silbe betont. An diesen beiden eingewurzelten Merkmalen kann man sie genau unterscheiden; mit einem Wort, der Petersburger ist ein gezähmter Beamtenschlag, der sich in den letzten fünfunddreißig Jahren endgültig zum Typ herausgebildet hat.[3] Übrigens war dieser Akim Petrowitsch keineswegs etwa dumm. Hätte Exzellenz ihn nach etwas anderem gefragt, nach Dingen, die in sein Fach schlugen, dann hätte er schon zu antworten und auch das Gespräch in Gang zu halten gewußt, während es doch für ihn als Untergebenen geradezu ungehörig gewesen wäre, auf solche Fragen, wie Exzellenz sie hier zu stellen beliebte, einzugehen, obschon er fast verging vor Verlangen, etwas Bestimmteres über die wirklichen Absichten Seiner Exzellenz zu erfahren...

Währenddessen aber versank Herr Pralinskij mehr und mehr in Gedanken oder eigentlich in eine Rotation der Gedanken, und in der Zerstreutheit griff er unbewußt immer häufiger nach dem Glase, um wieder einen Schluck zu tun. Und Akim Petrowitsch ergriff dann mit Eifer die Gelegenheit, das Glas wieder bis zum Rand zu füllen. Beide schwiegen. Herr Pralinskij sah geradeaus auf die Tanzenden, und alsbald geschah es, daß sie doch seine Aufmerksamkeit erweckten. Mit einem Male aber setzte ihn ein Umstand in Erstaunen...

Die Tanzenden waren allerdings sehr lebhaft bei der Sache. Hier wurde nun wirklich in aller Herzenseinfalt getanzt, um fröhlich zu sein und sich auch auszutoben. An guten Tänzern gab es nur sehr wenige; aber die schlechten drehten sich und stampften dermaßen, daß man auch sie für gewandte Tänzer halten konnte. Vor allen anderen zeichnete sich der Offizier aus: er liebte besonders Figuren, bei denen er allein blieb und gewissermaßen ein Solo tanzen konnte. Dann bog und verrenkte er sich wirklich bewundernswert, und zwar in folgender Weise: groß und eine Werst lang wie er war, bog er sich plötzlich auf eine Seite, so daß man glaubte, er sei in der Taille gebrochen und werde sofort gänzlich umfallen; doch siehe, mit dem zweiten Schritt richtete er sich wieder werstlang auf und mit dem dritten bog er sich unter demselben schrägen Winkel auf die andere Seite. Der Ausdruck seines Gesichtes blieb dabei unveränderlich ernst, und überhaupt tanzte er sichtlich mit der vollen Überzeugung, daß alle ihn bewunderten. Ein anderer Kavalier, der schon allzu häufig in das Hinterzimmer gegangen war, schlief bei der zweiten Tour neben seiner Dame ein, so daß diese gezwungen war, allein weiterzutanzen. Ein junger Registrator, der den ganzen Abend nur mit einer einzigen Dame tanzte, mit derselben, deren hellblaue Schärpe Seiner Exzellenz über die Nase geflogen war, hatte sich etwas ganz Besonderes ausgedacht: er blieb immer ein wenig hinter seiner Dame zurück, und so konnte er denn in den Touren, beim Vorübergehen usw., auf das schnell aufgefangene Ende dieser Schärpe an die zwanzig Küsse drücken. Die Dame aber schwebte vor ihm einher, als bemerke sie nichts von alledem. Der Student der Medizin tanzte tatsächlich ein Solo auf den Händen und hatte unglaublichen Erfolg: die Begeisterung, die er hervorrief, war unbeschreiblich; man applaudierte und quietschte vor Vergnügen. Kurzum, die ganze Gesellschaft benahm sich vollkommen ungezwungen. Herr Pralinskij, auf den der Wein seine Wirkung tat, ließ sich herab, sogar zu lächeln, doch allmählich schlich sich eine sonderbare Enttäuschung in seine Seele: oh, er liebte zwar natürlich ungezwungenes, gelöstes Benehmen sehr; wie hatte er es herbeigewünscht, als die Gäste noch scheu zurückgewichen waren! Doch plötzlich überschritten die gerufenen Geister alle Grenzen! Die Dame im abgetragenen blauen Samtkleide, das sie vielleicht aus vierter Hand gekauft hatte, steckte sich zum Beispiel in der sechsten Tour den Rock mit Stecknadeln derart auf, daß es aussah, als hätte sie Hosen an. Das war dieselbe Kleopátra Ssemjónowna, bei der man, nach dem Ausdruck ihres Kavaliers, des Studenten der Medizin, »alles riskieren konnte«. Von diesem Studenten der Medizin aber kann man bloß sagen: er war als Clown und Akrobat einfach ein zweiter Fokin! – Wie kam das nur? Noch vor so kurzer Zeit waren sie scheu vor dem neuen Gast zurückgewichen, und nun mit einem Mal sah er sie so ausgelassen vor sich? Es wäre ja weiter nichts dabei gewesen, aber immerhin, dieser schnelle Übergang war doch recht sonderbar: er schien etwas zu bedeuten. Es hatte wirklich den Anschein, als hätten sie ganz vergessen, daß Exzellenz zugegen war. Versteht sich, Exzellenz war der erste, der lachte, und er ließ sich sogar herab, Beifall zu klatschen. Súbikoff kicherte pflichtschuldigst mit, tat es aber nicht nur gezwungenermaßen, sondern mit sichtlichem Vergnügen, – völlig ahnungslos, daß Exzellenz bereits einen neuen bohrenden Wurm in seinem Herzen zu spüren begann.

»Sie tanzen ja großartig!« sagte Exzellenz, als der Student in der letzten Tour an ihm vorüberging.

Der Student wandte sich hastig zu ihm um, schnitt eine unglaubliche Grimasse und näherte sein Gesicht blitzschnell bis auf eine unhöflich nahe Entfernung und – krähte dann plötzlich aus voller Kehle. Das war aber denn doch zuviel! Exzellenz erhob sich. Eine wahre Lachsalve erschütterte das Haus, denn die Grimasse des Studenten war dermaßen unerwartet gekommen und er hatte so naturgetreu gekräht, daß das Gelächter nur zu erklärlich war. Exzellenz stand immer noch halb bewußtlos da, als plötzlich Pseldonimoff erschien und ihn unter Bücklingen zum Essen bat. Gleich nach diesem kam auch die Mutter.

»Väterchen, Exzellenz«, sagte sie, »erweisen Sie uns die Ehre, verschmähen Sie nicht unser bescheidenes Mahl...«

»Ich – ich weiß wirklich nicht...«, stotterte Exzellenz, »ich bin doch nicht mit der Absicht... ich... ich wollte schon längst...«

Allerdings hielt er noch seine Zobelmütze in der Hand. Ja, er gab sich sogar im selben Augenblick das Ehrenwort, sich unbedingt sofort zu verabschieden, um nichts in der Welt zum Essen zu bleiben, und... und blieb natürlich doch. Nach einer Minute schritt er als erster zu Tisch. Pseldonimoff und die Alte gingen vor ihm her, um für ihn den Weg durch das Gedränge frei zu machen. Man wies ihm den Ehrenplatz an, und wieder stand eine volle Champagnerflasche vor seinem Gedeck. Zuerst gab es einen Imbiß: Hering und Schnäpse. Er streckte – nicht ganz sich dessen bewußt, was er tat – die Hand nach der Schnapskaraffe aus und schenkte sich ein großes Glas randvoll ein. Es war ihm, als ob er von einem Berge hinabflöge, er glaubte zu fallen, zu fallen, zu fallen und fühlte, daß er sich an irgend etwas festhalten, anklammern müßte, aber es war dazu gar keine Möglichkeit da.

In der Tat, seine Lage wurde immer exzentrischer. Und nicht nur das: er fühlte bereits so etwas wie den Spott des Schicksals. In dieser einen knappen Stunde war mit ihm bereits Gott weiß was geschehen. Beim Eintreten hatte er sozusagen die Arme ausgebreitet, um die ganze Menschheit und alle seine Untergebenen zu umfangen; und nun, nach kaum einer Stunde, spürte und wußte er unter allen Schmerzen seines Herzens, daß er diesen Pseldonimoff haßte und ihn samt seiner Frau und Hochzeit zu allen Teufeln wünschte. Und zum Überfluß erkannte er noch an dessen Gesicht und Augen, daß auch er von ihm gehaßt wurde. Es war fast, als wolle jener es nahezu wortwörtlich aussprechen, was er empfand: ‚Wenn dich doch der Henker holte, verwünschter Kerl! Wozu bist du mir hierher auf den Hals gekommen!...' Das hatte er schon längst im Blick des jungen Mannes gelesen.

Selbstverständlich hätte sich Herr Pralinskij auch jetzt noch, als er sich zu Tisch setzte, eher die Hand abhacken lassen, als daß er sich ehrlich die ganze Wahrheit eingestanden hätte, sei es auch nur heimlich im Herzen. Aber der Augenblick, wo das hätte geschehen können, war noch nicht gekommen, und vorläufig gab es erst, wie man zu sagen pflegt, ein moralisches Balancé. Nur das Herz, das Herz ... das tat so weh! Es drängte hinaus, in die Freiheit, an die Luft, zur Erholung... Er war doch wirklich ein schon gar zu guter Mensch, dieser Iwánn Iljítsch Pralínskij!

Er wußte doch, wußte ja ganz genau, daß er schon längst hätte weggehen sollen, und nicht nur einfach weggehen, sondern sich geradezu hätte retten müssen; daß sein ganzes Unternehmen vollkommen fehlgeschlagen und keineswegs das war, was er sich auf dem Brettersteg gedacht hatte!

‚Wozu bin ich denn hergekommen? Doch nicht, um hier zu essen und zu trinken?' fragte er sich, als er in den ersten Happen Hering biß. Er geriet sogar ganz ins Negieren. In seiner Seele regte sich sekundenweise schon Spott über seine Heldenrolle. Ja, es kam sogar so weit mit ihm, daß er allmählich selbst nicht mehr begriff, warum er eigentlich hier eingetreten war.

,Wie hätte ich denn früher weggehen sollen? So einfach wegzugehen, ohne die Sache bis zu Ende durchgeführt zu haben, war doch unmöglich. Was würde man sagen? Man würde sagen, ich triebe mich an unanständigen Orten herum. Und das würde ja auch so sein, wenn ich es, wie gesagt, nicht durchführte. Was wird aber morgen – bis dahin wird es ja schon überall bekannt sein – zum Beispiel Stepánn Nikíforowitsch sagen? – und Ssemjónn Iwánowitsch? Und was wird man in der Kanzlei sagen? Und bei Schembels? Und bei Schubins? Nein, ich muß so weggehen, daß sie alle begreifen, warum ich überhaupt gekommen bin, ich muß den moralischen Zweck meines Erscheinens klarlegen...' Und doch wartete er vergeblich auf den pathetischen Moment. ,Sie achten mich ja nicht einmal', fuhr er fort zu denken. ,Worüber mögen sie jetzt dort lachen? Sie sind so lustig, als ob sie ganz gefühllos wären... Ja, ich habe immer schon den Verdacht gehegt, daß die ganze neue Generation vollkommen gefühllos ist! Ich muß bleiben, was es auch koste, ich muß!... Bis jetzt haben sie getanzt, hier aber bei Tisch sind sie alle beisammen... Ich werde einfach von den Tagesfragen reden, hm!... von den Reformen, der Größe Rußlands... oh! ich werde sie schon mitreißen! Ja! Vielleicht ist überhaupt noch nichts verloren... Vielleicht ist es in der Wirklichkeit immer so. Womit soll ich nur beginnen, um sie sofort zu fesseln? Hm! Man müßte so einen besonderen Modus erfinden... Ich weiß wirklich nicht... Und was wollen sie nur, was verlangen sie eigentlich?... Wie ich sehe, lachen sie dort schon wieder. Sollten sie etwa über mich...? Grundgütiger Himmel! Aber was will ich denn... warum bin ich denn hier, warum gehe ich nicht weg, was will ich eigentlich?...' Und während er das noch dachte, begann eine tiefe, unerträgliche Scham sein Herz immer noch mehr zu peinigen.

Aber es war schon nichts mehr zu machen; das eine kam zum anderen hinzu.

Genau zwei Minuten, nachdem er sich zu Tisch gesetzt hatte, überfiel ihn ein furchtbarer Gedanke, ein Gedanke, der sich seines ganzen Wesens bemächtigte. Er fühlte plötzlich, daß er furchtbar betrunken war, das heißt: nicht so wie vorher, sondern wirklich total betrunken, und zwar infolge des einen Schnapses, den er nach dem vielen Champagner hinuntergestürzt hatte, und der alsbald seine

Wirkung tat. Er spürte es mit seinem ganzen Bewußtsein, daß ihn alle Kräfte verließen. Natürlich, die Courage verlor er deswegen nicht, im Gegenteil, die nahm sogar noch zu, aber sein Bewußtsein verließ ihn keinen Augenblick und schrie ihm ununterbrochen zu: ,Das ist schlecht, sehr schlecht und sogar ganz unanständig!' Selbstverständlich konnten die widerstandsunfähigen trunkenen Gedanken nicht bei diesem einen Punkt stehen bleiben: in ihm tat sich plötzlich, fast greifbar für ihn selbst, eine Spaltung seines Ichs kund, eine Aufteilung gleichsam in zwei Seiten. Auf der einen Seite war Mut, das Verlangen zu siegen, die Widerstände zu brechen und die tollkühne Überzeugung, daß er sein Ziel noch erreichen werde. Die andere Seite tat sich kund durch qualvollen, dumpfen Seelenschmerz und ein eigenartiges Saugen am Herzen. – ,Was wird man sagen? Wie wird das enden? Was wird morgen geschehen, morgen, morgen! ...'

Anfangs hatte er nur gewissermaßen stumpf vorausgefühlt, daß er unter den Gästen Feinde hatte. ,Das kommt daher, daß ich bestimmt auch vorhin schon betrunken war', dachte er, noch qualvoll zweifelnd. Wie groß aber war sein Entsetzen, als er jetzt an unbestreitbaren Anzeichen erkennen mußte, daß er hier am Tisch tatsächlich Feinde hatte, und daß daran zu zweifeln nicht mehr möglich war.

,Und weswegen nur? Weswegen?' fragte er sich.

An diesem Tisch hatten alle Gäste, etwa dreißig an der Zahl, Platz genommen, aber von diesen waren etliche schon endgültig erledigt. Andere führten sich mit einer seltsam fahrlässigen und doch zugleich bösartigen Ungezwungenheit auf, schrien, sprachen laut durcheinander, meldeten voreilig Toaste an, schossen mit Brotkügelchen in keckem Scharmützel auf die ihnen gegenübersitzenden Damen und vice versa. Irgend ein unansehnlicher Herr in bekleckertem Rock fiel vom Stuhl, als er sich gerade an den Tisch setzen wollte, und blieb dort liegen bis zum Ende des Festmahls. Ein anderer wollte unbedingt auf den Tisch steigen und eine Rede halten, und nur dem Offizier, der ihn an den Rockschößen festhielt, gelang es noch, ihn von einer so verfrühten Begeisterungskundgebung abzuhalten.

Das Essen war, was die Güte anbetraf, sehr verschiedenartig, obgleich man einen Koch, den Leibeigenen eines Generals, engagiert hatte. Es gab Eisbein, gebratene Zunge mit Kartoffelpüree, Koteletts mit grünen Erbsen; dann gab es noch eine Gans und als Abschluß noch Blanc-manger. An Getränken hatte man Bier, Schnaps und Sherry vorgesehen. Eine Champagnerflasche stand nur vor dem Gedeck des Ehrengastes, was diesen zwang, sich wie Subikoff selbst einzuschenken, da letzterer bei Tisch nicht mehr aus eigener Initiative zu handeln wagte. Zu den Toasten auf das Wohl des jungen Paares war irgend ein roter Wein bestimmt. Die Tafel an und für sich bestand aus mehreren Tischen, unter denen sich auch ein Spieltisch befand, und bedeckt waren sie gleicherweise mit mehreren Tischtüchern, unter denen ein vielfarbig gewebtes jarosláwsches Tischtuch auffiel. Die Gäste saßen in bunter Reihe. Pseldonimoffs Mutter hatte nicht an der Hochzeitstafel sitzen wollen; sie war als Hilfe und Anordnerin in der Küche unentbehrlich. Dafür erschien ein anderes, jedoch zweifellos bösartiges Frauenzimmer, das sich bisher nicht hatte blicken lassen, eine Gestalt in einem rötlichen Seidenkleide, mit wegen Zahnweh verbundener Backe und mit entsetzlich hoher Haube. Dies war die Mutter der Neuvermählten. Sie hatte sich endlich herabgelassen, zum Essen zu erscheinen; bis dahin war sie nicht zu bewegen gewesen, die Hinterzimmer zu verlassen, und das nur wegen ihrer unversöhnlichen Feindschaft gegen die Mutter Pseldonimoffs; aber darauf werden wir noch zurückkommen. Exzellenz wurde von dieser Dame gehässig, ja sogar spöttisch betrachtet, und augenscheinlich wollte sie ihm nicht einmal vorgestellt werden. Das erschien ihm überaus verdächtig. Doch abgesehen von ihr, gab es da noch ein paar andere Gesichter, die ihm verdächtig vorkamen und in ihm unwillkürliche Vorsicht erweckten, untermischt mit einem gewissen Beruhigtsein. Es schien ihm sogar, daß sie sich alle untereinander verschworen hatten, und zwar gerade gegen ihn. Wenigstens schien es ihm so und im Verlaufe des ganzen Mahles überzeugte er sich immer mehr davon. Vor allen anderen erschien ihm sehr bösartig ein Herr mit einem kleinen Bart – irgend ein freier Künstler –, der ihn mehrmals ostentativ betrachtete, um sich dann an seinen Nachbarn zu wenden und diesem etwas zuzuflüstern. Ein anderer Gast in der Uniform der Gymnasiasten war allerdings bereits vollkommen betrunken, aber nichtsdestoweniger schien er, nach einigen Anzeichen zu schließen, nichts für Exzellenz übrig zu haben. Auch vom Studenten der Medizin war wohl nichts zu erhoffen. Und selbst der Offizier war nicht ganz zuverlässig. Doch ganz besonderen und unverhohlenen Haß brachte ihm der Mitarbeiter des „Feuerbrand" entgegen: der saß so nonchalant auf seinem Stuhl, schaute so stolz und anmaßend drein, lachte so überlegen! Und wenn auch die übrigen Gäste diesem Mitarbeiter, der im „Feuerbrand" im ganzen nur vier kleine Gedichte veröffentlicht hatte und deshalb zu den Liberalen hinübergewechselt war, keinerlei Beachtung schenkten, ja, ihn sogar offensichtlich nicht mochten, so war Exzellenz, als plötzlich ein Brotkügelchen neben seinem Teller niederfiel, doch sofort überzeugt, und hätte seinen Kopf verwettet, daß der Absender dieses Geschosses niemand anderer als dieser Mitarbeiter gewesen sei. Alles das beeinflußte ihn natürlich in bedauerlicher Weise.

Besonders unangenehm war auch noch eine andere Beobachtung. Herr Pralinskij überzeugte sich nämlich, daß es ihm bereits einige Schwierigkeiten machte, die Worte auszusprechen, daß er sehr vieles sagen wollte, die Zunge ihm aber nicht recht gehorchte. Ferner, daß er sich manchmal wie in Gedanken verlor und plötzlich mir nichts, dir nichts in Lachen ausbrach, wenn gar kein Grund zum Lachen vorlag. Diese Neigung verging jedoch bald nach einem weiteren Glas Champagner, das er sich zwar selbst eingeschenkt hatte, doch eigentlich überhaupt nicht hatte trinken wollen, und das er dann plötzlich ganz aus Versehen doch hinabstürzte. Danach hätte er am liebsten geweint. Er fühlte, daß er in außergewöhnliche Sentimentalität verfiel, daß er wieder bereit war zu lieben, alle zu lieben, selbst diesen Pseldonimoff, selbst den Mitarbeiter des „Feuerbrand". Er wollte ihnen allen um den Hals fallen, alles vergessen, sich mit allen versöhnen. Ja, er wollte ihnen sogar alles erzählen, alles ganz aufrichtig, alles, das heißt: was für ein guter und lieber Mensch er wäre, welche prachtvollen Gaben er hätte, wie er dem Vaterlande nützlich sein werde, wie er die Damen zu amüsieren verstünde, und vor allem, was für ein Fortschrittler er sei, wie human, wie bereit, zu allen hinabzusteigen, selbst zu den Geringsten, und zu guter Letzt ihnen aufrichtig alle Motive darzulegen, die ihn bewogen hatten, uneingeladen bei Pseldonimoff zu erscheinen, bei ihm zwei Flaschen Champagner auszutrinken und ihn mit seiner Gegenwart zu beglücken.

‚Wahrheit, heilige Wahrheit vor allen anderen Dingen, und Aufrichtigkeit! Das ist's: gerade durch Aufrichtigkeit werde ich sie gewinnen. Sie werden mir sofort Glauben schenken; das sehe ich schon kommen. Jetzt sehen sie noch feindlich zu mir her, wenn ich ihnen aber alles aufdecke, werde ich sie unwiderstehlich besiegen. Sie werden ihre Gläser füllen und sie mit einem Hoch auf mich leeren. Der Offizier wird sein Glas bestimmt an seinem Sporn zerschlagen. Sie könnten meinetwegen auch Hurra schreien... Ja, selbst wenn sie mich nach Husarenart auf die Schultern heben wollen, werde ich ihnen auch das nicht verbieten; es würde sich auch gar nicht übel ausnehmen. Die Jungvermählte küsse ich dann auf die Stirn; sie ist doch eigentlich ganz nett. Und dieser Subikoff ist auch ein sehr guter Mensch. Pseldonímoff wird sich mit der Zeit natürlich bessern. Ihm fehlt vorerst noch sozusagen der gesellschaftliche Schliff... Und wenn auch der ganzen jungen Generation diese gewisse Herzensbildung abgeht, so... aber ich werde zu ihnen von der gegenwärtigen Bedeutung Rußlands unter den übrigen europäischen Großmächten reden. Ich werde auch die Bauernfrage erwähnen, ja, und... und sie werden mich alle plötzlich lieben, und ich werde als Sieger davongehen!...‘

Diese Träumereien waren freilich sehr angenehm; unangenehm war nur, daß er inmitten all dieser rosaroten Hoffnungen plötzlich eine ganz überraschend neue Eigenschaft an sich entdeckte, nämlich: unbewußt zu spucken. Wenigstens sah er, daß sein Speichel, wenn er sprach, ganz gegen seinen Willen nur so spritzte. Zum erstenmal bemerkte er das im Gespräch mit Subikoff, dem er plötzlich die ganze Wange bespritzte, und der reglos dasaß und vor lauter Ehrerbietung nicht wagte, sie sich abzuwischen. Da nahm denn Exzellenz seine eigene Serviette und wischte ihm selbst die Wange ab. Doch schon im gleichen Augenblick erschien ihm das, was er da tat, dermaßen ungereimt, dermaßen wider alle gesunde Vernunft, daß er verstummte und sich zu wundern begann. Subikoff war wohl auch schon ein wenig berauscht, saß aber jetzt doch wie abgebrüht auf seinem Stuhl. Da kam es Herrn Pralinskij zu Bewußtsein, daß er fast schon seit einer Viertelstunde über ein äußerst interessantes Thema zu ihm sprach, dieser Subikoff aber, wenn er auch zuhörte, doch nicht nur verlegen zu sein schien, sondern sich womöglich vor irgend etwas fürchtete. Pseldonimoff, der einen Stuhl weiter von ihm saß, streckte auch seinen Hals vor, um mit zur Seite geneigtem Kopf und unangenehmstem Gesichtsausdruck zu horchen. Es hatte wirklich den Anschein, als fühlte sich sein Registrator verpflichtet, ihn zu bewachen. Er überflog die Gäste mit einem Blick und bemerkte, daß viele ihn ansahen und dabei lachten. Das Sonderbarste war aber, daß ihn das nicht im geringsten verwirrte, im Gegenteil: er trank noch einen Schluck aus seinem Glas und hob plötzlich laut zu sprechen an:

»Ich habe schon einmal gesagt«, begann er möglichst laut, »meine

Damen und Herren, ich habe schon einmal gesagt, und soeben noch zu Akím Petrówitsch, daß Rußland... ja, gerade Rußland... mit einem Wort, Sie verstehen, was ich sa–sa–sagen will.. Rußland durchlebt jetzt, wenigstens meiner tiefsten Überzeugung nach, eine Epoche der Hu-Humanität...«
»Hu-humanität!« tönte es vom andern Tischende zurück.
»Hu–hu!«
»Tu–tu!«
Exzellenz stockte. Pseldonimoff erhob sich von seinem Platz und suchte festzustellen, wer das dort gerufen hatte. Subikoff schüttelte ein wenig den Kopf, als wolle er die Gäste gleichsam heimlich und leise ermahnen. Exzellenz bemerkte es wohl, sagte aber nichts in seiner Pein.
»... der Humanität!« fuhr er dann hartnäckig fort, »und vorhin... und gerade noch vorhin habe ich zu Stepánn Niki–ki–forowitsch... ja gesagt, ... daß sozusagen die Erneuerung der Dinge...«
»Exzellenz!« ertönte es laut vom anderen Tischende.
»Wie beliebt?« fragte der unterbrochene Redner, bemüht, den Schreier zu entdecken.
»Nichts weiter, Exzellenz, ich habe mich nur hinreißen lassen, fahren Sie fort! Fah–ren–Sie–fort!« ertönte von neuem dieselbe Stimme.
Herrn Pralinskij durchzuckte ein Schmerz.
»Die Erneuerung sozusagen eben dieser Dinge.«
»Exzellenz!« rief die Stimme von neuem.
»Was wünschen Sie?«
»Leben Sie hoch!«
Diesmal hielt Herr Pralinskij nicht mehr stand. Er verstummte und wandte sich mit strenger Miene an den Friedensstörer und Beleidiger. Dieser war ein junger Gymnasiast, der zuviel getrunken hatte und große Befürchtungen erregte. Er hatte schon ein Glas und zwei Teller zerschlagen, unter dem Vorwand, daß es sich auf einer Hochzeitsfeier so gehöre. Als Herr Pralinskij sich ihm zuwandte, war der Offizier schon dabei, den Schreihals abzukanzeln.
»Was fällt dir ein, was schreist du? Hinauswerfen sollte man dich!«
»Nicht von Ihnen, Exzellenz, nicht von Ihnen ist hier die Rede! Fahren Sie fort!« rief der kreuzfidele Schuljunge, sich ungeniert auf seinem Stuhl räkelnd.
»Fahren Sie fort, ich höre zu und bin mit Ihnen fa–abelhaft zufrieden! Fa–abelhaft, fa–abelhaft!«

»Ein betrunkener Bengel!« raunte Pseldonimoff seinem Vorgesetzten zu.
»Das sehe ich, daß er betrunken ist, aber ...«
»Ich habe hier vorhin eine Geschichte erzählt, Exzellenz«, begann der Offizier zu erklären, »von einem Leutnant unseres Regiments, der genau so mit seinem Vorgesetzten sprach, und jetzt kopiert er diesen Leutnant. Der sagte auch zu allem, was sein Regimentschef sprach, immer nur „Fabelhaft, fa–abelhaft!" Dafür wurde er dann aus dem Dienst entlassen. Das war schon vor zehn Jahren.«
»Wa–wa–was war denn das für ein Leutnant?«
»Ein Leutnant unseres Regiments, Exzellenz. Er war einfach übergeschnappt. Zuerst bekam er Hausarrest, dann Verweise und dann Karzer... Der Regimentschef redete ihm wie ein Vater zu, ermahnte ihn gütlich, er aber antwortete ihm ins Gesicht immer nur dieses „Fabelhaft! Fa–abelhaft!" Und merkwürdig: er war ein wirklich mutiger Offizier; war von sehr hohem Wuchs. Man wollte ihn schließlich vor Gericht stellen, aber da kam man darauf, daß er wahnsinnig geworden war...«
»Also, mit anderen Worten ... ein Schulbub. Für Schulbubenstreiche braucht man nicht gar so streng ... Ich bin zu verzeihen bereit ...«
»... was die Ärzte auch sofort bestätigten, Exzellenz.«
»A–aber er lebte doch noch? Wie... wie konnte man ihn dann sezieren?«
Eine laute Lachsalve erscholl, und die Gäste, die sich bis dahin in der Mehrzahl noch ganz manierlich benommen hatten, stimmten jetzt fast alle ein.
Exzellenz wurde wütend.
»Meine Herren! Meine Damen und Herren!« Exzellenz rief es zornig und ohne zunächst auch nur ein einziges Mal zu stottern. »Ich weiß sehr wohl, daß man einen lebenden Menschen nicht seziert. Ich nahm nur an, daß er im Wahnsinn nicht mehr ein lebender Mensch war... Das heißt tot war... das heißt... ich wollte nur sagen... daß Sie mich nicht lieben... Ich aber liebe Sie alle... ja, und ich liebe auch Por... Porfirij... Ich erniedrige mich, wenn ich so spreche...«
In diesem Augenblick spritzte aber wieder eine übergroße Speichelflocke von seinen Lippen und flog aufs Tischtuch, gerade auf die sichtbarste Stelle. Pseldonimoff schnellte sofort vor, um sie mit der Serviette abzuwischen. Dieses letzte Unglück vernichtete Seine Exzellenz endgültig.

»Nein, das ist zuviel!« rief er verzweifelt aus.
»Nur ein betrunkener Schuljunge, Exzellenz!« flüsterte ihm wieder Pseldonimoff zu.
»Porfirij! Ich sehe, daß ihr alle... alle... ja! Ich sage, daß ich hoffe... ja, ich fordere alle auf, zu sagen: wodurch habe ich mich erniedrigt?«
Exzellenz war dem Weinen nahe.
»Aber wie kommen Exzellenz auf so etwas!«
»Porfirij, ich wende mich an dich... Sag' doch selbst, als ich herkam... jawohl... ja, auf die Hochzeit, da hatte ich doch ein Ziel. Ich wollte moralisch erheben... ich wollte, daß man fühle... Ich wende mich an alle... an alle Anwesenden: bin ich in Ihren Augen tief gesunken oder... oder nicht?«
Grabesschweigen. Das war es ja eben, daß nur allgemeines Schweigen die Antwort war, und dies noch dazu auf eine so kategorische Frage. ‚Was würde es sie denn kosten, wenigstens jetzt einmal ein Hoch auszubringen!' zuckte es Exzellenz durch den Kopf. Aber die Gäste tauschten nur Blicke untereinander aus. Subikoff saß mehr tot als lebendig auf seinem Stuhl, und Pseldonimoff stellte sich, stumm vor Beklemmung, immer wieder die furchtbare Frage, die ihm schon die ganze Zeit das Herz bedrückte:
‚Und was wird dafür morgen mit mir geschehen?'
Da wandte sich plötzlich der Mitarbeiter des „Feuerbrand", der schon stark betrunken war, bisher aber nur in verdrossenem Schweigen vor sich hingebrütet hatte, direkt an Seine Exzellenz und antwortete mit blitzenden Augen im Namen der ganzen Gesellschaft:
»Jawohl!« rief er mit lauter Stimme, »jawohl, Sie sind tief gesunken, jawohl, Sie sind ein Reaktionär... ein Re–ak–tio–när!«
»Junger Mann, besinnen Sie sich! – mit wem Sie, sozusagen, sprechen!« rief jähzornig, von seinem Platz aufspringend, Herr Pralinskij.
»Ich weiß: mit Ihnen. Dies erstens. Und zweitens: ich bin kein „junger Mann"... Sie sind hergekommen, um hier eine schöne Rolle zu spielen, aus Popularitätshascherei.«
»Pseldonimoff, was soll das bedeuten!« schrie Exzellenz außer sich. Doch Pseldonimoff sprang bei diesem Anschrei so entsetzt in die Höhe, daß er zunächst nur steif stehen blieb und überhaupt nicht zu wissen schien, was er tun solle. Die Gäste verstummten gleichfalls und rührten sich nicht auf ihren Plätzen. Nur der Künstler und der Gymnasiast klatschten Beifall und riefen »Bravo, bravo!«

Der Mitarbeiter aber fuhr in unaufhaltsamem Zornesausbruch fort zu schreien:

»Jawohl, Sie sind hergekommen, um mit Ihrer Humanität zu prahlen! Sie haben das allgemeine Vergnügen gestört! Sie haben Champagner getrunken und nicht bedacht, daß Champagner viel zu teuer ist für einen Beamten mit einem Monatsgehalt von etwa zehn Rubeln, und ich habe auch noch den Verdacht, daß Sie zu jenen Vorgesetzten gehören, die auf die jungen Frauchen ihrer Untergebenen scharf sind! Und außerdem bin ich überzeugt, daß Sie Schmiergelder nehmen... Ja, ja, ja!«

»Pseldonimoff, Pseldonimoff!« rief Exzellenz und streckte die Arme nach ihm aus. Er fühlte: jedes Wort des Mitarbeiters war ein neuer Dolchstoß in sein Herz.

»Sofort, Exzellenz, bitte sich nicht zu beunruhigen!« rief plötzlich der wieder zu sich gekommene Pseldonimoff energisch aus, lief zum Mitarbeiter, packte ihn am Kragen und schleifte ihn weg vom Tisch. So viel physische Kraft hätte niemand dem schwächlichen Pseldonimoff zugetraut. Aber der Mitarbeiter war sehr betrunken und Pseldonimoff war vollkommen nüchtern. Darauf versetzte er ihm noch ein paar Fauststöße in den Rücken und knuffte ihn zur Tür hinaus.

»Alle seid ihr Schufte!« schrie der Mitarbeiter hinter der Tür. »Ich werde euch morgen alle im „Feuerbrand" karikieren!...«

Entsetzt sprangen alle auf.

»Exzellenz, Exzellenz!« riefen Pseldonimoff, seine Mutter und noch einige der Gäste, die sich um ihn drängten.

»Bitte!... Exzellenz!... Beruhigen Sie sich!«

»Nein, nein!« rief Exzellenz, »ich bin vernichtet... Ich kam... ich wollte sozusagen... meinen Segen... Und nun das... für alles, alles!...«

Er sank wie halb betäubt wieder zurück auf seinen Stuhl, legte beide Hände auf den Tisch und kippte mit dem Kopf vornüber – gerade auf seinen Teller mit Blanc-manger. Es ist wohl überflüssig, das allgemeine Entsetzen zu beschreiben. Nach einer Weile erhob er sich, offenbar in der Absicht wegzugehen, wankte aber, stolperte über ein Stuhlbein, fiel längelang hin und... begann zu schnarchen. So etwas pflegt vorzukommen bei Nichttrinkern, wenn sie sich zufällig einmal doch angetrunken haben. Sie bleiben bei Bewußtsein bis zum letzten Augenblick, und dann fallen sie plötzlich um wie hingemäht. Exzellenz lag vollkommen bewußtlos am Boden. Pseldonimoff fuhr sich in die Haare und erstarrte in dieser Stellung. Die Gäste brachen eilig auf und ein jeder suchte sich das Vorgefallene auf seine Weise zu deuten. Es war schon gegen drei Uhr morgens.

Das Schlimmste war, daß es sich mit Pseldonimoffs Verhältnissen weit schlechter verhielt, als man damals hätte annehmen können, ganz abgesehen von der Peinlichkeit seiner Lage am Hochzeitstag. So seien denn hier ein paar aufklärende Worte über diesen Porfirij Petrówitsch Pseldonímoff persönlich und seinen Lebenslauf eingeschaltet.

Noch einen Monat vor seiner Hochzeit hatte er in aussichtslosestem Elend gelebt. Er stammte aus der Provinz, wo sein Vater irgendein Beamter gewesen und gestorben war, als er unter Gericht stand. Etwa fünf Monate vor seiner Heirat hatte Pseldonimoff, nachdem er sich ein ganzes Jahr lang in Petersburg irgendwie durchgeschlagen, diese Anstellung mit einem Monatsgehalt von zehn Rubeln erhalten. Er wäre körperlich und geistig wiederaufgelebt, wenn sich nicht bald darauf seine Verhältnisse wieder verschlechtert hätten. Es gab im ganzen nur zwei Pseldonimoffs auf der Welt, ihn und seine Mutter, die nach dem Tode ihres Mannes die Provinz verlassen hatte. Mutter und Sohn waren beide so gut wie obdachlos, froren und nährten sich von zweifelhaften Dingen. Es gab auch Tage, wo Pseldonimoff mit einem Krug zum Fontánka-Kanal ging, um sich dortselbst sattzutrinken. Nachdem er die Stelle erhalten hatte, richtete er sich mit seiner Mutter irgendwo in einem Winkel ein. Sie wurde Wäscherin, und er sparte entsetzlich, an die vier Monate lang, um sich ein Paar Stiefel und einen billigen Mantel kaufen zu können. Und wieviel Demütigungen hatte er in seiner Kanzlei zu schlucken gehabt. Vorgesetzte erkundigten sich bei ihm, wann er denn zuletzt eine Badestube aufgesucht? Es verbreitete sich das Gerücht, unterm Kragen seines Uniformrocks nisteten Wanzen. Aber Pseldonimoff hatte einen festen Charakter. Dem Aussehen nach war er ein friedlicher und stiller Mensch; seine Schulbildung war nur sehr gering, und sprechen hörte man ihn fast nie. Es ließ sich daher auch nicht feststellen, ob er dachte, ob er Pläne machte und Systeme baute oder von irgend etwas träumte. Dafür aber hatte sich bei ihm so eine instinktive, knorrige, unbewußte Entschlossenheit entwickelt, sich aus diesem Elend heraufzuarbeiten. Er besaß eine wahrhaft ameisenhafte Zähigkeit: zerstört man den

Ameisen ihren Haufen, so fangen sie bekanntlich sofort an, sich einen neuen zu bauen; zerstört man auch diesen, so bauen sie wieder einen neuen und so geht das unermüdlich weiter. Er war ein aufbauendes und haushaltendes Wesen. Es stand auf seiner Stirn geschrieben, daß er sich doch durchsetzen, sein Nest bauen und vielleicht sogar noch etliche Vorräte aufstapeln werde. Auf der ganzen Welt liebte ihn nur seine Mutter, diese aber liebte ihn über alles. Auch sie war eine Frau von Charakter, unermüdlich arbeitsam und zugleich von großer Güte. So hätten sie beide vielleicht noch fünf oder sechs Jahre bescheiden in ihren Winkeln gelebt, wenn sie nicht mit dem Titularrat außer Diensten Mlekopitájeff zusammengetroffen wären, einem ehemaligen Rentmeister, der früher gleichfalls in der Provinz gelebt und erst in letzter Zeit Petersburg zu seinem Wohnsitz erkoren und sich hier mit seiner Familie niedergelassen und häuslich eingerichtet hatte. Mit Pseldonimoff war er bekannt, und seinem Vater soll er einmal in irgendeiner Angelegenheit zu Dank verpflichtet gewesen sein. Er war einigermaßen bemittelt, allerdings nicht sehr, doch jedenfalls besaß er Geld, nur, wieviel es war, das wußte niemand, weder seine Frau, noch seine älteste Tochter, noch seine Verwandten. Er hatte zwei Töchter, und da er ein schrecklicher Querulant, Trunkenbold, Haustyrann und außerdem noch ein kranker Mensch war, so ließ er es sich plötzlich einfallen, die zweite Tochter mit Pseldonimoff zu verheiraten, denn, so sagte er, »ich kenne ihn, sein Vater war ein guter Mensch, also wird auch er ein guter Mensch sein«. Und was Mlekopitajeff einmal in den Kopf kam, das hatte auch zu geschehen: gesagt – getan. Er war ein sehr eigenartiger Querkopf. Den größten Teil des Tages brachte er im Lehnstuhl zu, da er sich infolge einer Krankheit kaum seiner Beine bedienen konnte, was ihn indessen nicht hinderte, Schnaps zu trinken. Tagelang konnte er trinken und schimpfen. Er war auch ein böser Mensch; so mußte er immer jemanden haben, den er ununterbrochen quälen konnte. Zu diesem Zweck unterhielt er bei sich einige entfernte Verwandte: seine Schwester, die ebenfalls krank und zänkisch war, zwei Schwestern seiner Frau, die der seinen in nichts nachstanden, und eine alte Tante, die sich einmal bei irgendwelcher Gelegenheit eine Rippe gebrochen hatte. Dann gab es dort noch eine russifizierte Deutsche, die er gleichfalls unentgeltlich bei sich leben ließ, weil sie ihm die Märchen aus „Tausend und einer Nacht“ zu erzählen wußte. Sein größtes Vergnügen bestand darin, unter all diesen armen Freischluckern herumzuschnüffeln, sie gegeneinander aufzuhetzen und sie jeden Augenblick, was das Zeug hält, zu beschimpfen, seine Frau übrigens nicht ausgenommen, die mit Zahnschmerzen bereits auf die Welt gekommen war. Und sie alle wagten nicht, auch nur ein Wort gegen ihn zu mucksen. Er zettelte Streit zwischen ihnen an, erfand und verbreitete Klatschgeschichten, und dann lachte er und freute sich, wenn sie alle sich gegenseitig in die Haare gerieten. Ebenso war er sehr erfreut, als seine ältere Tochter, die mit irgend einem Offizier verheiratet gewesen war und zehn Jahre in ärmlichen Verhältnissen gelebt hatte, jetzt als Witwe mit drei kleinen kranken Kindern zu ihm übersiedelte. Ihre Kinder konnte er zwar nicht ausstehen, da sich aber durch ihr Hinzukommen das Material zu seinen täglichen Experimenten vergrößerte, so war es ihm schließlich doch sehr recht, daß sie da waren. Dieser ganze Haufen von bösen Weibern und kranken Kindern lebte samt seinem Peiniger zusammengedrängt in dem langgestreckten Holzhause auf der Petersburger Seite, konnte sich weder sattessen – denn der Alte war geizig und gab das Geld nur kopekenweise her, wenn ihm auch die Ausgabe für seinen Schnaps nie leid tat –, noch sich ausschlafen, denn der Alte litt an Schlaflosigkeit und wollte unterhalten und zerstreut werden. Kurz, alle darbten und verwünschten ihr Schicksal. Und da geschah es denn, daß er eines Tages diesen Pseldonimoff erspähte. Er war erstaunt über dessen lange Nase und ergebenen Gesichtsausdruck. Seine schwächliche und unansehnliche jüngere Tochter hatte gerade das Alter von siebzehn Jahren erreicht. Wenn sie auch früher einmal irgend so eine deutsche Schule besucht hatte, so hatte sie es doch nicht weiter als bis zum Lesen und Schreiben gebracht. Sie wuchs auf, skrofulös und dyskratisch, unter dem drohenden Krückstock des gehbehinderten und besoffenen Vaters, in einem Sodom von häuslichen Klatschereien, gegenseitigen Bespitzelungen und Verleumdungen. Freundinnen hatte sie nie gehabt, ebensowenig wie Verstand. Heiraten aber wollte sie schon längst. In Gegenwart von fremden Menschen sprach sie kein Wort, zu Hause aber, im Kreise von Mamachen und den Freischluckerinnen, war sie zänkisch und bösartig wie eine kleine Viper. Mit Vorliebe kniff und schlug sie die Kinder ihrer Schwester; wenn die Kleinen ein Stück Zucker oder Brot gemaust hatten, ging sie sofort hin, um sie anzuzeigen, weshalb denn zwischen ihr und der älteren Schwester ein ewiges und unersättliches Streiten stattfand. Der Alte selbst bot seine Tochter Pseldonimoff an. Dieser bat aber, so schlecht es ihm auch ging, doch um einige Bedenkzeit. Lange berieten Mutter und Sohn miteinander, was ratsamer wäre. Aber das Haus sollte auf den Namen der Tochter überschrieben werden, und wenn es auch ein unansehnliches, einstöckiges Holzhaus war, so hatte es doch immerhin einen gewissen Wert. Außerdem sollte sie noch vierhundert Rubel in barem Geld als Mitgift bekommen, – wie lange würde es dauern, bis man selbst so viel zusammengespart hätte! »Ich nehme mir diesen Menschen ins Haus«, schrie der betrunkene Alte, »erstens weil ihr alle Weiber seid, und das Weibervolk allein habe ich nun satt! Ich will, daß auch Pseldonimoff nach meiner Flöte tanze, da ich sein Wohltäter bin. Zweitens nehme ich ihn gerade deshalb auf, weil ihr ihn alle nicht wollt und euch darüber ärgert. Also tue ich's mit Absicht euch zur Schikane. Was ich aber einmal gesagt habe, das tue ich auch. Du aber, Porfírka, haue sie, sobald sie deine Frau ist; ihr sitzen von Geburt an sieben Teufel im Leibe. Jage sie alle hinaus; dann saufen wir eins!«

Pseldonimoff schwieg, aber er hatte sich schon entschlossen. Man nahm ihn und seine Mutter bereits vor der Hochzeit ins Haus, ließ sie baden, kleidete sie ein, versah sie mit Stiefeln und gab das Geld zur Hochzeit. Der Alte begönnerte sie vielleicht wirklich nur deshalb, weil die ganze Familie sich über sie ärgerte. Aber Pseldonimoffs Mutter gefiel ihm sogar sehr, so daß er sich ihr gegenüber beherrschte und sie nicht verspottete oder aufzog. Übrigens verlangte er von ihrem Sohn eine Woche vor der Hochzeit, daß er ihm den Kasatschók vortanze. »Nun, genug, ich wollte nur sehen, ob du dich mir gegenüber nicht vergessen wirst«, sagte er nach dem Tanz. Das Geld, das er zur Ausrichtung der Hochzeit gab, reichte eben nur knapp hin, und er lud alle seine Verwandten und Bekannten ein. Von seiten Pseldonimoffs waren nur der Mitarbeiter des „Feuerbrand" und Akím Petrówitsch Súbikoff, als Ehrengast, eingeladen. Pseldonimoff wußte sehr wohl, daß seine Braut für ihn nur Widerwillen empfand und daß sie gar zu gern den langen Offizier heiraten wollte, nicht aber ihn. Er ließ jedoch alles über sich ergehen; das hatte er mit der Mutter schon so verabredet. Den ganzen Hochzeitstag über und selbst noch am Hochzeitsabend hatte der Alte mit den gemeinsten Worten geschimpft und gehörig getrunken. Die ganze Familie hatte sich des Festes wegen in die hinteren Zimmer zurückgezogen, wo es bis zum Ersticken heiß und eng war. Die vorderen Zimmer dagegen waren für den „Ball" und das Festmahl bestimmt. Endlich, als der Alte vollkommen betrunken einschlief, ungefähr gegen elf Uhr abends, entschloß sich die Mutter der Braut, die sich an diesem Tage ganz besonders wutgeladen zur Mutter Pseldonimoffs verhalten hatte, ihren Zorn in Gnade zu verwandeln und am Festmahl teilzunehmen. Das Erscheinen Seiner Exzellenz verdarb aber alles. Frau Mlekopitájewa geriet außer Fassung, fühlte sich beleidigt und begann zu schimpfen, weil man es ihr nicht gesagt, daß man Exzellenz eingeladen hatte. Man beteuerte, er sei von selbst und völlig uneingeladen gekommen, aber sie war so dumm, daß sie das nicht glauben wollte. Nun mußte man doch Champagner reichen. Bei Pseldonimoffs Mutter fand sich nur noch ein Silberrubel, er selbst hatte keine Kopeke mehr. Man mußte also die alte wütende Mlekopitájewa anflehen, Geld für die eine und dann noch für die zweite Flasche herzugeben. Man hielt ihr das zukünftige Dienstverhältnis, die Karriere ihres Schwiegersohnes vor, gab ihr zu bedenken, was solche Beziehungen für eine Bedeutung gewinnen konnten. Schließlich gab sie denn auch das Nötige von ihrem eigenen Geld, aber zuvor mußte Pseldonimoff noch einen so gallebitteren Kelch leeren, daß er wie ein Irrsinniger in das Zimmer stürzte, wo das Brautbett schon hergerichtet war, sich mit beiden Händen das Haar raufte, sich auf das Bett warf und den Kopf in die Kissen preßte, die doch nur für paradiesische Genüsse bestimmt waren, und vor ohnmächtiger Wut am ganzen Körper zitterte. Ja! Exzellenz ahnte nicht, was diese zwei Flaschen Sekt, die er an diesem Abend getrunken hatte, kosteten! Wie groß war nun noch das Entsetzen Pseldonimoffs, sein Kummer und seine Verzweiflung, als es mit Exzellenz auf so unvorhergesehene Weise endete! Wieder standen ihm die größten Sorgen bevor und darüber hinaus vielleicht noch die Tränen seiner launischen Jungvermählten und die Vorwürfe ihrer einsichtslosen Verwandten. Ihn schmerzte sowieso schon der Kopf, es wurde ihm ohnehin schon trüb und schwarz vor den Augen. Und nun mußte man doch Exzellenz zu Hilfe eilen, mußte ihm doch um drei Uhr morgens einen Arzt und einen geschlossenen Wagen beschaffen, denn auf einem offenen Schlitten konnte man doch eine solche Persönlichkeit und in solchem Zustand nicht nach Hause schaffen. Und woher das dazu notwendige Geld nehmen, sei es auch nur für den Wagen? Die Mlekopitájewa, die jetzt noch aufgebrachter darüber war, daß Exzellenz mit ihr kein Wort gewechselt, noch sie bei Tisch überhaupt angesehen hatte, erklärte einfach, sie hätte keine Kopeke mehr. Vielleicht hatte sie auch wirklich keine mehr. Wo also sollte man das Geld hernehmen? Was tun? Ja, es war wirklich Grund genug vorhanden, sich die Haare zu raufen.

Inzwischen hatte man Exzellenz auf ein kleines Ledersofa gehoben, das gleich dort im Eßzimmer stand. Und während man nun die Hochzeitstafel abräumte und die aneinandergereihten Tische auseinandertrug, lief Pseldonimoff von einem zum andern, um Geld aufzutreiben; er versuchte das zunächst in der Küche bei den Dienstboten, nur stellte es sich heraus, daß dort niemand welches hatte. Dann wagte er zaghaft, Akim Petrowitsch Subikoff, der noch nicht weggegangen war, damit zu beunruhigen. Der aber geriet, obschon er sonst ein herzensguter Mensch war, als er von Geld reden hörte, sogleich in eine solche Verwirrung und erschrak dermaßen, daß er den unglaublichsten Quark zusammenstotterte:
»Ein anderes Mal... mit Vergnügen... gewiß...«, murmelte er schließlich ratlos, »jetzt aber... wirklich unmöglich... Sie müssen mich schon entschuldigen...«
Und er suchte nach seiner Mütze und weg war er. Nur der gutherzige Jüngling, der vom neuen Traumbuch erzählt hatte, erwies sich schließlich als hilfsbereit; aber auch das noch zur unrechten Zeit. Er war gleichfalls noch dageblieben, nachdem sich alle schon verlaufen hatten, da er herzlichen Anteil nahm an Pseldonimoffs Mißgeschick. Zu guter Letzt beschloß man zu dritt – Pseldonimoff, seine Mutter und der Jüngling – nach gemeinsamer Beratung, nicht mehr nach einem Arzt zu schicken, sondern nur noch nach einem geschlossenen Wagen, und den Kranken nach Hause zu schaffen; vorerst aber, bis der Wagen zur Stelle war, gewisse Hausmittel anzuwenden, wie zum Beispiel: die Schläfen und den Kopf mit kaltem Wasser behandeln, Eis auf den Scheitel zu tun und ähnliches mehr. Damit hatte übrigens die Mutter Pseldonimoffs schon begonnen. Der Jüngling lief davon, um einen Wagen aufzutreiben. Da aber um diese Zeit auf der ganzen Petersburger Seite nicht einmal Schlitten zu finden waren, so mußte er sich auf einen weitentfernten Droschkenhof begeben und dort erst die Kutscher aufwecken. Man begann zu handeln, sagte, fünf Rubel für einen geschlossenen Wagen zu dieser Stunde wären noch zu wenig verlangt. Schließlich kam man aber doch auf drei Rubel überein. Als aber der Jüngling gegen vier Uhr morgens mit dem gemieteten Wagen bei Pseldonimoff vorfuhr, hatten sie dort ihren Entschluß schon längst geändert. Es hatte sich herausgestellt, daß Herr Pralinskij, der noch immer

nicht zu sich kam, so schwer erkrankt war, so stöhnte und sich krümmte, daß es einfach unmöglich war und sogar viel zu gewagt erschien, ihn in einem solchen Zustand nach Hause zu fahren. »Was wird das alles noch für Folgen haben?« konnte der vollends entmutigte Pseldonimoff nur noch hervorstoßen.

Was sollte man tun? Es ergab sich jetzt eine neue Frage: wenn man ihn nun einmal im Hause behalten mußte, wo sollte man ihn dann betten? Im ganzen Hause gab es nur zwei richtige Betten: das große Doppelbett, in dem der alte Mlekopitájeff und seine Frau schliefen, und das neugekaufte zweischläfrige Bett aus imitiertem Nußbaumholz, das für die Neuvermählten bestimmt war. Alle anderen Einwohner oder richtiger Einwohnerinnen des Hauses schliefen in einer Reihe auf dem Fußboden, oder eigentlich auf Bettpfühlen, die aber teilweise schon recht mitgenommen und durchduftet, also durchaus unmöglich waren, aber auch diese waren alle besetzt, sogar mehr als das. Wie nun den Kranken betten? Ein Federunterbett hätte sich zur Not noch finden lassen, man hätte es im äußersten Fall unter einer der Schläferinnen einfach wegziehen können, aber wo und worauf das Lager herrichten? Im Gastzimmer natürlich, da es der vom Familiennest entlegenste Raum war und einen besonderen Ausgang hatte. Aber worauf betten? Doch nicht etwa auf Stühlen? Bekanntlich wird doch nur für Gymnasiasten, die sonnabends aus dem Internat nach Hause kommen und über den Sonntag dableiben, auf Stühlen eine Schlafstelle bereitet, aber so etwas für eine Persönlichkeit wie Exzellenz, das wäre doch unerhört respektlos gewesen. Was würde er am nächsten Morgen sagen, wenn er sich auf Stühlen gebettet fände? Pseldonimoff wollte davon kein Wort weiter hören. So blieb nur eines übrig: ihn auf das Bett der Neuvermählten hinüberzutragen. Dieses Brautlager war, wie wir schon erwähnt haben, in einem Zimmerchen gleich neben dem Eßzimmer hergerichtet. Auf diesem Bett gab es eine nagelneue zweischläfrige Matratze, saubere Bettwäsche, vier Kopfkissen aus rosa Kaliko in weißen Musselinbezügen, die ringsum mit einer Rüsche besetzt waren. Die rote Atlasdecke war nach einem Muster gesteppt. An einem goldenen Ring hing von oben eine weiße Musselin-Draperie herab. Mit einem Wort, alles war, wie es sich gehört; die Gäste, von denen sich fast alle das Brautgemach angesehen hatten, waren von der Ausstattung sehr entzückt gewesen. Die Jungvermählte aber schlüpfte im Lauf des Abends, obgleich sie Pseldonimoff nicht aus-

stehen konnte, mehrmals heimlich hierher, nur um den Anblick zu genießen. Man kann sich nun wohl vorstellen, wie groß ihr Unwille, ihre Empörung, ihre Wut war, als sie erfuhr, daß man den Kranken, der an so etwas wie Cholerine erkrankt zu sein schien, auf ihr Brautlager betten wollte! Auch ihre Mutter trat für sie ein, schimpfte gehörig und sagte, sie werde sich gleich am nächsten Tage bei ihrem Mann beklagen. Aber Pseldonimoff gab nicht nach und bestand darauf. Exzellenz wurde also aufs Brautlager gebettet, und für die Neuvermählten bereitete man im Gastzimmer ein Lager auf Stühlen. Die Neuvermählte schluchzte zwar immer noch und hätte gern alle gekniffen, wagte aber doch nicht zu widersprechen: sie wußte, daß Papachen einen Krückstock besaß, der ihr nur zu gut bekannt war, und sie wußte, daß Papachen morgen unbedingt einen ausführlichen Rapport über mancherlei verlangen werde. Zu ihrer Beruhigung brachte man ihr wenigstens die rosa Decke und die Kissen mit den Musselinbezügen.
In diesem Augenblick kam der Jüngling mit dem Wagen an. Als er erfuhr, daß der Wagen nicht mehr nötig war, erschrak er furchtbar. Nun mußte er selbst den Wagen bezahlen, er aber hatte doch in seinem ganzen Leben noch nie volle zehn Kopeken besessen. Pseldonimoff erklärte sich für vollkommen bankrott. Man versuchte, den Kutscher zu bereden. Aber der begann Krach zu schlagen und an die Fensterladen zu hämmern. Womit das endete, weiß ich nicht genau. Ich glaube, der Jüngling begab sich sozusagen als Gefangener des Kutschers in dessen Wagen nach dem Stadtteil Peskí, in die vierte Roshdéstwenskaja-Straße, wo er einen Studenten, der dort bei seinen Bekannten übernachtete, aufzuwecken und anzupumpen gedachte. Es war schon fünf Uhr morgens, als man die Neuvermählten allein ließ und sie im Wohnzimmer einschloß. Am Bett des Kranken blieb nur die Mutter Pseldonimoffs zurück. Sie bereitete sich auf einem kleinen Teppich ein Lager und deckte sich mit einem alten Pelz zu, aber zum Schlafen kam sie nicht, denn sie war gezwungen, alle Augenblicke aufzustehen: Exzellenz litt nämlich an einem furchtbar verdorbenen Magen. Frau Pseldonimowa, eine tapfere und großmütige Frau, entkleidete den Kranken eigenhändig, pflegte ihn wie einen eigenen Sohn und brachte die ganze Nacht über das nötige Geschirr hinaus und wieder herein. Aber die peinlichen Überraschungen dieser Nacht hatten noch lange nicht ihr Ende erreicht.

Es waren, seitdem man das junge Paar allein gelassen hatte, kaum zehn Minuten vergangen, als man auf einmal einen lauten Schrekkensschrei vernahm, keinen Schrei der Lust, sondern einen von unbedingt Unheil ankündender Art. Nach diesem Schrei hörte man Lärm und Gepolter, wie von umfallenden Stühlen, und im nächsten Augenblick stürzte in das noch dunkle Zimmer völlig unerwartet eine ganze Schar von ächzenden und erschrockenen Frauen in den verschiedensten Nachtkostümen herein. Diese Frauen waren: die Mutter der Jungvermählten, deren ältere Schwester, die für diese Zeit ihre kranken Kinder im Stich gelassen hatte, drei Tanten, darunter auch die mit der gebrochenen Rippe, ja, auch die Köchin war dabei, und auch die Deutsche, die Märchen erzählen konnte, und der man die Matratze (ihr eigenes und einziges Besitztum, da sie unter den übrigen noch die beste der Matratzen im Hause war) einfach und mit Gewalt weggezogen hatte, um sie dem jungen Paar zu geben, auch die hatte sich mit den anderen eingefunden. Alle diese achtbaren und scharfsinnig kombinierenden Frauen hatten sich schon seit einer Viertelstunde aus der Küche auf den Zehenspitzen über den Korridor herangeschlichen, um aus einer verzehrenden, wenn auch ganz unerklärlichen Neugier vom Vorzimmer aus an der Tür zu lauschen. Jemand beeilte sich, sofort Licht zu machen, und da bot sich denn allen ein ganz unerwartetes Schauspiel.

Die Stühle, von denen die breite Matratze nur an den Rändern gestützt worden war, hatten dem doppelten Gewicht nicht standhalten können und waren, als die Matratze zwischen ihnen auf den Fußboden zu sinken begann, auseinandergerutscht. Die Junge weinte vor Ärger; diesmal war sie wirklich bis ins Herz gekränkt. Der moralisch vernichtete Pseldonimoff stand wie ein Verbrecher da, den man der Freveltat überführt hat. Er versuchte nicht einmal, sich zu rechtfertigen. Von allen Seiten rief man ach und weh. Auf den Lärm hin kam auch Pseldonimoffs Mutter herbeigelaufen; aber die Mutter der Neuvermählten behielt diesmal die Oberhand. Sie begann zunächst, Pseldonimoff mit sonderbaren und größtenteils ganz ungerechten Vorwürfen zu überschütten, im Sinne von: »Was bist du denn nach alldem überhaupt für ein Mann? Wozu taugst du denn überhaupt noch nach so einer Blamage?« und so weiter. Sie nahm darauf ihre Tochter in den Arm und führte sie weg von ihrem Gatten zu sich in ihr Zimmer, nachdem sie es auf sich genommen, ihr Vorgehen morgen vor dem tyrannischen Vater zu

rechtfertigen. Nach ihr trollten sich ächzend und kopfschüttelnd auch alle die anderen. Bei Pseldonimoff blieb nur seine Mutter zurück, die ihn zu trösten suchte. Aber er jagte sie alsbald hinaus.
Er mochte jetzt keine Trostworte hören. Er wankte zum Sofa und setzte sich, so wie er war, im Hemd und barfüßig, dort hin und verfiel in trübseliges Sinnen. Gedanken durchkreuzten seinen Kopf, überschnitten sich und verhakten sich ineinander. Ganz mechanisch sah er sich zwischendurch in diesem Zimmer um, wo sich noch vor so kurzem die Tanzenden ausgetobt hatten und wo der Zigarettenrauch noch in der Luft stand. Zigarettenstummel und Konfektpapierchen lagen auch noch auf dem begossenen und verschrammten Fußboden umher. Das zerstörte Ehelager und die umgefallenen Stühle zeugten von der Vergänglichkeit selbst der besten und beständigsten aller irdischen Hoffnungen und Träume. So verbrachte er fast eine ganze Stunde. Er wurde von lauter bedrückenden Fragen heimgesucht, wie zum Beispiel: was ihn wohl jetzt im Dienst erwarten werde? Es war peinvoll, sich einzugestehen, daß er sich nach einer anderen Anstellung umsehen mußte, um jeden Preis, denn es war doch ganz ausgeschlossen, auf der alten Stelle zu bleiben, eben infolge alles dessen, was an diesem Abend vorgefallen war. Er dachte auch an Mlekopitájeff, der ihn vielleicht morgen schon wieder den Kasatschók tanzen lassen werde, um seinen Gehorsam zu erproben. Fünfzig Rubel hatte der Alte zwar für die Hochzeit hergegeben, aber die waren auch bis auf die letzte Kopeke draufgegangen, von den vierhundert Rubeln der Mitgift aber hatte er nichts mehr verlauten lassen, hatte auch noch keinen Rubel davon ausbezahlt, dachte offenbar gar nicht daran. Und selbst die Überschreibung des Hauses war formell auch noch nicht erfolgt. Er begann auch über seine Frau nachzudenken, die ihn in der kritischsten Stunde seines Lebens alleingelassen hatte, dachte an den langen Offizier, der vor seiner Frau auf ein Knie gesunken war, was er wohl bemerkt und sich gemerkt hatte; dachte an die sieben Teufel in seiner Frau, auf die ihn der Schwiegervater selbst aufmerksam gemacht hatte, und an den Krückstock, mit dem sie ausgetrieben werden müßten... Freilich fühlte er die Kraft in sich, vieles zu ertragen, aber das Schicksal ließ doch solche Überraschungen durch, daß es wohl möglich war, schließlich dem Zweifel zu verfallen, ob die eigene Kraft ausreichen werde?
So trauerte Pseldonimoff vor sich hin. Der Lichtstumpf begann zu erlöschen. Sein flackernder Schein fiel gerade auf das Profil Psel-

donimoffs und malte es in gewaltiger Vergrößerung als Schattenbild an die Wand, den vorgestreckten Hals, die Hakennase und die zwei abstehenden Haarbüschel auf dem Kopf, über der Stirn und am Kopfwirbel. Schließlich, als schon die Morgenkälte sich bemerkbar machte, stand er auf vom Sofa, fröstelnd und geistig abgestumpft, wankte zu der Matratze, die zwischen den Stühlen auf dem Boden lag, kroch auf allen vieren zu ihr hin – ohne das Licht auszulöschen, ohne etwas zu ordnen, ohne sich ein Kissen unter den Kopf zu schieben – und fiel in jenen bleiernen Schlaf, in den vermutlich die zum Tode Verurteilten in der Nacht vor der öffentlichen Hinrichtung versinken.

Andererseits: womit hätte man diese qualvolle Nacht vergleichen können, die Iwánn Iljítsch Pralínskij auf dem Brautbett des unseligen Pseldonimoff verbrachte! Die Kopfschmerzen, das Erbrechen und die übrigen unangenehmsten Anfälle verließen ihn keinen Augenblick. Das waren Höllenqualen. Das Bewußtsein, das sich freilich nur momentweise einstellte, beleuchtete solche Abgründe des Entsetzens, so düstere und widerliche Bilder, daß es für ihn besser war, nicht zu Bewußtsein zu kommen. Übrigens verwirrte sich noch alles in seinem Kopf. Er erkannte zum Beispiel die Mutter Pseldonimoffs, hörte ihr sanft beruhigendes Zureden, in der Art wie: »Halt aus, mein Täubchen, halt aus, Väterchen, es kommt alles auf Gewohnheit an.« Er erkannte sie, vermochte sich aber doch keine Spur von logischer Rechenschaft zu geben, wie sie hierherkam und nun bei ihm war. Widerwärtige Bilder verfolgten ihn. Am häufigsten glaubte er, Ssemjónn Iwánowitsch Schipulénko vor sich zu sehen; strengte er sich aber an, um ihn deutlicher zu sehen, so war es gar nicht Schipulenko, sondern die Nase Pseldonimoffs. Ebenso tauchten vor ihm auch der freie Künstler, auch der Offizier und die Frau mit der verbundenen Backe auf. Am meisten aber beschäftigte ihn der goldene Ring, der über seinem Kopf hing und der die Draperie über dem Kopfende des Bettes hielt. Er sah diesen Ring ganz deutlich auch beim kargen Schein des Lichtstümpfchens, welches das Zimmer beleuchtete, und mühte sich gedanklich sehr damit ab, irgendwie herauszubekommen, wozu dieser Ring diente, warum er dort hing, was das zu bedeuten hatte. Er fragte sogar ein paarmal die Alte danach, nur konnte er sich offenbar nicht verständlich ausdrücken, denn sie verstand ihn nicht, wie sehr er sich auch abmühte, verständlich zu fragen. Erst gegen Morgen hörten die Anfälle auf und er schlief ein, schlief fest und ohne Träume.

So schlief er ungefähr eine ganze Stunde, und als er danach aufwachte, da war er fast bei vollem Bewußtsein, fühlte aber nur abscheuliches Kopfweh, und seine Zunge schien sich in ein Stück Tuch von gräßlichem Geschmack verwandelt zu haben. Er stützte sich auf im Bett, sah um sich und dachte nach. Das fahle Licht des beginnenden Tages stahl sich durch einen Spalt der Fensterladen und zitterte als heller Streifen an der Wand. Es war ungefähr sieben Uhr morgens. Als ihm aber plötzlich alles wieder einfiel, was mit ihm in dieser Nacht geschehen war, als er sich auf einmal aller Einzelheiten beim Abendessen erinnerte, seiner fehlgeschlagenen Eroberung, seiner Rede bei Tisch, und als er sich plötzlich mit der erschreckendsten Klarheit alle Folgen vorstellte, die sich daraus ergeben könnten, alles, was man jetzt über ihn sagen und denken werde, und als er sich nun gar noch umblickte und gewahr wurde, in welch traurigen und ekelhaften Zustand er das friedliche Ehelager seines Untergebenen gebracht hatte – oh, da schämte er sich so fürchterlich, da fühlte er so tödliche Qualen sein Herz erfüllen, daß er aufstöhnte, sein Gesicht mit den Händen bedeckte und sich verzweifelt auf das Kissen zurückwarf. Nach einer Weile richtete er sich plötzlich auf, sprang aus dem Bett, erblickte seine Kleider, die schon gesäubert und ordentlich hingelegt gleich hier auf einem Stuhl bereit lagen, und begann sich hastig anzukleiden, wobei er sich furchtbar beeilte und sich zugleich vor irgend etwas schrecklich fürchtete. Dort auf einem anderen Stuhl lagen auch sein Pelz, seine Mütze und in der Mütze seine gelben Handschuhe. Er war im Begriff, sich heimlich aus dem Staube zu machen. Aber da ging eine Tür auf und die alte Pseldonímowa trat mit einer tönernen Waschschüssel und einem Wasserspender ins Zimmer. Ein sauberes Handtuch hatte sie sich über die Schulter geworfen. Sie stellte die Waschschüssel hin und erklärte ohne Umschweife, daß er sich unbedingt waschen müsse.

»Wie denn, Väterchen, du mußt dich doch zuerst waschen; so geht das nicht, daß man sich ungewaschen ankleidet...«

In diesem Augenblick begriff Iwánn Iljítsch, daß, wenn es auf der Welt wenigstens ein Wesen gab, vor dem er sich jetzt weder zu schämen noch zu fürchten brauchte, dann war es eben diese alte Frau. Er wusch sich. Und noch lange nachher erinnerte er sich in schweren Augenblicken seines Lebens, unter anderen Gewissensbissen, der ganzen Szene dieses morgendlichen Aufstehens, der tönernen Waschschüssel und des fayencenen Wasserspenders mit dem kalten Wasser, in dem noch Eisstückchen schwammen, und der Seife im rosa Papier, von ovaler Form und mit irgendwelchen eingepreßten Buchstaben darauf, ein Stück Seife zu etwa fünfzehn Kopeken, das für die Neuvermählten gekauft worden war, und das nun er, Iwánn Iljítsch, als erster in Gebrauch nahm, erinnerte sich der alten Frau mit dem damastenen Handtuch über der linken Schulter. Das kalte Wasser erfrischte ihn, er trocknete sich ab, und ohne ein Wort zu sagen, ohne seiner barmherzigen Schwester auch nur zu danken, griff er nach seiner Mütze, nahm seinen Pelz, den sie ihm hinhielt, um die Schultern und eilte durch den Korridor, durch die Küche, wo die Katze schon miaute, und die Köchin sich auf ihrer Lagerstatt aufrichtete und ihm mit geradezu heißhungriger Neugier nachsah, eilte auf den Hof, auf die Straße und warf sich in den ersten Schlitten, den er daherkommen sah. Der Morgen war frostig, ein kalter gelblicher Nebel hüllte noch Häuser und alles übrige ein. Iwánn Iljítsch schlug den Pelzkragen hoch. Es war ihm, als ob alle ihn ansähen, alle ihn kennten, alle alles wüßten...

Acht Tage ging er nicht aus dem Hause und erschien nicht in seiner Kanzlei. Er war krank, qualvoll krank; aber doch mehr moralisch als physisch. In diesen acht Tagen durchlebte er eine ganze Hölle, und es ist anzunehmen, daß sie ihm im Jenseits angerechnet werden. Es gab Augenblicke, wo er daran dachte, Mönch zu werden. Tatsächlich, es gab solche. Selbst seine Phantasie begann mit Vorliebe nach dieser Richtung hin zu spielen. Er stellte sich vor, er höre schon den leisen unterirdischen Gesang, sähe ein offenes Grab vor sich, das Leben in einsamer Zelle, Wälder und die Höhlen der Eremiten; aber sobald er wieder zu sich kam, sah er doch fast sofort ein, daß dies alles ein furchtbarer Unsinn und lauter Übertreibung war, und er schämte sich nun dieser Albernheiten. Danach gab es moralische Anwandlungen, die sich aus seiner vermeintlichen existence manquée ergaben. Dann flammte wieder die Scham in seiner Seele auf, bemächtigte sich ihrer im Nu und brannte und ätzte alles in ihr aus. Er erschauerte bei der Vorstellung verschiedener Bilder. Was wird man von ihm sagen, was denken; wie wird es sein, wenn er wieder in seiner Kanzlei erscheint, was für ein Geflüster wird ihn verfolgen ein ganzes Jahr lang, zehn Jahre lang, das ganze Leben lang! Diese ihm widerfahrene dumme Geschichte wird noch in der Nachwelt fortleben. Manchmal verfiel er sogar in einen solchen Kleinmut, daß er bereit gewesen wäre, sofort zu

Ssemjónn Iwánowitsch Schipulénko zu fahren und ihn um seine Verzeihung und Freundschaft zu bitten. Sich selbst versuchte er überhaupt nicht mehr zu rechtfertigen; er verurteilte sich endgültig: er fand keine Rechtfertigung für sich und schämte sich.

Er dachte auch daran, unverzüglich seinen Abschied zu nehmen und sich ganz einfach und auf eigene Faust dem Glück der Menschheit zu widmen. Jedenfalls mußte man unbedingt den ganzen Bekanntenkreis ändern, und zwar gleich so, daß jede Erinnerung an ihn mit der Wurzel ausgerottet wurde. Darauf schien es ihm wieder, daß auch diese Gedanken Unsinn seien und daß man mit größerer Strenge zu den Untergebenen die ganze Sache noch wiedergutmachen könne. Danach begann er wieder zu hoffen und Mut zu fassen. Schließlich, nach Verlauf ganzer acht Tage der Zweifel und der Qual, fühlte er, daß er die Ungewißheit nicht länger ertragen konnte; so kam es, daß er einfach un beau matin beschloß, sich wieder in die Kanzlei zu begeben.

Bis dahin hatte er sich, mit seinem Kummer zu Hause sitzend, tausendmal ausgemalt, wie das sein werde, wenn er seine Kanzlei beträte. Mit Entsetzen redete er sich ein, daß er hinter sich unbedingt ein zweideutiges Getuschel vernehmen, zweideutige Gesichter sehen, das bösartigste Lächeln einheimsen werde. Wie groß war daher sein Erstaunen, als nun in der Wirklichkeit von alledem nichts geschah. Man begegnete ihm ehrerbietig; man grüßte ihn genau so wie früher; alle waren ernst; alle waren beschäftigt. Freude erfüllte sein Herz, als er in seinem Kabinett anlangte.

Er machte sich sofort und mit größtem Ernst an seine Arbeit, hörte ein paar Berichte und Erläuterungen an und traf verschiedene Entscheidungen. Er fühlte es selbst, daß er noch nie so klug, so sachlich überlegt und entschieden hatte wie an diesem Morgen. Er sah, daß man mit ihm zufrieden war, daß man ihn anerkannte, daß man sich mit Achtung zu ihm verhielt. Auch das empfindlichste Mißtrauen hätte nichts anderes bemerken können. Die Zusammenarbeit verlief wunderbar.

Schließlich erschien auch Akím Petrówitsch Súbikoff mit irgendwelchen Papieren. Bei seinem Erscheinen war es Herrn Pralinskij, als steche ihn irgendetwas gleichsam mitten ins Herz, aber nur auf einen Augenblick. Er befaßte sich also mit Akim Petrowitschs Schriftstücken, besprach die Sache gewichtig, zeigte ihm, wie es gemacht werden mußte, und erläuterte die Gründe. Er gewahrte nur, daß er es gleichsam vermied, Akim Petrowitsch längere Zeit anzusehen, oder besser gesagt, daß Akim Petrowitsch sich scheute, ihn anzusehen. Und als die Sache erledigt war, stand Akim Petrowitsch auf und begann die Papiere einzusammeln.

»Und dann ist hier noch ein Gesuch«, begann er möglichst trocken, »des Beamten Pseldonimoff, um seine Versetzung in den – – Verwaltungsbezirk. Exzellenz Ssemjónn Iwánowitsch Schipulénko haben ihm dort eine Anstellung versprochen. Er bittet Exzellenz um gütige Fürsprache.«

»Ach, so, er will versetzt werden«, sagte Iwánn Iljítsch und fühlte, wie eine große Last von seinem Herzen wich. Er sah auf zu Akim Petrowitsch, und in dem Moment begegneten sich ihre Blicke.

»Nun, ich meinerseits... ich werde natürlich... ich bin bereit dazu«, antwortete er.

Akim Petrowitsch wollte offenbar möglichst schnell verschwinden. Allein, Iwann Iljitsch entschloß sich plötzlich, in einer Aufwallung edlen Empfindens, sich endgültig darüber auszusprechen. Augenscheinlich überkam ihn wieder eine gewisse Begeisterung.

»Richten Sie ihm aus«, begann er, indem er einen klaren und tief bedeutungsvollen Blick auf Akim Petrowitsch richtete, »übermitteln Sie ihm, daß ich ihm nichts Böses nachtrage; ja, nichts nachtrage!... Daß ich, im Gegenteil, sogar bereit bin, alles Gewesene zu vergessen, alles zu vergessen, alles...«

Aber plötzlich brach Exzellenz mitten im Satz ab, verwundert über das merkwürdige Benehmen Akim Petrowitschs, der sich, wer weiß weshalb, aus einem vernünftigen Menschen plötzlich in einen schrecklichen Dummkopf verwandelte. Anstatt aufmerksam anzuhören, was Exzellenz sagen wollte, wurde er auf einmal feuerrot und begann sich, gleichsam überstürzt, mit seltsam kleinen Bücklingen zu verbeugen und sich zur Tür zurückzuziehen. Sein ganzes Aussehen verriet nur den einen Wunsch, in die Erde zu versinken, oder besser gesagt, sich schneller an seinen Tisch zurückzuziehen. Iwánn Iljítsch, der allein blieb, erhob sich verwirrt vom Stuhl. Er sah in den Spiegel und sah doch nicht sein eigenes Gesicht.

»Nein, nur Strenge, nichts als Strenge und Strenge!« flüsterte er fast unbewußt vor sich hin, und auf einmal bedeckte heiße Röte sein Gesicht. Er schämte sich plötzlich dermaßen, wie er sich nicht einmal in den schrecklichsten Augenblicken seiner achttägigen Krankheit geschämt hatte. »Habe nicht durchgehalten!« sagte er zu sich selbst und sank kraftlos auf seinen Stuhl zurück.

DAS KROKODIL

Ein ungewöhnliches Ereignis
oder
eine Passage in der Passage,

die wahrheitsgetreue Erzählung dessen, wie ein Herr gewissen Alters und von gewissem Äußeren von dem Krokodil in der Passage lebend und restlos verschlungen ward, und was für Folgen das hatte.

Ohé Lambert! Où est Lambert?
As-tu vu Lambert?

I

Am dreizehnten Januar des laufenden tausendachthundertundfünfundsechzigsten Jahres sprach plötzlich um halb ein Uhr mittags Jeléna Iwánowna, die Gattin Iwán Matwéjewitschs, meines gebildeten Freundes, Kollegen und teilweise sogar entfernten Verwandten, den Wunsch aus, das Riesenkrokodil, das man gegen ein bestimmtes Eintrittsgeld neuerdings in der Passage bewundern konnte, mit eigenen Augen zu sehen. Iwán Matwéjewitsch, der das Billett für seine Reise ins Ausland (die er weniger aus Gesundheitsgründen als aus Lernbegier zu unternehmen beabsichtigte) bereits in der Tasche hatte, sich also vom Dienst schon sozusagen entbunden betrachtete und sich demzufolge an diesem Tage von allen Pflichten völlig frei fühlte, hatte nicht nur nichts gegen diesen unbezwingbaren Wunsch seiner Gattin einzuwenden, sondern entbrannte sogar selbst in reger Wißbegier für die Sehenswürdigkeit.

»Eine prachtvolle Idee!« sagte er überaus zufrieden, »nehmen wir das Krokodil in Augenschein! Es ist nicht übel, wenn man sich, bevor man nach Europa reist, schon hier an Ort und Stelle mit Europens Lebewesen, die es dort bevölkern, bekannt macht«, – und mit diesen Worten reichte er seiner jungen Gattin den Arm, um sich mit ihr sogleich in die Passage zu begeben. Ich aber schloß mich ihnen, in meiner Eigenschaft als Hausfreund, wie gewöhnlich an.

Noch nie hatte ich Iwán Matwéjewitsch bei so guter Laune gesehen, wie an diesem für mich so unvergeßlichen Vormittag, – wieder ein Beweis dafür, daß wir Menschen nie im voraus wissen, was uns bevorsteht! Als wir die Passage betraten, äußerte er sich ganz entzückt über die Pracht des Gebäudes, und als wir vor dem Ausstellungsraum, in dem man das neuerdings in der Hauptstadt eingetroffene Ungeheuer bewundern konnte, angelangt waren, wünschte er aus eigenem Antrieb auch für mich den vorschriftsmäßigen Viertelrubel dem Besitzer des Krokodils in die Hand zu drücken, ein Verlangen, das sich vordem noch niemals bei ihm eingestellt hatte. Wir wurden in ein nicht sehr großes Zimmer geführt, in dem sich außer dem Krokodil noch Papageien, eigenartige Kakadus und im Hintergrund, in einem besonderen Käfig an der Wand, mehrere Affen befanden. Gleich beim Eingang aber, links von der Tür, stand ein großer Blechkasten – oder eine Art Wanne –, den oben ein starkes Drahtnetz zudeckte und auf dessen Boden etwa einen Zoll tief Wasser stand. Und in dieser flachen Pfütze lag regungslos, wie ein Balken, ein riesengroßes Krokodil, das in unserem feuchten, ungastlichen Klima alle seine sonstigen Eigenschaften eingebüßt zu haben schien. Dieser Umstand erklärt wohl auch die Tatsache zur Genüge, daß es in uns durchaus kein besonderes Interesse für sich hervorzurufen vermochte.

»Das also ist das Krokodil!« meinte Jeléna Iwánowna fast mitleidig und in dem gedehnten Ton der Enttäuschung, »und ich dachte, daß es... ganz anders aussähe.«

Wahrscheinlich hatte sie gedacht, es bestehe aus lauter Brillanten. Währenddessen betrachtete uns der Besitzer des Ungeheuers, ein Deutscher, mit ungewöhnlich stolzer Miene.

»Er ist durchaus mit Recht so stolz«, raunte mir Iwan Matwejewitsch zu, »denn er ist sich wohl bewußt, im Augenblick der einzige Mensch zu sein, der einem in Rußland ein Krokodil zeigen kann.«

Diese doch reichlich alberne Bemerkung Iwan Matwejewitschs schreibe ich gleichfalls seiner gehobenen Stimmung zu, da er sonst recht neidisch zu sein pflegte.

»Ich glaube, Ihr Krokodil ist gar nicht lebendig«, äußerte sich Jelena Iwanowna, pikiert durch die selbstherrliche Haltung des Deutschen, mit graziösem Lächeln sich an ihn wendend, um diesen Grobian zu besiegen, – ein Manöver, das die Frauen ja so gern üben.

»O nein, Madame«, versetzte der Deutsche in gebrochenem Russisch und begann sogleich, indem er das Drahtnetz bis zur Hälfte aufklappte, mit einem Stöckchen das Krokodil auf den Kopf zu piken.

Das bewog das heimtückische Ungeheuer, zum Beweise seiner Lebendigkeit, ein wenig den Schwanz und die Pfoten zu bewegen, dann erhob es seine gefräßige Schnauze und gab einen eigentümlichen Laut von sich, ähnlich einem langatmigen Schnarchen.

»Schon gut, ärgere dich nicht, Karlchen!« sagte der Deutsche schmeichelnd, sichtlich befriedigt in seiner Eigenliebe.

»Wie widerlich dieses Krokodil doch ist! Ich erschrak ordentlich, als es sich zu bewegen begann«, sagte Jelena Iwanowna noch koketter. »Sicher wird es mir noch im Traum erscheinen!«

»Aber im Traum wird es Sie nicht beißen, Madame«, versetzte der Deutsche galant, worauf er über seinen eigenen Witz als erster zu lachen begann, doch von uns lachte niemand mit.

»Gehen wir, Ssemjón Ssemjónytsch«, wandte sich Jelena Iwanowna ausschließlich an mich, »sehen wir uns lieber die Affen an. Ich liebe Affen über alles! Manche sind geradezu süß!... das Krokodil aber ist einfach abscheulich!«

»Oh, sei nur nicht so ängstlich, meine Liebe!« rief uns Iwan Matwejewitsch nach, dem es nicht unangenehm war, vor seiner Gattin den Mutigen spielen zu können, »dieser verschlafene Einwohner des Pharaonenreiches wird keinem von uns etwas antun«; – und er blieb beim Blechkasten. Ja, er kitzelte sogar mit seinem Handschuh die Schnauze des Krokodils, um das Tier, wie er später selbst eingestand, zu veranlassen, nochmals zu schnarchen. Der Besitzer der Menagerie folgte indes Jelena Iwanowna, als der einzigen anwesenden Dame, zum weitaus interessanteren Affenkäfig.

Bis dahin ging alles gut und niemand sah etwas Schlimmes voraus. Jelena Iwanowna gab sich ganz dem Entzücken hin, in das die Äffchen sie versetzten; vor lauter Vergnügen schrie sie mitunter leise auf und wandte sich immer wieder an mich, um mich bald auf diesen, bald auf jenen Affen aufmerksam zu machen, von denen jeder auffallende Ähnlichkeit mit einem ihrer Bekannten und Freunde haben sollte. Ihre Heiterkeit steckte auch mich an, denn die Ähnlichkeit war bisweilen in der Tat verblüffend. Nur der Menageriebesitzer wußte nicht, ob er lachen oder ob er ernst bleiben sollte, und blickte deshalb schließlich ganz verdrossen drein. Doch gerade in dem Augenblick, als mir die Übellaunigkeit des Deutschen auffiel, erschütterte plötzlich ein entsetzlicher, ja, ich kann sogar sagen, ein widernatürlicher Schrei den Raum. Ich wußte nicht, was ich denken sollte, und erstarrte zunächst nur auf dem Fleck; als ich aber dann gewahr wurde, daß auch Jelena Iwanowna schon schrie – da wandte ich mich um und... was erblickte ich! Ich erblickte – o Gott! – ich erblickte den armen Iwan Matwejewitsch quer im entsetzlichen Rachen des Krokodils, das ihn in der Mitte des Körpers gefaßt hatte. Ich sah nur noch einen Augenblick, wie er, horizontal in der Luft schwebend, wie ein Verzweifelter mit den Beinen zappelte, und dann – verschwunden war.

Aber ich muß dieses Geschehnis doch ausführlicher schildern. Während des ganzen Vorgangs stand ich völlig reglos da, hörte nur und sah, und deshalb ist mir auch nichts entgangen. Ich entsinne mich nicht, jemals in meinem Leben mit größerem Interesse einem Vorgang zugeschaut zu haben, als ich es in jenem Augenblick tat. ‚Denn', dachte ich bei mir in diesem verhängnisvollen Augenblick, ‚wie, wenn das, anstatt mit Iwan Matwejewitsch, mit mir geschehen wäre – wie groß wäre dann die Unannehmlichkeit!' Doch zur Sache.

Das Krokodil begann damit, daß es den armen Iwan Matwejewitsch zwischen den Zähnen mit den Beinen zu sich drehte und dann einmal schluckte, – und seine Beine verschwanden bis zur Wade im Rachen des Tieres. Dann, nach einem kurzen Aufstoß, der unseren Freund wieder ein wenig hervorstieß, so daß er, der schon herauszuspringen versuchte, sich wenigstens krampfhaft an den Kastenrand klammern konnte – schluckte das Ungeheuer zum zweitenmal, und mein Freund verschwand bis zu den Lenden. Dann, nachdem es wieder aufgestoßen hatte, schluckte es noch einmal, und dann noch einmal. So sahen wir, wie Iwan Matwejewitsch vor unseren sehenden Augen leibhaftig im Ungeheuer verschwand. Und schließlich, nachdem es zum letztenmal geschluckt, hatte das Krokodil meinen gebildeten Freund tatsächlich restlos verschlungen. Nun traten an der Oberfläche des Krokodils Wölbungen hervor, an denen man erkennen konnte, wie Iwan Matwejewitsch mit all seinen Gliedmaßen langsam in den Bauch des Tieres hinabzugleiten begann. Ich war bereits im Begriff, wieder aufzuschreien, als das Schicksal sich noch einmal gewissenlos über uns lustig machte: das Krokodil blähte sich, rülpste, wahrscheinlich infolge der Größe des von ihm verschlungenen Objekts, und gleichzeitig mit diesem neuen Aufstoß, der seinen entsetzlichen Rachen öffnete, fuhr plötzlich noch einmal, zum letztenmal, auf einen Augenblick der Kopf Iwan Matwejewitschs heraus, so daß wir nur eine Sekunde lang sein verzweifeltes Gesicht sahen, von dessen Nase in dem Moment, als sie über den Rand des Unterkiefers schoß, die Brille in das zolltiefe Wasser auf dem Boden des Blechkastens fiel. Es hatte fast den Anschein, als sei dieser Kopf mit dem verzweifelten Gesicht nur deshalb hervorgeschossen, um noch einmal einen letzten Blick auf alle Gegenstände zu werfen und bewußt von allen weltlichen Freuden Abschied zu nehmen. Doch die Frist war gar zu kurz bemessen: das Krokodil hatte schon Kraft geschöpft, schluckte von neuem, und der Kopf verschwand wieder, diesmal jedoch, um nicht mehr zum Vorschein zu kommen.

Dieses Erscheinen und Verschwinden eines noch lebenden Menschenkopfes war so entsetzlich, gleichzeitig aber – sei es infolge der Überraschung, der Geschwindigkeit oder weil ihm die Brille von der Nase fiel – war es so unsäglich komisch, daß ich plötzlich schallend auflachte. Natürlich besann ich mich sogleich – es ging doch wirklich nicht an, daß ich in meiner Eigenschaft als Hausfreund in einem solchen Augenblick lachte! – wandte mich daher schnell zu Jelena Iwanowna und sagte so mitfühlend wie möglich:

»Jetzt ist es um unseren Iwan Matwejewitsch geschehn!«

Leider fühle ich mich der Aufgabe, die Erregung Jelena Iwanownas während des ganzen Vorganges zu schildern, nicht im entferntesten gewachsen. Ich kann nur sagen, daß sie nach dem ersten Schrei gleichsam wie gelähmt in vollkommener Regungslosigkeit verharrte und scheinbar ganz ruhig, doch mit weit aufgerissenen und fast hervorquellenden Augen dem Vorgang zusah. Erst als das Haupt ihres Gemahls zum zweitenmal verschwunden war und nicht wieder zum Vorschein kam, kehrten ihre Lebensgeister zurück und sie begann herzzerreißend zu schreien. Da wußte ich mir nicht anders zu helfen, als ihre Hände zu erfassen und sie krampfhaft festzuhalten. In diesem Augenblick erwachte auch der Deutsche aus seiner Erstarrung; er griff sich mit beiden Händen an den Kopf und schrie:

»O, mein Krokodil! O, mein einzigstes Karlchen! Mutter, Mutter, Mutter!«

Auf dieses Geschrei hin öffnete sich eine Hintertür, und die Mutter erschien: eine bejahrte rotwangige Frau mit einer Haube auf dem zerzausten Kopf. Als sie die Verzweiflung ihres Mannes sah, stürzte sie ganz verstört herbei.

Und nun setzte ein ganzes Sodom ein: Jelena Iwanowna rief immer nur dies eine Wort: »Aufschlitzen, aufschlitzen, aufschlitzen!«[1] und stürzte bald zum Deutschen, bald zur Mutter, die sie allen Anzeichen nach – wohl in einem Augenblick völliger Geistesverwirrung – anflehte, irgend jemand oder irgendetwas aufzuschlitzen [oder zu verdreschen]. Der Besitzer aber und die Frau beachteten weder sie noch mich und brüllten bloß wie die Kälber an ihrem Blechkasten.

»Er ist verloren, er wird gleich platzen, er hat einen ganzen Menschen verschluckt!« schrie Karlchens Besitzer, und –

»Ach Gott, ach Gott, unser allerliebstes Karlchen muß sterben!« jammerte die Mutter.

»Sie haben uns zu Waisen gemacht, wir sind brotlos geworden!« schrie wieder der Deutsche, und –

»Ach Gott, ach Gott, ach Gott!« jammerte wieder die Mutter.

»Aufschlitzen, aufschlitzen, aufschlitzen! Sie müssen das Tier aufschlitzen!« flehte und beschwor Jelena Iwanowna, die sich an den Rock des Deutschen klammerte.

»Er hat mein Krokodil gereizt, – weshalb hat Ihr Mann mein Krokodil gereizt?« schrie der Deutsche. »Wenn mein Karlchen jetzt platzt, müssen Sie ihn mir bezahlen! Ich werde Sie auf Schadenersatz verklagen! Das war mein Sohn, das war mein einziger Sohn!«

Ich muß gestehen, daß ich über solchen Egoismus vonseiten des eingewanderten Deutschen und solche Hartherzigkeit vonseiten der zerzausten Mutter nicht wenig entrüstet war. Doch Jeléna Iwánownas immer wieder wiederholter Schrei »Aufschlitzen! Aufschlitzen!« [bezw. »Verdreschen! Verdreschen!«] beunruhigte mich so sehr, daß er schließlich mein ganzes Denken absorbierte und mich entschieden in Angst versetzte... Ich muß vorausschicken, daß ich diese ihre Bitte zunächst völlig mißverstand: ich glaubte, sie habe im Augenblick die Vernunft verloren, verlange aber nichtsdestoweniger, wohl aus Rache für den Untergang des ihr liebwerten Iwan Matwejewitsch, gewissermaßen als eine ihr schuldige Genugtuung, daß das Krokodil eine Rutenstrafe erhalte. Allein das war es nicht. Sie meinte etwas ganz Anderes. Infolge meines Mißverstehens begann ich nun, mit ängstlichem Blick auf die Tür, Jelena Iwanowna zu bitten, sich doch zu beruhigen, und vor allem nicht das verfängliche Wort »verdreschen« zu gebrauchen; denn besorgt dachte ich bei mir, daß hier, mitten im Herzen der Passage und der gebildeten Gesellschaft Petersburgs, zwei Schritte von eben dem Saale, wo vielleicht in eben diesem Augenblick Herr Lawroff[2] einen öffentlichen Vortrag hielt, die Äußerung eines so reaktionären Wunsches nicht nur unerhört, sondern auch noch sinnlos war, da sie uns schon im nächsten Augenblick der Gefahr aussetzte, von der gesamten gebildeten Gesellschaft ausgepfiffen und von Herrn Stepánoff demnächst als Karikaturen gezeichnet zu werden. Zu meinem Entsetzen zeigte es sich alsbald, daß meine bänglichen Befürchtungen nicht grundlos waren: plötzlich wurde der Vorhang, der den Ausstellungsraum von dem winzigen Vorraum trennte, wo man das Eintrittsgeld zu zahlen hatte, zur Seite gezogen, und im Türrahmen erschien eine Gestalt mit Schnurrbart, Bart und einer runden flachen Mütze in der Hand, eine Gestalt, die nicht eintrat, wie zu erwarten stand, sondern die sich in stark vorgebeugter Stellung mit den Füßen jenseits der Türschwelle hielt und ersichtlich sehr darauf bedacht war, diese Schwelle nicht zu überschreiten, um bei einem möglichen Streit mit dem Besitzer der Menagerie wegen des Eintrittsgeldes, das der Unbekannte offenbar nicht zu zahlen gewillt war, juridisch im Recht zu sein.

»Ein so reaktionärer Wunsch, meine Gnädigste, daß jemand ‚verdroschen' werde«, sagte der Unbekannte, bemüht, das Gleichgewicht nicht zu verlieren und nicht irgendwie doch noch in den Ausstellungsraum zu fallen, »macht Ihrer geistigen Entwicklung wenig Ehre und ist wohl auf den Mangel an Phosphor in Ihrem Gehirn zurückzuführen. Sie werden gewiß nichts dagegen einzuwenden haben, wenn die Vertreter des Fortschritts und der Humanität Sie in ihren satirischen Zeitschriften der nötigen Kritik unterwerfen, und ...«

Doch es sollte ihm nicht vergönnt sein, seine Rede zu beenden, denn als der Menageriebesitzer zu seinem Entsetzen einen Menschen im „Ausstellungsraum" sprechen hörte, der für dieses Vergnügen nicht bezahlt hatte, stürzte er in heller Empörung auf ihn zu und stieß ihn, den humanen Vertreter des Fortschritts, mit beiden Fäusten zur Tür hinaus: wir vernahmen nur noch ihre wortreiche Auseinandersetzung hinter dem Vorhang. Doch der Deutsche kehrte sehr bald zurück, um seine Wut, in die er sich hineingeredet, nunmehr an der armen Jelena Iwanowna auszulassen, die es gewagt hatte, eine Operation seines Karlchens zu verlangen, um ihren Gatten zu retten.

»Was! Sie verlangen, daß ich meinem Karlchen den Bauch aufschlitze!« schrie er. »Lassen Sie doch Ihren Mann aufschlitzen!... *Mein* Krokodil! Mein Vater hat das Krokodil schon gezeigt, mein Großvater hat das Krokodil gezeigt, und mein Sohn wird es wieder zeigen, und so lange ich lebe, werde ich es gleichfalls zeigen! Alle werden wir es zeigen! Ich bin in ganz Europa bekannt, Sie aber sind nicht in Europa bekannt, deshalb werden Sie mir die Strafe zahlen, verstanden, Madame!«
»Ja, ja!« pflichtete ihm seine böse dreinblickende Frau bei, »wir werden Sie verklagen, wenn unser Karlchen platzt!«
»Übrigens wäre es auch zwecklos, das Tier aufzuschneiden«, wandte ich ziemlich ruhig ein, um Jelena Iwanowna zu besänftigen und sie dann zu bewegen, nach Hause zurückzukehren, »denn unser lieber Iwan Matwejewitsch wird sich aller Wahrscheinlichkeit nach jetzt schon in den Gefilden der Seligen befinden.«
»Mein Freund!« ertönte da plötzlich unerwartet die Stimme Iwan Matwejewitschs, die uns alle erstarren machte, »mein Freund, du täuschst dich. Mein Rat wäre, sich direkt an den Polizeioffizier dieses Stadtviertels zu wenden, denn ohne polizeiliche Nachhilfe wird ein Deutscher die Wahrheit nicht verstehen.«
Diese Worte, die noch dazu in festem, überzeugtem Tone gesprochen waren und eine in dieser Lage doch bewundernswerte Geistesgegenwart verrieten, setzten uns so in Erstaunen, daß wir unseren Ohren nicht trauten. Nichtsdestoweniger eilten wir natürlich sogleich zum Blechkasten und lauschten mit mindestens ebenso großem Mißtrauen wie unfreiwilliger Ehrfurcht den Worten des armen Gefangenen. Seine Stimme klang wie die eines Menschen, der sich in einem anderen Zimmer ein Kissen vor den Mund preßt und schreiend laut spricht, etwa um das Gespräch zweier Bauern nachzuahmen, die sich, durch einen Fluß getrennt, von Ufer zu Ufer etwas zuschreien, – ein Scherz, den ich einmal auf einem Polterabend das Vergnügen hatte, kennen zu lernen.
»Iwan Matwejewitsch, Liebster, sag', so lebst du noch?« fragte Jelena Iwanowna bebend.
»Ich lebe und befinde mich wohl«, antwortete Iwan Matwejewitschs fernher schreiende Stimme, »denn ich bin dank himmlischer Vorsehung ohne jede Körperverletzung verschlungen worden. Was mich beunruhigt, ist nur die Frage, wie meine Vorgesetzten diesen Zwischenfall auffassen werden; denn wenn jemand schon das Billett zu einer Auslandsreise in der Tasche hat und dabei

nur in das Innere eines Krokodils gelangt, so wird man danach schwerlich auf Scharfsinn in ihm schließen.«

»Aber, mein Freund, beunruhige dich jetzt doch nicht wegen des Scharfsinns!« sagte Jelena Iwanowna. »Die Hauptsache ist doch, daß man dich irgendwie von dort wieder herauszieht.«

»Herauszieht!« rief der Deutsche nahezu entrüstet aus. »Das lasse ich nicht zu! Jetzt wird's noch einmal so viel Publikum geben, und ich werde fünfzig Kopeken statt fünfundzwanzig pro Person nehmen, und dem Karlchen fällt's ja gar nicht ein zu platzen!«

»Ach, Gott sei Dank!« äußerte sich seine Frau dazu.

»Er hat recht«, bemerkte ruhig Iwan Matwejewitsch, »das wirtschaftliche Prinzip hat den Vorrang.«

»Mein Freund!« rief ich ihm eifrig und möglichst laut zu, »ich werde mich schleunigst zu deinen Vorgesetzten begeben, denn mir ahnt, daß wir allein hier nichts werden ausrichten können.«

»Das denke ich auch«, sagte Iwan Matwejewitsch, »nur wird es in unserer Zeit der Handelskrisis schwer halten, ohne finanzielle Entschädigung den Leib des Krokodils aufzuschneiden. Doch ist damit gleichzeitig die Frage aufgeworfen: wieviel wird der Besitzer für sein Krokodil verlangen? Und diese Frage zieht eine zweite nach sich: wer wird das bezahlen? Denn wie du weißt, bin ich kein Kapitalist...«

»Ginge es nicht a conto des Gehalts?...«, wagte ich schüchtern vorzuschlagen, doch der Besitzer des Krokodils unterbrach mich sogleich:

»Ich verkaufe mein Krokodil überhaupt nicht! Ich kann dafür dreitausend Rubel verlangen, ich kann sogar viertausend verlangen! Jetzt wird das Publikum nur so herbeiströmen – ich kann auch fünftausend verlangen für mein Krokodil!«

Kurz, er begann ganz entsetzlich zu prahlen. Schändliche Habgier blitzte in seinen Augen auf.

»Ich fahre also unverzüglich!« rief ich, innerlich empört, meinem Freund zu.

»Ich auch, ich auch! Ich werde persönlich zu Andréi Óssipytsch fahren und ihn durch meine Tränen zu erweichen suchen!« sagte Jelena Iwanowna erregt.

»Nein, tue das nicht, meine Liebe«, versetzte Iwan Matwejewitsch schnell, denn lange schon hegte er eifersüchtigen Groll gegen diesen Andréi Óssipytsch: er wußte, daß seine Frau sehr gern zu diesem Allmächtigen gefahren wäre, um sich ihm zur Abwechslung

einmal in Tränen zu zeigen, zumal ihr Tränen sehr gut standen.
»Und dir, Ssemjón Ssemjónytsch«, wandte er sich an mich, »möchte ich gleichfalls abraten, zu meinen Vorgesetzten zu gehen; man kann nicht wissen, was daraus schließlich noch entsteht. Aber fahre heute mal zu Timoféi Ssemjónytsch, so, weißt du, ganz privatim. Er ist zwar ein altmodischer und etwas beschränkter Mensch, dafür aber solide und, was die Hauptsache ist, gerade heraus. Grüße ihn von mir und erkläre ihm den Sachverhalt. Ich schulde ihm noch sieben Rubel – ich verlor sie im Kartenspiel –: sei also so gut und übergib sie ihm bei der Gelegenheit. Das wird den Alten günstiger stimmen. Jedenfalls kann uns sein Rat zur Richtschnur dienen. Jetzt aber sei so freundlich und bringe zunächst Jelena Iwanowna nach Hause... Beruhige dich, meine Liebe«, fuhr er fort, »ich bin nur müde geworden von all diesem Geschrei und Weibergeschwätz und will ein wenig schlafen. Hier ist es zum Glück warm und weich, obschon ich noch nicht Zeit gehabt habe, mich genauer in meinem neuen Heim umzusehen.«
»Umsehen? Ist es denn dort hell?« forschte sichtlich erfreut Jelena Iwanowna.
»Im Gegenteil, mich umgibt vollkommene Finsternis«, antwortete der arme Gefangene, »aber ich kann mich hier tastend orientieren... Also, auf Wiedersehen, sei unbesorgt und versage dir nicht deine kleinen Zerstreuungen. Bis morgen! Du aber, Ssemjon Ssemjonytsch, komme gegen Abend wieder her, und damit du es, bei deiner bekannten Vergeßlichkeit, diesmal nicht wieder vergißt, binde dir doch gleich einen Knoten ins Schnupftuch...«
Ich muß sagen, daß ich froh war, endlich fortgehen zu können, denn erstens war ich vom Stehen müde geworden, und zweitens wurde es mir allmählich langweilig. Ich reichte daher geschwind Jelena Iwanowna, die durch die Erregung noch hübscher geworden war, mit artiger Verbeugung meinen Arm und verließ mit ihr die Menagerie.
»Am Abend wieder fünfundzwanzig Kopeken Eintrittsgeld!« rief uns noch der Deutsche nach.
»O Gott, wie habgierig er ist!« seufzte Jelena Iwanowna, die in jeden Spiegel zwischen den Schaufenstern der Passage einen Blick warf und sich augenscheinlich dessen bewußt war, daß sie noch hübscher als sonst aussah.
»Das wirtschaftliche Prinzip!« versetzte ich, stolz auf meine Dame, die neidisch von den Vorübergehenden betrachtet wurde.

»Das wirtschaftliche Prinzip...« wiederholte sie mit koketter Langsamkeit, »ich habe nichts von alledem begriffen, was Iwan Matwejewitsch dort sprach, namentlich nicht, was er mit diesem dummen Prinzip meinte.«

»Das werde ich Ihnen sofort erklären«, versetzte ich eilfertig und begann ihr die günstigen Folgen der Heranziehung fremden Kapitals auseinanderzusetzen, Ansichten, die ich am Morgen desselben Tages in den „Petersburger Nachrichten" gelesen hatte.

»Wie sonderbar das doch ist!« unterbrach sie mich, als sie mir eine Weile zugehört hatte. »Aber so hören Sie doch endlich auf, Sie Plagegeist! Welch einen Unsinn Sie heute reden... Sagen Sie, ist mein Gesicht sehr rot?«

»Nein rot nicht, aber schön«, antwortete ich, um die Gelegenheit, ihr eine Schmeichelei zu sagen, nicht unbenutzt vorübergehen zu lassen.

»Sie Schmeichler!« wehrte sie selbstzufrieden ab. »Der arme Iwan Matwejewitsch«, fuhr sie nach einer kurzen Pause fort, kokett das Köpfchen auf die Seite neigend, »er tut mir wirklich leid. Ach, mein Gott!« rief sie plötzlich ganz erschrocken aus, »aber sagen Sie doch, wie wird er denn heute dort zu Mittag speisen und... und... wie wird er denn... wenn er sonst etwas wünscht?«

»Das ist ein unvorhergesehenes Problem«, sagte ich, gleichfalls bestürzt. »Ich habe, offen gestanden, an diese Möglichkeit noch gar nicht gedacht. Da haben wir wieder einen Beweis dafür, daß in Lebensfragen die Frauen weit praktischer sind als wir Männer!«

»Der Arme, wie ist er nur da hineingeraten!... Und nun sitzt er dort, so ganz ohne Unterhaltung! Und außerdem ist es dort noch dunkel... Wie dumm, daß ich keine Photographie von ihm habe... So bin ich denn jetzt eigentlich Witwe, nicht wahr?« fragte sie mit berückendem Lächeln, sichtlich interessiert für ihren neuen Stand. »Hm!... aber trotzdem tut er mir doch leid!...«

Mit einem Wort, ich sah und hörte die sehr begreifliche und natürliche Sehnsucht einer jungen interessanten Frau nach ihrem Mann. Endlich waren wir in ihrer Wohnung angelangt. Nach erfolgreichen Beruhigungsversuchen, während ich mit ihr zu Mittag speiste, brach ich um sechs Uhr nach einem Täßchen aromatischen Kaffees auf, um mich zu Timoféi Ssemjónytsch zu begeben. Denn ich nahm an, daß um diese Zeit alle Ehemänner zu Hause liegend oder sitzend anzutreffen sind.

Übrigens:
Nachdem ich dieses Erste Kapitel in einem Stil geschrieben habe, der mir der betreffenden Erzählung angepaßt scheint, gedenke ich fernerhin einen minder geschraubten anzuwenden, der dafür natürlicher sein soll, wovon ich den Leser im voraus in Kenntnis setze.

II

Timoféi Ssemjónytsch empfing mich in eigentümlicher Hast und, wie es mir schien, sogar Verwirrung. Er führte mich in sein enges Arbeitszimmer und schloß die Tür hinter uns zu. »Damit die Kinder uns nicht stören«, sagte er sichtlich besorgt und unruhig. Mit einer Handbewegung forderte er mich auf, an seinem Schreibtisch Platz zu nehmen, während er sich selbst in einen bequemen Sessel niederließ, die Schöße seines ziemlich abgetragenen wattierten Schlafrocks über die Knie schlug und auf alle Fälle eine gewissermaßen offizielle, fast sogar strenge Miene aufsetzte, obgleich er doch weder mein noch Iwán Matwéjewitschs Vorgesetzter war, sondern stets nur für unseren Kollegen und sogar guten Bekannten gegolten hatte.
»Ganz zuerst«, hub er denn auch an, als ich meine Rede beendet hatte, »muß ich Sie bitten, in Erwägung zu ziehen, daß ich nicht sein Vorgesetzter bin, sondern auf gleicher Stufe mit Ihnen wie mit Iwan Matwejewitsch stehe... Mich geht also die ganze Angelegenheit nichts an, weshalb ich mich denn auch nicht in sie hineinmischen werde.«
Am meisten wunderte mich, daß er, wie es schien, bereits alles wußte. Nichtsdestoweniger erzählte ich ihm noch einmal die ganze Geschichte, und zwar noch ausführlicher. Ich sprach sogar sehr erregt, denn ich wollte doch die Pflicht eines aufrichtigen, treuen Freundes erfüllen. Doch auch diesmal hörte er mir ohne jede Verwunderung zu, dafür aber mit allen Anzeichen des Mißtrauens.
»Denken Sie sich«, sagte er zum Schluß, »ich habe schon immer vermutet, daß gerade so etwas mit ihm einmal geschehen werde.«
»Weshalb denn das, Timofei Ssemjonytsch? Dieser Fall ist doch an sich, sollte ich meinen, viel mehr als außergewöhnlich...«
»Zugegeben. Aber Iwan Matwejewitsch neigte schon immer, während seiner ganzen dienstlichen Laufbahn, gerade zu einem solchen Abschluß. Er war gar zu hitzig, war geradezu anmaßend.

Ewig das Wort „Fortschritt" im Munde und dann so verschiedene Ideen – da sieht man jetzt, wohin das führt!«

»Aber dieser Fall ist, denke ich, so vollkommen außergewöhnlich, daß man ihn doch nicht als Beweis gegen alle fortschrittlich Gesinnten ausspielen kann...«

»Nein, aber das ist nun schon einmal so. Glauben Sie mir, was ich sage. Das kommt, sehen Sie mal, von übermäßiger Bildung. Jawohl. Denn die übermäßig Gebildeten wollen ihre Nasen stets überallhin stecken, vornehmlich jedoch dorthin, wo sie nicht erwünscht sind. Übrigens ist es ja möglich, daß Sie es besser wissen«, unterbrach er sich plötzlich, offenbar gekränkt. »Ich bin schon alt und überdies nicht gar so gebildet; ich bin Soldatenkind und habe von unten begonnen – in diesem Jahre werde ich mein fünfzigjähriges Dienstjubiläum feiern...«

»Aber, Timofei Ssemjonytsch, ich bitte Sie! Im Gegenteil, Iwan Matwejewitsch wartet nur auf Ihren Rat, er vertraut sich ganz Ihrer Leitung an. Er wartet nur auf ein Wort von Ihnen, wartet sogar sozusagen tränenden Auges...«

»‚Sozusagen tränenden Auges'. Hm! Nun, diese Tränen werden wohl Krokodilstränen sein, die man nicht so ernst zu nehmen braucht. Weshalb, sagen Sie mir das doch, bitte, weshalb wollte er ins Ausland reisen? Und mit welchem Geld schließlich? Er selbst hat doch kein Vermögen.«

»Oh, diese Summe hat er sich zusammengespart, Timofei Ssemjonytsch«, versetzte ich voll Mitgefühl. »Er wollte ja nur drei Monate verreisen... in die Schweiz... die Heimat Wilhelm Tells...«

»Wilhelm Tells? Hm!«

»In Neapel wollte er den Frühling erleben. Wollte die Museen besichtigen, Sitten und Tiere kennen lernen.«

»Hm! Tiere? Meiner Ansicht nach wollte er es einfach aus Stolz. Was für Tiere denn? Tiere! Gibt es denn bei uns nicht genug Tiere? Wir haben Menagerien, Museen, Kamele... Bären gibt's sogar in nächster Nähe von Petersburg. Aber da ist er ja nun glücklich selbst in ein Tier hineingeraten, und noch dazu in ein Krokodil!«

»Timofei Ssemjonytsch, erbarmen Sie sich; der Mensch ist im Unglück, der Mensch wendet sich an Sie als seinen Freund, wie man sich etwa an einen älteren Verwandten wendet; er bittet Sie um Ihren Rat, Sie aber... machen ihm Vorwürfe!... So haben Sie doch wenigstens mit Jelena Iwanowna Mitleid!«

»Sie meinen: seine Frau? Hm! Ein interessantes Dämchen«, meinte Timofei Ssemjónytsch, augenscheinlich etwas angeregter, und schnupfte mit Genuß seinen Tabak. »Ein subtiles Frauenzimmerchen. So–o... rundlich, und das Köpfchen hält sie immer so ein wenig zur Seite geneigt, so ein wenig... Ja. Sehr nett. Andréi Óssipytsch sprach noch vorgestern von ihr.«

»Er *sprach* von ihr?«

»Jawohl, und zwar in sehr schmeichelhaften Ausdrücken. ‚Die Büste', sagte er, ‚der Blick, die Coiffure – ein wahres Bonbon', sagte er, ‚aber kein Frauenzimmer', und darauf lachte er. Was wollen Sie, er ist ja ein noch junger Mann.« Timofei Ssemjonytsch schneuzte sich knatternd.

»Tja, da haben wir nun diesen jungen Mann, – nun sehen Sie, was für eine exzentrische Laufbahn er sich plötzlich erwählt hat!...«

»Aber hier handelt es sich doch um etwas ganz Anderes, Timofei Ssemjonytsch!«

»Gewiß, gewiß.«

»Also – was meinen Sie denn nun, Timofei Ssemjonytsch?«

»Tja, was kann ich denn hierbei ausrichten?«

»Aber so geben Sie doch wenigstens irgend einen Rat: sagen Sie, was wir tun sollen; Sie sind doch ein erfahrener Mensch! Welche Schritte soll man unternehmen? Soll man durch die Vorgesetzten oder...«

»Durch die Vorgesetzten? Nein, das auf keinen Fall«, versetzte Timofei Ssemjonytsch eilig. »Wenn Sie meinen Rat zu hören wünschen, so muß man die Sache zuerst vertuschen und sozusagen ganz privatim vorgehen. Denn der Fall ist verdächtig und außerdem neu, noch nie dagewesen. Das ist es ja eben, daß es sich hier um etwas Noch-nie-Dagewesenes handelt; es hat hierfür noch kein Beispiel, keinen Präzedenzfall gegeben, und schon deshalb ist er eine schlechte Empfehlung... Daher ist vor allem Vorsicht geboten... Mag er dort vorläufig liegen bleiben. Man muß abwarten, abwarten...«

»Ja, aber wie lange denn abwarten, Timofei Ssemjonytsch? Und wie, wenn er dort erstickt?«

»Tja, weshalb sollte er denn das? Sie sagten doch, glaube ich, daß er sich dort ganz behaglich fühle?«

Ich erzählte nochmals den ganzen Vorgang von Anfang an. Timofei Ssemjonytsch wurde nachdenklich.

»Hm!« meinte er dann, die Schnupftabaksdose in den Händen drehend. »Meiner Ansicht nach kann es nicht schaden, wenn er dort eine Zeitlang verbleibt, anstatt sich im Ausland herumzutreiben. Mag er also jetzt einmal in Muße nachdenken. Natürlich ist es nicht nötig, dabei zu ersticken; deshalb wäre es angebracht, gewisse Vorkehrungen zur Erhaltung der Gesundheit zu treffen, sich, zum Beispiel, vor Husten in acht zu nehmen, oder vor diesem und jenem und so weiter, und so weiter... Was aber den Deutschen betrifft, so ist er, meiner persönlichen Ansicht nach, durchaus in seinem Recht, denn es ist *sein* Krokodil, in das Iwan Matwejewitsch, ohne ihn, den Besitzer, um Erlaubnis zu fragen, hineingekrochen ist, nicht umgekehrt, nicht der Deutsche in Iwan Matwejewitschs Krokodil, obschon übrigens dieser, soviel ich weiß, niemals ein Krokodil besessen hat. Nun, das Krokodil ist aber in diesem Fall persönliches Eigentum, folglich kann man es nicht so ohne weiteres aufschneiden, das heißt: ohne dem Besitzer den geforderten Schadenersatz zu zahlen.«

»Aber wenn es doch die Rettung eines Menschen gilt, Timofei Ssemjonytsch!«

»Tja, sehen Sie, das ist Sache der Polizei. Also wenden Sie sich an diese.«

»Aber schließlich kann ja Iwan Matwejewitsch auch bei uns vermißt werden. Man kann vielleicht irgendwelche Aufschlüsse von ihm verlangen, ihn zu Rate ziehen wollen...«

»Wen das? – Iwan Matwejewitsch? Hehe!... Zudem hat er ja jetzt Ferien, folglich ignorieren wir ihn und sein Treiben, – mag er dort inzwischen Europa besichtigen, was geht das uns an! Eine andere Sache ist es, wenn er nach Ablauf der Frist nicht pünktlich erscheint. Nun, dann werden wir uns selbstredend nach ihm erkundigen, werden Nachforschungen anstellen...«

»Nach drei Monaten! Timofei Ssemjonytsch, erbarmen Sie sich!«

»Tja –... Schließlich ist es doch seine eigene Schuld! Wer hat ihn gebeten, in ein Krokodil zu kriechen? Das liefe ja schließlich darauf hinaus, daß der Staat ihm noch eine Wärterin halten müßte – das ist aber in keinem Budget vorgesehen. Doch die Hauptsache: das Krokodil ist persönliches Eigentum, folglich tritt hier bereits das sogenannte wirtschaftliche Prinzip in Aktion. Das wirtschaftliche Prinzip aber geht allem voran. Noch vorgestern sprach Ignátij Prokófjitsch auf dem Gesellschaftsabend bei Lúka Andréjewitsch ganz vorzüglich über diesen Punkt. Sie kennen doch Ignátij Prokófjitsch? Ein Kapitalist, homme d'affaires, und er redet, wissen Sie, ganz vorzüglich. ‚Wir brauchen Gewerbe', sagte er, ‚Gewerbe tut uns not. Wir müssen es eben schaffen, wir müssen es sozusagen erst gebären. Dazu müssen wir zuvor Kapital schaffen, das heißt, der Mittelstand, die sogenannte Bourgeoisie muß bei uns erst geboren werden. Da wir aber hierzulande selbst kein Kapital haben, müssen wir es aus dem Auslande heranziehen. Vor allem muß man den ausländischen Gesellschaften, die hier den Landankauf im großen betreiben, die ganze Bezirke aufkaufen wollen, mit günstigeren Bedingungen entgegenkommen. Dieses Gemeindewesen', sagte er, ‚wie wir es jetzt haben, mit dem gemeinsamen Bestellen der Felder und dem gemeinsamen Besitz, der doch ebensogut wie kein Besitz ist – ist einfach ein Gift', sagte er, ‚einfach unser Ruin!' Und wissen Sie, er redet so feurig, so temperamentvoll! Nun, ihm steht es auch zu: ein Kapitalist!... Das ist etwas anderes als ein Beamter. ‚Mit diesem Gemeindewesen', sagt er, ‚wird man weder unser Gewerbe, noch unsere Landwirtschaft heben. Die ausländischen Gesellschaften müßten nach Möglichkeit unser ganzes Land aufkaufen, und dann müßte man die größeren Bezirke in kleinere aufteilen, teilen, teilen, in möglichst kleine Parzellen aufteilen', – und wissen Sie, er sagt das so kategorisch: ‚*tei*-len! *tei*-len!' sagt er und schneidet dabei so mit der Hand durch die Luft – ‚und dann die einzelnen Landstücke an die Bauern verkaufen, die sie als persönliches Eigentum erwerben wollen. Oder nicht einmal verkaufen, sondern einfach verpachten. Wenn dann das ganze Land in den Händen der ausländischen Gesellschaften sein wird', sagt er, ‚dann kann man jeden beliebigen Preis als Pachtzins ansetzen. Folglich wird der Bauer allein für sein täglich Brot dreimal soviel arbeiten, wie er jetzt arbeitet, und sobald es einem paßt, kann man ihm kündigen. Folglich wird er sich in acht nehmen, wird gehorsam sein, fleißig, und das Dreifache von dem, was er jetzt arbeitet, für denselben Preis leisten. Was fehlt ihm jetzt in der Gemeinde! Er weiß, daß er Hungers nicht sterben wird[3], na, und da faulenzt er eben und säuft. So aber würde hier Geld aus allen Ländern zusammenfließen und würden Kapitale entstehen und eine Bourgeoisie. Das sagt ja auch die große englische Zeitung, die „Times", die vor nicht langer Zeit einen Artikel über unsere Finanzen gebracht hat: daß unsere Finanzen sich eben nur deshalb nicht bessern, weil wir keinen Mittelstand haben, weil es bei uns keine großen Beutel gibt und keine arbeitsfähigen Proletarier...' Ja, Ignátij Prokófjitsch spricht gut, das muß man ihm lassen. Ein geborener Redner. Jetzt beabsichtigt er, eine Schrift einzureichen, die soll direkt an die Behörden gehen, und nachher will er sie in den „Nachrichten" veröffentlichen. Tja, das ist etwas anderes als Gedichte machen, wie sie ein Iwán Matwéjewitsch schreibt...«

»Ja, aber wobei bleibt es denn nun mit Iwan Matwejewitsch?« lenkte ich wieder ein, nachdem ich den Alten hatte ausreden lassen.

Timoféi Ssemjónytsch sprach sich mitunter ganz gern einmal aus, um bei der Gelegenheit zu beweisen, daß er nicht etwa zurückgeblieben, sondern über alle neuen Strömungen wenigstens unterrichtet war.

»Wobei es nun mit Iwan Matwejewitsch bleibt? Tja, das ist es ja, wovon ich rede. Da bemühen wir uns nun um Heranziehung fremden Kapitals, doch kaum hat sich das Kapital des herangezogenen Krokodilbesitzers durch Iwan Matwejewitsch verdoppelt, da wollen wir, anstatt jetzt die Gelegenheit zu benutzen und den ausländischen Besitzer zu protegieren, im Gegenteil nichts weniger als seinem Grundkapital den Bauch aufschlitzen! Nun, ich bitt' Sie, geht denn das an? Meiner Ansicht nach müßte sich Iwan Matwejewitsch, wenn er ein treuer Sohn seines Vaterlandes wäre, aufrichtig glücklich schätzen, sich freuen und stolz darauf sein, daß er durch seine Person den Wert des ausländischen Krokodils verdoppelt oder gar verdreifacht hat. Das aber ist ja die erste Bedingung zu einer erfolgreichen Heranziehung fremden Kapitals. Glückt es hier dem ersten, dann wird auch der zweite nicht lange auf sein Erscheinen warten lassen, und der dritte wird dann vielleicht ganze drei oder vier Krokodile mitbringen, und um diese beginnen dann die Kapitale sich zu gruppieren. Da hätten wir alsdann die Bourgeoisie! Tja, man muß eben begünstigen, begünstigen...«

»Erbarmen Sie sich, Timofei Ssemjonytsch!« rief ich aus, »Sie verlangen ja eine ganz übermenschliche Selbstaufopferung von unserem armen Iwan Matwejewitsch!«

»Ich *verlange* nichts, und vor allem bitte ich Sie – wie ich es schon einmal getan –, nicht zu vergessen, daß ich nicht sein Vorgesetzter bin und somit von niemandem etwas verlangen kann. Ich rede nur als Sohn meines Vaterlandes – das heißt, nicht als „Sohn des Vaterlandes", wie sich eine unserer großen Zeitungen nennt, sondern als gewöhnlicher Sohn meines Vaterlandes. Und überdies die Frage: Wer hat ihn denn gebeten, in dieses Krokodil hineinzukriechen? Bedenken Sie doch nur: ein solider Mensch, ein Beamter, der bereits einen gewissen Rang erreicht hat, außerdem legitim verheiratet ist, und plötzlich – solch ein Schritt! Sagen Sie doch selbst!«

»Aber dieser Schritt geschah doch ganz unfreiwillig, nur aus Versehen!«

»Wer kann das wissen? Und zudem, aus welcher Kasse soll dem Deutschen das Krokodil bezahlt werden? – wenn Sie mir das gefälligst sagen könnten.«

»Ginge es nicht a conto des Gehalts?«

»Wird das ausreichen?«

»Nein, freilich nicht«, mußte ich zu meinem Kummer zugeben. »Der Deutsche erschrak zuerst nicht wenig, denn er glaubte, sein Krokodil werde platzen; dann aber, als er sich überzeugt hatte, daß alles glücklich abgelaufen war, wurde er geradezu größenwahnsinnig und freute sich sehr über die Möglichkeit, den Eintrittspreis verdoppeln zu können.«

»Zu verdreifachen, zu vervierfachen! Das Publikum wird sich jetzt um Eintrittskarten reißen! Und ein Krokodilbesitzer ist nicht so dumm, daß er das nicht auszunutzen verstünde! Nein, ich wiederhole: mag Iwan Matwejewitsch vorläufig ganz inkognito nur beobachten, ohne sich zu übereilen. Mögen es alle meinethalben wissen, daß er sich im Krokodil befindet, aber möge man es nicht offiziell wissen. In dieser Hinsicht trifft es sich sogar sehr gut, daß er offiziell für verreist gilt und man ihn im Ausland glaubt. Wenn man uns also benachrichtigt, daß er sich im Krokodil befindet, so werden wir es eben einfach nicht glauben. Das läßt sich sehr leicht machen. Die Hauptsache ist also nur: abwarten. Ja, und es hat doch damit auch gar keine Eile...«

»Aber wenn er zum Beispiel...«

»Beruhigen Sie sich, der ist von widerstandsfähiger Konstitution...«

»Ja, aber, und was soll danach geschehen, wenn er sich geduldet hat?«

»Tja, ich will es Ihnen nicht verheimlichen, daß es ein sehr verzwickter Fall ist. Mit Überlegungen kommt man hier nicht vorwärts. Aber das Schlimmste ist, daß wir bisher nichts ähnliches gehabt haben, wie gesagt: uns fehlt ein Vorbild, ein Beispiel.

Hätten wir nur einen einigermaßen ähnlichen Fall schon gehabt, so könnte man noch so manches ausrichten. Denn sonst – wie soll man sich hier zurechtfinden? Fängt man an nachzudenken, so kann er lange warten...«

Da kam mir plötzlich ein glücklicher Gedanke.

»Aber könnte man es nicht so machen«, unterbrach ich ihn, »daß man, da er nun einmal im Bauch des Krokodils ist und wenn dieses dank himmlischer Vorsehung nicht früher eingeht, – könnte man dann nicht in seinem Namen eine Bittschrift einreichen, daß man ihm diese Zeit als Dienst anrechne?...«

»Hm!... es sei denn, daß man sie als Urlaub anrechnete und selbstverständlich kein Gehalt für diese Zeit zu zahlen brauchte...«

»Nein, ginge es nicht mit dem Gehalt?«

»Auf Grund wessen denn das, wenn ich fragen darf?«

»Ach, sehr einfach, indem man die Sache so hinstellt, als sei er dorthin abkommandiert...«

»Als was, und wohin?«

»In das Krokodil natürlich, in das Innere des Krokodils... Sozusagen zur Nachforschung und Untersuchung der Tatsachen an Ort und Stelle. Das würde natürlich etwas Neues sein, aber zugleich doch fortschrittlich, und außerdem würde es Bemühung um Aufklärung dokumentieren...«

Timofei Ssemjonytsch überlegte.

»Einen Beamten«, begann er endlich, »in das Innere eines Krokodils abzukommandieren, mit *besonderen* Aufträgen, versteht sich, ist meiner persönlichen Ansicht nach – Unsinn. Im Budget ist so etwas nicht vorgesehen. Und was könnten denn das für Aufträge sein?«

»Vielleicht... so zur wissenschaftlichen Untersuchung der Naturvorgänge an Ort und Stelle, mitten im Leben sozusagen. Heutzutage ist doch Naturwissenschaft Trumpf, Botanik und so weiter... Da könnte er denn dort leben und über alles Bericht erstatten... nun, sagen wir zum Beispiel: wie die Verdauung vor sich geht, so gewissermaßen den Prozeß des Verdauens beobachten, oder sonst etwas ähnliches. Um eben Tatsachenmaterial zu sammeln...«

»Das wäre also dann für das Ressort der Statistik. Nun, was das betrifft, muß ich sagen, daß ich nicht viel davon verstehe, und ich bin auch kein Philosoph. Sie sagen: Tatsachenmaterial, – aber wir sind doch ohnehin schon mit Tatsachen überhäuft und wissen nicht, was wir mit ihnen anfangen sollen. Hinzu kommt, daß diese Statistik auch noch gefährlich ist...«

»Inwiefern denn das?«

»Jawohl: gefährlich. Und zudem – das werden Sie doch einsehen – würde er die Tatsachen mitteilen, indem er auf der Seite liegt. Was aber ist denn das für ein Dienst, der liegend verrichtet wird? Das wäre schon wieder eine Neueinführung, und so etwas ist immer gefährlich. Und wiederum: es fehlt uns jegliches Beispiel. Tja, wenn Sie uns nur einen einzigen Vorgang nennen könnten, wenn auch nur einen einigermaßen ähnlichen, so ließe es sich unter Umständen machen, daß man ihn dorthin abkommandierte.«

»Ja, aber bis jetzt ist doch noch nie ein lebendiges Krokodil nach Rußland gebracht worden, Timofei Ssemjonytsch!«

»Hm! Ja...« Er überlegte. »Wenn Sie wollen, ist diese Ihre Einwendung richtig und könnte sogar als Basis eines entsprechenden Vorgehens in dieser Angelegenheit dienen. Aber andererseits müssen Sie auch wieder in Betracht ziehen, daß mit dem Erscheinen lebender Krokodile die Beamten anfangen würden zu verschwinden, und bald würden sie alle verlangen, zumal es dort warm und weich ist, abkommandiert zu werden, um dann auf der Bärenhaut liegen zu können... das ist doch, nicht wahr, ein schlechtes Beispiel! So kann ja schließlich ein jeder dorthin wollen, um auf diese Weise sein Gehalt ohne jede Mühe zu erhalten.«

»Nun, jedenfalls werden Sie doch ein gutes Wort für ihn einlegen, Timofei Ssemjonytsch? Bei der Gelegenheit: Iwan Matwejewitsch hat mich gebeten, Ihnen eine kleine Kartenschuld zu übergeben, sieben Rubel waren es, glaube ich.«

»Richtig, die verlor er ja neulich bei Nikífor Nikíforytsch an mich. Ich weiß. Und wie guter Laune er damals war, er scherzte, lachte, und jetzt!...«

Der alte Mann war aufrichtig gerührt.

»Also, Sie tun etwas für ihn, Timofei Ssemjonytsch?«

»Gewiß, gewiß. Ich werde mich so unter der Hand erkundigen, um zu sondieren... Aber übrigens – könnten Sie nicht irgendwie, sagen wir, inoffiziell, auf Umwegen in Erfahrung bringen, wieviel der Besitzer gegebenenfalls für sein Krokodil verlangen würde?«

Timofei Ssemjonytsch war ersichtlich milder gestimmt.

»Oh, unbedingt«, versprach ich freudig, »und wenn Sie erlauben, werde ich, sobald ich es erfahren habe, wieder bei Ihnen vorsprechen.«

»Und seine Frau... die ist jetzt wohl allein zu Hause? Langweilt sich?«

»Würden Sie sie nicht besuchen, Timofei Ssemjonytsch?«

»Gewiß, gewiß. Ich dachte schon gestern daran, und jetzt ist es ja eine so günstige Gelegenheit... Tja, was ihn nur geplagt haben mag, das Krokodil zu besichtigen. Übrigens werde ich es mir doch auch einmal anschauen müssen...«

»Ja, besuchen Sie doch den Armen!«

»Gewiß, gewiß. Natürlich will ich ihm durch diesen meinen Schritt keine Hoffnung machen. Ich werde eben nur als Privatperson hingehen... Nun, auf Wiedersehen, ich muß ja heute wieder zu Nikífor Nikíforytsch; werden Sie dort sein?«

»Nein, ich gehe jetzt zum Gefangenen.«

»Tja, da ist er nun ein ›Gefangener‹! Weiß Gott, 's ist doch ein Leichtsinn, ein Leichtsinn!«

Ich verabschiedete mich von ihm. Verschiedene Gedanken gingen mir durch den Kopf. Dieser Timofei Ssemjonytsch war ja ein herzensguter und grundehrlicher Mensch; als ich ihn aber verlassen hatte, freute ich mich doch, daß er in diesem Jahr sein fünfzigjähriges Dienstjubiläum feiern konnte, und daß solche Timofei Ssemjonytsche immerhin schon zu einer Seltenheit bei uns geworden sind.

Ich begab mich eilig und geradeswegs in die Passage, um dem armen Iwán Matwéjewitsch das Ergebnis meiner Unterredung mit unserem erfahrenen Kollegen mitzuteilen. Ich muß aber sagen, daß mich auch meine Neugier nicht wenig zu dieser Eile antrieb. Wie mochte er sich dort im Krokodil inzwischen eingerichtet haben, und wie konnte ein Mensch überhaupt in einem Krokodil leben? Wie war das möglich? Mitunter schien es mir wahrlich nur ein ungeheuerlicher Traum zu sein, um so mehr, als es sich ja wirklich um ein Ungeheuer handelte...

III

Und doch war es kein Traum, sondern unanfechtbare Wirklichkeit. Würde ich es denn sonst überhaupt erzählen! Doch ich fahre fort...

Es war schon ziemlich spät, gegen neun, als ich endlich in der Passage anlangte. In die Menagerie konnte ich nur noch durch eine Hintertür gelangen, da der Besitzer seine „Ausstellung“ offiziell bereits geschlossen hatte. Er selbst ging in einem alten schmierigen Rock, doch dreimal zufriedener mit sich und der Welt, in seinen Räumen umher. Man sah es ihm auf den ersten Blick an, daß er nichts mehr befürchtete, und daß das Publikum an diesem Nachmittag sehr zahlreich herbeigeströmt war. Die „Mutter“ erschien erst später auf der Bildfläche, und zwar, wie es schien, nur deshalb, um mich im Auge zu behalten. Sie und ihr Gatte steckten oft die Köpfe zusammen und tuschelten geschäftig. Obschon die „Ausstellung“ bereits geschlossen war, verlangte er von mir doch noch die üblichen fünfundzwanzig Kopeken. Was war das doch für eine unangebrachte Gewissenhaftigkeit!

»Sie werden jedesmal zahlen, wenn Sie kommen. Das übrige Publikum zahlt jetzt einen Rubel pro Person, von Ihnen aber nehme ich nur fünfundzwanzig Kopeken, denn Sie sind ein guter Freund Ihres Freundes, und Freundschaft achte ich...«

»Lebt er, lebt er noch, mein gelehrter Freund?« rief ich laut, indem ich den Deutschen stehen ließ und zum Krokodil eilte. Im geheimen hoffte ich, daß mein lauter Ruf bis zu meinem Freunde dringen und seiner Eigenliebe schmeicheln werde.

Ich hatte mich nicht getäuscht.

»Er lebt und ist gesund«, tönte es sogleich wie aus der Ferne zurück, oder wie unter einem Kissen hervor, obwohl ich fast schon beim Krokodil angelangt war. »Er lebt und ist gesund, doch davon später... Wie steht es?«

Ich tat, als hätte ich die Frage nicht gehört, und begann ihn eilig und teilnahmsvoll mit meinen Fragen zu überschütten: wie er sich fühle, wie es denn dort im Krokodil aussehe und was dort im Magen noch außer ihm sei? – wie es die übliche Höflichkeit und jedes rechte Freundschaftsverhältnis verlangen. Doch ärgerlich und eigensinnig unterbrach er mich.

»Wie es steht, will ich wissen!« schrie er kreischend, wie ein geärgerter heiserer Kommandant, so daß er mir im Augenblick sehr unsympathisch war. Übrigens hatte er sich mir gegenüber oft genug diesen Befehlshaberton erlaubt.

Ich unterdrückte meinen Groll und erzählte ihm mit allen Details, was Timofei Ssemjonytsch gesagt hatte. Übrigens bemühte ich mich doch, durch den Tonfall meiner Stimme zu verstehen zu geben, daß ich mich gekränkt fühlte.

»Der Alte hat recht«, entschied Iwan Matwejewitsch kategorisch, wie er gewöhnlich mit mir zu sprechen pflegte. »Ich liebe praktische Menschen, kann sentimentale Memmen nicht ausstehen. Bin aber bereit zuzugeben, daß auch deine Idee, mich hierher abkommandieren zu lassen, nicht gerade barer Unsinn ist. Vermag allerdings vieles mitzuteilen, das sowohl wissenschaftlich wie sittlich neu ist. Doch jetzt nimmt das alles eine andere, ganz unerwartete Wendung und es lohnt sich nicht, wegen des Gehalts zu streiten. Höre aufmerksam zu. Sitzt du?«

»Nein, ich stehe.«

»Setz' dich auf irgend etwas, meinetwegen auf den Fußboden, und höre aufmerksam zu.«

Wütend nahm ich einen Stuhl und stellte ihn so nachdrücklich hin, daß die vier Beine laut aufschlugen.

»Höre«, hub er im Befehlshaberton an, »Publikum hat es heute eine Unmenge gegeben. Gegen Abend konnte der Raum die Menschen, die alle eintreten wollten, gar nicht fassen. Der Ordnung halber erschien die Polizei. Gegen acht Uhr, also früher als sonst, schloß der Deutsche die Ausstellung, erstens um das viele Geld zu zählen, und zweitens, um sich besser für morgen vorbereiten zu können. Morgen wird es hier ein ganzer Jahrmarkt werden. Es ist also anzunehmen, daß mit der Zeit alle gebildeten Leute unserer Hauptstadt, alle Damen der vornehmen Gesellschaft, alle Gesandten und Botschafter, Legationsräte, Assessoren und Juristen sich hier einfinden werden. Und nicht nur das: man wird aus allen Provinzen unseres großen und lernbegierigen Reiches herkommen, um das Wunder anzustaunen. Daraus ergibt sich, daß ich, obgleich persönlich unsichtbar, doch die erste Rolle spielen werde. Werde die müßige Masse belehren, werde, selbst belehrt durch eigene Erfahrung, mich als Beispiel der Demut vor dem Schicksal hinstellen! Werde, um im Bilde zu reden, ein Katheder sein, von dem herab ich die Menschheit unterweise. Schon allein die naturwissenschaftlichen Aufschlüsse, die ich über das von mir bewohnte Tier geben kann, sind unendlich wertvoll. Und deshalb murre ich nicht nur nicht wider jenen Zufall, der mich hierher befördert hat, sondern hoffe sogar, dank diesem Zufall noch die glänzendste Karriere zu machen.«

»Wenn's nur nicht langweilig wird«, bemerkte ich trocken.

Am meisten ärgerte mich, daß er, wenn er von sich sprach, das persönliche Fürwort überhaupt nicht mehr gebrauchte, – so voll war er von sich! Nichtsdestoweniger machte mich dieser Ton doch stutzig. ‚Was bildet sich dieser dumme Kerl eigentlich ein!' fragte ich mich geradezu empört. ‚Weinen müßte er, aber nicht noch großtun!'

»Nein, das wird es nicht!« antwortete er schroff auf meine Bemerkung, »denn ich bin durchdrungen von großen Ideen. Kann erst jetzt zum erstenmal in Muße über die Verbesserung der Lebensbedingungen der Menschheit nachdenken. Aus diesem Krokodil sollen fortan die Wahrheit und das Licht hervorgehen! Werde unfehlbar eine neue, meine eigene Theorie für die wirtschaftlichen Verhältnisse erfinden und stolz auf sie sein können – was mir bisher infolge des Bürodienstes und der flachen weltlichen Zerstreuungen nicht möglich war. Werde alles widerlegen, werde meine Gegenbeweise vorbringen und ein neuer Charles Fourier[4] werden. Hast du Timoféi Ssemjónytsch die bewußten sieben Rubel gegeben?«

»Ja, aus meiner Tasche«, antwortete ich, und zwar so, daß allein schon der Ton meiner Stimme sagte, daß ich seine Schuld aus meiner Tasche bezahlt hatte.

»Das wird dir zurückerstattet werden«, sagte er hochmütig. »Erwarte unbedingt eine Gehaltserhöhung, denn wem sollte man sonst eine zusprechen, wenn nicht mir? Ich bringe jetzt unendlichen Nutzen. Doch zur Sache. – Meine Frau?«

»Du willst dich wohl nach dem Befinden Jelena Iwanownas erkundigen?«

»Meine Frau?« schrie er geradezu wie ein altes Weib.

Da war natürlich nichts zu machen. Gehorsam, doch innerlich knirschend erzählte ich, wie ich Jelena Iwanowna nach Hause begleitet und dann verlassen hatte. Er unterbrach mich jedoch, noch bevor ich zu Ende erzählt hatte.

»Ich habe besondere Absichten mit ihr«, sagte er gereizt. »Werde ich *hier* berühmt, nun, so will ich, daß sie *dort* berühmt werde. Alle Gelehrten, Dichter, Philosophen, Zoologen, ausländische wie inländische, alle Staatsmänner werden, nach ihrer Unterhaltung mit mir am Vormittag, am Abend in ihrem Salon erscheinen. In der nächsten Woche muß sie jeden Abend bei sich empfangen. Mein verdoppeltes Gehalt wird ihr die Mittel geben, die Kosten zu bestreiten, und da sich so etwas sehr gut nur mit Tee und Lohndienern machen läßt, so brauchen wir über den Kostenpunkt kein Wort weiter zu verlieren. Hier wie dort wird man nur von mir reden. Habe mich lange nach einer Gelegenheit gesehnt, die von mir reden machen könnte, doch blieb mir die Erfüllung dieses Wunsches versagt, da ich durch meinen Rang und meine Bedeutung gebunden war. Jetzt ist alles dank dem einen ingeniösen Einfall des Krokodils ohne weiteres erreicht. Jedes meiner Worte wird jetzt niedergeschrieben, jeder Ausspruch erörtert, weitergegeben, gedruckt werden. Werde mich ihnen offenbaren! Sie werden begreifen, welche Fähigkeiten sie im Eingeweide eines Krokodils fast haben umkommen lassen. ‚Dieser Mann könnte ein Minister sein und ein ganzes Königreich regieren!' werden sie sagen. Inwiefern, sag' doch selbst, inwiefern bin ich schlechter als irgend solch ein Garnier-Pagès[5] oder wie sie da heißen? Meine Frau muß ein Pendant zu mir sein: ich glänze durch meinen Verstand – sie durch Schönheit und Liebenswürdigkeit. ‚Sie ist entzückend, deshalb ist sie seine Frau', werden die einen sagen. ‚Nein! Sie ist entzückend, *weil* sie seine Frau ist', werden die anderen den Ausspruch korrigieren. Jedenfalls sage ihr, daß sie sich sogleich morgen das Enzyklopädische Lexikon kaufen soll, das von Andréi Krajéwskij herausgegeben worden ist, um über alles reden zu können. Doch soll sie vor allen Dingen stets den Leitartikler in den „St. Petersburger Nachrichten" lesen und täglich mit dem Leitartikel des „Wóloß"[6] vergleichen. Nehme an, daß dieser deutsche Besitzer einwilligen wird, mich bisweilen mitsamt dem Krokodil in den Salon meiner Frau zu bringen. Werde dann in diesem Blechkasten mitten im glänzenden Salon stehen und mit Bonmots, die ich mir schon vom Morgen an zurechtlegen kann, nur so um mich werfen. Dem Staatsmann werde ich meine Projekte vorlegen; mit dem Dichter werde ich nur in Reimen reden; mit den Damen werde ich unterhaltend und amüsant sein, – da ich ja jetzt für ihre Männer ganz ungefährlich bin. Allen übrigen werde ich als Vorbild dienen, als Beispiel demutvoller Ergebung und Unterordnung meines Willens unter denjenigen der Vorsehung. Meine Frau werde ich zu einer glänzenden literarischen Erscheinung machen. Ich werde sie hervorheben und dem Publikum erklären: als meine Frau muß sie die größten Vorzüge haben, und wenn man mit Recht Andréi Alexándrowitsch unseren Alfred de Musset nennt, so wird man sie mit noch größerem Recht unsere Eugenie Tour[7] nennen.«

Offen gestanden, mir kam der Gedanke, daß mein Iwán Matwéjewitsch, obschon dieser ganze Unsinn von den Reden des ehemaligen Iwan Matwejewitsch durchaus nicht abstach, zur Zeit, wenn auch nicht gerade unheilbar erkrankt war, so doch mindestens hohes Fieber haben mußte und demzufolge phantasierte. Im Grunde war es ja ganz derselbe alltägliche Iwan Matwejewitsch, nur – wie soll ich sagen? – etwa durch ein zwanzigfaches Vergrößerungsglas gesehen.

»Mein Freund«, begann ich möglichst sanft, »hoffst du, bei diesem Leben ein hohes Alter zu erreichen? Und überhaupt, sage doch: bist du gesund? Was ißt du, wie schläfst du, wie atmest du? Ich bin dein Freund, und du wirst doch zugeben, daß dieser Fall gar zu übernatürlich ist, so daß mein Interesse wohl nur allzu natürlich sein dürfte.«

»Das ist nur müßige Neugier von dir und nichts weiter«, widersprach er ärgerlich. »Ich will sie aber trotzdem befriedigen. Du fragst, wie ich mich hier im Leibe des Krokodils eingerichtet habe? Erstens hat sich das Krokodil zu meiner Überraschung als etwas vollkommen Leeres erwiesen. Sein Inneres besteht gleichsam aus einem großen leeren Sack, der an jene Gummigegenstände erinnert, die man in den Schaufenstern der großen Kaufläden an der Morskája, Goróchowaja und, wenn ich nicht irre, auch auf dem Wosnessénskij Prospekt ausgestellt sieht. Denn – sage dir dies doch selbst – wie könnte ich mich sonst hier aufhalten?«

»Ist's möglich!« rief ich in begreiflicher Verwunderung aus. »Ist das Krokodil wirklich ganz leer?«

»Vollkommen leer« bestätigte Matwejewitsch streng und nachdrücklich. »Und aller Wahrscheinlichkeit nach ist es das gemäß den Gesetzen seiner Natur. Das Krokodil setzt sich zusammen aus einem großen Rachen, der mit scharfen Zähnen versehen ist, und einem langen Schwanz, – und das ist das ganze Krokodil, genau genommen. In der Mitte aber zwischen diesen zwei Extremitäten ist ein leerer Raum, der von einer kautschukartigen Masse umfaßt wird – wahrscheinlich ist es wirklicher Kautschuk...«

»Aber die Rippen, der Magen, die Gedärme, die Leber, das Herz?« unterbrach ich ihn nahezu persönlich gekränkt.

»Davon gibt's hier *n–nichts,* absolut nichts, und aller Wahrscheinlichkeit nach hat's davon auch niemals etwas hier gegeben. Alles das ist nur eine freie Erfindung der müßigen Phantasie leichtsinniger Reisender. Wie man ein aus Gummi hergestelltes Sitzkissen aufbläst, so kann ich jetzt mein Krokodil aufblasen. Sein Inneres ist bis zur Unglaublichkeit dehnbar. Selbst du könntest noch als Hausfreund hier Platz finden, wenn du so großmütig wärest, mir Gesellschaft leisten zu wollen. Ich habe sogar daran gedacht, im äußersten Fall Jeléna Iwánowna hierher zu beordern. Übrigens stimmt diese leere Beschaffenheit des Krokodils vollkommen mit den wissenschaftlichen Angaben überein. Denn, nehmen wir zum Beispiel an, daß dir der Auftrag zuteil würde, ein neues Krokodil zu schaffen, so würde sich doch unwillkürlich die Frage vor dir erheben: welches ist der Lebenszweck eines Krokodils? Die Antwort liegt auf der Hand: Menschen zu verschlingen. – Wie nun das Innere des Krokodils zweckmäßig schaffen, damit es ohne eigene Lebensgefahr Menschen verschlingen könne? Auf diese Frage ist die Antwort noch leichter: man läßt es – leer sein. Wie du weißt, hat die Physik bewiesen, daß die Natur keinen leeren Raum duldet. Infolgedessen wird durch diese Leere, welche die Natur nicht duldet, die Funktion des Krokodils hervorgerufen, denn der leere Raum, der erwiesenermaßen nicht leer bleiben kann, muß sich nach dem einfachen Naturgesetz mit irgend etwas füllen, und folglich greift er ganz naturgemäß nach allem, was in seinen Bereich gerät. Damit hast du den einzigen vernünftigen Grund, weshalb alle Krokodile uns Menschen verschlingen. Ganz anders aber ist der Mensch beschaffen: je leerer zum Beispiel der Kopf eines Menschen ist, um so weniger hat er das Bedürfnis, sich zu füllen, das aber ist wiederum nur als eine Ausnahme von der allgemeinen Regel zu betrachten. Alles dieses ist mir jetzt so klar wie der Tag, und alles, was ich dir hier sage, hat mir mein eigener Verstand erschlossen, durch eigene Erfahrung, während ich mich sozusagen im Eingeweide der Natur selbst befand, in ihrer Retorte, ihrem Pulsschlag lauschend. Sogar die Etymologie stimmt mit mir überein, denn allein schon der Name des Tieres bedeutet Gefräßigkeit, Krokodil – Crocodillo – ist zweifellos ein italienisches Wort, das vielleicht aus der Zeit stammt, in der in Ägypten die alten Pharaonen herrschten, ein Wort, das offenbar das französische Wort croquer zur Wurzel hat, das unter den Zähnen krachen lassen, gierig essen und überhaupt etwas als Nahrung verwenden bedeutet. Was ich hier soeben gesagt habe, gedenke ich als erste Lektion dem Publikum vorzutragen, das sich in Jelena Iwanownas Salon versammeln wird, wenn man mich in diesem Kasten hinbringt.«

»Lieber Freund, sag' mal, würdest du nicht irgend eine abführende Arznei einnehmen wollen?« fragte ich unwillkürlich.

‚Er hat ganz zweifellos Fieber, das ist klar, er muß sogar hochgradiges Fieber haben!' dachte ich angstvoll.

»Unsinn!« sagte er mit Verachtung. »Und außerdem wäre eine Purganz in meinem gegenwärtigen Logis nicht ganz angebracht. Übrigens konnte ich es mir halbwegs schon denken, daß du unfehlbar mit so etwas kommen würdest.«

»Aber, Freund, wie... wie wirst du denn jetzt überhaupt etwas zu dir nehmen? Hast du heute zu Mittag gespeist?«[8]

»Nein, das nicht, aber ich bin vollkommen satt und werde höchstwahrscheinlich überhaupt nichts mehr essen. Und auch diese meine Sattheit ist durchaus begreiflich: so lange ich nämlich das ganze Innere des Krokodils ausfülle, mache ich es vollkommen satt. Jetzt braucht man es jahrelang nicht zu füttern. Und andererseits: indem das Krokodil durch mich satt ist, gibt es wiederum alle seine Lebenssäfte aus seinem Körper an mich ab. Das ist ungefähr dieselbe Ernährungsmethode, welche raffinierte Schönheiten anwenden, wenn sie zur Nacht ihren ganzen Körper mit rohen Koteletts bedecken, und dann am nächsten Morgen nach einem Bade wieder frisch, prall voll Saft und bezaubernd sind. So erhalte auch ich, indem ich das Krokodil ernähre, von ihm alle Nahrungssäfte zurück; folglich ernähren wir uns gegenseitig. Da es aber selbst einem Krokodil schwer fallen dürfte, einen Menschen wie mich zu verdauen, so ist anzunehmen, daß es eine gewisse Schwere im Magen empfindet – obschon es übrigens keinen Magen hat – und eben deshalb bewege ich mich hier auch so wenig wie möglich, wenn mich auch nichts daran hindern würde. Aber ich unterlasse es einfach aus Humanität, um diesem Ungeheuer keinen unnötigen Schmerz zu verursachen. Diese geringe Bewegungsmöglichkeit wäre das einzige, was ich an meinem gegenwärtigen Zustand auszusetzen hätte, und im allegorischen Sinne hat Timoféi Ssemjónytsch durchaus recht, wenn er sagt, ich läge auf der Bärenhaut. Ich werde aber beweisen, daß man auch liegend die Geschicke der Menschheit umstürzen kann. Alle großen Ideen und alle neuen Tendenzen unserer Zeitungen und Zeitschriften stammen augenscheinlich von Leuten, die auf der Bärenhaut liegen. Das ist auch der Grund, weshalb man sie Kabinettideen nennt... Doch übrigens – gleichviel wie man sie nennt! Ich werde jetzt ein ganz spezielles System erfinden, – du ahnst nicht, wie leicht das ist! Man braucht sich nur irgendwohin in die Einsamkeit zurückzuziehen oder meinethalben auch in ein Krokodil hineinzugeraten, die Augen zu schließen, und im Nu hat man ein ganzes Paradies für die gesamte Menschheit erfunden. Vorhin, als ihr mich verließt, machte ich mich sogleich daran, zu erfinden, und an diesem Nachmittag habe ich ganze drei Systeme erfunden und soeben bin ich beim vierten. Es ist wahr, zuerst muß man alles Bestehende verwerfen, man muß einfach alles umstürzen; aber aus dem Krokodil heraus ist das so leicht; ja, aus dem Krokodil gesehen, wird alles gleichsam sichtbarer... Übrigens gibt es hier doch noch einiges zu bemängeln, freilich nur Nebensächliches: es ist hier zum Beispiel etwas feucht und alles wie mit Schleim bedeckt, und außerdem riecht es nach Gummi, genauso wie meine alten Galoschen vom vorigen Jahr. Aber das ist auch alles, was es hier zu bemängeln gibt...«

»Iwan Matwejewitsch«, unterbrach ich ihn, »was du da redest, erscheint mir so wunderlich, daß ich kaum meinen Ohren traue. Aber sage mir wenigstens das eine: hast du wirklich die Absicht, überhaupt nicht mehr zu essen?«

»Oh, du oberflächlicher, müßiger Mensch, um was für einen Unfug du dich sorgst! Ich rede von großen Ideen, du aber... So höre denn, daß mich die großen Ideen sättigen und die Nacht, die mich umgibt, taghell erleuchten. Übrigens hat der gutmütige Deutsche, der Eigentümer dieses Krokodils, sich mit seiner herzensguten Mutter beraten und da haben sie beide beschlossen, mir jeden Morgen durch den Rachen des Krokodils ein gebogenes Metallröhrchen zuzustecken, damit ich durch dasselbe Kaffee, Tee oder Bouillon mit aufgeweichtem Weißbrot genießen könne. Die Röhre ist bereits bestellt, gleichfalls bei einem Deutschen, gleich hier in der Nachbarschaft, nur dürfte sie, glaube ich, unnützer Luxus sein. Zu leben aber hoffe ich mindestens tausend Jahre, wenn es wahr ist, daß Krokodile so lange zu leben pflegen... Ja! gut, daß ich das nicht vergessen habe: Sieh doch morgen in einer Naturgeschichte nach und teile mir dann mit, wie lange ein Krokodil lebt, denn es ist möglich, daß ich es mit irgend einem anderen vorsintflutlichen Tier verwechsle. Nur eines erregt mein Bedenken: wie du weißt, bin ich angekleidet, und zwar ist mein Anzug aus russischem Tuch, und an den Füßen habe ich Stiefel; daher kann das Krokodil mich offenbar nicht verdauen. Hinzu kommt, daß ich lebendig bin, mich deshalb dem Verdautwerden mit meiner ganzen Willenskraft widersetze, denn begreiflicherweise will ich mich nicht in das verwandeln, in was sich schließlich jede Speise verwandelt, da ein solches Ende gar zu erniedrigend für mich wäre. Nun fürchte ich aber, daß der Stoff meines Anzugs einer tausendjährigen Frist nicht standhalten wird; er kann, als minderwertige russische Ware, früher verwesen und dann würde ich ohne diesen äußeren Schutz trotz meines ganzen Unwillens vielleicht doch verdaut werden. Denn wenn ich das auch tagsüber unter keiner Bedingung zulassen oder erlauben werde, so kann mich doch in der Nacht, wenn der Wille den Menschen im Schlaf verläßt, das erbärmliche Schicksal einer genossenen Kartoffel oder Fleischpastete oder eines Kalbsschnitzels ereilen. Schon die Vorstellung einer solchen Möglichkeit macht mich rasend. Allein schon aus diesem Grund müßte man den Zolltarif ändern und den Import englischer Stoffe begünstigen, denn da diese fester sind, würden sie den zersetzenden Einflüssen der Natur länger Widerstand bieten, für den Fall, daß man in einem solchen Anzug in ein Krokodil hineingerät. Jedenfalls werde ich mein diesbezügliches Projekt bei nächster Gelegenheit einem Staatsmann vorlegen, und gleichzeitig auch den Berichterstattern unserer Petersburger Tageszeitungen. Mögen sie es erörtern! Hoffe aber, daß sie jetzt nicht nur diese Idee von mir annehmen werden. Ich sehe voraus, daß jeden Morgen eine ganze Schar dieser Leute, für die ihre Redaktion den Eintritt bezahlt, sich um mich drängen wird, um diesen Blechkasten, um meine Beurteilungen der letzten Telegramme zu vernehmen und jedes Wort, das ich fallen lasse, gierig zu erhaschen. Mit einem Wort: ich sehe die Zukunft in rosigstem Licht...«

‚Fieber, Fieberdelirium!' dachte ich bei mir.

»Freund, aber die Freiheit?« fragte ich, um seine Ansichten kennen zu lernen. »Du bist doch jetzt so gut wie ein Gefangener in einem dunklen Verließ, während der Mensch sich doch der Freiheit erfreuen soll.«

»Du bist dumm«, war seine Antwort hierauf. »Nur die Wilden lieben Unabhängigkeit, weise Leute dagegen lieben Ordnung, wenn es aber keine Ordnung gibt...«

»Iwan Matwejewitsch, ich bitte dich, hab' Erbarmen...«

»Schweig' und höre mich an!« kreischte er, ärgerlich darüber, daß ich ihn unterbrochen hatte. »Noch niemals habe ich mich geistig so hoch emporgeschwungen wie jetzt. In meiner engen Wohnung fürchte ich augenblicklich nur eines: die literarische Kritik unserer dicken Zeitschriften und den Spott unserer satirischen Blätter. Ich fürchte, daß die leichtsinnigen Elemente unter den Besuchern dieser Ausstellung, die Dummköpfe und Neider, und überhaupt die

Nihilisten, mich werden lächerlich machen wollen. Ich werde aber Maßregeln zu ergreifen wissen. Erwarte nur mit Ungeduld die Meinungsäußerungen des Publikums, doch hauptsächlich die Besprechungen der Zeitungen. Darüber mußt du mir morgen berichten.«

»Gut, ich werde einen ganzen Stoß Zeitungen mitbringen.«

»Eigentlich ist es aber noch zu früh, morgen schon Besprechungen zu erwarten; gewöhnlich werden bei uns Neuigkeiten erst nach vier Tagen besprochen. Aber von nun an komme jeden Abend durch den Hofeingang zu mir, denn ich beabsichtige, dich als meinen Sekretär zu benutzen. Du wirst mir die Zeitungen vorlesen und ich werde dir meine Gedanken diktieren und Aufträge geben. Vor allen Dingen aber vergiß nicht die neuesten Telegramme. Daß du mir jeden Tag die letzten europäischen Drahtnachrichten bringst! Doch nun genug: du wirst jetzt schlafen wollen. Geh also nach Hause und denke nicht mehr daran, was ich dir soeben über die Kritik gesagt habe: ich fürchte sie nicht, denn sie befindet sich momentan selbst in einer kritischen Lage. Man braucht nur weise und tugendhaft zu sein, und man wird unfehlbar auf ein Piedestal zu stehen kommen. Wenn nicht ein Sokrates, dann ein Diogenes zu sein, oder dieser und jener zugleich – das wird meine zukünftige Rolle in der Geschichte der Menschheit sein.«

So leichtfertig und anmaßend – bei Gott, er mußte hohes Fieber haben! – beeilte sich mein Freund Iwan Matwejewitsch, mich seine Ansichten wissen zu lassen, jenen charakterschwachen alten Frauenzimmern nicht unähnlich, von denen behauptet wird, daß sie kein Geheimnis bewahren können. Ich aber muß gestehen, daß mir alles, was er da von der inneren Beschaffenheit des Krokodils gesagt hatte, äußerst verdächtig erschien. Wie wäre es möglich, daß ein Krokodil innen vollkommen leer sein könnte? Ich hätte wetten mögen, daß er alles das einzig aus Prahlerei frei erfunden hatte, zum Teil vielleicht auch nur, um mich zu kränken, zu erniedrigen. Freilich war er krank, und einen Kranken muß man nachsichtig beurteilen; aber ich will doch offen gestehen, daß ich meinen Freund Iwan Matwejewitsch niemals habe ausstehen können. Mein ganzes Leben lang, von Kindheit an, habe ich mich von seiner Vormundschaft nicht befreien können. Tausendmal wollte ich ihm den Laufpaß geben, doch immer wieder zog es mich zu ihm, als hätte ich im geheimen immer noch gehofft, ihm irgend etwas beweisen oder irgend etwas heimzahlen zu können. Ein wunderliches Ding war diese Freundschaft! Ich kann ganz ehrlich sagen, daß meine Freundschaft zu neun Zehntel aus Wut bestand.

Doch an jenem Abend verabschiedeten wir uns fast gefühlvoll.

»Ihr Freund ist ein sehr kluger Mensch!« sagte mir halblaut der Deutsche, als er sich zu mir gesellte, um mich hinauszugeleiten. Er hatte die ganze Zeit aufmerksam dem Gespräch zugehört.

»Apropos!« unterbrach ich ihn, »damit ich es nicht vergesse: wieviel würden Sie wohl für Ihr Krokodil verlangen, im Fall man es von Ihnen kaufen wollte?«

Iwan Matwejewitsch, der meine Frage gehört haben mußte, schien mit besonderer Spannung auf die Antwort zu warten. Offenbar wollte er nicht, daß der Deutsche wenig für dasselbe verlange; jedenfalls vernahmen wir nach meiner Frage ein eigentümliches Räuspern aus dem Inneren des Krokodils.

Zuerst wollte der Deutsche überhaupt nichts davon hören, ja, er wurde sogar ärgerlich.

»Niemand darf mein Eigentum ohne meine Einwilligung kaufen!« schrie er, vor Jähzorn rot anlaufend wie ein gekochter Krebs. »Ich will mein Krokodil überhaupt nicht verkaufen! Bieten Sie mir eine Million Taler – ich verkauf's nicht! Ich habe heute hundertunddreißig Taler vom Publikum eingenommen und morgen werde ich zehntausend Taler einnehmen und dann hunderttausend Taler Tag für Tag! Nein! Ich will es überhaupt nicht verkaufen!«

Iwan Matwejewitsch begann zu lachen vor Vergnügen.

Ich bezwang mich nach Möglichkeit und bat den übergeschnappten Deutschen scheinbar ganz kaltblütig, sich die Sache zu überlegen, zumal seine Berechnungen meiner Meinung nach nicht genügend mit der Wirklichkeit übereinstimmten, daß zum Beispiel, wenn er hunderttausend täglich einnähme, in vier Tagen ganz Petersburg bei ihm gewesen sein müsse, und damit wäre dann die Einnahmequelle versiegt. Und außerdem stehe unser aller Leben und Tod in Gottes Hand, das Krokodil könne vielleicht doch noch irgendwie platzen oder Iwan Matwejewitsch erkranken und sogar sterben usw. usw.

Der Deutsche wurde nachdenklich.

»Ich werde ihm Tropfen aus der Apotheke geben«, meinte er dann schließlich nach reiflicher Überlegung, »dann wird er nicht sterben.«

»Tropfen hin, Tropfen her«, meinte ich, »aber haben Sie auch das in Erwägung gezogen, daß Sie es mit der Polizei und dem Gericht zu tun bekommen können? Die Gattin Iwan Matwejewitschs kann zum Beispiel ihren gesetzmäßig ihr angetrauten Gatten zurückverlangen. Sie haben nun die Absicht, reich zu werden, haben Sie aber auch die Absicht, seiner Frau eine Entschädigung, etwa eine Pension, zu zahlen?«

»Nein, die habe ich nicht!« antwortete streng und entschlossen der Deutsche.

»Nein, die haben wir nicht!« bestätigte, sogar merklich böse, die Mutter.

»Nun denn, wäre es für Sie da nicht ratsamer, jetzt sogleich und mit einmal eine zwar geringere, doch dafür sichere Summe zu empfangen, als sich der Ungewißheit anzuvertrauen? Übrigens erachte ich es als meine Pflicht, Ihnen zu sagen, daß ich Sie nur aus persönlicher Neugier frage.«

Der Deutsche nahm seine Frau beiseite und begab sich mit ihr in den fernsten Winkel, wo ein Käfig mit dem größten und widerlichsten aller Affen stand, um sich dort flüsternd mit ihr zu beraten.

»Du wirst sehen!« sagte Iwan Matwejewitsch in vielsagendem Ton zu mir.

Was mich betrifft, so muß ich sagen, daß ich ein unbändiges Verlangen verspürte, erstens den Deutschen gründlich zu verprügeln; zweitens, und noch gründlicher, seine Frau; und drittens – am gründlichsten und schmerzhaftesten meinen Freund Iwan Matwejewitsch selbst wegen seines unverschämten Eigendünkels. Doch alles das war noch nichts im Vergleich zu der Antwort des habgierigen Deutschen.

Der verlangte, nachdem er sich genugsam mit „Mutter" beraten, für sein Krokodil fünfzigtausend Rubel, zahlbar in Papieren der jüngsten inneren Anleihe, dazu ein steinernes Haus an der Goróchowaja, und zwar eines mit einer dazugehörenden Apotheke, außerdem noch den Rang und Titel eines russischen Obersten.

»Siehst du!« triumphierte Iwan Matwejewitsch, »ich habe es dir gesagt! Ausgenommen den letzten unsinnigen Wunsch, hat er vollkommen recht, denn wie du siehst, versteht er den Wert seines Eigentums richtig einzuschätzen. Das wirtschaftliche Prinzip geht allem voran!«

»Aber, so sagen Sie doch«, rief ich zornig dem Deutschen zu, »so sagen Sie mir doch, wozu Sie den Rang und Titel eines Obersten brauchen? Was für eine Heldentat haben Sie denn ausgeführt, wenn man fragen darf, welch einen Dienst Rußland erwiesen, welchen Ruhm sich auf dem Schlachtfeld erworben? Sind Sie nach alledem nicht einfach verrückt?«

»Ich – verrückt?« rief der Deutsche mit gekränkter Würde aus. »Nein, ich bin nicht verrückt, sondern sehr vernünftig, Sie aber sind das Gegenteil! Ich habe den Rang eines Obersten verdient, weil ich ein Krokodil zeigen kann, in dem ein lebender Hofrat sitzt. Ein Russe aber kann der Welt ein solches Krokodil nicht zeigen! Ich bin ein sehr kluger Mensch und deshalb will ich ein Oberst sein!«

»Also, leb wohl, Iwan Matwejewitsch!« rief ich zornbebend meinem Freund zu und eilte aus dem Ausstellungsraum.

Ich fühlte, daß meine Selbstbeherrschung nur noch an einem Haar hing. Die hirnverbrannten Hoffnungen dieser beiden Dummköpfe konnten einen aber auch wirklich aus der Haut bringen! Die kalte Abendluft erfrischte mich wohltuend, und meine Empörung legte sich. Ich spie schließlich aus, rief energisch eine Droschke heran, fuhr nach Haus, kleidete mich aus und ging zu Bett. Am meisten ärgerte mich, daß ich gewissermaßen eingewilligt hatte, sein Sekretär zu sein. Jetzt konnte ich mich dort allabendlich langweilen und mich noch über das erhebende Gefühl, nur die Pflicht eines aufrichtigen Freundes zu erfüllen, freuen! Ich hätte mich selbst prügeln mögen, vor Ärger über mich, und in der Tat: nachdem ich schon das Licht ausgelöscht und mich zugedeckt hatte, schlug ich mich mehrmals mit der Faust auf den Kopf und noch auf andere Teile meines Körpers. Dieses verschaffte mir bedeutende Erleichterung, und endlich schlief ich ein, schlief sogar ziemlich fest, denn ich war sehr müde. Im Traum sah ich unendlich viele Affen, die alle wild umhersprangen, gegen Morgen aber träumte mir von Jelena Iwanowna...

IV

Die Affen hatten mich, wie ich zu erraten glaubte, nur deshalb im Traum belästigt, weil ich sie tags zuvor im Käfig beim Krokodilbesitzer gesehen hatte; doch Jeléna Iwánowna war ein besonderes Kapitel.

Ich will es nicht mehr verheimlichen: ich liebte diese Dame; doch ich beeile mich, beeile mich schleunigst, einem Mißverständnis vorzubeugen: ich liebte sie wie ein Vater, nicht mehr und nicht weniger. Daß ich sie liebte – ersehe ich daraus, daß ich oft genug Lust verspürte, ihr Köpfchen oder ihre zarten rosa Wangen zu küssen. Und obschon ich das nie getan habe, so hätte ich mich doch – wenn man schon einmal alles beichten soll! – ganz sicherlich nicht geweigert, sie sogar fest auf die Lippen zu küssen. Denn ihre Lippen waren gar zu süß und verstanden es vorzüglich, die Zähnchen bloßzulegen, die dann, wie zwei Reihen ausgesuchter Perlen, zwischen dem Rot der Lippen schimmerten, wenn sie lachte. Und sie lachte sehr oft. Iwan Matwejewitsch nannte sie bisweilen liebkosend seine „liebe Ungereimtheit" – was man als eine durchaus richtige und charakteristische Benennung bezeichnen muß. Sie war ein Bonbon, und nichts weiter. Deshalb blieb es mir auch unerklärlich, weshalb nun dieser selbe Iwan Matwejewitsch in seiner Frau plötzlich eine russische Eugenie Tour zu sehen begann. Doch wie dem auch sein mochte, jedenfalls hinterließ mein Traum – abgesehen von den Affen – den angenehmsten Eindruck in mir, und so beschloß ich, während ich bei meinem Morgenkaffee die Erlebnisse des letzten Tages nachdenklich an mir vorüberziehen ließ, auf dem Wege in die Kanzlei bei Jelena Iwanowna vorzusprechen, was ja übrigens in meiner Eigenschaft als Hausfreund auch meine Pflicht war.

In dem winzigen Zimmer vor dem ehelichen Schlafgemach, das von ihnen „Der kleine Salon" genannt wurde, obwohl auch der große Salon nur ein kleines Zimmer war, saß auf einer kleinen Chaiselongue vor einem kleinen Teetischchen in einem luftigen Negligee Jeléna Iwanowna und trank aus einem kleinen Täßchen, in das sie ein kleines Biskuitplätzchen bröckelte, ihren Morgenkaffee. Sie war verführerisch anzusehen, doch schien sie mir ein wenig nachdenklich gestimmt zu sein.

»Ach, Sie sind es, Sie Ungezogener!« empfing sie mich mit zerstreutem Lächeln. »Setzen Sie sich und trinken Sie ein Täßchen. Nun, wo waren Sie gestern? Wie haben Sie den Abend verbracht? Waren Sie auf dem Maskenball?«

»Waren *Sie* denn gestern auf dem Maskenball?... Ich... ich pflege keine Bälle zu besuchen... zudem habe ich den Abend bei unserem Gefangenen verbracht...«

Ich seufzte und empfing mit betrübter Miene das Täßchen.

»Wo?... Bei wem? Bei welch einem Gefangenen?... Ach, so!... Ja, der Arme!... Nun, was macht er denn – langweilt er sich? Aber wissen Sie... ich wollte Sie etwas fragen... Sagen Sie, ich kann doch jetzt eine Scheidung verlangen?«

»Scheidung?« Mir wäre fast die Tasse aus der Hand gefallen. ‚Dahinter steckt der Brünette!' dachte ich empört bei mir.

Es gab nämlich einen gewissen Brünetten mit einem dunklen Schnurrbärtchen, einen Beamten der Bauabteilung, der sie in letzter Zeit auffallend oft besucht hatte und Jelena Iwanowna allem Anschein nach zu gefallen verstand. Ich muß gestehen, daß ich aufrichtigen Haß gegen ihn empfand, denn ich zweifelte nicht daran, daß er gestern abend entweder mit ihr auf dem Maskenball oder vielleicht sogar hier in ihrer Wohnung gewesen war und ihr bei der Gelegenheit, versteht sich, manches in den Kopf gesetzt hatte!

»Ja, aber wie denn«, begann Jelena Iwanowna plötzlich ungeduldig, und alles, was sie sagte, schien ihr ein anderer gesagt zu haben, »wie wird denn das sein, er wird dort im Krokodil sitzen und vielleicht sein ganzes Leben lang nicht zurückkommen, und ich soll dann allein hier sitzen und vergeblich auf ihn warten! Ein Ehemann muß doch zu Hause wohnen, nicht in einem Krokodil...«

»Aber hier handelt es sich doch um einen unvorhergesehenen Zufall«, begann ich in begreiflicher Erregung zu widersprechen.

»Ach, nein, schweigen Sie, schweigen Sie, ich will nichts hören, nichts, nichts, nichts!« wehrte sie ärgerlich jeden weiteren Einwand ab. »Sie sind unausstehlich, ewig müssen Sie mir widersprechen! Mit Ihnen kann man wirklich kein vernünftiges Wort reden, nie verstehen Sie einem zu raten! Mir sagen sogar fremde Menschen, daß ich vollauf genügenden Scheidungsgrund hätte, allein schon deshalb, weil doch Iwan Matwejewitsch jetzt kein Gehalt mehr bekommen wird.«

»Jelena Iwanowna! Sind Sie es, die ich höre!« rief ich fast pathetisch aus. »Welcher Schurke hat Ihnen diese Gedanken eingeflüstert? Übrigens wird ein so nichtssagender Vorwand, wie die Einbuße des Gehalts, nicht als Scheidungsgrund anerkannt. Und der arme, arme Iwan Matwejewitsch vergeht dort inzwischen fast vor Liebesgram! Noch gestern abend, während Sie sich wohl auf dem Maskenball Ihres Lebens freuten, sprach er davon, daß er sich im äußersten Fall entschließen würde, Sie als seine rechtmäßige Gattin aufzufordern, zu ihm ins Krokodil zu kommen, zumal sich dieses Tier als sehr geräumig erwiesen hat, so daß nicht nur zwei, sondern sogar drei Menschen Raum in ihm hätten...«

Und ich erzählte ihr sogleich diesen interessantesten Teil meiner letzten Unterredung mit Iwan Matwejewitsch.

»Wie! was!« rief sie ganz starr vor Verwunderung aus. »Sie wollen, daß ich gleichfalls dort in dieses Krokodil hineinkrieche! zu Iwan Matwejewitsch? Das fehlte noch! Ja, und wie sollte ich denn das überhaupt? – so, mit dem Hut und der ganzen Krinoline? Gott, welch eine Dummheit! Und wonach wird denn das aussehen, wenn ich hineinkrieche und... und jemand womöglich noch zusieht?... Pfui! Und was werde ich dort essen?... Und... und wie ist denn das, wenn ich... Ach, mein Gott, was Sie sich nicht ausgedacht haben!... Und was gibt es denn dort für Zerstreuungen?... Sie sagen, es rieche dort nach Gummi?... Und wie wird es denn sein, wenn wir beide in Streit geraten? Da müssen wir doch beieinander liegen bleiben? Pfui, wie widerlich das ist!«

»Einverstanden, ich bin vollkommen einverstanden mit Ihnen, meine teuerste Jelena Iwanowna«, unterbrach ich sie mit jenem begreiflichen Eifer, der einen stets erfaßt, wenn man fühlt, daß man im Recht ist, »nur haben Sie etwas ganz außer acht gelassen, und das ist: daß er doch wohl nicht mehr ohne sie leben kann, wenn er Sie zu sich ruft. Folglich handelt es sich hier um Liebe, um leidenschaftliche, treue, sehnsüchtige Liebe... Sie haben die Liebe nicht berücksichtigt, teuerste Jelena, die Liebe!«

»Nein, ich will nicht, will nicht, will nicht! Ich will davon überhaupt nichts hören!« wehrte sie mit ihrer kleinen, reizenden Hand, an der die soeben gebürsteten und polierten Nägel rosa schimmerten, ganz entsetzt ab. »Pfui, wie widerlich Sie sind! Sie bringen mich noch zum Weinen. So kriechen Sie doch selbst zu ihm, wenn es Ihnen dort so angenehm zu sein scheint! Sie sind doch sein Freund, nun, so legen Sie sich denn aus Freundschaft neben ihn hin und streiten Sie Ihr Leben lang über irgend eine langweilige Wissenschaft...«

»Sie machen sich über diesen Gedanken ganz unnütz lustig«, unterbrach ich würdevoll die leichtsinnige Frau, »Iwan Matwejewitsch hat mich bereits zu sich eingeladen. *Sie* würde die Pflicht hinführen, *mich* dagegen nur Großmut. Übrigens hat mir Iwan Matwejewitsch, als er mir gestern von der ungeheuren Dehnbarkeit des Krokodils erzählte, deutlich zu verstehen gegeben, daß er, da nicht nur zwei, sondern ganze drei Menschen bequem dort Platz hätten, sowohl Sie wie mich, als Hausfreund, erwartet, und deshalb...«

»Wie das, ganze drei?« wunderte sich Jelena Iwanowna, und ihre Augen blickten mich fragend an. »Ja, wie werden wir denn... so alle drei dort beisammen sein? Hahaha! Gott, wie dumm Sie beide sind! Hahaha! Ich würde Sie die ganze Zeit doch nur kneifen, Sie Taugenichts, hahaha! Hahaha!«

Und sie bog sich vor Lachen und lachte bis zu Tränen. Doch dieses Lachen und diese Tränen waren so bezaubernd, daß ich nicht lange widerstehen konnte und ganz begeistert nach ihrem Händchen griff, um es mit Küssen zu bedecken, was sie widerspruchslos geschehen ließ. Nur zupfte sie mich, zum Zeichen unserer Aussöhnung, am Ohr.

Damit hatten wir unsere gute Laune wiedergewonnen, und ich schickte mich an, ihr ausführlich alle ihre Person betreffenden Pläne Iwan Matwejewitschs zu erzählen. Der Gedanke, in einem glänzenden Salon eine auserlesene Gesellschaft zu empfangen, sagte ihr sehr zu.

»Nur brauche ich dann sehr viele neue Toiletten«, bemerkte sie lebhaft. »Sagen Sie ihm deshalb, daß er mir möglichst bald und möglichst viel Geld senden soll... Nur... nur, wie wird denn das sein«, fuhr sie nachdenklich fort, »wie wird man ihn denn im Blechkasten in meinen Salon bringen? Das... das wäre doch lächerlich! Ich will nicht, daß man meinen Mann in einem solchen Kasten in meinen Salon trägt! Ich würde mich ja dann ganz entsetzlich schämen vor meinen Gästen... Nein, ich will nicht, ich will nicht...«

»Übrigens, um es nicht zu vergessen: war gestern Timofei Ssemjonytsch bei Ihnen?«

»Ach, ja! Er war bei mir; er kam, um mich zu trösten, und denken Sie sich, wir haben die ganze Zeit Karten gespielt. Wenn er verlor, hatte ich eine Bonbonniere gewonnen; wenn ich verlor, durfte er mir die Hände küssen. Solch ein Plagegeist, wirklich! Und was glauben Sie wohl: fast wäre er mit mir auf den Maskenball gefahren, – ja, tatsächlich!«

»Weil er bezaubert war«, bemerkte ich, »denn – wen bezaubern Sie nicht, Sie Zauberin!«

»Ach, was, jetzt kommen Sie wieder mit Ihren Schmeicheleien! Warten Sie, dafür werde ich Sie zum Abschied einmal kneifen – das verstehe ich nämlich vorzüglich. Nun, was, schmerzt es? Ach, ja, sagen Sie doch, Sie sagten vorhin, Iwan Matwejewitsch habe gestern viel von mir gesprochen?«

»N–n–nein, nicht gerade *sehr viel*... Ich muß gestehen, daß er jetzt eigentlich mehr an das Schicksal der ganzen Menschheit denkt und die Absicht hat...«

»Ach, nun, dann mag er doch, reden Sie nicht weiter! Sicherlich langweilt er sich entsetzlich. Ich werde ihn einmal besuchen. Morgen vielleicht. Heute geht es nicht: ich habe Migräne, und dort wird gewiß viel Publikum sein... Da wird man womöglich noch sagen: das ist seine Frau, und mit dem Finger auf mich weisen... Schrecklich! Nun, leben Sie wohl. Am Abend werden Sie doch... dort sein, bei ihm?«

»Versteht sich. Ich muß ihm die Zeitungen bringen.«

»Nun, das ist sehr nett von Ihnen. Bleiben Sie bei ihm und lesen Sie ihm die Zeitungen vor. Zu mir aber kommen Sie heute nicht mehr. Ich bin nicht ganz wohl, oder vielleicht werde ich auch Bekannte besuchen, ich weiß noch nicht. Nun, leben Sie wohl, Sie Schwerenöter.«

‚Aha, der Brünette wird heute abend bei ihr sein!' dachte ich bei mir.

In der Kanzlei ließ ich mir natürlich nicht das geringste anmerken. Ich tat, als wüßte ich überhaupt nicht, was Sorgen und Plackereien sind. Doch fiel es mir auf, daß einige unserer fortschrittlichen Blätter an diesem Vormittag auffallend schnell von Hand zu Hand gingen und meine Kollegen sich mit unheimlich ernsten Mienen in die Lektüre vertieften. Die erste Zeitung, die ich erhielt, war der „Listók", ein kleines Blättchen ohne jede besondere Richtung, einfach nur so allgemein-menschlich-human, weshalb es bei uns auch allgemein verachtet, nichtsdestoweniger aber sehr gelesen wurde. Nicht ohne Verwunderung las ich in ihm folgendes:

„Gestern verbreitete sich in unserer großen und mit herrlichen Palästen geschmückten Hauptstadt ein überaus seltsames Gerücht. Ein gewisser Herr N., ein bekannter Gastronom, der zu unserer höheren Gesellschaft gehört, und den die kulinarischen Genüsse, die Borelli und die Küche des –schen Klubs zu bieten vermögen, offenbar nicht mehr befriedigten, erschien am Nachmittag in der Menagerie unserer Passage, wo zurzeit ein großes, soeben erst hier eingetroffenes Krokodil zu sehen ist, und verlangte, daß es ihm serviert werde. Nachdem er mit dem Eigentümer (einem sehr friedliebenden und zur Akkuratesse neigenden Deutschen) handelseins geworden war, machte er sich ungesäumt daran, das Riesenkrokodil zu verzehren. Zuerst schnitt er sich die saftigsten Stücke aus dem lebenden Wassertier mit einem Federmesser heraus, doch allmählich verschwand das ganze Tier in seinem umfangreichen Leibe, und es hätte nicht viel gefehlt, so wäre dem Krokodil auch noch sein ständiger Begleiter, der Ichneumon, gefolgt; denn weshalb sollte dieser nicht ebenso gut schmecken? Wir haben natürlich gegen dieses neue Nahrungsmittel, das den ausländischen Feinschmeckern schon seit Jahren bekannt ist, nichts einzuwenden. Wir können uns sogar schmeicheln, die bevorstehende größere Einfuhr dieses Leckerbissens vorausgesehen zu haben. Die englischen Lords und Reisenden fangen die Krokodile in Ägypten, wie man hierzulande etwa Bären fängt: sie tun sich zu ganzen Jagdgesellschaften zusammen und verzehren dann das à la Beefsteak zubereitete Rückenfleisch der Beute mit Senf, Sauce und Kartoffeln. Die Franzosen, die mit Lesseps ins Land gekommen sind, ziehen die kurzen, stämmigen Beine dem Rückenfleisch vor – vielleicht nur den Engländern zum Trotz, die ein mitleidiges Lächeln nicht verbergen können, wenn sie sehen, wie diese die Krokodilbeine in heißer Asche backen. Bei uns wird man, aller Voraussicht nach, sowohl die Beine wie den Rücken zu schätzen wissen, und können wir daher von uns aus nur freudig diesen neuen Erwerbszweig begrüßen, denn gerade an einem solchen fehlt es in unserem großen, so verschieden gearteten Vaterland. Nach der Vertilgung dieses ersten Krokodils dürfte es wohl kaum ein Jahr dauern, bis man Krokodile zu Hunderten importieren wird. Weshalb sollte man sie übrigens nicht in Rußland akklimatisieren? Falls das Newawasser für diese südlichen Lebewesen zu kalt sein sollte, so gibt es doch in der Stadt unzählige Teiche und außerhalb der Stadt noch andere Flüsse und Seen, die in Frage kämen. Weshalb sollten sie nicht zum Beispiel in Páwlowsk oder Párgolowo leben können, oder in Moskau, wo es doch die Pressnenskischen Teiche gibt? Ganz abgesehen davon, daß sie für unsere Feinschmecker ein angenehmes und gesundes Nahrungsmittel wären, würden sie den an den Teichen spazierenden Damen eine interessante Zerstreuung bieten und die Kinder mit der tropischen Tierwelt schon in jungen Jahren bekannt machen. Aus der Haut der verzehrten Krokodile lassen sich zudem die verschiedensten Gegenstände herstellen, wie zum Beispiel Futterale, Reisekoffer, Zigarettenetuis, Brieftaschen usw., und vielleicht wird noch so manch ein russischer Tausendrubelschein von der ältesten Sorte – wie sie namentlich unsere Kaufleute bevorzugen – in Krokodilhaut aufbewahrt werden. Hoffen wir, daß uns noch öfter Gelegenheit geboten werden wird, auf dieses Thema zurückzukommen."

Ich war auf vieles gefaßt gewesen, trotzdem verwirrte mich dieser Artikel nicht wenig. Da niemand neben mir saß, mit dem ein Meinungsaustausch möglich gewesen wäre, wandte ich mich an den mir gegenüber sitzenden Próchor Ssáwitsch. Zu meiner Verwunderung saß dieser müßig auf seinem Platz und schien mich schon längere Zeit beobachtet zu haben, die Zeitung „Wóloß" zur Herübergabe bereithaltend. Wortlos nahm er von mir den „Listok" in Empfang und reichte mir seinen „Wóloß", indem er mit dem Nagel nachdrücklich einen Artikel bezeichnete, auf den er mich ersichtlich aufmerksam machen wollte. Dieser Próchor Ssáwitsch war ein sehr eigentümlicher Mensch: ein schweigsamer alter Junggeselle, der sich keinem von uns anschloß, so gut wie nie ein Wort sprach – obschon sich das Sprechen in einer Kanzlei unter Kollegen schwer vermeiden läßt – ein Mensch, der immer seine eigenen Ansichten hatte, doch fast niemals einem anderen diese Meinungen mitteilte. In seiner Wohnung ist bisher noch keiner von uns gewesen. Wir wissen nur, daß er ein einsames Leben führt.

Der Artikel, auf den er mich aufmerksam gemacht hatte, lautete wie folgt:

„Es dürfte wohl allen bekannt sein, daß wir uns mit Recht fortschrittlich gesinnt und human nennen können, und daß wir Europa in dieser Beziehung nicht nachstehen wollen. Doch ungeachtet aller Wünsche und der Bemühungen unseres Blattes, scheinen wir noch längst nicht ‚reif' zu sein, was folgendes empörende Ereignis, das sich gestern in der Passage zugetragen hat, wieder einmal anschaulich beweist. (Es sei hier darauf aufmerksam gemacht, daß wir es bereits vorausgesagt haben.)

Vor nicht langer Zeit traf in der Hauptstadt ein Ausländer ein, der ein lebendes Krokodil mit sich führte, das jetzt in der Passage ausgestellt ist. Wir beeilten uns sogleich, den ausländischen Vertreter dieses neuen, nützlichen und belehrenden Gewerbezweiges, der unserem großen Vaterland zugut kommt, hier in der Hauptstadt willkommen zu heißen. Da erschien plötzlich, eines Nachmittags gegen fünf Uhr, wie uns gestern gemeldet wurde, ein außergewöhnlich dicker Herr in nicht ganz nüchternem Zustand (gelinde ausgedrückt!), zahlte den Eintrittspreis, und kaum war das geschehen, so ging er zum Behälter und kroch dem Riesentier ganz einfach in den Rachen, ohne jemandem vorher etwas gesagt zu haben. Das Krokodil war durch seinen natürlichen Selbsterhaltungstrieb gezwungen, den Menschen zu verschlingen, da es doch wohl nicht ersticken wollte. Der Unbekannte jedoch, der sich in den Magen des Ungeheuers gewälzt hat, schläft dort sogleich ein. Weder die Bitten des verzweifelten Besitzers, noch das Geschrei seiner zahlreichen unglücklichen Familie vermögen jetzt auf den Unbekannten Eindruck zu machen. Selbst der Ruf, man werde die Polizei holen, bleibt erfolglos. Aus dem Inneren des Krokodils hört man nur Gelächter und die Drohung, zum Mittel des ‚Verdreschens' (sic!) greifen zu wollen, indes das arme Säugetier, das gezwungen war, eine solche Masse zu verschlingen, ganz vergeblich seine Tränen vergießt. „Ein ungebetener Gast", sagt ein altes russisches Sprichwort, „ist schlimmer als ein Tatar", und alle Tränen des Krokodils können an der Lage nichts ändern: der freche Mensch will seinen Aufenthaltsort nicht wieder verlassen. Wir wissen nicht, wie wir eine so barbarische Handlungsweise erklären sollen, was uns um so peinlicher ist, als sie, wie gesagt, unsere Unreife bezeugt und uns in den Augen aller Ausländer herabsetzt. Damit haben wir wieder ein glänzendes Beispiel der Zügellosigkeit der russischen Natur. Jetzt fragt es sich nur: was wollte der ungebetene Gast damit erreichen? Etwa einen warmen und luxuriösen Aufenthaltsort? Aber es gibt doch unzählige schöne Häuser in der Stadt, die vorzüglich eingerichtet sind: sie haben billige und sehr bequeme Wohnungen, eine Wasserleitung, welche die Mieter mit Newawasser versorgt, eine mit Gas erleuchtete Treppe, und nicht selten hält der Hausbesitzer auch noch einen Portier. Doch lenken wir bei der Gelegenheit die Aufmerksamkeit unserer Leser auch noch auf die rohe Behandlung des importierten Tieres. Natürlich wird es dem Krokodil schwer fallen, ein so großes Quantum zu verdauen; und so liegt es denn jetzt dort unbeweglich in seinem Behälter, hoch aufgetrieben von der übergroßen verschlungenen Portion, und erwartet unter unerträglichen Qualen den Tod. In Europa wird jede einem Tier angetane Qual gesetzlich bestraft. Doch ungeachtet unserer europäischen Beleuchtung, unserer europäischen Trottoirs und der europäischen Bauart unserer Häuser, werden wir noch lange in unseren vielgepriesenen Vorurteilen befangen bleiben. ‚Die Häuser sind zwar neu, doch alt die Vorurteile...' – aber dabei sind ja die Häuser gar nicht einmal neu, sondern höchstens die Vortreppen. Wir erwähnen es in unserem Blatte nicht zum erstenmal, daß im Hause des Kaufmanns Lukjánoff auf der Petersburger Seite die Treppenstufen, die aus der Küche in die Wohnung führen, schon seit langer Zeit verfault sind, und können heute nur hinzufügen, daß sie jetzt endlich eingefallen sind und daß die Soldatenfrau Afímja Skapidárowa, die die Bedienung übernommen hatte und stets Gefahr lief, von der Treppe zu fallen – namentlich wenn sie Wasser oder Holz hineintrug – gestern abend gegen halb neun Uhr tatsächlich mit der Suppenterrine gefallen ist und sich ein Bein gebrochen hat. Leider wissen wir noch nicht, ob Herr Lukjánoff jetzt endlich eine neue Treppe bauen lassen wird. Der Verstand eines Russen ist schwerfällig, doch können wir mitteilen, daß das Opfer dieser Schwerfälligkeit bereits ins Hospital gebracht worden ist. Desgleichen ermüden wir nicht, darauf aufmerksam zu machen, daß die Hausmeister, die auf der Wyborger Seite von den hölzernen Trottoirs den Schmutz fegen, den Vorübergehenden deshalb nicht die Stiefel zu beschmutzen brauchten, zumal es nur geringe Mühe kosten würde, den Schmutz, wie man es im Ausland tut, zu Haufen zusammenzufegen" usw. usw....

»Was soll denn das?« fragte ich, verständnislos Prochór Ssáwitsch anblickend. »Was soll das alles?«

»Was?«

»Aber ich bitte Sie, anstatt unseren Iwan Matwejewitsch zu bedauern, bemitleiden sie hier das Krokodil!«

»Ja, warum denn nicht? Damit bemitleiden sie doch sogar ein Tier, ein *Säugetier*. Inwiefern stehen sie jetzt noch Europa nach? Dort hat man doch mit Krokodilen gleichfalls großes Mitleid. Hehehe!« Und nachdem er das gesagt hatte, wandte sich der alte Sonderling sogleich wieder seinen Akten zu, um hinfort kein Wort mehr zu verlieren.

Ich schob die beiden Zeitungen in die Tasche und versorgte mich für die Abendunterhaltung mit Iwan Matwejewitsch noch mit anderen alten Nummern der „Nachrichten" und des „Wóloß", so viele ich ihrer finden konnte. Dann drückte ich mich früher als sonst aus der Kanzlei. Zwar war bis zum Abend noch viel Zeit, doch ich wollte schon früher in die Passage gehen, um wenigstens von ferne zu sehen, was dort vorging, womöglich auch Äußerungen verschiedener Meinungen und Richtungen aufzufangen. Ich ahnte schon, daß ich dort ein großes Gedränge vorfinden würde, und schlug deshalb auf alle Fälle schon den Mantelkragen hoch, um mein Gesicht nach Möglichkeit zu verbergen. Denn aus irgendeinem Grund schämte ich mich ein wenig – so wenig sind wir die Öffentlichkeit gewohnt. Doch ich fühle, daß ich kein Recht habe, meine persönlichen prosaischen Empfindungen angesichts eines so bemerkenswerten und ungewöhnlichen Ereignisses wiederzugeben.

BOBOK

Diesmal bringe ich meinen Lesern hier diese „Aufzeichnungen eines Ungenannten". Dieser Mensch bin nicht ich; das ist vielmehr ein ganz anderer. Ich glaube, ein weiteres Vorwort ist nicht nötig.[1]

Aufzeichnungen eines Ungenannten

Fährt mich da vor drei Tagen dieser Ssemjón Ardaljónowitsch plötzlich ganz ohne weiteres an:

»Sag' doch ums Himmels willen, Iwán Iwánowitsch, wirst du denn überhaupt nicht mehr nüchtern werden?«

Sonderbare Anforderung. Fühle mich aber nicht gekränkt. Bin ein schüchterner Mensch. Einstweilen aber hat man mich schon für verrückt erklärt. Ein Maler hat mich porträtiert. Ganz zufällig. »Bist doch immerhin ein Schriftsteller«, sagte er. Na, meinetwegen. Und so gab ich mich dazu her. Dann hat er's ausgestellt. Kurz darauf lese ich: „Man gehe nur ja hin, um sich dieses krankhafte, dem Wahnsinn bereits nahe Gesicht anzusehen."

Von mir aus. Aber trotzdem: wie kann man das nur so unverblümt in der Zeitung schreiben? Schreiben sollte man in der Presse doch nur von edlen Dingen; Ideale tun not; und da schreiben sie nun so was...

Sag' es doch wenigstens indirekt, dazu gibt es doch Redewendungen. Aber nein, indirekt will er 's nicht mehr sagen. Heutzutage sind Humor und guter Stil schon im Verschwinden begriffen, und Geschimpfe wird für witzig gehalten. Nein. Fühle mich nicht gekränkt: bin nicht Gott weiß was für ein Schriftsteller, um verrückt

zu werden. Hab' mal eine Novelle geschrieben – die wurde nicht gedruckt. Schrieb ein Feuilleton – wurde abgelehnt. Solcher Feuilletons habe ich viele auf verschiedenen Redaktionen angeboten, überall wurden sie abgelehnt: es fehle ihnen an Salz, sagte man dazu. »Was für ein Salz braucht ihr denn?« fragte ich höhnisch, »etwa attisches?«
Kapieren nicht einmal die Frage. Meistens mache ich Übersetzungen aus dem Französischen für die Buchhändler. Verfasse auch Reklame-Anzeigen für Kaufleute: „Seltenheit! Prima Sorte! Feinster Tee von eigenen Plantagen!"... Für einen Panegyrikus auf den seligen Pjotr Matwéjewitsch erhielt ich mal ein nettes Sümmchen. Auf Bestellung eines Buchhändlers verfaßte ich ein Büchelchen „Die Kunst, den Damen zu gefallen". Solcher Büchelchen habe ich in meinem Leben an die sechs Stück verfaßt. Möchte eine Sammlung von Voltaires Bonmots herausgeben, fürchte aber, daß sie den Unsrigen zu wenig gepfeffert erscheinen werden. Was will man denn jetzt noch mit Voltaire! Knüppeldick muß man's heutzutage sagen, aber doch nicht wie Voltaire. Würden einander am liebsten gleich die letzten Zähne einschlagen! Also das wäre nun meine ganze literarische Tätigkeit bisher. Es sei denn, daß man noch mitrechnete, was ich so an ganz uneigennützigen Briefen an die Redaktionen verfaßt habe. Schicke sie stets mit meiner vollen Unterschrift. Ermahne, gebe Ratschläge, kritisiere und weise den richtigen Weg. An eine dieser Redaktionen habe ich in der vorigen Woche den vierzigsten Brief innerhalb zweier Jahre abgesandt; macht vier Rubel allein für die Briefmarken. Mein Charakter taugt nichts, das ist's.
Ich nehme an, daß der Maler mich nicht wegen der Schriftstellerei gemalt hat, sondern wegen der beiden symmetrischen Warzen auf meiner Stirn: ein Phänomen, sozusagen. Haben ja keine Ideen mehr, da versuchen sie es denn jetzt mit den Phänomenen. Dafür aber, wie sind ihm meine Warzen auf dem Bilde gelungen! – wie lebend, sag ich Ihnen! Das nennen sie jetzt Realismus.
Was aber das Verrücktsein betrifft, so haben sie ja bei uns im vorigen Jahr viele für verrückt erklärt. Und noch dazu in welch einem Stil! »Bei einem so urwüchsigen Talent!« hieß es da, »und zu guter Letzt erweist es sich nun... übrigens war das schon lange vorauszusehen...« Eigentlich noch recht schlau gesagt; so daß man es, vom Standpunkt der Kunst als Selbstzweck gesehen, sogar noch loben könnte. Nun sind jene inzwischen wieder aufgetaucht und

erweisen sich als gescheiter als zuvor. Jaja, andere um den Verstand zu bringen, darauf versteht man sich bei uns, aber klüger gemacht haben sie noch keinen.

Am klügsten ist meiner Meinung nach derjenige, der sich wenigstens einmal im Monat selbst einen Dummkopf nennt, – heutzutage eine unerhörte Fähigkeit! Früher wurde sich der Dummkopf mindestens einmal im Jahr dessen bewußt, daß er ein Dummkopf ist, heutzutage dagegen – nie und nimmer! Und dermaßen haben sie jetzt alles verwirrt, daß ein Dummkopf von einem Klugen gar nicht mehr zu unterscheiden ist. Das haben sie absichtlich so gemacht.

Da fällt mir ein spanisches Witzwort ein. Als die Franzosen vor zweieinhalb Jahrhunderten bei sich das erste Irrenhaus erbaut hatten, sagte man in Spanien: »Die haben alle ihre Dummköpfe in ein besonderes Haus eingesperrt, um glauben zu machen, sie selbst seien nun alle klug.« In der Tat: dadurch, daß man einen anderen ins Irrenhaus steckt, beweist man noch nicht den eigenen Verstand. »K. ist verrückt geworden, daraus folgt, daß wir jetzt klug sind.« Nein, das folgt daraus noch lange nicht.

Übrigens, zum Teufel... und wozu mache ich mich denn mit meinem Verstand hier so breit? Brumme und brumme ohne Unterlaß. Selbst der Dienstmagd bin ich schon langweilig geworden. Gestern besuchte mich ein Freund.

»Dein Stil«, sagte er, »verändert sich. Du hackst ja nur noch. Du hackst und hackst, und das soll dann eine Einleitung sein; darauf schreibst du ein Vorwort zu der Einleitung und dann schickst du in Klammern noch etwas voraus, und danach geht das Hacken von neuem los.«

Er hat recht. Es geht tatsächlich etwas Sonderbares in mir vor. Auch mein Charakter ändert sich, und der Kopf tut mir weh. Ich fange schon an, ganz absonderliche Sachen zu hören und zu sehen. Nicht geradezu, daß es Stimmen wären, die ich höre; aber es ist mir doch, als ob neben mir etwas gluckse: »bobók, bobók, bobók!« Was zum Teufel ist das für ein »bobók«? Muß mich zerstreuen.

Wollte mich zerstreuen, mußte aber zu einer Beerdigung. Entfernter Verwandter. Immerhin Kollegienrat. Eine Witwe, fünf Töchter, alle ledig. Schon die Schuhe allein für sie alle, was das kostet! Der Selige verstand ja noch zu verdienen, jetzt aber – nur ein kümmerliches Pensiönchen. Werden sich halt einschränken müssen.

Ich war ihnen immer unwillkommen. Und ich wäre auch jetzt nicht hingegangen, hätte es sich nicht um so einen Ausnahmefall gehandelt. Gab ihm mit den anderen das Geleit bis zum Friedhof. Die wandten sich von mir ab, taten stolz. Mein Mantel ist allerdings schon etwas abgetragen. Es wird wohl schon so an die fünfundzwanzig Jahre her sein, daß ein Friedhof mich zuletzt gesehen hat. Das ist auch so ein Ort!

Erstens schon der Geruch. An Leichen waren ganze fünfzehn zusammengekommen. Särge in verschiedenen Preislagen; sogar zwei Katafalke waren dabei: einer für einen General und einer für eine vornehme Dame. Viel traurige Gesichter, auch viel geheuchelte Trauer, aber auch viel unverhohlene Fröhlichkeit. Die Geistlichkeit darf sich nicht beklagen: die Einkünfte sind nicht übel. Aber der Geruch, der Geruch! Würde hier nicht Geistlicher sein wollen.

Nur vorsichtig blickte ich in die Särge, den Toten ins Gesicht[2]; aus Scheu vor dem möglichen Eindruck. Manche haben einen sanften Gesichtsausdruck, manche auch einen unangenehmen. Überhaupt: ihr Lächeln ist oft nicht schön, und bei manchen ist es sogar sehr abstoßend. Lieb's nicht; sehe es dann noch im Traum.

Nach dem Totenamt ging ich aus der Kirche hinaus an die Luft; der Tag war ein wenig trüb, aber trocken. Und auch kalt. Nun ja, wir sind auch schon im Oktober. Ging zwischen den Gräbern umher. Da gibt's verschiedene Klassen. Die dritte zu dreißig Rubel: recht anständig und doch nicht so teuer. Die beiden ersten in der Kirche und in der Vorhalle; natürlich nur für ganz große Beutel. Im Freien wurden diesmal etwa sechs beerdigt, darunter auch der General und die vornehme Dame.

Ich warf auch einen Blick in die offenen Gräber – schrecklich: Wasser, und was für ein Wasser! Ganz grün und... aber wozu davon reden! Der Totengräber mußte es immer wieder mit der Schöpfkelle herausschöpfen. Während der Dauer des Gottesdienstes schlenderte ich noch ein wenig hinaus vors Friedhofstor. Dort ist gleich ein Spital und etwas weiter auch ein Restaurant. Und gar kein übles: Imbiß und auch alles andere. Es war gesteckt voll von Menschen, die einem Toten das Geleit gegeben hatten. Bemerkte viel Munterkeit und echte Lebenslust. Ich aß einen Bissen und trank etwas dazu.

Beteiligte mich eigenhändig an der Überführung des Sarges aus der Kirche zum Grabe. Wie kommt es, daß die Toten im Sarge immer so schwer werden? Man sagt, das geschehe nach einem sogenannten

Trägheitsgesetz, weil der tote Körper sich angeblich nicht mehr selbst trage... oder irgend so einen Unsinn von dieser Art. Widerspricht der Mechanik und dem gesunden Menschenverstand. Kann's nicht ausstehen, wenn Leute mit nichts als Allgemeinbildung sich vordrängen, um über Spezialfragen zu urteilen. Bei uns aber erlebt man das auf Schritt und Tritt. Zivilisten urteilen mit Vorliebe über militärische Probleme, die allenfalls Feldmarschällen zustehen; Ingenieure üben Kritik an Philosophie und Nationalökonomie.

Zum nachfolgenden Leichenschmaus fuhr ich nicht. Hab auch meinen Stolz. Und wenn man mich nur in besonderen Ausnahmefällen unumgänglicherweise empfängt, wozu soll ich mich dann an ihren Tisch drängen, und sei es auch ein Mahl zu Ehren eines Verstorbenen! Verstehe nur nicht, weshalb ich auf dem Friedhof blieb; setzte mich auf einen Grabstein und versenkte mich in entsprechende Gedanken.

Begann mit der Moskauer Ausstellung und gelangte dahin, daß ich über das Sich-Wundern zu grübeln begann; dieses im allgemeinen genommen, so als Thema überhaupt. Kam darüber zu folgendem Ergebnis:

‚Sich über alles wundern, ist natürlich dumm, dagegen ist Sich über nichts wundern viel hübscher und aus irgendeinem Grunde sogar guter Ton. Aber in Wirklichkeit verhält es sich wohl kaum so. Meiner Ansicht nach ist Sich über nichts wundern viel dümmer als Sich über alles wundern. Und außerdem: Sich über nichts wundern ist fast dasselbe wie nichts achten. Aber ein dummer Mensch kann ja auch gar nichts achten.'

»Vor allen Dingen will ich achten. Ich *lechze* danach, achten zu können«, sagte dieser Tage einer meiner Bekannten zu mir – im Verlauf eines Gesprächs.

Lechzt danach, achten zu können! ‚Herrgott', dachte ich bei mir, ‚was würde mit dir geschehen, wenn du es wagtest, das jetzt drukken zu lassen!'

Verlor mich darüber in Gedanken. Mag nicht die Inschriften auf den Grabmälern lesen. Ewig dasselbe. Auf der Grabplatte neben mir lag ein nicht zu Ende gegessenes Butterbrot; dumm und unpassend. Schubste es weg von der Grabplatte auf die Erde, denn das war ja nicht Brot, bloß ein Butterbrot. Übrigens: Brot auf die Erde zu werfen, das ist keine Sünde, glaube ich; nur auf den Fußboden, das ist Sünde. Muß in Ssuwórins Kalender nachschlagen.

Es ist anzunehmen, daß ich lange so dasaß, sogar allzulange. Das heißt, ich streckte mich sogar halbwegs aus auf dem langen Stein von der Form eines Sarkophagdeckels. Und wie das dann so kam, daß ich auf einmal allerhand zu hören begann –? Anfangs beachtete ich's nicht weiter, fand's nicht beachtenswert. Aber das Gespräch wurde fortgesetzt. Höre: dumpfe Stimmen, als spräche man mit einem Kissen vor dem Mund; und trotzdem doch deutlich vernehmbar und wie aus nächster Nähe. Ich kam zu mir, setzte mich auf und begann aufmerksam zu lauschen.

»Aber, Exzellenz, ich bitt' Sie, so geht das doch nicht! Sie sagten Coeur an, ich richte mich danach, gehe Whist, und plötzlich spielen Sie Karo Sieben aus! Das hätte doch vorher vereinbart werden müssen!«
»Was! – wollen Sie, daß ich auswendig spiele, aus dem Gedächtnis? Was ist denn das für ein Spaß?«
»Nein, so geht das nicht, Exzellenz, ohne Garantie ist es unmöglich. Wir müssen unbedingt mit einem Strohmann spielen, und ein Stich muß blind sein.«
»Ein Strohmann wird hier wohl nicht aufzutreiben sein.«

Was für hochmütige Worte! Sowohl seltsam als unerwartet! Die eine Stimme so selbstbewußt, so gewichtig, die andere gleichsam weich und süßlich. Hätte es nicht für möglich gehalten, wenn ich's nicht mit eigenen Ohren gehört hätte. Ich befand mich doch wohl nicht beim Leichenschmaus? Aber wie ging denn das zu, daß hier Préférence gespielt wurde, und was war das für eine Exzellenz? Daß die Stimmen aus den Gräbern kamen, daran war nicht zu zweifeln. Ich beugte mich und las die Inschrift auf der Grabplatte: „Hier ruht der irdische Leib des Generalmajors Perwojédoff... Ritters der und der Orden..." Hm! „Gestorben am ...ten August des Jahres... im Alter von siebenundfünfzig... Ruhe sanft, geliebter Staub, bis zum frohen Morgen!"
Hm! Teufel noch eins, tatsächlich ein General! Auf dem anderen Grabe, aus dem die schmeichelnde Stimme gekommen war, befand sich noch kein Grabmal, nur ein Täfelchen; wohl ein erst unlängst Begrabener. Der Stimme nach ein Hofrat.

»Óch–hohoho!« ertönte plötzlich eine neue Stimme, etwa fünf Klafter weit vom Generalsgrabe, aus einem ganz frischen Grabhügel, eine Männerstimme, so eine einfachere aus dem Volk, jetzt aber wie von Andacht und Rührung gedämpft.

»Óch–hohoho!«

»Ach, da hat er schon wieder sein Aufstoßen!« rief sogleich angeekelt die hochnäsige Stimme einer gereizten Dame, anscheinend aus den höchsten Gesellschaftskreisen. »Es ist doch eine wahre Strafe für mich, neben diesem Krämer zu liegen!«

»Das war doch gar kein Aufstoßen. Ich habe doch gar keine Nahrung zu mir genommen, hab ja nur geseufzt. Sie aber, Gnädige, können sich Ihre irdischen Launen wohl noch immer nicht abgewöhnen.«

»Warum haben Sie sich denn hergelegt?«

»Hab mich nicht selber hergelegt, begraben haben mich hier meine Frau und meine kleinen Kinderchen, nicht ich. Das ist das Geheimnis des Sterbens. Hätt' ich mich doch selber nie und nimmer neben Sie gelegt, um kein Gold der Welt; liege aber hier wohl nur entsprechend meinem Kapital, nach dem Preis zu urteilen. Denn das können wir immer, daß wir für unser Grabchen den vollen Preis bezahlen.«

»Will's gern glauben, hast deine Kunden schon zu beschummeln verstanden!«

»Wie hätt' ich Sie denn beschummeln können, wenn Sie schon seit dem Januar keine Abzahlung mehr geleistet haben? Hab' noch eine nette Rechnung für Sie in meinem Laden.«

»Das ist doch die Höhe! Selbst hier noch Schulden einkassieren zu wollen, das ist wirklich unerhört! Gehen Sie hinauf, wenden Sie sich an meine Nichte; die ist die Erbin.«

»Was soll ich jetzt noch einkassieren und wohin gehen! Wir haben beide die Schranke erreicht und sind vor Gottes Gericht beide in Fehl und Sünde gleich.«

»In Fehl und Sünde!« spottete mit Verachtung die Tote. »Und unterstehen Sie sich nicht, mich noch weiter anzureden!«

»Óch–hohoho!«

»Aber der Krämer gehorcht doch der Gnädigen, Exzellenz.«

»Warum sollte er denn auch nicht gehorchen?«

»Nun ja, aber hier gibt es doch bekanntlich eine neue Ordnung, Exzellenz.«

»Was ist denn das für eine neue Ordnung?«

»Aber wir sind doch sozusagen gestorben, Exzellenz.«

»Ach, ja! Nun, aber immerhin ist's doch eine Ordnung…«

Na, das muß ich schon sagen, die haben mir wirklich den Gefallen getan, mich zu zerstreuen! Wenn es schon hier so weit kommt, was kann man dann erst im oberen Stockwerk erwarten? Aber was sind das immerhin für Späße! Fuhr indessen doch fort zu lauschen, wenn auch mit heftigstem Unwillen.

»Nein, *ich* würde das Leben schon zu genießen wissen! Nein... ich, wissen Sie... ich würde das Leben schon zu genießen wissen!« hörte ich da plötzlich eine neue Stimme irgendwoher zwischen dem General und der reizbaren Dame.

»Hören Sie nur, Exzellenz, unser Nachbar fängt schon wieder damit an! Manchmal schweigt und schweigt er ganze drei Tage lang und dann auf einmal: ‚*Ich* würde das Leben schon zu genießen wissen; ich, wissen Sie, ich würde das Leben schon zu genießen wissen!' Und *wie* er das sagt, hören Sie doch nur, mit welch einem Appetit, hehehe!«

»Und Leichtsinn.«

»Ihm geht es schon nah, Exzellenz, er ist doch schon im Begriff, ganz einzuschlafen, wissen Sie, er ist ja schon seit dem April hier; aber zwischendurch rafft er sich doch noch auf, und dann kommt plötzlich dieses: ‚*Ich* würde das Leben schon zu genießen wissen!'«

»Ziemlich langweilig«, bemerkte Seine Exzellenz.

»Langweilig, Exzellenz? Sollte man dann nicht Awdótja Ignátjewna wieder ein wenig necken, hehe?«

»Nein, da muß ich Sie schon bitten, mich aus dem Spiel zu lassen. Kann diese zänkische Keiferin wirklich nicht ausstehen.«

»Und ich kann sie alle beide nicht ausstehen!« keifte sofort die Beleidigte erbost zur Antwort. »Sie sind ja beide sterbenslangweilig und verstehen überhaupt nicht, von etwas Idealem zu reden. Und von Ihnen, Exzellenz, – tun Sie gefälligst nur nicht so stolz – wüßte ich ein Geschichtchen zu erzählen: wie ein Diener Sie eines Morgens mit der Zimmerbürste unter einem Ehebett hervorgefegt hat...«

»Gemeines Frauenzimmer!« knurrte der General unwirsch.

»Mütterchen, Awdótja Ignátjewna«, rief plötzlich wieder der Kaufmann, »sag mir doch, meine Gnädige, ohne mir Böses nachzutragen, was ist denn das hier, muß ich erst die Übergänge und Zustände der Seele nach dem Tode durchmachen, oder was ist das sonst?«

»Ach, da kommt er mir schon wieder damit! Ahnte ich's doch, denn der Geruch, der von ihm ausgeht, zeigt ja die beginnende Verwesung schon an!«

»Aber ich verwese doch noch längst nicht, Mütterchen, und ich kann wohl sagen, daß von mir überhaupt kein Geruch ausgeht. Denn meine Leiblichkeit hat sich noch ganz unversehrt erhalten. Aber Sie, Gnädige, Sie fangen ja schon an, zu verwesen, denn der Gestank ist wirklich unerträglich, selbst hier für diesen Ort. Ich schwieg bis jetzt nur aus Höflichkeit.«

»Ach, dieser schändliche Verleumder! Er selbst ist es, der so stinkt, und er hat noch die Frechheit, es auf mich zu schieben!«

»Óchhohoho! Wenn doch mein vierzigster Tag schneller käme![3] Würde dann ihre traurigen Stimmen über mir hören, meines Weibes Schluchzen und der Kinder leises Weinen!...«

»Da hört doch, worüber der jammert! Die werden sich schon vollschlagen mit dem Reisbrei[4] und wieder heimfahren! Ach, wenn doch wenigstens jemand erwachen wollte!«

»Awdótja Ignátjewna«, sagte sogleich der schmeichlerische Beamte, »gedulden Sie sich nur noch ein Weilchen. Die Neuen werden schon bald zu reden anfangen!«

»Und sind auch junge Männer unter ihnen?«

»Gewiß, gewiß, auch junge Männer, Awdótja Ignátjewna, – sogar Jünglinge.«

»Ach, die kämen ja wie gerufen!«

»Wie, sind sie denn noch nicht zu sich gekommen?« erkundigte sich Exzellenz.

»Selbst die von vorvorgestern sind noch nicht erwacht. Exzellenz wissen doch selbst, daß sie zuweilen die ganze erste Woche schweigen. Zum Glück hat man vorgestern, gestern und heute eine ganze Menge und fast zu gleicher Zeit angefahren. Sonst sind doch hier im Umkreis von etwa zehn Klaftern lauter Vorjährige.«

»Ja, merkwürdig.«

»Und wissen Exzellenz, heute hat man den Wirklichen Geheimrat Tarassévitsch beerdigt. Ich erkannte die Stimmen. Seinen Neffen kenne ich sehr gut. Der half vorhin den Sarg versenken.«

»Hm, wo liegt er denn hier?«

»An die fünf Schritte links von Ihnen, Exzellenz. Fast zu Ihren Füßen... Wie wär's, Exzellenz, wenn Sie sich mit ihm bekannt machen würden?«

»Hm, nein – wie denn?... ich kann doch nicht den ersten Schritt tun.«

»Oh, er wird schon selbst anfangen, Exzellenz. Er wird sich sogar geschmeichelt fühlen, überlassen Sie es nur mir, und ich werde...«

»Ach, ach... ach, was ist denn das, wo bin ich?« ließ sich da plötzlich eine ganz junge, heisere und erschrockene neue Stimme vernehmen.

»Ein Neuer, Exzellenz, ein Neuer, Gott sei Dank, und wie schnell erwacht! Manchmal schweigen sie ja zunächst eine ganze Woche...«

»Ach, ich glaube, es ist ein Jüngling!« rief Awdótja Ignátjewna ganz verzückt.

»Ich... ich... ich bin an einer Komplikation... und ganz plötzlich!« begann der Jüngling wieder zu stammeln. »Noch am Abend sagte mir Schulz: ‚Sie haben eine Komplikation', sagte er, und gegen Morgen, ganz plötzlich, da bin ich dann auf einmal gestorben. Ach! Ach!«

»Nun, da ist nichts zu machen, junger Mann«, bemerkte der General leutselig, offenbar erfreut über den Neuankömmling, »man muß sich zu trösten wissen. Also willkommen in unserem sogenannten Tale Josaphat. Wir sind gute Menschen. Sie werden uns schon kennen und schätzen lernen. Generalmajor Perwojédoff, zu Ihren Diensten.«

»Ach, nein! Nein, das kann ich nicht, hierbleiben. Ich werde doch von Doktor Schulz behandelt. Es hat sich bei mir eine Komplikation eingestellt, müssen Sie wissen. Zuerst hatte ich es nur auf der Brust, und dazu Husten; dann erkältete ich mich, und es kam eine Grippe hinzu... dann plötzlich, ganz unerwartet... das ist es ja vor allem, daß es so unerwartet kam...«

»Sie sagen, zuerst hätten Sie es nur auf der Brust gehabt?« mischte sich mit weicher Stimme der Beamte ein, wie um den Jüngling abzulenken und ihm den Übergang zu erleichtern.

»Ja, nur Schmerzen in der Brust und Schleimauswurf; dann hörte der Auswurf auf und ich konnte nicht mehr atmen... und wissen Sie...«

»Ich weiß, ich weiß. Aber wenn es die Brust war, dann hätten Sie eher Doktor Eck konsultieren sollen als Doktor Schulz.«

»Ich aber, wissen Sie, ich hatte immer vor, zu Bótkin zu gehen... und plötzlich...«

»Nun, Botkin schröpft aber...«, bemerkte der General.

»Ach, nein, er schröpft doch überhaupt nicht; ich habe gehört, er sei so gewissenhaft und könne alles voraussagen.«

»Exzellenz meinten das nur betreff des Honorars«, berichtigte der Beamte.

»Ach, gar nicht, er nimmt nur drei Rubel und untersucht so gründlich und schreibt einem ein Rezept... ich wollte doch unbedingt zu ihm, denn man hatte mir doch gesagt... Ja, wie denn nun, meine Herren, zu wem soll ich denn jetzt: zu Eck oder zu Botkin?«

»Was? Wohin?« fragte der General mit einem angenehm weich schütternden Lachen. Der Beamte sekundierte ihm natürlich sofort mit seiner Fistelstimme.

»Mein lieber Junge, mein lieber lustiger Junge, wie ich dich liebe!« fiel Awdotja Ignatjewnas schrille Stimme ganz begeistert ein. »Ach, wenn man doch so einen neben mich gebettet hätte!«

Nein, das ist doch nicht möglich, das ist doch nicht mehr zulässig! Und das soll ein Toter unserer Zeit sein! Aber schließlich müßte man doch noch mehr hören und sich mit dem Urteil nicht übereilen. Dieser grüne Neuling! Ich erinnere mich noch, wie er vorher im offenen Sarge ausgesehen hatte: Ausdruck eines verängstigten Hühnchens, der widerwärtigste auf der ganzen Welt! Aber was wird nun weiter geschehen?

Doch was danach kam, war ein solches Durcheinander, daß ich mir längst nicht alles merken konnte. Denn es erwachten viele zu gleicher Zeit, unter anderem auch ein höherer Beamter, einer von den Staatsräten, der mit dem General sofort und ohne alle Präliminarien in ein Gespräch geriet über das Projekt einer Subkommission im Ministerium des ...en, und über die mit dieser Subkommission in Verbindung stehende mutmaßliche Versetzung verschiedener Amtspersonen, – wofür sich der General ungemein, ganz ungemein interessierte. Ich muß gestehen, daß auch ich hierbei viel Neues erfuhr, – schüttelte noch mein Haupt vor Verwunderung über die Wege, auf denen man hier in dieser Haupstadt manchmal administrative Neuigkeiten erfahren kann. Darauf erwachte ein Ingenieur, aber nur halb und halb, denn er murmelte noch lange ungereimtes Zeug, so daß die anderen ihn vorläufig mit Fragen in Ruhe ließen, bis er »sich ausgelegen« habe. Zum Schluß bekundete auch noch die unter dem Katafalk beerdigte vornehme Dame einige Anzeichen der Grabesbeseelung. Lebesjátnikoff (es stellte sich nämlich heraus, daß der schmeichlerische, mir verhaßte Hofrat, der sich neben dem General Perwojédoff befand, Lebesjátnikoff hieß) war sehr in Anspruch genommen und wunderte sich besonders darüber, daß diesmal die meisten so bald erwachten... Ich gestehe, daß auch ich mich darüber wunderte. Übrigens waren einige von den Erwachenden bereits vor zwei Tagen beerdigt worden, wie zum Beispiel ein ganz junges Mädchen, eine Sechzehnjährige, die fortwährend kicherte... gemein und sinnlich kicherte.

»Exzellenz, Geheimrat Tarassèwitsch ist im Begriff zu erwachen!« meldete plötzlich Lebesjátnikoff mit außergewöhnlichem Eifer.
»Ja? Was gibts?« fragte da auch schon, aber noch wie im Halbschlaf, der erwachende Geheimrat. Im Tonfall seiner anmaßend quäkenden Stimme lag etwas Launisches und Kommandierendes. Ich horchte interessiert auf, denn in den letzten Tagen hatte ich von eben diesem Tarassewitsch allerhand reden hören – im höchsten Grade Verfängliches und Aufregendes.
»Ich bin es, Exzellenz, vorerst nur ich.«
»Was betrifft Ihr Gesuch und was wünschen Sie?«
»Ich wollte mich nur nach dem Befinden Eurer Exzellenz erkundigen. Anfänglich fühlt sich hier ja ein jeder ein wenig beengt, aus Ungewohnheit... General Perwojèdoff würde es sich zur Ehre anrechnen, die Bekanntschaft Eurer Exzellenz zu machen, und hofft...«
»Nie gehört.«
»Ich bitte, Exzellenz, General Perwojedoff, Wassílij Wassíljewitsch.«
»Sind Sie General Perwojedoff?«
»Nein, Exzellenz, ich bin nur der Hofrat Lebesjátnikoff, zu Ihren Diensten; aber der General Perwojedoff...«
»Unsinn! Lassen Sie mich gefälligst in Ruh!«
»Lassen Sie ihn!« sagte würdevoll General Perwojedoff und hielt damit selbst den schäbigen Eifer seines Grabagenten auf.
»Er ist ja noch nicht ganz erwacht, Exzellenz, das muß man doch noch in Betracht ziehen; es ist doch noch neu für ihn, ungewohnt; wenn er erst mal ganz erwacht ist, wird er es anders aufnehmen...«
»Lassen Sie ihn«, wiederholte der General nur.

»Wassílij Wassíljewitsch! Heda, Sie! Ex-zellenz!« rief plötzlich laut und herausfordernd dicht neben Awdotja Ignatjewna eine ganz neue Stimme – eine unverschämte Herrenstimme mit dem blasiert schleppenden Tonfall und dem albernen Skandieren mehrsilbiger Wörter, wie das in jenen Kreisen jetzt Mode ist. »Ich höre Ihnen schon seit geschlagenen zwei Stunden zu. Ich liege doch schon seit drei Tagen hier. Sie er-innern sich wohl meiner, Wassílij Wassíljewitsch? – Klinèwitsch. Haben uns bei Wolokónskijs kennengelernt, wo man Sie, ich weiß nicht warum, gleichfalls empfing.«

»Wie, Graf Pjotr Petrówitsch?... sind Sie es wirklich?... und in so jungen Jahren!... Wie ich's bedauere!«

»Tja, bedauere es natürlich gleichfalls, nur ist mir das jetzt ziemlich e–gal. Denn ich habe die Absicht, auch aus dieser Situation noch alles Mögliche herauszuholen. Und... bin nicht Graf, sondern Baron, nur Baron. Wir sind ja irgend solche grindigen Barönchen von Lakaienabstammung, tja, und ich weiß auch wahrhaftig nicht wieso, – äh, 's ist übrigens auch ganz e-gal. Ich bin bloß so ein Taugenichts aus der pseudo-höheren Gesellschaft und man nennt mich einen ‚lieben Polisson'. Mein Vater war irgend so ein unbedeutender General, und meine Mutter ist einmal en haut lieu empfangen worden... Im vorigen Jahr habe ich mit dem Juden Siffel fünfzigtausend Rubel in falschen Banknoten in Umsatz gebracht und habe ihn dann angezeigt. Mit dem Geld aber ist mir Julka Charpentier de Lusignan durchgebrannt, tja, nach Bordeaux, glaube ich. Und denken Sie sich, ich war doch schon so gut wie verlobt, mit der kleinen Schtschewaléwskaja, drei Monate fehlten ihr noch an sechzehn Jahren, ist noch im Institut, mit einer Mitgift von neunzigtausend Rubeln. Äh, Awdotja Ignatjewna, erinnern Sie sich noch, wie Sie mich vor cirka fünfzehn Jahren, als ich noch ein vierzehnjähriger Page war, verdarben?«

»Ach, das bist du, Nichtsnutz! So hat Gott doch wenigstens dich hergeschickt, denn sonst ist es hier...«

»Sie haben zu Unrecht Ihren Nachbarn, den Negozianten, der Verbreitung des üblen Geruchs verdächtigt... Ich habe dazu geschwiegen und innerlich gelacht. Dieser Geruch geht doch von mir aus; man hat mich ja deswegen auch schon im geschlossenen Sarge hergebracht.«

»Ach, Sie Abscheulicher! Aber es freut mich trotzdem; Sie können es sich bestimmt nicht vorstellen, Klinéwitsch, welch ein Mangel an Leben und Esprit hier herrscht!«

»Nun ja, nun ja, und eben deshalb habe ich die Absicht, hier etwas Neues, Originelles einzuführen. Euer Exzellenz – ich meine nicht Sie, Perwojedoff, sondern den anderen –, Geheimrat Tarassewitsch, he! So antworten Sie doch! Ich bin Klinéwitsch, der Sie in der Fastenzeit bei Mademoiselle Füry einführte, hören Sie mich?«

»Ich höre Sie, Klinéwitsch, bin sehr erfreut, und Sie können mir glauben...«

»Ich glaube Ihnen auch nicht ein Wort, aber das ist ja e–gal. Ich würde Sie, köstlicher Greis, am liebsten abküssen, kann 's aber hier,

Gott sei Dank, nicht. Wissen Sie auch, meine Herrschaften, was dieser grand-père dort angestiftet hat? Er ist vor drei oder vier Tagen gestorben und – können Sie sich das vorstellen – hat ein Kassendefizit von rund vierhunderttausend Rubeln hinterlassen! Das Geld für die Witwen und Waisen... Er hat es aus irgendeinem Grunde ganz selbständig verwalten dürfen, und in den letzten acht Jahren hat man die Kasse überhaupt nicht mehr revidiert. Tja, da kann man sich nun vorstellen, was für lange Gesichter sie jetzt dort machen und wie sie seiner gedenken! Nicht wahr, ein wonniger Gedanke! Ich konnte es mir schon das ganze letzte Jahr nicht erklären, wie dieser siebzigjährige Klappergreis, Podagrist und Chiragriker noch die Kraft zu einem so ausschweifenden Leben aufbrachte, und – da haben wir jetzt die Lösung des Rätsels! Diese Witwen und Waisen – tja, du lieber Gott, schon der bloße Gedanke an sie hat ihn doch in Glut bringen müssen!... Ich war schon längst im Bilde, nur ich allein, die Charpentier hatte mir alles erzählt, und nachdem ich es erfahren hatte, in der Osterwoche, rückte ich ihm sofort auf den Leib, nur so ganz freundschaftlich: ‚Sofort Fünfundzwanzigtausend her, wenn nicht, kommt man morgen revidieren.' Und was glauben Sie wohl, er hatte damals nur noch dreizehntausend in der Kasse, so daß er jetzt, wie mir scheint, sehr zur rechten Zeit gestorben ist. Grandpère, grandpère, hören Sie es?«

»Cher Klinéwitsch, ich bin mit Ihnen durchaus derselben Ansicht, und es ist ganz überflüssig... daß Sie sich in solchen Details ergehen. Es gibt im Leben so viel Leid und Qual und nur so geringes Entgelt dafür... Ich hatte den Wunsch, schließlich zur Ruhe zu kommen, und soviel ich sehe, kann ich hoffen, auch aus meinem hiesigen Aufenthalt alles mögliche...«

»Haha, ich könnte wetten, daß er schon Katjísch Berestowa gewittert hat!«

»Wen?... Was für eine Katjísch?« fragte sofort sinnlich vibrierend die Stimme des Alten zurück.

»A–ah? Also was für eine Katjisch? Äh, nun, hier links, etwa fünf Schritte von mir, – von Ihnen zehn. Sie liegt hier schon seit fünf Tagen. Wenn Sie wüßten, grand-père, was das für ein Luderchen ist... Aus gutem Hause, wohlerzogen und – ein monstre, ein monstre im höchsten Grade! Ich habe sie dort an niemanden verraten, ich allein wußte es nur... Katjisch, he! antworte doch!«

»Hihihi!« antwortete das kichernde Lachen einer hohen, gleichsam klirrenden Mädchenstimme, in der etwas wie Nadelstiche klang.

»Und ist sie blond?« stieß lispelnd, kurzatmig grand-père in vier Lauten hervor.

»Hihihi!«

»Mir... mir gefiel schon lange...«, fuhr der Alte kurzatmig lispelnd fort, »schon lange der Gedanke an ein Blondköpfchen... ein... ein fünfzehnjähriges... und gerade unter solchen Umständen...«

»Ungeheuer!« rief Awdotja Ignatjewna empört.

»Genug!« entschied Klinewitsch. »Ich sehe schon, daß das Material vortrefflich ist. Wir werden uns hier bald fa–mos einrichten. Die Hauptsache ist, daß man die übrig gebliebene Zeit lustig verbringt... Aber was für eine Zeit ist das eigentlich? Heda, Sie, irgendein Beamter, der Sie da sind, Lebesjátnikoff – nicht? – ich glaube, man nannte Sie vorhin so?«

»Gewiß, gewiß, Lebesjátnikoff, Hofrat, Ssemjón Jewsséjitsch, stehe zu Ihren Diensten, und es freut mich, freut mich, ungemein.«

»Äh, 's ist mir wirklich e–gal, ob es Sie freut, nur scheinen Sie hier alles zu wissen. Sagen Sie mir erstens, (ich wundere mich schon seit gestern darüber) – auf welch eine Weise sprechen wir denn hier eigentlich? Wir sind doch tot, gestorben, trotzdem aber sprechen wir; ja: es ist auch gleichsam, als ob wir uns sogar bewegten, währenddessen bewegen wir uns weder noch sprechen wir? Was ist das für ein Gaukelspiel?«

»Das, oh das, wenn Sie es wünschen, Baron, könnte Ihnen Platón Nikolájewitsch weit besser erklären als ich.«

»Was ist das für ein Platón Nikolájewitsch? Keine Ausflüchte. Kommen Sie zur Sache.«

»Platón Nikolájewitsch ist hier unser einheimischer Philosoph, Naturforscher und Magister. Hat bei Lebzeiten mehrere philosophische Bücher verfaßt. Doch wird es jetzt wohl schon an die drei Monate her sein, daß er sich anschickt, ganz einzuschlafen, daher dürfte es schwerfallen, ihn noch wachzurütteln. Er brummt jetzt höchstens einmal in der Woche einige zusammenhanglose Worte, die eigentlich nicht zur Sache gehören...«

»So kommen *Sie* doch wenigstens zur Sache!...«

»Er... er erklärt das mit einer allereinfachsten Tatsache, nämlich damit, daß wir oben, als wir noch lebten, den dortigen Tod irrtümlicherweise für den endgültigen Tod gehalten haben. Hier aber erwacht der Körper gewissermaßen noch einmal. Die Überreste des Lebens sammeln sich, aber sie konzentrieren sich nur im Bewußtsein. Also... – ich weiß eigentlich selbst nicht, wie ich mich aus-

drücken soll – also das Leben setze sich hier gewissermaßen noch fort nach dem Gesetz des Beharrungsvermögens. Alles konzentriere sich seiner Meinung nach irgendwo im Bewußtsein und dauere dort noch drei oder vier Monate lang fort, zuweilen sogar ein ganzes halbes Jahr... Es gibt hier zum Beispiel einen, der fast schon ganz in Auflösung begriffen ist, aber etwa alle sechs Wochen murmelt er plötzlich doch noch einmal ein Wort, natürlich ein sinnloses, irgend so was wie ‚bobók: bobók, bobók, bobók', – also glüht doch auch in ihm noch etwas Leben, wie ein unsichtbares Fünklein...«
»Alles ziemlich dumm, was Sie sagen. Aber wie kommt es, daß ich, ohne Geruchssinn zu haben, dennoch diesen Gestank hier rieche?«
»Das... hehe... Ja, was das betrifft, so begab sich unser Philosoph, offen gestanden, hier schon in den Nebel. Gerade über den Geruchssinn bemerkte er, man rieche hier nur, hehe, sozusagen den, hehe, moralischen Gestank! Den Gestank der Seele gewissermaßen, damit man sich in diesen zwei, drei Monaten noch besinnen könne... und dieses wäre sozusagen noch die letzte Gnadenfrist... Nur glaube ich, Baron, das ist alles schon mystische Fieberphantasie, natürlich durchaus entschuldbar durch seine gegenwärtige Verfassung...«
»Danke, das genügt; ich bin überzeugt, daß alles weitere Unsinn ist. Es genügt, daß wir jetzt wissen, woran wir sind: also noch zwei oder drei Monate Leben und zu guter Letzt – bobók. Nun schlage ich allen vor, diese zwei Monate möglichst angenehm zu verbringen, und uns zu dem Zweck nach vollkommen neuen Grundsätzen einzurichten. Meine Damen und Herren! Ich schlage vor, *sich überhaupt nicht mehr zu schämen!*«
»Ach ja, ach ja! Wollen wir uns nicht mehr schämen!« riefen sofort viele Stimmen, und sonderbar, es ließen sich auch viele ganz neue Stimmen vernehmen, was natürlich bedeutete, daß hier inzwischen noch andere erwacht waren. Mit ganz besonderer Bereitwilligkeit und dröhnendem Baß äußerte der jetzt bereits völlig belebte Ingenieur seinen Beifall. Katjisch kicherte erfreut.
»Ach, wie gern ich mich überhaupt nicht mehr schämen möchte!« rief begeistert Awdotja Ignatjewna aus.
»Hören Sie, wenn schon Awdotja Ignatjewna sich überhaupt nicht mehr schämen will...«
»Nein-nein-nein, Klinéwitsch, ich habe mich wirklich geschämt, immerhin habe ich mich doch geschämt. Aber hier möchte ich mich furchtbar, furchtbar gern nicht mehr schämen!«
»Ich verstehe, Klinewitsch«, meinte mit seiner Baßstimme der Inge-

nieur, »daß Sie vorschlagen, das hiesige, sagen wir, Leben auf neuen und vernünftigen Grundsätzen aufzubauen...«

»Äh, darauf pfeife ich! Was das betrifft, so wollen wir lieber auf Kudejároff warten, – gestern beerdigt. Wenn der erwacht, wird er Ihnen alles erklären. Das ist eine Persönlichkeit, ein geistiger Riese! Morgen, denk ich, wird man noch so einen Naturwissenschaftler 'ranschleppen, einen Leutnant jedenfalls, und wenn ich mich nicht täusche, nach drei-vier Tagen einen Feuilletonisten, vielleicht sogar mitsamt seinem Redakteur. Übrigens, hol sie der Henker! Jedenfalls wird sich hier bei uns ein geschlossener Kreis bilden und, na ja, es wird sich dann schon alles ganz von selbst machen. Doch – eine Bedingung! – *ich verlange, daß man nicht lügt.* Nur dieses eine verlange ich, denn das ist doch die Hauptsache. Auf der Erde leben und nicht lügen ist unmöglich, denn Leben und Lüge sind synonym; hier aber wollen wir zur Erhöhung unseres Spaßes einmal *nicht* lügen. Teufel noch eins! – es hat doch schließlich etwas zu bedeuten, daß man im Grabe liegt!... Ein jeder von uns wird sein Leben erzählen und sich keiner einzigen Sache mehr schämen. Ganz zuerst werde ich meine Lebensgeschichte zum besten geben. Ich, wissen Sie, ich gehöre zu den Wollüstlingen... Dort oben war alles mit faulen Schnüren zusammengebunden. Reißen wir sie ab, diese faulen Schnüre, fort mit ihnen, und lassen Sie uns diese zwei Monate in der schamlosesten Wahrheit verleben! Entblößen wir uns alle, und zeigen wir uns nackt!«

»Ach ja, ja! Entblößen wir uns, entblößen wir uns!« riefen alle Stimmen aus vollem Halse.

»Ach, ich möchte mich furchtbar, furchtbar gern entblößen!« rief auch Awdotja Ignatjewnas schrille Stimme.

»Ach... ach... Ach, ich sehe schon, es wird hier lustig werden, ich will nicht mehr zu Eck!«

»Nein, *ich* würde das Leben schon zu genießen wissen! Ich, ja, ich würde es schon zu genießen wissen!« – »Hihihi!« kicherte Katjisch.

»Vor allen Dingen kann uns hier niemand etwas verbieten, und wenn sich auch Perwojédoff, wie ich sehe, ärgert, so kann er mir doch nichts anhaben... Grand-père, sind Sie einverstanden?«

»Oh, oh, ich bin durchaus, durchaus einverstanden und mit dem größten Vergnügen, aber unter der Bedingung, daß Katjisch als erste ihre Bi–o–graphie zum besten gibt.«

»Ich protestiere! Ich protestiere mit allem Nachdruck!...« erklärte plötzlich mit fester Stimme General Perwojedoff.

»Exzellenz! flehte sofort in ängstlicher Erregung und mit gesenkter Stimme der Nichtsnutz Lebesjatnikoff, um ihn eines Besseren zu belehren: »Aber, Exzellenz, es ist doch für uns sogar vorteilhafter, wenn wir zustimmen. Hier ist, wissen Sie, dieser Backfisch... und schließlich, alle diese kleinen Späßchen...«
»Nun schön, gesetzt – ein Backfisch, aber...«
»Vo–vo–vorteilhafter, Exzellenz, bei Gott, es wäre vorteilhafter! Sagen wir meinetwegen nur so als kleines Beispiel, nur so zur Probe...«
»Selbst im Gra–abe läßt man einen nicht zur Ruhe kommen!«
»Erlauben Sie, General«, unterbrach ihn Klinewitsch gemessen, »erstens: Sie geruhten vorhin selbst im Gra–abe Préférence zu spielen, und zweitens – sind Sie uns ganz e–gal, – aber wirklich ganz!«
»Mein Herr, ich bitte Sie, sich nicht zu vergessen!«
»Was? – Tja, Sie können mich doch nicht erreichen, und ich kann Sie von hier aus necken, so viel ich will – wie Julkas Bologneserhündchen. Und übrigens, – äh, meine Herren, was ist er denn hier noch für ein General? Dort mag er ja General gewesen sein, hier aber ist er nichts, – überhaupt nichts!«
»Nein, mein Herr, auch hier bin ich...«
»Hier werden Sie im Sarg verfaulen und was von Ihnen übrig bleibt – sind sechs Messingknöpfe.«
»Bravo, Klinewitsch, hahaha!« gröhlten lachende Stimmen.
»Ich habe meinem Kaiser gedient... ich... ich besitze einen Degen!«
»Äh, mit Ihrem Degen kann man jetzt Mäuse aufspießen, und zudem haben Sie ihn noch nie gezogen.«
»Das... bleibt sich gleich. Ich machte einen Teil des Ganzen aus!«
»Als ob es wenig Teile des Ganzen gäbe!«
»Bravo, Klinewitsch, bravo, hahaha!«
»Ich begreife nicht, was solch ein Degen überhaupt bedeuten soll«, meinte spöttisch der Ingenieur.
»Vor den Preußen werden wir wie die Mäuse ausreißen, die werden uns doch alle Haare ausrupfen!« schrie eine entferntere, mir noch unbekannte Stimme, die sich aber buchstäblich vor Entzücken überschlug.
»Der Degen, mein Herr, ist die Ehre!« schrie wohl noch der General, doch konnte ich nur noch mit Mühe seine Stimme unterscheiden. Denn es erhob sich ein wütendes, unbändiges Geschrei, das wie ein Getöse dahinbrauste. Es wurde nur von dem bis zur Hysterie ungeduldigen Gekreisch Awdotja Ignatjewnas durchschnitten:

»Ach, schneller, schneller doch! Ach, wann werden wir denn endlich anfangen, uns nicht mehr zu schämen!«
»Óch-hohoho! Wahrlich, meine Seele durchlebt das Fegefeuer!« hörte ich noch die Stimme des Kaufmanns, aber...

Aber da mußte ich auf einmal niesen. Das geschah ganz plötzlich und ohne Absicht, doch die Wirkung war verblüffend: Alles wurde totenstill, wie auf einem Friedhof, war verschwunden wie ein Traum. Richtige Grabesstille ringsum. Glaube nicht, daß sie sich vor mir schämten: sie hatten doch beschlossen, sich überhaupt nicht mehr zu schämen! Ich wartete wohl noch fünf Minuten, und – kein Wort, kein Laut. Es ist auch nicht anzunehmen, daß sie eine Anzeige bei der Polizei befürchteten; denn was könnte die Polizei hier ausrichten? Unwillkürlich muß ich daraus schließen, daß sie immerhin irgend ein Geheimnis haben müssen, das uns Sterblichen unbekannt ist und das sie vor jedem Sterblichen sorgfältigst geheimhalten.
‚Nun, meine Lieben', dachte ich, ‚euch werde ich schon noch besuchen.' Und mit diesem Vorsatz verließ ich den Friedhof.

Nein, das kann ich nicht für möglich halten, nein, wahrhaftig nicht! Lasse mich durch dieses bobók nicht irre machen! (Da habe ich nun in Gräbern mein bobok gefunden!)
Unzucht an solchem Ort, Unzucht zerfallender, verwesender Leichen, und das noch in den letzten Augenblicken der Besinnung, angesichts der letzten Möglichkeit! Diese kurzen Augenblicke sind ihnen noch gegeben, geschenkt, und... Aber die Hauptsache, die Hauptsache, – an solchem Ort! Nein, das kann ich nicht für möglich halten...
Werde zu den anderen Klassen gehen, werde überall lauschen. Das ist's ja eben, daß man überall lauschen muß, und nicht nur irgendwo am Rande einer einzigen Stelle, um sich eine richtige Vorstellung machen zu können. Wer weiß, vielleicht werde ich auch auf etwas Tröstliches stoßen.
Aber zu diesen werde ich bestimmt noch zurückkehren. Versprachen doch ihre Biographien und verschiedene Geschichtchen... Pfui! Aber ich werde hingehen, unbedingt werde ich hingehen! Gewissenssache!
Will es in die Redaktion des „Bürger" bringen; dort hat man auch das Bild eines Redakteurs ausgestellt. Vielleicht drucken sie's.

DIE SANFTE

Eine phantastische Erzählung

Eine Vorbemerkung des Verfassers

Ich bitte meine Leser um Entschuldigung, daß ich diesmal statt des „Tagebuchs" [1] *in seiner gewohnten Form nur eine Novelle bringe. Aber ich bin tatsächlich den größten Teil des Monats mit dieser Novelle beschäftigt gewesen. Jedenfalls möchte ich die Leser deshalb um Nachsicht bitten.*

Jetzt zur Novelle selbst.

Ich habe sie im Titel eine „phantastische" Erzählung genannt, obschon ich sie selbst für im höchsten Grade wirklichkeitsgetreu halte. Trotzdem aber ist doch auch etwas Phantastisches an ihr, und zwar in der Form der Erzählung, was hier im voraus näher zu erklären mir nötig scheint.

Die Sache ist nämlich die, daß es sich hierbei weder um eine Erzählung handelt noch um Aufzeichnungen. Man stelle sich vielmehr einen Mann vor, dessen Frau – eine Selbstmörderin, die sich erst vor wenigen Stunden aus dem Fenster gestürzt hat – im Gastzimmer seiner Wohnung aufgebahrt liegt. Er ist erschüttert, erregt, und hat noch nicht Zeit gehabt, seine Gedanken zu sammeln. Er geht in den Zimmern umher und bemüht sich, das Geschehene zu begreifen, »seine Gedanken auf einen Punkt zu konzentrieren«. Zudem ist er ein eingefleischter Hypochonder, einer von jenen, die hörbar mit sich selbst sprechen. Und so spricht er denn mit sich selbst, berichtet sich gewissermaßen den Sachverhalt, sucht ihn sich zu e r k l ä r e n. Trotz der scheinbaren Folgerichtigkeit seines Redens, widerspricht er sich doch mehrmals, und das sowohl in der Logik wie auch in den Gefühlen. Bald versucht er nur, sich zu rechtfertigen, bald beschuldigt er sie allein und ergeht sich in nebensächlichen Erklärungen: hierbei kommt mitunter eine gewisse Roheit des Denkens und Empfindens zum Vorschein, aber mitunter auch tiefes Gefühl. Nach und nach beginnt sich ihm der Sachverhalt wirklich zu klären, und es gelingt ihm, seine Gedanken »auf einen Punkt zu konzentrieren«. Eine Reihe von ihm heraufbeschworener Erinnerungen führt ihn zu guter Letzt unabwendbar zur Wahrheit hin; diese Wahrheit läutert unwiderstehlich seinen Verstand und sein Herz. Zum Schluß hin verändert sich selbst der Ton des ganzen Monologs im Vergleich zu seinem verworrenen, sprunghaften Anfang. Die Wahrheit offenbart sich dem Unglücklichen ziemlich klar und eindeutig, wenigstens für ihn selbst.

Das also ist das Thema. Natürlich zieht sich dieses Selbstgespräch durch mehrere Stunden hin, mit den Abschweifungen und dem Hin und Her in fast verwirrender Form: bald spricht er zu sich selbst, bald wiederum wendet er sich gleichsam an einen unsichtbaren Zuhörer, wie an einen Richter. Aber so pflegt es ja in der Wirklichkeit immer zu sein. Wenn ein Stenograph ihn hätte belauschen und alles wortwörtlich nachschreiben können, so wäre das Ergebnis noch ein wenig holpriger, noch sprunghafter ausgefallen, als es hier von mir wiedergegeben ist; allein die psychologische Reihenfolge würde, wie mir scheint, vielleicht doch die gleiche sein. Eben diese Annahme eines alles nachschreibenden Stenographen (dessen Niederschrift ich zu meiner Bearbeitung benutzt hätte) wäre nun das, was ich an dieser Erzählung phantastisch nenne. Aber teilweise Ähnliches ist ja in der Kunst schon mehr als einmal angewandt und zulässig befunden worden: so hat sich zum Beispiel Victor Hugo in seinem Meisterwerk »Der letzte Tag eines zum Tode Verurteilten« nahezu den gleichen Kunstgriff erlaubt, und wenn er auch keinen Stenographen erwähnt, so hat er doch eine noch viel größere Unwahrscheinlichkeit vorausgesetzt, indem er annimmt, daß ein zur Hinrichtung Verurteilter nicht nur an seinem letzten Tage, sondern auch noch in seiner letzten Stunde, ja, selbst in seiner buchstäblich letzten Minute Aufzeichnungen machen könne (und die Zeit dazu habe). Hätte er aber auf diese phantastische Voraussetzung verzichtet, so wäre ja das ganze Werk gar nicht zustande gekommen, – und doch ist es das realistischste und wahrste von seinen Werken.

ERSTES KAPITEL

I

Wer ich war und wer sie war

...Solange sie hier liegt, ist ja noch alles gut: jeden Augenblick kann ich zur ihr gehen und sie ansehen... Aber morgen, wenn man sie fortträgt, wie... wie soll ich dann allein zurückbleiben? Sie liegt jetzt im Gastzimmer auf dem Tisch: man hat dort zwei L'hombre-Tische zusammengeschoben; den Sarg wird man erst morgen bringen, einen weißen, mit weißem Seidenrips ausgeschlagen... Übrigens nicht davon wollte ich jetzt... Ich gehe die ganze Zeit umher und versuche, mir das alles zu erklären. Schon sechs Stunden mühe ich mich damit ab, kann aber meine Gedanken noch immer nicht zusammenhalten. Es ist ja nur, weil ich ununterbrochen gehe, und gehe, und gehe... Das war nämlich so. Der Reihenfolge nach! (Die Ordnungsliebe!) Ach, meine Herrschaften, ich bin bei weitem kein Schriftsteller, und Sie werden das ja selbst merken, aber gleichviel, ich werde es so erzählen, wie ich es verstehe. Das, gerade das ist ja das Entsetzliche, daß ich alles verstehe!

Das war, wenn Sie es genau wissen wollen, – das heißt, wenn ich ganz von Anfang beginnen soll: sie kam damals einfach zu mir, um ihre Sachen zu versetzen und danach in der Zeitung annoncieren zu können, nun, daß, so und so, eine Gouvernante eine Stelle suche, ginge auch nach auswärts, würde aber auch außer dem Hause Stunden geben und so weiter, und so weiter. Das war ganz zu Anfang, und sie fiel mir natürlich nicht besonders auf: sie kam, wie alle anderen gleichfalls kamen; das war alles. Dann aber begann ich sie doch von den anderen zu unterscheiden. Sie war so feingliedrig, mittelgroß, blond, und im Verkehr mit mir immer unbeholfen, gleichsam verlegen. (Ich glaube, sie ist allen Fremden gegenüber ebenso gewesen, und ich war ihr natürlich genauso gleichgültig wie dieser oder jener, versteht sich: als Mensch betrachtet, nicht als Pfandleiher.) Sowie sie das Geld bekommen hatte, drehte sie sich sofort um und ging. Und dabei immer ohne ein Wort zu sagen. Andere bitten noch, feilschen, wollen mehr haben; sie aber nicht, sie nahm, was man ihr gab... Mir ist, als würfe ich alles durcheinander... Ja! Zuerst wunderten mich ihre Sachen: kleine silbervergoldete Ohrringe, ein billiges altes Medaillon, –

Sachen zu zwanzig Kopeken. Sie wußte es auch selbst, daß so etwas für mich keinen Wert hatte, doch konnte ich ihrem Gesicht ansehen, wie wertvoll diese Dinge für sie trotzdem waren, – und tatsächlich, habs's später erfahren: das war alles, was sie noch von den Eltern besaß. Nur einmal erlaubte ich mir, über ihre Sachen zu lächeln. Das heißt, sehen Sie, ich erlaube mir so etwas nie, ich gehe mit dem Publikum stets taktvoll um: wenig Worte, höflich und streng. Ja, »Strenge! Strenge!« ist meine erste Regel. Als sie es aber einmal wirklich für möglich hielt, mir die Überreste – ja, buchstäblich – die Überreste einer alten Hasenfelljacke zu bringen, nun, da konnte ich mich nicht beherrschen und erlaubte mir, so etwas wie eine spitze Bemerkung fallen zu lassen. Herrgott, wie sie zusammenfuhr und rot wurde! Sie hatte blaue Augen, große, nachdenkliche, – wie die aufblitzten! Aber sie sagte kein Wort, nahm ihre »Überreste« und – ging. Da war es denn, daß ich sie zum erstenmal *besonders* bemerkte und etwas in der Art von ihr dachte, wollte sagen, gerade so etwas in gewissem Sinne... Ja! ich erinnere mich noch eines Eindrucks, wenn Sie wollen, des Haupteindrucks, der Synthese des Ganzen: daß sie furchtbar jung war, so jung, daß man sie für vierzehnjährig halten konnte, während sie damals doch schon fast sechzehn Jahre alt war, es fehlten nur noch drei Monate... Übrigens wollte ich nicht das sagen, nicht darin lag die Synthese, die ich meine. Am nächsten Tage kam sie wieder. Später erfuhr ich, daß sie auch bei den anderen Pfandleihern, bei Dobronráwoff und bei Moser, mit diesen Überresten ihrer Hasenfelljacke gewesen war; die aber nehmen außer Gold überhaupt nichts an, haben sie nicht einmal zu Wort kommen lassen. Ich aber hatte von ihr einmal eine Kamee angenommen (ein wertloses Ding) und als ich damals, nachdem es schon geschehen war, nachdachte, wunderte ich mich noch selbst darüber: ich nehme doch außer Gold und Silber auch nichts an, von ihr aber hatte ich diese Kamee angenommen! Das – ich weiß es noch genau – war der zweite Gedanke, den ich mir über sie machte.

Das nächste Mal, also nach Moser, brachte sie eine Zigarrenspitze aus Bernstein, – kein übles Dingelchen, so'n Liebhabergegenstand, für mich aber wertlos, denn »wir nehmen ja nur Gold«, wie gesagt. Sie kam also wieder nach der gestrigen Revolte; ich empfing sie daher mit strenger Miene. Meine Strenge ist: Trockenheit. Doch als ich ihr die zwei Rubel dafür gab, konnte ich mich nicht enthalten, ihr, gewissermaßen als ob ich gereizt wäre, zu sagen: »Ich tue es ja nur *für Sie,* Moser würde so etwas gar nicht annehmen.« Die Worte »für Sie« betonte ich besonders und gerade so in einem ganz *gewissen* Sinne. Es ärgerte mich. Sie flammte wieder auf, als sie dieses »für Sie« hörte, schwieg aber, warf das Geld nicht hin, nahm's... Jaja: die Armut! Wie sie aber rot wurde! Ich begriff, daß ich sie verletzt hatte. Als sie fort war, fragte ich mich: also ist dir dieser Triumph über das kleine Ding wirklich zwei Rubel wert? Hehehe! Ich weiß: noch zweimal stellte ich mir diese Frage »Ist er's wert? Ist er's?« Und lachend bejahte ich sie. Wurde damals schon gar zu heiter. Aber das war kein schlechtes Gefühl: ich tat's doch mit Absicht, mit Absicht! Ich wollte sie prüfen, denn mir waren plötzlich in bezug auf sie gewisse Gedanken gekommen. Das war das dritte Mal, daß ich mir *besondere* Gedanken über sie machte.

...Nun eben von da ab hat dann das Ganze begonnen. Selbstverständlich bemühte ich mich sofort, auf Umwegen Näheres über sie zu erfahren; wartete auch mit besonderer Ungeduld auf ihr nächstes Erscheinen. Ich ahnte ja, daß sie bald kommen werde. Als sie kam, knüpfte ich ein liebenswürdiges Gespräch mit ihr an, natürlich ungemein höflich. Bin doch gut erzogen, habe gute Manieren... Hm!... Da erriet ich denn, daß sie gutmütig und sanft war. Gutmütige und sanfte Menschen widersetzen sich nicht lange, und wenn sie auch nicht gleich sehr mitteilsam sind, so verstehen sie doch nicht, dem Gespräch auszuweichen: sie antworten wortkarg, aber sie antworten, und je weiter, desto mehr, man muß nur selbst nicht müde werden, wenn einem an dem Gespräch etwas gelegen ist. Natürlich hat sie mir damals nichts gesagt. Auch das von den Annoncen in der Zeitung „Die Stimme" und alles übrige erfuhr ich erst später. Sie annoncierte damals noch für ihre letzten Kopeken, zuerst selbstverständlich ganz stolz: „Gouvernante sucht Stelle, auch auf dem Lande. Angebote in geschlossenem Brief erbeten –" usw., usw.; dann aber: „zu allem bereit, zu unterrichten, als Gesellschafterin, nach dem Haushalt zu sehen, oder Kranke zu pflegen; verstehe auch zu nähen..." und wie das so annonciert wird, man kennt, das ja! Das wurde natürlich erst von Fall zu Fall anspruchsloser; zum Schluß aber, als die Verzweiflung kam, da hieß es sogar: „ohne Gehalt, für Kost und Logis". Nein, sie fand keine Stelle! Da beschloß ich, sie noch einmal zu prüfen: plötzlich nehme ich die letzte Nummer der „Stimme" und zeige ihr eine Annonce: „Junge Person, Ganzwaise, sucht Gouvernantenstelle zu kleinen Kindern, am liebsten bei älterem Witwer. Kann auch im Haushalt helfen."

»Sehen Sie«, sagte ich, »die hat heute früh annonciert und zum Abend wird sie sicher eine Stelle gefunden haben. Sehen Sie, so muß man annoncieren!«

Wieder wurde sie feuerrot und wieder blitzten ihre Augen auf; sie drehte sich sofort um und ging. Das gefiel mir sehr. Übrigens war ich damals schon sicher und befürchtete nichts mehr: Zigarrenspitzen wird niemand annehmen. Sie aber besaß selbst die nicht mehr. So war es denn auch: am dritten Tage kam sie wieder, ganz bleich und aufgeregt – ich begriff sofort, daß bei ihr zu Hause etwas Schlimmes vorgefallen sein mußte, und so verhielt es sich auch in der Tat. Ich werde später erzählen, wozu es gekommen war, jetzt aber will ich mich erst erinnern, wie ich ihr damals mit einem Mal imponierte, in ihren Augen wuchs; und zwar faßte ich diesen Entschluß ganz plötzlich... Richtig, so war's... Sie brachte dieses Heiligenbild – hatte sich entschlossen, es zu bringen... Ja, richtig, jetzt fällt mir erst alles ein, warten Sie, warten Sie, vorhin war ich ja noch ganz konfus... Jetzt aber möchte ich mich an alles wieder erinnern, an jede Einzelheit, jede Winzigkeit. Ich will die ganze Zeit meine Gedanken auf einen einzigen Punkt konzentrieren, und kann es nicht, aber diese kleinen Einzelheiten, diese Winzigkeiten... Es war ein Bild der Muttergottes. Die Jungfrau mit dem Kinde, ein Familienerbstück, ein altertümliches, die Verzierung aus vergoldetem Silber; wert – nun, sechs Rubel etwa. Ich sehe, sie hängt an diesem Heiligenbild – versetzt es als Ganzes, ohne die silberne Verzierung abzunehmen. Ich fragte, ob es nicht besser wäre, man nähme das Silber ab, dann könnte sie das Bild wieder mitnehmen; denn sonst... ein Heiligenbild zu versetzten, das sei doch immerhin...

»Dürfen Sie es nicht annehmen als Pfand? Ist es Ihnen verboten?«

»Nein, nicht daß es verboten wäre, ich meinte nur, daß es vielleicht Ihnen selbst...«

»Nun gut, nehmen Sie das Silber ab.«

»Wissen Sie was, ich werde es lieber nicht abnehmen; ich werde das Bild dort in meinen Heiligenschrein stellen«, sagte ich, nachdem ich einen Augenblick überlegt hatte, »zu den anderen Heiligenbildern, hinter das Lämpchen« (seitdem ich mein Pfandgeschäft eröffnet hatte, brannte das Lämpchen bei mir Tag und Nacht vor dem Heiligenschrein) »und nehmen Sie einfach zehn Rubel.«

»Zehn brauche ich nicht, geben Sie mir fünf, ich werde es ganz bestimmt auslösen.«

»Sie wollen nicht zehn? Soviel ist es wert«, fügte ich hinzu, da es in ihren Augen wieder aufblitzte.

Sie schwieg. Ich brachte ihr fünf Rubel.

»Verachten Sie niemanden... ich bin selbst in Verlegenheit gewesen, ja, in noch schlimmerer, und wenn Sie mich jetzt bei dieser Beschäftigung sehen,... so ist das doch, nach allem, was ich durchgemacht habe...«

»Sie wollen sich an der Gesellschaft rächen? Ja?« unterbrach sie mich plötzlich mit ziemlich deutlichem Spott, der aber eigentlich fast harmlos wirkte (das heißt: unpersönlich, denn damals unterschied sie mich bestimmt noch nicht von den anderen, so daß sie es fast unverletzend sagte).

‚Aha!' dachte ich, ‚also so eine bist du! Der Charakter tut sich kund, hm, gehörst also auch zur neuen Richtung.'

»Sehen Sie«, bemerkte ich sofort halb scherzend, halb geheimnisvoll, »ich bin ein Teil von jener Kraft, die stets das Böse will und stets das Gute schafft...«

Sie blickte schnell und mit großer Neugier, in der viel Kindliches lag, zu mir auf.

»Warten Sie... Was ist das für ein Zitat? Woher stammt dieser Ausspruch? Ich habe ihn irgendwo gehört...«

»Oh, zerbrechen Sie sich nicht den Kopf darüber; mit diesen Worten stellt sich Mephistopheles dem Faust vor. Haben Sie den „Faust" gelesen?«

»N... n... nicht aufmerksam...«

»Das heißt wohl soviel, daß Sie ihn noch gar nicht gelesen haben. Das sollten Sie aber tun. Übrigens bemerke ich, daß Sie wieder spöttisch zu lächeln belieben. Bitte glauben Sie nicht, ich wäre so geschmacklos, meine Rolle als Pfandleiher durch die Rekommandation Mephistos verschönen zu wollen. Ein Pfandleiher bleibt Pfandleiher. Das weiß man doch.«

»Wie... wie kommen Sie darauf... Ich habe gar nicht so etwas sagen wollen...«

Sie hatte sagen wollen: »Ich hätte nicht gedacht, daß Sie ein gebildeter Mensch sind«, aber sie hatte es nicht ausgesprochen; dafür wußte ich, daß sie es gedacht hatte; jedenfalls schien ihr meine Bemerkung sehr gefallen zu haben.

»Sehen Sie«, sagte ich, »auf jedem Gebiet kann man Gutes tun. Ich rede natürlich nicht von mir: ich tue, sagen wir, überhaupt nur Böses, allein...«

»Natürlich kann man überall Gutes tun«, stimmte sie eifrig bei und sah mich dabei so aufrichtig an. »Selbstverständlich auf jedem Gebiet«, fügte sie plötzlich noch hinzu.

Oh, ich weiß noch, ich erinnere mich noch deutlich dieser Augenblicke! Wenn diese Jugend, diese liebe Jugend etwas Kluges und Durchdachtes sagen will, dann kann man auf ihrem naiven und aufrichtigen Gesicht förmlich lesen, was sie dabei denkt: ‚Siehst du, jetzt sage ich dir etwas Kluges, von mir selbst schon Durchdachtes!' Und nicht, daß sie es etwa aus Eitelkeit täte, wie zum Beispiel unsereiner! Man sieht es ja, daß diese Jugend all das selbst furchtbar hochschätzt und daran glaubt, und daß sie denkt, man achte es gleichfalls ganz so wie sie. O Aufrichtigkeit! Das ist's ja, womit diese Jugend besticht!... Und wie reizend war das an ihr!

Ich weiß es noch, habe nichts vergessen! Als sie hinausgegangen war, faßte ich mit einem Mal meinen Entschluß. Am gleichen Tage erfuhr ich noch die letzten Einzelheiten über sie, ihre Umgebung und ihre Verhältnisse; das meiste wußte ich bereits durch Lukérja, die damals in Stellung bei ihnen war und die ich schon ein paar Tage zuvor bestochen hatte. Was ich erfuhr, war so schrecklich, daß ich nicht begriff, wie man noch, wie sie vorhin, lächeln und sich für Mephistos Worte interessieren konnte, wenn man selbst unter solchem seelischen Druck lebte! Aber das ist eben die Jugend! Gerade das dachte ich damals stolz und freudig über sie, denn hierbei war doch auch Hochherzigkeit zu erkennen: selbst steht sie am Rande des Verderbens, aber die großen Worte Goethes strahlen für sie trotzdem. Die Jugend ist eben immer hochherzig, – wenn auch manchmal nur hauchzart und in falscher Richtung. Das heißt, ich spreche ja nur von ihr, von ihr allein. Und vor allen Dingen, damals betrachtete ich sie schon als die *Meine* und zweifelte nicht mehr an meiner Macht über sie... Wissen Sie, wunderbar ist dieser Gedanke, wenn man schon nicht mehr zweifelt...

Aber was ist mit mir los, wohin gerate ich! Wenn ich so fortfahre, wann werde ich dann alles klar zusammenfassen, auf den Kern kommen? Schneller, schneller, es handelt sich doch gar nicht um diese Nebendinge, o Gott!

II

Der Heiratsantrag

Das Nähere, das ich über sie erfuhr, ist kurz folgendes: Ihre Eltern waren schon tot, vor drei Jahren gestorben, und sie war bei unordentlichen Tanten zurückgeblieben. Es ist eigentlich viel zu milde, diese Tanten bloß unordentlich zu nennen. Die eine war Witwe, hatte sechs kleine Kinder; die andere war eine abscheuliche alte Jungfer. Abscheulich waren sie übrigens beide. Ihr Vater war Beamter gewesen... Mit einem Wort: alles war günstig für mich. Ich kam wie aus einer höheren Welt: immerhin war ich ehemaliger Hauptmann eines glänzenden Regiments, wenn auch jetzt außer Diensten, war Edelmann, unabhängig usw., und was meine Pfandkasse anbetrifft, so konnte diese den Tanten nur imponieren. Bei den Tanten war sie drei Jahre lang in der Sklaverei gewesen; trotzdem hatte sie irgendwo das Examen bestanden, hatte es fertiggebracht, das Examen zu bestehen, sich die Zeit dazu abgespart von ihrer tagtäglichen unbarmherzigen Hausarbeit; das aber hatte doch etwas zu bedeuten, solch ein Streben von sich aus nach dem Höheren und Edleren! Warum wollte ich sie denn heiraten? Ach, übrigens, zum Teufel mit mir, davon später... Und handelt es sich denn darum! – Die Kinder der Tante mußte sie unterrichten, Wäsche flicken und waschen und zum Schluß sogar (sie mit ihrer zarten Brust!) die Dielen scheuern. Und zum Lohn dafür haben sie ihr noch ihr tägliches Stück Brot vorgehalten und zu guter Letzt sie sogar geschlagen. Es endete damit, daß sie sie einfach zu verkaufen beschlossen. Pfui Teufel! Den Schmutz der Einzelheiten übergehe ich lieber... Später hat sie mir alles ausführlich erzählt.

Das alles beobachtete ein ganzes Jahr lang ein dicker Krämer aus der Nachbarschaft, aber kein gewöhnlicher, sondern einer, der zwei Kolonialwarenhandlungen besaß. Er hatte schon zwei Frauen unter die Erde gebracht und suchte nun die dritte; da war denn seine Wahl auf sie gefallen. Er sagte sich wohl: »Sie ist still und sanft, in Armut aufgewachsen, ich aber heirate nur, um meinen verwaisten Kindern eine Mutter zu geben«... Er hatte tatsächlich Kinder von den beiden ersten Frauen. So freite er denn um sie, kam mit den Tanten überein. Dabei war er fünfzig Jahre alt. Sie war entsetzt! Und eben in dieser Zeit begann sie dann, bei mir ihre Sachen zu versetzen, um in der „Stimme" annoncieren zu können. Schließlich bat sie die Tanten, man möge ihr doch noch ein wenig, ein klein wenig Zeit zum Nachdenken lassen. Nun, die ließ man ihr denn, aber nur ganz kurz, gab ihr bald wieder keine Ruhe: »Wissen auch ohne deinen überzähligen Mund nicht, was wir selber essen sollen.« Das alles wußte ich bereits, als ich meinen Entschluß faßte, – nach einem Gespräch am Vormittag. Am Abend dieses Tages aber war gerade der Kaufmann zu ihnen gekommen und hatte aus seinem Geschäft ein Pfund Konfekt – zu 50 Kopeken – mitgebracht. Sie saß mit ihm im Gastzimmer, ich aber rief Lukérja aus der Küche und sagte dieser, sie solle zu *ihr* gehen und ihr heimlich zuflüstern, daß ich an der Hoftür sei und ihr etwas sehr Wichtiges zu sagen wünschte. Ich war zufrieden mit mir. Überhaupt war ich an jenem ganzen Tage ungemein zufrieden.

Und dort an der Hoftür erklärte ich ihr – die allein schon deswegen ganz erstaunt war, weil ich, ein ihr sonst völlig fremder Mensch, sie plötzlich hatte rufen lassen – in Lukérjas Gegenwart, daß ich mich glücklich schätzen und es mir als Ehre anrechnen würde usw.... Zweitens: sie solle sich nicht über mein Verhalten wundern, und daß ich an der Hoftür, usw., kurz: »ich bin ein offenherziger Mensch, trage den Umständen Rechnung...« Und ich log nicht, als ich sagte, daß ich offenherzig sei. Nun, zum Teufel damit! Ich sprach doch nicht nur, wie es sich gehört und wie ein wohlerzogener Mensch, sondern auch originell, das aber ist doch sehr wichtig. Wie? – ist's denn etwa Sünde, das zu bekennen? Ich will mein eigener Richter sein; ich muß also pro und contra reden, und deshalb sei es gesagt. Auch später habe ich mich dessen immer mit Genugtuung erinnert, wenn das auch dumm war. Ich erklärte ihr damals unumwunden, ohne jede Verlegenheit, daß ich, erstens, nicht besonders talentiert, nicht besonders klug, vielleicht sogar nicht einmal besonders gut, ein ziemlich billiger Egoist sei (hab' noch den Ausdruck behalten, hatte ihn mir unterwegs ausgedacht und war mit ihm zufrieden), und es sehr, sehr leicht möglich sei, daß ich auch in anderen Beziehungen sehr viel Unangenehmes an mir hätte. Das wurde alles mit einer bestimmten Art von Stolz gestanden – man weiß ja, wie so etwas gesagt wird. Selbstverständlich war ich nicht so geschmacklos, nachdem ich edelmütig meine Fehler aufgezählt hatte, nun auch meine guten Seiten hervorzuheben, wie etwa: »Dafür aber bin ich so und so und so.« Ich bemerkte sehr wohl, daß ihr noch furchtbar bange war, ließ mich aber doch nicht rühren; ja, im Gegenteil, ich verschlimmerte manches noch absichtlich: sagte ihr gerade heraus, daß sie immer satt zu essen haben würde, aber Theater, Bälle, Toiletten – davon werde es nichts geben, vielleicht später einmal, wenn ich mein Ziel erreicht hätte. Dieser strenge Ton bezauberte mich förmlich. Ich fügte noch hinzu, gleichfalls so nebensächlich wie möglich, daß ich, wenn ich auch solch eine Beschäftigung gewählt hatte, es eben mit einem bestimmten Ziel getan, das heißt aus einem besonderen Grunde... Glauben Sie mir, ich habe diese Pfandkasse die ganze Zeit doch selbst gehaßt, aber in Wirklichkeit, – wenn's auch lächerlich ist, in einem Gespräch mit sich selbst geheimnisvolle Andeutungen zu machen, aber: ich wollte mich doch wirklich »an der Gesellschaft rächen«. Ja, ja, wirklich, wirklich! So daß ihre spitze Bemerkung am Vormittag darüber, daß ich mich wohl rächen wolle, doch nicht so falsch gewesen war. Das heißt, sehen Sie mal: hätte ich ihr einfach gesagt: »Ja, ich räche mich an der Gesellschaft«, so hätte sie mich ausgelacht, wie vorhin am Morgen; und es wäre auch wirklich lächerlich gewesen. Mit einer indirekten Anspielung aber, mit so einer geheimnisvollen Andeutung, damit konnte man, wie sich erwies, leicht die Einbildungskraft bestechen. Zudem fürchtete ich damals ja schon nichts mehr: ich wußte doch, daß ihr der dicke Krämer jedenfalls widerlicher war als ich, und daß ich ihr, als ich an der Hoftür stand, buchstäblich als Retter erscheinen mußte. Das begriff ich doch. Oh, Gemeinheit begreift der Mensch immer vorzüglich! Aber war's denn wirklich Gemeinheit? Wie soll man nun als Richter das Urteil fällen über den Menschen? Habe ich sie denn nicht damals schon geliebt?

...Warten Sie: von einer Wohltat meinerseits sagte ich ihr damals natürlich kein Wort; im Gegenteil, oh, ganz im Gegenteil: *ich* bin's, dem sie eine Wohltat erweisen würde, nicht umgekehrt – was ich sogar in Worten aussprach; konnte mich nicht bezwingen und es kam vielleicht dumm heraus, denn ich bemerkte ein flüchtiges Zukken in ihrem Gesicht. Doch so im großen und ganzen hatte ich das Spiel gewonnen. Warten Sie... wenn man sich schon einmal diese ganze Schändlichkeit ins Gedächtnis zurückruft, so will ich mich auch noch der letzten Schweinerei erinnern... als ich so vor ihr stand... schlich sich plötzlich ganz leise durch meine Gedanken: ‚Du bist groß, schlank, gut erzogen und schließlich, ganz ohne Prahlerei gesagt, siehst gut aus.' Das war's, das war's, was in jenem Augenblick in meinem Gehirn spielte! Selbstverständlich gab sie mir noch dort unten an der Hoftür ihr Jawort. Aber... aber ich muß hinzufügen: dort an der Hoftür dachte sie noch lange nach, bevor sie »ja« sagte. So tief, so tief dachte sie nach, daß ich schon beinahe fragen wollte: »Nun, wie?« – ja, richtig, ich tat's ja auch, konnt's nicht zurückhalten. »Nun, wie denn?« fragte ich, ja, ja, gerade mit »denn«, ich erinnere mich noch ganz genau! – »Warten Sie, ich muß nachdenken«, sagte sie... Und solch ein ernstes Gesichtchen machte sie, solch ein... daß ich schon damals hätte begreifen können! Ich aber fühlte mich gekränkt. ‚Sollte sie wirklich', dachte ich, ‚zwischen mir und dem Krämer noch schwanken?' Oh, damals begriff ich noch nichts! Nichts begriff ich damals! Bis auf den heutigen Tag habe ich nichts begriffen! Ich weiß noch: Lukerja kam mir nachgelaufen, hielt mich mitten auf der Straße an und sagte atemlos: »Gott wird's Ihnen lohnen, Herr, daß Sie unser liebes Fräuleinchen nehmen! Nur sagen Sie ihr das ja nicht, sie ist so stolz...«

Nun ja, – stolz! Liebe gerade, dachte ich, die kleinen Stolzen. Die Stolzen sind ganz besonders schön, wenn... nun, wenn man an seiner Macht über sie nicht mehr zweifelt, – wie? O niedriger, ungeschickter Mensch! Und wie zufrieden ich war! Wissen Sie, als sie damals an der Hoftür stand und nachdachte, ob sie »ja« sagen sollte oder nicht, und ich mich über ihr Bedenken wunderte, – wissen Sie auch, daß ihr damals sogar solch ein Gedanke hätte kommen können, wie: ‚Wenn schon einmal ins Unglück, hier wie dort, sollte es da nicht besser sein, das größere Unglück zu wählen, also den dicken Kaufmann? Mag der mich schneller in der Trunkenheit totprügeln!' – Wie? Meinen Sie nicht, daß ihr dieser Gedanke hätte kommen können?

Aber auch jetzt verstehe ich nicht... selbst jetzt verstehe ich nichts! Soeben habe ich gesagt, daß ihr dieser Gedanke hätte kommen können: das größere Unglück zu wählen, das heißt: den Kaufmann. Wer aber war ihr damals widerlicher: ich oder der Kaufmann? Der Kaufmann oder der Goethe zitierende Pfandleiher? Das ist noch eine Frage!... Was für eine Frage? Und das verstehst du nicht? Die Antwort liegt dort auf dem Tisch, du aber sagst, es sei noch eine Frage! Ach, zum Teufel mit mir! Nicht um mich handelt es sich jetzt... Doch, bei der Gelegenheit: was ist denn jetzt für mich wichtig: handelt es sich nun um mich oder nicht um mich? Nein, diese Frage, die kann ich schon überhaupt nicht mehr beantworten ...Es ist besser, ich lege mich schlafen. Mein Kopf schmerzt...

III

Bin der edelste Mensch, glaube es jedoch selbst nicht

Ich kann nicht einschlafen. Wie sollte ich auch, wenn mir die ganze Zeit das Blut im Kopfe pocht. Ich will das alles klarstellen, die ganze Schändlichkeit! Aus welch' einem Schmutz ich sie damals herauszog. Das mußte sie doch einsehen. Und meine Handlungsweise zu schätzen wissen!... Auch gefielen mir verschiedene Gedanken, wie zum Beispiel, daß ich einundvierzig war, sie aber erst sechzehn. Es bezauberte mich geradezu, dieses Gefühl der Ungleichheit, so süß war es, so süß.

Ich wollte, zum Beispiel, daß die Trauung à l'anglaise stattfinde, mit höchstens zwei Zeugen, Lukérja und noch irgend jemand, und dann direkt in die Bahn und so auf zwei Wochen nach Moskau in ein Hotel (ich hatte dort gerade Geschäftliches zu erledigen). Sie aber widersetzte sich dem, erlaubte es nicht, und ich war gezwungen, zu den Tanten zu fahren, um ihnen, als Anverwandten, von denen ich sie erhielt, meine Aufwartung zu machen und um die Hand der Nichte anzuhalten. Schön, ich gab nach, und den Tanten wurde die nötige Ehrerbietung erwiesen, wie sich's gehört. Ich gab diesen Kreaturen sogar zweihundert Rubel, jeder von ihnen hundert, und versprach, noch mehr zu geben; versteht sich, ohne ihr etwas davon zu sagen, um sie nicht durch die Niedrigkeit ihrer Angehörigen zu betrüben. Die Tanten wurden natürlich sofort seidenweich. Es gab auch Streit wegen der Aussteuer: sie hatte nichts, fast buchstäblich nichts, aber sie wollte auch nichts haben. Es gelang mir jedoch, ihr klarzumachen, daß es ganz ohne Sachen nicht ginge, und so kaufte ich also die Aussteuer, denn wer hätte es sonst für sie getan? Nun, ach, zum Teufel mit mir... Immerhin fand ich noch Zeit, ihr einige meiner Ansichten auseinanderzusetzen, damit sie sie wenigstens kennenlernte. Vielleicht geschah das etwas übereilt. Das Wichtigste aber war, daß sie mir schon gleich im Anfang, wie sehr sie sich auch zusammennahm, ihre ganze Liebe überschwenglich entgegenbrachte. Wenn ich abends zu ihnen kam, empfing sie mich immer ganz begeistert, erzählte mir dann in ihrer kindlich-stockenden Weise (wie bezaubernd war diese Unschuld an ihr!) ihre ganze erste Jugend, erzählte von ihrem Elternhause, vom Vater und von der Mutter. Ich aber begoß diesen ganzen Rausch sofort mit kaltem Wasser. Gerade darin bestand ja mein Plan. Auf diesen Überschwang antwortete ich mit Schweigen, zwar mit wohlwollendem, natürlich,... aber sie begriff doch bald, daß wir verschiedene Menschen waren und ich – eben ein Rätsel sei. Das aber wollte ich doch gerade, das bezweckte ich ja nur: ein Rätsel scheinen! Ja, vielleicht hatte ich die ganze Dummheit nur ausgedacht, um dieses Rätsel von ihr erraten zu lassen! Der erste Eindruck sollte sein: Strenge; damit führte ich sie in mein Heim. Kurz, schon damals dachte ich mir, obschon ich so zufrieden war, ein ganzes System aus. Oh, dieses System erdachte sich in mir eigentlich ganz von selbst, ohne jede Anstrengung. Und es war auch anders gar nicht möglich, ich mußte doch dieses System schaffen, – gezwungen durch eine unabweisbare Tatsache... Ich weiß wirklich nicht, warum ich mich immer noch selbst verleumde! Das System war durchaus wahr. Nein, hören Sie mal, wenn man schon einmal einen Menschen richtet, dann muß man es mit Kenntnis aller Umstände tun... Hören Sie also weiter.

...Wie soll man das eigentlich sagen?... Das ist nämlich gar nicht so leicht. Sobald man sich rechtfertigen will, wird es sofort schwer. Sehen Sie: die Jugend verachtet zum Beispiel das Geld. Ich aber verlegte sofort das Schwergewicht auf das Geld, betonte es fortwährend, so daß sie mehr und mehr verstummte. Sie machte große, verwunderte Augen, hörte zu, sah mich an und – verstummte... Sehen Sie: Jugend ist hochherzig, das heißt gute Jugend, hochherzig, aber heftig; hat wenig Duldsamkeit. Entspricht etwas nicht dem Ideal, so wird es sofort verachtet. Ich aber wollte ihr das »Alles-verstehen« unmittelbar ins Herz einimpfen, den umfassenderen Blick der Nachsicht, verstehen Sie? Nehmen wir nun ein triviales Beispiel: wie hätte ich diesem Charakter, sagen wir, meinen freiwillig erwählten Beruf erklären sollen? Ich fing natürlich nicht gleich an, davon zu sprechen; sonst hätte es ja geschienen, als ob ich seinetwegen um Verzeihung bäte. Ich aber verhielt mich stolz, sprach fast nur durch Schweigen. Oh, darin bin ich Meister! Habe mein ganzes Leben lang schweigend gesprochen, habe mit mir selbst ganze Tragödien schweigend durchgekämpft! Oh, auch *ich* war doch unglücklich! Ich war von allen verstoßen, verworfen und vergessen worden, und keiner, kein einziger wußte das! Und plötzlich schnappte diese Sechzehnjährige von gemeinen Menschen Klatschgeschichten über mein früheres Leben auf und glaubte bereits alles zu wissen, während doch die Hauptsache in meiner Brust verschlossen blieb! Ich aber schwieg beredt, schwieg vielsagend die ganze Zeit über und besonders, besonders wenn ich mit ihr zusammen war, schwieg ich – bis auf den gestrigen Tag! Warum ich schwieg? Weil ich eben ein stolzer Mensch war. Ich wollte, daß sie das selbst begriffe, ohne mein Dazutun, daß sie diesen Menschen *selbst erriet* und ihn begriff, aber nicht aus den Erzählungen gemeiner Klatschbasen! Als ich sie in mein Haus nahm, setzte ich voraus, daß sie mich achtete. Im Herzen aber wollte ich, daß sie mich anbetete für meine Leiden. Ich war's doch wert. Oh, ich bin immer stolz gewesen, ich habe immer entweder alles oder nichts gewollt! Und gerade weil ich kein armseliges Stückchen Glück, sondern ein ganzes, großes haben wollte, gerade deswegen war ich gezwungen, so zu handeln: »Errate selbst und werte dann!« Denn, nicht wahr, Sie müssen doch zugeben, wenn ich selbst angefangen hätte, ihr alles zu erklären und vorzusagen, Finten zu machen und Achtung zu erbitten, – dann wär's doch gleichbedeutend gewesen mit Almosen erbetteln... Übrigens... übrigens – wozu rede ich noch davon...

Dumm, dumm, dumm war's! und nochmals: furchtbar dumm! Ich erklärte ihr damals in zwei Worten, ohne Umschweife, erbarmungslos (ich betone, daß es erbarmungslos geschah), daß die Hochherzigkeit der Jugend, ihre Großmut, an sich ja wunderschön, aber doch keinen Groschen wert sei. Warum nicht? Weil sie ihr billig zufällt, weil sie ihr zuteil wird, noch bevor sie gelebt hat; alles das sind, wie man zu sagen pflegt, »die ersten Eindrücke des Seins«. Wollen wir erst mal abwarten, wie ihr euch in der Not bewährt! Billige Hochherzigkeit ist immer leicht, billige Großmut immer flach, sogar das Leben fortzugeben, auch das ist dann billig, denn da kocht nur das junge Blut und schäumt die überschüssige Lebenskraft. Schönheit, Schönheit verlangt man leidenschaftlich! Nein, nehmt eine andere Heldentat der Hochherzigkeit, die schwere, stille, unhörbare, ohne Glanz, die, welche viele, viele Opfer verlangt und keinen Tropfen Ruhm einbringt, wohl aber bittere Verleumdung; wo der sauberste Mensch von der ganzen Welt als Schuft hingestellt wird, während er doch anständiger ist als alle Ehrenmänner der Welt zusammen. Nun, versucht erst mal eine solche Heldentat zu vollbringen! Nein, dafür werdet ihr danken!... Ich aber, ich habe mein ganzes Leben lang diese Art Heldentum zu tragen gehabt.

Zuerst widersprach sie; und wie sie mit mir stritt! Dann aber wurde sie allmählich stiller, zuletzt verstummte sie sogar ganz. Nur die Augen sahen mich an, wenn sie mir zuhörte: groß, merkwürdig groß waren diese Augen und aufmerksam. Und... und außerdem bemerkte ich auf einmal ein Lächeln, ein mißtrauisches, schweigsames, kein gutes... Und mit diesem, mit eben diesem Lächeln kam sie in mein Haus. Aber es ist ja wahr, wohin hätte sie denn sonst gehen können...

IV

Lauter Pläne und Pläne

Wer von uns beiden fing damals zuerst an?
Keiner. Es fing von selbst an, vom ersten Schritt. Ich habe gesagt, daß ich sie auf ein strenges Leben mit mir vorbereitet hatte, dann aber milderte ich diese Strenge doch schon am ersten Tage. Noch vor der Trauung hatte ich ihr gesagt, daß sie die Pfänder in Empfang nehmen und das Geld herausgeben werde – und sie hatte damals nicht widersprochen. (Beachten Sie das wohl.) Ja, sie machte sich sogar mit Eifer an die Sache. Die Wohnung, die Einrichtung, – alles blieb selbstverständlich so, wie es war. Zwei Zimmer; das eine ein großer Saal, unser Empfangsraum, in dem für die Pfandkasse eine Hälfte durch eine Scheidewand abgeteilt ist, das andere, gleichfalls groß, unser Wohn- und Schlafzimmer. Meine Möbel sind ärmlich, sogar die Tanten hatten bessere. Mein Heiligenschrein mit dem Lämpchen hängt im ersten Zimmer, dort wo die Kasse ist, bei mir aber, in meinem Zimmer, steht mein Schrank, in dem ich auch einige Bücher habe, und mein Koffer; die Schlüssel trage ich bei mir. Nun, und dann natürlich noch das Bett, Tische, Stühle usw. Bereits vor der Trauung hatte ich ihr gesagt, daß zu unserem Unterhalt, d. h. zur Beköstigung für mich, für sie und Lukérja, die ich zu uns herübergelockt hatte, täglich ein Rubel und nicht mehr verausgabt werden dürfe: »Muß in drei Jahren dreißigtausend Rubel ersparen, anders aber kommt man nicht zu Geld.« Sie widersprach nicht, aber ich fügte von selbst noch dreißig Kopeken pro Tag hinzu. Ebenso war es mit dem Theater. Ich hatte ihr gesagt, daß wir nicht ins Theater gehen würden, beschloß aber dann doch, einmal im Monat mit ihr ins Theater zu gehen, und zwar anständig, Parkettplätze. Wir gingen zusammen, etwa dreimal, sahen, glaub' ich, „Die Jagd nach dem Glück", „Singvögel", und... (oh, zum Teufel, zum Teufel damit!) Schweigend gingen wir hin und schweigend kehrten wir heim. Warum, warum wir von Anfang an zu schweigen begannen? In der ersten Zeit gab es doch noch gar keine Strei-

tigkeiten zwischen uns, nur Schweigen. Ich weiß noch, damals sah sie mich immer heimlich an; ich aber, als ich das bemerkte, schwieg dann erst recht. Es ist allerdings wahr: *ich* war es, der auf dem Schweigen beharrte, nicht sie. Ihrerseits gab es sogar ein- oder zweimal leidenschaftliche Ausbrüche: sie stürzte zu mir, umarmte mich. Da aber diese Ausbrüche krankhaft waren, hysterisch, ich jedoch ein *starkes* Glück brauchte und als erstes ihre volle Achtung, so blieb ich natürlich kühl. Hatte auch recht: nach solchen Ausbrüchen gab's am nächsten Tage jedesmal Streit.

Das heißt: Streit gab's eigentlich nicht, aber es gab Schweigen und ... und eine immer und immer dreistere Miene ihrerseits. »Auflehnung und Unabhängigkeit« – das war's, das wollte sie, nur verstand sie's nicht. Ja, dieses sanfte Gesicht nahm einen immer trotzigeren Ausdruck an. Glauben Sie mir, ich wurde ihr einfach zuwider, ich habe das genau beobachtet. Jedenfalls: daß sie zuweilen außer sich geriet, daran war nicht zu zweifeln. Nun wie, zum Beispiel, nachdem man aus solchem Schmutz, aus solcher Armut herausgekommen ist, wie kann man denn da plötzlich über unsere Armut die Nase rümpfen! Sehen Sie: es war keine Armut, aber es war Sparsamkeit, und dort, wo es sich gehörte, sogar Luxus, – in der Wäsche, zum Beispiel, in der Sauberkeit. Ich habe immer gedacht, daß die Sauberkeit des Mannes auf die Frau anziehend wirkt. Übrigens tat sie's nicht über die Armut, sondern über meine, wie sie glaubte, schmutzige Knauserigkeit: ‚Behauptet, er verfolge ein Ziel, will offenbar Charakter beweisen!' Für das Theater dankte sie plötzlich selbst. Und immer spöttischer wurde der Zug um ihren Mund ... ich aber verstärkte das Schweigen, ich verstärkte noch das Schweigen.

Ich konnte doch nicht anfangen, mich zu rechtfertigen! Die Hauptrolle spielte dabei natürlich die Leihkasse. Sehen Sie: ich wußte, daß eine Frau, und noch dazu eine sechzehnjährige, nicht umhin kann, sich dem Manne ganz und gar unterzuordnen. Es ist keine Originalität in den Frauen, das ... das ist ein Axiom, sogar jetzt noch, sogar jetzt noch ein Axiom für mich! Was ist's denn, was dort im Saal auf dem Tisch liegt? Wahrheit bleibt Wahrheit, an der kann selbst Mill nichts ändern! Aber die liebende Frau, – oh, die liebende Frau vergöttert selbst die Laster, selbst die Verbrechen des Geliebten. Er wird für seine Verbrechen niemals solche Rechtfertigungen ausfindig machen, wie sie sie für ihn ausdenken wird. Das ist großmütig, aber nicht originell. Einzig die Unoriginalität

pflegt die Frauen zu verderben. Und warum, frage ich Sie nochmals, warum weisen Sie wieder dorthin auf den Tisch? Ja, ist denn das etwa originell, was dort auf dem Tisch liegt? O – oh!
Hören Sie: von ihrer Liebe war ich damals überzeugt. Fiel sie mir doch damals oft stürmisch um den Hals. Also liebte sie doch, richtiger: wollte sie doch lieben. Ja, ja, so war es: sie wollte lieben, sie suchte zu lieben. Aber die Hauptsache lag eben darin, daß ich ja gar nicht solche Verbrechen begangen hatte, für die sie sich hätte Entschuldigungen ausdenken müssen. Sie sagen: »ein Pfandleiher«! – ja, und alle sagen es. Aber was besagt denn das: »ein Pfandleiher«? Also muß es doch Gründe gegeben haben, wenn der hochherzigste Mensch zum – Pfandleiher geworden ist? Sehen Sie: es gibt Ideen... das heißt, sehen Sie mal, es gibt manche Ideen, die, wenn man sie ausdrücken, in Worten aussprechen will, furchtbar dumm erscheinen. Wirklich so dumm, daß man sich schämt. Und woher kommt das? Nirgendwoher. Weil wir alle so oberflächlich sind und die Wahrheit nicht ertragen können, oder... ich weiß wirklich nicht... Ich sagte vorhin: »der hochherzigste Mensch«. Das klingt lächerlich. Indessen, es war doch wirklich so. Es ist Wahrheit, was ich sage, die allerallerwahrhaftigste Wahrheit! Ja, ich hatte damals das Recht, mich pekuniär sicherstellen zu wollen und dieses Pfandgeschäft zu eröffnen. ‚Ihr habt mich verstoßen (ihr, das heißt: ihr Menschen), ihr habt mich mit verachtendem Schweigen fortgejagt! Auf meinen leidenschaftlichen Drang zu euch habt ihr mir mit einer Beleidigung für mein ganzes Leben geantwortet. Somit war ich denn im Recht, als ich mich von euch trennte, zwischen euch und mir eine Mauer zog; ich bin im Recht, wenn ich diese dreißigtausend Rubel ersparen und irgendwo in der Krim, am südlichen Meeresstrand, zwischen Bergen und Weingärten auf meinem für diese Dreißigtausend gekauften Landgut mein Leben beschließen will. Und vor allen Dingen: ich will ohne Groll auf euch, aber nur fern von euch leben, leben mit dem Ideal in der Seele, an der Seite der geliebten Frau und mit meinen Kindern, wenn Gott sie uns schenken sollte. Und den Freunden und Nachbarn in der Not würde ich eine helfende Hand sein.‘ Wenn ich das jetzt allein zu mir sage, ist nichts dabei, was aber hätte es Dümmeres geben können, als wenn ich damals ihr das erzählt und ausgemalt hätte? Das war ja der Grund, warum ich stolz schwieg, warum wir uns schweigend gegenübersaßen! Was hätte sie denn davon begriffen? Sechzehn Jahre – das ist ja doch noch die erste Jugend!

Und was hätte sie denn verstehen können von meinen Rechtfertigungen, von meinen Leiden? Da war einerseits naive Unbedingtheit, kindliche Geradlinigkeit, völlige Unkenntnis des Lebens, jugendliche, billige Überzeugungen, wahre Hühnerblindheit der »prachtvollen Herzen«; und andererseits: die Leihkasse, und das genügte! (Aber war ich denn als Pfandleiher etwa ein Räuber, hatte sie denn nicht selbst gesehen, wie ich war und daß ich nichts Unrechtmäßiges nahm?!) Oh, wie schrecklich ist die Wahrheit auf Erden! Dieses reizende Wesen, diese sanfte Kleine, dieser Himmel – war bald mein Tyrann, war der unerträgliche Peiniger meiner Seele! Würde ich mich doch selbst verleumden, wenn ich das nicht sagte! Sie glauben vielleicht, daß ich sie nicht geliebt habe? Wer kann behaupten, ich hätte sie nicht geliebt? Sehen Sie: hieraus wurde boshafte Ironie des Schicksals und der Natur! Wir sind verflucht, das Leben der Menschen ist überhaupt ein Fluch! (Und mein Leben noch ganz besonders!) Ich begreife ja jetzt, daß ich mich hierbei in irgend etwas verrechnet habe. Hierbei ist irgend etwas mißlungen! Alles war doch so klar, so klar wie der Himmel war mein Plan: ‚Streng, stolz, brauche niemandes moralischen Trost, leide schweigend.' So war's doch auch, ich log doch nicht, ich log doch wahrhaftig nicht! ‚Sie wird doch dann selbst die Hochherzigkeit entdecken, nur versteht sie vorläufig noch nicht, sie zu erkennen; doch wenn sie das irgendeinmal errät, so wird sie es dann zehnfach zu schätzen wissen und in den Staub vor mir niederknien, mit anbetend gefalteten Händen.' Das war der Plan! Aber hierbei muß ich etwas vergessen oder aus dem Auge gelassen haben. Irgend etwas habe ich nicht richtig zu machen verstanden. Doch genug, genug! Und wen soll ich denn jetzt um Verzeihung bitten? Ist's aus, dann ist's aus. Sei mutiger, Mensch, und sei stolz! Nicht du bist schuld!...

Nein, ich will die Wahrheit sagen, ich fürchte mich nicht, der Wahrheit ins Antlitz zu schauen: *sie* ist schuld, *sie* ist schuld!...

V

Die Sanfte revoltiert

Die Zwistigkeiten begannen damit, daß es ihr plötzlich einfiel, die Pfänder über ihren Wert einzuschätzen, das Geld nach ihrem Gutdünken auszuzahlen, und ein- oder zweimal erlaubte sie sich sogar, mit mir über dieses Thema zu streiten. Ich erklärte mich damit nicht einverstanden. Aber dann kam uns diese Offizierswitwe in die Quere.

Es kam eine alte Frau, die Witwe eines Hauptmanns, mit einem Medaillon, einem Geschenk des verstorbenen Gatten, nun, natürlich: ein teures Andenken! Ich gab ihr dreißig Rubel. Da hob denn das Jammern und Bitten an: man solle das Ding nur ja gut aufbewahren. – Selbstverständlich bewahren wir es gut auf. Nun, kurz und gut, plötzlich, nach fünf Tagen kommt sie wieder, um das Ding gegen ein Armband, das nicht einmal acht Rubel wert war, einzulösen. Ich schlug ihr's natürlich ab. Wahrscheinlich hat sie schon damals etwas aus den Augen meiner Frau erraten, denn als sie das zweite Mal in meiner Abwesenheit kam, tauschte die es tatsächlich gegen das Medaillon ein.

Als ich das noch am selben Tage erfahren hatte, sprach ich sanft, doch bestimmt und vernünftig mit ihr. Sie saß auf dem Bett, sah zu Boden und baumelte mit dem rechten Beinchen (ihre charakteristische Angewohnheit), wobei sie mit dem Fußspitzchen immer den Betteppich streifte; ein Lächeln, das nichts Gutes verhieß, lag auf ihren Lippen. Da erklärte ich ihr ruhig, ohne auch nur die Stimme zu erheben, daß das Geld *mir* gehöre, daß ich das Recht hätte, auf das Leben mit *meinen* Augen zu sehen, und daß ich, als ich um sie anhielt, ihr doch nichts verheimlicht hätte.

Sie sprang auf, erzitterte am ganzen Körper und – was glauben Sie wohl – trampelte plötzlich wie wahnsinnig mit den Füßen los! Das war einfach plötzlich ein Tier, ein Anfall von Raserei, ein Tier in einem Wutanfall. Ich war starr vor Erstaunen: einen solchen Auftritt hätte ich von ihr nie und nimmer erwartet! Verlor aber nicht den Kopf, zuckte nicht einmal und erklärte nur, wieder mit derselben ruhigen Stimme, daß ich ihr von nun ab die Mitarbeit an meinem Geschäft entziehen würde. Sie lachte mir ins Gesicht und ging, ging hinaus auch aus der Wohnung.

Die Sache war aber die: sie hatte nicht das Recht, die Wohnung zu verlassen, ohne meinen Willen auszugehen – so war es zwischen uns noch während der Brautzeit vereinbart worden. Gegen Abend kehrte sie heim; ich sagte kein Wort.

Am nächsten Tage ging sie wieder gleich am Morgen aus, am übernächsten wieder. Ich schloß die Kasse und begab mich zu den Tanten. Mit ihnen hatte ich gleich nach der Trauung jede Beziehung abgebrochen: weder kamen sie zu uns, noch gingen wir zu ihnen.

Es stellte sich heraus, daß meine Frau nicht bei ihnen gewesen war. Sie hörten mir neugierig zu, lachten mich aus: »Geschieht Ihnen ganz recht.« Aber ich war auf ihren Spott gefaßt. Bei der Gelegenheit gewann ich die jüngere Tante, die alte Jungfer, bestach sie mit hundert Rubeln, wovon ich ihr fünfundzwanzig sofort einhändigte. Nach zwei Tagen kam sie zu mir.

»Da ist ein Offizier«, sagte sie, »ein Leutnant Jefímowitsch, Ihr früherer Regimentskamerad, im Spiel.«

Ich war sehr verwundert. Dieser Jefímowitsch hatte im Regiment am meisten gegen mich intrigiert. Vor einem Monat aber war er, unverschämt wie immer, zweimal unter dem Vorwand, etwas versetzen zu wollen, zu uns gekommen. Ich erinnere mich noch, daß er damals mit meiner Frau zu scherzen versucht hatte. Da war ich denn an ihn herangetreten und hatte ihm gesagt, er solle es nicht wagen, wiederzukommen, so wie unsere Beziehungen nun einmal stünden. Doch nicht einmal ein Gedanke an irgend so etwas war mir in den Kopf gekommen; ich dachte einfach, er sei nichts als frech und zudringlich. Und nun sagte mir plötzlich diese Tante, daß die beiden schon ein Stelldichein verabredet hätten, und daß die ganze Geschichte von einer früheren Bekannten der anderen Tante, einer Júlija Ssamssónowna, die noch dazu die Witwe eines Obersten sein sollte, unterstützt würde. »Und zu dieser Witwe geht Ihre Frau.«

Ich werde mich kürzer fassen. Im ganzen kam mich die Sache auf etwa dreihundert Rubel zu stehen; dafür aber war es nach zweimal vierundzwanzig Stunden abgemacht, daß ich im Nebenzimmer hinter der Tür stehen und auf diese Weise dem ersten tête-à-tête meiner Frau mit Jefimowitsch beiwohnen sollte. Aber da kam es nun noch am Abend vorher zu einer kurzen, doch nur zu bedeutsamen Szene zwischen ihr und mir.

Sie kam kurz vor Abend zurück, setzte sich aufs Bett, blickte mich spöttisch an und baumelte wieder mit dem Beinchen überm Teppich. Plötzlich kam mir, während ich sie ansah, der Gedanke, daß sie ja schon diesen ganzen Monat, oder genauer diese letzten zwei Wochen, gar nicht mehr sie selbst, sondern geradezu ihr eigener Gegensatz gewesen war: ein wildes, angriffslustiges, ich kann nicht sagen schamloses, aber immerhin zügelloses Geschöpf, das selbst Sturm und Verderben suchte, ja, herbeisehnte. Allein die angeborene Sanftmut stand ihr noch im Wege. Wenn ein solches Wesen einmal ausbricht und lostobt, so wird man ihm doch immer noch anmerken, auch wenn es die Grenzen überspringt, daß es sich dabei Gewalt antut, sich aufpeitscht und verstellt und mit der angeborenen Keuschheit und Scham selbst am allerwenigsten fertig werden kann. Gerade deshalb können solche Naturen mitunter so ungeheuerlich jedes Maß verlieren, daß unsere beobachtende Vernunft ihren Augen nicht mehr traut. Dagegen wird sich eine mit dem Laster schon vertraute Seele immer maßvoller zeigen, Schlimmeres tun, aber den Schein von Ordnung und Anstand zu wahren wissen, mit der Anmaßung, eben deshalb uns gegenüber noch die Überlegene spielen zu dürfen.

»Ist es wahr, daß man Sie aus dem Regiment fortgejagt hat, weil Sie aus Feigheit einem Duell ausgewichen sind?« fragte sie plötzlich, und ihre Augen blitzten.

»Ja, es ist wahr. Man bat mich nach dem Urteilsspruch der Offiziere, das Regiment zu verlassen, obgleich ich übrigens schon vorher selbst mein Abschiedsgesuch eingereicht hatte.«

»Also doch als Feigling fortgejagt?«

»Ja, ich wurde wegen Feigheit verurteilt. Doch hatte ich das Duell nicht aus Feigheit ausgeschlagen, sondern weil ich mich nicht ihrem tyrannischen Urteilsspruch fügen wollte: zum Duell herauszufordern, wenn ich selbst eine Beleidigung nicht anerkennen konnte... Wissen Sie«, sagte ich plötzlich, denn ich konnte nicht an mich halten, »daß mit der Tat sich gegen solche Tyrannei aufzulehnen und alle Folgen dieser Handlung auf sich zu nehmen, weit mehr Mut beweisen hieß, als zu einem beliebigen Duell erforderlich ist?«

Ich hatte mich nicht beherrschen können und gleichsam mich zu rechtfertigen begonnen; das aber wollte sie ja nur, diese meine Erniedrigung. Sie lachte boshaft auf.

»Und ist es wahr, daß Sie sich darauf drei Jahre in den Straßen Petersburgs wie ein Strolch herumgetrieben, die Leute um zehn Kopeken angesprochen, unter den Billardtischen übernachtet haben?«

»Ich habe sogar im berüchtigten Nachtasyl am Heumarkt manche Nacht verbracht. Ja, es ist wahr; in meinem Leben war später, nach dem Austritt aus dem Regiment, viel Schmach und Verkommenheit, denn ich habe mich und mein Verhalten damals selbst am meisten gehaßt. Das war bloß ein zeitweiliges Nachlassen meines Willens und meines Verstandes infolge meiner verzweifelten Lage... Aber das ist jetzt vorüber, ist gewesen...«

»Oh, natürlich. Jetzt sind Sie ja eine Persönlichkeit, ein Finanzmann!«

Das war natürlich eine Anspielung auf die Pfandkasse. Doch ich konnte mich schon wieder beherrschen. Ich sagte mir, daß sie es ja doch nur auf Erklärungen meinerseits abgesehen hatte, die mich erniedrigen sollten, und – ich schwieg. Zudem klingelte gerade jemand, und so ging ich aus dem Zimmer an meine Kasse. Darauf, nach einer Stunde ungefähr, als sie sich plötzlich angekleidet hatte, um wieder auszugehen, blieb sie plötzlich vor mir stehen und sagte: »Vor der Hochzeit aber haben Sie mir nichts davon gesagt?«
Ich antwortete nicht, und sie ging.
Und so geschah es denn am folgenden Tage, daß ich dort in jenem Nebenzimmer hinter der Tür stand und zuhörte, wie sich mein Schicksal entschied. In der Tasche aber hatte ich meinen Revolver. Sie hatte ihr bestes Kleid an, saß am Tisch, und Jefimowitsch gab sich alle Mühe. Und was geschah? Es geschah das (zu meiner Ehre sei es gesagt), es geschah genau das, was ich vorausgefühlt und vorausgesehen hatte, wenn ich mir dessen auch nicht bewußt war, daß ich das vorausfühlte und voraussah. Ich weiß nicht, ob ich mich verständlich ausdrücke.
Und zwar geschah folgendes: Ich hörte eine ganze Stunde lang zu und war eine Stunde lang Zeuge eines Zweikampfes zwischen einem Weibe, dem edelsten und überlegensten, und einer stumpfen, verderbten Lebeweltkreatur, die heranzukriechen suchte. Und woher, dachte ich ganz betroffen, woher nur hat dieses naive, dieses sanfte, dieses unerfahrene junge Geschöpf alle diese Worte und dieses Wissen? Selbst der geistreichste Dichter einer mondänen Komödie hätte eine solche Szene nicht erfinden können, solch einen Spott, solch ein allernaivstes Lächeln mit dieser heiligen Verachtung, die der reine Mensch für das Laster hat. Und wieviel Geist war doch in ihren Worten und kleinen Bemerkungen, welch ein Scharfsinn in ihren schnellen Repliken und welche Sicherheit und Richtigkeit in ihren Urteilen. Und zu gleicher Zeit wieviel nahezu mädchenhafte Arglosigkeit! Auf all seine Liebeserklärungen hin lachte sie ihn einfach aus. Er, der mit seinen rohen Absichten gekommen war und kaum mit Widerstand gerechnet hatte, saß plötzlich ganz kleinlaut da und wußte nicht, wie ihm geschah. Zuerst hätte ich glauben können, es sei ihrerseits nur Koketterie – ‚Koketterie eines, wenn auch verderbten, so doch jedenfalls geistreichen Weibes, um sich kostbarer zu machen'. Aber nein, die Wahrheit war so sonnenklar, daß ein Zweifel überhaupt nicht bestehen konnte. Nur aus Haß gegen mich, aus Haß, in den sie sich selbst hinein-

geredet hatte, hatte sie, die Unerfahrene, sich zu diesem Rendezvous entschließen können; sobald es aber zur Tat kam – erwachte sie sofort. Sie hatte nicht gewußt, was tun, um mich irgendwie, einerlei wodurch, zu verletzen, aber es ist ja nur zu verständlich, daß sie, die sich zu etwas so Schändlichem entschlossen zu haben schien, sofort auf diesem Wege stehenblieb und umkehrte, als sie der Tat gegenüberstand: sie ertrug sie nicht. Und sie, diese sündenlose, keusche Seele, die ihr Ideal besaß, hätte solch ein Jefimowitsch oder irgendeiner von diesem Lebeweltgesindel verführen können? Er rief ja bei ihr nur Gelächter hervor. Die ganze Wahrhaftigkeit ihrer Seele richtete sich auf, und der Unwille in ihrem Herzen äußerte sich in Sarkasmus. Ich wiederhole: dieser Narr saß zum Schluß ganz verdattert auf seinem Stuhl, blickte mürrisch drein und antwortete kaum, so daß ich schon befürchtete, er werde vielleicht aus niedriger Rachsucht sie zu beleidigen suchen. Und ich wiederhole nochmals, zu meiner Ehre sei es gesagt: ich hörte das ganze Gespräch fast ohne jede Verwunderung an. Es war mir, als ob ich nichts als Bekanntes wiederfände. Ich war gleichsam nur deswegen hingegangen, um dieses Bekannte wiederzufinden. Ich war tatsächlich hingegangen, ohne einer einzigen Beschuldigung zu glauben, obgleich ich den Revolver in die Tasche gesteckt hatte, – das ist die ganze Wahrheit! Und wie hätte ich sie mir denn überhaupt anders denken können? Warum liebte ich sie denn, warum schätzte ich sie denn so hoch, warum hatte ich sie denn geheiratet? Oh, natürlich wurde mir auch das klar, wie unverdorben, wie rein sie war. Ich machte der Szene plötzlich ein Ende, indem ich die Tür öffnete. Jefimowitsch sprang auf; ich bot ihr den Arm und bat sie, mit mir das Haus zu verlassen. Jefimowitsch faßte sich ziemlich schnell und lachte belustigt auf.

»Oh, gegen die geheiligten Gattenrechte habe ich natürlich nichts einzuwenden! Bitte, führen Sie sie nur fort, bitte! Und wissen Sie«, rief er mir noch nach, »obgleich sich ja ein anständiger Mensch mit Ihnen eigentlich nicht schlagen kann, so stehe ich doch, aus Achtung vor Ihrer Frau, zu Ihrer Verfügung... Wenn Sie übrigens nur selbst den Mut dazu haben...«

»Hören Sie's?« fragte ich sie und hielt sie noch einen Augenblick auf der Türschwelle zurück.

Darauf den ganzen Weg bis nach Hause kein Wort. Ich führte sie am Arm, und sie widersetzte sich nicht. Im Gegenteil, sie war furchtbar betroffen, und das nicht nur auf dem Wege bis zu unserer

Wohnung. Als wir bei uns angelangt waren, setzte sie sich auf einen Stuhl und richtete stumm ihren Blick auf mich. Sie war ungewöhnlich bleich; wenn sich auch ihre Lippen sofort wieder spöttisch verzogen, so sah sie mich doch mit einem Blick feierlicher und strenger Herausforderung an und war, glaube ich, fest überzeugt, wenigstens in den ersten Minuten, daß ich sie nun sofort niederschießen würde. Ich aber zog meinen Revolver schweigend aus der Tasche und legte ihn auf den Tisch. Sie blickte von mir auf den Revolver, vom Revolver auf mich. (Beachten Sie folgendes: Dieser Revolver war ihr schon bekannt. Ich hatte ihn mir gekauft, weil ich nicht beabsichtigte, große Hunde oder einen starken Diener, wie ihn zum Beispiel Moser hat, zu halten. Bei mir öffnet die Köchin die Tür. Andererseits aber können wir Pfandkassenbesitzer uns doch nicht ganz des Selbstschutzes berauben, – wenn die Leute nun einmal wissen, daß man immer Geld im Hause hat. Und so hatte ich mir denn diesen Revolver gekauft. Sie nun interessierte sich, als sie zu mir ins Haus kam, in den ersten Tagen ganz besonders für das Ding, und ich erklärte ihr daraufhin das ganze System und beredete sie sogar, einmal nach einem Ziel zu schießen. Bitte sich das zu merken.)
Ohne ihren erschrockenen Blick weiter zu beachten, legte ich mich nur halb ausgekleidet auf das Bett. Ich war nicht wenig erschöpft. Es war schon gegen elf Uhr. Sie blieb auf ihrem Platz sitzen, ohne sich zu rühren, ungefähr noch eine Stunde lang. Darauf löschte sie das Licht aus und legte sich, gleichfalls angekleidet, auf den Diwan an der Wand. Zum erstenmal legte sie sich nicht zu mir nieder – auch das bitte ich sich zu merken.

VI

Eine schreckliche Erinnerung

Jetzt diese schreckliche Erinnerung...
Ich erwachte am Morgen schätzungsweise nach sieben Uhr, und im Zimmer war es fast schon ganz hell. Ich erwachte plötzlich mit vollem Bewußtsein und schlug die Augen auf; sie stand am Tisch und hielt den Revolver in der Hand. Sie bemerkte nicht, daß ich aufgewacht war und sie beobachtete. Und plötzlich sehe ich: sie bewegt sich auf mich zu, mit dem Revolver in der Hand... Ich schloß sofort die Augen und stellte mich schlafend.

Sie kam bis ans Bett und beugte sich über mich. Ich hörte alles; wenn es auch totenstill war, so *hörte* ich doch diese Stille. Da... ich schlug plötzlich, ganz gegen meinen Willen, die Augen auf: sie stand über mich gebeugt und sah mich an, blickte mir gerade in die Augen, und der Revolver war schon dicht an meiner Schläfe. Unsere Blicke trafen sich. Aber wir sahen einander nur eine Sekunde an. Ich riß mich zusammen und schloß wieder die Augen und im selben Moment faßte ich aus ganzer Seele den Entschluß, mich nicht mehr zu rühren und nicht mehr die Augen aufzuschlagen, was auch immer mich erwarten mochte.

Es kommt in der Tat zuweilen vor, daß ein festschlafender Mensch plötzlich die Augen aufschlägt, sogar den Kopf erhebt und sich im Zimmer umblickt, darauf, nach einer Sekunde, den Kopf wieder auf das Kissen zurückfallen läßt und weiterschläft, ohne sich seiner ganzen Bewegung bewußt zu werden oder sich später ihrer noch zu erinnern. Als ich, nachdem sich unsere Blicke getroffen und ich den Revolver an meiner Schläfe gespürt hatte, plötzlich wieder die Augen schloß und mich regungslos verhielt, wie ein Festschlafender, da konnte sie natürlich annehmen, daß ich tatsächlich schlief und nichts gesehen hatte, um so mehr, als es doch ganz unwahrscheinlich war, daß einer, der das gesehen, was ich gesehen, in einem solchen Augenblick die Augen wieder geschlossen hätte.

Ja, es war unwahrscheinlich. Aber trotzdem hätte sie doch die Wahrheit erraten können, – das war's, was mir plötzlich in diesem selben Augenblick durch das Gehirn zuckte. Welch ein Wirbelsturm von Gedanken und Gefühlen in weniger als einer Sekunde durch meine Seele stob! – oh, es lebe die Elektrizität des menschlichen Denkens! In diesem Falle (so empfand ich blitzschnell), wenn sie die Wahrheit erraten hatte und wußte, daß ich nicht schlief, hatte ich sie schon durch meine Bereitwilligkeit, in den Tod zu gehen, vernichtet, und ihre Hand mußte zurückzucken. Die anfängliche Entschlossenheit konnte an einem neuen ungewöhnlichen Eindruck zerschellen. Man sagt, wer auf einer Höhe steht, fühle sich unwillkürlich hinabgezogen in den Abgrund. Ich glaube, viele Selbstmorde und Morde sind nur begangen worden, weil der Revolver schon in der Hand war. Da ist es gleichfalls ein Abgrund, ein Abhang von fünfundvierzig Grad, und man ist gezwungen, in diesen Abgrund hinunterzugleiten; genau so ist da auch etwas, was einen unwiderstehlich herausfordert, den Hahn

abzudrücken. Doch wenn sie sich sagte, daß ich alles gesehen habe, alles wisse und schweigend von ihr den Tod erwarte – dieser Gedanke hätte sie vielleicht auf dem Abhang aufhalten können.
Die Stille dauerte an, und plötzlich fühlte ich an der Schläfe, dicht an meinem Haar, die kalte Berührung des Eisens. Sie werden mich fragen wollen, ob ich immer noch fest auf eine Rettung hoffte? Ich will Ihnen wie vor Gott antworten: ich hatte nicht die geringste Hoffnung, nicht erschossen zu werden, außer vielleicht wie eins zu hundert. Warum, fragen Sie mich, nahm ich dann den Tod von ihr so ohne weiteres hin? Ich aber frage: was war mir denn das Leben noch, nachdem das von mir vergötterte Wesen den Revolver auf mich angelegt hatte? Außerdem fühlte ich mit der ganzen Kraft meiner Seele, daß in diesem Augenblick zwischen uns ein Kampf vor sich ging, ein furchtbarer Zweikampf auf Leben und Tod, der Kampf mit diesem selben früheren »Feigling«, der von den Kameraden wegen »Feigheit« hinausgesetzt worden war! Ich wußte das, und auch sie mußte das wissen, wenn sie nur die Wahrheit erraten hatte, daß ich nicht schlief.
Vielleicht war es auch nicht so, vielleicht habe ich all das in dem Augenblick gar nicht gedacht, aber das hätte doch alles so sein müssen, wenn auch ohne Gedanken, denn ich habe ja nachher nichts weiter getan als daran gedacht, in jeder Stunde meines Lebens.
Aber Sie können noch eine andere Frage stellen: warum bewahrte ich sie nicht vor dem Verbrechen? Oh, ich habe mir selbst nachher wohl an tausendmal diese Frage gestellt – jedesmal, wenn ich mir mit einem eisigen Schauer im Rücken diesen Augenblick zu vergegenwärtigen suchte. Doch meine Seele war damals in finsterer Verzweiflung: ich ging unter, ich ging selbst unter, wie hätte ich da noch jemand anderen retten können? Und woher wissen Sie, ob ich da überhaupt noch jemanden hätte retten wollen? Woher soll man's wissen, was ich damals gefühlt habe?
Einstweilen war mein Bewußtsein überwach, kochte in mir... Die Sekunden kamen und gingen, es war totenstill... Sie stand immer noch über mich gebeugt, und – plötzlich durchzuckte mich eine Hoffnung! Ich schlug schnell die Augen auf: sie war nicht mehr im Zimmer. Ich erhob mich vom Bett: ich, ich hatte gesiegt! – und sie war für immer besiegt!
Ich ging in das vordere Zimmer zum Frühstück. Der Ssamowar wurde bei uns im ersten Zimmer aufgestellt, und den Tee goß

stets sie ein. Ich setzte mich schweigend an den Tisch und nahm von ihr mein Glas in Empfang. So nach fünf Minuten sah ich zum erstenmal auch zu ihr hinüber: sie war entsetzlich bleich, noch bleicher als tags zuvor, und blickte mich an. Und plötzlich – und plötzlich, als sie gewahr wurde, daß ich sie betrachtete, verzog sie ihre bleichen Lippen zu einem blassen Lächeln, mit scheuer Frage in den Augen... So zweifelte sie immer noch? Fragte sich wohl: Weiß er es oder weiß er es nicht, hat er es gesehen oder hat er es nicht gesehen? Gleichmütig wandte ich meinen Blick von ihr ab.
Nach dem Tee schloß ich die Kasse, ging auf den Markt und kaufte ein eisernes Bett und einen großen Bettschirm. Nach Haus zurückgekehrt, ließ ich das Bett im ersten Zimmer aufstellen und mit dem Schirm gleichsam das Zimmer abteilen. Das war ein Bett für sie, doch sagte ich kein Wort davon. Auch ohne Worte begriff sie durch dieses Bett, daß ich »alles gesehen habe und alles weiß«. Für die Nacht legte ich den Revolver wie immer auf den Tisch. Spät abends legte sie sich in dieses neue Bett: die Ehe war aufgelöst.
»Sie war besiegt, doch war ihr noch nicht verziehen.« In der Nacht fing sie an zu phantasieren und am nächsten Morgen hatte sie hohes Fieber. Sechs Wochen lag sie zu Bett.

ZWEITES KAPITEL

I

Ein Traum des Stolzes

Lukérja hat mir soeben erklärt, daß sie nicht bei mir bleiben wolle und fortgehen werde, sobald die gnädige Frau beerdigt sei. Habe kniend fünf Minuten gebetet, wollte zuerst eine ganze Stunde lang beten, aber ich muß immer denken und denken, die ganze Zeit... lauter kranke Gedanken und ein schmerzender Kopf... Was da beten!... wäre ja Sünde... Sonderbar, daß ich nicht schlafen will. In großem, allzugroßem Leid will man nach den ersten, stärksten Erschütterungen immer schlafen. Zum Tode Verurteilte sollen, sagt man, in der letzten Nacht ungewöhnlich fest schlafen.

Ja, das muß auch so sein, das verlangt die Natur, sonst würden die Kräfte nicht ausreichen... Ich legte mich auf den Divan, konnte aber nicht einschlafen...

Sechs Wochen pflegten wir sie Tag und Nacht, ich, Lukerja und die gelernte Pflegerin aus dem Krankenhause. Geld sparte ich nicht, ich hatte geradezu das Bedürfnis, viel für sie auszugeben. Von Ärzten rief ich Dr. Schröder zu ihr und zahlte ihm zehn Rubel für jeden Besuch. Als sie allmählich das Bewußtsein wiedererlangte, hielt ich mich zurück, das heißt: ich ließ mich seltener bei ihr blicken. Doch wozu schildere ich das jetzt lang und breit! Als sie schließlich aufstand, das Bett verließ, setzte sie sich leise und schweigend in meinem Zimmer an den kleinen Tisch, den ich inzwischen eigens für sie gekauft hatte... Ja, es ist wahr, wir schwiegen jetzt ganz und gar; später fingen wir zuweilen auch wieder an, über irgend etwas zu sprechen, aber immer über Gleichgültiges. Ich war natürlich mit Absicht nicht gesprächig, doch bemerkte ich sehr wohl, daß auch sie froh war, kein überflüssiges Wort sagen zu müssen. Das erschien mir ihrerseits ganz natürlich: ‚Sie ist viel zu erschüttert, viel zu sehr besiegt', dachte ich, ‚und man muß ihr Zeit lassen, zu vergessen und sich wieder einzuleben.' So schwiegen wir denn beide, doch im Herzen bereitete ich mich jeden Augenblick auf das Zukünftige vor. Ich glaubte, daß auch sie dasselbe tat, und ich bemühte mich fortwährend zu erraten, woran sie bei sich jetzt denken mochte.

Nur dies will ich noch sagen: niemand weiß, oh, selbstverständlich ahnt es kein Mensch, was ich beim Wachen an ihrem Bett während ihrer Krankheit durchgemacht habe. Selbst vor Lukerja verbarg ich mein Stöhnen und wimmerte nur in mich hinein. Ich vermochte es mir gar nicht vorzustellen, es war für mich gar nicht auszudenken, daß sie sterben könnte, ohne alles erfahren zu haben. Als aber die Gefahr überstanden war und sie sich zu erholen begann, da beruhigte ich mich, ich weiß es noch genau, schnell und vollkommen. Und nicht nur das, sondern ich beschloß sogar, *unsere Zukunft möglichst weit hinauszuschieben* und vorläufig alles so zu belassen, wie es jetzt war. Ja, es geschah damals etwas Seltsames und Merkwürdiges mit mir, anders wüßte ich es nicht zu bezeichnen: Ich hatte den Sieg davongetragen, hatte die Oberhand gewonnen, und schon dieses Bewußtsein genügte mir,

wie sich erwies, vollkommen. So verging der ganze Winter. Oh, ich war so zufrieden, wie ich es noch nie zuvor gewesen war, und so blieb es den ganzen Winter über.
Sehen Sie, in meinem Leben gibt es einen furchtbaren äußeren Umstand, der mich bis dahin, das heißt: bis zum Tage der Katastrophe mit meiner Frau, Tag für Tag und Stunde für Stunde bedrückte: das war der Verlust meiner Reputation und jener Austritt aus dem Regiment. Kurz: an mir war tyrannische Ungerechtigkeit verübt worden. Es ist wahr, meine Kameraden liebten mich nicht wegen meines »schweren« Charakters und vielleicht auch noch wegen meines »komischen« Charakters, aber es kommt doch oft vor, daß das, was dem einen erhaben erscheint, was er als seinen heiligsten Schatz im Herzen bewahrt und verehrt, gleichzeitig der Schar seiner Kameraden aus irgendeinem Grunde lächerlich erscheint. Ich war nie beliebt, auch nicht in der Schule. Ich war immer und überall unbeliebt. Auch Lukérja mag mich nicht. Jener Zwischenfall aber im Regiment war seiner Art nach ein absoluter Zufall, obschon er letzten Endes doch wieder mit meiner Unbeliebtheit zusammenhing. Ich sage das nur, weil es nichts Kränkenderes und Unerträglicheres gibt, als durch einen Zufall zugrunde zu gehen, durch einen Zufall, der ebensogut auch nicht hätte eintreten können, zugrunde zu gehen durch ein unglückliches Zusammentreffen von Umständen, die sich ebensogut wie Wolken hätten verziehen, in nichts auflösen können. Für ein mit Denkvermögen ausgestattetes Lebewesen ist so etwas erniedrigend. Zu diesem Zufall war es folgendermaßen gekommen:
Ich war im Theater. In der großen Pause ging ich hinaus ans Büfett. Auch der Husarenleutnant A–ff kam ans Büfett und erzählte hier zwei anderen Husaren aus seinem Regiment – laut genug, daß es alle anwesenden Offiziere und das Publikum hören konnten –, daß ein Hauptmann unseres Regiments, Besúmzeff, im Korridor Skandal gemacht habe und »wahrscheinlich betrunken« sei. Es entspann sich weiter kein Gespräch darüber, und dazu war es auch noch ein Irrtum, denn der Hauptmann Besúmzeff war weder betrunken noch hatte er besonderen Skandal gemacht. Die Husaren gingen auf ein anderes Thema über, und damit war die Sache abgetan. Am nächsten Tage jedoch wurde die Geschichte in unserem Regiment bekannt, und sofort wußte man auch, daß von Offizieren unseres Regiments nur ich allein zugegen gewesen und auf den Leutnant A–ff nicht zugetreten war, als er sich in

ungeziemender Weise über Hauptmann Besúmzeff geäußert hatte, um ihn wenigstens durch eine Bemerkung zurechtzuweisen. Doch aus welchem Grunde hätte ich das tun sollen? Wenn er etwas gegen unseren Hauptmann Besumzeff hatte, so war das doch eine persönliche Angelegenheit, aus welchem Grunde hätte ich mich da einmischen sollen? Unsere Offiziere fanden jedoch, daß es keine persönliche Angelegenheit wäre, sondern das ganze Regiment anginge: ich hätte durch mein Verhalten allen am Büfett anwesenden Offizieren und dem Publikum gezeigt, daß es in unserem Regiment Offiziere gäbe, die in betreff ihrer wie des Regimentes Ehre nicht gerade empfindlich waren. Dieser Auffassung konnte ich mich nicht anschließen. Man gab mir zu verstehen, daß ich alles gutmachen könnte, wenn ich mich noch nachträglich mit A–ff auseinandersetzen wollte. Das aber wollte ich nicht, und da ich gereizt war, so weigerte ich mich stolz. Gleich darauf reichte ich mein Abschiedsgesuch ein. Das ist die ganze Geschichte. Äußerlich stolz, doch innerlich wie zerbrochen ging ich fort. Meine Willenskraft, mein Geist, alles sank in sich zusammen. Da kam schließlich noch hinzu, daß mein Schwager in Moskau den Rest unseres Vermögens, das er durchgebracht hatte, verlor, und ich somit auch meines, allerdings nur noch kleinen Anteils verlustig ging. So saß ich denn ohne einen Heller auf der Straße. Ich hätte ja in einen Zivildienst eintreten können, aber das tat ich nicht: nach dem glänzenden Waffenrock mochte ich nicht die Uniform eines Eisenbahnbeamten tragen. Wenn mir nun schon Schande bestimmt war, dann eben Schande, wenn Schmach, dann Schmach, wenn sinken, dann sinken, je schlimmer desto besser! Das war es, was ich vorzog. Hierauf folgten drei Jahre, an die ich mit Grauen zurückdenke; dazu gehört auch die Erinnerung an das Nachtasyl am Heumarkt... Vor anderthalb Jahren aber starb dann in Moskau eine reiche alte Frau, meine Patin, und hinterließ mir, wie jedem ihrer Patenkinder, ganz unerwartet dreitausend Rubel. Das gab mir den Anstoß nachzudenken, und das entschied mein Schicksal. Ich entschloß mich, eine Pfandkasse zu eröffnen, ohne mich um die Menschen weiter zu kümmern, ohne sie um Vergebung zu bitten: erst Geld erwerben, dann ein Heim und – ein neues Leben fern von alten Erinnerungen, das war mein Plan... Nichtsdestoweniger quälten mich das dunkle Vergangene und die für immer verlorene Ehre in jeder Stunde, in jeder Minute meines Lebens. Aber dann heiratete ich. Ob zufällig oder nicht – ich weiß

es nicht. Jedenfalls glaubte ich, als ich sie in mein Haus führte, daß ich einen Freund einführe, denn einen Freund brauchte ich jetzt vor allem. Ich erkannte aber deutlich, daß dieser Freund erst vorbereitet, erzogen, sogar besiegt werden mußte. Und wie hätte ich denn dieser Sechzehnjährigen, dieser noch in allen Vorurteilen der Jugend Befangenen, so mit einem Schlage irgend etwas erklären können? Wie hätte ich sie zum Beispiel ohne die zufällige Hilfe der furchtbaren Katastrophe mit dem Revolver überzeugen können, daß ich kein Feigling bin und daß man mich im Regiment zu Unrecht als Feigling verurteilt hatte? Doch die Katastrophe kam zur rechten Zeit. Als ich dem Revolver standhielt, rächte ich mich an meiner ganzen finsteren Vergangenheit. Und wenn das auch niemand erfuhr, so erfuhr es doch *sie*, das aber bedeutete für mich alles, denn sie selbst war mein Alles, war in meinen Träumen die ganze Hoffnung meiner Zukunft! Sie war der einzige Mensch, den ich ganz für mich bestimmte, einen anderen brauchte ich nicht mehr, – und da hatte sie denn nun alles erfahren. Sie hatte wenigstens erfahren, daß es von ihr voreilig und unrecht gewesen war, sich meinen Feinden anzuschließen. Dieser Gedanke entzückte mich. In ihren Augen konnte ich folglich nicht mehr als ein gemeiner, höchstens noch als ein sonderbarer Mensch dastehen. Aber das war mir nach allem Geschehenen gar nicht so unlieb: Sonderbarkeit ist kein Laster, ja, sie erscheint dem weiblichen Wesen zuweilen sogar anziehend. Kurz, ich schob absichtlich die Lösung der Sache hinaus: das Geschehene war vorläufig zu meiner Beruhigung übergenug und enthielt solch eine Fülle von Bildern und Material für meine Träumereien! Das ist ja die Gemeinheit, daß ich ein Träumer bin: mir genügten die Träume, von ihr aber dachte ich, daß sie *warten* werde.
So verging der ganze Winter gewissermaßen wie in ständiger Erwartung von irgend etwas. Ich liebte es, sie heimlich zu betrachten, wenn sie so an ihrem Tischchen saß. Sie beschäftigte sich mit einer Handarbeit, nähte an der Wäsche, abends aber las sie die Bücher, die sie in meinem Schrank vorfand. Die Auswahl der Bücher, die ich besaß, mußte in ihrer Art zu meinen Gunsten sprechen. Sie ging fast nie aus dem Hause. Vor der Dämmerung, nach dem Essen, ging ich jeden Tag mit ihr spazieren, und wir machten uns Bewegung, das geschah aber stets vollkommen schweigend, ganz so wie früher. Ich bemühte mich, stets so zu tun, als ob wir nicht schwiegen und in allem wortlos übereinstimmten,

doch vermieden wir, wie gesagt, beide überflüssige Worte. Ich tat es mit Absicht, und ihr, dachte ich, müsse man unbedingt »Zeit lassen«. Eines ist allerdings sonderbar: es kam mir kein einziges Mal in den Sinn, daß ich es liebte, sie heimlich zu betrachten, andererseits aber während des ganzen Winters kein einziges Mal bemerkt hatte, daß auch ihr Blick auf mir ruhte. Ich glaubte, das wäre ihre Schüchternheit. Und zudem war sie von solch einer scheuen Sanftmut, sah sie nach der Krankheit so kraftlos aus. ‚Nein, warte lieber noch ab und – und sie wird plötzlich von selbst zu dir kommen...‘

Dieser Gedanke bezauberte mich unwiderstehlich. Ich füge noch eines hinzu: zuweilen geschah es, daß ich mich selbst gewissermaßen aufhetzte und meinen Geist und meine Vernunft soweit brachte, daß ich mich durch sie gekränkt fühlte und sie feindselig betrachtete. Und das dauerte dann eine geraume Zeit an. Aber dieser Haß konnte sich doch nie so recht einnisten in meiner Seele. Und ich fühlte doch auch selbst im geheimen, daß es eigentlich nur ein Spiel war. Und sogar damals habe ich, wenn auch ich es war, der unsere Ehe zerriß, indem ich das Bett und den Wandschirm kaufte, – sogar damals habe ich in ihr niemals, niemals eine Verbrecherin sehen können. Und das nicht etwa deshalb, weil ich ihr Vergehen leichtsinnig beurteilt hätte, sondern weil ich mir vorgenommen hatte, ihr ganz und gar zu vergeben, schon vom ersten Tage an, sogar schon bevor ich das Bett kaufte! Mit einem Wort, das war eine Sonderbarkeit meinerseits, denn ich denke sonst moralisch streng... Im Gegenteil, in meinen Augen war sie dermaßen besiegt, dermaßen erniedrigt, dermaßen vernichtet, daß sie mir zuweilen in der Seele leid tat, obgleich mir andererseits bei all dem der Gedanke an ihre Erniedrigung manchmal entschieden wohlgefiel. Ja, der Gedanke an diese unsere Ungleichheit gefiel mir...

In diesem Winter tat ich absichtlich mehr als einmal Gutes. Ich stundete unter anderem zwei Schuldnern und gab einer armen Frau ohne jedes Pfand Geld. Meiner Frau sagte ich nichts davon und ich tat es auch nicht, damit sie es erfahre; aber die arme Frau kam von selbst, um sich bei mir fast kniefällig zu bedanken. So erfuhr sie es dennoch; mir schien, es machte ihr wirklich Freude, dieses von der armen Frau zu hören.

Da kam der Frühling; es war schon Mitte April, die Vorfenster wurden herausgenommen, und die Sonne warf bereits grelle

Strahlenbündel in unsere schweigenden Zimmer. Doch meine Augen waren gleichsam verbunden und ich war wie blind. Diese verhängnisvolle, furchtbare Binde vor meinen Augen! Wie kam es nur, daß es mir plötzlich wie Schuppen von den Augen fiel und ich mit einem Male alles sah und alles begriff? Ob es ein Zufall war, oder war's der Tag einer abgelaufenen Frist, oder war's ein Sonnenstrahl, der in meinem stumpfgeworden Geist den Gedanken anzündete und mich die Wahrheit erraten ließ? Nein, da war kein Denken, kein Erraten im Spiel, da erzitterte nur plötzlich eine kleine Ader, eine bis dahin abgestorben gewesene Ader, die plötzlich zusammenzuckte und sich belebte, meine ganze stumpfgewordene Seele erleuchtete und meinen ganzen teuflischen Hochmut aufdeckte, so daß ich damals geradezu aufschnellte von meinem Stuhl. Und das geschah so plötzlich, so unvermutet. Es geschah gegen Abend, so gegen fünf Uhr nachmittags...

II

Plötzlich fällt die Binde von den Augen

Zuvor noch zwei Worte. Schon vor einem Monat war mir an ihr eine sonderbare Nachdenklichkeit aufgefallen; das war nicht mehr Schweigsamkeit allein, sondern solch ein tiefes Sinnen. Das war mir gleichfalls ganz plötzlich aufgefallen. Sie saß damals mit einer Handarbeit am Tischchen, den Kopf über die Näharbeit gebeugt, und bemerkte nicht, daß ich sie betrachtete. Und da fiel es mir denn plötzlich auf, daß sie so schmal, so mager geworden war, das Gesichtchen so blaß und die Lippen so blutleer und dazu noch diese stille Nachdenklichkeit, – das alles erschreckte mich plötzlich maßlos. Früher schon hatte ich ab und zu gehört, daß sie ein wenig trocken hüstelte, besonders nachts. Ich erhob mich sofort und begab mich zu Schröder, um ihn zu uns zu bitten – ohne ihr etwas davon zu sagen.

Schröder kam am nächsten Tage. Sie war sehr verwundert und sah erstaunt bald mich, bald Schröder an. »Aber ich bin doch ganz gesund!« sagte sie darauf mit einem unbestimmten Lächeln.

Schröder untersuchte sie nicht sonderlich genau (diese Mediziner sind mitunter geradezu herablassend nachlässig) und sagte mir dann im Nebenzimmer, es hätte nichts auf sich, sei noch von der Krankheit verblieben, und es wäre gut, wenn sie den Sommer am

Meer verbringen könnte oder, falls das nicht möglich sein sollte, irgendwo auf dem Land. Mit anderen Worten, er sagte eigentlich nichts, außer, daß es Schwäche sei oder ähnliches. Als Schröder gegangen war, sagte sie mir, indem sie mich furchtbar ernst anblickte, plötzlich nochmals:
»Ich bin wirklich, wirklich ganz gesund.«
Doch kaum hatte sie es gesagt, als sie plötzlich errötete, augenscheinlich vor Scham. Selbstverständlich war das Scham. Oh, jetzt verstehe ich es: sie schämte sich, daß ich noch *ihr Mann* war und mich um sie sorgte, als wäre ich noch wirklich ihr Mann. Damals jedoch begriff ich es nicht und schrieb das Erröten der Demütigung zu. (Die Binde vor den Augen!)
Und dann, einen Monat danach, im April, so gegen fünf Uhr nachmittags an einem klaren, sonnigen Tage, saß ich an der Kasse und rechnete. Plötzlich höre ich, daß sie im anderen Zimmer an ihrem Tischchen bei der Näharbeit leise, ganz leise... singt. Das kam so unerwartet, machte auf mich einen so erschütternden Eindruck, und selbst heute noch kann ich ihn nicht recht erklären. Bis dahin hatte ich fast nie gehört, daß sie sang, höchstens in den allerersten Tagen, nachdem ich sie in mein Haus geführt, als wir noch Mutwillen treiben konnten, ins Ziel schießen und dergleichen... Damals war ihre Stimme ziemlich stark und klangvoll und wenn auch ungeschult, so doch seltsam angenehm und klar gewesen. Jetzt aber war das Liedchen so schwach, oh, nicht daß es melancholisch gewesen wäre (es war irgendeine Romanze), aber es war, als ob in der Stimme etwas Gesprungenes, Zerbrochenes klänge, als ob das Stimmchen sich nicht zurechtfinden könnte, als ob der Gesang selbst krank geworden wäre. Sie sang nur halblaut, und plötzlich, bei einer höheren Note, brach die Stimme ab, – solch ein armes Stimmchen, so leid tat's einem, als es abbrach! Sie hüstelte ein wenig und begann dann wieder leise, ganz leise, kaum hörbar zu singen...
Man wird über meine Auffassung lächeln, doch niemals wird jemand begreifen, warum mich das so aufregte! Nein, es war noch kein Mitleid mit ihr, es war noch etwas ganz Anderes. Zuerst, wenigstens in den ersten Minuten, kam plötzlich ein Nichtbegreifenkönnen über mich, eine furchtbare Verwunderung, ja: eine furchtbare und sonderbare, krankhafte und fast rachsüchtige Verwunderung: »Sie singt, und das in meiner Gegenwart!? *Sollte sie mich etwa vergessen haben?*«

Ganz erschüttert blieb ich auf meinem Platz sitzen, dann stand ich plötzlich auf, nahm meinen Hut und ging hinaus, ohne daran zu denken, was ich tat. Wenigstens weiß ich nicht, warum und wohin ich gehen wollte. Lukérja reichte mir meinen Mantel.

»Sie singt?« fragte ich sie unwillkürlich. Sie verstand mich nicht und sah mich verwundert an; übrigens war ich auch wirklich unverständlich.

»Singt sie jetzt zum erstenmal?«

»Nein, wenn Sie nicht zu Hause sind, singt sie zuweilen«, antwortete Lukerja.

Ich weiß noch, ich ging die Treppe hinunter, trat auf die Straße hinaus und ging dann geradeaus weiter, ging bis zur Ecke, blieb dort stehen und blickte angestrengt irgendwohin. Man ging an mir vorüber, man stieß mich, ich empfand es nicht. Ich rief eine Droschke an und sagte dem Kutscher, er solle mich zur Polizeibrücke fahren; warum dorthin, weiß ich nicht. Doch im nächsten Augenblick gab ich's auf und schenkte dem Kutscher zwanzig Kopeken.

»Für die Ruhestörung«, sagte ich, ihm sinnlos zulächelnd, aber in meinem Herzen erhob es sich plötzlich wie ein Rausch. Ich kehrte um, ging nach Hause zurück, beschleunigte den Schritt. Jener leise, gesprungene, armselige Ton erklang plötzlich wieder in meiner Seele. Mir stockte der Atem. Die Binde fiel, fiel von meinen Augen! Wenn sie in meiner Gegenwart zu singen angefangen hatte, so hatte sie mich vergessen, das war's, was ich klar begriff, das war das Furchtbare! Das fühlte das Herz. Aber der Rausch strahlte in meiner Seele und überwältigte die Angst.

O Ironie des Schicksals! War doch, konnte doch in meiner Seele diesen ganzen Winter über nichts anderes gewesen sein außer diesem Rausch, dieser selben Begeisterung, wo aber war ich selbst diesen ganzen Winter gewesen? War ich überhaupt bei meiner Seele gewesen? Ich lief eilig die Treppe hinauf, weiß nicht, ob ich schüchtern eintrat. Erinnere mich nur noch, daß der ganze Fußboden unter mir wie ein Meer zu wogen schien und ich wie in einem Strom schwamm. Als ich ins Zimmer trat, saß sie noch auf ihrem früheren Platz, nähte, den Kopf über die Arbeit gebeugt, doch sang sie nicht mehr. Sie warf einen flüchtigen, gleichgültigen Blick auf mich; nur war das eigentlich kein Blick, sondern bloß so eine mechanische kleine Kopfwendung, gleichzeitig und wie üblich, wenn irgend jemand ins Zimmer tritt.

Ich ging direkt auf sie zu und setzte mich neben sie auf einen Stuhl, ganz dicht neben sie, wie ein Wahnsinniger. Sie blickte schnell zu mir auf, als hätte ich sie erschreckt: ich ergriff ihre Hand, aber ich weiß nicht mehr, was ich ihr sagte oder was ich ihr sagen wollte, denn ich konnte kaum sprechen. Meine Stimme riß immer wieder ab und wollte mir nicht gehorchen. Und ich wußte ja auch gar nicht, was ich sagen wollte, war nur ganz atemlos.
»Sprechen wir... weißt du... sag' etwas!« brachte ich plötzlich stockend irgend so was Dummes hervor, – oh, war mir's denn um Klugheit zu tun! Sie zuckte wieder zusammen und bog sich erschrocken zurück, starrte mich entsetzt an, doch plötzlich drückte sich in ihren Augen – *strenge Verwunderung* aus. Ja, Verwunderung, und *strenge* Verwunderung! Mit großen Augen sah sie mich an. Diese Strenge, diese strenge Verwunderung zermalmte mich wie mit einem Keulenschlag: ‚So willst du noch Liebe, Liebe?' fragte es mich plötzlich aus dieser Verwunderung heraus, wenn sie auch schwieg. Doch ich las alles in ihrem Blick, alles. Alles erzitterte in mir, und ich stürzte ihr zu Füßen. Ja: ich fiel vor ihr nieder. Sie sprang schnell auf, aber ich hielt sie mit aller Kraft an beiden Händen zurück.
Und ich begriff vollkommen meine Verzweiflung, oh, ich begriff sie! Doch, werden Sie's mir glauben, der Rausch kochte in meinem Herzen so unbezwingbar, daß ich glaubte, ich stürbe. Berauscht und trunken vor Glück küßte ich ihre Füße. Ja, vor Glück, denn ich war grenzenlos, unermeßlich glücklich, und das bei vollem Begreifen meiner ganzen hoffnungslosen Verzweiflung! Ich weinte, sagte etwas, konnte jedoch nicht weitersprechen. Der Schreck und die Verwunderung wurden in ihr plötzlich von irgendeinem besorgten Gedanken verdrängt, von einer furchtbaren Frage, und sie blickte mich so sonderbar an, fast irr, sie strengte sich an, irgend etwas schneller zu begreifen und – lächelte. Sie schämte sich furchtbar, daß ich ihre Füße küßte und zog sie immer zurück, aber da küßte ich die Stelle des Fußbodens, wo ihr Fuß gestanden hatte. Sie sah das und plötzlich fing sie an vor Scham zu lachen (wissen Sie, so, wenn Menschen vor lauter Verlegenheit zu lachen anfangen). Da begann die Hysterie, ich sah es wohl, ihre Hände zuckten, – doch ich bedachte das nicht und flüsterte immer nur, daß ich sie liebte, daß ich nicht aufstehen würde, – »Laß mich nur dein Kleid küssen... mein Leben lang dich anbeten«... Ich

weiß nicht mehr, erinnere mich nicht, – und plötzlich schluchzte sie auf und erzitterte am ganzen Körper. Es war ein furchtbarer Nervenanfall. Ich hatte sie zu sehr erschreckt.

Ich trug sie auf das Bett. Als der Anfall vorüber war, setzte sie sich auf, erfaßte meine Hände und bat mich, obschon sie selbst ganz zerschlagen aussah, mich zu beruhigen: »Lassen Sie's gut sein, quälen Sie sich doch nicht so, beruhigen Sie sich!« und wieder begann sie zu weinen. Diesen ganzen Abend wich ich nicht von ihrer Seite. Sagte ihr in einem fort, daß ich sie nach Boulogne-sur-Mer bringen werde, damit sie Seebäder nehmen könne, jetzt, sofort, oder höchstens in zwei Wochen, daß sie solch einen gesprungenen Ton in der Stimme hätte, wie ich vorhin gehört, daß ich die Pfandkasse schließen und an Dobronráwoff verkaufen wolle, daß alles nun von neuem beginnen werde, aber zuerst – »nach Boulogne, nach Boulogne!« Sie hörte zu und fürchtete sich. Ihre Furcht wurde immer größer. Doch die Hauptsache war für mich, daß ich immer unbezwingbarer wieder zu ihren Füßen liegen und wieder den Boden, auf dem ihre Füße gestanden, küssen wollte, und sie anbeten und »sonst werde ich nichts, nichts mehr von dir verlangen«, wiederholte ich immer wieder, »du brauchst mir nichts zu antworten, beachte mich überhaupt nicht, laß mich nur dich von einem Winkel aus ansehen, behandle mich als dein Eigentum, als dein Hündchen.« ... Sie weinte.

»Und ich dachte, Sie würden mich hier einfach so bleiben lassen«, entschlüpfte es ihr plötzlich ganz unwillkürlich, so unwillkürlich, daß sie es vielleicht selbst nicht mal beachtete, wie sie es sagte, währenddessen aber, – oh, das war das allerwichtigste, allerverhängnisvollste Wort von ihr, und das für mich an jenem Abend allerverständlichste, und es war mir, als glitte es mir wie ein Messerschnitt über das Herz! Alles erklärte es mir, alles, doch solange sie bei mir war, vor meinen Augen, hoffte ich immer noch unbändig und war unbeschreiblich glücklich. Oh, ich habe sie maßlos ermüdet an jenem Abend, was ich natürlich sehr gut begriff, aber zugleich glaubte ich immer noch, ich würde alles sofort gutmachen können. Schließlich wurde es Nacht und sie war vollkommen erschöpft; da beredete ich sie denn, einzuschlafen, und sie schlief auch im Augenblick ein. Ich blieb bei ihr und wartete, ob sie nicht phantasieren würde: sie tat's auch, doch nur ein wenig, ganz leicht. In der Nacht erhob ich mich jeden Augenblick, ging leise in den Morgenschuhen zu ihr, um sie zu betrachten. Als ich

dieses arme, kranke Wesen auf diesem schmalen eisernen Bett, das ich um drei Rubel für sie gekauft hatte, liegen sah, rang ich die Hände. Ich kniete nieder, doch wagte ich es nicht, die Füße der Schlafenden zu küssen (ohne ihre Erlaubnis). Ich wollte zu Gott beten – konnt' es aber nicht: sprang auf. Lukérja kam mehrmals aus der Küche und betrachtete mich ganz verwundert. Ich ging zu ihr hinaus und sagte ihr, sie solle schlafen gehen; morgen würde »etwas ganz Anderes« beginnen.

Und ich glaubte selbst daran, glaubte blind, wahnsinnig, unermeßlich! Oh, der Rausch, der Rausch trug mich mit sich fort! Ich sehnte nur den nächsten Tag herbei. Vor allen Dingen: ich war unfähig zu pessimistischen Befürchtungen, trotz der Symptome. Die gesunde Vernunft war noch nicht ganz zurückgekehrt, trotz der von den Augen gefallenen Binde, und lange, lange kehrte sie noch nicht zurück, – oh, bis auf den heutigen Tag nicht, bis auf den heutigen Tag! Ja, und wie, wie hätte sie damals auch wiederkehren sollen: damals lebte sie doch noch, schlief sie doch hier vor meinen Augen, und ich stand vor ihr: ‚Morgen wird sie aufwachen, und ich werde ihr alles sagen und sie wird dann alles verstehen!' So dachte ich es mir damals, so einfach und klar, darum auch der Rausch! Die Hauptsache war dabei die Reise nach Boulogne. Aus irgendeinem Grunde glaubte ich, daß Boulogne alles retten, daß Boulogne alles gutmachen werde. ‚Nach Boulogne, nur schnell nach Boulogne!'... Wie ein Wahnbefangener wartete ich nur auf den Morgen.

III

Begreife es nur zu gut

Das war doch... erst vor ein paar Tagen, vor fünf Tagen, im ganzen nur fünf Tagen, am vorigen Dienstag! Nein, nein, hätte sie doch nur einen Augenblick gewartet und – und ich hätte die Finsternis verscheucht! Hatte sie sich denn etwa nicht beruhigt? Hörte sie mir doch schon am nächsten Tag mit einem Lächeln zu, trotz der Verlegenheit... Das war's ja: in dieser ganzen Zeit, in diesen fünf Tagen war sie entweder verlegen oder sie schämte sich. Auch Furcht war dabei, sogar große Furcht. Schon gut, ich sage ja nichts, ich werde nicht wie ein Irrsinniger widersprechen: es war Furcht vor mir. Aber wie hätte sie sich denn nicht fürchten sollen? Waren wir uns doch schon so fremd geworden, hatten uns doch schon so lange voneinander entwöhnt und plötzlich all das... Aber ich beachtete ihre Angst nicht weiter, die Zukunft blendete mich!... Es ist wahr, es ist zweifellos wahr: ich habe einen Fehler begangen. Und vielleicht habe ich sogar viele Fehler begangen. Gleich am Morgen schon, gleich nachdem wir aufgewacht waren, das war also am folgenden Tage (am Mittwoch) beging ich einen großen Fehler: ich wollte sie unverzüglich zu meinem Freunde machen. Nur beeilte ich mich damit zu sehr, allzusehr... aber die Beichte war doch notwendig, unerläßlich! Ach, was sage ich »Beichte«! Das war doch weit mehr! Ich verbarg vor ihr nicht einmal das, was ich vor mir selbst mein Leben lang verborgen hatte. Ich sagte ihr unumwunden, daß ich den ganzen Winter von ihrer Liebe überzeugt gewesen war. Ich setzte ihr auseinander, daß die Pfandkasse nur eine Folge meines gesunkenen Willens und Geistes war, meine persönliche Idee von Selbstgeißelung und Selbstvergötterung. Ich erklärte ihr, daß ich damals am Büfett tatsächlich den Mut verloren hatte, und zwar einfach aus meinem Charakter heraus, aus Mißtrauen zu mir selbst, wenn man will; mich hatte die Umgebung verwirrt, es ängstigte mich dieses: ‚Wie werde ich da nun so vortreten und – wird es sich nicht vielleicht lächerlich ausnehmen?‘ Hatte nicht das Duell gefürchtet, wohl aber, daß es sich ‚lächerlich ausnehmen‘ könnte... Dann aber hatte ich mir das doch nicht eingestehen wollen und mich und alle anderen deswegen gequält, ja, hatte auch sie deswegen gequält und sie auch nur geheiratet, um sie deswegen zu quälen. Überhaupt sprach ich die ganze Zeit wie im Fieber. Sie erfaßte meine Hände und bat mich, aufzuhören: »Sie übertreiben... Sie quälen sich«, und wieder brach sie in Tränen aus, wieder kam es fast zu einem Anfall! Immer wieder bat sie mich, nicht mehr davon zu sprechen und überhaupt nicht mehr daran zurückzudenken.

Ich beachtete ihr Flehen nicht oder nur wenig: ich dachte an den Frühling, an Boulogne! Dort ist Sonne, dort ist unsere neue Sonne! und nur davon sprach ich. Ich schloß die Pfandkasse und übergab die Sachen Dobronráwoff. Ich schlug ihr plötzlich vor, alles den Armen zu geben, außer den ersten drei Tausend, die ich von meiner Patin geerbt hatte, um mit diesen nach Boulogne zu fahren. – »Und dann«, sagte ich, »kehren wir zurück und beginnen ein neues, arbeitsames Leben.« Dabei blieb's auch, denn sie erwiderte mir doch nichts darauf... Sie lächelte nur. Ich glaube, sie lächelte mehr aus

Zartgefühl, um mich nicht zu verletzen. Ich sah es doch, daß ich ihr zur Last fiel; glauben Sie nicht, ich wäre so dumm und solch ein Egoist gewesen, daß ich das nicht hätte sehen können. Ich sah alles, haarscharf, sah und wußte es besser als alle anderen; meine ganze Verzweiflung stand mir doch klar vor Augen!

Ich sprach immerzu von mir und von ihr. Auch von Lukérja. Ich erzählte ihr auch, daß ich geweint hatte... Oh, ich wechselte doch auch das Thema, bemühte mich auch, gewisse Dinge mit keinem Wort zu erwähnen. Und sie wurde doch auch wieder lebhafter, ein- oder zweimal, ich kann mich doch noch gut daran erinnern, ich sah doch alles ganz genau! Wieso... was sagen Sie da, ich hätte gesehen und dabei doch nichts bemerkt? Und wenn nur *das* nicht geschehen wäre, so wäre alles noch gut geworden! Erzählte sie mir doch noch vor drei Tagen, als das Gespräch auf Lektüre kam, was sie in diesem Winter gelesen hatte, – erzählte sie mir da doch alles ganz munter und lachte sogar, als ihr die Szene aus dem „Gil Blas" mit dem Erzbischof von Granada einfiel. Und wie kindlich, wie reizend klang ihr Lachen, ganz so wie früher in der Brautzeit (eine Sekunde, eine Sekunde!); wie froh war ich da! Und fast zugleich... wie furchtbar betroffen: also mußte sie doch in diesem Winter, als sie hier so allein saß, schon soviel Gemütsruhe und Glück wiedergefunden haben, daß sie über diesem Meisterwerk alles vergessen und lachen konnte! Also war sie schon auf dem Wege, hatte sie schon begonnen, sich vollkommen zu beruhigen, begonnen, wirklich zu glauben, daß ich sie »einfach so« in Ruhe weiterleben lassen würde... »Und ich glaubte, Sie würden mich hier *einfach so* lassen...« war es ihr doch an jenem Dienstag entschlüpft! O Einfall eines zehnjährigen kleinen Mädchens! Und sie glaubte es doch, glaubte tatsächlich, daß hier wirklich alles *so bleiben* würde: sie an ihrem Tisch und ich an meinem und so bis zum sechzigsten Lebensjahr! Und plötzlich – tauche ich wieder auf, ich, der Mann, und der Mann braucht Liebe! O dieses Mißverstehen, o meine Blindheit!

Ein Fehler war ferner, daß ich in Ekstase zu ihr aufsah; ich hätte mich beherrschen sollen, denn diese Ekstase schreckte natürlich. Aber ich beherrschte mich doch auch, küßte ich doch nicht mehr ihre Füße. Kein einziges Mal ließ ich merken, daß... nun, daß ich Mann bin, – oh, und ich dachte auch gar nicht daran, ich betete sie ja nur an! Aber ich konnte doch nicht ganz und gar schweigen, konnte doch nicht überhaupt nicht sprechen! Ich sagte ihr plötzlich, daß die Unterhaltung mit ihr mich entzückte und daß ich sie seelisch für unvergleichlich, unvergleichlich gebildeter und entwickelter hielte als mich. Sie errötete darauf furchtbar und sagte ein wenig verwirrt, ich übertriebe. Da war es denn, daß ich dummerweise – konnte es nicht zurückhalten – zu erzählen begann, wie entzückt ich gewesen wäre, als ich, hinter der Tür stehend, damals ihrem Zweikampf zugehört hatte, dem Zweikampf der Unschuld mit jenem Lump, und wie mich ihre Klugheit, ihre so geistreichen Antworten bei aller kindlichen Gutmütigkeit bezaubert hatten. Sie erzitterte am ganzen Körper, stammelte zwar wieder, ich übertriebe, doch plötzlich bedeckte sie das Gesicht mit den Händen und schluchzte auf... Da hielt denn auch ich es nicht mehr aus: wieder fiel ich vor ihr nieder, wieder küßte ich ihre Füße und wieder kam es zu einem Anfall, ganz so wie an jenem Dienstag. Das war gestern abend, und am nächsten Morgen...

Am nächsten Morgen? Wahnsinniger, dieser Morgen war doch heute, vorhin noch, noch vor kurzem, noch ganz vor kurzem!

Hören Sie zu und begreifen Sie es: Als wir uns heute früh beim Ssamowar trafen (also nach dem gestrigen Anfall), da setzte sie mich doch noch durch ihre Ruhe in Erstaunen, ja, so war's doch! Ich aber hatte die ganze Nacht aus Angst vor den Folgen der letzten Szene gezittert. Doch plötzlich tritt sie zu mir, stellt sich vor mich hin mit gefalteten Händen (heute früh, heute früh), sagt, sie sei eine Verbrecherin, sie wisse es sehr wohl, und das Verbrechen habe sie den ganzen Winter gequält, auch jetzt quäle es sie... daß sie meine Großmut nur zu sehr schätze und... »ich werde Ihnen eine treue Gattin sein, ich werde Sie achten...« Da sprang ich auf und wie ein Wahnsinniger schloß ich sie in meine Arme! Ich küßte sie, küßte ihr Gesicht, küßte ihre Lippen, küßte sie, wie ein Mann nach langer Trennung küßt! Und warum nur ging ich vorhin fort... im ganzen nur auf zwei Stunden... unsere ausländischen Pässe... O Gott! Wär' ich nur fünf Minuten früher zurückgekehrt!... Und da steht diese Volksmenge vor unserem Hause, alle Blicke richten sich auf mich... o Gott!

Lukerja sagt (ach, auf keinen Fall lasse ich jetzt Lukerja fort, um keinen Preis; sie weiß alles, sie war den ganzen Winter zugegen, sie wird mir alles erzählen), sie sagt, sie sei ungefähr zwanzig Minuten vor meiner Rückkunft zur gnädigen Frau ins Zimmer gegangen, um etwas zu fragen, ich weiß nicht mehr was, und da habe sie gesehen, daß ihr Heiligenbild (dieses selbe der Muttergottes) aus dem Schrein herausgenommen ist und vor ihr auf dem Tisch steht,

die gnädige Frau aber steht davor, als ob sie gerade vor ihm gebetet hätte.
»Was tun Sie denn da, gnädige Frau?«
»Nichts, Lukerja, geh' nur... Wart', Lukerja«, und sie kommt auf sie zu und küßt sie.
»Sind Sie jetzt«, fragt Lukerja, »glücklich, gnädige Frau?«
»Ja, Lukerja.«
»Ja, der Herr hätte gnädige Frau schon längst um Verzeihung bitten sollen... Gott sei Dank, daß Sie sich jetzt versöhnt haben!«
»Schon gut, Lukerja«, sagte sie, »geh' jetzt, Lukerja«, und sie lächelt sogar, lächelt so sonderbar... So sonderbar, daß Lukerja nach zehn Minuten zurückkam, um nochmals nach der gnädigen Frau zu sehen.
»Ich sehe, sie steht an der Wand, ganz nah am Fenster, hat den Arm an die Wand gelehnt und preßt den Kopf in die Hand, steht so und denkt. Und steht so tief nachdenklich, daß sie gar nicht bemerkt hat, wie ich hereingekommen bin und sie von dort, aus dem anderen Zimmer, betrachte. Ich sehe, sie scheint zu lächeln: sie steht, denkt und lächelt. Ich betrachte sie, drehe mich dann leise um und gehe wieder zurück, denke noch so bei mir selbst; aber dann höre ich plötzlich das Fenster öffnen. Ich ging sofort wieder hin, um zu sagen, daß es kalt ist, gnädige Frau könnten sich erkälten – aber da sehe ich: sie steigt auf das Fensterbrett und steht schon ganz aufgerichtet im offenen Fenster, mit dem Rücken zu mir, hält in den Händen das Heiligenbild. Mein Herz bleibt mir stehen, ich schreie: ‚Gnädige Frau! Gnädige Frau!' Sie hört es, will sich so wie zu mir umwenden, wendet sich aber doch nicht um, und – tritt ins Leere, preßt das Heiligenbild an die Brust und – stürzt hinab!«
Ich weiß nur noch, daß sie, als ich an der Haustür ankam, noch warm war. Und merkwürdig, alle sahen auf mich. Zuerst schrien sie und sprachen, und plötzlich ist alles still und verstummt und... da treten sie vor mir zurück und... und da sehe ich sie liegen mit dem Heiligenbild. Ich erinnere mich nur noch wie durch einen dichten Nebel, daß ich schweigend zu ihr trat und lange vor mich hinsah. Und alle umringen sie mich und sprechen etwas zu mir. Lukerja soll auch dort gewesen sein; ich weiß es nicht, ich habe sie nicht gesehen. Sie sagt, sie hätte mit mir gesprochen. Ich erinnere mich nur noch jenes Bauern; er rief mir die ganze Zeit zu: »Nur eine Handvoll Blut ist aus dem Mund geflossen, nur eine Handvoll, eine Handvoll!« und wies, zu mir gewandt, immer auf das bißchen Blut

auf der Steinplatte. Ich ... ich glaube, ich berührte das Blut mit dem Finger, beschmutzte den Finger, betrachtete darauf meinen Finger (dessen erinnere ich mich noch genau), der Bauer aber schreit weiter: »Nur eine Handvoll, eine Handvoll, eine Handvoll!«
»Was für eine Handvoll?« soll ich ihn plötzlich wütend angeschrien haben. Man sagt, ich hätte die Hände erhoben und mich auf ihn gestürzt...
O Roheit! O Mißverständnis! O Unglaublichkeit! Unmöglichkeit!

IV

Im ganzen nur fünf Minuten zu spät

Oder etwa nicht? Ist denn das glaubhaft? Kann man denn sagen, das wäre möglich? Wieso, weshalb ist diese Frau gestorben?
Ach, glauben Sie mir, ich verstehe es vollkommen; doch warum sie gestorben ist – das bleibt immer noch eine Frage. Meine Liebe hat sie erschreckt. Sie hat sich gewissenhaft gefragt: Soll ich sie annehmen oder soll ich nicht, und hat die Frage nicht ertragen und ist lieber in den Tod gegangen. Ich weiß, ich weiß, es hat keinen Sinn, sich darüber den Kopf zu zerbrechen: sie hatte zu viel gesprochen, sie erschrak, fürchtete, daß sie es nicht würde halten können, – es ist doch klar. Hier gibt es mehrere Beweggründe vollkommen furchtbarer Art.
Denn... weshalb ist sie gestorben? – das bleibt trotzdem eine Frage. Diese Frage pocht, pocht in meinem Gehirn. Ich hätte sie doch *»einfach so«* in Ruhe gelassen, wenn sie gewollt hätte, daß es »einfach so« bliebe. Sie aber konnte jetzt nicht mehr daran glauben, das war's! Nein, nein, ich lüge, gar nicht das war's! Sondern einfach, weil man mit mir ehrlich sein mußte: lieben, dann auch ganz lieben, nicht aber so, wie sie den Kaufmann geliebt hätte. Da sie aber zu keusch war, zu rein, um sich mit solch einer Liebe, wie sie der Kaufmann braucht, abzufinden, so wollte sie mich nicht betrügen. Wollte mich nicht mit einer halben Liebe unter dem Anschein der Liebe betrügen, oder mit einer Viertelliebe. Solche Menschen wie sie sind eben schon allzu ehrlich, das ist's. Hochherzigkeit hatte ich ihr einimpfen wollen, wissen Sie noch? Sonderbarer Gedanke.
Gern wüßte ich eines: ob sie mich überhaupt geachtet hat? Ich weiß nicht, hat sie mich verachtet oder nicht? Ich glaube nicht, daß sie

mich verachtet hat. Wie sonderbar: warum ist es mir kein einziges Mal in den Sinn gekommen, den ganzen langen Winter über, daß sie mich verachtet? Ich war im höchsten Grade vom Gegenteil überzeugt, bis zu dem Augenblick, als sie mich damals plötzlich mit *strenger Verwunderung* anblickte. Gerade mit *strenger*... Da begriff ich denn mit einem Mal, daß sie mich verachtete. Begriff es unwiderruflich, für alle Ewigkeit! Ach, gut, gut, möge sie mich verachten, meinetwegen das ganze Leben lang, wenn sie nur lebte, lebte! So kurz ist's her, daß sie noch hier herumging, sprach. Ich begreife wirklich nicht, wie sie sich hat aus dem Fenster stürzen können! Und wie hätte ich mir das nur fünf Minuten vorher denken können? Ich rief Lukerja. Diese Lukerja, die lasse ich jetzt auf keinen Fall fort, auf keinen Fall!

Wir hätten uns ja noch verständigen können. Nur hatten wir uns im Winter so entwöhnt voneinander, aber hätten wir uns denn nicht wieder aneinander gewöhnen können? Warum, warum hätten wir nicht wieder eine Ehe führen und ein ganz neues Leben beginnen können? Ich bin großmütig, und sie ist es gleichfalls, da hätten wir ja schon einen Berührungspunkt! Noch ein paar Worte, noch zwei Tage, das hätte genügt, und sie würde alles begriffen haben.

Vor allen Dingen ist das kränkend, daß es nur ein Zufall war, ein gewöhnlicher, barbarischer, blinder Zufall! Das ist ja das Beleidigende! Fünf Minuten, im ganzen nur fünf Minuten bin ich zu spät gekommen! Wäre ich fünf Minuten früher zurückgekehrt – der Augenblick wäre wie eine Wolke vorübergezogen, und nie wieder wäre es ihr in den Sinn gekommen... Und schließlich hätte sie alles begriffen. Jetzt aber sind die Zimmer wieder leer, wieder bin ich allein. Dort tickt der Pendel, ihn geht es nichts an, ihm tut nichts leid. Es ist niemand da – das ist das Unglück!

Ich gehe, die ganze Zeit gehe ich... Ich weiß, ich weiß, flüstert mir nichts vor! Ihr lächelt darüber, daß ich den Zufall anklage und die fünf Minuten? Aber hier liegt es doch auf der Hand! Bedenken Sie bloß eines: sie hat nicht einmal einen Zettel hinterlassen, daß... nun, daß sie sich selbst... wie ihn alle hinterlassen. Andernfalls hätte sie sich doch sagen müssen, daß man jetzt sogar Lukerja verdächtigen könnte... »Bist ganz allein mit ihr in der Wohnung gewesen, also hast du sie zum Fenster hinausgestoßen.« Wenigstens hätte man Lukerja verhören müssen, wenn nicht zufällig vier Zeugen vorhanden wären, die aus ihren Fenstern gesehen haben, wie sie mit dem Heiligenbild im offenen Fenster gestanden ist und sich selbst hinabgestürzt hat. Das ist doch ein reiner Zufall, daß diese vier es gesehen haben. Nein, das Ganze – war nur ein Augenblick, bloß ein willkürlicher Augenblick, in dem sie sich von ihrer Tat keine Rechenschaft ablegte. Überrumpelung durch die Phantasie! Was will's besagen, daß sie vor dem Heiligenbild gebetet hat? Das bedeutet doch nicht, daß sie es vor dem Schritt in den Tod getan. Dieser Augenblick hat vielleicht nur armselige zehn Sekunden gedauert, den ganzen Entschluß hat sie gefaßt, als sie, den Kopf in die Hand gestützt, an der Wand stand und lächelte. Der Gedanke ist ihr plötzlich durch den Kopf gegangen, hat ihr Schwindel verursacht und – und sie hat ihm nicht widerstehen können.

Das war ein augenscheinliches Mißverständnis – was Sie auch einwenden mögen. Mit mir ließe es sich doch leben... Wie aber, wenn es Blutarmut war?... Einfach aus Blutarmut, aus Erschöpfung der Lebensenergie? Müde war sie geworden im Winter, das war's...

Ich bin zu spät gekommen!!!

Wie schmal sie im Sarge ist, das Näschen wie spitz geworden! Die Wimpern sehen aus wie kleine Pfeile. Und wie sonderbar sie gefallen ist, nichts ist zerschmettert, nichts verunstaltet! Nur diese eine »Handvoll Blut«, nur ein Eßlöffel voll. Innere Verblutung.

Sonderbarer Einfall: wenn es möglich wäre, sie nicht zu beerdigen? Denn wenn man sie forträgt... nein, nein, das ist doch fast unmöglich! Oh, ich weiß ja, daß man sie forttragen muß; ich bin doch nicht wahnsinnig, ich phantasiere doch nicht, im Gegenteil, noch nie ist mein Verstand so klar und wach gewesen, aber wie soll denn das wieder so werden: Wieder kein Mensch im Hause, wieder zwei Zimmer und wieder ich allein mit den Pfändern... Irrsinn... Fieberirrsinn... das ist ja ein Fiebertraum! Ich habe sie zu Tode gequält – das ist es!

Was sind mir jetzt eure Gesetze? Was sollen mir jetzt eure Gebräuche, eure Sitten, euer Leben, euer Staat, eure Religion? Mögen mich eure Richter richten, möge man mich vor euer Gericht schleppen, vor euer Geschworenengericht; da werde ich sagen, daß ich nichts anerkenne! Der Richter wird mich anfahren: »Schweigen Sie, Offizier!« Ich aber werde schreien: »Woher willst du eine Macht haben, der ich jetzt noch gehorchen könnte? Warum hat finsteres Verhängnis das zerstört, was mir das Teuerste war? Was sind mir jetzt noch eure Gesetze?! Ich schließe mich ab von euch!« Oh, ist mir doch alles gleich!

Du Blinde, Blinde! Bist tot, hörst nichts mehr!... Du weißt nicht, mit welch einem Paradies ich dich umgeben hätte. Das Paradies war in meiner Seele, ich hätte es um dich gepflanzt! Gut, du hättest mich nicht geliebt, – sei's drum, nun, und – was? Alles wäre jetzt »einfach so« und würde auch »einfach so« bleiben. Würdest mir nur wie einem Freund erzählen, und da würden wir uns denn freuen, würden zusammen lachen, freudig uns in die Augen blicken. Und so würden wir denn leben... Und wenn du einen anderen liebgewinnen solltest, – nun, sei's drum, sei's drum! Du würdest dann mit ihm gehen und lachen, ich aber würde nur von der anderen Straßenseite zusehen... Ach, alles, alles! wenn sie nur noch einmal die Augen aufschlüge! Nur auf einen Augenblick, nur auf einen!... mich anblicken, so wie vorhin, als sie vor mir stand und schwor, daß sie meine treue Gattin sein wolle! Ach, mit einem einzigen Blick würde sie alles begreifen!
Verhängnis! O Natur! Die Menschen sind einsam auf Erden – das ist das Unglück! „Sprich, Ferne, lebt in dir ein Mensch?" rief einstmals, wie unsere Sagen künden, in alten Zeiten der fahrende russische Held. So rufe auch ich, kein Held zwar, doch niemand gibt mir Antwort. Es heißt, die Sonne belebe das Weltall. Wenn die Sonne aufgeht – so seht sie doch an: ist das nicht eine Leiche: ist sie nicht tot?... Alles ist tot und überall ist Tod. Nur die Menschen leben, um sie herum aber ist Schweigen – das ist die Erde!
„Ihr Menschen, liebet einander", – wer hat das gesagt? Wessen Gebot ist das? Der Pendel tickt... tickt, gefühllos, widerlich. Zwei Uhr nachts. Ihre Schuhchen stehen vor ihrem Bett, als ob sie auf sie warteten... Nein, im Ernst, wenn man sie morgen forträgt, was soll ich dann tun?...

TRAUM EINES LÄCHERLICHEN MENSCHEN

Eine phantastische Erzählung

I

Ich bin ein lächerlicher Mensch. Jetzt nennen sie mich sogar verrückt. Das wäre ja eigentlich eine Rangerhöhung, wenn ich dabei nicht immer noch lächerlich für sie bliebe. Aber jetzt ärgere ich mich nicht mehr darüber, jetzt sind sie mir alle lieb, auch wenn sie über mich lachen – ja, dann sind sie mir durch irgend etwas sogar besonders lieb. Ich würde gern mit ihnen lachen, – nicht gerade über mich, sondern aus Liebe zu ihnen, wenn mich nur ihr Anblick nicht so traurig machte. Traurig, weil sie die Wahrheit nicht wissen. Ich aber weiß die Wahrheit. Ach, wie schwer ist es doch, ganz allein die Wahrheit zu wissen! Aber das werden sie nicht verstehen. Nein, das werden sie nicht verstehen.

Früher bekümmerte es mich sehr, daß ich lächerlich erschien. Nein, nicht erschien, sondern war. Ich war immer lächerlich, vielleicht schon von Geburt an, und ich wußte es. Vielleicht wußte ich es schon als Siebenjähriger, daß ich lächerlich war. Später besuchte ich die Schule, danach die Universität, und was kam dabei heraus? – je mehr ich lernte, um so mehr erkannte ich, daß ich lächerlich bin. So daß schließlich mein ganzes Universitätsstudium gleichsam nur den Zweck hatte, mir in dem Maße, wie ich mich in die Wissenschaften vertiefte, zu beweisen und klarzumachen, daß ich lächerlich bin. Und im Leben erging es mir ähnlich wie in der Wissenschaft. Mit jedem Jahr wuchs und befestigte sich in mir die Erkenntnis meiner Lächerlichkeit in jeder Beziehung. Über mich haben alle immer gelacht. Aber kein einziger von ihnen wußte oder erriet es auch nur, daß, wenn es irgendwo auf der Welt einen Menschen gab, der besser als alle anderen um meine Lächerlichkeit Bescheid wußte, *ich* dieser Mensch war. Und gerade

das war es, was mich am meisten kränkte, daß sie das nicht wußten. Aber daran war ich selbst schuld: ich war immer so stolz, daß ich dies um nichts in der Welt einem Menschen gestanden hätte. Und dieser Stolz wuchs in mir noch mit den Jahren, und wenn es geschehen wäre, daß ich mir erlaubt hätte, irgend jemandem, gleichviel wem, zu gestehen, daß ich lächerlich sei, so hätte ich mir, glaube ich, noch am Abend desselben Tages eine Kugel durch den Kopf geschossen. Oh, wie litt ich als Knabe unter der Angst, ich könnte es vielleicht nicht aushalten, es plötzlich selbst meinen Kameraden sagen. Doch mit der Zeit, als ich schon zu einem jungen Mann heranwuchs, wurde ich, wenn ich dabei auch mit jedem Jahr mehr und mehr meine schreckliche Eigenschaft erkannte, doch aus irgendeinem Grunde ein wenig ruhiger... Gerade aus irgendeinem Grunde, denn ich vermag auch heute noch nicht anzugeben, woher das kam. Vielleicht daher, weil in meiner Seele eine furchtbare Beklemmung anzuwachsen begann wegen eines Umstandes, der unendlich höher, wichtiger war als mein ganzes Ich: nämlich die mehr und mehr von mir Besitz ergreifende Erkenntnis, daß auf der ganzen Welt alles überall *vollkommen einerlei* sei.
Ich hatte das schon sehr lange vorausgefühlt, aber die volle Gewißheit kam mir erst im letzten Jahr irgendwie ganz plötzlich. Ich fühlte mit einem Mal, daß es mir *ganz einerlei* wäre, ob die Welt existiere oder ob es überhaupt nichts gäbe. Ich begann wahrzunehmen und mit meinem ganzen Wesen zu spüren, daß es *außer mir nichts gab*. Anfangs schien es mir immer noch, daß es dafür früher vieles gegeben habe, dann aber erriet ich, daß auch früher nichts gewesen war, sondern es mir aus irgendeinem Grund nur so geschienen hatte. Und allmählich überzeugte ich mich, daß es auch hinfort niemals etwas geben werde. Da hörte ich plötzlich auf, mich über die Menschen zu ärgern, und ich bemerkte sie fast gar nicht mehr. Und das tat sich bald in den kleinsten Dingen kund. So kam es zum Beispiel vor, daß ich, wenn ich auf der Straße ging, mit den Leuten zusammenstieß. Und das nicht etwa, weil ich in Gedanken versunken gewesen wäre, woran hätte ich denn denken sollen? Ich hatte damals ganz aufgehört zu denken: mir war doch alles einerlei. Und wenn ich noch wenigstens Probleme gelöst hätte. Oh, kein einziges habe ich gelöst, und doch gab es ihrer wahrlich nicht wenige. Aber mir wurde *alles einerlei*, und die Probleme entfernten sich von selbst.
Und dann, erst nachher, erfuhr ich die Wahrheit. Die Wahrheit

erfuhr ich im vorigen November, genau am dritten November, und seit der Zeit erinnere ich mich an jeden Augenblick meines Lebens. Es war in einer finsteren, so finsteren Nacht, wie ich sie dunkler noch nie gesehen habe. Ich kehrte damals gegen elf Uhr abends heim, und ich weiß noch, ich dachte gerade, eine noch finsterere Zeit könne es gewiß nicht geben. Selbst in physischer Beziehung. Es hatte den ganzen Tag geregnet, und es war so ein außergewöhnlich naßkalter, unfreundlicher, ja, geradezu gruseliger Regen gewesen, mit offenkundiger Feindseligkeit gegen die Menschen, dessen erinnere ich mich noch gut; auf einmal hatte er aufgehört, noch vor elf Uhr, und nun herrschte eine naßkalte Feuchtigkeit, die noch schlimmer, noch kaltgruseliger war als der Regen, und von überallher erhob sich eine Art Dampf, von jedem Stein auf der Straße und aus jeder Quergasse stieg er auf, wenn man von der Hauptstraße aus im Vorübergehen in ihre Tiefe blickte, etwas weiter in die Ferne. Ich stellte mir plötzlich vor, daß es viel weniger bedrückend wäre, wenn das Gas überall erlöschen würde, denn die Gaslaternen machten es noch herzbedrükkender, da die Beleuchtung das alles sichtbar werden ließ. Ich hatte an jenem Tage so gut wie nichts zu Mittag gegessen und seit dem Nachmittag bei einem Ingenieur gesessen, bei dem noch zwei seiner Freunde saßen. Sie sprachen über eine herausfordernde Frage und gerieten schließlich in Eifer. Aber ich merkte doch, daß ihnen das Thema im Grunde gleichgültig war und sie sich nur so um der Debatte willen ereiferten. Das sagte ich ihnen denn auch. »Aber, meine Herren, wozu ereifern Sie sich, denn eigentlich ist Ihnen doch alles einerlei.« Sie nahmen es mir nicht übel, sondern lachten nur über mich. Das taten sie, weil ich es ganz ohne Vorwurf gesagt hatte, einfach weil mir selbst alles einerlei war. Sie sahen das auch ein, daß mir alles wirklich einerlei war, und das erheiterte sie.

Als ich auf der Straße an das Erlöschen der Gasbeleuchtung dachte, blickte ich zum Himmel auf. Er war unheimlich dunkel, doch deutlich konnte man hellere, zerrissene Wolken unterscheiden und zwischen ihnen bodenlose schwarze Flecke. Plötzlich bemerkte ich in einem dieser Flecke einen kleinen Stern: ich blieb stehen und betrachtete ihn aufmerksam. Ich tat es nur, weil mir dieser kleine Stern einen Gedanken eingab: ich beschloß, mich noch in derselben Nacht zu erschießen. Das hatte ich schon vor zwei Monaten fest beschlossen, und wie arm ich auch war, ich hatte mir doch einen schönen Revolver gekauft und ihn noch am selben Tage geladen. Und doch waren seitdem schon zwei Monate vergangen und er lag immer noch in meinem Schubfach; es war mir alles dermaßen einerlei, daß ich einen Augenblick, in dem mir nicht alles so einerlei sein würde, abwarten wollte, warum – weiß ich nicht. Und so kam es denn, daß ich in diesen zwei Monaten in jeder Nacht auf dem Heimwege glaubte, ich würde mich in dieser Nacht erschießen. Ich wartete immer auf den Augenblick. Und plötzlich gab mir dieser kleine Stern den Gedanken ein, und ich beschloß, daß es *unbedingt* in *dieser* Nacht geschehen sollte. Warum mir aber der kleine Stern diesen Gedanken eingab, das weiß ich nicht.

Und da geschah's denn, daß mich, als ich zum Himmel aufschaute, plötzlich dieses kleine Mädchen am Ärmel zupfte. Die Straße war schon ganz leer, kein Mensch ringsum zu sehen. Nur in der Ferne schlief ein Droschkenkutscher auf seinem Bock. Das Mädchen war vielleicht acht Jahre alt, in einem dünnen Kleidchen, hatte nur ein kleines Tuch um, war ganz durchnäßt, doch am meisten fielen mir ihre nassen zerrissenen Stiefel auf und auch jetzt noch erinnere ich mich ihrer ganz deutlich. Sie stachen mir ganz besonders in die Augen. Sie begann mich plötzlich am Ärmel zu zupfen und mich irgendwohin zu rufen. Sie weinte nicht, aber sie stieß schluchzend irgend welche Worte hervor, Worte, die sie nicht deutlich aussprechen konnte, da sie auch vor Kälte am ganzen Leibe zitterte. Sie war so erschrocken, so entsetzt, daß sie in ihrer Verzweiflung nur stockend immer wieder dasselbe rief: »Mutti! ... Mutti!« Ich blickte mich zwar einmal nach ihr um, sagte aber kein Wort und ging weiter, sie aber lief mir nach und zupfte mich immer am Ärmel, und in ihrer Stimme klang jener Ton, der bei erschrockenen Kindern Verzweiflung bedeutet. Ich kenne diesen Ton. Wenn sie auch ihre Worte nicht aussprach, so begriff ich doch, daß ihre Mutter irgendwo im Sterben lag, oder daß bei ihnen sonst etwas Furchtbares geschehen sein mußte und sie hinausgelaufen war, um irgend jemanden zu Hilfe zu rufen, irgend etwas zu finden, um ihrer Mutti zu helfen. Ich aber folgte ihr nicht, wohin sie mich rief, im Gegenteil, es fiel mir sogar ein, sie fortzujagen. Zuerst sagte ich ihr noch, sie solle einen Schutzmann suchen. Sie jedoch faltete plötzlich flehend die Händchen und lief schluchzend, atemlos, neben mir her: wahrscheinlich hatte sie Angst, mich zu verlassen. Und da geschah es denn, daß ich plötzlich mit dem Fuß aufstampfte und sie anschrie. Sie rief nur angstvoll: »Herr, ach,

Herr!...«, dann aber blieb sie stehen und plötzlich lief sie schnell über die Straße: dort ging eine Gestalt, und so verließ sie mich, um zu dem anderen Menschen hinüber zu laufen.
Ich stieg in meinen Fünften Stock hinauf. Ich wohne dort bei Leuten, die mehrere möblierte Zimmer vermieten. Mein Zimmer ist ärmlich und klein; es hat nur ein halbrundes Dachfenster. Ich habe einen mit Wachstuch bezogenen Schlafdiwan, einen Tisch, auf dem meine Bücher liegen, zwei Stühle und einen Lehnstuhl, der zwar uralt, dafür aber bequem ist, ein sogenannter Voltairesessel. In den setzte ich mich, zündete das Licht an und kam ins Denken. Im Nebenzimmer, das nur durch eine dünne Wand von meinem Zimmer geschieden ist, zog sich das Gelage schon den dritten Tag hin. Dort wohnte ein verabschiedeter Hauptmann, und bei ihm waren wieder Gäste, an die sechs Mann; heruntergekommene Leute; gewöhnlich tranken sie Schnaps und spielten mit alten Karten „Stoß". In der vorigen Nacht war es bei ihnen zu einer Prügelei gekommen, und ich wußte, daß zwei von ihnen sich gegenseitig lange an den Haaren herumgezerrt hatten. Die Wirtin wollte sich schon beim Hauptmann beschweren, wagte es aber doch nicht, da sie vor ihm zu große Angst hatte. An weiteren Untermietern gibt es bei uns nur noch eine kleine hagere Dame, eine von den Regimentsdamen aus der Provinz, mit drei kleinen Kindern, die hier in der Wohnung erkrankt sind. Sie und die Kinder fürchten den Hauptmann so sehr, daß sie vor Angst nahezu ohnmächtig werden, und die ganze Nacht zittern sie und bekreuzen sie sich, und das Jüngste hat vor Angst schon Krämpfe bekommen. Dieser Hauptmann pflegt, wie ich genau weiß, die Passanten auf dem Newskij-Prospekt anzusprechen und um Almosen zu bitten. In den Militärdienst will man ihn nicht wieder aufnehmen; doch merkwürdigerweise hat dieser Hauptmann in diesem ganzen Monat, den er schon bei uns wohnt (und nur deshalb erzähle ich von ihm), noch nie Ärger in mir erregt. Einen Verkehr mit ihm habe ich allerdings gleich am Anfang abgelehnt, und ich wurde ihm auch schon bei seinem ersten Besuch in meinem Zimmer furchtbar langweilig; doch wie laut sie auch im Nebenzimmer schreien mochten – mir war immer alles einerlei. Ich sitze die ganze Nacht in meinem Lehnstuhl, und wirklich, ich höre sie überhaupt nicht – soweit kann ich sie und ihr Geschrei vergessen. Ich schlafe ja niemals in der Nacht, schon seit einem Jahr nicht mehr. Ich sitze bis zum Morgengrauen in meinem Sessel und tue

nichts. Bücher lese ich nur am Tage. Ich sitze und denke nicht einmal, ich sitze einfach so, irgendwelche Gedanken schweifen umher und ich lasse sie ruhig gewähren. Das Licht brennt in einer Nacht ganz aus.

Ich setzte mich an den Tisch, nahm meinen Revolver aus dem Schubfach und legte ihn vor mich hin. Ich weiß noch: als ich ihn vor mich hinlegte, fragte ich mich: »Ja?« und vollkommen ruhig antwortete ich mir: »Ja.« Also hatte ich beschlossen, mich noch in derselben Nacht zu erschießen. Ich wußte, daß ich mich in dieser Nacht bestimmt erschießen werde, wie lange ich aber vorher noch so sitzen würde – das wußte ich nicht. Und zweifellos hätte ich mich auch erschossen, wenn es nicht jenes kleine Mädchen gegeben hätte.

II

Sehen Sie: wenn mir auch alles einerlei war, so fühlte ich doch zum Beispiel den Schmerz. Hätte mich jemand geschlagen, so würde ich bestimmt den Schmerz gespürt haben. Und ebenso auch in moralischer Hinsicht: wäre etwas Trauriges geschehen, so würde ich Mitleid empfunden haben, ganz wie früher, als mir noch nicht alles im Leben einerlei war. Und so hatte ich denn auch jetzt Mitleid gefühlt: einem Kinde würde ich doch unter allen Umständen geholfen haben. Warum hatte ich dann dem kleinen Mädchen nicht geholfen? Weil mir gerade in dem Augenblick ein Gedanke gekommen war: als sie mich anrief und am Ärmel zupfte, hatte sich vor mir gerade eine Frage erhoben, die ich nicht beantworten konnte. Sie war müßig, aber sie ärgerte mich doch. Ärgerte mich wegen der logischen Folgerung, daß mir, wenn ich beschlossen hatte, mich noch in derselben Nacht zu erschießen, folglich alles auf der Welt mehr denn je gleichgültig sein mußte. Warum aber fühlte ich dann plötzlich, daß mir nicht alles gleichgültig war und daß ich Mitleid mit dem kleinen Mädchen hatte? Ich weiß noch, daß sie mir wirklich leid tat; sogar bis zu einem ganz sonderbaren Schmerz tat sie mir leid, der doch in meiner Lage ganz unwahrscheinlich und unangebracht schien. Nein, ich kann meine damalige spontane Empfindung nicht gut wiedergeben, aber sie dauerte noch an, als ich schon in meinem Zimmer war, als ich mich schon an den Tisch gesetzt hatte; und ich war so aufgebracht, wie ich es seit langer Zeit nicht mehr gewesen war.

Erwägung zog nach Erwägung vorüber. Es ist doch klar, daß ich, wenn ich noch ein Mensch und noch keine Null bin, das heißt mich noch nicht in eine Null verwandelt habe, daß ich dann lebe – und folglich kann ich mich dann noch ärgern, kann ich noch leiden und wegen meiner Handlungen Scham empfinden. Meinetwegen. Aber wenn ich mich zum Beispiel nach zwei Stunden töte, was ist mir dann dieses kleine Mädchen und was geht mich dann die Scham an und überhaupt die ganze Welt? Ich verwandle mich in eine Null, in eine absolute Null. Und konnte denn wirklich die Erkenntnis, daß ich alsbald *überhaupt nicht* mehr sein würde, folglich aber auch sonst überhaupt nichts mehr sein würde, weder auf das Gefühl des Mitleids mit dem kleinen Mädchen, noch auf das Gefühl der Scham nach begangener Roheit nicht den geringsten Einfluß haben? Nur deswegen stampfte ich doch mit dem Fuß auf und schrie ich das arme Kindchen so wütend an, weil ich zeigen wollte, daß ich – nicht nur kein Mitleid empfinde, sondern auch die unmenschlichste Roheit begehen kann, da nach zwei Stunden alles erlöschen und es dann nichts mehr geben wird. Werden Sie es mir glauben, daß ich es nur deswegen tat? Ich bin jetzt fest überzeugt davon. Es war mir in jenem Augenblick vollkommen klar, daß das Leben und die Welt gleichsam nur von mir abhängen. Ja, ich kann es sogar so sagen: daß die Welt jetzt gleichsam für mich allein geschaffen ist – erschieße ich mich, so hört die Welt auf zu sein, wenigstens für mich. Ganz abgesehen davon, daß es nach mir vielleicht auch wirklich für niemanden mehr etwas geben wird, und die ganze Welt, sobald nur meine Erkenntnis erlischt, gleichfalls wie eine Vision vergeht, wie ein Attribut bloß dieser meiner Erkenntnis, und sich aufhebt: denn vielleicht ist diese ganze Welt und sind alle diese Menschen – nur ich selbst ganz allein. Ich weiß noch, daß ich diese neuen Fragen, die sich eine nach der anderen herandrängten, in das Entgegengesetzte umkehrte und mir etwas ganz Neues ausdachte. Das geschah, als ich in meinem Lehnstuhl saß und grübelte. So kam mir unter anderem plötzlich auch ein sonderbarer Gedanke: wenn ich zum Beispiel früher auf dem Monde oder auf dem Mars gelebt und daselbst irgendeine unglaublich ehrlose, schändliche Tat begangen hätte, die schändlichste, die man sich nur denken kann, und wenn ich dort für diese Tat so beschimpft und entehrt worden wäre, wie man es sich höchstens im Traum zuweilen vorstellen, unter einem Albdruck fühlen kann, und wenn mich dann auf der

Erde die Erinnerung an das, was ich auf dem anderen Planeten getan, nicht verlassen und ich außerdem noch wissen würde, daß ich niemals mehr, unter keinen Umständen auf jenen anderen Planeten zurückkehren werde, so frage ich mich, würde mir dann, wenn ich von der Erde aus auf den Mond blickte, – alles einerlei sein oder nicht? Würde ich mich dann dieser meiner Tat schämen oder nicht? Diese Fragen waren müßig und überflüssig, da der Revolver schon vor mir auf dem Tisch lag, und ich mit meinem ganzen Wesen wußte, daß *es* bestimmt geschehen werde – aber sie regten mich auf und ich ärgerte mich. Es war mir, als könnte ich jetzt nicht mehr sterben, bevor ich nicht irgend etwas gelöst hatte. Kurz, dieses kleine Mädchen rettete mich, denn infolge dieser Fragen schob ich den Tod auf. Beim Hauptmann im Nebenzimmer wurde es mittlerweile still: sie hatten ihr Kartenspiel beendet und richteten sich zum Schlafen ein, inzwischen aber brummten sie noch oder schimpften schlaftrunken zu Ende. Und da muß es denn geschehen sein, daß ich einschlief, was mit mir sonst noch nie geschehen war, wenn ich am Tisch im Lehnstuhl saß. Ich schlief ein, ohne es selbst zu merken.

Träume sind bekanntlich eine überaus sonderbare Sache: manches sieht man mit erschreckender Deutlichkeit, mit einer Ausarbeitung der Einzelheiten, als wären sie von einem Juwelier ziseliert, anderes dagegen überspringt man vollkommen, als wäre es überhaupt nicht vorhanden, zum Beispiel Raum und Zeit. Ich glaube, Träume träumt nicht die Vernunft, sondern der Wunsch, nicht der Kopf, sondern das Herz; aber was für Kunststücke brachte meine Vernunft im Traum manchmal fertig! Dabei waren es für die Vernunft völlig unfaßbare Dinge. Zum Beispiel: Mein Bruder ist vor fünf Jahren gestorben. Ich sehe ihn aber manchmal im Traum: er nimmt Anteil an meinen Angelegenheiten, wir sprechen sehr interessiert miteinander, und dabei weiß ich doch während der ganzen Dauer des Traumes und vergesse es nicht, daß mein Bruder schon gestorben und begraben ist. Warum wundere ich mich nun gar nicht darüber, daß er, der Verstorbene, hier bei mir ist und mit mir spricht? Warum läßt meine Vernunft das widerspruchslos zu? Doch genug. Ich will jetzt von meinem Traum erzählen. Ja, damals hatte ich jenen Traum, meinen Traum vom dritten November! Jetzt neckt man mich damit, daß es ja nur ein Traum gewesen sei. Aber ist es denn wirklich nicht ganz gleich, ob es ein Traum war oder nicht, wenn dieser Traum mir die

Wahrheit offenbart hat? Denn wenn man einmal die Wahrheit erkannt und sie gesehen hat, so weiß man doch, daß sie die einzige Wahrheit ist und es außer ihr eine andere überhaupt nicht geben kann, gleichviel ob man schläft oder lebt. Nun gut, mag's ein Traum sein, meinetwegen, aber dieses Leben, das ihr so preist, wollte ich durch Selbstmord auslöschen, mein Traum aber, mein Traum – oh, mein Traum hat mir ein neues, großes, erfrischtes, starkes Leben offenbart!
Hört zu.

III

Ich habe schon gesagt, daß ich einschlief, ohne es zu merken, und es war mir sogar, als führe ich fort, über dieselben Dinge nachzudenken. Auf einmal nahm ich den Revolver, das heißt: mir träumte, daß ich ihn nahm, und richtete ihn im Sitzen auf mein Herz, – auf das Herz, und nicht auf den Kopf; ich aber hatte mir doch vorgenommen, mich unbedingt durch einen Schuß in den Kopf, und zwar durch die rechte Schläfe, zu töten.
Nachdem ich den Lauf auf die Brust gesetzt hatte, wartete ich eine, nein, zwei Sekunden lang, und mein Licht, der Tisch und die Wand vor mir kamen mir plötzlich wie näher und fingen zu schaukeln an. Ich drückte schnell ab.
Im Traum fällt man zuweilen von einer Höhe hinab oder man wird ermordet, oder geschlagen, doch fühlt man dabei niemals einen Schmerz, es sei denn, daß man sich irgendwie am Bett stößt: dann allerdings fühlt man einen Schmerz, von dem man denn auch gewöhnlich erwacht. So war es auch in meinem Traum: einen Schmerz fühlte ich nicht, aber es war mir, als ob durch meinen Schuß alles in mir erschüttert werde und plötzlich erlösche, und um mich herum war alles schwarz. Ich wurde gleichsam blind und stumm, ich lag, auf etwas Hartem ausgestreckt, auf dem Rücken, sah nichts und konnte nicht die geringste Bewegung machen. Um mich herum wird gegangen und geschrien, ich höre die Baßstimme des Hauptmanns und die hohe Stimme meiner Wirtin, – und plötzlich wieder eine Unterbrechung... und da trägt man mich schon in geschlossenem Sarg. Und ich fühle, wie der Sarg wackelt, und ich denke noch so darüber nach, und plötzlich überrascht mich zum erstenmal der Gedanke, daß ich doch gestorben bin, daß ich tot bin, daß ich das weiß und nicht daran zweifle, nicht

sehe und mich nicht bewege, trotzdem aber fühle und denke. Doch ich söhne mich schnell damit aus und nehme, wie man es gewöhnlich im Traum tut, die Wirklichkeit widerspruchslos hin.
Und siehe, da senkt man mich in ein Grab hinab und begräbt mich in der Erde. Alle gehen fort, ich bin allein, vollständig, ganz und gar allein. Ich rühre mich nicht. Wenn ich mir früher vorstellte, wie man mich beerdigen würde, so verband ich mit dem Begriff Grab eigentlich nur das Gefühl von Feuchtigkeit und Kälte. Und so war's denn auch: ich fühlte, daß mir sehr kalt war, besonders an den Zehenspitzen, aber weiter fühlte ich nichts.
Ich lag und, merkwürdig, – erwartete nichts, da ich ohne Widerspruch annahm, daß ein Toter nichts zu erwarten habe. Aber es war feucht. Ich weiß nicht, wieviel Zeit inzwischen verging, – eine Stunde oder einige Tage oder viele Tage. Da fiel plötzlich auf mein linkes geschlossenes Auge ein durch den Sargdeckel durchgesickerter kalter Wassertropfen... es verging eine Minute und es fiel ein zweiter... nach ihm ein dritter, und so weiter, und so weiter, immer nach einer Minute. Heftiger Unwille entbrannte darob mit einem Mal in meinem Herzen, und plötzlich fühlte ich in ihm einen physischen Schmerz: ‚Das ist meine Wunde', dachte ich, ‚dort steckt die Kugel'... Der Tropfen aber tropfte in jeder Minute und immer gerade auf mein linkes geschlossenes Auge. Da rief ich, nicht mit der Stimme, denn ich war unbeweglich, sondern mit meinem ganzen Wesen zum Beherrscher alles dessen, was mit mir geschah:
»Wer du auch sein magst, aber wenn du bist, und wenn es etwas Vernünftigeres gibt als das, was jetzt geschieht, so gestatte ihm, auch hier zu sein. Wenn du mich aber für meinen unvernünftigen Selbstmord mit der Unanständigkeit und Sinnlosigkeit eines weiteren Seins strafen willst, so wisse, daß sich nichts von dem, was immer mich an Pein erwarten mag, mit meiner Verachtung wird messen können, die ich schweigend empfinden werde, und wenn auch im Verlauf von Jahrmillionen der Qual und des Martyriums!...«
Ich rief es und verstummte. Fast eine ganze Minute lang dauerte das tiefe Schweigen an, und es tropfte sogar noch ein Tropfen auf mein geschlossenes Auge herab, aber ich wußte, grenzenlos und unerschütterlich wußte ich und glaubte ich daran, daß sich unbedingt sofort alles verändern werde. Und siehe, plötzlich tat sich mein Grab auf. Das heißt, ich weiß nicht, ob es gerade auf-

gegraben wurde, ich weiß nur, daß ich von einem dunklen, mir unbekannten Wesen aufgenommen wurde und wir befanden uns in freiem Raum. Und plötzlich ward ich sehend: Es war tiefe Nacht und niemals, noch niemals hatte es eine solche Dunkelheit gegeben! Wir schwebten durch den Weltenraum schon weit entfernt von der Erde. Ich fragte den, der mich trug, nach nichts, ich wartete und war stolz. Ich versicherte mir, daß ich mich nicht fürchte, und erstarb fast vor Entzücken bei dem Gedanken, daß ich mich nicht fürchtete. Ich weiß nicht, wie lange wir so schwebten, und ich kann es mir auch nicht recht vorstellen: es geschah alles so, wie es gewöhnlich im Traum zu geschehen pflegt, wenn man Raum und Zeit und die Gesetze des Seins und der Vernunft überspringt und nur an den Punkten verweilt, von denen das Herz träumt. Ich erinnere mich noch, daß ich plötzlich in der Dunkelheit einen kleinen Stern erblickte.

»Ist das der Sirius?« fragte ich mit einem Mal ganz gegen meinen Willen, da ich doch nichts fragen wollte.

»Nein, das ist derselbe Stern, den du zwischen den Wolken erblicktest, als du nach Hause gingst«, antwortete mir das Wesen, das mich trug. Ich wußte nur, daß es ein menschenartiges Antlitz hatte. Doch sonderbar: ich liebte dieses Wesen nicht, ich empfand sogar einen tiefen Abscheu vor ihm. Ich hatte vollkommenes Nichtsein erwartet, und in dieser Annahme hatte ich mir ins Herz geschossen. Und nun fand ich mich in den Armen eines Wesens, natürlich keines menschlichen Wesens, aber trotzdem eines Wesens, das *da war*, das existierte.

‚Also gibt es auch nach dem Tode ein Leben!' dachte ich mit dem seltsamen Leichtsinn des Träumenden, aber das Wesen meines Herzens verblieb in seiner ganzen Tiefe unverändert in mir. ‚Und wenn ich von neuem *sein muß*', dachte ich, ‚und wieder nach jemandes unabwendbarem Willen leben muß, so will ich doch nicht, daß man mich besiegt und erniedrigt!'

»Du weißt, daß ich mich vor dir fürchte, und verachtest mich deswegen«, sagte ich plötzlich zu meinem Gefährten; ich hatte mich nicht bezwingen können, und so war denn die erniedrigende Frage, die ein Geständnis enthielt, gestellt, und in meinem Herzen fühlte ich den Schmerz meiner Erniedrigung wie den Stich einer Stecknadel. Das Wesen antwortete nicht auf meine Frage, doch plötzlich fühlte ich, daß man mich nicht verachtete und nicht über mich lachte, und daß man mich nicht einmal bemitleidete, und daß unser Flug sogar ein Ziel hatte, ein unbekanntes und geheimnisvolles. Und die Angst wuchs in meinem Herzen. Von meinem schweigenden Gefährten ging etwas aus, das sich mir stumm, aber qualvoll mitteilte und mich gleichsam durchdrang. Wir schwebten in dunklen und unbekannten Räumen. Schon längst waren die meinen Augen vertrauten Sternbilder verschwunden. Ich wußte, daß es in den Himmelsräumen Sterne gibt, deren Strahlen erst in Jahrtausenden oder Jahrmillionen die Erde erreichen. Wir aber hatten vielleicht schon diese Entfernungen durchmessen. Ich wartete auf irgend etwas in einer furchtbaren Spannung, in der mein Herz vor Qual zu ermatten drohte. Und auf einmal überkam mich ein bekanntes, unendlich anziehendes Gefühl, das mich erschütterte: ich erblickte plötzlich unsere Sonne! Ich wußte, daß es nicht *unsere* Sonne sein konnte, die *unsere* Erde geboren hat, und daß wir uns von unserer Sonne in einer unendlichen Entfernung befanden, trotzdem aber erkannte ich irgendwie mit dem ganzen Spürsinn meines Daseins, daß es genau die gleiche Sonne war wie die unsrige, ihre Wiederholung und ihre Doppelgängerin. Ein süßes belebendes Gefühl des Entzückens erklang in meiner Seele: die vertraute Kraft desselben Lichts, das mich hervorgebracht, fand einen Widerhall in meinem Herzen und belebte es von neuem, und ich fühlte wieder Leben, das frühere Leben in mir, zum erstenmal nach meinem Begräbnis.

»Aber wenn das die Sonne ist, wenn das die gleiche Sonne ist wie die unsrige«, rief ich aus, »wo ist dann die Erde?« Mein Gefährte wies auf einen kleinen Stern, der in der Dunkelheit in smaragdgrünem Glanz strahlte. Wir schwebten gerade auf ihn zu.

»Wie ist es möglich, daß es solche Wiederholungen im Weltall gibt, ist denn wirklich derart das Naturgesetz?... Und wenn das dort die Erde ist, ist es dann die gleiche Erde wie die unsrige?... eine genau so unglückliche, arme und doch so teure und ewig geliebte Erde, die ebenso qualvolle Liebe selbst in ihren undankbarsten Kindern zu sich erweckt, wie unsere Erde?...« rief ich zitternd vor unbezwingbarer, begeisterter Liebe zu jener früheren Heimaterde, die von mir verlassen worden war. Und die Gestalt des kleinen Mädchens, das ich angeschrien hatte, tauchte für einen Augenblick in meiner Erinnerung auf.

»Du wirst es selbst sehen«, antwortete mein Gefährte, und eine gewisse Trauer klang aus seinen Worten. Wir näherten uns schnell dem Planeten. Er wuchs vor meinen Augen, ich konnte schon die

Ozeane unterscheiden, dann die Konturen Europas und plötzlich lohte eine große, heilige Eifersucht in meinem Herzen auf: »Wie darf es eine solche Wiederholung geben, und wozu? Ich liebe und *kann* ja nur jene Erde lieben, die ich verlassen habe, auf der die Tropfen meines verspritzten Blutes blieben, als ich, ich Undankbarer, durch den Schuß in mein Herz mein Leben auslöschte. Aber niemals, niemals habe ich aufgehört, unsere Erde zu lieben, und selbst in jener Nacht, als ich sie verließ, habe ich sie vielleicht heißer, qualvoller denn je geliebt! Gibt es auch auf dieser neuen Erde Qual? Auf unserer Erde können wir nur mit Qual oder durch Qualen wahrhaft lieben! Anders verstehen wir nicht zu lieben und wir kennen keine andere Liebe. Ich will Qual, um lieben zu können. Ich will, oh, ich lechze in diesem Augenblick danach, tränenüberströmt einzig und allein die Erde küssen zu können, die ich verlassen habe, und ich will kein Leben auf einer anderen Erde, ich nehme es nicht an!...«

Mein Gefährte aber hatte mich schon verlassen. Plötzlich stand ich, ohne gemerkt zu haben, wie es geschah, auf jener anderen Erde, im grellen Sonnenlicht eines paradiesisch schönen Tages. Ich stand, glaube ich, auf einer jener Inseln, die auf unserer Erde den Griechischen Archipel bilden, oder vielleicht war es irgendwo an der Küste des Festlandes dort am Ägäischen Meer. Oh, alles war ganz so wie bei uns, nur schien alles in einer Feststimmung zu sein, und in einem großen, heiligen, endlich erreichten Triumph zu strahlen. Das freundliche smaragdene Meer plätscherte leise an das Gestade und drängte sich zu ihm wie in unendlicher, sichtbarer, fast bewußter Liebe. Die hohen schattigen Bäume standen in der ganzen Pracht ihrer Blüten, und ich bin überzeugt, daß mich ihre unzähligen Blättchen mit ihrem sanften, freundlichen Rauschen willkommen hießen und mir unbekannte Worte der Liebe zuflüsterten. Das Gras war voll leuchtender, duftender Blüten, die Vögel durchzogen in Schwärmen die Luft und die kleinen setzten sich mir furchtlos auf die Schultern und auf die Hände und schlugen mich fröhlich mit ihren lieben flatternden Flügelchen. Und schließlich erblickte und erkannte ich auch die Menschen dieser glücklichen Erde. Sie kamen von selbst zu mir, umringten und küßten mich. Es waren Kinder der Sonne, Kinder ihrer Sonne, – oh, wie schön sie waren! Noch nie hatte ich auf unserer Erde solche Schönheit im Menschen gesehen. Höchstens in unseren Kindern hätte man in ihren ersten Lebensjahren einen entfernten, wenn auch schwachen Widerschein dieser Schönheit finden können. Die Augen dieser glücklichen Menschen strahlten in klarem Glanz. Aus ihren Gesichtern sprach Vernunft und eine schon bis zu vollkommener Ruhe gelangte Einsicht, aber diese Gesichter waren heiter; in den Worten und Stimmen dieser Menschen lag der Klang kindlichen Frohsinns. Oh, sofort, schon beim ersten Blick auf diese Gesichter begriff ich alles, alles! Das war eine durch keinen Sündenfall entweihte Erde, auf ihr lebten Menschen, die nicht gesündigt hatten, lebten im gleichen Paradies wie das, in dem nach den Überlieferungen der ganzen Menschheit auch unsere in Sünde gefallenen Ureltern gelebt haben, nur mit dem Unterschied, daß hier die ganze Erde überall ein und dasselbe Paradies war. Diese Menschen drängten sich freudig lächelnd zu mir und streichelten mich; sie führten mich zu sich und ein jeder von ihnen suchte mich zu beruhigen. Oh, sie fragten mich nach nichts, sie schienen schon alles zu wissen, und sie wollten nur schneller das Leid aus meinem Gesicht verscheuchen.

IV

Sehen Sie, wiederum: Nun gut, mag das nur ein Traum gewesen sein! Aber die Empfindung der Liebe dieser unschuldigen und schönen Menschen ist für alle Zeiten in mir geblieben, und ich fühle, wie ihre Liebe sich auch jetzt von dorther auf mich ergießt. Ich habe sie selbst gesehen, habe sie kennen und lieben gelernt, und habe später um sie gelitten. Oh, ich begriff sofort, sogar damals schon, daß ich sie in vielem überhaupt nicht würde verstehen können; es schien mir als zeitgenössischem russischem Fortschrittlicher und als garstigem Petersburger unbegreiflich, warum sie, die doch so viel wußten, nicht auch unsere Wissenschaft hatten. Aber ich begriff bald, daß ihr Wissen durch andere Einsichten ergänzt und genährt wurde als das Wissen auf unserer Erde, und daß ihre Bestrebungen gleichfalls ganz anderer Art waren. Sie wünschten nichts und waren ruhig, sie rangen nicht nach der Erkenntnis des Lebens so, wie wir es tun, denn ihr Leben war vollkommen erfüllt. Aber ihr Wissen war ein tieferes und höheres Wissen als das unserer Wissenschaft; denn unsere Wissenschaft sucht zu erklären, was das Leben ist, sie will es selbst ergründen, um die anderen zu lehren, wie sie leben sollen; jene aber wußten auch ohne Wissenschaft, wie sie zu leben hatten, und das begriff ich, aber ihr Wissen konnte ich nicht begreifen. Sie wiesen auf ihre Bäume hin, ich aber konnte diesen Grad der Liebe, mit dem sie sie betrachteten, nicht nachfühlen: sie taten, als ob die Bäume Menschen ihresgleichen wären. Und wissen Sie, vielleicht täuschte ich mich nicht, wenn ich sage, daß sie auch mit ihnen sprachen! Ja, sie hatten deren Sprache entdeckt, und ich bin überzeugt, daß die Bäume sie verstanden. Und so sahen sie auch auf die ganze übrige Natur, auch auf die Tiere, die friedlich mit ihnen zusammenlebten, sie nicht angriffen, sondern liebten, da sie durch ihre Liebe besiegt waren. Sie wiesen auf die Sterne, und sagten mir etwas von ihnen, was ich nicht verstehen konnte, aber ich bin überzeugt, daß sie durch irgend etwas mit den Sternen des Himmels in Verbindung standen, nicht nur durchs Denken, sondern durch irgendeine lebendige Fühlungnahme. Oh, diese Menschen bemühten sich gar nicht darum, daß ich sie verstünde, sie liebten mich auch so; dafür aber wußte ich, daß sie mich niemals verstehen würden, und darum erzählte ich ihnen auch so gut wie nichts von unserer Erde. Ich küßte nur in ihrer Gegenwart die Erde, auf der sie lebten, und betete sie selbst wortlos an. Sie aber sahen es und ließen es geschehen, ohne sich deswegen zu schämen, daß ich sie anbetete, weil sie selbst so viel liebten. Sie litten nicht mit mir, wenn ich ihnen manchmal unter Tränen die Füße küßte, da mein Herz voll Freude wußte, welch eine Liebeskraft mir von ihnen dafür zuteil wurde. Manchmal fragte ich mich verwundert: Wie konnten sie nur einen Menschen wie mich kein einziges Mal beleidigen, und wie kam es nur, daß sie in mir kein einziges Mal das Gefühl der Eifersucht oder des Neides hervorriefen? Mehrmals fragte ich mich, weshalb ich, solch ein Prahler und Lügner, ihnen nicht von meinen Kenntnissen einiges mitteilte, von denen sie natürlich keine Ahnung hatten, um sie in Erstaunen zu setzen oder auch nur aus Liebe zu ihnen? – Sie waren munter und fröhlich wie Kinder. Sie schweiften in ihren herrlichen Hainen und Wäldern umher, sie sangen ihre schönen Lieder, nährten sich von leichter Kost, von den Früchten ihrer Bäume, vom Honig ihrer Wälder und von der Milch der sie liebenden Tiere. Um ihre Ernährung und Kleidung machten sie sich nur wenig Mühe und nur so nebenbei. Sie kannten die Liebe, und es wurden Kinder geboren, aber nie bemerkte ich bei ihnen Ausbrüche jener *grausamen* Wollust, die fast alle Menschen auf unserer Erde überkommt, alle und jeden, und die die einzige Quelle fast aller Sünden unserer Menschheit ist. Sie freuten sich der Neugeborenen als neuer Teilhaber ihrer Glückseligkeit. Sie kannten weder Streit noch Eifersucht untereinander und wußten nicht einmal, was das bedeutete. Ihre Kinder waren die Kinder aller, denn alle bildeten eine einzige Familie. Es gab bei ihnen fast überhaupt keine Krankheiten, obschon es den Tod gab; aber ihre Greise schieden so sanft hin, als ob sie einschliefen, umringt von den sie liebenden Menschen, sie segnend, ihnen zulächelnd und von ihnen mit klaren, heiteren Blicken begleitet. Niemals sah ich Trauer oder Tränen an einem Sterbelager, nur eine bis zur Verzücktheit gesteigerte Liebe, eine stille abgeklärte Versenkung vor dem Naturgesetz. Man hätte glauben können, sie stünden mit ihren Toten sogar noch nach dem Tode in Verbindung und ihr irdischer Zusammenhang werde auch durch den Tod nicht unterbrochen. Sie verstanden mich kaum, als ich sie nach dem ewigen Leben fragte, aber sie waren offenbar dermaßen fest von ihm überzeugt, daß für sie überhaupt kein Zweifel daran bestehen konnte. Sie hatten keine Tempel, aber es war in ihnen irgend so was wie ein greifbar gegenwärtiges, ununterbrochen lebendiges Einssein mit dem All; sie hatten keinen Glauben, dafür aber das überzeugte Wissen, daß dann, wenn ihre irdische Freude die Grenze der irdischen Natur erreicht haben würde, für sie, für die Lebenden wie für die Verstorbenen, eine noch größere Erweiterung ihrer Teilhaftigkeit am Weltall eintreten werde. Sie erwarteten diesen Augenblick freudig, aber ohne Ungeduld, sie litten auch nicht vor Sehnsucht nach ihm, sondern hatten ihn gleichsam als Vorgefühl in ihren Herzen, und von diesen Vorahnungen sprachen sie miteinander. Abends vor dem Schlafengehen sangen sie gern in harmonischen Chören. In diesen Abendgesängen gaben sie die Gefühle wieder, die der vergangene Tag ihnen gebracht hatte, und sie lobten und priesen ihn und nahmen Abschied von ihm. Sie priesen die Natur, die Erde, das Meer, die Wälder. Sie besangen einander in Liedern und lobten sich, wie Kinder sich loben; es waren einfache Lieder, aber sie ergossen sich aus dem Herzen und gingen zu Herzen. Und nicht nur in Liedern, nein, im ganzen Leben taten sie nichts anderes als einander lieben. Das war geradezu eine gegenseitige Verliebtheit, ein großes allgemeines Verliebtsein. Einige aber ihrer Lieder, die triumphierend und begeistert klangen, konnte ich fast überhaupt nicht verstehen. Obgleich ich die Worte begriff, konnte ich doch nicht ihre ganze

Bedeutung erfassen. Sie waren meinem Verstand unzugänglich, dafür aber wurde mein Herz mehr und mehr von ihnen durchdrungen, ohne daß ich mir von dem Vorgang hätte Rechenschaft geben können. Ich sagte ihnen oft, daß ich das alles schon früher vorausgeahnt, daß diese ganze Freude und Herrlichkeit mir schon auf unserer Erde als eine verlockende Sehnsucht, die sich mitunter bis zu unerträglichem Kummer steigern konnte, vertraut gewesen sei; daß ich sie alle und ihre Herrlichkeit in den Träumen meines Herzens und in den Phantasien meines Denkens schon geahnt hätte, und oft hätte ich auf unsrer Erde nicht ohne Tränen zusehen können, wie die Sonne unterging... Daß in meinem Haß auf die Menschen unserer Erde immer ein seelischer Schmerz gewesen war: warum konnte ich sie denn nicht hassen, wenn ich sie doch nicht liebte, warum konnte ich ihnen nicht verzeihen, wenn doch in meiner Liebe zu ihnen Leid war, warum konnte ich sie nicht hassend lieben? Sie hörten mir zu und ich sah, daß sie sich das gar nicht vorstellen konnten, was ich sprach, aber ich bereute es nicht, daß ich ihnen davon gesprochen hatte: ich wußte, sie begriffen doch die ganze Macht meiner Sehnsucht nach denen, die ich verlassen hatte. Ja, wenn ich ihren klaren, liebedurchdrungenen Blick auf mir ruhen fühlte, wenn ich fühlte, wie unter ihnen auch mein Herz so unschuldig und rein wurde, gleich ihren Herzen, so tat es mir weiter nicht leid, daß ich sie nicht verstehen konnte. Vor lauter Empfinden der Lebensfülle stockte mir der Atem, und schweigend betete ich sie an.

Oh, jetzt lachen mir alle ins Gesicht und versichern mir, solche Einzelheiten, wie ich sie jetzt wiedergebe, könne man gar nicht träumen; ich hätte in meinem Traum nur ein von meinem eigenen Herzen im Fieber erzeugtes Empfinden erlebt oder durchfühlt, die Einzelheiten aber hätte ich erst später, nach dem Erwachen, hinzugedichtet. Und als ich ihnen gestand, daß es vielleicht in der Tat so gewesen sei – Gott, welch ein Gelächter sie da anstimmten, welch eine Heiterkeit meine Worte hervorriefen! Oh, natürlich war ich nur von der Empfindung des Traumes beherrscht, und nur diese allein blieb in meinem blutigwunden Herzen zurück. Dafür aber waren die wirklichen Bilder und Gestalten meines Traumes, das heißt diejenigen, welche ich gerade in der Stunde meines Träumens sah, von solch einer Harmonie, so vollendet, bezaubernd und schön, und dermaßen wahr, daß ich, erwacht, selbstverständlich nicht fähig war, sie mit unseren schwachen Worten wieder zu verkörpern. So mußten sie in meinem Bewußtsein natürlich verblassen, zergehen und damit war ich vielleicht wirklich gezwungen, unbewußt später die Einzelheiten zu erdichten, wobei ich sie bestimmt entstellt haben werde, noch dazu bei meinem leidenschaftlichen Wunsch, den großen Eindruck doch wenigstens irgendwie wiederzugeben. Trotzdem aber – warum soll ich nicht glauben, daß alles wirklich so war? Vielleicht war es noch tausendmal besser, lichter und freudevoller, als ich es schildere? Mag es auch ein Traum gewesen sein, aber all das kann doch nicht einfach gar nicht gewesen sein. Wissen Sie, ich werde Ihnen ein Geheimnis sagen: Das alles war vielleicht überhaupt kein Traum! Denn hier geschah etwas Derartiges, etwas bis zu solch einem Entsetzen Wahres, daß es einem ja gar nicht hätte träumen können, *nur* träumen! Mag mein Traum von meinem Herzen erzeugt worden sein, aber wäre denn mein Herz allein überhaupt fähig gewesen, jene entsetzliche Wahrheit zu erzeugen, die ich dann nachher erlebte? Wie hätte ich sie mir allein ausdenken oder mein Herz sie erträumen können? Wäre es möglich, daß mein seichtes Herz und mein launischer, nichtiger Verstand sich zu einer solchen Offenbarung der Wahrheit hätten erhöhen können! Oh, urteilen Sie selbst: ich habe es bisher verheimlicht, jetzt aber werde ich auch diese Wahrheit zu Ende aussprechen. Die Sache ist die, daß ich... sie alle verdarb!

V

Ja, ja, es endete damit, daß ich sie alle verdarb! Wie das geschehen konnte – weiß ich nicht, aber an die Tatsache erinnere ich mich deutlich. Der Traum durchflog Jahrtausende und hinterließ in mir nur eine Gesamtempfindung. Ich weiß nur, daß ich die Ursache des Sündenfalles war. Wie eine abscheuliche Trichine, wie ein Pestatom, das ganze Reiche verseucht, so verseuchte ich mit meiner Gegenwart diese ganze glückliche, vor meinem Erscheinen sündenlose Erde. Sie lernten lügen und gewannen die Lüge lieb und erkannten die Schönheit der Lüge. Oh, das begann vielleicht ganz *unschuldig*, mit einem harmlosen Scherz, aus Tändelei, mit einem Liebesspiel, vielleicht in der Tat mit einem Atom, aber dieses Atom Lüge drang in ihre Herzen ein und gefiel ihnen. Danach kam schnell die Sinnenlust auf, und die Wollust erzeugte

Eifersucht, und die Eifersucht Grausamkeit... Oh, ich weiß nicht, ich erinnere mich nicht mehr, doch bald, sehr bald ward das erste Blut vergossen: sie waren zuerst nur erstaunt, dann erschraken sie und begannen, auseinander zu gehen und sich zu entzweien. Es entstanden Bündnisse, doch waren es bereits Bündnisse gegen einander. Es kam zu Vorwürfen und Beschuldigungen. Sie erkannten die Scham und erhoben die Scham zur Tugend. Es entstand der Begriff der Ehre, und jede Gruppe sammelte sich unter einer besonderen Fahne. Sie fingen an, die Tiere zu quälen, und die Tiere entfernten sich von ihnen und verkrochen sich in den Wäldern und wurden ihnen feind. Es begann der Kampf um die Entzweiung, um die Absonderung, um die Persönlichkeit, um Mein und Dein. Sie fingen an, in verschiedenen Sprachen zu sprechen. Sie lernten das Leid kennen und gewannen es lieb, sie lechzten nach Qual und sagten, die Wahrheit lasse sich nur durch Martyrium erkennen. Da kam bei ihnen die Wissenschaft auf. Als sie böse geworden waren, fingen sie an, von Brüderlichkeit und Humanität zu sprechen, und sie begriffen diese Ideen. Als sie Verbrecher geworden waren, erfanden sie die Gerechtigkeit und schrieben sich ganze Kodexe vor, um sie zu erhalten, und zur Sicherstellung der Kodexe errichteten sie die Guillotine. Kaum, kaum erinnerten sie sich dessen, was sie verloren hatten, ja, sie wollten es fast nicht glauben, daß sie einmal unschuldig und glücklich gewesen waren. Sie lachten sogar über die Möglichkeit dieses ihres früheren Glücks und nannten es eine Illusion. Sie konnten sich diesen Zustand nicht einmal vorstellen, weder in Formen noch in Bildern; aber etwas war dabei doch seltsam und wunderlich: Nachdem sie allen Glauben an das gewesene Glück verloren hatten und es ein Märchen nannten, wollten sie dermaßen gern wieder unschuldig und glücklich sein, daß sie vor den Wünschen ihres Herzens niederknieten wie Kinder, dieses Wünschen vergötterten, ihm Tempel erbauten und zu ihrer eigenen Idee, ihrem eigenen »Wunsch« beteten, während sie dabei doch unerschütterlich an die Unerfüllbarkeit, Undurchführbarkeit der Idee weiter glaubten; trotzdem aber beteten sie sie weinend an und sanken sie vor ihr auf die Knie. Und doch – wenn es nur hätte geschehen können, daß sie zu diesem unschuldigen und glücklichen Zustand, den sie verloren hatten, wieder hätten zurückkehren können, wenn ihn jemand ihnen wiedergezeigt und sie gefragt hätte: Wollt ihr zu ihm zurückkehren? – so würden sie bestimmt nicht gewollt haben. Sie sagten zu mir: »Gut, mögen wir verlogen, böse und ungerecht sein, wir *wissen* es und weinen darüber, und quälen uns deswegen selbst, und martern uns und bestrafen uns dafür vielleicht strenger als jener barmherzige Richter, der uns dereinst in Zukunft richten wird, dessen Name uns jedoch unbekannt ist. Aber wir haben die Wissenschaft, und mit ihrer Hilfe werden wir die Wahrheit von neuem finden, doch werden wir sie dann bereits *bewußt* annehmen. Das Wissen steht höher als das Gefühl, die Erkenntnis des Lebens – steht höher als das Leben. Die Wissenschaft wird uns allwissend machen, die Allwissenheit wird alle Gesetze entdecken, die Kenntnis aber der Gesetze des Glücks – steht höher als das Glück.« Also sprachen sie zu mir, und nach solchen Worten wurde sich ein jeder von ihnen noch lieber, wurde sich ein jeder der liebste von allen, und wie hätte es auch anders sein können? Ein jeder wurde so eifersüchtig auf sein Ich, daß er das Ich in den anderen mit allen Mitteln zu erniedrigen und zu verringern trachtete; und nur darin sah er seinen Lebenszweck. Es kam die Sklaverei auf; es gab sogar freiwillige Sklaven: die Schwachen unterwarfen sich gern den Starken, allerdings unter der Bedingung, daß jene ihnen halfen, die noch Schwächeren zu unterdrücken. Es kamen Gerechte zu diesen Menschen, und ergriffen sprachen sie zu ihnen von ihrem Hochmut, von ihrem Verlust des Maßes und der Harmonie, von ihrer Einbuße des Schamgefühls. Man lachte sie aus oder man steinigte sie. Heiliges Blut rann über die Schwellen der Tempel. Dafur aber kamen dann Menschen, die anfingen sich auszudenken: wie es möglich wäre, daß alle sich wieder vereinigten, jedoch so, daß ein jeder, ohne aufzuhören sich selbst am meisten zu lieben, zu gleicher Zeit keinen anderen störte, und daß somit wieder alle einträchtig zusammen lebten, als ob sie eine einzige friedliche Gesellschaft wären. Es kam zu ganzen Kriegen um dieser Idee willen. Dabei glaubten alle Kriegführenden gleichzeitig fest daran, daß die Wissenschaft, die Allwissenheit und der Selbsterhaltungstrieb die Menschen zu guter Letzt zwingen würden, sich mit allen zu einer vernünftigen und einmütigen Gesellschaft zusammenzuschließen, und darum trachteten die »Allwissenden«, zur Beschleunigung der Sache, alle »Nichtallwissenden« und die, die ihre Idee nicht begriffen, auszurotten, damit sie den Sieg dieser Ideen nicht verhinderten. Aber der Selbsterhaltungstrieb begann bald abzunehmen, es kamen Hochmütige und Wollüstige, die offen entweder alles oder nichts verlangten. Um alles zu erlangen, griff man zum Verbrechen, und wenn es mißlang, zum Selbstmord. Es entstanden Religionen mit einem Kult des Nichtseins und der Selbstzerstörung um der ewigen Ruhe im Nichts willen. Schließlich begannen diese Menschen zu ermüden bei der sinnlosen Anstrengung, und auf ihren Gesichtern erschien das Leid, und nun verkündeten diese Menschen, Leid sei Schönheit, denn nur im Leid läge Sinn. Und sie priesen das Leid in ihren Gesängen. Ich ging verstört unter ihnen umher, rang die Hände, aber ich liebte sie vielleicht noch mehr als früher, als auf ihren Gesichtern noch kein Leid war und sie noch unschuldig und so schön waren. Mir wurde die von ihnen entweihte Erde noch teurer denn früher als Paradies, und das nur, weil auf ihr Kummer erschienen war. Oh, ich habe immer Kummer und Gram geliebt, aber nur für mich, für mich! Als ich sie aber bei ihnen sah, da weinte ich über sie vor Mitleid. Ich streckte die Arme nach ihnen aus und in der Verzweiflung beschuldigte, verfluchte und verachtete ich mich. Ich sagte ihnen, daß ich das alles getan hatte, daß ich die Schuld an allem trug, ich, ich allein! Daß ich ihnen Verderbnis, Seuche und Lüge gebracht! Ich flehte sie an, mich zu kreuzigen; ich lehrte sie, wie man ein Kreuz zimmert. Ich konnte mich nicht selbst töten, ich hatte nicht die Kraft dazu, aber ich wollte von ihnen Qualen empfangen, ich lechzte nach Qualen; ich lechzte danach, daß in diesen Qualen mein Blut bis auf den letzten Tropfen vergossen werde. Sie aber lachten mich nur aus und hielten mich zuletzt für einen Narren. Sie verteidigten mich sogar, sie sagten, sie hätten bloß das bekommen, was sie sich selbst gewünscht, und daß alles, was sie nun besäßen, überhaupt nicht hätte ausbleiben können. Und zum Schluß erklärten sie mir, ich würde für sie gefährlich und sie würden mich in ein Irrenhaus einsperren, wenn ich nicht endlich schwiege. Da drang der Schmerz mit solcher Gewalt in meine Seele, daß mein Herz sich zusammenkrampfte und ich zu sterben glaubte, und da... da erwachte ich.

Es war schon Morgen, das heißt: es war noch nicht hell, aber die Uhr ging schon auf sechs. Ich erwachte in meinem Lehnstuhl, das Licht vor mir war schon ganz heruntergebrannt, im Nebenzimmer beim Hauptmann schlief man, und es herrschte eine in unserer Wohnung seltene Stille. Zuerst sprang ich verwundert auf; noch nie war mit mir ähnliches geschehen, selbst die kleinsten Dinge waren auffallend: ich war zum Beispiel noch nie so im Lehnstuhl eingeschlafen. Und dann – während ich stand und zu mir kam, erblickte ich plötzlich meinen Revolver, den geladenen und bereitliegenden Revolver, – doch im Augenblick stieß ich ihn von mir weg! Oh, Leben, Leben! Ich erhob die Arme und rief die ewige Wahrheit an; oder vielmehr: ich brach in Tränen aus; Entzücken, unermeßliches Entzücken erhob mein ganzes Wesen. Ja, leben und verkünden! Das Verkünden beschloß ich im selben Augenblick, – beschloß es natürlich für mein ganzes Leben! Ich gehe verkünden, ich will verkünden! Was? – Die Wahrheit, denn ich habe sie gesehen, habe sie mit eigenen Augen gesehen, sie und ihre ganze Herrlichkeit!

Und seit der Zeit verkünde ich nun! Außerdem liebe ich jetzt alle, und die, die über mich lachen, liebe ich am meisten. Warum – weiß ich nicht, und ich kann es auch nicht erklären, aber mag es so sein. Sie sagen, ich schlüge ja schon jetzt einen Irrweg ein, – wenn ich mich aber schon jetzt verirrte, was würde dann noch weiter geschehen? Ja, es ist wirklich wahr: ich verirre mich, und je weiter, desto schlimmer wird es vielleicht werden. Natürlich werde ich noch oftmals fehlgehen, bevor ich erlernen werde, wie man es verkünden muß, das heißt, mit welchen Worten und welchen Taten, denn es ist eine schwere Aufgabe. Das ist mir ja jetzt schon so klar wie der Tag, aber hört mal: wer irrt sich denn nicht? Und dabei streben doch alle zu ein und demselben Ziel, alle, angefangen vom Weisen bis zum letzten Verbrecher, nur tun sie es auf verschiedenen Wegen. Das ist eine alte Wahrheit, doch eines ist hierbei neu: ich kann mich ja gar nicht so sehr verirren. Denn ich habe doch die Wahrheit gesehen, und ich weiß: die Menschen können schön und glücklich sein, ohne dabei die Fähigkeit einzubüßen, auf der Erde zu leben. Ich will nicht und ich kann auch nicht glauben, daß das Böse der Normalzustand der Menschen sei. Sie aber lachen ja alle nur über diesen meinen Glauben. Aber wie soll man mir denn nicht glauben: Ich habe die Wahrheit doch gesehen, – nicht, daß ich sie mit meinem Verstand erfunden hätte, nein, ich habe sie gesehen, gesehen, und ihr *lebendiges Bild* hat meine Seele bis in alle Ewigkeit erfüllt. Ich habe sie in einer so erfüllten Ganzheit gesehen, – wie soll ich nun glauben, daß es diese Wahrheit nicht auch bei den Menschen geben könne? Und wie könnte ich mich denn verirren? Vielleicht werde ich etwas vom Wege abweichen, vielleicht sogar mit fremden Worten sprechen, aber nicht lange; das lebendige Bild dessen, was ich gesehen, wird ewig in mir sein und mich immer wieder läutern und leiten. Oh, ich bin rüstig und frisch, und ich werde gehen und gehen, und wenn auch tausend Jahre. Wißt, ich wollte es zuerst sogar verheimlichen, daß ich sie alle verdorben habe, aber das wäre ein Fehler gewesen, – da hätten wir schon den ersten Fehler! Aber die Wahrheit flüsterte mir zu, daß ich im Begriff war zu *lügen*, und bewahrte mich vor der Verirrung und lenkte mich auf den rechten Weg. Wie aber das Paradies zu errichten wäre, das weiß ich nicht, denn ich vermag es nicht in Worte zu kleiden. Nach meinem Traum habe ich die Worte verloren. Jedenfalls alle wichtigen Worte, die nötigsten. Doch was tut's: ich werde gehen und verkünden, denn ich habe es doch immerhin mit eigenen Augen gesehen, wenn ich auch nicht wiedergeben kann, was ich gesehen habe. Aber das ist es ja gerade, was die Spötter nicht begreifen können. »Hat einen Traum gehabt, sagt er, irgendein Fieberwahnbild, eine Halluzination.« Ach! Ist denn das weise? Und wie stolz sie dabei sind. Einen Traum? Was ist ein Traum? Ist denn unser Leben kein Traum? Wartet, ich werde euch noch mehr sagen! Gut, nun gut, der wird niemals in Erfüllung gehen und das Paradies wird sich nie verwirklichen (das sehe ich doch selbst ein!) – gut, aber ich werde dennoch verkünden. Und dabei, wie einfach wäre es: in einem Tage, *in einer einzigen Stunde* – könnte sich alles verwirklichen! Die Hauptsache: Liebe die anderen wie dich selbst! – das ist das Wichtigste und das ist alles, weiter ist so gut wie nichts mehr nötig: sofort wirst du wissen, wie du leben sollst. Und dabei ist das ja doch nur eine – alte Wahrheit, die aber- und abertausendmal wiederholt und gelesen worden ist, und doch hat sie sich nirgendwo eingelebt! »Die Erkenntnis des Lebens – steht höher als das Leben, die Kenntnis der Gesetze des Glücks – steht höher als das Glück« – das ist es, wogegen man kämpfen muß! Und ich werde es tun. Wenn nur alle *wollten*, würde sich alles auf Erden sofort anders ordnen.

Jenes kleine Mädchen aber habe ich aufgesucht... Und jetzt gehe ich! gehe und gehe ich!

ANMERKUNGEN

ROMAN IN NEUN BRIEFEN

In dieser Erzählung bedient sich Dostojewski durchgehend der gekürzten Form des Patronymikums, indem er nicht nur in der Wiedergabe eines Gesprächs, sondern auch in der brieflichen Anrede statt des langen „Iwánowitsch“ das abgeschliffene „Iwánytsch“ schreibt. Diese alte Form der Kennzeichnung einer Person (aus der Zeit, als es noch keine Familiennamen gab und der persönliche Rufname des Vaters zur Unterscheidung innerhalb der Sippe notwendig wurde) haben die Wikinger nach Rußland mitgebracht. Wörtlich bedeutet die Endung witsch oder owna nicht Sohn oder Tochter, sondern etwa Hans Hansens oder Olga Hansensin. Hierzu wäre noch zu bemerken, daß das russische Patronymikum auf deutschen Bühnen, im Rundfunk usw. viel zu langsam und viel zu deutlich ausgesprochen wird. Für das Ohr eines Nichtrussen ist meist nur die betonte Silbe zu verstehen, der Rest bleibt ein verwischtes Gemurmel.

HERR PROCHÁRTSCHIN

1 „Er hat zu leiden gehabt“ war damals unter Nikolaus I. die Formel oder Umschreibung, die zu verstehen geben sollte, daß der Betreffende von der allmächtigen Geheimpolizei „verfolgt“ worden war, welches Wort nicht laut ausgesprochen werden durfte.

2 Noskí (etwa: Nasenstüber) ist ein Kartenspiel, bei dem der Verlierende einen Schlag mit den Karten auf die Nase erhält.

EIN JUNGES WEIB (DIE WIRTIN)

1 Stenka Rásin war der Anführer einer Kosakenrebellion 1670, wurde 1671 besiegt und in Moskau öffentlich grausam gefoltert und hinge-

richtet; es war aber während der Folter kein Schmerzenslaut von ihm zu hören. Er ist der Held vieler russischer Räuberlieder, die die Taten seiner Streifzüge besingen, die er im Gebiet des unteren und mittleren Laufs der Wolga ausführte. Auf seinem prächtig ausgestatteten Führerschiff hatte er eine persische Prinzessin als Geliebte bei sich.

POLSÚNKOFF

1 Russisches Handelsgewicht: 1 Pud = 40 russische Pfund oder 16,38 kg.

2 Maria von Ägypten: Heilige, die nach siebzehnjährigem Dirnenleben in Alexandria 47 Jahre in Palästina als Büßerin lebte, bis zu ihrem Tode am 2. April 431. Ihr Gedächtnistag ist nach der griechisch-katholischen Kirche der 1. April. Nach griechisch-katholischer Legende habe sie einem Manne ihre Gunst gewährt, der sie „um Christi willen" darum bat.

3 Die allgemeine Wehrpflicht wurde in Rußland erst 1874 eingeführt; bis dahin mußten die ausgehobenen Soldaten 25 Jahre lang beim Militär bleiben. Für die Bauernsöhne bedeutete das so viel wie den bürgerlichen Tod, der von ihren Angehörigen entsprechend beweint wurde, weshalb denn auch ihre kaum erhoffte Wiederkehr nach Ablauf der Zeit Anlaß zu einem Freudenfest gab.

EIN SCHWACHES HERZ

1 Wássja ist die familiäre Abkürzung, Wassjúk eine liebevoll burschikose von Wassílij. Zur höflichen Anrede gehört der Taufname mit dem Patronymikum: Wassílij Petrówitsch.

2 Im damaligen Petersburg war Kolomna eine Vorstadt im Süden des Stadtgebietes. Die Freunde hatten somit das ganze damalige Stadtgebiet zu durchqueren, von Norden nach Süden.

3 Siehe Anmerkung 3 zu *„Polsúnkoff"*.

4 Peter der Große (1689–1725) hatte 1722 eine neue Rangordnung eingeführt, die „für Verdienste am Staat" vierzehn Rangstufen vorsah. Damit wurde Peter zum Schöpfer des Beamtenadels. An Adelsprädikaten jedoch übernahm er aus Westeuropa nur den Titel „Graf", mit dem er dann auch seine Staatsmänner und Feldherren auszeichnete.

DIE FREMDE FRAU UND DER EHEMANN UNTER DEM BETT

1 Pekesche, ein pelzverbrämter kurzer „Schnürenüberrock" für Männer.

WEIHNACHT UND HOCHZEIT

1 Die Regierung konnte das Recht, in bestimmten Bezirken Branntwein zu verkaufen, auf Jahre hinaus verpachten. Diese „Branntweinpächter" waren (wie im königlichen Frankreich die „Steuerpächter") meist skrupellose Emporkömmlinge aus dem Kaufmannsstand, die durch Vermehrung der Schenken und Herstellung billigsten Fusels schnell zu großem Reichtum gelangten. Ihre Töchter waren als reiche Erbinnen begehrte Bräute.

EIN KLEINER HELD

1 Iljá von Múrom ist der Lieblingsheld in den „Bylinen", den alten russischen Volksliedern. Er gehörte zu den Paladinen um Wladímir den Heiligen, Großfürsten von Kiew, der 988 das Christentum annahm und in Rußland einführte. Ilja stammte aus dem Dorf Karatschárowo, im Gebiet der Stadt Múrom.

EINE DUMME GESCHICHTE

1 Das Nordufer der Newa wird durch einen Flußarm in zwei Stadtteile geteilt: der dem Stadtzentrum (auf dem Südufer) näherliegende Uferteil wurde „die Petersburger Seite" genannt, der fernerliegende „die Wyborger Seite", nach der nördlich nächstgelegenen finnischen Stadt Wyborg (heute Vipuri). Zu Dostojewskis Lebzeiten war das ein erst spärlich bebautes Vorstadtgelände.

2 Die großen Reformen Alexanders II. (1855–1881), der nach seinem reaktionären Vater Nikolaus I. den Thron als Selbstherrscher bestiegen hatte, begannen erst mit dem Ukas vom März 1861 über die Aufhebung der Leibeigenschaft der Gutsbauern, der die Armee-Reorganisation und die Justizreform alsbald folgten.

3 Der „in den letzten fünfunddreißig Jahren" herausgebildete Typ des Petersburger Beamten war eine scheinbar gelungene Kopie des preußischen Beamten, wie sie von Nikolaus I., dem Schwiegersohn König Friedrich Wilhelms III. von Preußen, während seiner dreißigjährigen Regierungszeit von 1825–1855 mit aller Strenge herangezüchtet werden sollte.

DAS KROKODIL

1 Das russische Wort „wsporótj" bedeutet „auftrennen", „aufschlitzen" und zugleich „verdreschen". Die Prügelstrafe war für die Liberalen von damals das Symbol aller politischen und bürgerlichen Reaktion.

2 Pjotr Láwrowitsch Lawróff (1843–1900), Philosoph und Sozialist, wurde 1866 verbannt, floh 1870 ins Ausland. Er lehnte den Anarchismus ab, erstrebte aber eine grundlegende Änderung des Verhältnissses von Individuum und Gesellschaft.

3 Nach der Aufhebung der Leibeigenschaft der Gutsbauern und ihrer neuen Zusammenfassung im „Mir", der Dorfgemeinschaft, war der einzelne Bauer nicht hilflos, d. h. mittellos sich selbst überlassen, sondern stand unter der Obhut der Gruppe, die gemeinsam auch für die Steuern aufzukommen hatte.

4 Charles Fourier (1772–1837), einer der utopistischen französischen Sozialisten, der 1822 in seinem „Traité de l'association domestique-agricole" die Idee der „Phalansterien" entwickelt hatte, d. h. von Gemeinschaften, in denen 1200–1800 Personen zusammen haushalten sollten. Die Verwirklichung dieser Pläne erhoffte Fourier von großzügigen Millionären. Sein Schüler Victor Considérant (1808–1879) scheiterte mit seinem Versuch, den Plan Fouriers zu verwirklichen.

5 Louis Antoine Garnier-Pagès (1803–1878) war beteiligt an der Julirevolution, wurde 1848 zum Maire von Paris gewählt, gehörte zur gemäßigten Demokratie, später 1864 zur republikanischen Opposition gegen Napoleon III., schrieb die „Histoire de la Révolution de 1848" (10 Bände, 1861–1872) u. a. m.

6 „Wólos" – gemeint ist der „Gólos" („Die Stimme"), die größte liberale Tageszeitung, die von Krajewskij in Petersburg herausgegeben wurde. „Listok" („Das Blättchen") – das „Petersburger Blättchen".

7 Eugénie Tour oder Tur: Deckname für Gräfin Salliàs-Tournemir, eine damals bekannte Schriftstellerin, aber von geringer Bedeutung.

8 Die Hauptmahlzeit wird in Dostojewskis Werken immer erst um 6 Uhr nachmittags eingenommen, wie er es auch selbst zu halten pflegte.

BOBOK

1 „*Bobók*": geschrieben und veröffentlicht 1873 in der konservativen Zeitschrift „Der Bürger". Trotz der vorausgeschickten Versicherung, der Verfasser dieser Aufzeichnungen sei nicht er, Dostojewski, sondern ein anderer, hat er doch seine eigenen jüngsten Erlebnisse nach der Ausstellung seines Porträts vom Maler Peroff erwähnt: die höhnischen Äußerungen über das Gesicht des Dargestellten, die in der linken Presse erschienen waren, sind von ihm hier wörtlich zitiert. Freilich verbirgt er auch nicht seine Geringschätzung dieses Hohnes. So wird denn die hier skizzierte Gestalt eines unbedeutenden Schriftstellers zu einer teilweisen Selbstpersiflage, aber nur scheinbar, als stimme er mit den Spöttern durchaus überein. Und der Schlußsatz greift sogar noch den Hinweis der Spötter auf das ausgestellte Bild

mit überlegenem Humor auf. Die Maske wird in der Hand gehalten, und die Hand spielt nur mit ihr.

Zur Erklärung des unverständlichen Titels wird mitunter bemerkt, Bobok bedeute Böhnchen (bob = die Bohne). Abgesehen davon, daß von Bohnen hier überhaupt nicht die Rede ist, gibt Dostojewski im weiteren Text (S. 434 und S. 450) eine unmißverständliche Erklärung dessen, was er damit meint: eine Lautmalerei, die den Ton nachahmt, der beim Platzen von Luftblasen an der Oberfläche eines Wassers zu hören ist. Im Norddeutschen gibt es dafür das Wort „blubbern" oder „blübbern". Demnach wäre bobok stimmlos nur mit den Lippen nachzuahmen.

2 Im orthodoxen Rußland wurde der Sarg erst kurz vor dem Versenken in die Gruft geschlossen. Abgesehen von Zeiten einer Epidemie.

3 u. 4 Am vierzigsten Tage nach der Beisetzung wurde in Rußland die erste Seelenmesse für den Verstorbenen an seinem Grabe abgehalten, danach ein in der Kirche geweihtes Gericht, „Kutjá", aus Reis, Rosinen und Honig, stumm verzehrt.

DIE SANFTE

1 *„Die Sanfte"* und der *„Traum eines lächerlichen Menschen"* sind im Novemberheft 1876 und im Aprilheft 1877 in Dostojewskis „Tagebuch eines Schriftstellers" veröffentlicht worden.

Fjodor M. Dostojewski

Aufzeichnungen aus einem Totenhaus und drei Erzählungen
Übertragen von E. K. Rahsin.
863 Seiten. Leinen
(Auch in der Serie Piper 688 lieferbar)

Die Brüder Karamasoff
Roman in vier Teilen mit einem Epilog. Übertragen von E. K. Rahsin.
1331 Seiten. Leinen
(Auch in der Serie Piper 402 lieferbar)

Die Dämonen
Roman. Übertragen von E. K. Rahsin.
1034 Seiten. Leinen
(Auch in der Serie Piper 403 lieferbar)

Der Doppelgänger
Frühe Romane und Erzählungen. Übertragen von E. K. Rahsin.
918 Seiten. Leinen

Der Idiot
Roman. Übertragen von E. K. Rahsin.
Mit einem Nachwort und einer Zeittafel von Ilma Rakusa.
983 Seiten. Leinen
(Auch in Serie Piper 400 lieferbar)

Der Jüngling
Roman. Übertragen von E. K. Rahsin.
911 Seiten. Leinen
(Auch in der Serie Piper 404 lieferbar)

Njetotschka Neswanowa
Erzählung. Übertragen von E. K. Rahsin.
229 Seiten. Serie Piper 1009

Piper 12/5a

PIPER

Russische Lyrik

Russische Lyrik
Gedichte aus drei Jahrhunderten

Ausgewählt und eingeleitet von Efim Etkind.
575 Seiten. Leinen

Die umfassendste Anthologie russischer Lyrik, die es auf deutsch jemals gegeben hat, herausgegeben von dem bedeutenden russischen Literaturwissenschaftler Efim Etkind. Sie enthält Gedichte so bedeutender Lyriker wie Puschkin, Nekrassow, Alexej Tolstoi, Blok, Mandelstam, Achmatowa, Chlebnikow, Jessenin, Zwetajewa, Pasternak, Jewtuschenko, aber auch lyrische Proben aus dem Werk von Autoren wie Turgenjew, Lermontow, Bunin, Gorki und Nabokow, die in erster Linie als Prosaisten weltberühmt wurden.
Nicht zuletzt bietet diese Anthologie dem Leser die Möglichkeit, zahlreiche Entdeckungen zu machen – sie umfaßt mehr als 500 Gedichte von über 130 Lyrikern. Besonderen Wert legte der Herausgeber, selbst vorzüglicher Kenner sowohl der deutschen als auch der russischen Lyrik, auf die Qualität der Übersetzer, zu denen neben vielen anderen Dichtern wie Chamisso, Paul Celan, Rilke, aber auch Sarah Kirsch, H. M. Enzensberger und Christa Reinig zählen.
Ein ausführlicher Anmerkungsteil, der auch die Viten der Autoren enthält, beschließt den Band, der zweifellos ein unerläßliches Standardwerk ist.

Anna Achmatowa
Im Spiegelland

Ausgewählte Gedichte. Hrsg. von Efim Etkind.
217 Seiten. Serie Piper 833

Jossif Brodskij
Einem alten Architekten in Rom

Gedichte. Aus dem Russischen von Karl Dedecius, Rolf Fieguth und Sylvia List. 122 Seiten. Serie Piper 506

Piper 12/3g

PIPER